ECON Wörterbuch der Synonyme

ECON Praxis

Das Buch

In diesem Buch finden Sie rund 90 000 Wörter der modernen Alltagssprache, alphabetisch geordnet und durch das ausführliche Register einfach und schnell in der Handhabung.
Ein umfassendes Nachschlagewerk, das in nahezu jeder Sprech- und Schreibsituation hilft, das passende Wort zu finden.

Der Autor

Michael Kurz, Jahrgang 1945, war nach dem Studium der Pädagogik, Germanistik und Psychologie mehrere Jahre als Lehrer tätig. Heute arbeitet er als freier Autor vor allem im Bereich Lern- und Spielprogramme.

Im ECON Taschenbuch Verlag ist von ihm außerdem erschienen »So packen Sie die neue Rechtschreibung! Die Regeln, die Wörter, die Tricks für eine schnelle Umsetzung« (ETB 21345).

Michael Kurz

Das ECON Wörterbuch der Synonyme

- rund 90 000 Wörter aus der modernen Alltagssprache
- unentbehrlich in Büro, Redaktion, Medien, PR, Universität und Privatbereich
- mit umfangreichem Register zum schnellen und bequemen Finden

Schon jetzt nach der neuen Rechtschreibung!

ECON Taschenbuch Verlag

Veröffentlicht im ECON Taschenbuch Verlag
Originalausgabe
1996 by ECON Verlag GmbH; Düsseldorf
Umschlaggestaltung: Ruth Gnosa, Hannover

Lektorat: Dr. Doris Mendlewitsch
Gesetzt aus der Optima
Satz: KompetenzCenter Josefine Urban
Druck und Bindung: Ebner Ulm
Printed in Germany
ISBN 3-612-21339-3

Zum schnellen Einstieg

Worum es sich handelt

Wer häufig etwas schreiben muss, kennt das Problem nur zu genau: Man sucht nach einem Wort, um Wiederholungen zu vermeiden, den Ton besser zu treffen, allgemeine Begriffe spezifischer zu machen, seinem Text insgesamt mehr Farbe und Individualität zu verleihen. Dieses Buch, hilft Ihnen, rasch und ohne umständliches Suchen, das richtige Wort dafür zu finden. Es enthält 33 000 Suchwörter mit rund 90 000 Wörtern der modernen Gegenwartssprache – aus allen Wortarten und aus den verschiedenen Bereichen, die in Alltag und Beruf immer wieder vorkommen.
Besonders vorteilhaft ist das Register: Jedes Wort, das im Hauptteil vorkommt, ist im Register mit der Zahl aufgeführt, unter der man es finden kann. Ist es ein Hauptstichwort, wird die Zahl fett hervorgehoben. Außerdem finden Sie eventuell noch weitere Angaben, unter welchen anderen Hauptbegriffen das Wort ebenfalls auftaucht. Denn im Deutschen kommen viele Wörter in mehreren Sinnbereichen vor.
Ein zusätzlicher Nutzen für den Leser besteht darin, dass dieses Wörterbuch bereits der neuen Rechtschreibung folgt, wie sie 1996 verabschiedet worden ist. Die Übergangsfrist für die Einführung läuft zwar bis zum Jahr 2005, Schulen und eine Reihe von öffentlichen Institutionen und Behörden werden aber bereits ab 1996 damit beginnen, die neue Rechtschreibung zu lehren bzw. zu verwenden. So werden Sie also dieses Buch langfristig benutzen können, auch als kleines Nachschlagewerk für die neuen Schreibweisen.

Noch ein Hinweis: Die Rechtschreibreform betrifft zum Beispiel die Änderung des kurzen ß in ss, die Eindeutschungen von Fremdwörtern, die Zusammen- bzw. Getrenntschreibung sowie Trennungen. Sollte nach der neuen Schreibweise ein Wort für noch Ungeübte nur schwer zu finden sein, haben wir es auch nach der alten Schreibweise aufgeführt und mit entsprechendem Verweis versehen. Wenn die Verwendung der alten und der neue Schreibweise gestattet ist, haben wir die zweite in [ ] gesetzt.

Was Sie in diesem Buch finden

Wir haben uns nicht auf die reinen Synonyme, also Wörter mit identischer Bedeutung beschränkt, sondern auch die Wortfelder aufgeführt, also Anwendungsbeispiele bzw. Unterbegriffe zum jeweiligen Oberbegriff. Das ist besonders nützlich, denn es bringt den Leser häufig auf bessere Formulierungen und erweitert den Spielraum fürs Schreiben und Texten. Um das Register aber nicht unnötig aufzublähen, sind nicht alle Wörter eines Hauptfeldes dort aufgelistet. Man sucht und findet sie unter dem dazugehörigen Oberbegriff, zum Beispiel Kippfenster unter Fenster.
Bei Verben erscheinen die reflexiven getrennt von den nicht-reflexiven Wörtern, da häufig eine Bedeutungsverschiebung entsteht.
Zwar sind im allgemeinen keine Anglizismen aufgelistet, Sie werden aber viele neue Wörter aus dem Bereich der Medien und der Kommunikationstechnik finden, die erst in den letzten Jahren entstanden sind und als englische Fachausdrücke in der deutschen Sprache täglich benutzt werden. Ebenso haben wir weitere Fachausdrücke und Fremdwörter aufgeführt, wenn sie im deutschen Sprachgebrauch häufig verwendet, wichtig oder notwendig sind.

Was Sie in diesem Buch nicht finden

Veraltete, ordinäre, abwertende oder menschenverachtende Wörter haben wir nicht aufgenommen. Außerdem haben wir auf Sprichwörter und Redensarten verzichtet, um den Umfang des Buchs nicht zu sprengen und die bequeme Handhabung zu gewährleisten.

Wie das Buch und die Einträge aufgebaut sind

Die Einträge sind alphabetisch aufgelistet und mit einer Nummer versehen. Diese Nummer ist Ihre beste Suchhilfe: Denn jedes Wort, das in diesem Buch vorkommt, ist im Register aufgeführt – mit Ausnahme der Wörter eines Wortfeldes. Die dazugehörende Nummer verweist auf das Stichwort, unter dem Sie den gesuchten Begriff finden. Ist die Zahl fett gedruckt, dann handelt es sich selbst um das Stichwort; ist sie normal gedruckt, dann ist das Wort Teil eines Eintrags unter anderem Oberbegriff. Sinnvoll ist daher für jeden Benutzer, das Wort, für das ihm ein Synonym fehlt, zuerst im Register nachzuschlagen.
In dem entsprechenden Eintrag sind häufig mehrere, in sich zusammenhängende Wortgruppen zusammengefasst, wenn das Stichwort in verschiedenen Sinnbereichen vorkommt. Durch den • sind diese voneinander getrennt. Als Beispiel:
7489 stürmisch:
frenetisch, heftig, tobend •gewaltig, kraftvoll, vehement •böig, windig •heißblütig, rassig, temperamentvoll, ungestüm.
Gelegentlich wird dasselbe Wort in zwei Wortgruppen genannt, um den jeweiligen Sinnbereich komplett zu erfassen und Nuancen in der Bedeutung deutlich zu machen.
Auch Wortfelder sind aufgezählt, sie sind eine große Hilfe bei der Suche nach einem treffenden Ausdruck. Bei den Wortfeldern handelt es sich um Synonymie im weiteren Sinne. Durch die Wortfelder werden Sinnzusammenhänge, Beziehungsgefü-

ge und Querverbindungen in der Sprache sichtbar. Diese Wortfelder werden durch →von den übrigen Wörtern abgehoben. Als Beispiel:

3180 Gabel:

Essgabel, Essgerät →Fischgabel, Fleischgabel, Kuchengabel, Vorlegegabel •Forke, Harke, Heugabel, Mistgabel, Rechen •Gehörn, Geweih •Abzweigung, Gabelung, Kreuzung, Verzweigung.

Den Mitarbeitern des Instituts für deutsche Sprache in Mannheim danken wir für die freundlichen Auskünfte und die Hilfe in Zweifelsfällen.

Wir sind überzeugt, dass Ihnen dieses Buch in vieler Hinsicht nützlich sein wird. Über Anregungen und Hinweise freuen wir uns.

Michael Kurz und der ECON Taschenbuch Verlag

A

1 aalen (s.)
s. aalen, s. ausdehnen, s. ausstrecken, s. ausweiten, s. dehnen, s. recken, s. rekeln, s. strecken, s. ziehen

2 Aas
Kadaver, Tierleiche •Bandit, Biest, Bösewicht, Gangster, Ganove, Gauner, Gewalttäter, Halunke, Kanaille, Luder, Lump, Missetäter, Miststück, Schuft, Tunichtgut, Übeltäter, Unmensch, Verbrecher •Barbar, Berserker, Bestie, Ekel, Gewaltmensch, Monstrum, Scheusal, Schurke, Übeltäter, Ungeheuer, Unhold, Unmensch, Untier, Vandale, Wandale, Widerling

3 Abbau
Kündigung, Reduzierung •Abnahme, Rückgang, Schwund, Verringerung •Auflösung, Demontage, Durchbruch, Trennung, Verkleinerung, Zerlegung, Zerteilung, Zertrennung •Rückbau

4 abbauen
nachlassen, zurückgehen •zerteilen, zertrennen •streichen, verkleinern, vermindern •entlassen, kündigen

5 abberufen
zurückbeordern, zurückberufen

6 abbiegen
abdrehen, abzweigen, einbiegen •abwehren, blockieren, unterbinden, verhindern

7 abbilden
aufnehmen, fotografieren •abmalen, zeichnen •darstellen, wiedergeben •abformen, nachbilden, reproduzieren, vervielfältigen

8 abbinden
andicken, binden, dicken, eindicken, legieren •abnehmen, losbinden •abklemmen, abschnüren

9 abblasen
absagen, absetzen •fortblasen, wegblasen

10 abblättern
abbröckeln, abfallen, abspringen

11 abbrechen
ernten, pflücken •umziehen, wegziehen •abtrennen, wegbrechen •beenden, einstellen •abknicken, lösen •abreißen, einreißen, losbrechen •einhalten, pausieren •demolieren, zerbrechen, zerbröckeln, zerstören

12 abbremsen
heruntergehen, reduzieren, verringern •abdrosseln, abschwächen, blockieren, entgegenwirken, hindern, lähmen, sabotieren

13 abbringen
ablenken, lenken •abhalten, abraten, abreden, ausreden, mahnen, warnen, widerraten

14 Abbruch
Abbau, Abriss, Demontage •Beendigung, Schluss •Schwangerschaftsabbruch

15 abbrühen
abkochen, absieden

16 abdämmen
abmildern, abschwächen, bändigen, bessern, dämmen, dämpfen, entschärfen, erleichtern, herunterspielen, lindern, mäßigen, mildern, zähmen •abbremsen, abwehren, beeinträchtigen, behindern, blockieren, bremsen, drosseln, einengen, einschränken, entgegenarbeiten, entgegentreten, erschweren, lähmen, mäßigen, sabotieren, stören, zügeln •absperren •aufhalten, hemmen

17 Abdämmung
Aufschüttung, Damm, Deich, Eindämmung, Erdwall, Kai, Mole, Pier, Schutzwall, Uferbefestigung, Verschanzung, Wall, Hafendamm, Hafenmauer, Kaimauer, Pier, Quai •Ring, Verschanzung, Wehr

18 Abdankung
Abschied, Amtsniederlegung, Demission, Kündigung, Rücktritt •Lebewohl, Weggang

19 abdecken
bedachen, bedecken, behängen, schützen, überdecken, verdecken, verhängen, zudecken, zuhängen •abräumen, abtragen •abschirmen, bewachen •tolerieren, übersehen, verschweigen

20 Abdeckung
Absicherung, Schutz, Sicherheit •Decke, Plane, Schutzdecke

21 abdrehen
drehen, filmen •abschalten, ausdrehen, ausschalten •abbinden, ablösen, abmachen, abreißen, abtrennen, losbinden, losmachen, lostrennen •putzen, sauber machen •bessern, läutern, umkehren

22 abdrehen (s.)
s. abkehren, s. wegwenden

23 Abdruck
Fährte, Spur •Druck, Drucklegung, Publikation, Veröffentlichung •Abbildung, Abguss, Nachbildung, Reproduktion

24 abdrücken
herzen, kosen •abfeuern, schießen •abgießen, nachbilden, nachformen, nachschaffen, reproduzieren

25 Abdunklung
Verdunklung, Verfinsterung

26 abebben
abklingen, absterben, ausgehen, ausklingen, enden, nachlassen, sinken, verebben, verhallen, verklingen

27 Abendland
Europa, Okzident

28 Abenteuer
Bedrohung, Experiment, Lebensgefahr, Risiko, Unsicherheit, Unterfangen, Wagnis •Affäre, Affären, Amouren, Buhlerei, Episode, Flirt, Getändel, Koketterie, Liebelei, Liebesabenteuer, Liebeserlebnis, Romanze, Seitensprung, Spielerei, Tändelei, Techtelmechtel, Treulosigkeit •Erlebnis, Sensation, Wirbel •Begebenheit, Begegnung, Ereignis, Erlebnis, Geschehen, Vorfall, Wirbel, Zwischenfall •Ereignis, Erleben, Geschehnis, Vorkommnis

29 abenteuerlich
abwechslungsreich, aufregend, ereignisreich, schillernd •aufgewühlt, beeindruckt, beeinflusst, bestürzt, beunruhigt, bewegt, entsetzt, erregt, erschrocken, erschüttert, erstarrt, fassungslos, gerührt, überwältigt, verstört •achtlos, arglos, bedenkenlos, blind, blindlings, fahrlässig, gedankenlos, gefährlich, gefahrvoll, gewagt, gewissenlos, halsbrecherisch, impulsiv, kopflos, lebensgefährlich, leichtfertig, leichtsinnig, nachlässig, naiv, pflichtvergessen, planlos, riskant, sorglos, sträflich, tödlich, tollkühn, übereilt, unachtsam, unbedacht, unbekümmert, unbeschwert, unbesonnen, unüberlegt, unverantwortlich, unvertretbar, unvorsichtig, verantwortungslos, verwegen, waghalsig, wahllos •ausgefallen, extravagant, ultramodern

30 abenteuerlustig
erlebnishungrig, reiselustig, tatkräftig, unternehmend, unternehmerisch, unternehmungslustig

31 Abenteurer
Glücksritter, Hasardeur, Waghals

32 aber
allerdings, dagegen, doch, hinwiederum, höchstens, immerhin, indessen, jedoch, mindestens, nur, sondern

33 Aberglaube
Dämonenglaube, Geisterbeschwörung, Geisterglaube, Gespensterglaube, Hexenglaube, Irrglaube, Irrlehre, Ketzerei, Köhlerglaube, Mystizismus, Okkultismus, Spiritismus, Volksglaube, Wunderglaube

34 Abfahrt
Abflug, Abmarsch, Abreise, Abzug, Aufbruch, Fahrtbeginn, Start •Hangabfahrt, Schiabfahrt, Talfahrt •Abzweigung, Ausfahrt

35 Abfall
Abkehr, Absage, Bruch, Fahnenflucht, Falschaussage, Falscheid, Treuebruch, Ungehorsam •Abfallprodukte, Abfallstoffe, Altmaterial, Altwaren, Kehricht, Müll, Schmutz, Überrest, Unrat •Ausschuss, Gerümpel, Klimbim, Plunder, Ramsch, Trödel, Zeug •Asche, Bodensatz, Rest, Rückstand, Schlacke, Verbrennungsrückstand •Abwendung, Entsagung, Loslösung •Besserung, Läuterung, Umkehr

36 abfallen
abblättern, abbröckeln, ablösen, abplatzen, s. lösen •s. neigen, s. senken •abstürzen, herunterfallen •zurückbleiben, übrig bleiben

37 abfangen
auffangen, ergreifen, fangen, retten •abbremsen, abhalten, abstoppen, bremsen, halten, stehen bleiben

38 abfärben
einwirken •ausgehen, auslaufen

39 abfertigen
abschließen, abwickeln, durchführen, erledigen, machen, tun, verrichten, vollenden, fertig stellen •abweisen, verweigern, zurückweisen

40 Abfertigung
Bedienung, Kontrolle •Erledigung, Tat

41 abfinden
ausgleichen, belohnen, besolden, danken, entlohnen, entlöhnen, entschädigen, honorieren, lohnen, vergelten, würdigen •abfertigen, abspeisen

42 Abfluss
Abguss, Ablass, Abwaschbecken, Abwasserkanal, Ausfluss, Ausguss, Gully, Rinnstein, Spülbecken, Spüle, Spülstein

43 Abfuhr
Abfahrt, Abtransport •Ablehnung, Maßregelung, Verweigerung, Verweis, Vorwurf, Weigerung, Zurückweisung

44 abführen
abliefern, einzahlen •verhaften, wegführen •ausschütten, bezahlen

45 Abgabe
Ablieferung, Übergabe •Abgabetermin, Frist, Stichtag •Abspiel, Zuspiel •Gebühr, Maut, Steuer, Tribut, Zoll →Ausfuhrzoll, Einfuhrzoll

46 Abgang
Sterben •Abort, Fehlgeburt •Aufbruch, Weggang •Abtritt, Demission

47 abgeben
abfeuern, schießen •schenken, vererben •abspielen, anspielen, zuspielen •abliefern, aushändigen, geben, überbringen, übergeben •vermieten, verpachten

48 abgehen
abbiegen, abzweigen, s. gabeln •fehlen, mangeln, vermissen •abschreiten, patrouillieren •abblättern, abbröckeln, abfallen •s. ablösen, s. lösen •abirren, abkommen, abschweifen •abfahren, abfliegen, ablegen, starten

49 abgeschlossen
abgeschieden, einsam •beendet, erledigt, fertig •abgesperrt, versperrt, zu
50 abgestimmt
abgesprochen, vereinbart •austauschbar, kombinierbar, kompatibel, übertragbar, verträglich, zusammenpassend •ausgewählt, entschieden, gewählt
51 abgestorben
empfindungslos, gefühllos, taub
52 abgestoßen
abgegriffen, abgenutzt, abgetragen, abgewetzt, dünn, fadenscheinig, verschlissen
53 abgießen
abbilden, nachbilden, nachformen •ausleeren, leeren, weggießen
54 Abglanz
Spiegelung, Widerschein
55 Abgott
Idol, Star •Götzenbild, Ideal
56 abgraben
ruinieren, verderben •ausbaggern, ausgraben, auskoffern, ausschachten
57 abgrenzen (s.)
s. distanzieren, s. heraushalten, s. zurückziehen
58 Abgrenzung
Begrenzung, Demarkation, Grenze, Umgebung, Umgrenzung, Umhegung, Umzäunung •Abstand, Distanz, Reserve
59 Abgrund
Verderben, Verhängnis •Kessel, Krater, Schlucht
60 abgrundtief
bodenlos, tief
61 abhacken
abhauen, abschlagen, abtrennen, bestrafen, enthaupten, hinrichten, köpfen •abholzen, schlagen
62 abhaken
anstreichen, kennzeichnen, markieren •beenden, erledigen
63 abhalten
durchführen, organisieren, veranstalten •abschirmen, fernhalten •abwehren, abwenden, ankämpfen, begegnen, behindern, boykottieren, durchkreuzen, eindämmen, entgegentreten, hintertreiben, intrigieren, sabotieren, stören, unterbinden, untergraben, vereiteln, verhindern, verhüten, verwehren, lahm legen
64 abhängig
hörig, leibeigen, unfrei, untergeben, untergeordnet, untertan, unterworfen, unselbständig [unselbstständig] •süchtig
65 Abhängigkeit
Bedingtheit, Relativität •Drangsalierung, Einengung, Fessel, Freiheitsberaubung, Hörigkeit, Joch, Kette, Knechtschaft, Last, Leibeigenschaft, Sklaverei, Terror, Unfreiheit, Unmündigkeit, Unterdrückung, Untergebenheit, Unterjochung, Vergewaltigung, Versklavung, Zwang, Unselbständigkeit [Unselbstständigkeit] •Besatzung, Unfreiheit, Zwang
66 abhärten (s.)
s. festigen, s. immunisieren, s. kräftigen, s. stabilisieren, s. stählen, s. stärken
67 abheben (s.)
s. abheben, s. abzeichnen, s. andeuten, s. ankündigen, herausstechen, s. unterscheiden
68 abholen
besorgen, holen •festnehmen, inhaftieren, verhaften
69 abhören
abhorchen, kontrollieren, überwachen •abhorchen, abklopfen •abfragen, überprüfen
70 Abitur
Gymnasialabschluss, Hochschulreife, Matura, Reifeprüfung

71 abkassieren
absahnen, abschöpfen •einnehmen, vereinnahmen

72 abkaufen
anschaffen, aufkaufen, besorgen, einholen, einkaufen, erstehen, ersteigern, kaufen, s. versorgen •ankaufen, anschaffen, aufkaufen, besorgen, einkaufen, erstehen, erwerben, kaufen •handeln, hökern, schachern, schieben, verkaufen •auslösen, freikaufen, loskaufen •dealen, handeln, pushen, verkaufen, verschieben •einhandeln, eintauschen, erhandeln, erstehen, kaufen, tauschen •abnehmen, glauben

73 abklären
klären, klarlegen, klarstellen, offen legen, richtig stellen

74 abklemmen
ablösen, abtrennen •abbinden, abnehmen, losbinden

75 abklopfen
ablösen, reparieren •absuchen, durchkämmen, durchwühlen, suchen •ausklopfen, reinigen •beklopfen, perkutieren, untersuchen

76 abkommen
abheben, loskommen •abgleiten, abirren, abschweifen •s. verirren, s. verlaufen •aufgeben

77 Abkommen
Abmachung, Abrede, Abschluss, Absprache, Beistandspakt, Festsetzung, Freundschaftsabkommen, Freundschaftspakt, Geheimabkommen, Geheimabsprache, Handel, Kompromiss, Militärabkommen, Neutralitätsabkommen, Pakt, Papier, Stillhalteabkommen, Teilabkommen, Übereinkommen, Übereinkunft, Verabredung, Vereinbarung, Vergleich, Verteidigungspakt, Vertrag, Viermächteabkommen, Zusatzabkommen

78 abkühlen
s. abkühlen, schwinden, s. verschlechtern, s. verschlimmern, s. zuspitzen

79 Abkühlung
Temperaturabnahme, Temperaturrückgang, Temperatursenkung •Distanz, Ernüchterung

80 abkuppeln
abhängen, abkoppeln, ablösen, losbinden, losmachen

81 Abkürzung
Kürzel, Kurzwort, Verkürzung

82 abladen
ausladen, entladen, entleeren, löschen •abwälzen, aufbürden

83 ablagern
abhängen, konservieren, reifen •s. ablagern, s. absetzen, absetzen, anschwemmen, anspülen, antreiben, niederschlagen, schwemmen, sedimentieren

84 Ablagerung
Bodensatz, Sediment •Alterung, Reifung

85 Ablass
Absolution, Erlass, Freispruch, Lossprechung, Sündenerlass, Vergebung •Abfluss, Ablauf, Ausfluss, Gully

86 Ablauf
Programm, Tagesordnung, Verlauf

87 ablaufen
abfließen •s. abspielen, s. abwickeln, funktionieren, gelingen, geschehen, verlaufen •abschreiten, patrouillieren, prüfen •abnützen, abnutzen, durchtreten, verbrauchen, verschleißen •auslaufen, verfallen

88 ablegen
abfahren, starten •leisten •abheften, einordnen, fortlegen •hinstellen, niederlegen •abstreifen, ausziehen, entblößen, enthüllen, entkleiden, entschleiern •s. auskleiden, s. ausziehen, s. entblößen, s. entkleiden, s. frei machen

89 Ableger
Impfreis, Keimling, Pfropfreis, Reis, Schoss, Schössling, Senker, Setzling, Steckling

90 ablehnen
abschlagen, abweisen, ausschlagen, missbilligen, verabscheuen, verneinen, versagen, verschmähen, verwerfen, zurückweisen

91 ablehnend
abgeneigt, abweisend, lustlos, ungern, unwillig, widerstrebend, widerwillig •unfreundlich, unzugänglich, verschlossen •gezwungen, notgedrungen, unfreiwillig, widerwillig, zwangsweise •missbilligend, verneinend, vernichtend, zurückweisend

92 ableisten
absolvieren, erledigen, machen

93 ableiten
abstammen, beruhen, entstammen, folgern, herkommen, herleiten, herrühren, herstammen •ablenken, herumführen, umleiten, verlegen, wegleiten

94 ablenken
abbringen, führen, leiten •abfälschen, fälschen •täuschen, verwirren

95 ablenken (s.)
aufheitern, aufmuntern, s. vergnügen •schlafen, träumen

96 Ablenkung
Beugung, Brechung •Vergnügen, Zerstreuung

97 ablesen
vorlesen, vortragen •auflesen

98 ablocken
abbetteln, abgewinnen, ablisten, abluchsen, abschwindeln, entlocken, erlisten

99 ablösen
abklopfen, abkratzen, abmachen, abreißen, abschaben, abschütteln, abstreifen, losbinden, loslösen, losmachen, losreißen, wechseln •folgen, nachkommen •suspendieren

100 ablösen (s.)
abblättern, abbröckeln, s. abschälen, s. abschuppen, s. lösen

101 Ablösung
Abspaltung, Abtrennung, Loslösung •Abzahlung, Begleichung •Abwechslung, Wechsel

102 abmarschieren
aufbrechen, s. aufmachen, davonziehen, fortziehen, wegziehen

103 abmelden
s. empfehlen, gehen, weggehen •abbestellen, annullieren, kündigen, zurückziehen

104 abmessen
ausmessen, messen, vermessen •dosieren, einteilen, kontingentieren, verteilen, zuteilen, zuweisen

105 abmontieren
abmachen, abschrauben, demontieren, zerlegen

106 Abnahme
Kauf, Übernahme •Inspektion, Prüfung, Revision, Überprüfung •Abminderung, Beschränkung, Einschränkung, Minderung, Rückgang, Verkleinerung, Verkürzung

107 abnehmen
schlank werden, dünner werden, Gewicht verlieren •ausplündern, ausrauben, beklauen, s. bemächtigen, bestehlen, fortnehmen, hinterziehen, mitnehmen, stehlen, unterschlagen, veruntreuen, wegnehmen, s. aneignen, bestehlen, entwenden •nachbilden, übertragen •nachprüfen, untersuchen •entfernen, herunternehmen •abklingen, verebben, zurückgehen •nachlassen, schwinden •helfen, tragen •abnötigen, abpressen, abringen, abtrotzen, abzwingen, fordern, wegnehmen •abbinden, absetzen, abstreifen, auskleiden, ausziehen, entblößen, entkleiden

108 Abneigung
Abscheu, Antipathie, Feindschaft, Feindseligkeit, Hass, Voreingenommenheit, Vorurteil, Widerwille

109 abnorm
ungewöhnlich, ungewohnt •abartig, abweichend, anders, krankhaft, normwidrig, pathologisch, pervers, regelwidrig, unnatürlich, widernatürlich, zwanghaft

110 abnutzen (s.)
s. abscheuern, s. durchscheuern, s. verbrauchen

111 Abordnung
Abkommandierung, Abschiebung, Entsendung •Delegation, Kommission, Vertretung

112 Abort
Abgang, Abtreibung, Fehlgeburt •Häuschen, Klo, Klosett, Örtchen, Pissoir, Toilette, WC •Abtritt, Grube, Latrine, Senkgrube

113 abpacken
einpacken, einwickeln

114 abprallen
zurückprallen, zurückspringen

115 abrasieren
niederwalzen, zerstören •abschneiden, entfernen

116 abreagieren (s.)
ablassen, s. abreagieren, s. beruhigen, beschwichtigen

117 abreiben
abfrottieren, abtrocknen, trockenreiben •abwischen, entfernen •abfeilen, abschmirgeln, schmirgeln, glattfeilen •abfahren, abnutzen

118 Abreibung
Denkzettel, Lektion, Maßregelung, Schelte, Standpauke •Hiebe, Prügel, Schläge •Körpermassage, Massage

119 Abreise
Abfahrt, Aufbruch, Start

120 abreisen
abfahren, aufbrechen, losfahren, reisen, scheiden, verreisen, s. wegbegeben, wegfahren, wegreisen •abfliegen, davonfliegen, fortfliegen, wegfliegen, wegziehen

121 abreißen
abbrechen, abtragen, einreißen, niederreißen •abmachen, abtrennen, wegreißen •abpflücken, pflücken

122 abrichten
dressieren, lehren, trainieren

123 Abriss
Abbau, Abtragung, Demontage, Zerlegung •Aufriss, Querschnitt, Resümee, Übersicht, Zusammenfassung

124 abrollen
s. abwickeln, stattfinden, verlaufen •abfahren, wegfahren •abspulen, abwickeln

125 abrücken
abschieben, wegrücken, wegschieben •absagen, s. distanzieren, s. heraushalten, zurückziehen •abmarschieren, s. entfernen

126 Abruf
Ablösung, Entmachtung

127 abrufen
scheiden, sterben, verscheiden •wegholen, wegrufen

128 abrunden
kürzen, mindern •abdachen, abfasen, abkanten, abschrägen, schrägen •ergänzen, vervollständigen

129 abrupt
abgehackt, blitzschnell, jäh, plötzlich, ruckartig, schlagartig, schroff, sprunghaft, überraschend, unerwartet, ungeahnt, unverhofft, unvermutet, unversehens, unvorhergesehen, urplötzlich •ruckartig, ruckweise, stoßweise

130 abrüsten
abbauen, abnehmen •abbauen, entwaffnen •abtakeln, herunterziehen

131 Abrüstung
Entmilitarisierung, Entwaffnung

132 absagen
dementieren, widerrufen •abschaffen, einstellen •abschwören, s. absondern, entsagen, fortgehen, s. lossagen •abbestellen, annullieren, widerrufen, zurückziehen

133 absägen
abholzen, fällen, roden, umlegen •abschieben, ächten, boykottieren, entlassen, entmachten, kaltstellen

134 absahnen
s. bereichern, profitieren, zuschlagen •entfetten, entrahmen

135 Absatz
Podest, Treppenabsatz •Bodensatz, Sediment •Abgabe, Handel, Produktverkauf, Umsatz, Veräußerung, Verkauf, Vertrieb, Warenumschlag •Hacke, Stöckel •Abschnitt, Textabschnitt, Paragraf [Paragraph]

136 abschalten
ausdrehen, ausmachen, ausschalten •s. beruhigen, s. entspannen

137 abscheiden
absondern, ausscheiden, ausschwitzen

138 abscheulich
abstoßend, armselig, charakterlos, ekelhaft, geschmacklos, grässlich, grauenhaft, gräulich, hässlich, kümmerlich, niederträchtig, schäbig, schändlich, scheußlich, schimpflich, schmählich, schofel, skandalös, unerträglich, unschön, unsympathisch, verabscheuenswert, verbrecherisch, widerlich, widerwärtig, Abscheu erregend •abstoßend, entehrend, entwürdigend, grässlich, gräulich, schauderhaft, schmachvoll, schrecklich •abschreckend, abstoßend, hässlich, missgestaltet, unansehnlich, widerwärtig

139 abschieben
abrücken, wegschieben •entlassen, fortschicken •abwälzen, aufbürden, aufladen

140 abschießen
beschießen, erschießen, töten •abschieben, verdrängen

141 abschirmen
abdecken, absichern, abwehren, behüten, beschützen, retten, schirmen, schützen, verteidigen •abblenden, abdunkeln, verdunkeln

142 abschlagen
fällen •abweisen, abwinken, ausschlagen, verweigern, zurückweisen •bewältigen, zurückschlagen, zurückweisen

143 abschlägig
ablehnend, abschätzig, zurückweisend

144 abschließen
abzeichnen, bestätigen, gegenzeichnen, genehmigen, paraphieren, ratifizieren, signieren, unterschreiben, unterzeichnen •abriegeln, absperren, verriegeln, versperren, zumachen, zuschließen, zusperren •aufhören, beenden

145 Abschluss
Absprache, Ratifizierung, Übereinkommen, Vereinbarung →Tarifabschluss •Beendigung, Ende •Bilanz, Saldo, Schlussrechnung

146 abschneiden
abkürzen, verkürzen •mähen, schneiden •isolieren, trennen •abtrennen, lösen •Erfolg haben, Misserfolg haben

147 Abschnitt
Distrikt, Gegend, Landschaftsgebiet, Landstrich, Region •Absatz, Kapitel, Spalte, Paragraf [Paragraph], Passus, Textstelle •Ära, Epoche, Periode, Zeitabschnitt, Zeitspanne •Stück, Teilstrecke, Teilstück •Bon, Chip, Gutschein, Jeton, Kassenzettel, Kupon, Wertmarke, Zinsabschnitt •Kreisabschnitt, Kreisausschnitt, Segment •Ausschnitt, Teil, Teilbereich, Teilstrecke •Absatz, Bruchstück, Bruchteil, Fragment, Relikt, Restbestand, Teil, Torso, Überrest

148 abschrecken
abraten, warnen •abhalten, zurückhalten
149 abschreckend
schrecklich, warnend •gräulich, hässlich, widerlich
150 abschwächen (s.)
s. beruhigen, s. entspannen •abebben, nachlassen, verebben
151 abschwören
abkommen, absagen, absehen, lassen, zurücktreten
152 absehen
abschätzen, hellsehen, prognostizieren, prophezeien, vorausahnen, voraussagen, voraussehen, vorhersagen, vorhersehen, wahrsagen, weissagen •abschauen, abschreiben, nachmachen, spicken
153 abseits
außerhalb, draußen •einsam, fern liegend •beiseite, seitab •außen, hinaus, raus
154 absenken (s.)
absinken, einsacken, einsinken, s. neigen, s. senken
155 absetzen
abstoßen, loswerden, veräußern, verkaufen •hinfahren •absagen, ausfallen, streichen •ablegen, abstellen, hinstellen, niederlegen •abstillen, entwöhnen •anschwemmen •abwählen, stürzen
156 absolut
bedingungslos, uneingeschränkt •völlig, vollkommen •allgewaltig, autoritär, beherrschend, gebieterisch, unbeschränkt, uneingeschränkt, unumschränkt
157 absolvieren
bestehen, durchkommen •ableisten, bewältigen, erledigen, machen
158 absonderlich
befremdend, bizarr, eigen, merkwürdig, verschroben, wunderlich
159 Absonderlichkeit
Eigenartigkeit, Eigentümlichkeit, Merkwürdigkeit
160 absondern
bluten, harzen •absperren, isolieren •abscheiden, ausscheiden, schwitzen, transpirieren
161 abspannen
ausspannen, erholen •abhalftern, absatteln, abschirren, abzäumen, ausschirren, ausspannen
162 absperren
abschalten, ausschalten •abriegeln, abschließen, verschließen, zumachen •s. abkapseln, s. abschließen, s. absondern, s. distanzieren, s. isolieren, s. separieren, s. vergraben, s. verschließen
163 Absperrung
Abtrennung, Isolation •Abriegelung, Blockade, Kordon, Sperre, Straßensperre
164 abspielen
ablaufen, geschehen •abgeben, zuspielen
165 abspringen
kündigen •abblättern, abbröckeln, abplatzen, absplittern, s. lösen, losgehen •abfallen, s. distanzieren, s. lossagen •herabspringen, herunterspringen
166 abstammen
ableiten, herkommen, herstammen
167 Abstammung
Ableitung, Herleitung •Abkunft, Herkommen, Herkunft, Ursprung
168 Abstand
Pause, Zwischenzeit •Abfindung, Abstandszahlung, Entschädigung, Geldleistung •Distanz, Entfernung, Sicherheitsabstand •Intervall, Unterbrechung, Zeitspanne, Zwischenraum, Zwischenzeit •Tonabstand, Zwischenraum
169 abstauben
s. bemächtigen, mitnehmen •abwischen, reinigen
170 abstechen
töten, umbringen •abweichen, s. unterscheiden

171 abstecken
abgrenzen, abzäunen •bezeichnen, kennzeichnen, markieren
172 absteigen
einkehren, logieren, rasten, schlafen, übernachten •absitzen, herabsteigen, heruntersteigen, hinuntergehen •s. verschlechtern, s. verschlimmern
173 abstellen
beheben, verhindern, verhüten •hinstellen, niederstellen •s. abgewöhnen •abdrehen, ausdrehen, ausschalten •abkommandieren, abordnen, entsenden, schicken •parken, unterstellen
174 absterben
eingehen, verdorren, verkümmern •abklingen, ausklingen, verklingen •aussterben, nachlassen, untergehen, verschwinden, zurückgehen
175 Abstieg
Niedergang, Untergang, Verfall
176 abstimmen
anpassen, koordinieren •beschließen, votieren, wählen
177 Abstimmung
Stimmabgabe, Wahl •Referendum, Volksabstimmung, Volksbefragung, Volksentscheid, Wahl •Bürgerentscheid •Einklang, Harmonisierung, Kompromiss
178 abstinent
enthaltsam, gemäßigt, genügsam, mäßig
179 Abstinenz
Enthaltsamkeit, Entsagung, Mäßigung
180 abstoßen
anekeln, anwidern, ekeln, missfallen, verabscheuen, zurückweisen •abscheuern, abtragen, abwetzen •wegstoßen, zurückstoßen •abwerfen, nadeln •veräußern, verkaufen
181 abstreifen
durchstreifen, durchsuchen •abpflücken, ernten •auskleiden, entkleiden •abtreten, sauber machen •abhäuten, ablösen, abschwarten, abziehen, schälen, schwarten
182 abstufen
abschattieren, abtönen, tönen •staffeln, unterscheiden, unterteilen
183 Abstufung
Abtönung, Differenzierung, Schattierung •Nuance, Staffelung
184 abstumpfen
abtöten, verkommen, verwahrlosen, unempfindlich werden
185 Absturz
Computerabsturz, Crash, Programmabsturz, Rechnerabsturz, Systemabsturz •Katastrophe, Unglück •Fall, Sturz
186 absuchen
abgrasen, abkämmen, abstreifen, aufsuchen, durchstöbern, durchstreifen •ableuchten, abtasten, anfassen, anfühlen, anlangen, anrühren, antasten, befingern, befühlen, berühren, betasten, erahnen, erfühlen, erspüren, ertasten, fühlen, greifen, hinlangen, kontrollieren, tasten, untersuchen •ablesen, aufsammeln
187 Abteil
Eisenbahnabteil, Großraumwagen, Zugabteil, Coupé [Kupee]
188 Abteilung
Einheit, Geschwader, Gruppe, Haufen, Kolonne, Nachhut, Pulk, Schar, Trupp, Truppe, Verband, Vorausabteilung, Vorhut, Zug •Amtsbereich, Arbeitsgebiet, Aufgabengebiet, Bereich, Dezernat, Geschäftsbereich, Ressort, Sachgebiet •Gruppe, Riege, Turnmannschaft •Gruppe, Kaste, Klasse, Schicht
189 abtragen
abschwemmen, mitreißen •abzahlen, bezahlen, tilgen •abreißen, einreißen, niederreißen •abdecken, abräumen, wegräumen •abbrauchen, abnützen, abnutzen

190 abtransportieren
entfernen, fortbringen, wegbringen, wegschaffen

191 abtreiben
ausstoßen, fehlgebären, wegnehmen •forttreiben, wegtreiben •abkommen, wegtreiben

192 abtrennen
losbinden, losmachen •abreißen, losreißen •amputieren, lostrennen •entzweigehen, wegbrechen •abklemmen, ablösen •abhacken, abhauen •abbrechen, abdrehen, lösen

193 Abtrennung
Abnahme, Amputation •Ablösung, Abspaltung, Loslösung, Lostrennung

194 abtreten
abliefern, überlassen •abnützen, abnutzen, aufbrauchen •abdanken, kündigen, zurücktreten

195 abtrocknen
abfrottieren, frottieren, trockenreiben

196 Abwasser
Abwässer →Hausabwässer, Industrieabwässer

197 abwechseln
folgen, wechseln, aufeinander folgen

198 abwechselnd
folgend, hintereinander, nacheinander, wechselseitig, aufeinander folgend •alternativ, alternierend, periodisch, umschichtig, wahlweise, wechselweise

199 abwegig
ausgefallen, ungebräuchlich, ungewohnt, unüblich, verrückt •irrig, seltsam, unzusammenhängend

200 Abwehr
Abwehrdienst, Geheimdienst, Nachrichtendienst •Defensive, Gegenwehr, Notwehr

201 Abwehrbereitschaft
Angriffsbereitschaft, Einsatzbereitschaft, Kampfbereitschaft, Verteidigungsbereitschaft

202 abweichen
abgehen, abgleiten, abirren, abkommen, abschweifen, s. entfernen •abstechen, s. unterscheiden

203 Abweichung
Abartigkeit, Anomalie, Anomalität, Normwidrigkeit, Perversion, Regelwidrigkeit, Unnatürlichkeit, Widernatürlichkeit •Änderung, Normwidrigkeit, Regelverstoß, Regelwidrigkeit, Ungleichmäßigkeit, Unstimmigkeit, Unterschied, Verschiedenartigkeit •Abirrung, Richtungsänderung •Ausnahme, Besonderheit, Eigenart, Variante

204 abwenden
verhindern, vorsorgen •abkehren, wegwenden •unterbinden, verhindern, verhüten

205 abwerfen
abstreifen, s. befreien, s. entledigen •bombardieren, herabwerfen, herunterwerfen, hinunterwerfen •s. lohnen, s. rentieren •entblättern, s. entlauben, nadeln

206 abwerten
abqualifizieren, entwürdigen, verleumden, verunglimpfen •herabsetzen, vermindern

207 abwesend
anderswo, fehlend, fort, verschwunden, weg •abgelenkt, achtlos, fahrlässig, flüchtig, gedankenlos, gedankenverloren, geistesabwesend, grübelnd, nachdenklich, nachlässig, sorglos, träumerisch, unachtsam, unaufmerksam, unbeteiligt, unkonzentriert, unsorgfältig, unvorsichtig, versunken, zerfahren, zerstreut

208 Abwesenheit
Abgelenktheit, Achtlosigkeit, Fahrlässigkeit, Gedankenlosigkeit, Geistesabwesenheit, Gleichgültigkeit, Konzentrationsschwäche, Nachlässigkeit, Schaltpause, Sorglosigkeit, Unaufmerksamkeit, Unkonzentriertheit, Zerstreutheit •Fehlen

209 abwiegen
abmessen, ausmessen, auswiegen, berechnen, dosieren, messen, zuteilen

210 Abzeichen
Dekoration, Ehrenzeichen →Anstecknadel, Band, Emblem, Gedenkmünze, Hoheitszeichen, Insignien, Kokarde, Nadel, Orden, Plakette, Schaumünze, Symbol, Wahrzeichen, Wappen •Blesse, Brandzeichen, Mal, Zeichen

211 abzeichnen
gegenzeichnen, paraphieren, quittieren, signieren, unterschreiben, unterzeichnen •abpausen, durchzeichnen, kopieren

212 abzeichnen (s.)
s. abheben •s. abdrücken, s. eindrücken •wahrscheinlich sein

213 abziehen
abmarschieren, zurückziehen •abhobeln, glätten •kopieren, nachbilden •abpumpen •abzapfen, herausziehen •abnehmen, abstreifen •abbuchen, abrechnen, abzählen, subtrahieren, vermindern, wegnehmen •abhäuten, enthäuten, häuten, schälen

214 Abzug
Bild, Foto •Abzugskamin, Dunstabzug, Entlüfter •Kopie, Nachbildung •Abmarsch, Räumung, Rückzug •Abzugshahn, Abzugshebel •Preisnachlass, Rabatt, Skonto •Abrechnung, Abstrich •Belüftung, Entlüftung, Luftschacht, Lüftung

215 abzweigen
abbiegen, einbiegen, gabeln, teilen •einsparen, erübrigen, zurücklegen •klauen, stehlen, unterschlagen

216 achten
aufpassen, behüten •anerkennen, bewundern, honorieren, respektieren, schätzen, verehren, würdigen •aufpassen, beachten, einhalten

217 Achtlosigkeit
Gedankenlosigkeit, Gleichgültigkeit, Nachlässigkeit, Sorglosigkeit, Unbesonnenheit, Ungenauigkeit, Unordentlichkeit

218 Achtung
Anerkennung, Ansehen, Bewunderung, Ehrerweisung, Ehrfurcht, Hochachtung, Pietät, Prestige, Respekt, Reverenz, Rücksicht, Verehrung, Wertschätzung

219 Ächtung
Diskriminierung, Missachtung, Ungerechtigkeit, Verachtung, Zurücksetzung •Acht, Anathema, Ausschluss, Bann, Kirchenbann, Verfluchung •Acht, Bannfluch, Verfluchung

220 Ackerbau
Agrarwesen, Feldarbeit, Feldbau, Feldbestellung, Felderwirtschaft, Landwirtschaft

221 ackern
bestellen, pflügen •s. anstrengen, s. bemühen

222 Addition
Hinzufügung, Zusammenzählen

223 Adel
Adelsstand, Aristokratie, Fürstenstand

224 adelig
edel, erhaben, herrschaftlich, nobel, vornehm, würdevoll •aristokratisch, blaublütig, edelmännisch, erlaucht, feudal, fürstlich, gewaltig, herzoglich, junkerlich, königlich, mächtig, ritterlich

225 Adelige
Adeliger, Aristokrat, Baron, Edelmann, Edler, Freiherr, Fürst, Gebieter, Graf, Herrscher, Herzog, König, Landesherr, Monarch, Prinz, Regent, Souverän •Aristokratin, Baronesse, Baronin, Edelfrau, Edle, Freifrau, Freifräulein, Fürstin, Gebieterin, Gräfin, Herrscherin, Herzogin, Königin, Landesfürstin, Monarchin, Prinzessin, Regentin •Königssohn, Prinz •Königstochter, Prinzessin

226 Adelsfamilie
Adelsgeschlecht, Fürstengeschlecht, Fürstenhaus

227 Ader
Arterie, Blutader, Blutbahn, Blutgefäß, Schlagader •Fähigkeiten, Gaben, Intelligenz, Talent, Veranlagung

228 Adresse
Anschrift, Aufenthaltsort, Heimatanschrift, Wohnort, Wohnsitz, Wohnungsangabe •Denkschrift, Schreiben

229 Affäre
Abenteuer, Liebeserlebnis •Begebenheit, Besonderheit, Episode, Ereignis, Geschehnis, Zufall •Angelegenheit, Begebenheit, Episode, Ereignis, Geschehen, Intermezzo, Sache, Vorkommnis, Zwischenfall, Zwischenspiel

230 Agent
Aufpasser, Geheimagent, Geheimnisträger, Gewährsmann, Hintermann, Informant, Kontaktmann, Kundschafter, Landesverräter, Saboteur, Schnüffler, Späher, Spion, Spitzel, Spürhund, V-Mann, Verräter •Bevollmächtigter, Geschäftsreisender, Handelsreisender, Klinkenputzer, Reisender, Repräsentant, Stellvertreter, Verkäufer, Vertreter

231 aggressiv
angriffslustig, aufgerüstet, aufmüpfig, aufrührerisch, aufsässig, aufständisch, barbarisch, bedenkenlos, beharrlich, bestialisch, bockbeinig, bockig, borniert, bösartig, böswillig, brutal, entmenscht, entzweit, erbarmungslos, fanatisch, feind, feindlich, feindselig, gefechtsbereit, gegnerisch, gehässig, gerüstet, gewalttätig, gewissenlos, giftig, gnadenlos, grausam, hadersüchtig, händelsüchtig, hasserfüllt, herzlos, inhuman, kampfbereit, kämpferisch, kampflustig, kriegerisch, militant, mitleidlos, offensiv, provokant, provokativ, rabiat, rachgierig, rachsüchtig, streitbar, streitsüchtig, verroht, wehrhaft, zänkisch, zanksüchtig, zerstritten, kalt lächelnd •dickköpfig, dickschädelig, dogmatisch, doktrinär, eigensinnig, halsstarrig, hart, hartherzig, kompromisslos, kratzbürstig, nachtragend, radikal, rebellisch, rechthaberisch, reizbar, rigoros, rücksichtslos, schonungslos, standhaft, starr, starrköpfig, starrsinnig, unbarmherzig, unerbittlich, unerschütterlich, unfolgsam, unfreundlich, unfügsam, ungehorsam, unmenschlich, unnachgiebig, unnachsichtig, unversöhnlich, unverträglich, verbohrt, verfehdet, verfeindet, verstockt, widerborstig, widersetzlich, widerspenstig, hart gesotten, übel wollend

232 Aggressivität
Abwehrbereitschaft, Angriffslust, Einsatzbereitschaft, Händelsucht, Händelsüchtigkeit, Kampfbereitschaft, Kampfentschlossenheit, Streitbarkeit, Streitlust, Zanksucht •Tollkühnheit, Unerschrockenheit, Unverzagtheit, Vermessenheit

233 Aggressor
Angreifer, Eroberer, Stürmer, Sturmtrupp

234 ahnden
heimzahlen, vergelten •abrechnen, bestrafen, maßregeln, strafen

235 Ahne
Begründer, Gründer, Urahn, Urahne, Vorfahr →Ahnherr, Stammvater, Stammmutter [Stamm-Mutter]

236 ähnlich
s. ähnelnd, analog, s. entsprechend, s. gleichend, sinngemäß, vergleichbar, verwandt

237 Ähnlichkeit
Abbild, Abbildung, Abklatsch, Analogie, Ebenbild, Entsprechung, Gleichartigkeit, Gleichheit, Spiegelbild, Übereinstimmung, Vergleichbarkeit

238 Ahnung
Argwohn, Bedenken, Befürchtung, Besorgnis, Erwartung, Prognose, Riecher, Skepsis, Skrupel, Verdacht, Vermutung, Vorahnung, Vorgefühl

239 ahnungslos
arglos, blind, einfältig, gutgläubig, kindlich, kritiklos, leichtgläubig, naiv, unaufgeklärt, unbelesen, unerfahren, unfertig, ungebildet, unmündig, unreif, unschuldig, unvorbereitet, unwissend, vertrauensselig, zutraulich, nichts ahnend, ohne Standpunkt •unschuldig, unschuldsvoll •plötzlich, unverhofft, unversehens

240 Akkord
Akkordarbeit, Fließbandarbeit, Lohnarbeit •Wohlklang, Zusammenklang •Missklang

241 Akt
Aufführung, Darbietung, Nummer, Schau, Vorführung, Vorstellung •Beischlaf, Geschlechtsakt, Vereinigung •Handlung, Tat, Verhalten •Ritual, Zeremonie

242 Akte
Dokument, Schriftstück, Urkunde →Geheimakte, Personalakte, Verschlussakte •Aktenbündel, Aktensammlung, Dossier

243 aktenkundig
aufgeschrieben, eingetragen •bekannt

244 Aktion
Kampagne, Unternehmen •Handlung, Maßnahme, Tat, Vorgehen

245 aktiv
anstellig, arbeitsam, arbeitsfreudig, ausdauernd, bemüht, bestrebt, betriebsam, diensteifrig, eifrig, energisch, fleißig, pflichtbewusst, rastlos, rührig, strebsam, tatendurstig, tatkräftig, tüchtig, unermüdlich, unternehmungslustig, unverdrossen, verantwortungsbewusst, versessen, willig, zielgerichtet •besessen, fanatisch •lebhaft, unruhig

246 Aktiv
Tatform, Tätigkeitsform

247 Aktivität
Abenteuerlust, Arbeitsfreude, Arbeitslust, Betätigungsdrang, Elan, Emsigkeit, Erlebnishunger, Fleiß, Kraft, Leistungsfähigkeit, Rastlosigkeit, Schaffenslust, Spannkraft, Tatendrang, Tatendurst, Tätigkeitsdrang, Tatkraft, Tüchtigkeit, Unternehmungsgeist, Unternehmungslust, Wagemut •Rastlosigkeit, Ruhelosigkeit, Übereifer •Fanatismus, Unduldsamkeit

248 aktuell
gegenwärtig, gegenwartsnah, neuzeitlich, spruchreif, zeitgemäß •brandneu, brühwarm •akut, derzeitig, spruchreif, vordringlich, wichtig

249 Akupressur
Drücken, Fingerdrücken, Handdrücken, asiatisches Heildrücken, chinesisches Heildrücken

250 Akupunktur
Körperakupunktur, Laserakupunktur, Nadelstich, Nadelung, Ohrakupunktur, fernöstliche Medizin

251 Alarm
Einsatzsignal, Feueralarm, Feuermeldung, Hilferuf, Hupzeichen, Notruf, Notsignal, Rettungsruf, Rettungssignal, SOS, SOS-Ruf, Warnruf, Warnsignal

252 albern
herumalbern, spaßen •infantil, kindisch, komisch, lächerlich, töricht

253 Album
Andenkenbuch, Gedenkbuch, Sammelbuch

254 Alibi
Abwesenheitsnachweis, Nachweis, Rechtfertigung

255 Alkohol
Alkoholika, Rachenputzer, Spirituosen →Hochprozentiges, Schnaps

256 alle
allesamt, ganz, jeder, sämtliche •aufgebraucht, verbraucht

257 allein
einzig, ledig, solo, für sich •ausschließlich, nur •aber, jedoch •einsam, isoliert, verlassen •ausschließlich, bloß, lediglich, nur

258 allgemein
unbestimmt, ungenau, vage •gemein, gesamt, global, international, umfassend, universal, weltumfassend, weltweit •generell, grundsätzlich, vielfach, weit gehend

259 Alliierte
Bundesgenossen, Bündnispartner, Konföderierte, Verbündete

260 allwissend
allmächtig, mächtig, übermenschlich, übernatürlich, vollkommen

261 Alphabet
Abc, Abece, Buchstabenfolge

262 also
demnach, folglich, logischerweise, somit •endlich, schließlich

263 alt
ehemalig, gestrig, gewesen, verflossen, vergangen, vormalig •ranzig, sauer, ungenießbar, verdorben •altertümlich, altmodisch, angestaubt, antik, antiquarisch, gestrig, unmodern, uralt, veraltet, vorsintflutlich •bekannt, langweilig •damalig, ehemalig, früher •bejahrt, betagt, grauhaarig, weise, weißhaarig •belanglos, billig, minderwertig, nutzlos, unbrauchbar, unerheblich, ungeeignet, unpraktisch, unwichtig, unzweckmäßig, wertlos •altersschwach, brüchig, erledigt, hinüber, morsch, zerfallen •gebraucht, getragen, verschlissen •hart, trocken •senil, vergreist, verkalkt •entwertet, unbrauchbar, ungültig, verfallen, wertlos •fossil, versteinert, vorweltlich •abgetragen, schäbig, vorsintflutlich •gebrechlich, hinfällig, zittrig

264 Altar
Gottestisch, Opfertisch

265 Altenheim
Altenstift, Altenwohnheim, Altersheim, Seniorenheim, Seniorenstift

266 Alter
Abend, Bejahrtheit, Lebensabend, Lebensausklang, Lebensende, Ruhestand •Greis, Greisin •Altersklasse, Generation, Lebensalter

267 alternativ
grün, naturbewusst, umweltbewusst •abweichend, anders •wahlweise, wechselweise

268 Alternative
Andere, Auswahl, Entscheidung, Gegenentwurf, Gegenmeinung, Gegenmodell, Gegenvorschlag, Wahl, Wahlmöglichkeit

269 Altersgenosse
Gleichaltriger, Zeitgenosse

270 Altertum
Urzeit, Vorzeit •Antike, Klassik

271 Amazone
Emanze, Feministin, Frauenrechtlerin, Suffragette •Kämpferin, Streiterin •Reiterin

272 ambulant
umherziehend, wandernd •vorübergehend

273 Amme
Kinderfrau, Kindermädchen, Nährmutter

274 Amnesie
Erinnerungslücke, Gedächtnisschwäche, Gedächtnisschwund, Gedächtnisverlust

275 Amoklauf
Besessenheit, Raserei, Tötungssucht

276 amoralisch
lasterhaft, ungebührlich, ungehörig, unmoralisch, unsolide

277 Ampel
Blumenampel, Hängelampe •Verkehrsampel, Verkehrssignal

278 Amputation
Abtrennung, Exartikulation, Exzision, Gliedabsetzung, Gliedabtragung, Resektion, Trennung

279 amputieren
abmachen, absetzen, abtrennen, entfernen, resezieren, operativ entfernen

280 Amt
Gottesdienst→Hochamt •Fernamt, Fernsprechamt, Fernsprechzentrale, Telefonvermittlung, Telefonzentrale •Behörde, Dienststelle, Instanz, Ministerium, Regierungsstelle, Verwaltung •Aufgabe, Tätigkeitsbereich •Bürgermeisteramt, Gemeindeamt, Rathaus, Stadtverwaltung

281 amtlich
beglaubigt, bestätigt, bezeugt, glaubwürdig, nachgewiesen, offiziell, urkundlich •förmlich, unpersönlich •behördlich, bekannt, dienstlich, ministeriell, öffentlich, offiziell, verwaltungsmäßig

282 Amtstracht
Amtskleidung, Habit, Ornat, Robe, Talar

283 Amulett
Fetisch, Glücksbringer, Maskottchen, Talisman

284 amüsant
belustigend, erheiternd, humorvoll, komisch, lustig, närrisch, possenhaft, putzig, ulkig, vergnüglich •abwechslungsreich, anregend, belebend, erheiternd, gesellig, kurzweilig, unterhaltend, zerstreuend

285 analog
entsprechend, gemäß, passend

286 Analyse
Beobachtung, Prüfung, Untersuchung •Zergliederung, Zerlegung

287 analysieren
prüfen, untersuchen •aufgliedern, zerlegen

288 Anbahnung
Anknüpfung, Fühlungnahme, Kontaktaufnahme

289 Anbau
Anpflanzung, Bebauung, Bepflanzung, Bewirtschaftung, Feldbestellung

290 anbauen
anpflanzen, bebauen, bepflanzen, bewirtschaften, kultivieren, pflanzen, Ackerbau treiben •erweitern, vergrößern

291 anbei
anliegend, beiliegend, als Anlage

292 anbetteln
anborgen, anpumpen, betteln

293 Anbetung
Bewunderung, Ehrerweisung, Ehrfurcht, Hochachtung, Hochschätzung, Pietät, Respekt, Rücksicht, Verehrung, Wertschätzung •Bewunderung, Kult, Verehrung, Vergötterung

294 anbieten
bieten, darbieten, hinhalten, hinreichen •bereitstellen, reichen •antragen, offerieren •anpreisen, feilbieten

295 Anblick
Betrachtung •Eindruck, Erscheinung

296 anbrechen
aufmachen, öffnen •anfangen, kommen •benötigen, gebrauchen

297 anbringen
anbieten, feilbieten, verkaufen •anschleppen, herbeibringen, herbeitragen •anmachen, aufhängen, befestigen

298 Andacht
Anspannung, Versunkenheit •Betstunde, Gebet

299 andächtig
andachtsvoll, ergriffen, gesammelt, konzentriert, versunken

300 Andenken
Erinnerung, Gedächtnis, Gedenken •Erinnerungsstück, Erinnerungszeichen, Mitbringsel, Souvenir •Denkzettel, Mahnung

301 ändern
ableiten, ablenken, brechen, s. brechen, reflektieren •ersetzen, wechseln •abändern, abwandeln, abweichen, erneuern, korrigieren, reformieren, transformieren, überarbeiten, umändern, umarbeiten, umbilden, umformen, umfunktionieren, umgestalten, umorganisieren, umsetzen, umwandeln, variieren, verändern, verbessern, verwandeln, wandeln •bekehren, verwandeln

302 anders
ähnlich, andersartig, vergleichbar, andersgeartet, anders lautend •fremd, neu •abweichend, andersartig, grundverschieden, ungleich, unterschiedlich, unvereinbar, verschieden, verschiedenartig

303 Änderung
Ablenkung, Abwechslung, Beschäftigung, Zeitvertreib •Aufstieg, Auftrieb, Aufwind, Steigerung •Abänderung, Abwandlung, Aufschwung, Berichtigung, Durchsicht, Entfaltung, Erfolg, Erneuerung, Fortschritt, Innovation, Korrektur, Modifizierung, Neubeginn, Reform, Umänderung, Umarbeitung, Umbildung, Umbruch, Umgestaltung, Umkehr, Umschwung, Umwandlung, Variation, Veränderung, Verbesserung, Verwandlung, Wachstum, Wandel, Wandlung, Wechsel, Wende •Neubeginn, Neubelebung, Neuerung, Neugestaltung, Neuordnung, Neuorientierung, Neuregelung, Umkehr, Wiederaufleben, Wiederaufnahme, Wiederbelebung, Wiedergeburt, Wiederkehr, Come-back [Comeback] •Gestaltwandel, Metamorphose, Umgestaltung, Verwandlung

304 Andrang
Ansturm, Gedränge, Gemenge, Getriebe, Gewühl, Run, Zulauf, Zustrom

305 andrehen
aufbürden, aufhalsen •betrügen, hineinlegen, hintergehen, schwindeln, überlisten, übertölpeln •aufschwatzen, bearbeiten, breitschlagen, erweichen, werben •anknipsen, anmachen, anschalten, einschalten

306 aneignen (s.)
s. anlesen, s. einprägen, studieren •s. bemächtigen, s. bereichern, herausholen, herausschlagen, zuschlagen •s. angewöhnen, annehmen, lernen, übernehmen

307 aneinander
verbunden, verknüpft, zusammengefügt, zusammengeheftet

308 anerkannt
achtbar, angesehen, aufrichtig, begehrt, beliebt, bewundert, ehrbar, geachtet, geehrt, gefragt, geliebt, geschätzt, gesucht, populär, rechtschaffen, redlich, renommiert, schätzenswert, unbescholten, untadelig, verehrt, vergöttert, vertrauenswürdig •angebetet, beliebt, berühmt, geehrt, gefeiert, verehrt, vergöttert

309 anerkennen
achten, bewundern, respektieren, schätzen •beglaubigen, bekräftigen •auszeichnen, belobigen, feiern, loben, rühmen, verklären

310 anfahren
auffahren, kollidieren, zusammenfahren, zusammenstoßen •schimpfen, tadeln •auftischen, auftragen, bewirten, vorsetzen •streifen, verletzen •heranbringen, herbeischaffen

311 Anfahrt
Auffahrt, Zufahrt •Anfahrtsstrecke, Anfahrtsweg, Weg •Ankunft, Anreise, Arrival, Hinweg

312 Anfall
Anwandlung, Koller •Attacke, Kolik, Schmerzanfall

313 anfallen
entstehen, s. ergeben, s. herausstellen •angreifen, attackieren, erstürmen, überfallen, überraschen

314 anfällig
disponiert, empfänglich, schwächlich •empfindlich, jammernd, schwächlich, überempfindlich, wehleidig, weichlich, zimperlich

315 Anfälligkeit
Empfänglichkeit, Schwachheit, Zartheit •Empfindlichkeit, Kraftlosigkeit, Unbeständigkeit

316 anfangen
anpacken, eröffnen, herangehen •anbrechen, hereinbrechen

317 Anfechtung
Kitzel, Reiz, Versuchung, Wirkung •Beanstandung, Beschwerde, Einspruch, Einwand, Einwurf, Entgegnung, Gegenmeinung, Gegenstimme, Klage, Protest, Reklamation, Veto, Widerspruch, Zweifel

318 anfeinden
beleidigen, kränken, verunglimpfen, verwunden, schlecht machen •angreifen, befeinden, bekämpfen, grollen, hassen, missbilligen, verabscheuen, verachten, zanken, zürnen

319 Anfeindung
Angriff, Beleidigung, Beschimpfung, Schmähung, Verleumdung, Verunglimpfung •Feindseligkeit, Händel, Kampf, Konflikt, Streit, Unfriede, Zwist

320 Anfertigung
Bau, Erschaffung, Erzeugung, Herstellung, Produktion •Aufzeichnung, Entwurf

321 anfeuern
anbrennen, anfachen, anheizen, anschüren, anstecken, anzünden, entfachen, entzünden, verbrennen, zünden •ablenken, anspornen, anstacheln, anstiften, antreiben, auffordern, aufhetzen, aufmuntern, aufstacheln, bekehren, bereden, bestärken, bestätigen, bitten, einreden, engagieren, erheitern, ermahnen, ermuntern, ermutigen, raten, reizen, überreden, würdigen, zerstreuen, zuraten, zureden, nahe legen •aktivieren, antreiben, nachhelfen, vorantreiben •aufheitern, erheitern, zerstreuen •befürworten, unterstützen

322 Anflug
Annäherung, Heranfliegen •Andeutung, Anklang, Nuance, Schimmer

323 Anforderung
Auftrag, Bestellung, Vorbestellung •Beanspruchung, Forderung

324 Anfrage
Angebot, Antrag, Vorschlag •Brief, Verkaufswunsch •Bitte, Erkundigung, Frage, Nachfrage, Umfrage •Frage, Hilferuf

325 anfragen
aufklären, ausforschen, ausfragen, aushorchen, auskundschaften, ausspähen, ausspionieren, befragen, bitten, durchforschen, erforschen, erfragen, ergründen, erkunden, s. erkundigen, ermitteln, fragen, herumfragen, herumhorchen, s. informieren, kundschaften, nachbohren, nachforschen, nachfragen, s. orientieren, recherchieren, sondieren, suchen, s. umhören, s. umtun, s. unterrichten, untersuchen

326 Anfuhr
Maßregelung, Rüge, Vorwurf, Zurechtweisung •Antransport, Lieferung

327 anführen
befehligen, leiten •irreführen, narren, verkohlen •aufzählen, erwähnen, vorbringen, zitieren •führen, vorangehen, vorausgehen

328 Angabe
Angeberei, Aufschneiderei, Effekthascherei, Großsprecherei, Hochstapelei, Mache, Prahlerei, Protzerei, Prunksucht, Übertreibung, Wichtigtuerei •Hinweis, Information, Verweis

329 Angeber
Aufschneider, Besserwisser, Gernegroß, Großmaul, Großsprecher, Großtuer, Marktschreier, Maulheld, Möchtegern, Münchhausen, Prahler, Prahlhans, Protz, Protzer, Schaumschläger, Sprücheklopfer, Sprüchemacher, Wichtigtuer, Windbeutel

330 angehen
anbelangen, anbetreffen, betreffen, gelten •beginnen, starten •berühren, betreffen

331 Angehöriger
Beteiligter, Mitarbeiter, Mitglied •Abkomme, Abkömmling, Anverwandter, Familienmitglied, Nachfahre, Nachkomme, Verwandter, Vorfahr

332 angeklagt
angezeigt, beklagt, beschuldigt, bezichtigt

333 Angelegenheit
Affäre, Fall, Frage, Problem, Punkt, Sachlage, Umstand

334 angenehm
erwünscht, günstig, passend, willkommen, gern gesehen •heiter, sonnig, warm •behaglich, bequem, gemütlich, komfortabel, wohnlich •entkrampft, entspannt •fröhlich, heiter •rein, wohlklingend •appetitlich, aufbauend, bekömmlich, kräftigend, zuträglich, wohlschmeckend •attraktiv, einnehmend, liebenswürdig, nett •duftend, parfümiert, wohlriechend •erfreulich, vorteilhaft, willkommen

335 angenommen
anerzogen, erworben •erdacht, erdichtet, erfunden, vorgetäuscht •adoptiert

336 angeregt
angespannt, angestrengt, intensiv, konzentriert •interessant, lebhaft, munter, unterhaltsam

337 angeschlagen
abgehetzt, abgekämpft, abgespannt, angegriffen, aufgerieben, entkräftet, entnervt, erholungsbedürftig, erledigt, erschöpft, mitgenommen, müde, überanstrengt, überfordert, überlastet, zerschlagen •angebrochen, aufgerissen, geöffnet •angegriffen, bettlägerig, leidend, unpässlich, unwohl

338 angeschwollen
dick, verdickt •angestaut, angestiegen, hoch

339 Angesicht
Antlitz, Gesicht, Miene

340 angespannt
angestrengt, konzentriert •bedenklich, bedrohlich, dunkel, ernst, gefahrvoll, kritisch, problematisch, verdächtig, zweischneidig •gespannt, straff

341 angestammt
angeboren, ererbt, geerbt, übernommen •angeboren, ursprünglich, vererbt

342 angleichen (s.)
s. assimilieren, s. einfügen, s. einleben, s. einordnen, s. richten

343 angliedern
anfügen, annektieren, anschließen, eingemeinden, eingliedern, einverleiben, erobern, vereinen

344 angreifen
beleidigen, kritisieren •beschädigen, zersetzen •anfallen, anpacken, anstürmen, attackieren, bestürmen, eindringen, erstürmen, losstürmen, stürmen, überfallen, vordringen, vorgehen, vormarschieren, vorpreschen, vorrücken, vorstoßen, vorstürmen

345 angrenzen
anliegen, anrainen

346 angriffslustig
aggressiv, herausfordernd, kampfbereit, streitsüchtig, zanksüchtig

347 Angriffspunkt
Beweggrund, Handhabe, Möglichkeit, Ursache

348 Angst
Ängstlichkeit, Bangigkeit, Depression, Feigheit, Furchtsamkeit, Kleinmütigkeit, Mutlosigkeit, Niedergeschlagenheit, Phobie, Schüchternheit, Zaghaftigkeit •Entschlusslosigkeit, Unentschlossenheit, Unschlüssigkeit •Furcht, Panik, Scheu, Unsicherheit, Verlegenheit •Aufregung, Herzklopfen, Lampenfieber, Prüfungsangst •Massenangst, Panik

349 ängstigen (s.)
bangen, beben, erschrecken, s. fürchten, zittern, zusammenfahren •s. abhärmen, s. quälen, schwarzsehen, s. sorgen

350 ängstlich
angstvoll, argwöhnisch, bang, bebend, befangen, beklommen, besorgt, erschreckt, feige, furchtsam, gehemmt, hasenfüßig, kleinmütig, scheu, schreckhaft, schüchtern, überängstlich, übervorsichtig, verängstigt, verschreckt, verschüchtert, zaghaft, zimperlich, zitternd, angsterfüllt, angstschlotternd •deprimiert, entmutigt, gedrückt, mutlos, niedergedrückt, niedergeschlagen, resigniert, verzagt, verzweifelt •entschlusslos, schwankend, unentschieden, unentschlossen, unschlüssig, wankelmütig, zaghaft, zögernd •gewissenhaft, übertrieben •bedrückt, bekümmert, kummervoll, nachdenklich, schwarzseherisch, sorgenbeladen, sorgenvoll •bang, besorgt, eingeschüchtert, schreckhaft, verschüchtert, zag •bänglich, gehemmt, scheu, schüchtern, verängstigt, verschämt, verschüchtert, zaghaft, zurückhaltend

351 anhalten
ermahnen, hinweisen •andauern, dauern, s. hinziehen, währen

352 Anhang
Gefolge, Gesellschaft, Herde, Hofstaat, Stab, Tross •Beifügung, Beilage, Zusatz •Familie, Sippe, Verwandtschaft

353 anhängen
ankuppeln, verbinden •anhaften, belasten, verunglimpfen, schlecht machen •ergänzen, hinzufügen •anbrennen, ansetzen

354 Anhänger
Angehöriger, Beteiligter, Fan, Gefolgschaft, Jasager, Jünger, Komplize, Mitglied, Mitläufer, Partei-

freund, Parteigänger, Parteigenosse, Parteimitglied, Sympathisant, Teilnehmer, Verehrer •Fan, Gefolgsmann, Gemeindemitglied, Glaubensgenosse, Kirchenangehöriger, Schwärmer •Mitläufer, Opportunist, Wendehals, Wetterfahne •Amulett, Schmuckstück •Hänger →Bootsanhänger, Caravan, Wohnwagen

355 anhänglich
anklebend, klebrig •beständig, ergeben, getreu, loyal, treu, zuverlässig •geradlinig, konform, linientreu, überzeugt, treu ergeben

356 anheben
aufschlagen, heraufsetzen, hinaufsetzen, steigern, überteuern, verteuern, wuchern, hoch treiben •einsetzen •aufbessern, heraufsetzen •hoch heben, hoch wuchten

357 anheften
anfügen, beifügen, beigeben, beiheften, beilegen, dazulegen, zulegen •anklammern, anstecken, festklammern, festmachen

358 anheizen
anstellen, aufdrehen, erwärmen, heizen, wärmen •ankurbeln, vorantreiben •anspornen, anstacheln, anstiften, anzetteln, aufhetzen, aufputschen, aufwiegeln, beflügeln, hetzen, verhetzen, verursachen

359 Ankerplatz
Anlegestelle, Bootssteg, Lände, Landebrücke, Schiffsbrücke

360 anklagen
anschuldigen, anzeigen, beschuldigen, bezichtigen, klagen, unterstellen, verdächtigen, verklagen

361 Ankläger
Gegenkläger, Kläger, Nebenkläger •Anklagevertreter, Staatsanwalt

362 ankleben
anbacken, anhaften •anbringen, anleimen, aufkleben

363 anklingen
s. andeuten, s. ankündigen •mitklingen, mitschwingen

364 anknüpfen
anbahnen, einfädeln, vorbereiten •anbinden, anleinen, anmachen, zusammenbinden

365 ankommen
anlangen, erscheinen •behagen, gefallen, zusagen •anfahren, anreisen

366 ankündigen (s.)
s. anmelden, s. ansagen •s. abzeichnen

367 Ankunft
Anfahrt, Arrival, Betreten, Eintreffen, Erscheinen, Landung, Rückkehr, Wiederkehr

368 ankurbeln
anlassen •beleben, beschleunigen, steigern

369 anlachen
angrinsen, anlächeln, anstrahlen

370 Anlage
Charakter, Neigung, Temperament, Veranlagung •Einrichtung •Gliederung, Plan •Beilage, Beischreiben •Grünfläche, Park •Geldanlage, Investition •Apparat, Einrichtung, Vorrichtung •Fabrikanlage, Fabrikgelände

371 Anlass
Anregung, Anreiz, Anziehungskraft, Verlockung •Beweggrund, Entstehungsstätte, Gelegenheit, Grund, Herkunft, Motiv, Quelle, Ursache, Ursprung, Veranlassung •Aufhänger, Einstieg, Grund

372 anlassen
ankurbeln, antreten, anwerfen •anbehalten, tragen

373 anlaufen
s. beschlagen, schwitzen •ansteuern •beginnen, starten

374 anlegen
säugen, stillen •abzahlen, ausgeben, zahlen •ausführen, schaffen •anhaben, ankleiden, anziehen, s. bedecken, s. bekleiden, überwerfen, umhängen •ankern, festmachen •anbinden, anketten, festbinden

375 anleuchten
anscheinen, anstrahlen, bestrahlen, erhellen, erleuchten

376 anliegen
anschließen, s. anschmiegen, passen •angrenzen, anstoßen

377 anliegend
angrenzend, anstoßend, benachbart •anbei, beiliegend, inliegend, innen

378 anmachen
anlassen, starten •anlocken, anziehen, ködern, verführen •anpöbeln, bedrängen •anknipsen, anschalten, aufdrehen, einschalten •anrühren, mischen •anbrennen, anzünden, entfachen •anbringen, aufhängen •anbinden, anknüpfen, anschließen, sichern, zusammenbinden, festbinden •anklammern, festklammern

379 anmalen
bemalen, färben, tünchen, übermalen

380 anmaßen (s.)
s. erkühnen, s. erlauben, s. herausnehmen, s. unterstehen

381 anmelden
s. einschreiben, s. eintragen, s. immatrikulieren •ankündigen, ansagen

382 Anmeldung
Aufnahme, Empfang, Rezeption •Einschreibung, Immatrikulation

383 anmerken
anstreichen, aufschreiben •anbringen, ansprechen, aufführen, einflechten, nennen, vorbringen

384 anmutig
ansprechend, anziehend, attraktiv, aufregend, aufreizend, berückend, beschwingt, bestechend, betörend, bezaubernd, charmant, einnehmend, fabelhaft, feenhaft, gefällig, gewinnend, grazil, hinreißend, hübsch, leicht, lieb, liebenswert, liebenswürdig, lieblich, märchenhaft, nett, reizend, reizvoll, schlank, sympathisch, toll, traumhaft, unwiderstehlich, zart, zauberhaft, zerbrechlich, zierlich, wohlgefällig, fantastisch [phantastisch]

385 annähern
anpassen, uniformieren, gleichmachen •nahen, näher kommen

386 Annäherung
Angleichung, Eingewöhnung, Einordnung, Kontakt, Unterordnung •Fühlungnahme, Kontaktaufnahme

387 Annahme
Empfang, Entgegennahme •Ahnung, Gefühl, Vorahnung, Vorgefühl •Behauptung, Unterstellung

388 annehmen
adoptieren, aufnehmen •akzeptieren, beistimmen, billigen, dulden, einwilligen, erfüllen, erhören, erlauben, gewähren, gutheißen, tolerieren, zulassen, zusagen, zustimmen •aufnehmen, einstellen •entgegennehmen, erhalten •befürchten, erwarten, glauben, spekulieren, vermuten •aneignen, erlernen

389 Anomalie
Deformierung, Missbildung •Abartigkeit, Perversion •Abnormität, Missverhältnis, Normwidrigkeit, Regelwidrigkeit, Unterschied

390 anonym
geheim, undurchsichtig •heimlich, inkognito, namenlos, unbekannt, ungenannt •steif, unpersönlich

391 anordnen
komponieren •auferlegen, befehlen, erlassen, verkünden •aufbauen, aufstellen, zusammensetzen, zusammenstellen

392 Anordnung
Anleitung, Ansage, Anweisung, Aufforderung, Auftrag, Befehl, Belehrung, Bestimmung, Diktat, Direktive, Erlass, Gebot, Geheiß, Instruktion, Kommando, Order, Ratschlag, Reglement, Satzung, Verfügung, Verhaltensregel, Verordnung, Vorschrift, Weisung •Aufstellung, Gliederung

393 anpassen
abmessen, anprobieren •annähern, gleichschalten

394 Anpassung
Angleichung, Annäherung, Gewöhnung, Unterordnung •Abstimmung, Angleichung

395 anpassungsfähig
einfügsam, einordnungswillig, flexibel

396 anpfeifen
schimpfen •beginnen, eröffnen

397 Anpfiff
Anklage, Anschuldigung, Beanstandung, Bemängelung, Ermahnung, Missbilligung, Rüge, Tadel, Verweis, Vorhaltung, Vorwurf, Zurechtweisung •Startzeichen

398 Anpflanzung
Anbau, Bebauung, Bepflanzung, Bestellung, Bewirtschaftung, Kultivierung

399 anraten
einschärfen, empfehlen, raten, vorschlagen, zureden

400 anrechnen
berechnen, veranschlagen

401 anregen
beleben, belustigen, erheitern, unterhalten, vergnügen •anreizen, anspornen, aufregen, beleben •antreiben, bewegen, einfädeln, eingeben, ermuntern, herbeiführen, initiieren, inspirieren, veranlassen, vorschlagen

402 anregend
belebend, erfrischend, frisch •aufregend, belebend •belustigend, ermunternd, sprühend, unterhaltsam •heiß, modern

403 Anregung
Anreiz, Anstoß, Antrieb, Beweggrund, Dynamik, Gedanken, Idee, Impuls, Leitgedanke, Motiv, Motivation, Motor, Stimulus, Triebfeder, Triebkraft, Ursache, Veranlassung, Vorschlag •Ablenkung, Vergnügen •Ablenkung, Anreiz, Anreizung, Aufheiterung, Aufmunterung, Aufrichtung, Auftrieb, Befürwortung, Bekräftigung, Bestärkung, Ermunterung, Ermutigung, Stimulation, Trost, Zerstreuung, Zuspruch •Einbildungskraft, Einfall, Eingebung, Erleuchtung, Gedanke, Idee, Inspiration, Instinkt, Intuition, Spürsinn

404 anreißen
anbrennen, anzünden •anbrechen, öffnen

405 anrichten
anstellen, ausfressen, verbrechen •anmachen, bereiten, herrichten, richten, zubereiten

406 anrüchig
bedenklich, berüchtigt, dubios, fragwürdig, obskur, ominös, suspekt, undurchsichtig, unheimlich, verdächtig, verfänglich, verrufen, verschrien, zweifelhaft, zwielichtig, übel beleumdet •lasterhaft, ruchlos, unmoralisch, unzüchtig, verworfen

407 anrufen
anflehen, bitten, rufen •anklingeln, anläuten, antelefonieren, fernsprechen, telefonieren

408 anrühren
anfassen, anlangen, befühlen, zufassen

409 ansagen
ankündigen, verlautbaren, veröffentlichen, bekannt geben
410 Ansager
Conférencier, Moderator, Quizmaster, Showmaster, Spielleiter •Fernsehansager, Nachrichtensprecher, Sprecher
411 ansammeln (s.)
ablagern, s. niederschlagen, sedimentieren •s. anhäufen, s. häufen, s. sammeln, s. stapeln
412 Ansammlung
Anhäufung, Aufmarsch, Getümmel, Gewühl, Zusammenrottung •Anzahl, Menge •Fülle, Speicherung
413 ansässig
angestammt, beheimatet, eingebürgert, eingewurzelt, ortsansässig, wohnhaft
414 anschaffen
erstehen, erwerben, kaufen •prostituieren, s. verkaufen
415 Anschauung
Vorstellung •Ansicht, Auffassung, Meinung, Standpunkt, Urteil •Anblick, Betrachtung
416 Anschlag
Anprall, Aufschlag •Attentat, Bombenanschlag, Mordanschlag, Sabotage, Sprengstoffanschlag, Terrorakt, Terroranschlag, Überfall •Aushang, Bekanntmachung, Plakat •Ansatz, Kalkulation
417 anschlagen
beschädigen, zurichten •abschätzen, ansetzen, kalkulieren, veranschlagen •bellen, kläffen •aushängen, plakatieren, veröffentlichen, bekannt machen
418 anschließen
anbinden, anketten, anleinen, binden, fesseln, zusammenbinden •anknüpfen, aufgreifen •folgen, mitgehen •beitreten, eintreten •billigen, einwilligen, zusagen, zustimmen •anbringen, installieren •angrenzen, anrainen •fortfahren, fortführen, fortsetzen
419 anschließend
fortlaufend, fortwährend, kontinuierlich, ununterbrochen, zusammenhängend •angrenzend, bei •anknüpfend, danach, dann, darauf, demnächst, ferner, folgend, fortan, hernach, hiernach, hinfort, hinterher, kommend, künftig, nachfolgend, nachher, nachträglich, sodann, später, zukünftig
420 Anschluss
Schnittstelle •Aneignung, Angliederung, Annektierung, Besitzergreifung, Eingliederung, Einverleibung, Übernahme •Berührungspunkt, Kontakt
421 anschmiegsam
anlehnungsbedürftig, liebebedürftig, zärtlich •zugetan, zutraulich •biegsam, geschmeidig
422 anschneiden
anführen, aufbringen, aufführen, erwähnen, nennen •aufschneiden, freilegen
423 Anschuldigung
Beschuldigung, Bezichtigung, Unterstellung, Verdächtigung
424 anschwemmen
ablagern, absetzen, anspülen
425 Anschwemmung
Anlandung, Ansandung
426 ansehen
anblicken, angucken, anschauen, s. anschauen, s. ansehen, anstarren, begucken, begutachten, beschauen, s. beschauen, besehen, besichtigen, s. betrachten, betrachten, durchbohren, entgegensehen, inspizieren, kontrollieren, mustern, studieren •anblicken, angaffen, anschauen, anstarren, anstaunen, besehen, durchbohren, gaffen, glotzen, hingucken, hinsehen, schauen, starren, stieren, verschlingen •anblicken, angucken, besehen •beurteilen

427 Ansehen
Achtung, Ehre, Gesicht, Größe, Image, Leumund, Nachrede, Name, Prestige, Profil, Rang, Ruhm, Sozialprestige, Stand, Unbescholtenheit, Wichtigkeit, Würde

428 ansehnlich
beträchtlich, groß, stattlich •liebenswert, sympathisch

429 ansetzen
bekommen, bilden •s. anschicken •anberaumen, anordnen •beauftragen •festlegen, veranschlagen

430 ansiedeln
s. ansiedeln, bebauen, besiedeln, bevölkern, erschließen, s. festsetzen, kolonisieren, s. niederlassen, siedeln

431 ansonsten
andernfalls, gegebenenfalls, sonst

432 anspannen
einspannen, straffen •anschirren, einschirren, einspannen, vorspannen

433 Anspielung
Andeutung, Seitenhieb, Stichelei

434 Ansporn
Anlass, Antrieb, Impuls, Veranlassung

435 Anspruch
Anforderung, Anrecht, Berechtigung, Forderung, Gewohnheitsrecht, Mindestforderung, Recht

436 anspruchsvoll
unbescheiden, verwöhnt, verzärtelt, wählerisch •gehoben, hoch, verfeinert

437 Anstalt
Einrichtung, Institut •Arrest, Gefängnis, Haftanstalt, Justizvollzugsanstalt, Knast, Strafanstalt, Strafvollzugsanstalt •Krankenhaus, Nervenheilanstalt

438 Anstand
Äußerlichkeit, Benehmen, Benimm, Etikette, Förmlichkeit, Höflichkeit, Korrektheit, Lebensart, Manieren, Sitte, Sittsamkeit, Taktgefühl, Tugendhaftigkeit, Umgangsformen •Folgsamkeit, Gefügigkeit, Gehorsam, Gutwilligkeit, Unterordnung, Wohlerzogenheit

439 anständig
achtbar, beträchtlich •fair, gerecht, legal, rechtschaffen, sportlich •einwandfrei, gut •korrekt •artig, gefügig, gehorsam, gutwillig, lieb, manierlich, ordentlich, willig, wohlerzogen, folgsam, gefügig, gehorsam •gesittet, jungfräulich, keusch, schamhaft, sittsam, unberührt •schüchtern, verschämt

440 anstechen
anzapfen, ausgeben, ausschenken, zapfen •anstecken, piken, piksen

441 anstecken
anheften, fest machen •beeinflussen, einflüstern •anbrennen, anschüren, anzünden, entzünden

442 anstehen
abwarten, s. anstellen, hintanstellen, warten •gehören, zustehen •ausstehen, fehlen

443 ansteigen
s. verteuern, hoch steigen •anschwellen, steigen, s. vermehren, wachsen •aufsteigen, emporsteigen •anschwellen, anwachsen •s. erwärmen, steigen

444 ansteigend
auf, aufwärts, bergauf, hinauf •anschwellend, anwachsend, zunehmend

445 anstellen
anlegen, lehnen, stützen •anrichten, tun, unternehmen, versuchen •abwarten, warten •anheuern, anmustern, anwerben, beschäftigen, einstellen •andrehen, anknipsen, anschalten, einschalten •anstiften, ausfressen •beschäftigen, bestallen, nominieren

446 anstellen (s.)
s. anreihen, s. einreihen •s. benehmen, s. spreizen, s. verhalten

447 anstelle [an Stelle]
anstatt, dafür, für, statt, stattdessen [statt dessen], stattderen

448 Anstellung
Amt, Funktion, Stelle •Einstellung, Übernahme

449 ansteuern
anfahren, anlaufen, anpeilen

450 Anstieg
Aufgang •Höhenunterschied, Steigung •Kostenexplosion, Preisanstieg, Preiserhöhung, Preissteigerung, Preistreiberei, Preiswucher, Teuerung, Verteuerung, Zunahme •Aufstieg, Emporkommen

451 Anstoß
Anprall, Aufprall, Aufschlag, Aufstoß, Zusammenprall, Zusammenstoß •Anregung, Impuls, Veranlassung

452 anstoßen
anfahren, anprallen, anrennen, anschlagen, zusammenstoßen

453 anstrahlen
anleuchten, beleuchten, bestrahlen, erhellen, erleuchten •verehren, vergöttern •anlächeln, anlachen

454 anstreichen
anmalen, malen, tünchen, weißen •ankreuzen, hervorheben, markieren •grundieren, lackieren, streichen

455 anstrengen (s.)
s. abarbeiten, s. abmühen, s. abplagen, s. abquälen, s. abrackern, s. abschleppen, s. abschuften, s. anspannen, s. aufdrängen, s. aufreiben, s. aufzehren, s. befleißigen, s. bemühen, s. fordern, s. kaputtmachen, s. mühen, s. plagen, s. quälen, s. schinden, s. strapazieren, s. überanstrengen, s. überfordern, s. überschätzen, s. verbrauchen, s. zusammenreißen

456 Anstrengung
Anspannung, Belastung, Bemühung, Beschwerde, Fronarbeit, Kraftanstrengung, Mühe, Plackerei, Schinderei, Schufterei, Strapaze, Stress, Zerreißprobe •Arbeitsüberlastung, Überanstrengung, Überbelastung, Überforderung, Überlastung

457 Ansturm
Angriff, Attacke, Offensive, Vorstoß •Andrang, Sturm, Zulauf

458 Anteil
Anteilnahme, Beachtung, Beileid, Beteiligung, Einfühlungsgabe, Einfühlungskraft, Einfühlungsvermögen, Empathie, Entgegenkommen, Herzlichkeit, Interesse, Menschlichkeit, Milde, Mitgefühl, Mitleid, Neugier, Rücksicht, Rührung, Sympathie, Taktgefühl, Teilnahme, Verstehen, Wärme •Beitrag, Beteiligung •Hauptanteil, Kontingent, Quote, Zuweisung •Hälfte, Part, Portion, Ration

459 Antenne
Einfühlungsgabe, Eingebung, Empfindung, Feingefühl, Fingerspitzengefühl, Fühler, Gefühl, Gespür, Gespürsinn, Nase, Riecher, Sinn, Spürsinn, Verständnis, Verstehen, Voraussicht, Zartgefühl •Hausantenne →Fernsehantenne, Parabolantenne, Radioantenne

460 antipathisch
abgeneigt, feindselig, widerwillig

461 Antiquar
Antiquitätenhändler, Kunsthändler
462 Antiquität
Altertumsstück, Kunstgegenstand
463 Antisemitismus
Judenfeindlichkeit, Judenhass, Judenverfolgung
464 Antrag
Bewerbung, Heiratsantrag, Werbung •Angebot, Bittgesuch, Bittschrift, Gesetzesvorlage, Gesuch, Vorlage
465 Antragsteller
Anwärter, Bewerber, Bittsteller, Interessent, Kandidat •Interessent, Käufer, Kunde •Anbeter, Anwärter, Bewerber, Bittgänger, Bittsteller, Freier, Interessent, Kandidat, Verehrer
466 antreffen
begegnen, erreichen, vorfinden, vorkommen
467 antreiben
anstacheln, anstiften, hetzen, schüren •erhöhen, steigern •anfeuern, anstacheln, anzetteln, aufstacheln, drängen, hetzen, treiben •entlasten, helfen, mitwirken, unterstützen •austreiben, drücken, schieben, vortreiben, vorwärts treiben
468 Antreiber
Anstifter, Aufwiegler, Rädelsführer, Verführer
469 antreten
aufnehmen, übernehmen •aufstellen, s. posieren
470 Antrieb
Anregung, Ansporn, Beweggrund, Grund, Impuls, Motiv, Triebkraft, Ursache, Veranlassung
471 Antritt
Arbeitsbeginn •Aufnahme, Übernahme
472 Antwort
Antwortschreiben, Rückantwort •Beantwortung, Entgegnung, Gegenrede, Replik •Auskunft, Beantwortung, Entgegnung, Erwiderung •Abwehr, Vorsichtsmaßnahme
473 antworten
beantworten, dagegenhalten, entgegenhalten, entgegnen, reagieren, versetzen, zurückgeben
474 anwachsen
anwurzeln, einwurzeln, festwachsen •anlaufen, s. steigern, s. summieren, s. vermehren
475 anweisen
auftragen, befehlen, verpflichten •einzahlen, überweisen •anleiten, anlernen, ausbilden, beibringen, einarbeiten, einführen, einweisen, lehren, unterweisen •anleiten, ausbilden, ausrüsten, befähigen, beibringen, belehren, beschaffen, besorgen, bilden, drillen, eindrillen, einhämmern, einpauken, ermöglichen, ertüchtigen, erziehen, fortbilden, heranbilden, lehren, qualifizieren, raten, schulen, unterrichten, unterweisen, vorbereiten, zureden •abrichten, dressieren, schulen
476 Anweisung
Bankanweisung, Überweisung •Aufforderung, Auftrag, Geheiß, Kommando, Order, Verfügung, Vorschrift •Anleitung, Einarbeitung, Einführung, Einweisung
477 anwenden
benutzen, benützen, einsetzen, gebrauchen, nutzen, verwenden
478 Anwender
Benutzer, Käufer •Benutzer, Client, Nutzer, Programmanwender, Teilnehmer, User
479 Anwendung
Benutzung, Benützung, Einsatz, Gebrauch, Nutzanwendung, Nutzung, Verwendung

480 anwesend
daheim, greifbar •da, hier, zugegen

481 Anzeige
Anerbieten, Angebot, Annonce, Ausschreibung, Inserat, Insertion, Offerte, Werbung, Zeitungsanzeige →Stellenangebot, Stellenanzeige, Stellengesuch, Vermisstenanzeige •Anklage, Anschuldigung, Beschuldigung •Denunziation, Meldung •Display

482 anzeigen
andichten, anklagen, anschuldigen, anschwärzen, beschuldigen, bezichtigen, denunzieren, hetzen, lügen, nachsagen, schmähen, unterstellen, verdächtigen, verleumden, verraten, verunglimpfen, zutragen, schlecht machen •ankündigen, annoncieren, einrücken, inserieren, werben •bezichtigen, melden

483 anziehen
ansteigen, aufschlagen, s. verteuern, hoch klettern, hoch gehen •heranlocken, locken •anhaben, ankleiden, anlegen, s. anziehen, aufsetzen, s. bedecken, s. bekleiden, bekleiden, hineinschlüpfen, s. kleiden, überstreifen, überwerfen, s. überwerfen, überziehen, s. überziehen, umbinden, s. umhängen •festziehen, festdrehen

484 Anziehungskraft
Anmut, Ausstrahlung, Charisma, Charme, Flair, Reiz, Schönheit, Überzeugungskraft, Zauber •Zentripetalkraft

485 apart
besonders, einzeln, extra •elegant, fesch, gepflegt, geschmackvoll, gewählt, schick, schmuck, schön, stilvoll, vornehm

486 Apostel
Nachahmer, Nachbeter •Jünger, Verkündiger

487 Apotheker
Arzneikundiger, Pharmazeut

488 Apparat
Gebrauchsgegenstand, Gerät, Maschine, Vorrichtung, Werkzeug •Aufbau, Gefüge, Verband

489 Appell
Anruf, Aufruf, Stubenappell, Weckruf

490 appetitlich
appetitanregend, aromatisch, delikat, duftend, einladend, fein, geschmackvoll, gewürzt, herzhaft, köstlich, kräftig, lecker, pikant, scharf, schmackhaft, vollmundig, vorzüglich, würzig, wohlriechend, wohlschmeckend

491 Arbeit
Anstellung, Arbeitsleistung, Arbeitsplatz, Arbeitsverhältnis, Ausübung, Beruf, Beschäftigung, Betätigung, Dienst, Funktion, Geschäft, Gewerbe, Handwerk, Job, Position, Profession, Stellung, Tätigkeit, Tun, Wirkungsbereich →Jobsharing, Nebenbeschäftigung, Timesharing, Vollzeitbeschäftigung, Fulltimejob [Full-Time-Job] •Anspannung, Belastung, Beschwerlichkeit, Bürde, Last, Mühe, Mühsal, Plage, Schinderei, Strapaze •Fron, Fronarbeit, Frondienst, Zwangsarbeit •Arbeitsaufwand, Bemühung •Akkordarbeit, Fließarbeit, Fließbandarbeit, Lohnarbeit •Produkt, Werk

492 arbeiten
gären, reifen •s. dehnen, schrumpfen, s. verändern •s. beschäftigen, s. betätigen, hantieren, herstellen, produzieren, s. regen, s. rühren, tun •funktionieren, gehen, laufen

493 arbeitslos
beschäftigungslos, brotlos, erwerbslos, stellenlos, stellungslos, unbeschäftigt, untätig, ohne Einkommen

494 Arbeitslosigkeit
Beschäftigungslosigkeit, Erwerbslosigkeit, Untätigkeit

495 Arbeitsweise
Methode, Strategie, System, Verfahrensweise, Vorgehensweise
496 Archäologe
Altertumsforscher, Altertumswissenschaftler
497 Archäologie
Altertumsforschung, Altertumskunde
498 Architektur
Bauart, Bauform, Baustil, Bauweise
499 Archiv
Dokumentensammlung, Sammlung, Urkundensammlung •Diskothek, Schallplattenarchiv, Schallplattensammlung •Filmarchiv, Filmothek, Kinemathek, Videothek
500 Arena
Kampfplatz, Sportplatz •Bühne, Zirkusmanege
501 arg
äußerst, höchst, recht, sehr, unbeschreiblich, ungeheuer, unsäglich •bösartig, boshaft, gemeingefährlich, übel, übel wollend •ernsthaft, folgenreich, gewichtig, grundsätzlich, schwerwiegend •ärgerlich, leidig, misslich, schlecht, schlimm, unbefriedigend, unbequem, unerquicklich, unerwünscht, ungut, unlieb, unwillkommen
502 Ärger
Ärgernis, Missmut, Schererei, Unannehmlichkeit, Verärgerung, Verdruss, Verstimmung •Ärgernis, Auflehnung, Aufruhr, Aufstand, Beschwerde, Empörung, Erbitterung, Schererei, Verdrießlichkeit, Verdruss •Aufgebrachtheit, Entrüstung, Erregung, Wut, Zorn •Bitterkeit, Erbitterung, Groll, Unbehagen, Verärgerung, Verbitterung
503 ärgerlich
ärgerlich •dumm, peinlich, schlecht, unerfreulich, unerwünscht, ungelegen, ungünstig •bitterlich, böse, misslich, schmerzend •betrüblich, herzzerreißend, kummervoll, quälend, schmerzlich
504 ärgern
bedrücken, behelligen, bekümmern, belasten, belästigen, beschweren, bestrafen, betrüben, beunruhigen, drangsalieren, entehren, erbittern, foltern, kränken, martern, missbrauchen, misshandeln, nötigen, peinigen, plagen, quälen, schänden, schikanieren, schinden, schmerzen, stören, terrorisieren, traktieren, triezen, tyrannisieren, unterbrechen, verärgern, verstimmen, verwunden, zerstören
505 arglistig
betrügerisch, boshaft, charakterlos, doppelbödig, entehrend, heimtückisch, hinterhältig, hinterlistig, infam, lügnerisch, niederträchtig, ruchlos, schändlich, scheinfromm, schmählich, schmeichlerisch, trügerisch, unaufrichtig, unehrenhaft, unsauber, unsolide, unterwürfig, unwürdig, verschlagen, versteckt, verwerflich, übel wollend •entstellt, erdacht, erlogen, falsch, geheuchelt, gelogen, geschwindelt, heuchlerisch, honigsüß, katzenfreundlich, scheinheilig, tückisch, unehrlich, unlauter, unreell, unwahr, verlogen, verstellt •bigott, frömmelnd, frömmlerisch, heuchlerisch, scheinheilig, selbstgerecht, unaufrichtig, verstellt, vielzüngig •charakterlos, ehrlos, haltlos, nichtswürdig, verächtlich, würdelos
506 Argument
Argumentation, Beweisgrund, Grund •Beitrag, Beleg, Beweis
507 Arm
Bestandteil, Glied, Komponente, Teil, Zweig
508 Armenviertel
Elendsviertel, Ghetto [Getto], Randsiedlung, Slum

509 Aroma
Blume, Bukett, Duft, Schmackhaftigkeit, Wohlgeschmack •Würze, Würzmittel
510 Arrangement
Anordnung, Aufstellung, Gruppierung, Komposition, Zusammenstellung •Übereinstimmung, Verabredung •Einigung, Schlichtung, Übereinkommen, Versöhnung
511 arrangieren
erledigen, übernehmen •anlegen, aufbauen, aufstellen, gliedern, zusammenstellen •abwickeln, durchführen, unternehmen, veranstalten
512 Art
Beschaffenheit, Veranlagung, Wesen •Gattung, Schlag •Gewohnheit, Weise •Beschaffenheit, Eigenschaft, Form, Güte, Qualität, Zustand
513 Arterie
Ader, Blutbahn, Blutgefäß
514 Artikel
Dutzendware, Erzeugnis, Fabrikat, Fabrikware, Gebrauchsgut, Gegenstand, Markenartikel, Massenartikel, Massenware, Produkt, Ware •Abhandlung, Aufsatz, Beitrag, Essay, Untersuchung •Bekanntgabe, Bericht, Pressebericht, Publikation, Verlautbarung •Absatz, Passus, Vertragsabschnitt •Paragraf [Paragraph], Abschnitt •Begleiter, Geschlechtswort
515 Artist
Akrobat, Gaukler, Taschenspieler, Zirkuskünstler, Varietékünstler [Varieteekünstler] •Fangkünstler, Geschicklichkeitskünstler, Jongleur
516 Arzt
Doktor, Mediziner, Schulmediziner, Therapeut
517 Arztpraxis
Behandlungsräume, Ordination, Praxis, Sprechzimmer
518 asketisch
abstinent, beschränkt, gemäßigt, maßvoll, sparsam, zurückhaltend
519 Aspekt
Auffassung, Betrachtungsweise, Sichtweise
520 Ass
Champion, Kapazität, Könner, Koryphäe •Atout, Trumpf, Trumpfass, Trumpfkarte
521 ästhetisch
apart, auserlesen, gepflegt, hübsch, kleidsam, kultiviert, nobel, schick, schön •formvollendet, makellos, schön, wunderbar, wunderschön, wohlgeformt •geschmackvoll, schöngeistig
522 Astronaut
Raumfahrer, Weltraumfahrer
523 Astronomie
Himmelskunde, Sternkunde
524 Asyl
Behausung, Unterschlupf, Versteck, Zuflucht, Zufluchtsstätte
525 asymmetrisch
ungleich, ungleichmäßig
526 Atelier
Filmatelier, Filmstudio, Künstlerwerkstatt, Studio, Werkhalle, Werkstatt, Werkstätte •Bastelraum, Hobbyraum, Studio, Werkstatt
527 Atem
Hauch, Luft, Puste
528 atemlos
flink, rasant, schnell •erschöpft, groggy •gespannt, spannend •abgehackt, kurzatmig, stockend, unzusammenhängend
529 Atemnot
Atembeschwerden, Kurzatmigkeit
530 Atheismus
Glaubenslosigkeit, Gottesleugnung, Gottlosigkeit, Heidentum, Religionslosigkeit, Unglaube, Ungläubigkeit

531 Atheist
Abtrünniger, Agnostiker, Freidenker, Freigeist, Glaubensloser, Gottesleugner, Gottesverleugner, Gottloser, Heide, Ungläubiger

532 Atlas
Kartenwerk, Landkarte, Weltkarte

533 atmen
ausatmen, aushauchen, einatmen, einsaugen, einschnaufen, einziehen, inhalieren, keuchen, schnaufen, stöhnen, wittern •japsen, keuchen, pusten, röcheln, schnaufen

534 Atmosphäre
Ausstrahlung, Flair, Stimmung •Erdatmosphäre, Luft, Lufthülle •Lebenskreis, Milieu, Umwelt

535 Atomkraftwerk
Kernreaktor, Reaktor

536 attackieren
beschädigen, zerstören •beleidigen, diffamieren, entwürdigen, schmähen, verunglimpfen, verwunden, schlecht machen •eindringen, erstürmen, losstürmen, überfallen, überraschen, vormarschieren

537 Attest
Beglaubigung, Beleg, Schein, Testat, Zeugnis •Arztbescheinigung, Krankmeldung •Bewertung, Gutachten, Stellungnahme, Zeugnis

538 attraktiv
anziehend, aufregend, bezaubernd, einnehmend •aussichtsreich, interessant, Erfolg versprechend •reißerisch, wirkungsvoll, zugkräftig

539 auch
schon, sogar •dazu, erwartungsgemäß, wirklich •denn, schließlich •desgleichen, ebenfalls, ebenso, genauso, geradeso, gleichermaßen, gleicherweise, gleichfalls, so •ferner, überdies, zusätzlich

540 Auditorium
Audimax, Aula, Hörsaal, Vorlesungsraum, Vorlesungssaal •Besucher, Hörerschaft, Zuhörer, Zuhörerschaft

541 auf
aufgeschlossen, aufgesperrt •aufwärts, bergan, empor, herauf, hinauf •aufgestanden, ausgeschlafen, wach

542 Aufbau
Karosserie, Wagenaufbau •Rekonstruktion, Wiederaufbau •Aufsatz, Giebelaufsatz, Verzierung •Aufrichtung, Bau, Errichtung •Oberbau, Überbau

543 aufbauen
zusammenbauen, zusammensetzen •aufstellen, bauen, erbauen, errichten, erstellen, hoch ziehen •bauen, errichten, gründen •betreuen, helfen, managen

544 aufbauend
förderlich, heilsam, hilfreich

545 aufbauschen (s.)
s. aufblähen, s. bauschen, s. blähen •angeben, beeindrucken, blenden, gefallen, imponieren, wirken

546 aufbrauchen
durchbringen, verschleudern, vertun, verwirtschaften •abnützen, abwetzen, verbrauchen •essen, konsumieren, verbrauchen

547 aufbrechen
aufblühen, s. entfalten •aufhacken, aufknacken, aufschlagen •davongehen, weggehen

548 aufbringen
entern, kapern •aufbekommen, aufkriegen •aufscheuchen, aufschrecken, erregen •ärgern, bekümmern, peinigen, reizen, verärgern, verstimmen •auftreiben, beschaffen, besorgen, herbeischaffen, holen, zusammenraffen

549 aufbürden
auferlegen, aufladen •aufhalsen, aufladen, auflegen, aufpacken, belasten
550 aufdecken
offenbaren, zeigen •anzeigen, aufklären, aufwickeln, bloßlegen, darlegen, durchschauen, enthüllen, entlarven, nachweisen, offen legen
551 Aufdeckung
Aufklärung, Darlegung, Demaskierung, Enthüllung, Entlarvung, Entschleierung, Offenlegung
552 aufdrängen (s.)
entstehen, s. herausschälen, s. zeigen •s. anbieten, s. anbiedern, belästigen
553 aufdrehen
s. öffnen, übertreiben •anmachen, anschalten •aufbegehren, aufbrausen •anheizen, einheizen, erwärmen, temperieren •aufschrauben, öffnen
554 aufdringlich
lästig, penetrant, unverschämt, widerlich, zudringlich •auffallend, aufreizend
555 Aufdringlichkeit
Anmaßung, Annäherungsversuch, Behelligung, Belästigung, Plage, Störung, Zudringlichkeit
556 Aufdruck
Aufschrift, Beschriftung, Etikett, Label, Schildchen, Preisauszeichnung, Preisschild, Schild, Aufkleber, Aufklebeschild, Sticker
557 Aufenthalt
Halt, Unterbrechung, Verzögerung, Zäsur •Standort, Stätte, Wohnsitz
558 Aufenthaltsraum
Gesellschaftsraum, Kasino
559 auferlegen
aufbürden, s. belasten •s. beengen, s. begrenzen, s. beschränken, s. einschränken •andrehen, aufladen, unterjubeln
560 Auferstehung
Neubelebung, Neuwerdung
561 auffahren
anfahren, auftischen, auftragen, reichen, servieren •auffliegen, aufschnellen, aufschrecken, hoch fahren, hoch schnellen •anfahren, zusammenfahren, zusammenstoßen
562 auffällig
ausgeprägt, extrem, hochgradig •ansehnlich, bewundernswert, ohnegleichen, spektakulär
563 Auffassung
Meinung, Überzeugung •Auffassungsgabe, Auffassungskraft, Begabung, Begriffsvermögen, Verstand •Auslegung, Nachweis •Ansicht, Aspekt, Blickwinkel, Gesichtspunkt, Perspektive, Standpunkt
564 aufflackern
aufbrennen, aufleuchten, glimmen, glühen, lohen, schmoren •anfangen, ausbrechen, beginnen
565 auffliegen
aufgreifen, ertappen, erwischen, packen •auflösen, entdecken •danebengehen, danebengeraten, fehlschlagen, misslingen, platzen, scheitern, straucheln, verfehlen, verunglücken, s. zerschlagen •aufgehen, s. öffnen •emporfliegen, steigen
566 Aufforderung
Appell, Aufruf, Ruf •Befehl, Belehrung, Gebot, Gesetzesvorlage, Notverordnung, Verfügung, Weisung •Bedingung, Ermahnung, Erpressung, Mahnung, Ultimatum
567 auffressen
fressen, vertilgen, verzehren •aufreiben, aufzehren, zermürben, zerrütten
568 aufführen
anführen, nennen •bauen, errichten •herausbringen, inszenieren, vorführen

569 aufführen (s.)
s. aufspielen, s. benehmen, s. betragen, s. geben, s. halten, s. verhalten, s. zeigen

570 Aufgabe
Hausaufgabe, Schularbeit •Friedensschluss, Waffenruhe •Abzug, Rückzug •Frage, Hauptfrage, Schwierigkeit, Streitfrage •Arbeit, Pensum •Abgewöhnung, Enthaltung, Entwöhnung •Preisrätsel, Rätsel •Amt, Auftrag, Pflicht •Abtretung, Auslieferung, Ausverkauf, Entäußerung, Hergabe, Preisgabe, Überlassung, Verzicht •Askese, Entsagung, Preisgabe, Schlichtheit, Selbstlosigkeit

571 Aufgang
Auffahrt, Rampe, Zufahrt, Zugang •Stiege, Stufe, Treppe •Morgenröte, Sonnenaufgang, Tagesbeginn •Anstieg

572 aufgeben
abtreten, s. fügen, resignieren, s. unterordnen, verzichten •anbieten, annoncieren, inserieren •abschreiben, bleiben lassen, fallen lassen •s. ergeben, s. stellen •beauftragen, verfügen •aussteigen, beenden •ausziehen, fortziehen, übersiedeln, umziehen •umfallen, umschwenken •s. beugen, einlenken, s. fügen, passen, s. unterwerfen, zurückstecken •auflösen, schließen •hinbringen, hinschaffen •abgewöhnen, einstellen •veräußern, verkaufen •abschicken, absenden, fortschicken, versenden, wegschicken •absagen, abschwören, abtreten, s. entäußern, entsagen, s. trennen, überlassen, unterlassen, s. versagen, s. verweigern, verzichten, weggeben, zurückstehen

573 aufgehen
aufblühen, keimen •aufsteigen, erscheinen, hervorkommen

574 aufgeklärt
ahnungsvoll, belesen, eingeweiht, erfahren, informiert, mitwissend, unterrichtet, wissend •liberal, vorurteilsfrei, vorurteilslos

575 aufgeschlossen
auf, aufgesperrt, geöffnet, offen, unverschlossen, zugänglich, offen stehend •ansprechbar, aufnahmebereit, aufnahmewillig, disponiert, ehrlich, freimütig, geneigt, geradeheraus, gestimmt, offen, rückhaltlos, seriös, unverhohlen, wahr

576 aufgeweckt
hellwach, munter, wach •intelligent, klug, vernünftig, verständig

577 Aufgliederung
Auffächerung, Aufteilung, Disposition, Durchgliederung, Einordnung, Einstufung, Gliederung, Segmentierung, Staffelung, Untergliederung, Unterteilung, Teilung, Verteilung

578 aufgreifen
aufnehmen, zurückkommen •ergreifen, erwischen, festnehmen

579 aufhalten
packen, zurückhalten, fest halten •anhalten, stoppen •erhoffen, offen halten •behindern, bremsen, hindern, lähmen, trüben, verzögern

580 aufhängen
anbringen, festmachen •aufbürden, auflegen, aufpacken

581 aufhäufen (s.)
s. ansammeln, s. vermehren, s. vervielfachen

582 aufheben
heben, lüften, hoch heben •abschaffen, beseitigen, einstellen •aufbewahren, bewahren, zurückbehalten •auflesen, sammeln •abschaffen, annullieren •abbestellen, zurücktreten

583 aufheitern
ablenken, aufmuntern, belustigen, zerstreuen

584 aufheitern (s.)
s. aufhellen, aufklaren, s. lichten
585 Aufheiterung
Ablenkung, Belustigung, Erheiterung, Trost, Zerstreuung •Aufhellung, Aufklärung, Wetterbesserung
586 aufheizen
aufwärmen, erhitzen, erwärmen
587 aufhetzen
anstacheln, anstiften, aufputschen, aufstacheln, aufwiegeln, hintertreiben
588 aufholen
aufarbeiten, einbringen, nachziehen •einholen, nachziehen, wettmachen, gutmachen
589 aufhören
abgewöhnen, ablegen, einstellen •abtreten, aufgeben, gehen, kündigen, zurücktreten •aussetzen, stoppen, unterlassen •anhalten, aussetzen, innehalten, unterbrechen •abwarten, verweilen, warten •abklingen, aushallen, ausschwingen, verhallen, verklingen, verstummen •abbrechen, stoppen •bremsen, halten, stehen bleiben
590 aufklären
belehren, unterweisen •aufheitern, aufklaren, auflichten •entschlüsseln, entwirren, entziffern, erforschen, ergründen, ermitteln, herausbekommen, lösen, merken, dahinter kommen •durcharbeiten, erforschen, untersuchen •auskundschaften, spionieren •propagieren, werben, bekannt machen
591 Aufklärer
Kundschafter, Spion •Agitator, Werber
592 aufklärerisch
freidenkerisch, freigeistig, freisinnig, liberal
593 Aufklärung
Aufheiterung, Aufhellung, Aufklarung •Anleitung, Belehrung, Direktive, Ermahnung, Information, Ratschlag, Unterrichtung, Unterweisung, Anweisung, Beratung, Einarbeitung, Einweisung, Wegweiser, Einführung •Aufdeckung, Aufhellung, Aufschluss, Bescheid, Einblick, Feststellung, Klärung, Lösung, Schlüssel •Erziehung, Lehre
594 aufknoten
aufbinden, aufknüpfen, entwirren
595 aufladen
abschieben, unterjubeln, zuschieben •beladen, beschweren, einladen, verladen, zuladen, voll laden, voll packen •aufbürden
596 Auflage
Schutzschicht, Überzug •Ausgabe, Edition
597 auflasten
aufbrummen, aufbuckeln, aufhalsen, aufladen
598 auflauern
abpassen, abwarten, anpirschen, anschleichen, beschleichen, heranschleichen, s. heranschleichen, lauern, warten
599 Auflauf
Anzahl, Batzen, Berg, Haufen, Masse, Reihe, Schwall, Überfluss, Unmenge, Unzahl, Vielzahl, Zusammenrottung •Gratin →Gemüsegratin, Kartoffelgratin, Nudelgratin
600 auflaufen
auffahren, stranden •s. anhäufen, s. ansammeln, s. aufhäufen, s. summieren, s. vermehren, s. vervielfachen
601 Auflehnung
Aufruhr, Aufstand, Bürgerkrieg, Demagogie, Empörung, Erhebung, Meuterei, Putsch, Rebellion, Revolte, Staatsstreich, Umsturz, Unruhen, Verschwörung, Volksaufstand, Volkserhebung, Zerstörung •Gehorsamsverweigerung, Protest, Verweigerung, Widerspenstigkeit, Widerstand
602 aufleuchten
aufblenden, aufstrahlen, erglühen, erstrahlen, leuchten

603 auflösen
aufkündigen, aufsagen, verlassen •schmelzen, verflüssigen •abschaffen, einstellen •entflechten, enträtseln, entschlüsseln, entwirren, entziffern, erraten, lösen, zerpflücken, dahinter kommen •berichtigen, revidieren, verdeutlichen, klarlegen

604 auflösen (s.)
s. losreißen, s. trennen, s. verabschieden •s. verlaufen, s. verteilen, s. zerstreuen

605 Auflösung
Antwort, Aufhebung, Beseitigung, Lösung •Abwicklung, Liquidation, Stilllegung •Abschaffung, Annullierung, Aufhebung, Behebung, Beseitigung, Löschung •Abbau, Zerlegung, Zerteilung •Ehescheidung, Entzweiung, Scheidung, Trennung •Verwesung, Zerfall, Zersetzung •Aufklärung, Auslegung, Berichtigung, Klärung, Lösung •Läuterung, Reinigung •Konfusion, Unordnung, Verdutztheit, Wirrheit •Fäulnis, Verfall, Verwesung, Zerfall, Zersetzung •Entartung, Fall, Niedergang, Zerfall, Zusammenbruch

606 aufmachen
aufblättern, aufschlagen •aufbinden, aufknoten, lösen •aufreißen, aufschlagen, aufschließen, erbrechen •eröffnen, gründen •achten, beachten, zuhören, Acht geben

607 aufmachen (s.)
s. aufputzen, s. herausmachen, s. putzen •davongehen, davonziehen, s. fortbegeben, s. fortmachen, kehrtmachen, scheiden, s. umdrehen, s. umwenden, s. wegbegeben, zurückweichen

608 Aufmarsch
Heerschau, Parade, Vorbeimarsch •Demonstration, Kundgebung

609 aufmerksam
attraktiv, bereitwillig, bezaubernd, charmant, entgegenkommend, gefällig, hilfsbereit, manierlich, nett, reizend, vornehm, zuvorkommend •andächtig, angespannt, angestrengt, gesammelt, lerneifrig, umsichtig •achtsam, bedacht, hellhörig, sorgfältig, umsichtig, vorsichtig, wachsam

610 Aufmerksamkeit
Gabe, Geschenk, Mitbringsel, Präsent, Schenkung •Achtsamkeit, Artigkeit, Augenmerk, Behutsamkeit, Gefälligkeit, Obacht, Takt, Umsicht, Vorsicht, Wachsamkeit, Zuvorkommenheit •Abgeklärtheit, Achtsamkeit, Besonnenheit, Gelassenheit, Klugheit, Scharfblick, Überblick, Übersicht, Umsicht, Vorausblick, Vorausschau, Wachsamkeit, Weitblick, Weitsicht •Abgeklärtheit, Anteilnahme, Bedacht, Bedächtigkeit, Besonnenheit, Gemächlichkeit, Gleichmut, Kühle, Nachfrage, Umsichtigkeit, Würde

611 aufmuntern (s.)
s. ablenken, s. aufheitern, s. verstreuen, s. zerstreuen

612 Aufmunterung
Anregung, Aufforderung, Befürwortung, Bestärkung, Ermunterung •Ablenkung, Aufheiterung, Zerstreuung

613 Aufnahme
Empfang, Visite •Aufzeichnung →Fernsehaufzeichnung, Tonbandaufnahme •Foto, Schnappschuss •Anmeldung, Rezeption •Annahme, Anstellung, Übernahme

614 Aufnahmebereitschaft
Ansprechbarkeit, Aufgeschlossenheit, Empfänglichkeit, Interessiertheit

615 aufnehmen
ausleihen, leihen, pumpen •beherbergen, hereinlassen, unterbringen •bemerken, sehen •abfassen, aufzeichnen, festhalten, verfassen, zusammenstellen •annehmen, zulassen •filmen •anfangen, beginnen •aufheben, hoch heben •auffassen, begreifen, durchblicken, erfassen, erkennen, nachvollziehen, verstehen •beteiligen, einbürgern, einführen, eingliedern, einpassen, integrieren, zusammenfassen, zusammenschließen •ablichten, fotografieren, knipsen

616 Aufopferung
Einsatz, Einsatzbereitschaft, Entsagung, Hingabe, Hingebung, Idealismus, Nächstenliebe, Würde

617 aufpassen
achten, aufmerken, beachten, s. merken, s. sammeln, zuhören, Acht geben

618 aufpeitschen
anfachen, anreizen, aufpulvern, beleben •aufwühlen, stürmen, toben

619 aufraffen (s.)
s. aufschwingen, s. überwinden, s. zwingen •s. aufschwingen, s. entschließen

620 aufrecht
lotrecht, seiger, senkrecht •aufgerichtet, gerade •mutig, standhaft, unerschütterlich •achtbar, anständig, beständig, charakterfest, charaktervoll, ehrbar, ehrenhaft, ehrenwert, einwandfrei, integer, lauter, rechtschaffen, redlich, sauber, unbeeinflussbar, unbescholten, unbestechlich, unerschütterlich, untadelig, vertrauenswürdig

621 aufregen
belästigen, nerven •aufreizen, aufrühren, ereifern, erregen

622 aufregen (s.)
s. ärgern, s. dagegenstellen, s. echauffieren, s. empören, s. entgegenstellen, s. entrüsten, s. ereifern, ergrimmen, s. erregen, s. erzürnen, grollen, toben, s. vergessen, s. widersetzen, wüten

623 aufregend
betörend, liebenswert •abwechslungsreich, abwechslungsvoll, atemberaubend, aufwühlend, begeisternd, ergreifend, erregend, faszinierend, fesselnd, hinreißend, interessant, kurzweilig, mitreißend, nervenzerreißend, packend, prickelnd, spannend, unterhaltsam, zündend •anstrengend, aufreibend, beschwerlich, ermattend, ermüdend, erschöpfend, hinderlich, lästig, mühevoll, mühsam, mühselig, nervenaufreibend, schwer, schwierig, strapaziös

624 Aufregung
Kopflosigkeit, Panik, Verdutztheit, Verwirrung •Erregung, Gemütsbewegung, Reisefieber, Überspanntheit

625 aufreihen
auffädeln, aufziehen

626 aufreißen
anbrechen, öffnen •aufhellen, aufklaren •s. reißen, s. verletzen •aufsperren, öffnen •erneuern, renovieren •belüften, lüften, öffnen

627 aufreizen
betören, erregen •anstacheln, anstiften, aufstacheln, aufwiegeln, hetzen, schüren

628 aufreizend
aufrührerisch, aufwieglerisch, hetzerisch •anziehend, betörend, reizend

629 aufrichten
anhäufen, aufhäufen, stapeln •aufbauen, bauen, emporrichten, hoch ziehen, hoch bauen •helfen, stützen •aufsetzen, hoch zerren •erbauen, erheben, trösten

630 aufrollen
abrollen, entrollen •bloßlegen, entlarven •erneut behandeln, wiederaufnehmen •aufspulen, aufwickeln, zusammenrollen
631 aufrücken
befördern, höher stufen •aufschließen, s. nähern
632 Aufruf
Appell, Aufforderung, Grundsatzerklärung, Kundgebung, Manifest, Proklamation
633 aufrufen
appellieren, auffordern, mahnen, wachrufen •nennen, sagen
634 Aufruhr
Aufstand, Revolution, Unruhen, Wirren
635 Aufrührer
Anarchist, Aufständischer, Meuterer, Rebell, Revolutionär, Umstürzler, Verschwörer
636 aufsagen
ablesen, vorlesen, vorsprechen, hersagen, herunterbeten, herunterleiern, heruntersagen, referieren, rezitieren, sprechen, vorlesen, vorsingen, vorspielen, vortragen •scheiden, verlassen •aufführen, auftreten, vorführen, vorspielen, vortragen
637 Aufsatz
Deutschaufsatz, Schulaufsatz •Artikel, Essay, Feuilleton
638 aufschieben
aussetzen, hinausschieben, hinauszögern, verlegen, verschieben, verschleppen, vertagen •aufmachen, öffnen •hinausschieben, verschleppen
639 aufschießen
aufblühen, aufwachsen, gedeihen, heranreifen, heranwachsen
640 Aufschlag
Auffahrunfall, Aufprall, Karambolage, Kollision, Zusammenprall •Besatz, Fasson, Revers •Aufgeld, Aufpreis, Erhöhung, Mehrpreis •Stulpe, Umschlag
641 aufschlagen
aufblättern, aufklappen •aufklopfen •anziehen, s. verteuern •aufreißen, aufsprengen
642 aufschließen
aufmachen, öffnen •auffahren, aufrücken, nachrücken
643 aufschlussreich
bedeutungsvoll, bemerkenswert, informativ, lehrreich, vielsagend, vielseitig
644 aufschneiden
aufmachen, öffnen •zerlegen, zerteilen •angeben, aufbauschen, s. aufblähen, aufblasen, s. aufblasen, aufdrehen, s. aufspielen, aufspielen, auftrumpfen, s. blähen, s. brüsten, dicktun, dramatisieren, großtun, s. großtun, prahlen, protzen, prunken, s. rühmen, strunzen, überspannen, übersteigern, übertreiben, überziehen, wichtigtun
645 aufschreiben
aufzeichnen, niederschreiben, notieren •anmerken, vermerken, verzeichnen
646 Aufschrift
Aufdruck, Beschriftung, Etikett •Adresse, Anschrift
647 Aufschub
Bedenkzeit, Frist, Fristverlängerung, Gnadenfrist, Verschiebung •Aufenthalt, Verschiebung, Vertagung, Verzögerung, Verzug •Verschiebung, Vertagung
648 aufschütten
aufhäufen, aufwerfen, häufen, schichten
649 aufschwatzen
bereden, beschwatzen, einwickeln, überzeugen, umstimmen, werben

650 Aufschwung
Blüte, Boom, Hausse, Hochkonjunktur, Konjunkturaufschwung, Welle, Wirtschaftsaufschwung, Wirtschaftsblüte •Besserung, Genesung, Gesundung, Heilung, Neubelebung

651 aufsehen
aufblicken, aufschauen, hoch blicken, hoch schauen, hoch sehen

652 Aufsehen
Ärgernis, Aufheben, Begebenheit, Ereignis, Furore, Geschehen, Ortsgespräch, Skandal, Stadtgespräch, Vorfall, Zwischenfall

653 Aufsehen erregend
anerkennenswert, ansehnlich, auffällig, außergewöhnlich, außerordentlich, ausgezeichnet, beachtenswert, beeindruckend, beträchtlich, bewundernswürdig, eindrucksvoll, einfallsreich, einzigartig, enorm, erheblich, exzellent, fabelhaft, famos, genial, grandios, hervorragend, imponierend, lobenswert, löblich, märchenhaft, ohnegleichen, originell, sagenhaft, sensationell, spektakulär, stattlich, traumhaft, überdurchschnittlich, ungewöhnlich, unübertroffen, unvergleichlich, verblüffend •ansehnlich, ausgezeichnet, beeindruckend, beispiellos, einzigartig, exzellent, großartig, phänomenal, triumphal, überraschend, überwältigend, umwerfend, unübertrefflich, unübertroffen, vortrefflich •außergewöhnlich, beachtlich, beeindruckend, bewegend, dramatisch, eklatant, ergreifend, großartig, mitreißend, überwältigend •ausgezeichnet, blendend, brillant, fabelhaft, großartig, klasse, köstlich, prima, schön, super, toll, vortrefflich, wunderbar, zauberhaft •auffallend, einzigartig, erheblich, extraordinär, hervorragend, imponierend, sondergleichen, überwältigend, umwerfend •beispiellos, einmalig, exaltiert, fabelhaft, grotesk, märchenhaft, skurril, traumhaft, überschwänglich, überstiegen, ungewöhnlich, unwahrscheinlich, fantastisch [phantastisch] •delikat, fein, köstlich •ausnehmend, eminent, enorm, erwähnenswert, nennenswert, ungemein

654 Aufseher
Aufpasser, Inspektor, Kontrolleur, Prüfer, Revisor •Begleiter, Begleitung, Weggefährte, Weggenosse •Architekt, Bauaufseher, Bauleiter, Baumeister •Beschützer, Schirmherr, Schutzherr •Cowboy, Gaucho, Hirte, Hüter, Schäfer •Aufpasser, Aufsicht, Begleitung, Beschließer, Beschützer, Bewacher, Gefängniswärter, Kerkermeister, Ordner, Pförtner, Wachmann, Wächter, Wärter •Examinator, Prüfender, Prüfer

655 aufsetzen
auftischen, auftragen •beidrehen, landen, niedergehen, notlanden, wassern •abfassen, formulieren, hinschreiben, vermerken, verzeichnen •aufstülpen, bedecken

656 aufsetzen (s.)
s. aufrichten, aufstehen

657 Aufsicht
Beaufsichtigung, Kontrolle, Überwachung •Draufsicht, Perspektive

658 aufsieden
aufwallen, köcheln

659 aufsitzen
stranden, festsitzen •aufsteigen, besteigen, hoch steigen •hereinfallen, s. täuschen

660 aufspringen
aufplatzen, s. entfalten, s. erschließen

661 Aufständische
Aufrührer, Aufständischer, Empörer, Hetzer, Meuterer, Rebell, Rebellen, Umstürzler, Unruheherd, Unruhestifter, Verschwörer

662 aufstehen
offen stehen, auf sein •aufbegehren, s. empören, rebellieren, s. widersetzen •s. aufraffen, s. aufrichten, s. erheben •aufschnellen, aufsetzen, aufwachen

663 aufsteigen
ansteigen, s. aufrichten, aufspringen, emporsteigen, hoch steigen •aufrücken, bergsteigen, besteigen, emporklettern, emporsteigen, erklettern, erklimmen, ersteigen, erstürmen, klettern, klimmen, steigen, hoch klettern •aufschwingen, s. verbessern •aufsitzen, besteigen, s. hinaufschwingen •hinaufgehen, zusteigen •arrivieren, aufrücken, avancieren, hinaufsteigen, vorrücken, vorwärts kommen, Karriere machen, befördert werden •aufkommen, auftauchen, entstehen, ermuntern, erscheinen, erwachen, erwecken, heranreifen, reifen

664 Aufsteiger
Arrivierter, Emporkömmling, Karrieremacher, Karrieremensch, Moneymaker, Neureicher, Parvenü, Selfmademan

665 aufstellen
anlegen, gliedern, gruppieren, zusammenstellen •aufbauen, errichten, zusammenbauen •bauen, gründen •aufnotieren, festhalten, notieren •nennen, vorschlagen •s. bewerben, s. empfehlen, kandidieren, s. vorstellen

666 aufstellen (s.)
s. aufbauen, s. formieren, s. gruppieren, s. hinstellen

667 Aufstellung
Bildung, Zusammenstellung •Aufrichtung, Bau, Errichtung •Benennung, Ernennung •Bewerbung, Kandidatur •Katalog, Versandkatalog, Warenkatalog •Index, Inventar, Liste, Register •Formierung, Zusammenstellung •Gruppierung, Zusammenstellung •Aufbau, Einteilung, Gliederung, Organisation, Zusammensetzung

668 Aufstieg
Bergbesteigung, Besteigung, Bezwingung, Erstbesteigung, Ersteigung •Aufschwung, Aufwärtsentwicklung, Blüte, Boom, Hochkonjunktur, Wirtschaftsaufschwung •Anhebung, Aufbesserung, Aufstockung, Beförderung, Erhöhung, Gehaltserhöhung, Gehaltszulage, Lohnaufbesserung, Lohnerhöhung, Zulage •Leiter, Stufen, Treppe •Beförderung, Emporkommen, Entfaltung, Fortkommen

669 aufstöbern
aufscheuchen, aufspüren, begegnen, entdecken, finden, herausfinden, orten, sehen

670 Aufstoß
Aufprall, Karambolage, Kollision, Zusammenstoß

671 aufstoßen
aufschlagen, öffnen •s. anstoßen, s. verletzen, s. verwunden •aufprallen, aufschlagen, auftreffen •rülpsen, hoch kommen

672 aufsuchen
besuchen, hereinschauen, vorbeikommen •ergründen, ermitteln, nachschlagen, suchen •aufheben, aufsammeln

673 Auftakt
Anbruch, Eröffnung, Ouvertüre, Startschuss

674 auftauchen
aufblitzen, aufdämmern, erscheinen, kommen •ankommen, aufkreuzen, auftreten, erscheinen, hervorkommen, wiedererscheinen •entstehen, herauskommen

675 aufteilen
aufgliedern, einteilen •parzellieren, verteilen
676 auftischen
einreden, erzählen, weismachen •anrichten, aufwarten, servieren, vorlegen
677 Auftrag
Berufung, Ruf •Aufsichtspflicht, Pflicht •Beauftragung, Mission, Pflicht, Sendung •Besorgung, Bestellung, Vorausbestellung •Anordnung, Erlass, Gebot, Gesetz, Order, Satzung, Verordnung, Weisung
678 auftragen
anordnen, bestimmen, festlegen •s. anmalen, anmalen, s. auftakeln, herausputzen, herausstaffieren, pudern, putzen, schminken, s. schmücken, s. schniegeln, s. schön machen, s. zurechtmachen, zurechtmachen, fein machen, schön machen •anfahren, anrichten, auftischen, aufwarten, bedienen, beköstigen, bewirten, kredenzen, servieren, verköstigen, verpflegen, versorgen, vorlegen, vorsetzen •anweisen, autorisieren, beauftragen, befugen, berechtigen, bevollmächtigen, ermächtigen, verfügen, verpflichten
679 Auftraggeber
Besteller, Klient, Mandant •Hintermann, Strohmann
680 auftreiben
besorgen, heranschaffen, herbeischaffen, holen, verschaffen •ansteigen, aufquellen, aufschwellen, zunehmen •antreffen, auffinden, aufstöbern, begegnen, finden, vorfinden
681 auftreten
auftauchen, erscheinen •benehmen, s. geben, s. verhalten, s. zeigen
682 Auftritt
Aufführung, Darbietung, Vorstellung •Auftreten, Comeback, Debüt, Gastspiel, Start
683 auftrumpfen
s. aufbäumen, s. auflehnen, s. empören, protestieren, s. sträuben •s. brüsten, s. rühmen
684 aufwallen
aufbrodeln, aufsieden, emporwallen, köcheln
685 Aufwand
Ausstattung, Pracht, Prachtentfaltung, Prunk, Üppigkeit, Verschwendung •Aufwendungen, Ausgaben, Auslagen, Werbungskosten
686 aufwärmen
aufkochen, erhitzen, wärmen •auffrischen, hervorholen
687 aufwarten
auftischen, auftragen, vorlegen, vorsetzen •besuchen, vorsprechen •vorführen, vorweisen
688 aufweichen
untergraben, unterminieren •durchfeuchten, durchweichen
689 aufwerfen (s.)
s. verziehen, s. wellen, s. werfen
690 aufwerten
erhöhen, steigern •achten, anerkennen, würdigen
691 aufwickeln
aufkrempeln, hoch streifen •aufpacken, auspacken, auswickeln •aufrollen, aufspulen
692 aufwühlen
aufbringen, aufrütteln, berühren, bestürzen, beunruhigen, bewegen, erregen, erschüttern •aufpeitschen, aufrauen
693 aufzählen
erwähnen, sagen •auflisten, aufschreiben •aufblättern
694 aufzeichnen
abfassen, notieren, skizzieren, verfassen
695 Aufzeichnung
Manuskript, Niederschrift, Protokoll •Recording •Aufnahme →Fernsehaufnahme, Plattenaufnahme, Tonaufnahme

696 aufzeigen
entwickeln, erklären, vorführen •belegen, bezeugen, nachweisen •aufweisen, beleuchten, demonstrieren, dokumentieren, erläutern, hervorheben, illustrieren, veranschaulichen, vergegenwärtigen, vorführen, zeigen •aufklären, auspacken, bloßlegen, enthüllen, nachweisen

697 aufziehen
gestalten, machen •aufpäppeln, ernähren, füttern, heranziehen •aufmachen, öffnen •ärgern, ausspotten, foppen, necken, spotten •aufspannen, beziehen •einrollen, zusammenrollen, hoch ziehen •aufkommen, herankommen, heraufziehen, s. nähern, s. zusammenballen •anpflanzen, ansäen, aussäen, großziehen, pflanzen

698 Aufzug
Prozession, Umzug •Fahrstuhl, Lift •Äußeres, Ausstattung, Garderobe, Kleidung •Akt, Auftritt, Bild, Nummer, Szene

699 Auge
Augenmerk, Spürsinn •Sehkraft, Sehstärke, Sehvermögen •Augapfel, Augenlicht

700 äugen
blicken, gucken, linsen, schauen, sehen

701 Augenblick
Minute, Moment, Nu, Sekunde, Weilchen, Weile •Chance, Gelegenheit, Möglichkeit

702 augenblicklich
vergänglich, vorübergehend, zeitweilig •aktuell, alsbald, derzeit, direkt, flugs, gegenwärtig, gerade, geradewegs, gleich, heute, jetzig, just, momentan, nun, prompt, rasch, schleunigst, schnell, schnellstens, sobald, soeben, sofort, sogleich, spontan, übergangslos, umgehend, ungesäumt, unmittelbar, unvermittelt, unverzüglich, zeitgenössisch •fristlos, sofort, ungesäumt, unverzüglich

703 Augenlid
Augendeckel, Lid

704 aus
erledigt, gewesen, um, verflossen, vergangen, vergessen, vorbei, vorüber, weg, zurückliegend, um sein •beschaffen, zusammengesetzt

705 Ausbau
Ausweitung, Vergrößerung •Ausbesserung, Erneuerung, Instandsetzung, Neugestaltung, Renovierung, Reparatur, Umbau •Entwicklung, Erweiterung, Vertiefung

706 ausbauen
entwickeln, fördern •herausnehmen •ausweiten, erweitern, verändern, vergrößern

707 ausbedingen (s.)
s. ausbitten, postulieren, wollen

708 ausbessern
pflegen, wiederherrichten •flicken, stopfen

709 Ausbeute
Einnahmen, Erlös •Ergebnis, Ertrag

710 ausbeuten
ausplündern, ruinieren •auslasten, ausnutzen, ausnützen, auswerten, herausholen

711 Ausbeuter
Aasgeier, Bandit, Blutsauger, Erbschleicher, Erpresser, Gangster, Halsabschneider, Profitmacher, Schuft, Wucherer

712 Ausbeutung
Lohnsklaverei •Ausnutzung, Auswertung •Nutzbarmachung, Verwertung

713 Ausbilder
Anleiter, Kursleiter, Lehrer

714 ausbitten (s.)
erbetteln, erbitten, erflehen •s. ausbedingen, verlangen, wollen, wünschen

715 ausbleiben
fehlen, fernbleiben, wegbleiben

716 ausbrechen
ausspucken, auswerfen, erbrechen, speien, s. übergeben •rasen, schnauben, toben, wettern, wüten •enteilen, fliehen, fortlaufen, stiften gehen •entfernen •s. kaputtlachen, lachen, losbrüllen, s. totlachen •spritzen, sprühen •aufflammen, auflodern, s. entladen, zerspringen •anfangen, beginnen •laufen, rasen, rennen, stürmen

717 ausbrechen (s.)
abbrechen, verlieren

718 Ausbrecher
Ausreißer, Flüchtling

719 ausbreiten
auflegen, auslegen •s. durchsetzen, s. verbreiten •hinlegen, zeigen, auseinander falten

720 ausbreiten (s.)
s. ausweiten, grassieren, s. verbreiten •s. äußern, reden, schmarren •expandieren, s. vergrößern •s. ausbreiten, s. ausdehnen, s. erweitern, s. vergrößern, s. weiten, s. dehnen

721 Ausbruch
Eruption, Explosion, Vulkanausbruch •Entkommen, Flucht •Anfall, Gefühlsausbruch

722 ausdehnen
ausweiten, vermehren •strecken, vergrößern, verlängern •ausbreiten, auslegen, breiten

723 Ausdehnung
Abmessung, Ausbreitung, Ausmaß, Breite, Dimension, Geräumigkeit, Größenordnung, Mächtigkeit, Reichweite, Streckung, Unermesslichkeit, Vergrößerung, Weite •Ausbreitung, Ausweitung, Expansion, Vergrößerung, Vermehrung, Zunahme •Anbau, Ausbau, Ausweitung, Dehnung, Streckung, Verbreiterung, Vergrößerung, Verlängerung, Weitung

724 Ausdruck
Demonstration, Hinweis, Kundgebung •Betonung, Hervorhebung, Unterstreichung •Ausdrucksform, Ausdrucksweise, Schreibart, Stil •Formulierung, Redensart, Redeweise •Gesichtsausdruck, Miene, Mimik •Bezeichnung, Vokabel, Wort

725 ausdrücken
auspressen, auswringen, herausdrücken, herauspressen •auslöschen, ersticken, löschen •aussagen, aussprechen, bekunden, bezeugen •aussagen, bedeuten, verraten •äußern, formulieren, meinen, reden, sprechen

726 Ausdünstung
Schweiß, Transpiration •Dunst, Geruch •Absonderung, Ausscheidung

727 auseinander
entfernt, fort, weg •defekt, geteilt, getrennt

728 ausfahren
anliefern, hinbringen •herablassen, hinunterlassen

729 Ausfahrt
Abfahrt, Abzweigung •Spazierfahrt, Tour •Tor

730 Ausfall
Einbuße, Schaden, Verlust •Abnahme, Streichung, Wegfall

731 ausfallen
abblasen, absagen, fortfallen, unterbleiben, wegfallen, ausbleiben, •herausfallen

732 ausfließen
auslaufen, herausfließen, herauslaufen, s. leeren, leer laufen

733 Ausflug
Abstecher, Ausfahrt, Besichtigungsfahrt, Landpartie, Rundfahrt, Rundtour, Sightseeing-Tour, Sonntagsausflug, Stadtrundfahrt, Tour, Trip, Vergnügungsfahrt

734 Ausfluss
Ablauf, Auslauf •Auswirkung, Folge, Resultat •Abscheidung, Absonderung, Ausscheidung, Aussonderung, Sekret

735 ausführen
anfertigen, arbeiten, bauen, durchführen, erfüllen, erledigen, erstellen, fertigen, produzieren, realisieren, tun, verwirklichen •ausliefern, exportieren •aufklären, aufzeigen, darlegen, erklären, erläutern

736 ausführlich
breit, eingehend, genau, gründlich, langatmig, vollständig, wortreich

737 Ausführung
Ausarbeitung, Tat •Abwicklung, Durchführung, Erledigung, Organisation, Realisierung, Veranstaltung, Vollziehung •Äußerung, Aussage, Bericht, Darbietung, Darlegung, Geständnis, Nennung, Offenbarung, Erklärung •Herstellungsart, Machart •Alleingang, Großtat, Kurzschlusshandlung, Leistung

738 ausfüllen
schließen, zuschütten •ausfertigen, ausstellen, eintragen •überbrücken, zubringen

739 Ausgabe
Aufwand, Unkosten •Auflage, Edition, Herausgabe, Publikation, Veröffentlichung •Aushändigung, Vergabe, Verteilung •Emission

740 Ausgang
Ausstieg, Notausgang, Nottür, Tür •Freizeit, Urlaub •Ausklang, Beendigung, Finale, Schluss •After, Anus, Darmausgang

741 ausgeben
bezahlen, spendieren •ausschütten, auswerfen •aushändigen, geben, übergeben, verschwenden

742 ausgebildet
fachmännisch, geschult, perfekt, trainiert, vorbereitet •ausgeprägt, stark

743 ausgefallen
abenteuerlich, außergewöhnlich, großartig, nennenswert, sondergleichen, spektakulär, überraschend, ungewöhnlich, unvergleichlich, Aufsehen erregend •bizarr, ungewohnt •entlegen, verrückt

744 ausgehen
abfärben, auslaufen •aufhören, enden •s. bewegen, hinausgehen, spazieren

745 ausgelaugt
abgehetzt, abgekämpft, abgewirtschaftet, angegriffen, entkräftet, geschafft, groggy, mitgenommen, müde, überlastet, zerschlagen •ausgebleicht, farblos

746 ausgemacht
ausgesprochen, eingefleischt •abgemacht, abgeredet, beschlossen, vereinbart •ausgestochen, geerntet, herausgezogen

747 ausgenommen
gereinigt, gesäubert •außer, ausschließlich, ohne, sondern

748 ausgeprägt
auffällig, hochgradig •markant, profiliert

749 ausgerechnet
eben, unbedingt •durchdacht, überlegt

750 ausgeschlossen
unglaublich, unvorstellbar, unwahrscheinlich •abgelehnt, ignoriert, verachtet

751 ausgesprochen
entschieden, entschlossen •angedeutet, artikuliert, gesagt •direkt, förmlich, geradezu, regelrecht

752 ausgewogen
ausgefeilt, ausgegoren, durchdacht •abgestimmt, abgewogen, harmonisch

753 ausgezeichnet
ausgeschrieben, etikettiert •bestens, brillant, erstklassig, famos, hervorragend, lobenswert, mustergültig, nachahmenswert, pfundig, super, tadellos, toll, trefflich, vortrefflich, vorzüglich

754 ausgezogen
entblößt, enthüllt, nackt, unbedeckt •barbusig, topless

755 Ausgleich
Abmachung, Friede, Übereinkunft, Verabredung •Balance, Gegengewicht •Abschluss, Bilanz •Auffüllung, Begradigung, Einebnung, Nivellierung •Begleichung, Regelung •Abzahlung, Auszahlung, Bezahlung, Rückzahlung, Tilgung

756 ausgleichen
abrechnen, anrechnen, aufrechnen, begleichen, einlösen, erfüllen, nachzahlen, verrechnen •ausbalancieren, beilegen, neutralisieren, schlichten •überbrücken, überwinden •belohnen, s. revanchieren •begradigen, ebnen, einebnen, nivellieren, planieren, glattmachen, gleichmachen •aufholen, nachholen, nachziehen, gleichziehen

757 ausgraben
s. erinnern, hervorholen •ausbetten, exhumieren, umbetten •ausbuddeln, ausmachen

758 Ausguck
Ausblick, Aussichtsturm, Beobachtungsstand, Beobachtungsturm, Feuerturm, Mastkorb, Spitze, Turm, Wachturm, Zinne

759 aushalten
freihalten, spendieren •ausharren, beharren, durchhalten, standhalten, verkraften, vertragen •abwehren, ausstehen, bestehen, dulden, durchhalten, durchmachen, durchstehen, erdulden, erleben, erleiden, hinnehmen, spüren, standhalten, tragen, überstehen, überwinden, verkraften, widerstehen •bekochen, beköstigen, durchfüttern, ernähren, unterhalten, verköstigen, verpflegen, versorgen •bewältigen, erdulden, leiden, s. quälen, trauern

760 Aushang
Anschlag, Anschlagzettel, schwarzes Brett

761 aushängen
anschlagen, veröffentlichen, bekannt geben •ausheben, herausheben

762 aushauchen
ableben, dahinscheiden, verscheiden •ausatmen

763 ausheben
ausbaggern, auskoffern, ausschachten, freilegen, graben, schürfen, vertiefen, wühlen •entdecken, erwischen, hochnehmen, schnappen •einberufen

764 Aushebung
Aufdeckung, Ausgrabung, Aushub, Ausschachtung, Freilegung •Entladung, Entleerung

765 Aushilfe
Aushilfskraft, Ersatzmann, Lückenbüßer, Stellvertreter •Assistenz, Beistand, Mitarbeit, Mitwirkung

766 aushöhlen
ausgraben, ausschneiden •ausschwemmen, auswaschen •bekämpfen, untergraben •überbeanspruchen

767 auskommen
genügen, reichen •fliehen •s. verstehen, s. vertragen

768 Auskunftei
Detektei, Detektivbüro, Ermittlungsbüro

769 ausladen
abladen, auskippen, ausleeren, ausschiffen, entladen, entleeren, leeren, löschen •auspacken, auswickeln

770 ausladend
arabesk, barock, geringelt, pompös, schnörkelig, überladen, üppig, verschlungen, verschnörkelt, verziert

771 Auslage
Ausgabe, Kosten, Spesen, Unkosten •Schaufenster, Schaukasten, Vitrine

772 auslagern
ausquartieren, aussiedeln, räumen, umsiedeln, verlegen

773 Ausland
Ferne, Fremde, Weite

774 ausländisch
exotisch, fremd, unbekannt, wildfremd

775 auslassen
streichen, weglassen, aussparen, fortlassen, übergehen, überschlagen •entlassen, freilassen •schmelzen, zerlassen •ausklammern, ausschließen

776 auslassen (s.)
s. ausdrücken, s. äußern, meinen, reden, sprechen

777 auslasten
ausbeuten, ausnutzen, ausschlachten, auswerten, herausholen, verwerten

778 auslaufen
abfärben, ausgehen •aufhören, ausgehen, enden •ausfließen, entströmen, herausfließen, herauslaufen, s. leeren, leer laufen •ablaufen, verfallen

779 auslegen
auskleiden, verlegen •ausdeuten, erläutern, interpretieren, klar machen •vorlegen, vorschießen, vorstrecken

780 Auslese
Auswahl, Blütenlese •Angebot, Auswahl, Kollektion, Musterkoffer, Mustersammlung, Sortiment, Vorführungsmuster, Wahl, Warenangebot, Warenauswahl, Warensortiment •Blüte, Elite

781 ausliefern
anliefern, beliefern, überbringen, zustellen •opfern, preisgeben, überantworten

782 ausliefern (s.)
s. stellen, s. überstellen

783 auslöschen
ausknipsen, ausschalten •ausixen, ausradieren, ausstreichen, übertippen •verdrängen, vergessen •abschaffen, ausräumen, beheben •ausblasen, löschen

784 Auslöschung
Ausrottung, Tilgung

785 auslösen
anfachen, entfesseln •befreien, freikaufen, loskaufen •herauslösen, herausschälen •anrichten, bewirken, hervorrufen, veranlassen, verschulden

786 Auslosung
Ausspielung, Auswahl, Ziehung

787 ausmachen
s. belaufen, betragen •aufspüren, aufstöbern, lokalisieren, orten, sehen •ausspähen, ausspionieren, erkunden •abdrehen, abschalten, ausdrehen, ausschalten •abmachen, s. abstimmen, aushandeln, übereinkommen, vereinbaren •ausgraben, buddeln, ernten

788 ausmalen
bebildern, illustrieren, kolorieren •ausgestalten, ausputzen, ausschmücken, ausstaffieren, dekorieren, schmücken

789 ausmalen (s.)
s. ausdenken, s. vorstellen

790 Ausmaß
Abmessung, Ausdehnung, Ausweitung, Dimension, Höhe, Streckung, Tiefe, Umfang, Weite, Weitung

791 Ausmusterung
Ausgliederung, Auslese, Aussonderung, Aussortierung, Auswahl

792 Ausnahme
Ausnahmefall, Besonderheit, Einmaligkeit, Einzelfall, Notfall, Rarität, Seltenheit, Sonderfall, Sonderrecht, Vergünstigung, Vorrecht

793 ausnehmen
abschwätzen, herauslocken, schröpfen •ausbeuten, ausnutzen, melken •aufbrechen, ausschlachten, ausweiden •ausforschen, ausfragen, aushorchen, nachbohren, nachfragen •ausrauben, bestehlen

794 ausnutzen
ausbeuten, ausnehmen, ausnützen

795 auspacken
aufpacken, auswickeln •ankünden, ankündigen, anreden, anrühren, ansprechen, äußern, ausplaudern, ausposaunen, aussagen, berichten, betiteln, eingestehen, erstatten, erzählen, informieren, melden, offenbaren, quatschen, schildern, schwatzen, verlauten, verraten, vorbringen, vortragen, zugeben, zurufen, bekannt geben

796 auspfeifen
ausbuhen, auszischen, pfeifen, zischen

797 ausplündern
ausrauben, einstecken, entwenden, mitnehmen, rauben •ausbeuten, ruinieren

798 auspumpen
aushöhlen, auszehren, erschlaffen, erschöpfen •entleeren, leeren, leer pumpen

799 auspusten
ausblasen, auslöschen •ausatmen

800 ausputzen
putzen, wischen, sauber machen •ausholzen, auslichten, ausschneiden, lichten

801 ausradieren
ausrotten, zerstören •entfernen, wegradieren

802 ausrangieren
ausmustern, aussondern, wegtun

803 ausräumen
ausrauben, einstecken, klauen, mitnehmen, stehlen •abtransportieren, fortbringen, fortschaffen, wegbringen, wegschaffen

804 ausrechnen
erraten, herausfinden •berechnen, errechnen, vorausberechnen

805 ausrechnen (s.)
s. denken, s. erhoffen, s. errechnen, spekulieren

806 Ausrede
Ausflucht, Ausweg, Flucht, Notlüge, Rückzieher, Rückzug, Verlegenheitslüge, Vorwand

807 ausreißen
entfernen, herausreißen, jäten •abhauen, entfliehen, entkommen, entlaufen, entweichen, fortlaufen

808 ausrichten
mitteilen, schildern, unterrichten •durchbringen, durchsetzen, vermögen •abfluchten, gerade richten •abhalten, durchführen, organisieren, veranstalten, verwirklichen •eichen, einrichten, justieren

809 ausrichten (s.)
s. aufstellen, s. formieren

810 Ausritt
Ritt, Spazierritt

811 ausrücken
ausreißen, entlaufen, entspringen, fortlaufen •s. abkehren, abmarschieren, fortgehen, gehen, s. wegbegeben, weggehen

812 Ausrüstung
Ausstaffierung, Gerät, Handwerkszeug, Zubehör

813 ausrutschen
ohrfeigen, züchtigen •ausgleiten, hinfallen, purzeln, stürzen

814 Ausrutscher
Fall, Sturz •Fehler, Vergehen, Verstoß

815 Aussaat
Saat •Pflanzensamen, Samen, Samenkorn

816 aussaugen
ausbeuten, ausplündern •auslutschen
817 ausschalten
abschalten, ausdrehen, ausknipsen, ausstellen •ausstoßen, verstoßen, auseinander bringen
818 ausschauen
anmuten, aussehen •ausblicken, aussehen, ausspähen, beobachten, hinausblicken, hinausschauen
819 ausscheiden
kündigen, niederlegen, verlassen, s. abmelden, aussteigen, gehen, zurücktreten •abgeben, abscheiden
820 Ausscheidung
Exkremente, Fäkalien, Kot, Stuhl
821 Ausschlag
Akne, Allergie, Ekzem, Pickel •Grund, Motiv, Ursache
822 ausschlagen
abwinken, verachten, verweigern, zurückweisen •austreiben, grünen
823 ausschlaggebend
bestimmend, entscheidend, grundlegend, maßgebend, relevant, wesentlich
824 ausschließen
ausstoßen, exkommunizieren, verstoßen, aussperren •ausklammern, auslassen •ausnehmen, ausschalten, hinauswerfen •auslassen, einklammern
825 Ausschnitt
Kreisausschnitt, Sektor •Blöße, Halsausschnitt, Dekolleté [Dekolletee] •Stück, Teil
826 ausschreiben
anbieten, ankündigen, ansagen •ausfertigen, ausstellen
827 Ausschuss
Ausschussware, Ladenhüter, Schleuderware •Flickwerk, Pfuscharbeit, Schund, Stückwerk •Beirat, Forum, Gremium, Kreis, Kuratorium, Rat, Runde, Untersuchungsausschuss
828 ausschütten
auswerfen, auszahlen •s. anvertrauen, beichten, erzählen •ausgießen, ausleeren, wegschütten
829 ausschweifen
s. ausleben, austoben •s. entfernen, weglaufen
830 Ausschweifung
Anstößigkeit, Lasterhaftigkeit, Sittenlosigkeit, Übertreibung, Unsittlichkeit, Zuchtlosigkeit
831 außen
oben, oberflächlich •außerhalb, draußen
832 aussenden
ausstrahlen, senden •abkommandieren, abordnen, entsenden
833 außerdem
ansonsten, auch, daneben, darüber, dazu, extra, ferner, noch, obendrein, plus, sodann, sonst, später, überdies, und, weiter, zudem, zusätzlich •außer, ausgenommen
834 außerhalb
abseits, draußen, entfernt, weg •auswärts, woanders
835 äußerlich
förmlich, unpersönlich •formal, unpersönlich
836 äußern
preisgeben, verraten •artikulieren, ausarbeiten, behaupten, berichten, feststellen, formulieren, kundmachen, kundtun, mitteilen, sagen, sprechen, verfassen, vorbringen, bekannt geben •kritisieren, nörgeln
837 Äußerung
Behauptung, Bekanntgabe, Bemerkung, Erklärung, Formulierung, Rede, Vortrag •Benachrichtigung, Information, Mitteilung, Preisgabe, Vortrag
838 aussetzen
ausschreiben, versprechen •umpflanzen, verpflanzen •ausliefern, preisgeben •abbrechen, beenden, pausieren, rasten

839 aussetzen (s.)
s. ausliefern, s. preisgeben, s. stellen
840 Aussicht
Hoffnung, Lichtblick, Perspektive, Rettung •Ausblick, Fernblick, Fernsicht, Rundblick
841 aussiedeln
evakuieren, umquartieren, umsiedeln, verlegen •ausbürgern, ausweisen, deportieren, verbannen
842 aussöhnen
s. einigen, s. versöhnen, s. vertragen •beilegen, schlichten, versöhnen
843 ausspannen
abwerben, wegnehmen •ausruhen, erholen •abhalftern, abschirren, abspannen, ausschirren
844 aussparen
auslassen, fortlassen, übergehen, überspringen, weglassen
845 aussperren
absondern, isolieren
846 Aussperrung
Ächtung, Arbeitsverbot, Ausschließung, Ausschluss, Ausstoßung, Disqualifikation, Disqualifizierung, Elimination, Eliminierung, Entfernung, Kündigung, Relegation, Säuberungsaktion, Verfluchung •Platzverweis, Rausschmiss
847 ausspielen
überlisten, verraten •anfangen, anspielen
848 Aussprache
Beratung, Debatte, Gedankenaustausch, Kolloquium, Meinungsaustausch, Unterredung →Dreiergespräch, Zweiergespräch •Akzent, Artikulation, Betonung, Tonfall
849 ausstatten
einrichten, möblieren •ausrüsten, ausstaffieren
850 Ausstattung
Arabeske, Aufmachung, Aufputz, Aufzug, Ausgestaltung, Ausrüstung, Ausschmückung, Ausstaffierung, Beiwerk, Besatz, Dekor, Dekoration, Dekorierung, Dessin, Festschmuck, Firlefanz, Flitter, Garnierung, Garnitur, Gestaltung, Muster, Ornament, Quaste, Schmuck, Schnörkel, Talmi, Tand, Verbrämung, Verschnörkelung, Verschönerung, Verzierung, Zier, Zierde, Zierrat •Ausgestaltung, Ausrüstung, Einrichtung, Einrichtungsgegenstände, Erweiterung, Inventar, Lagerbestand, Mobiliar, Wohnungseinrichtung
851 ausstechen
herausrupfen, jäten •ausheben, freilegen, herausholen •beherrschen, besiegen, bezwingen, dominieren, herrschen, hervortreten, schlagen, überflügeln, überholen, überragen, überrunden, übertreffen, übertrumpfen, verdrängen, vorherrschen, gewinnen, siegen, triumphieren, übertreffen, überwinden
852 ausstehen
mögen, schätzen •bevorstehen, drohen, erwarten, herannahen •aushalten, dulden, durchstehen, ertragen, hinnehmen
853 aussteigen
s. abseilen, ausflippen •abseilen, abspringen, beenden, beschließen •absteigen, verlassen
854 Aussteiger
Alternativer, Nonkonformist
855 ausstellen
ausfüllen, beantworten, eintragen •vorführen, zeigen
856 Aussteuer
Ausrüstung, Ausstattung, Brautausstattung, Brautschatz, Dotation, Heiratsgut, Mitgift, Morgengabe
857 ausstopfen
füllen, hineinpressen •präparieren
858 Ausstoß
Anfertigung, Erzeugung, Fabrikation, Fertigung, Produktion •Abgase, Emission

859 ausstoßen
isolieren, scheiden, verstoßen •ausspucken, herausschleudern •ausschließen, exkommunizieren, verstoßen •abtreiben, fehlgebären •ausatmen, auspressen •ächzen, aufseufzen, aufstöhnen, seufzen, stöhnen •anfertigen, auswerfen, erstellen, gewinnen, machen, produzieren

860 ausstrahlen
strahlen •funken, morsen, senden, übertragen

861 Ausstrahlung
Anziehungskraft, Ausstrahlungskraft, Charisma, Überzeugungskraft •Sendung, Übertragung →Fernsehsendung, Rundfunksendung

862 ausstrecken
ausbreiten, ausrecken, wegstrecken

863 ausströmen
ausatmen, aushauchen •abfließen, ausfließen, austreten, s. verbreiten

864 Austausch
Transfer, Überführung, Übertragung, Überweisung, Wechsel •Datenaustausch, Kopie, Übertragung

865 austragen
streichen •anliefern, beliefern, bringen, liefern, zustellen •durchfechten, durchkämpfen, durchstehen

866 austreiben
grünen, keimen, knospen •fortjagen, verjagen, verscheuchen, wegjagen

867 austreten
ausdehnen, ausweiten •s. entleeren, s. erleichtern •ausfließen, ausströmen •ausscheiden, scheiden, s. verabschieden, auseinander gehen •auslöschen, ausmachen

868 austrocknen
ausdörren, eintrocknen, vertrocknen •verlanden, versanden

869 ausüben
herrschen, regieren •betreiben, praktizieren, versehen

870 ausufern
ausarten, überspitzen, übersteigern •überfließen, überfluten

871 Auswahl
Auslese, Selektion, Wahl •Kollektion, Sortiment, Warenangebot •Auswahlmannschaft, Besetzung

872 Auswanderer
Asylant, Ausgewiesener, Aussiedler, Einwanderer, Emigrant, Flüchtling, Umsiedler

873 Auswanderung
Abreise, Abwanderung, Ausreise, Auszug, Emigration, Flucht, Verschwinden, Wegzug

874 auswaschen
aushöhlen, ausspülen, waschen

875 ausweichen
aberkennen, absprechen, s. drücken, entgehen, entziehen, vermeiden •hinhalten, umgehen, zögern, offen lassen •ausbiegen, herumgehen, zurückweichen

876 auswerfen
ausstoßen, hinauswerfen •auszahlen, festsetzen •ködern, locken

877 auswerten
aufbereiten, nutzen •deuten, interpretieren

878 Auswertung
Deutung, Interpretation, Kommentar •Ausnutzung, Nutzung

879 auswischen
abstauben, sauber machen •abreiben, wegwischen •hintergehen, täuschen

880 Auswurf
Schleim, Sputum •Abschaum, Bagage, Ganoven, Gesindel, Lumpenpack, Mob, Pack, Pöbel, Raubgesindel, Sippschaft

881 auszehren
aushöhlen, ermatten, ermüden, erschöpfen, schwächen

882 auszeichnen
anerkennen, bejubeln, beloben, belobigen, besingen, ehren, feiern, idealisieren, loben, preisen, rühmen, verherrlichen, würdigen •belohnen, prämiieren

883 Auszeichnung
Anerkennung, Beifall, Belobigung, Belohnung, Dank, Dankbarkeit, Dankeswort, Dankgefühl, Danksagung, Ehrerbietung, Ehrung, Erkenntlichkeit, Huldigung, Lob, Lobgesang, Loblied, Lobpreis, Lobpreisung, Lobrede, Lobspruch, Lohn, Vergeltung, Verherrlichung, Wertschätzung, Würdigung •Belohnung, Dekoration, Ehrenzeichen, Ehrung, Medaille, Orden, Ordensverleihung, Prämierung, Preis, Verleihung •Begünstigung, Bevorzugung, Privileg, Vergünstigung, Vorliebe •Cup, Pokal •Etikett, Preisauszeichnung, Preisschild, Warenschild

884 ausziehen
fortziehen, wegziehen •ausreiten, ausrücken •ausreißen, herausziehen, jäten

885 ausziehen (s.)
ablegen, abstreifen, s. auskleiden, s. enthüllen, s. entkleiden

886 Auszug
Exzerpt •Abwanderung, Weggang •Absud, Destillat, Essenz, Extrakt •Ausschnitt, Textstelle, Zitat

887 authentisch
echt, garantiert, gesichert, glaubwürdig, sicher, zuverlässig

888 Automat
Apparat, Maschine, Maschinenmensch, Roboter

889 Automation
Automatisierung, Mechanisierung

890 automatisch
gewohnheitsmäßig, mechanisch, unwillkürlich, zwangsläufig •maschinell, maschinenmäßig, serienmäßig

B

891 Baby
Brustkind, Kleines, Neugeborenes, Säugling, Wickelkind •Geliebte, Liebling, Schatz

892 Babysitter
Amme, Kinderfrau, Kinderfräulein, Kindermädchen

893 Bach
Gewässer, Quelle, Rinnsal, Wasser, Wasserlauf

894 Backe
Backen, Wange

895 Bäcker
Brotbäcker •Feinbäcker, Konditor, Kuchenbäcker, Zuckerbäcker

896 Background
Herkunft, Vergangenheit •Hintergrund, Rückseite, Rückwand •Vergangenheit, Vorleben

897 Bad
Badeort, Heilbad, Kurbad, Kurort →Kneippkurort, Luftkurort, Seebad, Winterkurort •Baderaum, Badestube, Badezimmer •Badeanstalt →Freibad, Hallenbad, Schwimmbad

898 Bademeister
Aufsicht, Aufsichtsperson, Badeaufsicht

899 baden
sonnenbaden •s. reinigen, s. waschen •planschen, schwimmen, tauchen

900 Bagatelle
Geringfügigkeit, Kinderspiel, Kleinigkeit, Lappalie, Nebensache, Nichtigkeit, Spiel, Spielerei, Unwichtigkeit

901 baggern
ausgraben, ausschachten

902 Bahn
Eisenbahn, Eisenbahnzug, Zug •Arena, Aschenbahn, Kampfbahn, Laufbahn, Rennbahn, Strecke •Gleise, Schienenweg •Umlauf •Bobbahn, Rodelbahn, Schlittenbahn •Seilbahn →Bergbahn, Drahtseilbahn, Gondelbahn, Schwebebahn, Sesselbahn, Sessellift •Rutschbahn, Rutsche, Schlitterbahn •Landebahn, Piste, Rollbahn, Startbahn •Pferderennbahn, Rennplatz, Turf

903 Bahre
Krankenbahre, Sänfte, Tragbahre, Trage, Tragstuhl

904 bald
frühzeitig, gleich, rechtzeitig •alsbald, demnächst, einmal, künftig, nächstens, nahe, sogleich, später, zukünftig

905 Balken
Bohle, Sparren •Pfeiler, Pfosten •Strebe, Träger

906 Balkon
Altan, Loggia, Söller, Terrasse, Veranda, Vorbau

907 Ballast
Bürde, Mühsal, Plage, Strapaze •Belastung, Last

908 ballen
aufbegehren, drohen •zerknüllen, zusammenballen

909 Ballen
Bund, Bündel, Packen

910 ballen (s.)
s. ansammeln, s. häufen •s. verdichten, s. zusammenballen, s. zusammendrängen

911 Ballett
Tanzvorstellung •Balletttruppe, Tanzgruppe

912 Ballung
Anhäufung, Ansammlung, Aufhäufung

913 Balsam
Aufrichtung, Lichtblick, Trost, Zusprache •Creme [Kreme], Krem, Paste, Salbe, Vaseline

914 banal
alltäglich, bedeutungslos, einfallslos, leer, trivial

915 Band
Bindfaden, Faden, Schnur •Beziehung, Bindeglied, Gemeinschaft, Verbindendes, Verbindung, Zusammenhalt •Ausgabe, Buch, Sammlung •Bigband, Combo, Ensemble, Gruppe, Kapelle, Musikgruppe

916 Bandage
Binde, Druckverband, Gipsverband, Mullbinde, Streckverband, Wickel, Wundverband

917 bandagieren
abbinden, stützen, umwickeln, wickeln

918 Bande
Clique, Gruppe, Haufen, Jugendbande, Rotte •Gang, Horde, Meute, Räuberbande, Straßengang •Grenze, Umgrenzung

919 Bandlaufwerk
Sicherungsband, Sicherungslaufwerk, Streamer, Streamerband, Zusatzband

920 Bangigkeit
Ängstlichkeit, Befangenheit, Beklommenheit, Furcht, Herzensangst, Panik, Scheu, Schüchternheit, Verlegenheit

921 Bank
Eckbank, Sitzbank •Sandbank, Untiefe •Bankhaus, Geldinstitut, Kasse, Kreditanstalt, Kreditbank, Kreditinstitut, Sparkasse, Wechselstube, Diskontbanken, Wechselbanken

922 bankrott
abgebrannt, finanzschwach, illiquid, insolvent, pleite, ruiniert, zahlungsunfähig

923 Bann
Ausstoßung, Exkommunikation, Kirchenausschluss, Kirchenbann, Verdammung •Acht, Ächtung, Ausschluss, Bulle, Disqualifikation, Verstoßung •Beschwörung, Verhexung, Verzauberung

924 bannen
behexen, beschwören, bezaubern, verhexen, verwünschen, verzaubern •ächten, ausschließen, isolieren, verdammen, verfemen, verfluchen, vertreiben, wegjagen •fesseln, mitreißen

925 bar
bloß, ohne, unbekleidet •bloß, rein

926 Bar
Amüsierlokal, Nachtklub, Nachtlokal •Ausschank, Schanktisch, Theke, Tresen

927 barbarisch
bestialisch, brutal, erbarmungslos, gnadenlos, grausam, inhuman, roh, seelenlos, unmenschlich, verroht

928 Bart
Bartstoppeln, Bartwuchs, Flaum →Backenbart, Bärtchen, Kinnbart, Schnurrbart, Spitzbart, Vollbart

929 bärtig
schnauzbärtig, schnurrbärtig, stoppelbärtig, stoppelig, unrasiert

930 Basis
Ausgangspunkt, Stützpunkt •Ansatzpunkt, Bedingung, Fundament, Grundlage, Grundstock, Unterbau, Voraussetzung, Vorstufe •Fundament, Grundmauer, Unterbau •Ansatzpunkt, Ausgangspunkt, Grundlage, Mittel, Plattform, Voraussetzung, Vorstufe •Bestand, Fundus, Grundlage, Grundstock

931 Bass
Bassstimme •Bassgeige, Kontrabass

932 Bau
Gefängnis, Haftanstalt •Gliederung, Strukturierung •Aufbau, Form, Struktur •Bauplan •Bauunternehmen •Bauwerk, Gebäude, Haus, Schloss •Aufbau, Rekonstruktion, Wiederaufbau •Höhle, Loch, Röhre •Bauplatz, Baustätte, Baustelle

933 Bauch
Leib, Unterleib •Magen, Verdauungsorgan

934 bauchen (s.)
s. ausbauchen, s. runden, s. wölben

935 bauen
entwickeln, konstruieren •machen, verursachen •anfertigen, aufrichten, errichten, erstellen, hoch ziehen •anbauen, anpflanzen

936 Bauer
Agrarier, Bauersmann, Farmer, Gutsbesitzer, Landwirt

937 baumeln
schlenkern, schlottern •bammeln, hängen, schweben •s. bewegen, schwingen

938 Baumring
Altersring, Flader, Jahresring

939 bauschen (s.)
s. aufblähen, s. aufplustern, s. blähen, s. vorwölben, s. wölben

940 beachten
aufmerken, aufpassen, s. konzentrieren, s. merken, s. sammeln, Acht geben •befolgen, s. beugen, s. unterwerfen •berücksichtigen, einbeziehen

941 Beachtung
Befolgung, Einhaltung, Erfüllung •Anerkennung, Berücksichtigung, Hochachtung, Respekt, Rücksicht

942 Beamtentum
Bürokratie, Bürokratismus

943 Beamter
Staatsbediensteter, Staatsdiener

944 beängstigend
beklemmend, entsetzlich, gruselig, schauerlich, schaurig, Furcht einflößend, Furcht erregend

945 Beantwortung
Antwort, Bescheid, Entgegnung, Erwiderung, Reaktion
946 bearbeiten
bebauen, kultivieren •bedrängen, bereden, zusetzen •aufbereiten, s. befassen, behandeln, s. bekümmern, s. beschäftigen, erledigen, s. kümmern •bekehren, erweichen, überreden, überzeugen, umstimmen
947 bebauen
anpflanzen, ansäen, bauen, bepflanzen, bewirtschaften
948 Bebauung
Anbau, Bepflanzung, Bestellung, Bewirtschaftung, Kultivierung
949 beben
aufbeben, erbeben, erschüttern •s. bewegen, wackeln •s. ängstigen, zittern
950 Beben
Erdbeben, Erdstoß, Erschütterung
951 bedächtig
abgeklärt, bedachtsam, gefasst, gemächlich, gemessen, langsam, schleppend, stockend, überlegen •umsichtig, weit blickend •begriffsstutzig, beschränkt, langsam, schwerfällig
952 Bedarfsermittlung
Absatzforschung, Marktanalyse, Marktforschung
953 Bedarfsgegenstand
Bedarfsartikel, Gebrauchsgegenstand, Gebrauchsgüter
954 Bedauern
Einfühlungsgabe, Verständnis, Wohlwollen •Abbitte, Entschuldigung, Nachsicht, Verzeihung
955 bedauernswert
jammerschade, schade •bedauernswürdig, bejammernswert, beklagenswert, bemitleidenswert, beweinenswert, erbärmlich, erschütternd, herzbewegend, herzzerreißend, tragisch, unglücklich, unrühmlich, Mitleid erregend
956 bedecken
belegen, bestellen •abdecken, behängen, einhüllen, überhängen, überziehen, verbergen, verdecken, verhängen, verhüllen, verstecken, zudecken
957 bedecken (s.)
s. bewölken, s. beziehen, s. eintrüben, s. verdunkeln •anhaben, ankleiden, anziehen, aufsetzen, s. bekleiden, s. einhüllen, hineinschlüpfen, überziehen, umhängen
958 bedeckt
bewölkt, bezogen, grau, verhangen, wolkenbedeckt, wolkig •angezogen, bekleidet, gekleidet, verhüllt •bepflanzt, bewachsen, geschützt, zugewachsen
959 Bedeckung
Abdeckung •Abschirmung, Begleitung, Bewachung, Geleit, Schutz, Sicherheit, Wahrung
960 bedenken
geben, schenken, überreichen •erwähnen, loben •berücksichtigen, erwägen, wägen
961 bedenkenlos
blindlings, kritiklos •gewissenlos, gnadenlos, rücksichtslos, skrupellos, unbarmherzig •anstandslos, bereitwillig, gern, kurzerhand, unbesehen, ungeprüft
962 bedenklich
undurchsichtig, unheimlich, verdächtig, verrufen, Besorgnis erregend •beängstigend, schlimm, übel, Besorgnis erregend
963 Bedeutung
Bedeutsamkeit, Dringlichkeit, Gewichtigkeit, Rang, Stellenwert, Tragweite, Vordringlichkeit, Wert, Wichtigkeit •Hintersinn, Idee, Inhalt, Sinn •Autorität, Format, Größe, Name, Prestige, Profil, Ruhm, Stand, Stolz

964 bedeutungslos
alltäglich, durchschnittlich, gängig, gewöhnlich, gewohnt, mittelmäßig, normal, regelmäßig, üblich, vertraut, weit verbreitet •belanglos, einflusslos, farblos, gering, geringfügig, irrelevant, klein, lächerlich, mäßig, nebensächlich, sekundär, unbedeutend, unerheblich, uninteressant, unscheinbar, untergeordnet, unwesentlich, unwichtig, verschwindend, wertlos

965 bedienen
beraten, verkaufen •betätigen, führen, regulieren •besorgen, leisten •aufwarten, bewirten, reichen

966 Bedienung
Besorgung, Leistung •Kellner, Ober •Aufwartung, Bewirtung, Service •Fräulein, Kellnerin, Serviermädchen •Betätigung, Führung, Handhabung, Steuerung

967 bedingungslos
rückhaltlos, uneingeschränkt, vorbehaltlos •durchaus, unbedingt •absolut, unbedingt, völlig, vorbehaltlos

968 bedrängen
bestürmen, zusetzen •bedrücken, knebeln •anflehen, anrufen, bitten, flehen

969 beehren
auszeichnen, ehren, loben, preisen, rühmen •besuchen, kommen, überraschen

970 beeilen (s.)
s. abhasten, s. abhetzen, s. dazuhalten, s. dranhalten, s. erschöpfen, s. ranhalten, s. sputen, s. tummeln, s. überstürzen

971 beeindrucken
auffallen, bestechen, bezaubern, gefallen, hervorstechen

972 Beeinflussung
Einfluss, Einflussnahme, Einwirkung, Überredung

973 Beeinträchtigung
Behinderung, Erschwernis, Handicap, Hemmung, Hindernis, Minderung, Schädigung, Schmälerung •Abtrag, Schaden, Schädigung

974 beenden
abbrechen, abschließen, aufgeben, aufhören, aufstecken, beendigen, einstellen •aufsetzen, krönen

975 Beendigung
Abbruch, Abschaffung, Aufhebung, Einstellung, Schluss •Abschluss, Schluss, Schlusspunkt

976 beengt
eingeengt, eingeschnürt, eingezwängt

977 beerdigen
aussegnen, begraben, beisetzen, bestatten

978 Beerdigung
Aussegnung, Begräbnis, Beisetzung, Bestattung, Leichenbegräbnis, Leichenfeier, Staatsbegräbnis, Trauerfeier, Urnenbeisetzung •Bestattung, Einäscherung, Kremation, Verbrennung

979 Beere
Korinthe, Rosine, Sultanine, Trockenbeere, Weinbeere •Rebe, Traube, Weintraube

980 befallen
erfassen •anfallen, ankommen, beschleichen, überkommen

981 befangen
ängstlich, angstvoll, bang, beklommen, betroffen, gehemmt, scheu, verängstigt, verschüchtert, zag, zaghaft •einseitig, parteilich, subjektiv, ungerecht, voreingenommen

982 befassen (s.)
s. beschäftigen, s. widmen, dabei sein •s. abgeben, s. beschäftigen

983 befehlen
anordnen, anweisen, auferlegen, befehligen, bestimmen, erlassen, festlegen, gebieten, kommandieren, veranlassen, verfügen, verord-

nen, vorschreiben •beordern, berufen, zitieren

984 Befehlshaber
Anführer, Heerführer, Kapitän, Kommandant

985 befeuchten
anfeuchten, benässen, besprengen, einsprengen, nässen, netzen •begießen, berieseln, bewässern, gießen, wässern

986 Befinden
Denkweise, Meinung •Ergehen, Gesundheit, Konstellation, Sachlage, Status, Verfassung, Verhältnis, Zustand

987 befinden (s.)
s. aufhalten, sein, weilen, wohnen, zubringen

988 beflecken
entehren, entweihen, entwürdigen, schänden, verunehren •beschmieren, beschmutzen, besudeln, einschmieren, einschmutzen, verschmutzen, verunreinigen, vollspritzen

989 befördern
fahren, fortbringen, transportieren, überführen •abordnen, ernennen, erwählen, nominieren, wählen, höher stufen

990 Beförderung
Amtseinsetzung, Aufstieg, Berufung, Ernennung, Nominierung, Vorwärtskommen •Expedierung, Fracht, Fuhre, Transport, Überführung, Verladung

991 befragen
ausforschen, ausfragen, aushorchen, auskundschaften, auspressen, bohren, fragen, interviewen, nachfragen, recherchieren, verhören, vernehmen

992 Befragung
Erhebung, Interview, Leserumfrage, Meinungsforschung, Meinungsumfrage, Publikumsbefragung, Publikumsumfrage, Repräsentativerhebung, Umfrage, Verbraucherumfrage, Volksbefragung

993 befreien
erlösen, retten •entbinden, entlasten •freibekommen, freikämpfen, herausholen, zurückerobern •beurlauben, dispensieren, entbinden, freigeben, freistellen, zurückstellen

994 befreien (s.)
s. emanzipieren, s. loslösen •s. ausziehen, s. enthüllen, s. entledigen, s. frei machen •ausbrechen, s. freikämpfen

995 befreit
erfreut, erleichtert, erlöst, froh, glücklich

996 Befreiung
Bergung, Entsatz, Erlösung, Rettung •Beurlaubung, Dispens, Entbindung, Kündigung

997 befreunden (s.)
s. anfreunden, s. kennen lernen

998 befriedigen (s.)
masturbieren, onanieren, s. verlustieren

999 befristet
abgegrenzt, begrenzt, längstens

1000 Befruchtung
Begattung, Empfängnis, Konzeption

1001 begabt
aufgeweckt, befähigt, besonnen, denkfähig, erfahren, fähig, geeignet, gelehrig, genial, gescheit, geweckt, intelligent, klug, kompetent, lernfähig, qualifiziert, sachverständig, scharfsinnig, schlau, superschlau, talentiert, talentvoll, tüchtig, versiert, vielseitig, scharf blickend, klar denkend

1002 Begattung
Befruchtung, Kopulation, Paarung, Zeugung →Beschälung, Beschlag, Deckung •Akt, Beischlaf, Geschlechtsakt, Geschlechtsverkehr, Intimverkehr, Kohabitation, Koitus, Kopulation, Liebesakt, Liebesvereinigung, Liebesvollzug, Paarung, Rammelei, Rutschpartie, Sex, Sexualverkehr, Vereinigung, Verkehr

1003 begeben (s.)
s. abspielen, s. ereignen, geschehen, stattfinden, s. zutragen •abreisen, aufbrechen, hingehen, hinlaufen

1004 Begebenheit
Affäre, Einmaligkeit, Ereignis, Erlebnis, Geschehen, Hergang, Vorfall, Zufall, Zwischenspiel •Gegebenheit, Gewissheit, Lebenswahrheit, Realität, Tatsache, Tatsächlichkeit, Unwiderlegbarkeit, Wahrheit, Wirklichkeit •Leben, Praxis, Realität

1005 begegnen
treffen, vorfinden •antreffen, zusammentreffen •vorkommen, zustoßen •ankämpfen, eindämmen, entgegentreten, unterbinden, verhüten

1006 begegnen (s.)
s. kreuzen, zusammenlaufen •s. sammeln, s. treffen, s. versammeln, s. wiederfinden, s. zusammenfinden, zusammenströmen, zusammentreffen, zusammentreten

1007 Begegnung
Anhäufung, Auflauf, Beratung, Date, Gedränge, Gesellschaft, Getümmel, Kolloquium, Kongress, Konvent, Konzil, Meeting, Menschenansammlung, Menschenauflauf, Rendezvous, Sitzung, Symposium, Synode, Tagung, Treffen, Unterredung, Vereinigung, Versammlung, Zusammenkunft, Zusammenrottung, Zusammentreffen, Zusammenziehung •Kampf, Konkurrenz, Treffen, Wettbewerb, Wettstreit •Brüderschaft, Gemeinschaft, Tafelrunde, Versammlung, Zusammenschluss •Herrengesellschaft •Gesellschaft, Stammtisch, Tischgesellschaft, Tischrunde •Kaffeeklatsch, Kränzchen

1008 begehen
abschreiten, beschreiten, betreten •handeln, tun, verüben •feiern

1009 begehren
fordern, verlangen •ersehnen, erträumen, wünschen

1010 Begehren
Sehnsucht, Traum, Wunsch •Forderung, Verlangen •Begier, Gelüste, Leidenschaft, Trieb •Bedürfnis, Interesse, Verlangen

1011 begehrenswert
betörend, sympathisch •anstrebenswert, erstrebenswert, wünschenswert

1012 begeistert
aktiv, atemlos, begehrlich, begierig, bemüht, berauscht, bestrebt, betriebsam, diensteifrig, eifrig, ekstatisch, entbrannt, entflammt, entzückt, fanatisch, fieberhaft, geschäftig, glühend, glutvoll, hingebungsvoll, hingerissen, hitzig, inbrünstig, leidenschaftlich, mitgerissen, pflichtbewusst, regsam, ruhelos, scharf, schmachtend, schwärmerisch, schwungvoll, sinnlich, strebsam, tätig, trunken, übereifrig, übereilt, unermüdlich, ungestüm, unverdrossen, verliebt, vernarrt, verzückt

1013 Beginn
Anbruch, Anfang, Auftakt, Eintritt, Eröffnung, Start, Startschuss •Anbeginn, Aufkommen, Entstehung •Einsatz, Start •Anpfiff, Signal, Start, Startschuss

1014 beglaubigen
akkreditieren, bestätigen, zulassen •bescheinigen, bestätigen

1015 Beglaubigung
Bescheinigung, Bestätigung •Legitimierung
1016 begleiten
geleiten, heimbringen, mitgehen
1017 Begleitung
Eskorte, Gefolge, Geleit, Geleitzug, Gesellschaft, Konvoi •Aufpasser, Begleiter, Weggefährte, Weggenosse •Ehrengeleit, Eskorte, Geleit, Schutz
1018 begnadet
berufen, erwählt, gesegnet •befähigt, gelehrig, tüchtig, verwendbar
1019 begnadigen
amnestieren, entschuldigen, lossprechen, nachgeben, nachsehen, vergeben, verzeihen •absolvieren, entheben, freisprechen, lossprechen
1020 Begnadigung
Amnestie, Freisprechung, Gnade, Straferlass, Strafnachlass, Verzeihung •Ablass, Absolution, Lossprechung, Sündenerlass, Sündennachlass, Vergebung, Verzeihung
1021 begnügen (s.)
s. bescheiden, s. finden, s. fügen, s. gewöhnen, s. schicken, s. zufrieden geben
1022 begraben
entfallen, vergessen •aufgeben, kapitulieren, resignieren •beerdigen, beisetzen, bestatten
1023 begrenzen
abbauen, abmindern, beengen, beschneiden, beschränken, einengen, eingrenzen, einschnüren, einschränken, schmälern, vermindern, verringern •einengen, reduzieren, schmälern, streichen •bedrängen, beengen, einengen, einschränken, einzwängen •abgrenzen, abstecken, abzäumen, einfrieden, eingrenzen, einzäunen, umgrenzen, umzäunen
1024 begrenzt
beschränkt, eingeschränkt •gering, klein •eingegrenzt, umgrenzt, umzäunt
1025 Begriff
Abstraktion, Größe •Auffassung, Betrachtungsweise, Standpunkt •Ausdruck, Benennung, Bezeichnung, Wort •Definition, Wortbedeutung
1026 begründen
argumentieren, beweisen, erörtern, veranschaulichen, verdeutlichen •motivieren, überzeugen •beginnen, eröffnen, gründen, stiften
1027 Begründung
Argument, Beweisgrund, Motivation, Überzeugung •Argumentation, Beweis •Beginn, Grundlegung, Gründung
1028 begrünen
begrasen, bemoosen, beranken, bewachsen
1029 begrüßen
beistimmen, bejahen, dulden, gestatten, respektieren, tolerieren, zustimmen, gutheißen •grüßen, salutieren
1030 Begrüßung
Gruß, Willkomm
1031 Behäbigkeit
Gemächlichkeit, Gemessenheit, Langsamkeit, Trödelei
1032 behaglich
angenehm, bequem, heimelig, komfortabel, lauschig, traulich, wohnlich
1033 Behaglichkeit
Annehmlichkeit, Bequemlichkeit, Gemütlichkeit
1034 behalten
behaupten, beibehalten, bestehen, halten •aufbewahren, aufheben, verwahren •beharren, beibehalten, festbleiben, festhalten •einbehalten, zurückbehalten •beherzigen, lernen •bewahren, verbergen, verhehlen, verschweigen, geheim halten

1035 behandeln
besprechen, darlegen, durchnehmen, durchsprechen, erörtern •betreuen, erleichtern, heilen, kurieren, mildern •bearbeiten, roden

1036 Behandlung
Bearbeitung, Durchnahme •Bekämpfung, Betreuung, Heilbehandlung, Heilmaßnahme, Heilung, Krankenbehandlung, Krankheitsbehandlung, Kur, Nachsorge, Therapie •Aufdeckung, Darlegung, Darstellung, Erläuterung

1037 behaupten (s.)
bestehen, s. bewähren, s. durchsetzen

1038 Behauptung
Anschauung, Ansicht, Auffassung •Annahme, Bemerkung, Feststellung, Theorie, Vermutung, Voraussetzung •Hypothese, Lehrmeinung, Lehrsatz

1039 beherrschen
können, verstehen •bändigen, bezähmen, bezwingen, drangsalieren, terrorisieren, knechten, unterdrücken

1040 beherrschen (s.)
s. beruhigen, s. bezwingen, s. mäßigen, s. zähmen, s. zügeln, s. zusammennehmen, s. zusammenreißen

1041 Behinderung
Beeinträchtigung, Erschwernis •Absperrung, Barriere, Engpass, Hindernis, Hürde, Schranke, Sperre •Körperbehinderung, Körperschaden

1042 behutsam
allmählich, langsam •abgeklärt, bedächtig, geruhsam, gezügelt, ruhig, sachte, sanft, schonend, sicher, umsichtig, vorsichtig

1043 beibringen (s.)
s. aneignen, s. einprägen, einstudieren, einüben, erlernen

1044 beichten
auspacken, aussagen, bekennen, bezeugen, eingestehen, einräumen, gestehen, offenbaren, zugeben

1045 Beifall
Applaus, Beifallsäußerung, Beifallsbezeugung, Freudenausbruch, Freudengeschrei, Freudentaumel, Händeklatschen, Huldigung, Jubel, Jubelgeschrei, Jubelruf, Ovation, Standingovations [Standing Ovations]

1046 beifügen
anfügen, anreihen, anschließen, beigeben, beilegen, beischließen, beisteuern, dazugeben, dazutun, hinzufügen, spendieren

1047 Beifügung
Anfügung, Anhang, Zusatz

1048 beiheften
anheften, anklammern, befestigen

1049 Beilage
Beigabe, Beiwerk, Extra, Zugabe, Zutat •Beikost, Zubrot •Anlage, Beiblatt •Anfügung, Anhang, Beifügung

1050 beilegen
abhelfen, aussöhnen, hinbiegen, regeln, schlichten, vermitteln, zurechtbiegen, zurechtrücken •anfügen, anhängen, anreihen, anschließen, beifügen, beigeben, dazugeben, dazulegen, hinzufügen •beigeben, beimengen, beimischen, einrühren, hinzutun, zusetzen

1051 Bein
Extremität, Fuß, Gliedmaße

1052 beinahe
annähernd, bald, einigermaßen, fast, gleichartig, kaum, nahezu, rund, schätzungsweise, vergleichbar, vielleicht

1053 Beisitzer
Geschworener, Laienrichter, Schöffe •Aufsichtsrat, Beirat

1054 Beispiel
Richtschnur, Vorbild, Wunschbild •Exempel, Muster, Probe

1055 beispielhaft
bestens, exemplarisch, exzellent, famos, herrlich, löblich, nachahmenswert, prämiiert, preisgekrönt, toll, trefflich, unübertrefflich

1056 beißen
kauen, knabbern •brennen, kribbeln, stechen •zupacken, zuschnappen

1057 beißend
bohrend, brennend, marternd, nagend, peinigend, quälend, qualvoll, schmerzend, schmerzhaft, schmerzlich, stechend, ziehend •ätzend •bissig, boshaft, ironisch, sarkastisch, satirisch, scharfzüngig, spöttisch

1058 Beistand
Beratung, Rechtsbeistand •Hilfe, Trost

1059 Beitrag
Anteil, Stück •Hilfe, Unterstützung •Almosen, Gabe, Obolus, Scherflein, Spende, Unterstützung, Zahlung •Abhandlung, Artikel

1060 beitreten
s. anschließen, einsteigen, s. zugesellen

1061 bejahen
anerkennen, beipflichten, dulden, einräumen, erlauben, genehmigen, unterschreiben, zulassen, gutheißen

1062 bekannt
achtbar, altbekannt, anerkannt, angesehen, ausgewiesen, bedeutend, beliebt, berühmt, geachtet, geehrt, gefeiert, geschätzt, namhaft, populär, prominent, renommiert, verbreitet, verehrt, weltbekannt, weltberühmt, wohl bekannt •amtlich, öffentlich, publik •altvertraut, geläufig, vertraut, wohlbekannt

1063 Bekannte
Freundin, Kameradin, Partnerin, Vertraute •Bekannter, Freund, Gefährte, Kamerad, Partner, Vertrauter

1064 Bekanntmachung
Schlagzeile, Titel, Überschrift •Ankündigung, Bekanntgabe, Eröffnung, Information, Pressebericht, Rundschreiben, Verkündigung •Aufruf, Kundgebung, Kundmachung, Proklamation

1065 bekehren
breitschlagen, überreden, überzeugen, umstimmen

1066 bekehren (s.)
konvertieren, übertreten, wechseln •bereuen, s. bessern, umkehren, s. wandeln

1067 bekennen (s.)
dazugehören, s. identifizieren

1068 bekleiden
einnehmen, haben, sein, versehen

1069 beklopfen
abklopfen, perkutieren, untersuchen

1070 bekommen
nützen, wohl tun, gut tun •s. anstecken, s. holen, s. infizieren, s. zuziehen •abbekommen, erlangen, zufallen, zufließen •anhäufen, einheimsen, empfangen, ergattern, erhalten, zusammenraffen, zusammentragen

1071 bekräftigen
ermutigen, helfen •beeiden, beschwören •beglaubigen, bestätigen, bezeugen

1072 beladen
aufladen, aufpacken, bepacken, einladen, einschiffen, laden, verladen, voll laden, voll packen •voll, schwer beladen, schwer bepackt

1073 Belag
Kruste, Schutzschicht, Überzug •Aufstrich, Brotbelag •Auslegware, Bodenbelag, Teppich, Teppichboden →Bettvorleger, Brücke, Läufer, Spannteppich •Getäfel, Vertäfelung →Holzverkleidung, Täfelung, Verschalung, Wandtäfelung, Wandverkleidung

1074 belagern
abriegeln, blockieren, einkesseln, einkreisen, einrahmen, umranden, umstellen, umzirkeln •einfassen, rahmen
1075 belangen
anklagen, beschuldigen, klagen, verklagen
1076 belanglos
bedeutungslos, nebensächlich, unerheblich, unwesentlich, zufällig
1077 belasten
beschuldigen, verdächtigen •beladen, bepacken, beschweren •bedrücken, peinigen, plagen, schmerzen •aufbürden, auferlegen, auflegen, aufpacken •ängstigen, beängstigen, bedrohen, bedrücken, bekümmern, betrüben, einschüchtern, entmutigen, grämen, niederschlagen, quälen, schrecken, verängstigen, verschüchtern
1078 belastet
bedrückend, deprimierend, entmutigend, lähmend, sorgenvoll •bedrückt, gedrückt •schuldbeladen, schuldig
1079 Belästigung
Annäherungsversuche, Behelligung, Plage, Störung, Zudringlichkeit •Anpöbelei, Anrempelei
1080 Belastung
Ballast, Bürde, Crux, Joch, Kreuz, Last, Leid, Mühsal, Pein, Schwere, Sorge •Anschuldigung, Bezichtigung, Klage, Unterstellung, Verdächtigung •Bemühung, Überlastung
1081 belauschen
abhorchen, anhören, ausspionieren, belauern, beschatten, bespähen, bespitzeln, horchen, lauschen, mithören, spionieren, überwachen, verfolgen
1082 beleben
aktivieren, ankurbeln •anfachen, anreizen, aufpeitschen, aufpulvern, aufputschen, stimulieren •anfachen, animieren, anregen, dopen, inspirieren, stimulieren
1083 belebt
aufgeräumt, fröhlich, heiter, lustig •bevölkert, verkehrsreich, volkreich
1084 Beleg
Attest, Beglaubigung, Nachweis, Quittung, Urkunde •Belastungsmaterial, Beweismaterial, Entlastungsmaterial, Probe
1085 belegbar
aktenkundig, nachweisbar, urkundlich
1086 belegen
blockieren, sichern, verschanzen •aufzeigen, beweisen, nachweisen •besetzen, nehmen, stürmen •abdecken, bedecken, behängen, einhüllen, überdecken, verdecken, verhängen, zudecken •besetzen, haben
1087 belegt
heiser, krächzend, rau, tonlos •beglaubigt, gewiss, glaubwürdig, wahr, wirklich •amtlich, gesetzlich •besetzt, voll •reserviert, vergeben
1088 belehren
beeinflussen, begeistern, überzeugen •anleiten, ausbilden, dozieren, instruieren, lehren, unterrichten, unterweisen •besserwissern, schulmeistern
1089 beleidigt
eingeschnappt, gekränkt, pikiert, sauer, verschnupft, verstimmt
1090 Beleidigung
Ächtung, Beschimpfung, Demütigung, Diskriminierung, Ehrverletzung, Entehrung, Erniedrigung, Herabwürdigung, Kränkung, Rufmord, Schmähung, Verächtlichmachung, Verletzung, Verleumdung
1091 beleuchten
nachprüfen, überprüfen •anleuchten, anscheinen, anstrahlen, bestrahlen, erhellen •betrachten, veranschaulichen

1092 beleuchtet
erleuchtet, hell, leuchtend, lichtdurchflutet, sonnig
1093 beliebt
anmutig, betörend, bezaubernd, gewinnend, umschwärmt, gern gesehen •gefragt, volkstümlich
1094 bellen
anschlagen, belfern, kläffen, knurren
1095 belügen
anlügen, beschwindeln, vorlügen, vorschwindeln
1096 belustigen
aufheitern, aufmuntern, erfreuen, unterhalten, vergnügen •amüsieren, beglücken
1097 belustigen (s.)
s. amüsieren, s. erfreuen, s. erheitern, s. vergnügen
1098 Belustigung
Ablenkung, Amüsement, Aufheiterung, Erheiterung, Kurzweil, Unterhaltung, Vergnügen, Zeitvertreib •Feier, Fest, Party, Veranstaltung
1099 bemächtigen (s.)
s. aneignen, ausräumen, einstecken, einstreichen, stehlen, s. vergreifen, wegnehmen •beschleichen, ergreifen, überfallen
1100 bemerkbar
bewusst, fühlbar, gewahr, klar, merkbar, offen, spürbar •auffällig, bedeutend
1101 bemerken
äußern, einwerfen, sagen, sprechen •beobachten, bespitzeln, überwachen •feststellen, registrieren •entdecken, erblicken, sehen •diagnostizieren, erkennen
1102 bemerkenswert
aufschlussreich, reizvoll •abenteuerlich, auffällig, bewunderungswürdig, entwaffnend, erheblich, grandios, märchenhaft, nennenswert, verblüffend
1103 Bemerkung
Anmerkung, Feststellung, Meinungsäußerung, Randbemerkung •Andeutung, Hinweis, Rat, Tipp
1104 benachteiligen
beschwindeln, hineinlegen, übervorteilen, unterbuttern •beeinträchtigen, diskriminieren, schaden, übergehen, vernachlässigen, zurücksetzen
1105 Benachteiligung
Schaden, Übervorteilung, Vernachlässigung, Zurücksetzung, Zurückstellung
1106 Benehmen
Anstand, Aufführung, Betragen, Erziehung, Form, Gehabe, Haltung, Lebensart, Sitte, Verhalten •Einvernehmen, Gleichheit
1107 benehmen (s.)
s. anstellen, s. aufführen, s. gebärden, s. geben, s. halten
1108 beneidenswert
luxuriös, üppig •ausgeglichen, glücklich
1109 benennen
betiteln, bezeichnen, etikettieren, kennzeichnen, titulieren •ausersehen, berufen, bestimmen, festsetzen, vorsehen, wählen
1110 benetzen
anfeuchten •begießen, berieseln, bewässern, gießen, wässern
1111 benutzen
befahren, begehen, gebrauchen, nutzen •anwenden, nutzen, nützen
1112 beobachten
betrachten, registrieren, sehen, zuschauen, zusehen •auskundschaften, belauern, belauschen, beschatten, bespitzeln, bewachen, observieren, schnüffeln, spionieren, überwachen, verfolgen •aufpassen, beaufsichtigen, bewachen, überwachen

1113 Beobachter
Anwesende, Auditorium, Augenzeugen, Besucher, Betrachter, Neugierige, Publikum, Schaulustige, Schlachtenbummler, Teilnehmer, Umstehende, Zaungäste, Zuschauer •Späher, Spion •Spanner, Voyeur

1114 Beobachtung
Observierung, Spionage •Analyse, Studie, Untersuchung

1115 bequem
angenehm, behaglich, heimisch, komfortabel, wohnlich •lässig, leichthin, übereilt, ungenau •leicht, unkompliziert •faul, träge

1116 bequemen (s.)
entgegenkommen, nachgeben •s. bemühen, s. herablassen

1117 Bequemlichkeit
Arbeitsscheu, Faulheit, Müßiggang, Passivität, Trägheit, Untätigkeit •Leichtigkeit, Mühelosigkeit, Unbeschwertheit •Annehmlichkeit, Behaglichkeit, Komfort •Gemütlichkeit, Wohnlichkeit

1118 beraten
abhandeln, s. absprechen, s. abstimmen, s. arrangieren, ausdiskutieren, auseinandersetzen, s. auseinandersetzen, behandeln, s. beraten, beratschlagen, bereden, s. bereden, besprechen, s. besprechen, debattieren, diskutieren, durchsprechen, erörtern, koordinieren, raten, ratschlagen, tagen, s. treffen, übereinkommen, unterreden, untersuchen, unterweisen, vereinbaren, verhandeln, zusammensitzen

1119 Beratung
Besprechung, Erörterung, Forum, Konferenz, Kongress, Sitzung, Symposium, Tagung, Unterredung, Versammlung →Roundtablekonferenz [Round-Table-Konferenz], Dreierkonferenz, Fernsehkonferenz, Telefonkonferenz, Videokonferenz •Anleitung, Unterweisung

1120 berauben
abnehmen, s. bemächtigen, bestehlen, erbeuten, mitnehmen, stehlen, wegtragen

1121 berauschen
begeistern, entflammen, entzücken, fortreißen, mitreißen •benebeln, betäuben

1122 berechnen
bemessen, bewerten, kalkulieren, überschlagen, vorausberechnen •anrechnen, veranschlagen

1123 Berechnung
Überlegung, Voraussicht, Vorhersicht •Ausrechnung, Bewertung, Überschlag, Vorausberechnung •Kalkulation, Spekulation

1124 berechtigt
autorisiert, befugt, bevollmächtigt, verantwortlich, zuständig

1125 beredsam
beredt, redegewandt, sprachgewandt, wortgewandt

1126 Beredsamkeit
Redegabe, Redekunst, Rhetorik, Sprachgewalt, Wortgewandtheit

1127 Bereich
Abteilung, Arbeitsgebiet •Abteilung, Ausschnitt, Bezirk, Bruchstück, Feld, Gebiet, Region, Revier, Sektion, Sektor, Sparte, Teilbereich •Stadtteil, Teil •Einteilung, Zergliederung

1128 bereichern (s.)
anhäufen, profitieren, zusammenraffen, zusammentragen

1129 bereit
abfahrbereit, abmarschbereit, gerüstet, reisefertig, startbereit •einsichtig, fügsam, gewillt, willig •fertig, gewappnet, vorbereitet •abwehrbereit, angriffsbereit, verteidigungsbereit •aktionsfähig, einsatzfähig, handlungsfähig

1130 Bereitschaft
Bereitwilligkeit, Entgegenkommen, Ergebenheit, Gutwilligkeit, Willigkeit

1131 Berg
Abgrund, Abhang, Anhöhe, Bergabhang, Berghang, Bodenerhebung, Erhebung, Halde, Höhe, Hügel, Steigung, Talhang •Haufen, Masse, Menge, Vielzahl

1132 bergen
behalten, behüten, verstecken, verwahren •herausholen, retten

1133 Bergsteiger
Alpinist, Gipfelstürmer, Kletterer

1134 bersten
aufplatzen, aufspringen, s. entladen, platzen, splittern, zerplatzen, zerschellen, zersplittern

1135 Beruf
Amt, Arbeitsgebiet, Betätigung, Gewerbe, Handwerk, Job, Stelle, Wirkungsbereich

1136 berufen
anstellen, beschäftigen, bestallen, betrauen, designieren, einsetzen, einstellen, ernennen, nominieren •beordern, bestellen, vorladen, zitieren

1137 berufstätig
angestellt, arbeitend, beschäftigt, eingestellt, tätig, werktätig •selbständig [selbstständig]

1138 Berufung
Bezug, Hinweis •Beschwerde, Einspruch •Anstellung, Auftrag, Mission, Position, Stelle, Stellung, Wirkungskreis •Bestallung, Designation, Einsetzung, Ernennung

1139 beruhigen
bändigen, begütigen, besänftigen, beschwichtigen, sänftigen, trösten, vermitteln, versöhnen, zufrieden stellen •sedieren, ruhig stellen

1140 beruhigen (s.)
s. abreagieren, s. geben, s. legen, s. setzen •abebben, abflauen, abklingen, s. verkleinern, s. vermindern, s. verringern

1141 beruhigend
tröstend, tröstlich, trostreich •dämpfend, lindernd

1142 beruhigt
sorglos, unbeschwert, unbesorgt •ausgeglichen, bedacht, gemessen, würdevoll, zufrieden

1143 Berühmtheit
Bekanntheit, Weltberühmtheit, Weltruf •Attraktion, Sehenswürdigkeit

1144 berühren
anfassen, antasten, antippen, befühlen, streifen

1145 berührt
gerührt, mitfühlend, teilnehmend •beschämt, bestürzt, fassungslos, konsterniert •betreten, betroffen

1146 Berührung
Befühlung, Betastung, Liebkosung, Umarmung

1147 besänftigen (s.)
s. abkühlen, s. abreagieren •s. abmildern, s. entspannen, s. legen

1148 Besatz
Blende, Bordüre, Borte, Einfassung, Kante, Litze, Volant

1149 Besatzung
Fremdherrschaft, Siegermacht •Besatzer, Besatzungsmacht •Crew, Mannschaft, Team

1150 beschädigen
anschlagen, anstoßen, lädieren, ramponieren, schaden, zurichten •einbeulen, eindellen, eindrücken

1151 Beschädigung
Beeinträchtigung, Defekt, Nachteil, Sachschaden, Schaden, Verlust

1152 beschaffen
aufbringen, auftreiben, besorgen, bringen, herbeischaffen, verschaffen, versorgen, zuschieben

1153 beschaffen (s.)
erarbeiten, erlangen, erwerben, erzielen, s. zulegen

1154 beschäftigen
anstrengen, belasten, belegen, fordern •anwerben, betrauen

1155 beschäftigt
angestellt, bedienstet •diensteifrig, pflichteifrig •arbeitswillig, fleißig, geschäftig, tätig
1156 Beschäftigung
Anstellung, Arbeit, Dienst, Position, Tätigkeit •Betätigung, Tätigkeit, Verrichtung •Hobby, Kurzweil, Zeitvertreib, Zerstreuung
1157 beschämen
bloßstellen, demütigen, herabsetzen, herabwürdigen
1158 beschämt
betreten, getroffen, kleinlaut, schamrot, verschämt
1159 beschaulich
heimelig, traut •besinnlich, kontemplativ
1160 Beschaulichkeit
Betrachtung, Nachdenken, Verinnerlichung, Versenkung
1161 Bescheid
Angabe, Antwort, Auskunft, Benachrichtigung, Meldung
1162 bescheiden
anspruchslos, bedürfnislos, gelassen, genügsam, glücklich, klaglos, schlicht, sorgenfrei, unscheinbar, wunschlos, zufrieden •ärmlich, karg, klein, kümmerlich, schmal, wenig •befehlen, kommandieren •beordern, berufen
1163 bescheiden (s.)
s. einschränken, s. verkleinern •s. begnügen, s. zufrieden geben
1164 Bescheinigung
Empfangsbescheinigung, Empfangsbestätigung •Attest, Beleg, Beurkundung, Diplom, Erklärung, Schein, Urkunde, Zertifikat, Zeugnis
1165 Bescherung
Gabenverteilung, Weihnachtsgeschenk •Anprall, Unfall, Zusammenstoß •Überraschung, Verblüffung
1166 beschildert
beschrieben, beschriftet, etikettiert
1167 beschirmen
abschirmen, absichern, behüten, beschützen, bewahren
1168 beschlagen
anlaufen, schwitzen •ausgebildet, belesen, bewandert, erfahren, gebildet, geschult, kundig, qualifiziert, sachkundig, sachverständig, sattelfest, sicher, versiert, wissend •angelaufen, blind, matt, stumpf •durchnässt, feucht, nass
1169 Beschlagnahme
Beschlagnahmung, Einziehung, Pfändung, Sicherung, Zwangsverwaltung •Säkularisation, Verweltlichung •Aneignung, Einziehung, Enteignung, Verstaatlichung, Wegnahme
1170 beschlagnahmen
aneignen, enteignen, verstaatlichen, wegnehmen •einziehen, pfänden, sicherstellen •säkularisieren, verweltlichen
1171 beschleunigen
aktivieren, ankurbeln, antreiben, verstärken, vertiefen, vorwärts treiben •s. beeilen, s. schicken
1172 Beschleunigung
Ankurbelung, Forcierung, Temposteigerung, Verstärkung
1173 beschließen
abstimmen, wählen •aufstecken, beendigen, einstellen
1174 beschmutzen (s.)
s. beflecken, s. beschmieren
1175 beschmutzt
angeschmutzt, befleckt, fleckig, trübe, unansehnlich, unrein, verschmutzt •befleckt, entehrt, geschändet
1176 Beschmutzung
Ehrenkränkung, Entweihung •Befleckung, Verunreinigung

1177 beschneiden
beschränken, einschränken, reduzieren, verringern •kupieren, kürzen, schneiden, stutzen, zurückschneiden •ausästen, ausschneiden •beengen, begrenzen, eindämmen, einengen
1178 beschönigen
ausschmücken, idealisieren, verharmlosen •herunterspielen, verharmlosen, verniedlichen
1179 beschränken
abgrenzen, abmindern, herabdrücken, heruntergehen, streichen
1180 beschränken (s.)
s. auferlegen, s. begnügen, s. begrenzen, s. einschnüren, s. einschränken
1181 beschränkt
armselig, bescheiden, karg, kümmerlich, spärlich, unergiebig •kurzsichtig, verblendet
1182 beschreiben
äußern, berichten, kundtun, sagen, schildern, verkünden, vermelden, verraten •bekritzeln, beschriften
1183 Beschreibung
Abriss, Darlegung, Mitteilung, Schilderung
1184 beschrieben
beschriftet, etikettiert, signiert •artikuliert, dargestellt
1185 beschuldigen
anklagen, anschuldigen, belasten, bezichtigen, verdächtigen, vorhalten
1186 Beschwerde
Krankheit, Leiden, Unpässlichkeit •Mängelrüge, Reklamation •Beanstandung, Klage •Bemühung, Kraftanstrengung, Kraftverschwendung, Mühe, Strapaze •Gegenmeinung, Gegenstimme
1187 beschwören
beeiden, bekräftigen, versichern, versprechen, zusichern •bannen, behexen, berauschen, bezaubern •auslösen, bedingen, heraufbeschwören, herbeiführen, verursachen
1188 beseitigen
ausrichten, einstellen •abstellen, ausbessern, beheben, verhindern •abtransportieren, entfernen, fortbringen, fortschaffen, wegbringen, wegräumen, wegschaffen •abschaffen, aufheben •ermorden, töten, umbringen
1189 Beseitigung
Abstellung, Behebung, Unterbindung, Verhinderung •Müllabfuhr, Sperrgutabfuhr •Ermordung, Tötung •Ausbesserung, Reparatur, Schadensbehebung •Endlagerung, Zwischenlagerung •Abschaffung, Aufhebung •Abfuhr, Abtransport, Wegräumung, Wegschaffung
1190 besetzen
einnehmen, erobern, nehmen •beanspruchen, haben •sichern, verschanzen
1191 besetzt
eingenommen, erobert •vergeben, voll
1192 Besetzung
Inbesitznahme, Okkupation
1193 besiedeln
ansiedeln, bewohnen, erschließen, s. niederlassen
1194 besiegen
aufreiben, bezwingen, fertigmachen, niederringen, niederwerfen, überwinden, unterwerfen, zermürben, zerreiben
1195 besiegen (s.)
s. anstrengen, s. bändigen, s. beherrschen, s. beruhigen, s. bezwingen, s. fangen, s. fassen, s. konzentrieren, s. mäßigen, s. sammeln, s. überwinden, s. zügeln, s. zurückhalten, s. zusammennehmen, s. zusammenreißen, s. zwingen
1196 besiegt
aufgerieben, bezwungen, geschlagen, unterworfen, vernichtet

1197 besinnen (s.)
zurückdenken, s. zurückerinnern, wieder einfallen •s. ausdenken, planen, s. überlegen

1198 besinnlich
nachdenklich, tiefsinnig, versonnen, versunken •beschaulich, erbaulich, meditativ

1199 Besinnung
Einsicht, Vernunft, Verstand •Bewusstsein, Erinnerung

1200 Besitz
Ausrüstung, Besitztum, Eigentum, Habe, Habseligkeiten •Bestand, Vorrat •Bargeld, Barvermögen, Effekten, Gut, Kasse, Mittel, Vermögen, Wohlstand •Anwesen, Besitztum, Eigentum, Grundeigentum, Grundstück, Haus, Herrensitz, Immobilie, Landbesitz, Länderei, Liegenschaft

1201 Besonderheit
Charakter, Eigenart, Eigenheit, Kennzeichen, Merkmal, Wesensart •Absonderlichkeit, Eigentümlichkeit, Eigenwilligkeit, Sonderheit •Abart, Ausnahme, Sonderart, Spielart, Variante

1202 besorgt
bang, befangen, beklommen, scheu, schreckhaft, verschreckt, verschüchtert, zag •achtsam, aufopfernd, barmherzig, beschützend, fürsorglich, gesellschaftlich, gütig, helfend, hilfreich, hilfsbereit, hingebungsvoll, human, liebevoll, menschlich, mitmenschlich, mütterlich, rücksichtsvoll, rührend, schonend, sorgsam, sozial, umsichtig, uneigennützig, vorsorglich, wohltätig

1203 Besorgung
Abfertigung, Bestellung, Regelung, Tat •Ankauf, Anschaffung, Erwerb, Kauf

1204 besprechen
abhandeln, behandeln, überreden •rezensieren, urteilen

1205 Besprechung
Kritik, Rezension, Würdigung •Abhandlung, Behandlung •Konferenz, Sitzung, Tagung, Verhandlung, Versammlung

1206 besprochen
abgeklärt, abgemacht, eindeutig

1207 bessern
s. aufhellen, s. aufklaren •s. steigern, s. verbessern •genesen, heilen •s. bekehren, s. läutern, s. wandeln

1208 Besserung
Verbesserung, Veredelung, Verschönerung, Vervollkommnung •Bekehrung, Läuterung, Umkehr, Wandlung •Genesung, Heilung

1209 Bestand
•Bestandsmasse, Inventar •Beständigkeit, Konstanz, Stetigkeit, Unwandelbarkeit •Depot, Ersparnis, Reserve, Rücklage, Vorrat •Grundlage, Grundstock

1210 beständig
anhänglich, treu •abgehärtet, haltbar, stabil, unempfindlich •andauernd, charakterfest, dauernd, konstant, stetig, gleichbleibend

1211 bestärken
bekräftigen, erhärten, festigen, stärken, unterstützen •aufmuntern, ermuntern, zuraten, zureden

1212 bestätigen
erhärten, schreiben •beglaubigen, bekräftigen, bekunden, bescheinigen, bezeugen, unterschreiben, versichern

1213 bestätigen (s.)
s. bewahrheiten, eintreten, s. erfüllen

1214 bestätigt
beglaubigt, bescheinigt, bezeugt, nachgewiesen

1215 Bestätigung
Eingangsmeldung, Empfangsbestätigung •Ausweis, Beglaubigung, Dokument, Nachweis, Zeugnis •Anerkenntnis, Bejahung, Bezeugung, Ermunterung, Ermutigung

1216 bestechen
ansprechen, anziehen, belieben, entsprechen, mögen, passen •anbieten, erkaufen •auffallen, bezaubern, gefallen, hervorstechen, wirken

1217 bestehen
existieren, da sein •behaupten, beteuern, versichern •s. bewähren, s. durchsetzen •durchhalten, durchstehen

1218 Bestehen
Dasein, Sein

1219 bestellen
anwerben, betrauen, ernennen, verpflichten •anbauen, anpflanzen, bebauen, bepflanzen, pflanzen, säen, setzen, stecken •abonnieren, anfordern, vorbestellen •beordern, bescheiden, bitten •anordnen, auftragen, verfügen •überbringen, übermitteln

1220 Bestellung
Berufung, Bestallung, Einsetzung, Ernennung •Botschaft, Information, Kunde, Nachricht •Anpflanzung, Bebauung, Bepflanzung, Kultivierung •Abonnement, Anforderung •Kauf, Reservierung •Aufforderung, Auftrag, Befehl, Verfügung, Weisung

1221 Bestie
Gewaltmensch, Monstrum, Scheusal, Tier, Unhold, Unmensch, Vandale •Biest, Tier, Vieh

1222 bestimmen
definieren, determinieren, diagnostizieren •aufgeben, festlegen, veranlassen •datieren, festsetzen

1223 bestimmt
exakt, fein, genau, klar, präzise •absolut, beglaubigt, beweisbar, erwiesenermaßen, gewiss, nachweislich, sicher, tatsächlich, unfraglich, unumstritten, unzweifelhaft, wirklich, zweifelsfrei •ausdrücklich, entschieden, knapp, nachdrücklich •erwiesen, feststehend, sicher, tatsächlich, unbestritten •bündig, eindringlich, energisch, entschieden, ernst, konsequent, straff, strikt, unerbittlich, vorgeschrieben •dynamisch, tatkräftig, zielsicher •deutlich, unzweideutig •absolut, authentisch, beglaubigt, definitiv, direkt, faktisch, fassbar, greifbar, lebendig, leibhaftig, praktisch, tatsächlich, unanfechtbar, unstreitig, untrüglich, wahrhaftig, wirklich •akkurat, eindeutig, haarscharf, klar, prägnant, scharf •allerdings, erwartungsgemäß, freilich, gewiss, selbstverständlich, sicher, sicherlich •durchaus, gewiss, unbedingt, völlig

1224 Bestimmtheit
Deutlichkeit, Klarheit •Entschiedenheit, Entschlossenheit •Ausführlichkeit, Exaktheit, Genauigkeit, Gewissenhaftigkeit, Gewissheit, Gründlichkeit, Prägnanz, Präzision, Pünktlichkeit, Sicherheit, Sorgfalt, Sorgsamkeit, Treffsicherheit

1225 Bestimmung
Absicht, Sinn, Ziel, Zweck •Fügung, Geschick, Kismet, Los, Schicksal, Vorsehung •Aufgabe, Berufung •Definition, Festlegung •Anordnung, Befehl, Weisung

1226 Bestrafung
Abrechnung, Ahndung, Belohnung, Denkzettel, Gegenmaßnahme, Gegenstoß, Lohn, Sühne, Vergeltung, Vergeltungsmaßnahme •Dresche, Hiebe, Schläge, Züchtigung

1227 Bestrebung
Bestreben, Vorsatz, Wollen, Wunsch, Ziel •Anstrengung, Bemühung

1228 bestreitbar
anfechtbar, angreifbar, strittig •strittig, verdächtig

1229 Bestseller
Dauerbrenner, Erfolgsstück, Hit, Kassenerfolg, Kassenschlager, Longseller, Renner, Verkaufserfolg, Verkaufsschlager

1230 bestürzen
aufwühlen, berühren, erschrecken, erstaunen, schockieren, überraschen, verblüffen, verwundern

1231 bestürzt
betreten, betroffen, durcheinander, entgeistert, entsetzt, fassungslos, kopflos, überrascht, verdreht, verstört, verwirrt, wirr

1232 Besuch
Begutachtung, Besichtigung •Einladung, Stippvisite, Visite

1233 besuchen
aufsuchen, hereinschauen, vorbeikommen, vorbeischauen, vorsprechen •befahren, bereisen, gastieren

1234 betätigen (s.)
s. befassen, s. beschäftigen, s. regen, s. rühren, s. widmen

1235 betäuben
benebeln, berauschen •beruhigen, besänftigen, beschwichtigen •anästhesieren, chloroformieren, narkotisieren

1236 betäubend
berauschend, bestürzend, einschläfernd, sinnverwirrend, verwirrend

1237 betäubt
benommen, chloroformiert, schlafend, schläfrig, tranig •erschrocken, erstarrt

1238 Betäubung
Anästhesie, Einschläferung, Lokalanästhesie, Narkose

1239 beteiligen
einbeziehen, eingliedern, integrieren

1240 beteiligen (s.)
beisteuern, mitarbeiten, mitmachen, mitmischen, mittun, mitwirken, teilnehmen, dabei sein

1241 beteiligt
dazugehörig, integriert •aufmerksam, konzentriert

1242 Beteiligte
Komplizen, Mittäter •Anwesende, Besucher, Mitwirkende, Teilnehmer, Zuhörer, Zuschauer

1243 Beteiligung
Gewinnbeteiligung, Gratifikation, Maklergebühr, Provision, Umsatzbeteiligung, Vergütung, Vermittlergebühr •Anteilnahme, Engagement, Mitwirkung, Teilnahme

1244 beten
bitten, danken, erbitten, flehen, meditieren

1245 betonen
akzentuieren, hervorheben •behaupten, herausstellen, hervorheben, hervorkehren, unterstreichen, verstärken

1246 betont
nachdrücklich, unmissverständlich •ausgesucht, herausgehoben, herausgestellt, hervorgehoben, nachdrucksvoll •ausgeprägt, zugespitzt

1247 Betonung
Artikulation, Aussprache, Tonfall •Herausstellung, Hervorhebung, Unterstreichung, Verdeutlichung •Akzent, Ton

1248 betörend
attraktiv, einnehmend, liebenswert, sexy, toll

1249 Betrachtung
Auseinandersetzung, Behandlung, Charakterisierung, Darlegung, Erläuterung, Schilderung •Anblick, Besichtigung •Beschaulichkeit, Nachdenken, Verinnerlichung

1250 betragen (s.)
s. anstellen, s. aufführen, s. benehmen, s. geben, s. verhalten, s. zeigen •s. benehmen, s. zurückhalten

1251 betreffen
anbelangen, angehen, anlangen, berühren

1252 betreiben
s. auseinandersetzen, nachgehen •ausüben, leiten, praktizieren, verrichten, versehen •eintreiben, einziehen, kassieren

1253 betreten
begehen, beschreiten •hereintreten, hineingehen •befangen, beschämt, verlegen, verschämt

1254 Betreuer
Aufsicht, Leiter •Begleiter, Beschützer, Coach, Manager, Trainer

1255 Betreuung
Behandlung, Bekämpfung, Heilung, Krankheitsbehandlung, Therapie •Bewachung, Obhut

1256 Betrieb
Aktiengesellschaft, Fabrik, Firma, Geschäft, Geschäftsunternehmen, Großbetrieb, Handelsbetrieb, Handelsfirma, Handwerksbetrieb, Kleinbetrieb, Konzern, Manufaktur, Unternehmen, Werk, Werkstätte •Agentur, Außenstelle, Büro, Filiale, Nebengeschäft, Nebenstelle, Niederlassung, Tochtergeschäft, Vermittlung, Vertretung, Zweigniederlassung, Zweigstelle •Aktivität, Betriebsamkeit, Geschäftigkeit, Unternehmungslust •Arbeit, Beschäftigung, Broterwerb, Erwerb, Funktion, Geschäft, Gewerbe, Tätigkeit •Erlös, Ertrag, Fortschritt, Geschäft, Gewinn, Profit, Überschuss, Zunahme, Bigbusiness [Big Business]

1257 Betriebsangehöriger
Angestellter, Arbeiter, Arbeitnehmer, Arbeitskraft, Bedienstete, Gehaltsempfänger, Lohnabhängiger, Mitarbeiter, Untergebener •Auszubildender, Lehrling

1258 betriebsbereit
benutzbar, betriebsfähig, betriebsfertig, einsatzbereit, gebrauchsfertig, verwendbar

1259 betroffen
bestürzt, betreten, entsetzt, erschrocken, fassungslos, überrascht, verstört

1260 Betroffenheit
Beschämung, Blamage, Verlegenheit •Befremden, Verwunderung

1261 Betrug
Bauernfang, Beraubung, Betrügerei, Dieberei, Gaunerei, Hintergehung, Irreführung, Machenschaft, Manipulation, Mogelei, Nepp, Preistreiberei, Prellerei, Schiebung, Schummelei, Schwindel, Schwindelei, Täuschung, Überteuerung, Übervorteilung, Unlauterkeit, Unredlichkeit, Unregelmäßigkeit, Unterschlagung, Veruntreuung •Bestechlichkeit, Gaunerei, Käuflichkeit, Schiebung, Unehrlichkeit •Gaunerei, Geldschneiderei, Nepp, Preisschneiderei

1262 betrügen
ehebrechen, fremdgehen •anlügen, anschmieren, anschwindeln, bemogeln, beschwindeln, bluffen, fantasieren, hereinlegen, hintergehen, hinterziehen, neppen, prellen, schädigen, schwindeln, täuschen, überfahren, überlisten, übervorteilen, unterschlagen, veruntreuen, falsch spielen

1263 betrügerisch
doppelzüngig, heuchlerisch, hinterhältig, hinterrücks, lügnerisch, lumpig, perfid, pharisäisch, scheinfromm, scheinheilig, schwindlerisch, trügerisch, tückisch, unaufrichtig, unehrenhaft, unehrlich, unlauter, unredlich, unsolide, unwahrhaftig, verlogen, verstellt

1264 betrunken
angeheitert, angetrunken, aufgekratzt, berauscht, beschwipst, bezecht, blau, feuchtfröhlich, trunken, volltrunken

1265 Bett
Bettgestell, Bettstatt, Bettstelle, Lager, Nest, Pritsche, Schlafgelegenheit, Schlafstatt, Schlafstätte →Deckbett, Federbett, Federdeckbett, Oberbett, Plumeau, Schlafsack, Zudecke •Flussbett, Strombett •Kabine, Koje, Schiffsbett, Schiffskabine

1266 betteln
bitten, schnorren •anflehen, anrufen, ansuchen, beschwören, bestürmen, erbitten, erflehen, nachsuchen

1267 Bettler
Armer, Besitzloser, Bettelbruder, Clochard, Fechtbruder, Habenichts, Hausierer, Hungerleider, Klinkenputzer, Mittelloser, Pracher, Schnorrer, Notleidender [Not Leidender]

1268 Betttuch
Bettlaken, Laken, Leintuch, Linnen

1269 beugen
demütigen, unterdrücken •abwinkeln, biegen, neigen •deklinieren, flektieren, konjugieren, abwandeln

1270 beugen (s.)
aufgeben, einlenken, nachgeben, unterliegen, s. unterwerfen, zurückstecken •s. ergeben, s. fügen, kapitulieren, passen, resignieren, s. unterwerfen •s. biegen, s. bücken, s. krümmen, s. niederbeugen, s. überneigen

1271 Beugung
Deklination, Flexion, Konjugation •Biegung, Brechung, Krümmung

1272 Beule
Delle, Schwellung

1273 beunruhigen
beirren, irremachen, irritieren, konsternieren, stören, verunsichern, verwirren, durcheinander bringen •bedrücken, bekümmern, betrüben •alarmieren, aufregen

1274 beunruhigen (s.)
s. ängstigen, s. bekümmern, s. grämen, s. sorgen

1275 Beunruhigung
Angst, Bedenken, Bedrohung, Befangenheit, Bekümmernis, Erregung, Furcht, Kummer, Sorge

1276 beurkunden
beglaubigen, bescheinigen, bestätigen, quittieren

1277 Beurkundung
Attest, Beglaubigung, Quittung, Zertifikat, Zeugnis

1278 Beurteilung
Begutachtung, Bewertung, Differenzierung, Einschätzung, Kategorisierung, Kennerblick, Meinung, Prüfung, Unterscheidung, Unterschied, Urteil •Benotung, Bewertung, Wertung, Zensur

1279 Beute
Ausbeute, Fang, Schleichware, Schmuggelware •Diebesbeute, Diebesgut, Eroberung, Fang, Hehlerware, Raub, Raubgut, Sore •Siegespreis, Trophäe

1280 Bevölkerung
Allgemeinheit, Bewohner, Bürger, Eingeborener, Einwohner, Mitbürger, Öffentlichkeit, Staatsangehöriger, Staatsbürger, Volk •Alteingesessene, Angestammte, Ansässige, Bewohner, Eingebürgerte, Einheimische, Einheimischer, Einwohner, Landsmann, Mitbürger, Ortsansässige •Eingeborener, Urbewohner, Ureinwohner •Dorfbewohner, Dorfeinwohner, Dorfgemeinde, Dorfgemeinschaft •Anlieger, Anrainer, Anwohner, Gegenüber, Nachbar, Nachbarschaft, Umgebung

1281 Bevorzugung
Überlegenheit, Vergünstigung •Begünstigung, Gunst, Sonderrecht, Vorrang, Vorzug

1282 bewachen
beaufsichtigen, überwachen •absichern, abwehren, behüten, garantieren, schützen, verteidigen
1283 bewahren
beibehalten, erhalten, wahren •anhäufen, aufbewahren, behalten, behüten, zurückhalten •abhalten, abschirmen, fernhalten •behüten, beschirmen, beschützen, verteidigen
1284 bewähren (s.)
s. behaupten, bestehen
1285 bewährt
anerkannt, eingeführt, erprobt, gebräuchlich, renommiert, verlässlich
1286 bewältigen
ausführen, drehen, durchführen, ermöglichen, meistern, zurechtkommen •schaffen, zurücklegen
1287 Bewässerung
Beregnung, Berieselung, Besprengung
1288 bewegen
berühren, beseelen •fuchteln, gestikulieren •fahren, s. fortbewegen, gehen, laufen •rütteln, schaukeln, schütteln •regen, rühren •machen, verändern
1289 bewegen (s.)
s. fortbewegen, s. regen, s. rühren •ausgehen, hinausgehen, spazieren gehen
1290 bewegend
beeinflussend, brennend, ergreifend •beschaulich, besinnlich, erhebend
1291 Beweggrund
Anlass, Antrieb, Grund, Motiv, Ursache, Veranlassung
1292 beweglich
mobil, transportabel, versetzbar •fahrig, flatterig, flüchtig, kribbelig, quirlig, rastlos, unstet, wuselig •blutvoll, getrieben, heftig, wild •geschickt, gewandt •biegsam, dehnbar, geschmeidig
1293 Beweglichkeit
Bewegung, Fortbewegung, Schritt, Transport
1294 Bewegung
Beweglichkeit, Fortbewegung, Gang, Regung, Schritt, Schwung •Ergriffenheit, Erschütterung, Rührung, Teilnahme •Änderung, Veränderung •Gebärde, Geste, Griff, Handbewegung, Handgriff
1295 Beweis
Pfand, Unterpfand •Anzeichen, Belastungsmaterial, Belastungsmoment, Beleg, Beweismaterial, Beweismittel, Beweisstück, Dokumentation, Hinweis, Indiz, Merkmal, Probe, Verdachtsmoment, Zeugnis •Argument, Begründung •Andeutung, Anspielung, Bemerkung, Fingerzeig, Hinweis, Ratschlag, Tipp, Wink
1296 beweisbar
aktenkundig, belegbar, nachweisbar, urkundlich •bewiesenermaßen, erwiesenermaßen, nachweisbar, nachweislich, unwiderlegbar
1297 Beweisführung
Ableitung, Argumentation, Begründung, Darlegung, Demonstration, Folgerung, Herleitung, Probe, Schluss, Schlussfolgerung, Überzeugungskunst, Urteil
1298 bewerben (s.)
s. anbieten, s. empfehlen, kandidieren, vorsprechen, s. vorstellen •annoncieren, inserieren
1299 Bewerbung
Aufstellung, Kandidatur •Antrag, Bewerbungsschreiben, Stellenbewerbung
1300 bewilligt
bejaht, berechtigt, gesetzlich, gestattet, rechtmäßig

1301 bewirken
arrangieren, bewerkstelligen •bedingen, erregen, erwecken, evozieren, heraufbeschwören, herbeiführen, hervorrufen, veranlassen, verschulden

1302 bewirtschaften
rationieren, zuteilen •anpflanzen, bebauen, bepflanzen, bestellen •bearbeiten, verwalten

1303 bewohnen
s. aufhalten, s. befinden, besiedeln, bevölkern, bleiben, logieren, s. niederlassen, residieren, verharren, weilen, wohnen, zubringen

1304 bewohnt
bebaut, besiedelt, bevölkert

1305 bewölken (s.)
s. bedecken, s. beziehen, s. eintrüben, s. verdunkeln

1306 bewundern
achten, anbeten, anhimmeln, anstaunen, bestaunen, lieben, respektieren, schätzen, verehren, vergöttern

1307 bewundernswert
außergewöhnlich, grandios, ungewöhnlich •blendend, brillant, schön, vortrefflich

1308 bewundert
beliebt, geachtet, geehrt, gewürdigt, respektiert, vergöttert

1309 bewusst
ausgesprochen, gewohnheitsmäßig, überzeugt, unverbesserlich •bekannt, erwähnt, genannt •absichtlich, beabsichtigt, böswillig, demonstrativ, gewollt, mutwillig, vorsätzlich, willentlich, wissentlich

1310 bewusstlos
benommen, besinnungslos, betäubt, ohnmächtig, ohne Bewusstsein

1311 Bewusstsein
Besinnung, Erinnerung •Wachsein, Wachzustand •Erkenntnis, Gewissheit, Sicherheit

1312 bezahlen
s. lohnen, s. rentieren •abbezahlen, abstottern, abtragen, abzahlen, aufwenden, ausgeben, begleichen, bereinigen, entrichten, erstatten, hinterlegen, tilgen, verausgaben, zahlen, zurückbezahlen, zurückzahlen •büßen, leiden, zahlen •besolden, entlohnen, geben, vergüten •anlegen, aufwenden, bestreiten, einbringen, einsetzen, finanzieren, hineinstecken, investieren, leihen, vorstrecken

1313 bezahlt
ausgeglichen, beglichen, erledigt •erduldet, gebüßt, gelitten

1314 bezaubern
beschwören, besprechen •beeindrucken, betören, entzücken, faszinieren, hinreißen, umgarnen •überreden, überzeugen

1315 Bezauberung
Anhänglichkeit, Anmut, Attraktivität, Charme, Eleganz, Erhabenheit, Erlesenheit, Gefallen, Grazie, Herrlichkeit, Liebe, Lieblichkeit, Liebreiz, Reiz, Schick, Schönheit, Stattlichkeit, Stil, Sympathie, Vorliebe, Vornehmheit, Wohlgefallen, Zauber, Zuneigung •Anziehung, Beeinflussung, Begeisterung, Berauschung, Entzückung, Faszination, Verlockung, Versuchung, Verzauberung, Zauber •Gewogenheit, Gunst, Huld, Liebenswürdigkeit, Sympathie, Zuneigung

1316 bezeichnen
benennen, betiteln, heißen, nennen •kennzeichnen, markieren •stempeln

1317 Bezeichnung
Betitelung, Nennung •Charakterisierung, Kennzeichnung

1318 beziehen
s. berufen, s. stützen •spannen, ziehen •auskleiden, bespannen •abonnieren, bestellen •bekommen, einnehmen, verdienen •be-

wohnen, einziehen •abonnieren, anfordern, mieten, regelmäßig erhalten

1319 beziehen (s.)
s. bewölken, s. verfinstern

1320 Beziehung
Liebeserlebnis, Liebesverhältnis, Romanze •Abhängigkeit, Bezug, Relation, Verbindung, Verhältnis, Zusammenhang •Gesichtspunkt, Hinblick, Hinsicht, Punkt •Verbindung, Verhältnis, Zusammenhang

1321 beziffern
benummern, nummerieren, paginieren

1322 Bezirk
Bereich, Departement, Distrikt, Flur, Gau, Gegend, Gelände, Landesteil, Landschaft, Region, Verwaltungsbezirk, Zone

1323 bezogen
bedeckt, bewölkt, trübe, verhangen, wolkig

1324 Bezug
Abhängigkeit, Beziehung, Verbindung, Verhältnis, Zusammenhang •Beziehung, Gesichtspunkt, Hinblick, Hinsicht, Zusammenhang •Einkommen, Gehalt, Honorar, Pension, Rente •Berufung, Bezugnahme •Bettbezug, Überbezug •Ableitung, Herleitung •Abonnement, Lieferung

1325 bezwingen
ersteigen, erstürmen •besiegen, schlagen, überwältigen, unterwerfen

1326 Bibliothek
Buchausleihe, Bücherbestand, Bücherei, Büchersammlung, Bücherschatz, Leihbibliothek, Leihbücherei, Werksbücherei

1327 bieder
einfältig, kleinbürgerlich •brav, ehrenwert, verlässlich

1328 biegen
krümmen, zurechtbiegen •s. beugen, s. bücken, s. neigen •einbiegen, einknicken, falten, falzen, knicken, umbiegen

1329 Biegsamkeit
Anpassungsfähigkeit, Beeinflussbarkeit, Beweglichkeit, Dehnbarkeit, Elastizität, Flexibilität, Formbarkeit, Geschmeidigkeit, Schmiegsamkeit, Weichheit, Wendigkeit

1330 bieten
anbieten, versprechen •darbieten, vorführen •darbieten, reichen •anbieten, vorbereiten •abverlangen, fordern, zumuten •geben, opfern •feilschen •bezeugen, bürgen, versichern

1331 Bild
Abbild, Ablichtung, Aufnahme, Bildnis, Dia, Diapositiv, Foto, Fotografie, Lichtbild, Schnappschuss, Wiedergabe •Abbildung, Allegorie, Gleichnis, Metapher, Reproduktion, Sinnbild, Symbol, Vergleich, Vervielfältigung •Abbildung, Bildnis, Faustskizze, Gemälde, Handskizze, Rohzeichnung, Skizze, Studie, Zeichnung •Aufzeichnung, Modell, Plan, Projektierung, Studie •Heiligenbild, Heiligengemälde, Ikone •Bildnis, Gemälde, Kunstwerk •Porträt •Aussicht, Rundblick •Inbegriff, Musterbeispiel, Prototyp

1332 bilden
darstellen •anfertigen, gestalten •erziehen, schulen, trainieren, unterweisen •ausmachen, bedeuten

1333 bilden (s.)
s. fortbilden, s. qualifizieren, s. vervollkommnen, s. weiterbilden, weiterlernen •s. erweitern, s. vergrößern •s. abzeichnen, anbahnen, anfangen, s. ankündigen, auftauchen, s. ausprägen, s. entfalten, entstehen, s. entwickeln, s. ergeben, werden

1334 bildlich
gleichnishaft, sinnbildlich, symbolisch, übertragen •ausdrucksvoll, deutlich, einprägsam, farbig, interessant, lebendig, veranschaulichend, verständlich, wirklichkeitsnah, allgemein verständlich

1335 Bildung
Ausbildung, Erziehung, Schulung, Unterweisung •Belesenheit, Kultur •Allgemeinbildung, Kenntnisse, Wissen •Ausbildung, Ausbildungszeit, Berufsausbildung, Lehre, Lehrzeit, Schulausbildung, Schulung, Studienjahre, Studium, Fortbildung, Qualifikation, Vervollkommnung, Weiterbildung •Entstehung, Entwicklung

1336 billig
bezahlbar, erschwinglich, günstig, herabgesetzt, preisgünstig, preiswert, wohlfeil •abgegriffen, banal, einfallslos, geistlos, gewöhnlich, oberflächlich •einfach, minderwertig •wertlos, nichts sagend •angemessen, rechtmäßig, verdient

1337 billigen
genehmigen, unterschreiben •akzeptieren, beipflichten, beistimmen, bejahen, bekräftigen, bestätigen, bewilligen, dulden, dürfen, einräumen, einwilligen, entsprechen, erlauben, ertragen, gestatten, respektieren, tolerieren, überlassen, unterschreiben, zubilligen, zugeben, zugestehen, zulassen, zusagen, zustimmen

1338 Binärsystem
Dualsystem, Zweiersystem

1339 Bindeglied
Kontaktmann, Mittelsmann, Verbindungsmann, Vermittler •Verbindungsstück, Zwischenglied, Zwischenstück

1340 binden
abbinden, andicken, legieren •broschieren, einbinden, heften, holländern, lumbecken •flechten, knoten, knüpfen, zusammenknüpfen, zusammenschnüren •anbinden, anketten, anleinen, anseilen, fesseln, fest binden •verschließen, verschnüren, zubinden, zuschnüren

1341 Binder
Fliege, Krawatte, Schlips

1342 Bindfaden
Band, Faden, Garn, Nähfaden, Nähgarn, Schnur, Zwirn

1343 Bindung
Fessel, Freundschaft, Kameradschaft, Verpflichtung

1344 Biografie [Biographie]
Aufzeichnungen, Erinnerungen, Lebensabriss, Lebensbeschreibung, Lebensbild, Lebenserinnerungen, Lebensgeschichte, Lebenslauf, Memoiren, Autobiografie [Autobiographie]

1345 biologisch
naturgemäß, natürlich •naturbelassen, naturrein, unbehandelt •naturkundlich, organisch

1346 Biss
Bisswunde, Fleischwunde •Zupacken

1347 Bissen
Brocken, Happen, Stück, Stückchen

1348 bissig
höhnisch, ironisch, scharfzüngig, spöttisch, verletzend •gefährlich, scharf

1349 bisweilen
manchmal, vereinzelt, zuweilen

1350 Bitte
Anliegen, Ansuchen, Ersuchen, Nachsuchen, Verlangen, Wunsch

1351 bitten
anflehen, anrufen, ansuchen, ausbitten, beschwören, bestürmen, betteln, drängen, erbitten, erflehen, ersuchen, flehen, fordern, verlangen •nachfragen

1352 bitter
schmerzlich, unangenehm •negativ, schlecht •essigsauer, gallenbitter, unangenehm •beißend, höhnisch, ironisch, verletzend •äußerst, höchst, sehr
1353 blähen
aufbauschen, aufblähen, aufschwellen, auftreiben
1354 blähen (s.)
s. vergrößern, verschlimmern •großtun, prahlen, protzen, stolzieren, s. überschätzen, übertreiben •s. aufblähen, s. entfalten, s. erweitern, s. vergrößern, s. wölben
1355 blank
abgenutzt, abgeschabt, abgetragen •gereinigt, gesäubert, glänzend, sauber •abgebrannt, bankrott, zahlungsunfähig
1356 Blase
Bläschen, Eiterbläschen, Hautblase
1357 blasen
schmettern, trompeten •auffrischen, aufkommen, blähen, toben, ziehen •fauchen, hauchen, pusten, schnauben, zischen
1358 Blasphemie
Beschimpfung, Gotteslästerung
1359 blasphemisch
frevelhaft, gemein, gräulich, lasterhaft, schändlich, sündhaft, verbrecherisch, Abscheu erregend
1360 blass
ausdruckslos, farblos, langweilig, schlicht, unauffällig, unscheinbar •aschfahl, blässlich, blasswangig, bleich, bleichgesichtig, blutarm, erschrocken, fahl, grau, kreidebleich, kreideweiß, leichenblass, totenblass, totenbleich, weiß •leicht, schwach •ausdruckslos, unartikuliert, nichts sagend
1361 Blässe
Blassgesichtigkeit, Bleichheit, Durchsichtigkeit, Leichenblässe, Totenblässe
1362 Blatt
Karte, Spielkarte •Baumblatt, Blumenblatt, Blütenblatt, Laubblatt •Bogen, Briefbogen, Papier, Zettel
1363 Blätterkrone
Baumgipfel, Baumkrone, Baumwipfel
1364 blättern
abblättern, abbröckeln, abgehen, abplatzen, s. abschälen, absplittern, abspringen, kratzen, s. lösen, schaben, schuppen •umblättern, umwenden
1365 Blätterwald
Presse, Zeitung
1366 Blattseite
Buchseite, Seite
1367 blau
blutunterlaufen, verletzt •blaufarbig, bläulich •alkoholisiert, angeheitert, angetrunken, berauscht, betrunken
1368 bleiben
zurückbleiben, übrig bleiben •fortbestehen, fortdauern, überdauern •aushalten, ausharren, durchhalten, überdauern, überleben, überstehen •verharren, zubringen, hierbleiben •anhalten, halten, stehen •ausharren, verweilen
1369 bleiern
bedrückend, belastend, lastend
1370 Blende
Besatz, Bordüre, Borte, Litze, Paspel, Rüsche, Tresse, Volant •Fensterladen, Lichtschirm, Lichtschutz, Sonnenblende, Verhüllung •Augenklappe, Maske
1371 blenden
bluffen, überfahren •beeindrucken, faszinieren, verzaubern
1372 blendend
ausgezeichnet, prächtig, prachtvoll, trefflich •aufdringlich, hervorstechend, knallig, kunterbunt, schreiend •reflektierend, spiegelnd

1373 Blick
Denkarbeit, Denken, Denkfähigkeit, Denkleistung, Denkvermögen, Urteilsgabe, Urteilsvermögen •Augenausdruck, Miene •Aussicht, Fernblick, Fernsicht

1374 blind
augenlos, erblindet, geblendet, sehbehindert →kriegsblind, nachtblind, schneeblind •abgöttisch, groß, übermäßig, überschwänglich, übertrieben •beschlagen, glanzlos, matt, stumpf •beliebig, fahrlässig, kopflos, leichtfertig, planlos, unbesonnen, unentschlossen, ungezielt, unüberlegt, unvorsichtig, wahllos, willkürlich, ziellos •blindgläubig, blindlings, gutgläubig, naiv

1375 Blinddarm
Appendix, Wurmfortsatz

1376 Blindheit
Blendung, Blindsein

1377 blinkend
blitzend, funkelnd, glänzend, leuchtend, schillernd, schimmernd

1378 Blinker
Blinkleuchte, Fahrtrichtungsanzeiger, Richtungsanzeiger, Winker

1379 Blitz
Blitzschlag, Blitzstrahl

1380 blitzen
gewittern, wetterleuchten •blinkern, flimmern, funkeln, glimmern, glitzern, spiegeln, strahlen

1381 Block
Quader, Steinblock •Gebäudekomplex, Häuserblock, Häuserviertel, Wohnblock •Fraktion, Gruppierung •Notizblock, Schulblock •Malblock, Zeichenblock

1382 Blockade
Abschließung, Absonderung, Handelsblockade, Wirtschaftsblockade •Abriegelung, Absperrung, Kordon, Sperre •Abriegelung, Abschließung, Mauer, Trennwand

1383 blockieren
abblocken, boykottieren, verwehren •besetzen, verbarrikadieren, verbauen, verschanzen, verschließen, versperren, verstellen •aufhalten, sperren, verstellen

1384 blöde
ärgerlich, fatal, misslich, peinlich, unangenehm, unerfreulich •absurd, blödsinnig, doof, dumm, lächerlich, paradox, sinnlos, töricht, unlogisch, unsinnig, unvernünftig, vernunftwidrig, widersinnig, widersprüchlich, zwecklos •einfallslos, fade, langweilig, monoton •dumm, geistesgestört, schwachsinnig, zurückgeblieben •nasskalt, regnerisch, verregnet •albern, lächerlich, läppisch, neckisch, töricht

1385 bloß
ausschließlich, lediglich, nur •barfüßig, entblößt, nackt, unverhüllt

1386 Blöße
Lichtung, Rodung, Schneise, Waldlichtung •Armutszeugnis, Schwäche, Unvollkommenheit, Unzulänglichkeit •Entblößung, Enthüllung, Hüllenlosigkeit, Nacktheit, Nudität

1387 bloßstellen
anprangern, aufdecken, blamieren, erniedrigen, kränken, schmähen, treffen, verwunden, schlecht machen •durchschauen, entlarven

1388 blühen
florieren, gut gehen •aufblühen, grünen, knospen

1389 blühend
gesund, wohlauf •florierend, gut gehend •jung, schön

1390 Blume
Aroma, Bukett •Blütenpflanze •Rute, Schwanz, Schweif

1391 Blut
Körperblut, Lebenssaft •Abstammung, Blutsverwandtschaft, Herkunft, Rasse, Sippe •Schweiß

1392 Blüte
Aufschwung, Hochkonjunktur •Blütezeit, Glanzzeit, Hochblüte, Hochkultur •Auslese, Auswahl

1393 bluten
abzahlen, verausgaben, zahlen •schweißen

1394 Blutgerüst
Guillotine, Hinrichtungsgerüst, Schafott

1395 blutig
blutbefleckt, blutbespritzt, blutüberströmt

1396 Bock
Dickkopf, Dickschädel, Starrkopf •Blaubart, Lüstling, Wüstling •Bockbier, Doppelbock, Dunkles •Holzbock, Holzgestell, Sägebock •Bremsblock, Prellbock, Puffer

1397 Boden
Dachboden, Heuboden, Speicher •Besitz, Grundbesitz •Ackerboden, Erdboden, Erde, Erdreich, Krume, Scholle •Estrich, Fußboden

1398 bodenlos
abscheulich, abtrünnig, äußerst, frech, maßlos, unerhört •abgründig, abgrundtief, tief

1399 Bodenlosigkeit
Frechheit, Unart, Ungezogenheit, Zumutung •Abgrund, Tiefe, Unergründlichkeit

1400 Bogen
Formblatt, Formular, Vordruck •Arkade, Bogenraum, Gewölbe, Rundung, Wölbung •Abbiegung, Abknickung, Beugung, Biegung, Brechung, Drehung, Einbiegung, Kehre, Knick, Knie, Krümmung, Kurve, Schleife, Schwenkung, Serpentine, Wegbiegung, Wegkrümmung, Wende, Windung •Abzug, Fahne, Korrekturabzug, Umbruchabzug

1401 Bogenende
Frosch, Griffende, Talon

1402 Bogengang
Arkaden, Kolonnade, Laubengang, Säulengang, Säulenreihe

1403 Bohle
Balken, Kantholz, Sparren •Bord, Brett, Diele, Latte, Leiste, Planke

1404 bohren
stochern, suchen •ausfragen, auspressen, belästigen, drängen, fordern, löchern, nerven, quengeln, zusetzen •schmerzen, stechen

1405 Bombardement
Beschießung, Beschuss, Bombardierung, Feuer, Geschützfeuer, Geschützsalve, Granatfeuer, Kanonade, Kugelregen

1406 bombardieren
fragen, nachfragen •befeuern, beschießen

1407 Bombe
Sprengladung, Sprengsatz, Zeitbombe •Hammer, Schlag, Sensation

1408 Borke
Grind, Hautschorf, Kruste, Schorf

1409 Börse
Beutel, Brieftasche, Geldbeutel, Geldbörse, Geldtasche, Portmonnee [Portemonnaie] •Aktienbörse, Geldmarkt, Wertpapierbörse

1410 borstig
strubbelig, struppig, zerzaust •abweisend, barsch, brüsk, flegelhaft, grob, herrisch, rau, rüde, rüpelig, ruppig, schroff, taktlos, unfreundlich, unhöflich •kratzig, ruppig, stachelig, stoppelig •bärtig, stechend, stoppelig, unrasiert

1411 Borte
Besatz, Blende, Bordüre, Kante, Litze, Paspel, Rüsche, Tresse, Volant, Zierband

1412 böse
angriffslustig, ärgerlich, aufgebracht, aufgeregt, bärbeißig, bedrückt, bissig, bösartig, boshaft, brennend, brummig, empört, erbittert, erbost, erhitzt, erzürnt, garstig, gereizt, grantig, griesgrämig, grim-

mig, heimtückisch, indigniert, knurrig, missgelaunt, missgestimmt, misslaunig, missmutig, muffig, mürrisch, rabiat, rasend, schlimm, tobend, übel, übellaunig, unausstehlich, unfreundlich, ungehalten, unglücklich, unwillig, unwirsch, unzufrieden, verbittert, verdrießlich, verdrossen, vergrämt, verstimmt, widerwillig, wütend, wutentbrannt, zornig, schlecht gelaunt

1413 Boss
Anführer, Bandenführer, Chef, Gangleader, Hauptmann, Rädelsführer, Sprecher •Arbeitgeber, Brotherr, Chef, Dienstherr, Fabrikant, Industrieller, Produzent, Unternehmer

1414 Bote
Botenjunge, Boy, Eilbote, Expressbote, Kurier, Laufbursche, Sendbote, Stafette, Überbringer •Anzeichen, Vorbote, Vorzeichen

1415 Botschaft
Nachricht, Schreiben •Gesandtschaft, Konsulat

1416 Box
Dose, Karton, Schachtel •Abstellraum, Bretterverschlag, Verschlag

1417 Boykott
Ausfuhrsperre, Ausfuhrverbot, Einfuhrverbot, Embargo, Handelssperre, Liefersperre, Warenausfuhrverbot, Warensperre →Fleischembargo, Handelsembargo, Waffenembargo, Wirtschaftsembargo •Ausschluss, Aussperrung, Disqualifizierung

1418 boykottieren
aussperren, ausstoßen, disqualifizieren, sperren

1419 Branche
Art, Fach, Gebiet, Ressort, Sektor, Sparte, Teilbereich, Wirkungskreis, Zweig •Berufszweig, Fach, Ressort •Geschäftszweig, Wirtschaftszweig

1420 Brand
Feuer, Feuersbrunst, Flammenmeer •Durst, Riesendurst •Gewebstod

1421 branden
s. brechen, fluten, wogen

1422 brandmarken
anprangern, niedermachen, tadeln, verdammen, verhöhnen, verspotten

1423 brandschatzen
ausrauben, niederbrennen, vernichten

1424 Brandstifter
Feuerleger, Feuerteufel

1425 Brandung
Gischt, Schaum, Schaumkrone

1426 braten
brutzeln, garen, schmoren

1427 brauchbar
gut, lohnend •geeignet, tauglich •behilflich, geeignet, passend, richtig, tauglich, verwertbar, wertvoll, zweckdienlich, zweckmäßig •anstellig, gelehrig

1428 brauchen
bedürfen, benötigen, gebrauchen •wollen, wünschen

1429 Bräune
Bräunung, Sonnenbräune

1430 bräunen
sonnen •anbraten, anbräunen, anrösten

1431 Brause
Brausebad, Dusche

1432 brausen
eilen, rasen, stürmen •dröhnen, rauschen, tosen, wüten

1433 Braut
Heiratskandidatin, Verlobte, Zukünftige

1434 Bräutigam
Heiratskandidat, Verlobter, Zukünftiger

1435 Brautleute
Brautpaar, Verlobte

1436 brav
bieder, harmlos, kleinbürgerlich, treuherzig •artig, folgsam, gehorsam, lieb, wohlerzogen •aufrecht, ehrenwert, redlich
1437 brechen
aussetzen, pausieren •abbrechen, zerfallen •durchbrechen, schnetzeln, schnitzeln, zerbrechen, zerhacken, zerhauen, zerkleinern, zerstückeln, klein hacken, auseinander brechen, klein schneiden •mahlen, zerhauen, zerklopfen •abpflücken, abreißen, ernten, herunterholen, lesen •falzen, knicken, umbiegen •s. erbrechen, s. übergeben •auflösen, beenden
1438 Brei
Brühe, Matsch, Morast, Schlamm, Schlick, Sumpf •Mus, Püree →Kartoffelbrei, Kartoffelmus, Kartoffelpüree, Pflaumenmus, Tomatenpüree
1439 breit
ausgedehnt, geräumig, großräumig, weit •grobschlächtig, klobig, ungefüge •behäbig, dick, füllig, mollig •ausführlich, eingehend, langatmig, weitschweifig
1440 Breite
Ausdehnung, Weite •Dicke, Fülle, Weite
1441 breiten (s.)
s. ausbreiten, s. ausdehnen, s. ausweiten, s. erstrecken
1442 Bremse
Bremsvorrichtung, Hemmvorrichtung →Fußbremse, Handbremse
1443 bremsen
bändigen, drosseln, mäßigen, zügeln •knapp halten, kurzhalten •eindämmen, hemmen •abbremsen, anhalten
1444 brennbar
entflammbar, entzündbar, feuergefährlich
1445 Brennbarkeit
Entflammbarkeit, Entzündbarkeit, Feuergefährlichkeit
1446 brennen
destillieren, gewinnen, klären, scheiden •schmerzen, stechen •beißen, jucken, kratzen •flackern, flammen, glühen, lodern, lohen, verbrennen •glimmen, schwelen •knirschen, knistern, prasseln
1447 brennend
feurig, flackernd, flammend, glühend, lichterloh, lodernd •akut, dringend, ernstlich, notwendig, unerlässlich, vordringlich •gepfeffert
1448 Briefkasten
Briefeinwurf, Postkasten •e-mail, Mailbox
1449 Briefmarke
Marke, Porto, Postwertzeichen, Wertzeichen →Freimarke, Sonderbriefmarke, Sondermarke, Wohlfahrtsmarke
1450 Briefordner
Aktendeckel, Aktenordner, Hefter, Ordner, Schnellhefter
1451 Brillant
Diamant, Edelstein, Juwel, Schmuckstein
1452 bringen
aussenden, ausstrahlen, senden •einbringen, s. lohnen, s. rentieren •aufführen, darbieten, spielen, vorführen •hinschaffen, hintragen, zuschicken, zusenden, zustellen •abliefern, aufbringen, beibringen, beischaffen, beschaffen, heranschaffen, herantragen, herbeibringen, herbringen, hertragen, liefern •arbeiten, bewältigen •darlegen, diskutieren, verhandeln, veröffentlichen
1453 brisant
bedeutend, drängend, heikel, heiß, kritisch •akut, brennend •explosiv, feuergefährlich

1454 Brise
Lüftchen, Lufthauch, Luftstrom, Luftströmung, Luftzug, Wind

1455 bröckeln
brechen, bröseln, krümeln, zerbröckeln, zerbröseln

1456 Brocken
Batzen, Berg, Klumpen •Bissen, Stückchen

1457 bröcklig
baufällig, morsch, zerfallen

1458 brodeln
aufwallen, blubbern, kochen, schäumen, sieden, wallen

1459 Broschüre
Druckschrift, Handreichung, Heft

1460 bröselig
bröckelig, krümelig

1461 bröseln
brechen, bröckeln, krümeln, zerbröckeln, zerbröseln, zerkleinern, zerkrümeln

1462 Brötchen
Weck, Wecken →Franzbrötchen, Hörnchen, Kaiserbrötchen, Kipf, Kipfel, Knüppel, Laugenbrötchen, Mehrkornbrötchen, Rosenbrötchen, Rosinensemmel, Rosinenbrötchen, Rundstück, Salzstange, Schrippe, Semmel, Vollkornbrötchen, Vollkornsemmel

1463 Brotscheibe
Brotschnitte, Schnitte, Stulle

1464 Bruch
Fraktur, Knochenbruch •Entzweiung, Scheidung, Trennung •Becken, Bodenvertiefung, Falte, Geländesenkung, Graben, Grabenbruch, Mulde, Senke, Talsenke •Bruchkante, Bruchstelle •Ausschussware, Ladenhüter, Ramsch, Schleuderware

1465 bruchfest
bruchsicher, dehnbar, kompakt, massiv, stabil, unverwüstlich, unzerbrechlich, widerstandsfähig, zerreißfest

1466 brüchig
alt, altersschwach, baufällig, brechbar, instabil, morsch, schrottreif, spröde, zerbrechlich, zerfallen

1467 Bruchstück
Bereich, Bruchteil, Segment •Stück, Teil •Fragment, Rest, Torso

1468 Brücke
Steg, Überführung, Übergang →Autobahnbrücke, Eisenbahnbrücke, Holzbrücke, Viadukt, Zugbrücke •Kommandobrücke •Läufer, Teppich •Krone, Zahnersatz, Zahnprothese

1469 Bruder
Gefährte, Genosse, Kamerad, Kumpel •Klosterbruder, Mönch, Ordensbruder •Geschwister, Geschwisterteil

1470 Bruderschaft
Freundschaft, Kameradschaft, Verbundenheit, Zusammengehörigkeit •Bund, Körperschaft, Korporation, Verband

1471 Brühe
Bouillon, Soße, Suppe •Brei, Schlamm

1472 brühen
aufbrühen, aufgießen, kochen

1473 brüllen
aufbrüllen, aufkreischen, aufschreien, beklagen, donnern, gellen, grölen, johlen, kreischen, lärmen, plärren, röhren, rufen, schreien, schrillen, weinen •donnern, dröhnen, hämmern, krachen, lärmen, rauschen, widerhallen •anschnauzen, heruntermachen, wettern •alarmieren, schreien, warnen

1474 brummen
summen, surren •brummeln, knurren, murren

1475 Brunft
Brunst, Läufigkeit, Paarungszeit, Ranzzeit, Rauschzeit

1476 Brunnen
Mineralwasser, Tafelwasser •Quelle, Sickerbrunnen

1477 brüsk
ablehnend, herb, unnahbar, unpersönlich, unzugänglich, widerborstig
1478 Brust
Brüste, Busen •Brustkorb, Rippen, Thorax
1479 brüsten (s.)
s. aufblähen, s. aufspielen, s. großtun
1480 Brüstung
Balustrade, Geländer, Reling
1481 Brut
Abschaum, Bagage, Gesindel, Mob, Pöbel, Sippschaft •Gelege, Nachwuchs
1482 Brutalität
Bedenkenlosigkeit, Bestialität, Erbarmungslosigkeit, Gefühlsrohheit, Gewalttätigkeit, Gewissenlosigkeit, Kälte, Rohheit, Rücksichtslosigkeit, Schonungslosigkeit, Skrupellosigkeit, Unbarmherzigkeit, Verantwortungslosigkeit, Willkür
1483 brüten
ausbrüten, glucken, horsten, sitzen
1484 brütend
brennend, glühend, siedend
1485 Bube
Schelm, Schurke, Spitzbube •Bengel, Bursche, Flegel, Schlingel •Dreikäsehoch, Junge, Kind, Knabe
1486 Bubenstreich
Dummejungenstreich, Eulenspiegelei, Jungenstreich, Lausbüberei, Schabernack, Spitzbubenstreich
1487 Buch
Band, Bestseller, Broschüre, Druckerzeugnis, Einzelband, Erfolgsbuch, Paperback, Sammelband, Schinken, Schmöker, Schrift, Schwarte, Taschenbuch, Titel, Werk, Hardcover [Hard Cover] •Album, Andenkenbuch, Gedenkbuch, Sammelbuch •Merkbuch, Notizbuch •Fernsprechbuch, Fernsprechverzeichnis, Telefonbuch
1488 Buchdruck
Buchdruckerkunst, Typografie [Typographie]
1489 Bucheinband
Buchdeckel, Deckel, Einband, Einbanddeckel
1490 buchen
einschreiben, eintragen, festhalten, gutschreiben, verbuchen •reservieren, vorbestellen
1491 Büchertasche
Aktentasche, Mappe, Schultasche, Tasche
1492 Buchhandlung
Bücherstube, Buchladen
1493 Buchprüfer
Steuerprüfer, Wirtschaftsprüfer
1494 Buchprüfung
Betriebsprüfung, Buchführungskontrolle, Steuerprüfung
1495 Buchse
Anschlussdose, Steckdose
1496 Büchse
Flinte, Gewehr, Schießgewehr, Schusswaffe •Blechdose, Dose, Konserve, Konservendose
1497 Buchstabe
Letter, Schriftzeichen
1498 buchstabieren
entschlüsseln, entziffern, erschließen, übersetzen
1499 Bucht
Bai, Becken, Busen, Fjord, Förde, Golf
1500 Buckel
Ast, Höcker •Anhöhe, Berg, Hügel
1501 bücken (s.)
s. beugen, s. krümmen, s. neigen
1502 bucklig
abfallend, abschüssig, alpin, bergig, gebirgig, hügelig, uneben, wellig •ausgewachsen, höckerig, krumm, schief, verkrüppelt, verwachsen
1503 Bückling
Diener, Verbeugung, Verneigung •Hering

1504 Bude
Kammer, Raum, Stube, Zimmer •Blockhaus, Blockhütte •Kiosk, Marktbude, Schaubude, Stand •Baracke, Hütte

1505 Bug
Vordersteven, Vorderteil

1506 bügeln
ebnen, glätten, mangeln, plätten

1507 Bühne
Arena, Schauplatz •Bretterboden, Podium

1508 Bühnenstück
Bühnendichtung, Bühnenspiel, Bühnenwerk, Musikdrama, Oper, Schauspiel, Spiel, Stück, Theaterstück

1509 Bukett
Aroma, Blume, Duft, Geschmack

1510 Bulle
Athlet, Gigant, Goliath, Hüne, Koloss, Riese, Titan, Ungeheuer •Erlass, Runderlass, Verordnung •Bann, Bannbrief, Bannbulle, Sendschreiben •Kriminalbeamter, Polizist •Börsenoptimist, Optimist

1511 Bulletin
Kommuniqué [Kommunikee], Bekanntmachung, Kundgabe, Memorandum, Mitteilung, Rapport

1512 Bummel
Kneipentour, Lokalbummel •Einkaufsbummel, Runde, Spaziergang, Streifzug

1513 Bund
Ballen, Bündel, Packen •Ehe •Bündel, Strohbund •Bundesstaat, Konföderation, Staatenbund, Vereinigung •Bündnis, Zusammenschluss •Bundeswehr, Militär

1514 bündeln
zusammenbinden, zusammenpacken, zusammenschnüren

1515 bündig
einleuchtend, schlüssig, sicher, zwingend •abschließend, passend

1516 Bündnis
Achse, Allianz, Anschluss, Bund, Bundesstaat, Entente, Föderation, Fusion, Interessengemeinschaft, Kartell, Koalition, Konzern, Liaison, Liga, Pakt, Staatenbund, Union, Verbindung, Vereinigung, Verschmelzung, Zusammenschluss •Abkommen, Pakt, Vereinbahrung •Klub, Organisation, Verein, Vereinigung

1517 Bunker
Atombunker, Luftschutzbunker, Luftschutzkeller, Luftschutzraum, Schutzraum, Unterstand

1518 bunt
farbenfreudig, farbenfroh, farbenprächtig, farbig, mehrfarbig, polychrom, verschiedenfarbig •chaotisch, durcheinander, ungeordnet, unüberschaubar, wirr, zusammengewürfelt

1519 Burg
Bastei, Bastion, Befestigung, Befestigungsanlage, Befestigungsbau, Bollwerk, Felsennest, Festung, Festungsbau, Festungswerk, Fort, Kastell, Raubnest, Raubschloss, Ritterburg, Verteidigungsanlage, Wasserburg, Wehr, Zitadelle •Fliehburg, Fluchtburg, Kirchenburg, Wehrkirche

1520 Bürge
Garant, Gewährsmann, Sicherheitsperson

1521 Bürgermeister
Gemeindeoberhaupt, Oberbürgermeister, Stadtoberhaupt, Gemeindevorsteher, Ortsvorsteher

1522 Bürgertum
Mittelschicht, Mittelstand •Bourgeoisie, Bürgerstand

1523 Burgherr
Ritter, Rittersmann, Schlossherr

1524 Bürgschaft
Faustpfand, Garantie, Gewähr, Hinterlegung, Kaution, Pfand, Sicherheitsleistung, Verpflichtung •Aval, Wechselbürgschaft
1525 Büro
Behörde, Dienststelle •Amtsraum, Amtsstube, Amtszimmer, Bürostube, Dienstraum, Dienstzimmer, Geschäftsraum, Geschäftszimmer, Kontor, Schreibstube, Sekretariat •Amtsräume, Amtsstube, Anwaltsbüro, Anwaltskanzlei, Kanzlei
1526 Bürokrat
Paragrafenreiter [Paragraphenreiter], Aktenmensch, Buchstabenmensch
1527 Bürokratie
Amtsschimmel, Beamtenherrschaft, Papierkrieg, Pedanterie
1528 bürokratisch
beamtenhaft, buchstabengetreu, engstirnig, kleinlich, paragrafenhaft [paragraphenhaft]
1529 Bursche
Halbstarker, Kerl, Teenager, Twen
1530 burschikos
flott, keck, kess, leger
1531 bürsten
abbürsten, ausbürsten, säubern, wienern
1532 Busch
Dschungel, Urwald •Staude, Strauch •Blumenstrauß, Strauß
1533 Buße
Gefängnisstrafe, Geldstrafe, Strafe •Abkehr, Besserung, Sühne, Umkehr
1534 büßen
abkehren, bessern, umkehren •abbrummen, abbüßen, ausbaden, begleichen, bürgen, entgelten, entschädigen, geradestehen, gutmachen, herhalten, spüren, sühnen, verbüßen, wettmachen
1535 Büste
Denkmal, Figur, Plastik, Skulptur, Statue, Torso

C

1536 Café
Cafeteria, Kaffeehaus, Kaffeestube, Konditorei
1537 Camp
Feldlager •Zeltlager, Zeltplatz
1538 Camping
Campen, Zeltlager
1539 Campingplatz
Camp, Lager, Übernachtungsplatz, Zeltplatz
1540 Casanova
Blaubart, Charmeur, Frauenheld, Lüstling, Schürzenjäger, Schwerenöter, Verführer, Weiberheld, Witwentröster, Wüstling
1541 Champignon
Egerling, Pilz
1542 Chance
Aussicht, Glück, Möglichkeit, Schicksal, Zufall
1543 Charakter
Charakterzug, Erkennungszeichen, Merkmal •Besonderheit, Eigenart, Eigenheit, Gemütsart, Individualität, Kennzeichen, Merkmal, Persönlichkeit, Spezialität, Typ, Veranlagung, Wesen, Wesensart •Persönlichkeit, Respektsperson •Ausstrahlung, Festigkeit, Gesinnung, Haltung, Standhaftigkeit, Unbeirrbarkeit
1544 Charakteristik
Beurteilung, Charakterbeschreibung, Einschätzung, Personenbeschreibung
1545 Charmeur
Frauenheld, Frauenliebling, Herzensbrecher, Schürzenjäger, Verführer, Weiberheld, Witwentröster
1546 Check
Durchlauf, Prüfgang, Routine

1547 checken
kontrollieren, überprüfen •auffassen, begreifen, erkennen

1548 Chef
Boss, Dienstvorgesetzter, Direktor, Leiter, Manager, Meister, Vorgesetzter

1549 Chiffre
Geheimzahl, Ziffer •Kode [Code], Geheimzeichen, Passwort →Balkencode, Barcode, Strichcode

1550 chiffriert
gesichert, kodiert, verschlüsselt

1551 Chiffrierung
Datenverschlüsselung, Kryptografie [Kryptographie]

1552 Chip
Automatenmarke, Bon, Jeton, Kupon, Spielmarke, Spielmünze, Wertmarke •Bauelement, Halbleiter, Halbleiterplättchen, Speicherelement

1553 Chirologie
Chirognomie, Chiromantie, Handlesekunst

1554 Choleriker
Brausekopf, Draufgänger, Enthusiast, Fanatiker, Feuerkopf, Heißsporn, Hitzkopf, Wirrkopf

1555 Chor
Altarraum, Kirchenchor •Chorverein, Frauenchor, Gesangsgruppe, Gesangverein, Kinderchor, Kirchenchor, Liedertafel, Männerchor, Sängerchor, Sängerkreis, Schola, Singkreis, gemischter Chor •Altarchor, Altarraum, Chorraum

1556 christlich
gottgefällig, hilfsbereit, menschlich •gläubig, religiös

1557 Chronik
Annalen, Aufzeichnung, Geschichtswerk, Jahrbuch, Jahrbücher, Tagebuch, Überlieferung, Weltgeschichte, Zeitenfolge, Zeitgeschichte •Lebenserinnerung, Lebensgeschichte, Memoiren

1558 clever
aufgeweckt, begabt, fähig, geeignet, gelehrig, geschäftstüchtig, gescheit, geschickt, gewandt, klug, qualifiziert, schlau, talentiert, tüchtig •ausgekocht, durchtrieben, gerissen, listig, raffiniert, schlau, taktisch

1559 Cleverness
Bauernschläue, Diplomatie, Durchtriebenheit, Findigkeit, Finesse, Gerissenheit, Geschäftstüchtigkeit, Gewieftheit, List, Mutterwitz, Raffiniertheit, Schläue, Schlauheit, Taktik, Verschlagenheit, Verschmitztheit •Erfindungsgabe, Gedankenreichtum

1560 Clique
Bande, Gemeinschaft, Klüngel, Sippschaft, Trupp, Vereinigung

1561 Clou
Knalleffekt, Pointe, Schlusseffekt •Attraktion, Galanummer, Glanzlicht, Glanznummer, Glanzpunkt, Glanzstück, Hauptattraktion, Höhepunkt, Knüller, Paradenummer, Prachtstück, Zugnummer

1562 Cockpit
Fahrersitz •Pilotenkabine, Pilotenraum

1563 Codex
Gesetz, Grundsatz, Verfügung •Handschrift, Handschriftensammlung

1564 Collier
Halsband, Halskette, Kette, Kollier

1565 Comeback
Rückkehr, Rückkunft, Wiederauftreten, Wiedergeburt

1566 Computer
Computeranlage, EDV-Anlage, EDVA, Elektronengehirn, Elektronenrechenmaschine, Elektronenrechner, Rechenanlage, Rechenautomat, Rechner →Analogrechner, Array-Computer, Client, Datenverarbeitungsmaschine, Digitalrechner, Großrechner, Handheld-

Computer, Heimcomputer, Homecomputer, Host, Lochkartenmaschine, Multimedia-Computer, Netzwerkrechner, Notebook, PC, Personalcomputer, Schulrechner, Server, Sprachcomputer, Taschencomputer, Taschenrechner, Tischcomputer, Vektorrechner, elektronische Datenverarbeitungsanlage

1567 Copyright
Urheberrecht, Vervielfältigungsrecht

1568 Cowboy
Gaucho, Kuhhirte, Rinderhirte

1569 Crack
Champion, Gewinner, Meister, Sieger, Spitzensportler •Rauschgift

1570 Creme [Krem(e)]
Nachspeise, Nachtisch, Pudding, Süßspeise •Heilsalbe, Salbe

1571 cremig [kremig]
cremeartig [kreme-], schaumartig, schaumig

1572 Curling
Eisschießen, Eisstockschießen

1573 Curriculum
Lehrplan, Lehrprogramm •Ablauftheorie

1574 Cursor
Einfügemarke, Lichtmarke, Schreibmarke

D

1575 da
weil, zumal •anwesend, daheim •fertig, gegenwärtig, griffbereit, parat, zuhanden •als, nachdem, wie, wo •hier, hierzulande [hier zu Lande] •weil, zumal

1576 dabei
als, bis, da, dazwischen, indem, indessen, inzwischen, unterdessen, währenddessen •allerdings, doch, freilich, indes, jedoch, nur, sondern •hierbei, jetzt

1577 dableiben
nacharbeiten, nachsitzen •ausharren, verweilen •s. aufhalten, s. befinden, wohnen

1578 Dach
Bedachung, Bedeckung, Hausdach, Überdachung •Boden, Bodenkammer, Bodenraum, Dachboden, Dachstock •Absteige, Asyl, Behausung, Bleibe, Herberge, Logis, Obdach, Quartier, Schlafstelle, Unterkunft, Unterschlupf

1579 Dachrinne
Dachtraufe, Regenrinne, Traufe

1580 Dachstuhl
Balken, Balkenwerk, Dachsparren, Firstbalken, Gebälk, Verstrebung

1581 dadurch
damit, hierdurch, hiermit •daher, demgemäß, deshalb, deswegen, ebendeshalb, folglich, so, somit •derweil, indem, während

1582 dagegen
aber, andererseits, dabei, dementgegen, hingegen, höchstens, immerhin, indessen, inzwischen, jedoch, mindestens, sondern, unterdessen, wiederum, währenddessen

1583 daher
dadurch, deswegen •her, hierher, hierhin

1584 dahin
entzwei, gewesen, vorbei

1585 dahingegen
anderseits, demgegenüber, hingegen, hinwieder, indes, zumindest

1586 Dame
Gastgeberin, Herrin, Wirtin •Damestein, Schachfigur •Herzensdame, Königin

1587 dämmend
abdämmend, abschwächend, beruhigend, dämpfend, mildernd, mindernd
1588 Dämmerlicht
Dämmerstunde, Dämmerung •Abend, Abenddämmerung, Abendstunde, Abendzeit •Frühe, Morgen, Morgendämmerung, Morgengrauen, Sonnenaufgang, Tagesanbruch, Tagesbeginn, Vormittag
1589 dämmern
erkennen, verstehen •dunkeln, s. verdunkeln •grauen, tagen
1590 Dämmerstunde
Dämmerlicht, Dämmerung, Halbdunkel, Zwielicht →Abenddämmerung, Abendlicht, Morgendämmerung, Sonnenuntergang
1591 dämonisch
satanisch, teuflisch •entsetzlich, furchtbar, fürchterlich, grässlich, grauenhaft, grauenvoll, gräulich, grausig, Entsetzen erregend, Grauen erregend
1592 Dampf
Atem, Brodem, Dunst, Hauch, Nebel, Qualm, Wasserdampf, Wolke
1593 dampfen
aufwallen, kochen, sieden, verdunsten •dünsten, schwitzen
1594 dämpfen
dünsten, garen •abdämmen, abmildern, abmindern, dämmen, eindämmen, herunterspielen, mildern •begütigen, beruhigen, besänftigen
1595 danach
retrospektiv, rückschauend •darauf, dementsprechend, demgemäß, folglich, jedenfalls, mithin •dann, endlich, hernach, hinterher, nach, nachher, nachträglich, später
1596 daneben
bei, nächst, nahe, nebenan, nebeneinander, seitlich, seitwärts •als, bei, gelegentlich, nebenbei, nebenher, wenn, zu, zum
1597 dankbar
dankerfüllt, erkenntlich, verbunden •dankenswert, fruchtbar, lohnend •befreit, beruhigt, erfreut, erleichtert, erlöst, froh, glücklich
1598 danken
abrechnen, heimzahlen, vergelten •ablehnen, verzichten •abfinden, belohnen •anerkennen, s. bedanken, danksagen [Dank sagen]
1599 daran
dabei, hierbei •nahe, nahebei
1600 darauf
dann, hernach, hinterher, nach, nachher, nachträglich •daran, hierauf
1601 darben
dürsten, entbehren, erstreben, hungern, lechzen, schmachten
1602 darbieten
anbieten, bieten, darreichen, geben, offerieren, reichen •aufführen, spielen, vorführen
1603 Darbietung
Akt, Aufführung, Auftritt, Inszenierung, Nummer, Schau, Spiel, Vorführung •Rede, Rezitation, Tanz, Vortrag •Antrittsvorstellung, Debüt, Erstauftritt, Premiere •Erstaufführung, Premiere, Uraufführung
1604 darin
in, mittendrin, zentral, zwischen •in, innerhalb
1605 Darm
Gedärm, Gekröse, Innerei →Dickdarm, Dünndarm, Enddarm, Mastdarm
1606 Darre
Obsttrockner, Trockenanlage, Trockner
1607 darstellen
malen, wiedergeben, zeichnen •darbieten, mimen, verkörpern, vorstellen •ausdrücken, beschreiben

1608 Darsteller
Akteur, Filmstar, Komödiant, Leinwandgröße, Sänger, Schauspieler, Star

1609 Darstellung
Ausbreitung, Auseinandersetzung, Beleuchtung, Bericht, Beschreibung, Charakterisierung, Darlegung, Manifestation, Schilderung, Skizze, Zusammenstellung •Akt, Aufführung, Nummer, Schau, Spiel, Vorführung •Ausdruck, Beschreibung •Auflistung, Aufzählung, Bericht •Abenteuerbericht, Erlebnisbericht, Tatsachenbericht •Bericht, Bescheid, Mitteilung, Rapport

1610 darüber
davon, dazu, hiervon •dabei, währenddessen •oberhalb, über •davon, dazu, diesbezüglich, hierzu •auf, darauf, droben, drüber, himmelan, hoch, oben, oberhalb, über

1611 darum
dadurch, daher, demzufolge, ebendeshalb, folglich, mithin, so, somit

1612 darunter
dabei, dazwischen •drunten, unten

1613 Dasein
Bestehen, Existenz, Realität, Sein, Vorhandensein, Wirklichkeit •Anwesenheit, Gegenwart, Zugegensein

1614 Datei
Datensammlung →Batch-Datei, Batch-File, File, Grafikdatei, Stapeldatei, Textdatei

1615 Daten
Angaben, Dateien, Einzelheiten, Fakten, Maße, Tatsachen, Textdateien, Zahlen

1616 Datenautobahn
Daten-Highway, Info-Highway, Informations-Highway, Informationsautobahn, Internet

1617 Datenerhebung
Erfassung, Volkszählung, Zensus

1618 Datum
Kalendertag, Tagesangabe •Fälligkeitstag, Frist, Termin •Stichtag, Tag, Zeitpunkt

1619 Dauer
Bestand, Beständigkeit, Dauerhaftigkeit, Endlosigkeit, Ewigkeit, Fortbestand, Fortdauer, Fortgang, Stetigkeit, Unbegrenztheit, Unendlichkeit, Unsterblichkeit, Unvergänglichkeit, Weite, Zahllosigkeit, Zeitlosigkeit •Länge, Verlauf, Zeitdauer •Beständigkeit, Dauerhaftigkeit, Unzerstörbarkeit •Geltungsdauer, Gültigkeit, Laufzeit

1620 dauerhaft
bleibend, ewig, haltbar, konserviert, unsterblich, unvergänglich, unzerstörbar, zeitlebens, zeitlos •farbecht, lichtecht, waschecht •imprägniert, isoliert, regenfest, wasserdicht, wasserfest, waterproof, wetterfest, Wasser abstoßend, Wasser abweisend •stabil, strapazierfähig •eingefroren, eingemacht, haltbar, konserviert •krisenfest, wertbeständig, zeitlebens

1621 dauern
erbarmen, schmerzen •andauern, anhalten, bleiben, fortbestehen, fortdauern, fortleben, s. fortsetzen, s. halten, überleben, währen, gleichbleiben

1622 dauernd
allezeit, andauernd, anhaltend, beständig, bleibend, dauerhaft, endlos, ewig, ewigbleibend, fest, feststehend, fortdauernd, fortgesetzt, fortlaufend, fortwährend, haltbar, immer, immerfort, immerzu, konstant, oft, pausenlos, ständig, stetig, stets, tagtäglich, unablässig, unaufhaltsam, unaufhörlich, unauflösbar, unauflöslich, gleichbleibend, jedes Mal •ererbt, gewohnt, traditionell •andauernd, chronisch, schleichend, ständig, unheilbar

1623 Däumling
Dreikäsehoch, Gernegroß, Gnom, Heinzelmännchen, Kobold, Liliputaner, Wicht, Zwerg
1624 Daune
Daunenfeder, Federn →Flaum, Federfüllung, Flaumfeder, Gefieder
1625 davon
voneinander •dadurch •entlegen, fern, fort, weg, weit
1626 dazu
obendrein, zusätzlich •dafür •alsdann, außerdem, dann, ferner, weiterhin, zudem
1627 dazukommen
erscheinen, kommen •s. anschließen, s. beigesellen, s. hinzugesellen, hinzukommen
1628 dazurechnen
anrechnen, berücksichtigen, dazuzählen, einbeziehen, einschließen, hinzurechnen, hinzuzählen, mitrechnen •addieren, hinzuzählen
1629 dazwischen
einstweilen, indem, inzwischen, mittlerweile, unterdessen, währenddessen •inmitten, mittendrin, zwischen, zwischendrin •dabei, darunter
1630 dechiffrieren
aufschlüsseln, dekodieren, entschlüsseln, entziffern
1631 Deckbett
Bett, Federbett, Federdeckbett, Oberbett, Zudecke
1632 Decke
Balg, Fell, Haarkleid •Tafeltuch, Tischdecke, Tischtuch •Bedeckung, Plane, Schutzdach, Schutzdecke, Verdeck, Wagendecke •Haut, Schicht •Bettüberwurf, Heimdecke, Plaid, Reisedecke, Schlafdecke, Tagesdecke, Wolldecke, Zudecke •Bettdecke, Federbett, Zudecke
1633 Deckel
Pfannendeckel, Topfdeckel •Bedeckung, Hut •Buchdeckel, Bucheinband, Einbanddeckel
1634 decken
bewachen, schützen, unterstützen •s. eindecken, kaufen •auftischen, eindecken, schmücken •abdecken, bedecken, überdecken, verdecken, zudecken •befruchten, begatten, besamen, bespringen
1635 Deckung
Hilfe, Schutz, Unterstützung •Ähnlichkeit, Gleichheit, Kongruenz, Übereinstimmung •Befruchtung, Begattung, Kopulation, Paarung, Zeugung
1636 Defekt
Beschädigung, Schaden •Fehler, Schwäche, Unzulänglichkeit
1637 defensiv
abwehrend, verteidigend •vorausschauend, vorsichtig
1638 Defensive
Abwehr, Deckung, Notwehr, Verteidigung
1639 definieren
abgrenzen, bestimmen
1640 Definition
Abgrenzung, Determination, Festlegung
1641 Defizit
Ausfall, Mangel •Fehlbetrag, Minus
1642 deftig
kräftig, nahrhaft •derb, drastisch, hart, rau, saftig, unfein, vulgär
1643 dehnbar
biegsam, elastisch, plastisch •ausdehnungsfähig, ungenau, unklar, verschwommen
1644 dehnen
ausbeulen, ausdehnen, ausweiten, recken, spannen, strecken, weiten, ziehen
1645 Deich
Damm, Eindämmung, Erdwall
1646 deichseln
abmachen, ausführen, bedingen, bewerkstelligen, meistern, packen, verwirklichen, vollbringen
1647 Deklination
Beugung, Flexion

1648 deklinieren
beugen, flektieren, verändern
1649 Dekorateur
Ausschmücker, Innenraumgestalter, Schaufenstergestalter
1650 dekorativ
effektvoll, eindrucksvoll, farbig, repräsentativ, schmückend, wirkungsvoll
1651 Dekret
Anordnung, Entscheidung, Erlass, Gebot, Verfügung, Vorschrift
1652 delegieren
abkommandieren, abordnen, detachieren, entsenden, schicken •abgeben, übertragen
1653 delikat
diffizil, durcheinander, heikel, knifflig, komplex, kompliziert, langwierig, problematisch, schwer, schwierig, ungesichert, unübersichtlich, verwickelt, verzwickt, wirr, zweifelhaft •appetitlich, deliziös, lecker, schmackhaft, vollmundig, wohlschmeckend •heikel, kitzlig, peinlich, schwierig
1654 Delirium
Wahnsinn, Wahnvorstellung •Ekstase, Sinnestäuschung, Verzückung •Alkoholvergiftung, Rausch •Bewusstseinsstörung, Bewusstseinstrübung, Verwirrtheit
1655 Delta
Einmündung, Flussmündung, Mündung
1656 demaskieren
bloßlegen, durchschauen, enthüllen, entlarven, nachweisen •feststellen, dahinter kommen
1657 dementgegen
hingegen, indes, indessen, wiederum
1658 Dementi
Berichtigung, Klärung, Richtigstellung, Widerruf, Zurücknahme •Absage, Gegenerklärung, Rückzug, Sinnesänderung, Sinneswandlung, Widerruf, Zurücknahme
1659 dementieren
ableugnen, absagen, abstreiten, berichtigen, bestreiten, leugnen, revidieren, widerrufen, zurücknehmen, zurückziehen
1660 dementsprechend
alsdann, darauf, demzufolge, ergo, infolgedessen, jedenfalls, sonach
1661 demnach
alsdann, also, darauf, demzufolge, folglich, jedenfalls, somit, sonach •dann, endlich, hernach, nachher, nachträglich, sodann
1662 demnächst
alsbald, bald, nächstens
1663 Demokratie
Parlamentarismus, Volksherrschaft, Volksvertretung
1664 Demonstration
Beweisführung, Veranschaulichung, Verdeutlichung, Vergegenständlichung •Äußerung, Bekundung, Beteuerung, Bezeugung •Aufmarsch, Demonstrationszug, Kundgebung, Massenaufmarsch, Massenkundgebung, Massenversammlung, Protestkundgebung, Protestmarsch
1665 demonstrativ
bildhaft, bildlich, interessant, lebendig, veranschaulichend, wirklichkeitsnah •absichtlich, bewusst, gewollt, vorsätzlich, willentlich, wissentlich
1666 Demoskopie
Meinungsforschung, Meinungsumfrage, Umfrage
1667 demütig
demutsvoll, ergeben, gottergeben, unterwürfig

1668 demütigen
beschämen, herabsetzen, kränken, schmähen

1669 demütigen (s.)
s. ergeben, s. erniedrigen, s. herabsetzen, s. herabwürdigen

1670 demütigend
beschämend, blamabel, entehrend, erbärmlich, erniedrigend, kläglich, schäbig, schmachvoll, schmählich, schnöde

1671 Demütigung
Entwürdigung, Geringschätzigkeit, Geringschätzung, Herabwürdigung, Missachtung, Nichtachtung, Respektlosigkeit, Verachtung

1672 Demutsgebärde
Fußfall, Kniefall, Unterwerfung, Unterwürfigkeit

1673 Denkaufgabe
Denkspiel, Denksportaufgabe, Preisaufgabe, Quiz, Rätsel

1674 denkbar
ausführbar, durchführbar, machbar, möglich •erdenklich, vorstellbar •angeblich, anscheinend, augenscheinlich, hoffentlich •ausführbar, ausgemacht, authentisch, ersichtlich, höchstwahrscheinlich, möglich, möglicherweise, mutmaßlich, offenbar, offenkundig, offensichtlich, sichtbar, vermeintlich, vermutlich, vielleicht, voraussichtlich, vorstellbar, wahrscheinlich, wohl

1675 denken
abwägen, ansinnen, brüten, erwägen, grübeln, nachdenken, nachsinnen, rätseln, sinnen, überlegen, wollen •abzielen, beabsichtigen, bezwecken, hinzielen, tendieren, vorhaben, wollen •annehmen, glauben, meinen •s. entsinnen, s. erinnern, s. zurückerinnern, zurückschauen

1676 denken (s.)
s. ausmalen, s. bewusst machen, s. vergegenwärtigen, s. vorstellen

1677 Denker
Akademiker, Fachmann, Geistesarbeiter, Gelehrter, Intellektueller, Sophist, Verstandesmensch, Weiser, Wissenschaftler

1678 Denkmal
Denkstein, Monument→Denksäule, Ehrenmal, Ehrensäule, Gedenkstein, Gedenktafel, Leichenstein, Mahnmal, Mahnstein, Marterl, Marterli, Obelisk, Standbild

1679 Denkzettel
Andenken, Erinnerungszeichen •Gardinenpredigt, Lektion, Moralpredigt, Standpauke, Strafpredigt, Zurechtweisung

1680 denn
also, bekanntlich, deshalb, nämlich, wegen, weil

1681 dennoch
aber, allein, dagegen, doch, gleichwohl, immerhin, indessen, jedenfalls, jedoch, obgleich, obschon, obwohl, sogar, sondern, trotzdem, wenngleich, wennschon

1682 Depot
Arsenal, Gerätekammer, Magazin, Munitionsdepot, Rüstkammer, Waffenlager •Lager, Sammelstelle, Speicher •Aufbewahrungsort, Bankdepot, Banksafe, Sammelverwahrung •Wertpapierbesitz

1683 depressiv
apathisch, bedauerlich, bedrückt, bekümmert, betrübt, daseinsmüde, deprimiert, desolat, düster, elegisch, elend, entmutigt, erschreckend, freudlos, gebrochen, gedemütigt, geknickt, gemütskrank, gramerfüllt, herzergreifend, hoffnungslos, jammervoll, klagend, lebensmüde, lebensüberdrüssig, lebensverneinend, lustlos, melancholisch, mutlos, nervenkrank, neurotisch, niedergedrückt, niedergeschlagen, pessimistisch, qualvoll, resigniert, schmerzbewegt, schwermütig, seelenkrank, sorgen-

schwer, sorgenvoll, todunglücklich, tränenerstickt, tränenreich, traurig, trist, trübe, trübselig, trübsinnig, unfroh, unglücklich, untröstlich, verzweifelt, zentnerschwer, tief betrübt

1684 derb
gepfeffert, saftig, vulgär •deftig, grob, rücksichtslos, rüde, unfein, ungehobelt, ungeschliffen •bäuerlich, grobschlächtig, klobig, klotzig, plump, schwerfällig, unförmig, ungeschlacht, ungraziös •drall, gesund, robust, stramm •kräftig, strapazierfähig

1685 Derbheit
Barschheit, Grobheit, Grobschlächtigkeit, Plumpheit, Rohheit, Rüpelhaftigkeit, Ungeschliffenheit, Unkultiviertheit

1686 derjenige
der, dieser, ebender, jener

1687 derselbe
ebender, ebendieser

1688 Desaster
Drama, Plage, Schicksalsschlag, Schreckensnachricht, Tragödie, Trauerspiel, Unheil, Verderben

1689 desertiert
fahnenflüchtig, flüchtig, übergelaufen, verschwunden

1690 deshalb
daher, darum, deswegen, ebendaher, folglich, infolgedessen, so, somit, daraufhin

1691 desinfizieren
auskochen, entkeimen, entseuchen, sterilisieren

1692 Desinfizierung
Entkeimung, Entseuchung, Reinigung, Sterilisierung

1693 desolat
bedrückt, bekümmert, betrübt, freudlos, trostlos, trübe, trübsinnig, unfroh, unglücklich •beklagenswert, ergreifend, herzzerreißend, jämmerlich, schlecht

1694 Destillat
Absud, Auszug, Essenz, Extrakt

1695 deswegen
also, da, dadurch, daher, demzufolge, deshalb, ebendeshalb, folglich, mithin, so, somit

1696 Detail
Ausschnitt, Einzelheit, Einzelstück, Einzelteil, Teilstück

1697 Detektei
Auskunftei, Auskunftsbüro, Detektivbüro, Ermittlungsbüro

1698 Detektiv
Auskundschafter, Beobachter, Ermittlungsbeamter, Geheimpolizist, Kriminalbeamter, Kriminalist, Spitzel

1699 Detonation
Entladung, Eruption, Explosion, Knall, Verpuffung

1700 detonieren
abspringen, aufbersten, aufbrechen, aufkrachen, aufplatzen, aufspringen, bersten, brechen, s. entladen, entzweigehen, explodieren, krepieren, losgehen, s. öffnen, platzen, splittern, sprengen, zerbersten, zerbrechen, zerknallen, zerplatzen, zerschellen, zersplittern, zerspringen

1701 deuten
ausdeuten, auslegen, erklären, interpretieren, kommentieren, umschreiben •ankündigen, hindeuten, hinweisen, hinzeigen, signalisieren •hinweisen, weisen, zeigen

1702 Deuter
Ausleger, Dolmetscher, Erklärer, Erläuterer, Exeget, Kommentator, Übersetzer

1703 deutlich
artikuliert, verständlich •erwiesen, offenbar, offenkundig, sichtbar •genau, handfest, klar, prägnant, präzise, unzweideutig •ausdrücklich, beschwörend, eindringlich •anschaulich, demonstrativ, farbig, plastisch, wirklichkeitsnah •bild-

haft, drastisch, einprägsam, farbig, plastisch •ausdrücklich, bestimmt, eindringlich, energisch, entschlossen, nachdrücklich, strikt, ultimativ, unmissverständlich •bildhaft, eindeutig, greifbar, unverblümt •einschneidend, empfindlich, fühlbar, merklich, nachhaltig, schwerwiegend, spürbar, tiefgreifend •bemerkbar, sichtbar, spürbar •anschaulich, fassbar, gegenständlich, greifbar, konkret, real, stofflich, vorhanden •beachtlich, sichtlich

1704 Deutlichkeit
Eindeutigkeit, Exaktheit, Präzision, Unmissverständlichkeit, Unzweideutigkeit •Genauigkeit, Prägnanz, Schärfe •Klarheit, Verständlichkeit

1705 dezent
diskret, taktvoll •gedämpft, leise, unauffällig •einfach, zurückhaltend •gedämpft, schwach

1706 dezimieren
beschränken, einschränken, herunterschrauben, schmälern, senken, streichen, verkürzen

1707 Diagnose
Aussage, Befund, Beurteilung, Ergebnis, Erkennung, Resultat

1708 Diagramm
Balkendiagramm, Kreisdiagramm, Kuchendiagramm, Säulendiagramm

1709 Diät
Heilkost, Krankenkost, Schonkost •Abmagerungskur, Fastenkur, Hungerkur, Schlankheitskur

1710 dicht
fest, kompakt, massiv •kräftig, voll •besetzt, gedrängt, voll •gesichert, sicher •abgeschlossen, abgesperrt, geschlossen, verriegelt, zu, zugesperrt •gepanzert, kugelsicher •geschlossen, luftdicht, undurchdringlich, undurchlässig •imprägniert, wasserdicht, wasserundurchlässig, wetterfest •beieinander, kompakt, nebeneinander

1711 Dichte
Fülle, Gedränge •Dichtheit, Dichtigkeit •Härte

1712 dichten
erstarren, härten, versteinern •s. ausdenken, fantasieren, schwindeln •reimen, schreiben •abdichten, isolieren, verdichten, verstopfen •durchsättigen, imprägnieren, sättigen, tränken

1713 Dichtung
Einbildung, Erfindung, Fantasie, Gedanken •Belletristik, Dichtkunst, Lektüre, Literatur, Schriftgut, Schrifttum, Wortkunst •Gedicht, Lyrik, Poesie, Versdichtung •Bühnendichtung, Drama, Epos, Werk

1714 dick
schwanger, tragend •angeschwollen, entzündet •breiig, geronnen, sämig, zähflüssig •aufgebläht, aufgedunsen, aufgeschwemmt, aufgetrieben, schwabbelig •kräftig, voll •aufgedunsen, beleibt, dickbackig, dicklich, drall, feist, fett, füllig, korpulent, massig, pausbäckig, pummelig, rundlich, stramm, umfangreich, üppig, vollschlank, wohlbeleibt, wohlgenährt •breiartig, breiig, dickflüssig, sämig, steif, teigig, zäh •dickfellig, dickhäutig, gelassen, robust, ruhig

1715 Dicke
Ausdehnung, Größe •Feistigkeit, Korpulenz, Stärke, Umfang, Wohlbeleibtheit

1716 Dickicht
Buschwerk, Gebüsch, Gesträuch, Gestrüpp, Hecke, Strauchwerk, Unterholz

1717 Dickmilch
Sauermilch →Joghurt, Jogurt, Kefir, Schwedenmilch

1718 didaktisch
belehrend, erzieherisch, lehrhaft, methodisch, pädagogisch

1719 Dieb
Bandit, Diebesbande, Einbrecher, Kleptomane, Langfinger, Plünderer, Räuber, Spitzbube, Straßenräuber, Strauchdieb, Strauchritter, Taschendieb, Wegelagerer
1720 Diebstahl
Ausbeutung, Ausplünderung, Ausschlachtung, Auswertung, Dieberei, Eigentumsdelikt, Einbruch, Entwendung, Plünderung, Raub, Wegnahme
1721 Diele
Flur, Gang, Hausflur, Hausgang, Korridor •Brett, Fußbodenbrett
1722 dienen
s. eignen, nützen •beistehen, helfen •arbeiten, fronen, gehorchen, schuften
1723 Diener
Bote, Boy, Butler, Dienstbote, Gehilfe, Hausangestellter, Hausdiener, Hilfskraft, Knecht, Page, Stütze, Untergebener, Untertan
→Kammerdiener, Leibdiener
•Bückling, Kratzfuß, Verbeugung
1724 Dienerin
Dienstmädchen, Hausgehilfin, Hausmädchen, Magd, Zofe
1725 dienern
buckeln, s. demütigen, s. einschmeicheln, kriechen, liebedienern, schmeicheln •grüßen, knicksen, s. verbeugen, s. verneigen
1726 Dienerschaft
Bedienung, Belegschaft, Dienstpersonal, Gesinde, Leute
1727 Dienst
Dienstleistung, Gefallen, Gefälligkeit, Hilfeleistung •Dienstbarkeit, Fron, Joch, Plackerei •Anstellung, Beruf, Beschäftigung, Gewerbe, Handwerk, Job, Stelle, Wirkungskreis •Amt, Funktion, Pflicht, Posten
1728 dienstbeflissen
diensteifrig, dienstwillig, eilfertig, gefällig, hilfreich, umgänglich
1729 Dienstbezeichnung
Amtsbezeichnung, Ehrentitel, Prädikat, Rangbezeichnung, Titel
1730 Diensteifer
Gewissenhaftigkeit, Pflichtbewusstsein, Pflichterfüllung, Rechtschaffenheit, Verantwortungsbewusstsein, Zuverlässigkeit
1731 Dienstmann
Gepäckträger, Kuli, Lastenträger, Träger
1732 Dienstweg
Amtsweg, Behördenweg, Geschäftsgang, Instanzenweg
1733 diese
die, diejenige, ebendie, ebendiese
1734 diesig
dunstig, nebelig, neblig
1735 diesseits
herüben, hüben •irdisch, profan, weltlich
1736 Dietrich
Diebshaken, Diebsschlüssel
1737 diffamieren
anschwärzen, herabsetzen, schmähen, verdächtigen, verleumden, verunglimpfen •beschämen, demütigen
1738 Diffamierung
Ächtung, Diskriminierung, Herabwürdigung, Ungerechtigkeit, Verächtlichmachung, Verachtung, Zurücksetzung
1739 Differenz
Auseinandersetzung, Disharmonie, Fehde, Kontroverse, Meinungsverschiedenheit, Missklang, Spannung, Uneinigkeit, Unstimmigkeit, Zerrissenheit, Zwietracht •Differenzbetrag, Fehlbetrag, Minus, Unterschied, Verlust •Abweichung, Unterschied
1740 differenzieren
abschatten, abstufen, abtönen, tönen •sondern, trennen, unterscheiden

1741 Diktatur
Eigenmächtigkeit, Gewaltsamkeit, Herrschsucht, Selbstherrlichkeit, Unduldsamkeit •Absolutismus, Despotismus, Gesetzlosigkeit, Gewaltherrschaft, Schreckensherrschaft, Selbstherrschaft, Terror, Totalitarismus, Tyrannei, Willkürherrschaft, Zwangsherrschaft

1742 diktieren
ansagen, vorsagen •auferlegen, aufgeben, bestimmen, veranlassen, verkünden •aufdrängen, aufzwingen, oktroyieren

1743 Dilettant
Amateur, Analphabet, Anfänger, Banause, Debütant, Greenhorn, Grünschnabel, Laie, Neuling, Newcomer, Nichtfachmann, Nichtskönner, Nichtswisser, Pfuscher, Stümper, Unerfahrener, Unkundiger •Kurpfuscher, Medikaster, Medizinmann, Pfuscher, Quacksalber, Scharlatan, Stümper •Amateursportler, Freizeitsportler •Anfänger, Debütant, Greenhorn, Jungsportler, Neuling, Youngster

1744 dimensionieren
abmessen, bemessen, messen, vermessen

1745 Ding
Gegenstand, Objekt •Affäre, Begebenheit, Episode, Geschehen, Intermezzo, Sensation, Vorfall, Zufall •Etwas, Geschöpf, Gestalt, Substanz, Wesen

1746 Diplom
Akte, Dokument, Schriftstück, Urkunde, Zeugnis

1747 Diplomatie
Durchtriebenheit, List, Verschlagenheit •Strategie, Verhandlungsgeschick

1748 diplomatisch
berechnend, formgewandt, galant, geschickt, geschliffen, gewandt, höflich, klug, leutselig, salonfähig, schlau, taktisch, weltgewandt, zuvorkommend, wohlerzogen

1749 direkt
ausgesprochen, förmlich, freiheraus, freimütig, geradeheraus, geradewegs, natürlich, offen, rundheraus, schlankweg, unumwunden, unverblümt, unverhohlen •buchstäblich, förmlich, geradezu, praktisch, regelrecht •kurzerhand, kurzweg •blitzartig, eilends, fluchtartig, schleunigst, sofort, überstürzt, ungesäumt

1750 Direktion
Führung, Leitung, Lenkung, Vorsitz •Präsidium, Verwaltung, Vorstand

1751 Direktor
Rektor, Schulleiter •Oberstudiendirektor, Studiendirektor •Boss, Vorsitzender, Wortführer •Artdirector

1752 Dirigent
Spielmacher •Bandleader, Chefdirigent, Chordirigent, Chorleiter, Gastdirigent, Generalmusikdirektor, Kantor, Kapellmeister, Maestro, Musikdirektor, Orchesterchef, Orchesterleiter

1753 dirigieren
führen, leiten, lenken, regeln, steuern, überwachen, vorstehen

1754 Disharmonie
Dissonanz, Missklang, Misston •Entzweiung, Uneinigkeit, Zerrissenheit, Zwiespältigkeit

1755 disharmonisch
entzweit, strittig, uneinig, zerrissen, zwiespältig •dissonant, falsch, misstönend, ungereimt, unharmonisch, unrein, unsauber

1756 Diskont
Vorzinsen, Zinsabzug, Zinsvergütung

1757 diskret
abgetrennt, getrennt •feinfühlig, rücksichtsvoll, schweigsam, taktvoll, unaufdringlich, verschwiegen, zurückhaltend •geheim, vertraulich •geheim, unbemerkt, verborgen, verstohlen

1758 diskriminieren
benachteiligen, missachten, übergehen, zurücksetzen •abkanzeln, bloßstellen, verunglimpfen, mies machen, schlecht machen •degradieren, demütigen, diffamieren, erniedrigen

1759 Diskriminierung
Benachteiligung, Geringschätzung, Herabwürdigung, Missachtung, Ungerechtigkeit, Verachtung, Zurücksetzung

1760 Diskussionsrunde
Stammtisch, Tischgemeinschaft, Zirkel •Diskussionsforum, Forum, Newsgroup, Talkshow

1761 Dispens
Ausnahmebewilligung, Entbindung, Freigabe, Freistellung

1762 dispensieren
befreien, entbinden, entheben, loslassen, zurückstellen

1763 Disput
Besprechung, Debatte, Diskurs, Diskussion

1764 disqualifizieren
ausschließen, aussperren, ausstoßen, eliminieren •demütigen, entwürdigen

1765 Distanz
Abstand, Entfernung, Ferne •Entfernung, Etappe, Strecke, Wegstrecke •Distanziertheit, Einsilbigkeit, Reserve, Reserviertheit, Schweigsamkeit, Unnahbarkeit, Unzulänglichkeit, Verhaltenheit, Verschlossenheit, Vorbehalt, Wortkargheit, Zurückhaltung

1766 distanzieren
abhängen, überflügeln, überholen •abhalten, abrücken

1767 Distrikt
Flur, Gegend, Gelände, Landschaft, Raum, Region, Revier, Zone •Bezirk, Departement, Kanton, Verwaltungsbezirk

1768 Disziplin
Bändigung, Drill, Moral, Ordnung, Regelung, Zähmung, Zucht •Branche, Domäne, Fachbereich, Fachrichtung, Spezialgebiet

1769 disziplinlos
chaotisch, durcheinander, ungeordnet, wirr •frech, unartig, undiszipliniert, vorwitzig, zuchtlos, zügellos

1770 Disziplinlosigkeit
Gewirr, Unordnung, Wirrnis •Undiszipliniertheit, Zuchtlosigkeit, Zügellosigkeit

1771 Dockarbeiter
Docker, Hafenarbeiter, Schauer, Schauermann, Schiffsarbeiter

1772 Dogma
Behauptung, Doktrin, Festlegung, Gebot, Gesichtspunkt, Gewissheit, Glaubenssatz, Grundsatz, Lehrmeinung, Lehrsatz, Prinzip, Regel, Schulmeinung, Sicherheit, Theorie, These, Überzeugung

1773 Dokument
Akte, Diplom, Schriftstück, Urkunde, Vertrag •Beweis, Beweisstück

1774 Dokumentation
Erfassung, Sammlung •Handbuch, Manual

1775 dokumentieren
bekunden, belegen, beweisen, folgern, nachweisen, schließen

1776 dokumentiert
beglaubigt, besiegelt, bestätigt, beurkundet, bewiesen, offiziell, unangreifbar, unbestritten, unumstößlich, unzweifelhaft, wahr, zweifelsfrei

1777 dolmetschen
entziffern, übersetzen, übertragen
1778 Dolmetscher
Deuter, Interpret, Übersetzer
1779 Dom
Bischofskirche, Kathedrale, Münster •Jahrmarkt, Kirchweih, Kirmes, Volksfest
1780 Domäne
Gut, Gutshof, Herrschaftsgebiet, Landgut, Staatsgut, Staatshof •Arbeitsgebiet, Bereich, Fach, Gebiet, Spezialgebiet
1781 Domizil
Aufenthaltsort, Heim, Wohnsitz, Zuhause
1782 Dompteur
Abrichter, Bändiger, Dresseur, Tierbändiger, Tiererzieher, Tierlehrer, Zuchtmeister
1783 Donner
Donnerrollen, Donnerschlag, Donnerwetter, Gewitter
1784 donnern
anschnauzen, schelten, schimpfen •gewittern, krachen, wettern •dröhnen, klappern, krachen, lärmen, poltern
1785 dopen
animieren, anregen, anreizen, aufpeitschen, aufpulvern, aufputschen, beleben, stimulieren
1786 Dopingmittel
Anregungsmittel, Aufpulverungsmittel, Reizmittel, Stimulans
1787 Doppelgänger
Actionspezialist, Double, Doublette, Ersatzmann, Stuntman •Strohmann •Zwilling
1788 doppeln
dualisieren, dublieren, duplizieren, verdoppeln, verzweifachen
1789 doppelseitig
vielseitig, zweiseitig
1790 doppelt
beidseitig, paarweise, verdoppelt, zweifach, zwiefach
1791 Dorado
Eldorado, Goldland, Jenseits, Paradies
1792 Dorn
Nadel, Spitze, Sporn, Stachel
1793 dornig
beschwerlich, dornenvoll, schwer •stachelig
1794 dörren
ausdörren, austrocknen, backen, darren, dürren, rösten, trocknen,
1795 dort
da, daselbst, dortselbst, ebenda, ebendort, hier •anwesend, hier, präsent, vorhanden, zugegen
1796 dösen
ruhen, schlafen, schlummern, träumen
1797 Dosierung
Abmessung, Dosis, Einteilung, Zuteilung •Kontingentierung, Zuteilung, Zuweisung
1798 Dosis
Bruchteil, Gabe, Maß, Menge, Portion, Quantität
1799 Drache
Lindwurm, Ungeheuer, Wurm •Megäre, Xanthippe
1800 Draht
Flechtwerk, Geflecht •Kabel, Leitung, Seil •Abgrenzung, Zaun •Botschaft, Fernsprecher, Telefon
1801 drahten
benachrichtigen, depeschieren, faxen, kabeln, telegrafieren, übermitteln
1802 drahtig
athletisch, gelenkig, geschmeidig, sportlich, trainiert
1803 Drahtpuppe
Betrogener •Gelenkpuppe, Gliederpuppe, Marionette
1804 Drahtschlinge
Öhr, Öse, Schlaufe
1805 Drahtseil
Fall, Kabel, Leine, Reep, Seil, Stahlseil, Strang, Strick, Tau, Trosse

1806 Drahtzieher
Auftraggeber, Dunkelmann, Hintermann, Intrigant, Schlüsselfigur
1807 drall
beleibt, breit, dick, fett, korpulent, massig, mollig, pummelig, rund, umfangreich, wohlbeleibt, wohlgenährt
1808 Drama
Gehabe, Geschrei, Getue, Theater, Trara, Zirkus •Bühnendichtung, Bühnenstück, Schauspiel, Theaterstück
1809 Dramatik
Aufregung, Beunruhigung, Spannung, Unruhe
1810 dramatisch
bühnenreif, theatralisch, tragisch •aufregend, erregend, nervenaufreibend, packend, spannend
1811 Drang
Schmachten, Sehnsucht, Streben, Verlangen, Wunsch •Ansturm, Druck, Stoßkraft, Triebkraft •Instinkt, Naturtrieb, Trieb
1812 drängen
beanspruchen, begehren •eilen, pressieren •belästigen, zusetzen •drängeln, drücken, schieben
1813 drängend
dynamisch, impulsiv •akut, brisant, dringend, heiß, konfliktgeladen, kritisch
1814 draußen
außerhalb, heraußen •außerhalb, auswärts •abgelegen, abgeschieden, entfernt, entlegen, fremd, unbekannt, unerreichbar, unzugänglich, weit
1815 Dreck
Kram, Krempel, Plunder, Ramsch, Schund, Trödel, Zeug •Asche, Schmutz, Staub, Unrat
1816 dreckig
pikant, unsittlich, unzüchtig, verrucht, zotig •angestaubt, beschmutzt, fettig, fleckig, ölig, schmierig, schmutzig, speckig, staubig, unrein, unsauber, verschmutzt, verstaubt, verunreinigt
1817 Dreh
Kunstgriff, List, Schliche, Trick •Aufklärung, Ausweg, Lösung, Patentrezept
1818 Drehbuch
Filmmanuskript, Filmszenarium, Manuskript, Skript
1819 drehen
kurbeln, leiern •blättern, umdrehen, umkehren, umklappen, umwenden, wenden •ändern, korrigieren •anfangen, anpacken, anstellen, ermöglichen, managen, meistern, zurechtkommen •abdrehen, aufnehmen, filmen •auswinden, ringen, wringen
1820 drehen (s.)
rollen, rotieren, s. wälzen •s. abkehren, s. abwenden, s. fortdrehen, kehrtmachen, s. umdrehen, s. wegdrehen, s. wenden
1821 Drehung
Rotation, Strudel, Umdrehung, Wirbel
1822 dreidimensional
körperlich, plastisch, räumlich
1823 Dreistigkeit
Tollkühnheit, Unerschrockenheit, Waghalsigkeit •Frechheit, Rücksichtslosigkeit, Ungezogenheit, Unverfrorenheit, Unverschämtheit
1824 Dresseur
Abrichter, Dompteur, Tierbändiger, Tierlehrer, Zureiter
1825 dressieren
abrichten, ausbilden, schulen •anrichten, herrichten, verzieren, zubereiten
1826 Dressur
Dressurnummer, Kunststück •Abrichtung, Bändigung, Bearbeitung, Domestizierung, Schulung, Zähmung
1827 Drift
Strömung, Trend •Sog, Strom, Trift

1828 driften
schwimmen, strömen, treiben
1829 Drill
Ausbildung, Disziplin, Erziehung, Schulung, Training, Unterrichtung, Unterweisung
1830 drillen
abrichten, einprägen, schinden, schleifen •bohren, durchlöchern
1831 dringen
bestehen, s. versteifen •bestürmen, bitten, ersuchen •gelangen, kommen •voranmarschieren, vorwärts laufen
1832 dringend
drängend, eilig, pressant, unaufschiebbar, wichtig •akut, erforderlich, notwendig, unvermeidlich, wesentlich, wichtig, zwingend •drastisch, dringlich, entschieden, entschlossen, ernst, fest
1833 Dringlichkeit
Bedrängnis, Eile •Bestimmtheit, Eindringlichkeit, Entschiedenheit, Inständigkeit, Nachdruck
1834 drinnen
in, inmitten, innerhalb •darin, innerlich, inwendig
1835 droben
auf, empor, hoch, oben, obenauf
1836 Droge
Arznei, Arzneimittel, Medikament, Medizin, Präparat •Betäubungsmittel, Rauschgift, Rauschmittel, Suchtmittel
1837 Drogensüchtiger
Drogenabhängiger, Fixer, Junkie, Schießer
1838 drohen
bevorstehen, herankommen, s. nähern •bedrohen, einschüchtern
1839 Drohne
Bienenmännchen •Bummler, Drückeberger, Müßiggänger, Nichtsnutz, Nichtstuer
1840 dröhnen
brausen, brüllen, donnern, erdröhnen, erschüttern, grölen, hämmern, krachen, kreischen, lärmen, poltern, trommeln, widerhallen
1841 Droschke
Fahrzeug, Kutsche, Mietwagen, Taxi, Wagen
1842 drosseln
abdrosseln, behindern, bremsen, eindämmen, hemmen, hindern, zügeln •erhängen, ermorden, ersticken, erwürgen, strangulieren •abdrosseln, herabmindern, herunterschrauben, kürzen
1843 Druck
Gewicht, Last •Einengung, Nötigung, Unterdrückung •Gewalt, Härte, Kraft, Stärke, Vehemenz, Wucht, Wuchtigkeit •Ausgabe, Druckerzeugnis, Druckwerk, Edition, Reproduktion, Veröffentlichung •Abdruck, Drucklegung, Herausgabe, Publikation, Veröffentlichung •Anspannung, Belastung, Stress, Überbelastung •Angst, Beklemmung, Beklommenheit, Verschüchterung
1844 Drückeberger
Faulenzer, Faulpelz, Nichtstuer, Schmarotzer, Taugenichts •Ausreißer, Deserteur, Fahnenflüchtiger, Flüchtling, Überläufer
1845 drucken
abdrucken, ausdrucken, herausgeben, publizieren, veröffentlichen •eindrücken, gravieren, stempeln
1846 drücken
fixen, spritzen •einengen, einschnüren •bedrängen, bedrücken, beengen, beklemmen, plagen, schmerzen •ausdrücken, auspressen, pressen •drängeln, drängen, schieben, stoßen •betätigen, tippen •umarmen, umhalsen, umschlingen •heben, reißen, stemmen, stoßen •beschränken, eingrenzen, herabmindern, herunterschrauben, verringern

1847 drücken (s.)
s. davonmachen, s. entziehen, vermeiden
1848 drückend
bleischwer, lastend, massig, schwer •bedrückend, feuchtwarm, gewittrig, schwül, tropisch
1849 Drucker
Printer →Laserdrucker, Nadeldrucker, Plotter, Thermodrucker, Tintenstrahldrucker
1850 Drücker
Drückeberger, Faulpelz •Fixer, Rauschgiftabhängiger •Griff, Klinke, Türdrücker, Türgriff, Türklinke
1851 Druckmittel
Boykott, Drohung, Druck, Fessel, Gegenmaßnahme, Gewaltmaßnahme, Nötigung, Pression, Repressalie, Sanktion, Sanktionen, Trumpf, Vergeltungsmaßnahme, Zwang, Zwangsmaßnahme
1852 Druckschrift
Blockschrift •Broschüre, Handreichung, Paperback, Taschenbuch
1853 Dschungel
Busch, Dickicht, Tropen, Urwald
1854 dubios
bedenklich, fragwürdig, obskur, suspekt, umstritten, ungewiss, zweifelhaft
1855 Duell
Herausforderung, Mensur, Zweikampf
1856 Duft
Ausdünstung, Gestank •Aroma, Bukett, Geruch, Parfüm, Wohlgeruch
1857 duftend
stinkend, übel riechend •parfümiert, wohlriechend
1858 Duftstoff
Duftessenz, Duftwasser, Parfüm, Riechwasser
1859 dulden
erlauben, tolerieren, übersehen, zulassen •aushalten, ausstehen, durchmachen, durchstehen, erleiden, mitmachen, überwinden, verarbeiten, vertragen
1860 Duldsamkeit
Großmut, Großzügigkeit, Toleranz •Engelsgeduld, Ergebung, Geduld, Nachsicht, Sanftmut
1861 dumm
ärgerlich, lästig, misslich, unangenehm, unbequem, unerfreulich, ungünstig, unwillkommen, verdrießlich •belämmert, borniert, dämlich, dümmlich, gutgläubig, stupide, töricht •blöde, debil, idiotisch, schwachsinnig, verblödet, verrückt •hirnverbrannt, vernunftlos
1862 dummerweise
bedauerlicherweise, leider, schade, unglücklicherweise
1863 Dummheit
Ahnungslosigkeit, Bildungslücke, Einfältigkeit, Nichtwissen, Unerfahrenheit, Unkenntnis, Unwissenheit, Wissensmangel •Albernheiten, Dummheiten, Kindereien, Narrheiten, Possen, Späße, Torheiten •Fehltritt, Schnitzer, Verstoß •Begrenztheit, Begriffsstutzigkeit, Beschränktheit, Borniertheit, Dämlichkeit, Engstirnigkeit, Stupidität, Unbedarftheit, Unbegabtheit, Uneinsichtigkeit, Ungeschicklichkeit, Unvernunft, Unverstand, Unverständigkeit, Unverständnis, Verständnislosigkeit •Lausbubenstreich, Streich •Blödsinn, Irrwitz, Nonsens, Quatsch, Sinnwidrigkeit, Unfug, Unsinn, Wahnwitz, Widersinnigkeit •Desinteresse, Einfältigkeit, Ignoranz, Kenntnislosigkeit, Nichtwissen, Unwissenheit

1864 Dummkopf
Banause, Bengel, Dummerian, Einfaltspinsel, Elefantenbaby, Grünschnabel, Hanswurst, Hohlkopf, Kindskopf, Narr, Nichtskönner, Nichtswisser, Pflaume, Schwachkopf, Strohkopf, Stümper, Tollpatsch, Tölpel, Tor, Trampel, Trottel, Versager •Idiot, Irrsinniger, Schwachsinniger

1865 dumpf
abgebrüht, abgestumpft, teilnahmslos, unempfindlich, ungerührt •dumpftönend, erstickt, hohl, leise •dumpfig, modrig, stickig, ungelüftet •gedämpft, heiser, matt •benommen, betäubt, duselig, schwindlig •unbewusst, unklar

1866 düngen
anreichern, güllen, jauchen

1867 Dünger
Bodenverbesserer, Dung →Guano, Jauche, Kompost, Kunstdünger, Mineraldünger, Naturdünger, Stallmist

1868 dunkel
dunkelhaarig, schwarz •bedeckt, bezogen, verfinstert •dunkelfarbig, schwarz •bedauerlich, betrüblich, erbärmlich, hoffnungslos, kläglich, trist •lichtlos •rätselhaft, undeutlich, ungewiss, unscharf •suspekt, undeutlich, undurchsichtig, unklar, unübersichtlich, verdächtig •milchig, trübe •missmutig, mürrisch, verdrießlich •dämmrig, düster, finster, schattig, trübe, halbdunkel •anrüchig, bedenklich, dubios, finster, fragwürdig, halbseiden, lichtscheu, nebulös, obskur, ominös, suspekt, undurchschaubar, undurchsichtig, unheimlich, unsauber, unseriös, verdächtig, verrufen, zwielichtig, Unheil bringend •diffus, nebelhaft, obskur, rätselhaft, schattenhaft, schemenhaft, undurchsichtig, vage, zweifelhaft •rätselhaft, unbegreifbar, unbegreiflich, undurchschaubar, undurchsichtig, unerklärbar •diffus, schattenhaft, schemenhaft, undurchsichtig, ungeklärt, ungewiss, unklar, verwaschen

1869 Dunkel
Geheimnis, Rätsel •Dämmerung, Dunkelheit, Finsternis, Nacht •Fraglichkeit, Unbestimmtheit, Ungewisse, Unsicherheit, Zweifel

1870 dunkeln
beschatten, dämmern, düstern, eindunkeln, finstern

1871 dünn
dünnflüssig, fließend, wässerig •fadendünn, fein, hauchdünn, schwach •abgenützt, abgetragen, verschlissen •brüchig, schwach, unsicher, veränderlich, wackelig •gelichtet, karg, licht, schütter, spärlich •feingliedrig, hager, schlank, schmal •durchscheinend, durchsichtig, sauber, ungetrübt •ausgehungert, unterernährt •leicht, sommerlich

1872 Dunst
Brodem, Dampf, Diesigkeit, Dunstschleier, Nebel, Nebelschwaden, Trübung •Ausdünstung, Ausscheidung, Geruch •Ammenmärchen, Dichtung, Fabel, Lüge

1873 dünsten
dämpfen, garen •duften, stinken

1874 dunstig
diesig, nebelig, neblig, trübe •dämmerig, dunkel •qualmig, rauchig, verräuchert, verraucht

1875 Dünung
Seegang, Wellenbewegung, Wellengang

1876 Duo
zwei, zu zweit, zu zweien

1877 Duplikat
Abklatsch, Abschrift, Abzug, Doublette, Durchschrift, Zweitschrift

1878 durch
durchgebacken, gar •auseinander, entzwei •infolge, kraft, mit, per, wegen •hindurch, mittendurch, querdurch, querfeldein
1879 durcharbeiten
ausarbeiten •durchkneten, kneten, vermengen •bearbeiten, kneten, massieren •durchlesen, lernen, vorbereiten
1880 durchaus
ganz, restlos, total, völlig, vollkommen
1881 Durchblick
Einblick, Einsicht, Erkenntnis, Erleuchtung
1882 durchblicken
durchblättern, durchgucken, durchschauen •durchsehen, einsehen, erproben, überprüfen •durchgucken, durchspähen, hindurchschauen, hindurchsehen •s. auskennen, durchschauen, durchsehen
1883 durchbrechen
durchdringen, durchleuchten, durchschimmern •durchbohren, durchhauen, durchlöchern, perforieren, zerbrechen, auseinander brechen •durchbohren, perforieren
1884 durchbrennen
durchglühen, durchschmoren •abhauen, ausbrechen, türmen •abhauen, desertieren, flüchten
1885 durchbringen
lehren, pauken, unterrichten •durchboxen, durchdrücken, durchkriegen, durchsetzen, durchziehen, erzwingen •vergeuden, verjubeln, verprassen, verschleudern, verschwenden, verspielen
1886 durchbrochen
gitterförmig, netzförmig
1887 Durchbruch
Erfolg, Glück •Spaltung, Teilung, Trennung, Zerlegung •Auslass, Ausstieg, Durchgang, Durchlass, Durchstich, Einschnitt, Einstieg, Enge, Engpass, Luke, Öffnung, Stollen, Tür
1888 durchdacht
begründet, methodisch •ausgearbeitet, ausgereift, ausgewogen, wohl bedacht, wohlweislich
1889 durchdrängen (s.)
s. drängeln, s. durchpressen, s. durchquetschen, s. vordrängen
1890 durchdrehen
explodieren, platzen, rotieren, überdrehen, überschnappen •durchjagen, mahlen
1891 durchdrungen
beglückt, erfüllt, freudig, freudvoll, glücklich, glückselig, hingerissen, selig
1892 durcheinander
abstrus, chaotisch, konfus, konsterniert, kunterbunt, planlos, regellos, ungeordnet, unklar, unübersichtlich, unzusammenhängend, vermengt, vermischt, verstört, verwirrt, verworren, wirr, wüst, zusammengewürfelt •anarchisch, anarchistisch, bindungslos, chaotisch, gesetzlos, herrschaftsfrei, ungeordnet, wirr •geistesabwesend, konfus, unkonzentriert, verworren, zerstreut •hilflos, ratlos, verzweifelt
1893 Durcheinander
Aufruhr, Chaos, Gedränge, Gesetzlosigkeit, Getümmel, Gewimmel, Gewirr, Herrschaftslosigkeit, Hexenkessel, Verwirrung •Allerlei, Hudelei, Krimskrams, Kunterbunt, Mischung, Mixtur, Sammelsurium, Schlamassel, Schlamperei, Schlendrian, Schluderei, Tohuwabohu, Unordnung, Wust •Anarchie, Auflehnung, Aufruhr, Aufstand, Ausschreitung, Bürgerkrieg, Chaos, Komplott, Krawall, Meute-

rei, Putsch, Rebellion, Revolte, Revolution, Staatsstreich, Tumult, Übergriff, Unruhen, Unterwanderung, Verschwörung, Volksaufstand, Volkserhebung •Eintopf, Ragout •Allerlei, Kunterbunt, Mischmasch, Potpourri

1894 durchfahren
durchqueren, durchrasen, durchreisen, passieren •durchblitzen, durchschießen, durchzucken

1895 Durchfahrt
Durchfuhr, Durchreise, Transit

1896 Durchfall
Darmkatarrh [Darmkatarr], Diarrhö •Enttäuschung, Fehlschlag, Fiasko, Katastrophe, Misserfolg, Niederlage, Pleite, Reinfall, Ruin, Zusammenbruch

1897 durchfallen
herunterfallen, stürzen •durchfliegen, durchkrachen, versagen •durchgehen, durchpassen, hindurchfallen •sitzen bleiben, nicht bestehen

1898 durchfließen
durchfluten, durchrinnen, durchströmen

1899 durchforschen
bearbeiten, beleuchten, durcharbeiten, erforschen, ergründen, forschen, suchen •absuchen, durchkämmen, durchstöbern, durchsuchen, durchwühlen, schnüffeln

1900 durchführen
ausführen, ausrichten, erledigen, machen, realisieren, veranstalten, verwirklichen, fertig bringen •durchstecken, durchziehen, einfädeln

1901 Durchführung
Abwicklung, Ausführung, Ausrichtung, Erledigung, Veranstaltung •Abwicklung, Ausführung, Erledigung, Organisation, Veranstaltung, Verwirklichung •Besorgung, Bestellung

1902 durchgeben
durchlangen, durchreichen •durchfunken, durchsagen, melden, mitteilen

1903 durchgedreht
fassungslos, kopflos, übergeschnappt

1904 durchgeführt
abgehandelt, abgeschlossen, aus, erledigt, fertig, gemacht, getan

1905 durchgehen
losbrechen, scheuen •nachprüfen, nachschauen, nachsehen, prüfen •durchblättern, durchsehen •abhauen, entspringen, fortlaufen, türmen

1906 durchgehend
ausnahmslos, durchweg •anhaltend, endlos, ewig, immer, kontinuierlich, pausenlos, unablässig, unaufhaltsam, unaufhörlich •geradewegs, gradlinig, stracks

1907 durchgreifen
eindringen, eingreifen •bewirken

1908 durchkämmen
absuchen, durchsuchen •s. frisieren, kämmen

1909 durchkämpfen
ausfechten, austragen, durchführen

1910 durchkommen
durchdringen, durchfeuchten, durchnässen, durchweichen •bestehen, davonkommen, gesunden, überstehen, überwinden •durchziehen, vorbeikommen •durchgelangen, durchrutschen, durchwinden

1911 durchkreuzen
durchfahren, durchfliegen, durchlaufen •abblocken, abwehren, hintertreiben, unterbinden, verhindern •anstreichen, durchixen, durchstreichen

1912 Durchlass
Durchfuhr, Durchreise, Transit •Bresche, Durchbruch, Einschnitt, Enge, Stollen •Ausgang, Durchfahrt, Durchfuhr, Durchführung,

Durchgang, Einfahrt, Gasse, Meerenge, Passage, Straße •Bresche, Durchfahrt, Durchreise, Durchstich, Engpass, Pforte, Stollen, Transit •Durchgang, Furt, Sandbank, Übergang, Untiefe

1913 durchlässig
defekt, durchlöchert, leck, löchrig, porös, undicht

1914 durchlaufen
durchdringen, durchgehen •durchfahren, durchmessen, durchqueren •absolvieren, durchmachen

1915 durchlöchert
abgestoßen, angebrochen, angehauen, angeschlagen

1916 durchmachen
durchfeiern, durchzechen •absolvieren, durchlaufen •abbüßen, ausstehen, dulden, erleiden, leiden

1917 durchmarschieren
durchlaufen, durchrennen, durchstürmen

1918 durchquälen (s.)
s. durchbeißen, s. durchfechten, s. durchkämpfen, s. durchschlagen

1919 durchqueren
durchfahren, durchkreuzen, durchlaufen, durchmessen

1920 Durchreise
Durchfahrt, Durchquerung, Transit

1921 Durchreisender
Besucher, Fremder, Passant, Reisender, Tourist

1922 durchreißen
durchtrennen, entzweireißen, teilen, zerreißen, zertrennen, auseinander reißen

1923 durchringen (s.)
s. entscheiden, s. entschließen

1924 Durchsage
Benachrichtigung, Meldung, Mitteilung, Nachricht, Übermittlung

1925 durchsagen
durchgeben, durchrufen, melden, senden

1926 durchschauen
durchblättern, durchmustern •s. auskennen, durchblicken, durchsehen, erkennen •durchblicken, durchsehen, hindurchschauen

1927 durchschlagen
durchrühren, passieren •durchbrechen, durchlochen, durchlöchern •abhauen, abschneiden, abtrennen, durchhacken, durchhauen, durchschneiden, durchtrennen, spalten, trennen, zerschneiden, zerteilen

1928 Durchschlupf
Ausgang, Durchgang, Durchlass, Gasse, Mauerloch, Pass, Schlupfloch

1929 durchschlüpfen
durchgelangen, durchhuschen, fegen, huschen, schleichen

1930 Durchschnitt
Dutzendware, Fabrikware, Massenware •Alltäglichkeit, Selbstverständlichkeit, Üblichkeit •Durchschnittswert, Mittelwert, Schnitt •Mittelding, Mittelmaß, Mittelmäßigkeit, Mittelweg, Mittelwert

1931 durchsehen
durchblättern, durchschauen, durchsichten •durchgucken, durchschauen, durchspähen, hindurchsehen, hindurchspähen •einsehen, prüfen, testen

1932 durchsetzen
ausführen, durchdrücken, durchkämpfen •bezwingen, meistern, überwinden

1933 durchsetzen (s.)
s. durchbeißen, s. durchboxen, s. durchkämpfen, s. durchquälen, s. durchschlagen

1934 durchsetzt
durchwachsen, durchwuchert, durchzogen

1935 Durchsetzungskraft
Durchsetzungsvermögen, Selbstachtung, Selbstbehauptung, Selbstbewusstsein, Selbstgefühl, Selbstsicherheit, Selbstvertrauen, Selbstwertgefühl, Stolz

1936 Durchsicht
Ausblick, Aussicht, Blick, Durchblick, Fernblick, Fernsicht, Panorama, Rundblick, Rundsicht, Sicht •Kontrolle, Sichtung, Test, Überprüfung, Verbesserung •Erprobung, Prüfung

1937 durchsichtig
duftig, leicht, locker, weich •durchschaubar, fadenscheinig, unglaubwürdig, vordergründig •durchscheinend, gläsern, rein, transparent, ungetrübt •arglos, harmlos

1938 durchsuchen
absuchen, abtasten, durchkämmen, durchstöbern, durchwühlen, filzen, mustern, schnüffeln

1939 durchtrennen
durchreißen, entzweireißen, vernichten •durchschneiden, durchteilen, halbieren, teilen

1940 durchweg
allgemein, ausnahmslos, durchgehend, durchwegs, rundweg

1941 durchziehen
durchkommen, vorbeikommen •durchbringen, durchdrücken, durchsetzen, erzwingen •durchqueren •durchstecken, einfädeln, einziehen •auswaschen, durchwaschen, spülen

1942 Durchzug
Durchmarsch, Invasion •Luftstrom, Lüftung, Luftzug, Zug

1943 dürftig
einförmig, sachlich, fantasielos [phantasielos] •ärmlich, bescheiden, kärglich, knapp, schmal, unergiebig, wenig •dürr, ertragsarm, unfruchtbar •dünn, licht, schütter

1944 dürr
abgestorben, ausgetrocknet, verdorrt •abgemagert, abgezehrt, dünn, hager, knochig, schlank, schmächtig, spindeldürr •karg, unfruchtbar, wüstenhaft

1945 Dürre
Einfallslosigkeit, Gedankenarmut, Gehaltlosigkeit, Geistlosigkeit, Stumpfsinn, Trivialität •Hitze, Regenmangel, Sonnenglut, Trockenheit, Wasserarmut, Wassermangel, Wassernot

1946 Durst
Brand, Durstigkeit, Mordsdurst, Riesendurst, trockene Kehle, trockener Hals •Entbehrung, Wassermangel

1947 dürsten
dursten, gieren, lechzen, schmachten, verlangen, Durst haben, durstig sein, Durst verspüren •streben, trachten, begehren, fiebern, gieren, lechzen, schmachten, s. sehnen, verlangen, gierig sein, versessen sein

1948 durstig
sehnlich, sehnsüchtig, sehnsuchtsvoll •dürstend, gierig, lechzend, Durst habend •sehnlich, sehnsüchtig, sehnsuchtsvoll, verlangend, mit Sehnsucht, voll Sehnsucht, mit Verlangen, voll Verlangen

1949 Dusche
Brause, Brausebad •Desillusion, Desillusionierung, Enttäuschung, Ernüchterung, kalte Dusche •Guss, Platzregen, Regen, Regenguss, Regenschauer, Regenwetter, Schauer, Sturz, Unwetter, Wolkenbruch

1950 düster
dämmrig, halbdunkel •betrüblich, elend, entmutigend, erschreckend, hart, hoffnungslos, leidvoll, neiderfüllt, Mitleid erregend •gespenstisch, zwielichtig

1951 Dutzendware
Durchschnitt, Fabrikware, Massenartikel, Massenware

1952 duzen
s. verbrüdern, s. verbünden, s. verschwistern

1953 Dynastie
Herrscherfamilie, Herrschergeschlecht, Herrscherhaus

E

1954 Ebbe
Ebbestrom, Hollebbe, Niedrigwasser, Tiefwasser •Einbuße, Flaute, Leere, Mangel, Manko, Minus

1955 eben
just, soeben •ebenerdig, eingeschossig, einstöckig, parterre •faltenlos, flach, platt •einmal, halt •flach, glatt, plan, platt

1956 ebenbürtig
gleichrangig, gleichwertig, ranggleich, genauso gut

1957 Ebene
Areal, Bodenfläche, Fläche, Flachheit, Flachland, Gelände, Plateau, Platte, Plattform, Tafel •Flachland, Niederung, Tiefland •Hochebene, Hochfläche

1958 ebnen
egalisieren, einebnen, planieren •bahnen, erleichtern, fördern, helfen

1959 Echo
Anklang, Gefallen, Resonanz, Zuspruch, Zustimmung •Gegenhall, Gegenschall, Hall, Nachhall, Nachklang, Resonanz, Schall, Widerhall, Widerklang, Widerschall •Geräusch, Hall, Klang, Laut, Schall

1960 echt
charakterfest, ehrlich, vertrauenswürdig, wahrheitsliebend •haltbar, solide, stabil •real, wahr •authentisch, original, rein, unverfälscht, urschriftlich, ursprünglich, urwüchsig •lebensecht, lebensnah, realistisch, wahrheitsgetreu, wirklichkeitsnah

1961 Echtheit
Gesichertheit, Glaubwürdigkeit, Rechtsgültigkeit, Sicherheit, Verbürgtheit, Zuverlässigkeit •Lebensnähe, Wahrheit, Wirklichkeit

1962 Ecke
Eckball, Eckstoß •Kante •Abschnitt, Gegend, Geländeabschnitt, Landschaftsgebiet, Landstrich, Region, Strich •Nische, Vorsprung, Winkel •Höhlung, Vertiefung

1963 eckig
hölzern, linkisch, ungelenk, ungewandt, unsportlich •gezackt, kantig, scharf, scharfkantig, spitz, zackig →dreieckig, fünfeckig, mehreckig, vieleckig, viereckig •unübersichtlich, verschachtelt, verwinkelt, winklig

1964 edel
aufopfernd, edelmütig, großherzig, hochherzig, selbstlos, uneigennützig, vornehm •anständig, charakterfest, ehrbar •auserkoren, auserlesen, ausersehen, auserwählt, ausgesucht, ausgewählt, erkoren, erlesen, exquisit, fein, schön, wertvoll

1965 Edelmut
Distinktion, Ehre, Erhabenheit, Feinheit, Majestät, Noblesse, Vornehmheit, Würde •Aufopferung, Großmut, Hochherzigkeit, Selbstlosigkeit, Uneigennützigkeit

1966 Effekt
Ergebnis, Folge, Wirkung •Durchbruch, Erfolg, Resultat, Wirksamkeit

1967 egal
ähnlich, analog, vergleichsweise •dasselbe, einerlei, entweder, gleichwie
1968 Egoismus
Berechnung, Eigennutz, Gewinnsucht, Habgier, Selbstsucht •Eigenliebe, Eigennutz, Selbstliebe, Selbstsucht, Ichbezogenheit [Ich-Bezogenheit], Ichsucht [Ich-Sucht]
1969 Egoist
Geldliebhaber, Materialist, egoistischer Mensch, selbstsüchtiger Mensch, eigennütziger Mensch, ichbezogener Mensch, ichsüchtiger Mensch
1970 egoistisch
eigennützig, ichbezogen, ichsüchtig, selbstsüchtig, unsozial, berechnend, gewinnsüchtig, spekulativ
1971 ehe
bevor, binnen, früher, vorher
1972 Ehe
Eheband, Ehebund, Ehebündnis, Eheschließung, Ehestand, Heirat, Hochzeit, Lebensgemeinschaft, Partie, Verbindung, Verheiratung, Vermählung
1973 Eheleute
Ehepaar, Paar, Verheiratete, Vermählte •Angetrauter, Ehemann, Ehepartner, Gatte, Gemahl, Mann →Haustyrann, Mustergatte, Strohwitwer, Witwer •Angetraute, Ehefrau, Ehepartner, Ehepartnerin, Frau, Gattin, Gemahlin, Weib →Ehedrache, Furie, Hausdrache, Hexe, Hyäne, Megäre, Witwe, Xanthippe
1974 Ehre
Ehrgefühl, Selbstachtung, Stolz •Ansehen, Autorität, Geltung, Glanz, Image, Prestige, Ruhm, Stand
1975 ehren
anerkennen, belobigen, idealisieren, loben, preisen, rühmen, verherrlichen •achten, anerkennen, bewundern, respektieren, schätzen, verehren
1976 ehrenamtlich
ehrenhalber, freiwillig, unentgeltlich
1977 Ehrenmann
Biedermann, Gentleman, Herr, Kavalier, Ritter
1978 Ehrenrettung
Begnadigung, Ehrenerklärung, Entlastung, Freisprechung, Rechtfertigung, Rehabilitation
1979 ehrenwert
adelig, edel, erlaucht •achtbar, rühmenswert, unbestechlich, verehrenswert
1980 Ehrenwort
Bekräftigung, Bekundung, Beteuerung, Bezeugung, Eid, Gelöbnis, Gelübde, Schwur, Treuegelöbnis, Treueid, Treueschwur, Versicherung, Versprechen, Wort, Zusage, Zuschlag, Zusicherung
1981 Ehrfurcht
Demut, Ergebenheit, Gottesfurcht •Furcht, Scheu, Unterwürfigkeit
1982 ehrfürchtig
ehrfurchtsvoll, respektvoll •demütig, devot
1983 Ehrgeiz
Machtanspruch, Machthunger •Arbeitslust, Betriebsamkeit, Fleiß, Geschäftigkeit, Unermüdlichkeit •Geltungsbedürfnis, Geltungsstreben •Streben, Strebertum
1984 ehrgeizig
eitel, streberhaft •fleißig, rastlos, strebsam, unermüdlich
1985 ehrlich
aufrecht, fair, redlich, solidarisch, sportlich •aufrichtig, freimütig, gerade, gewissenhaft, glaubhaft, glaubwürdig, korrekt, offen, ordentlich, pünktlich, sorgsam, un-

verhüllt, verantwortungsbewusst, verlässlich, vertrauenswürdig, wahrhaftig, zuverlässig, Vertrauen erweckend •aufrichtig, offenherzig, wahrhaftig, zuverlässig

1986 Ehrlichkeit
Aufrichtigkeit, Beständigkeit, Charakterstärke, Freimut, Freimütigkeit, Geradlinigkeit, Glaubwürdigkeit, Integrität, Lauterkeit, Natürlichkeit, Offenheit, Offenherzigkeit, Rechtschaffenheit, Redlichkeit, Seriosität, Unbestechlichkeit, Verlässlichkeit, Vertrauenswürdigkeit, Wahrhaftigkeit, Wahrheitsliebe, Zuverlässigkeit

1987 Ei
Eizelle, Ovulum, Ovum →Entenei, Gänseei, Hühnerei, Straußenei, Taubenei, Vogelei, Wachtelei •Teeei [Tee-Ei]

1988 eichen
abgleichen, einmessen, einstellen, justieren

1989 Eifer
Begeisterung, Feuer, Gefühlsüberschwang, Leidenschaft, Übereifer, Überschwang •Arbeitseifer, Arbeitsfreude, Arbeitslust, Ehrgeiz, Emsigkeit, Energie, Fleiß, Geschäftigkeit, Mühe, Regsamkeit, Schaffenslust, Streben, Strebsamkeit, Tatendrang, Tatenlust

1990 Eigelb
Dotter, Eidotter

1991 eigen
angehörig, zugehörig •selbständig [selbstständig], unabhängig •pingelig, sorgsam •absonderlich, eigenartig, merkwürdig, schrullig, seltsam, verwunderlich

1992 eigengesetzlich
geistvoll, genial, individuell, schöpferisch

1993 eigenhändig
direkt, höchstpersönlich, persönlich, selber

1994 Eigenlob
Lobhudelei, Selbstlob, Selbstvergötterung, Selbstverherrlichung

1995 eigenmächtig
angemaßt, gewaltsam, unbefugt, unberechtigt, unerlaubt, selbständig [selbstständig]

1996 Eigenschaft
Charakterzug, Eigenart, Kennzeichen, Kriterium, Merkmal, Merkzeichen, Moment, Seite, Wesensmerkmal

1997 eigenständig
selbständig [selbstständig], unabhängig, ungebunden

1998 eigentlich
gewissermaßen, überhaupt, genau genommen, streng genommen •gewiss, tatsächlich, unleugbar, wahr •anders, auch, außerdem

1999 Eigentum
Besitz, Besitztum, Besitzung, Habe, Vermögen

2000 Eigentümer
Besitzer, Hausherr, Inhaber •Bauer, Gutsbesitzer, Gutsherr •Ladenbesitzer, Ladeninhaber •Aktionär

2001 eigentümlich
arteigen, bezeichnend, charakteristisch, eigen, typisch •absonderlich, altmodisch, befremdend, befremdlich, eigen, eigenartig, eigenbrötlerisch, kauzig, merkwürdig, närrisch, schrullenhaft, schrullig, seltsam, skurril, sonderbar, sonderlich, verschroben, verwunderlich, wunderlich

2002 eignen (s.)
dienen, ersetzen •entsprechen, passen, stimmen, zusammenpassen, zusammenstimmen

2003 Eile
Blitz, Flinkheit, Hetze, Raschheit, Schnelligkeit, Überstürzung •Dringlichkeit, Notwendigkeit, Unaufschiebbarkeit •Gehetze, Hast, Tempo, Unrast, Zeitmangel •Beschleunigung, Endspurt •Ge-

dankenlosigkeit, Unbesonnenheit, Unklugheit, Unüberlegtheit, Unvernunft, Unverstand, Unvorsichtigkeit

2004 eilen
galoppieren, hasten, jagen, laufen, rasen, rennen, sausen •drängen, pressieren

2005 eilen (s.)
s. abhetzen, s. beeilen, s. schicken

2006 eilig
drängend, dringend, pressant, unaufschiebbar •flink, flott, geschwind, hastig, rasant, rasch, überstürzt, ununterbrochen, zügig

2007 einarbeiten
einbauen, einfügen, einheften, einpassen, einreihen, einstreuen, einweben, integrieren •auffüllen, ergänzen, vervollständigen •anleiten, anlernen, einführen, einweisen

2008 einäschern
abbrennen, anstecken, brandschatzen, niederbrennen, verwüsten •kremieren, verbrennen

2009 Einäscherung
Brandschatzung, Feuersturm, Niederbrennung •Feuerbestattung, Kremation, Leichenverbrennung, Trauerfeier

2010 Einbau
Installation, Montage •Einarbeitung, Einfügung, Einschiebung

2011 einbauen
einarbeiten, einfügen •einpassen, einsetzen, installieren, montieren

2012 einbehalten
behalten, einhalten, zurückhalten

2013 einberufen
versammeln, zusammenrufen, zusammentrommeln •ausheben, einziehen, mobilisieren

2014 Einberufung
Aufbietung, Aufgebot, Aufrüstung, Aushebung, Bewaffnung, Einrückung, Einsatz, Einziehung, Gestellungsbefehl, Kriegsvorbereitung, Mobilisierung, Mobilmachung, Musterung, Rüstung •Einberufungsbefehl, Gestellungsbefehl

2015 einbeziehen
einordnen, resozialisieren •anrechnen, beachten, berücksichtigen, dazurechnen, dazuzählen, einkalkulieren, hinzunehmen, mitrechnen, zuzählen •anrechnen, beachten, berücksichtigen, einkalkulieren, einplanen, mitrechnen, vorsehen

2016 einbiegen
abbiegen, abweichen, einschwenken

2017 Einbiegung
Einbuchtung, Einschnitt, Vertiefung →Bucht, Fjord

2018 einbilden (s.)
ahnen, annehmen, befürchten, erahnen, erwarten, fürchten, wähnen •s. brüsten, großtun, prahlen

2019 Einbildung
Angabe, Anmaßung, Annahme, Arroganz, Blasiertheit, Dünkel, Eingebildetheit, Eitelkeit, Geziertheit, Herablassung, Hochmut, Hochnäsigkeit, Hoffart, Selbstgefälligkeit, Selbsttäuschung, Stolz, Überheblichkeit, Vermessenheit

2020 einbinden
einschlagen, umhüllen •einbeziehen, integrieren •binden, broschieren

2021 einblenden
einfügen, einpassen, einschieben •abrunden, einschalten, einschieben, hineinschieben, hinzufügen, zufügen

2022 Einblick
Kenntnisnahme, Kunde •Aufklärung, Eindruck, Vorstellung

2023 einblicken
einsehen, hineinblicken, hineinsehen, nachsehen, überprüfen, s. überzeugen

2024 einbrechen
einkrachen, zusammenfallen, zusammenkrachen, zusammensinken, zusammenstürzen •eindringen, einsteigen, knacken •durchkrachen, einkrachen
2025 Einbrecher
Dieb, Langfinger, Räuber
2026 einbringen
aufarbeiten, einholen, nacharbeiten, nachziehen •s. lohnen, s. rentieren •vorbringen, vorschlagen •einfahren, ernten, pflücken
2027 Einbruch
Einschnitt, Neubeginn •Einsturz, Zusammensturz •Aneignung, Diebstahl, Wegnahme
2028 eindämmen
abschwächen, aufhalten, bändigen, mäßigen, zähmen, zudämmen
2029 Eindämmung
Abdämmung, Aufschüttung, Damm, Deich, Erdwall
2030 eindecken
decken, schmücken •bedachen, bedecken
2031 eindecken (s.)
anschaffen, einheimsen, einspeichern, erstehen •kaufen, s. versorgen
2032 eindrängen (s.)
s. einnisten, s. einschmeicheln, s. hineindrängen, s. niederlassen
2033 eindringen
belästigen, s. einmengen, stören •s. eindrängen, s. niederlassen •einmarschieren, einrücken •einbrechen, einsteigen
2034 eindringlich
betont, dringend, eindeutig, entschieden, ernstlich, nachdrücklich, ultimativ, unmissverständlich, unzweifelhaft
2035 Eindruck
Einprägung, Spur •Empfindung, Gefühl, Impression, Sinneseindruck, Sinneswahrnehmung, Wahrnehmung •Anschein, Schein •Einblick, Einsicht
2036 eindrücken
stampfen, zerdrücken, zerquetschen, breit drücken •einbeulen, eindellen, verbeulen •einprägen, einpressen, einstanzen
2037 Einebnung
Abtragung, Glättung, Nivellierung, Planierung
2038 Einengung
Begrenzung, Beschränkung, Einschränkung, Restriktion •Beengtheit, Platzmangel, Raumknappheit
2039 einerlei
alltäglich, üblich •dasselbe, ebendas •egal, gleichgültig, wurstig
2040 einfach
eben, einmal •anspruchslos, bescheiden, genügsam, kunstlos, prunklos, schlicht, schmucklos, unauffällig, unscheinbar •ungebildet, unqualifiziert •gesund, kalorienarm •harmlos, leichtgläubig, unkritisch •glatt, kunstlos, natürlich, schlicht, schmucklos •babyleicht, bequem, kinderleicht, mühelos, problemlos, simpel, spielend, unkompliziert, unproblematisch •abgeschmackt, abwechslungslos, alltäglich, altbekannt, apathisch, bieder, desinteressiert, eindruckslos, einfallslos, einförmig, einschläfernd, eintönig, ermüdend, fad, fade, gleichförmig, hausbacken, inaktiv, interesselos, langweilig, monoton, öde, reizlos, sterbenslangweilig, stinklangweilig, stumpfsinnig, teilnahmslos, trist, trocken, trostlos, üblich, unbewegt, uninteressant, unlebendig, unoriginell, wirkungslos, witzlos, fantasielos [phantasielos], grau in grau, ohne Reiz •nüchtern, poesielos, prosaisch, sachlich •bäuerlich, kleinstädtisch, ländlich, provinziell •anspruchslos, einfältig, schlicht, unbedarft •genügsam, haushälte-

risch, sparsam, zurückhaltend •anschaulich, deutlich, durchschaubar, klar, konkret, lebensnah, verständlich

2041 Einfachheit
Anspruchslosigkeit, Genügsamkeit, Geradlinigkeit, Natürlichkeit •Kritiklosigkeit, Urteilslosigkeit •Arglosigkeit, Gutgläubigkeit, Harmlosigkeit, Leichtgläubigkeit •Natürlichkeit, Naturverbundenheit •Klarheit, Übersichtlichkeit, Unkompliziertheit, Verständlichkeit •Abstinenz, Anspruchslosigkeit, Bedürfnislosigkeit, Bescheidenheit, Enthaltung, Genügsamkeit, Sparsamkeit, Zufriedenheit •Demut, Ergebenheit, Gefügigkeit

2042 einfahren
einbringen, heimbringen •einordnen, hineinfahren

2043 Einfahrt
Einfahrtstor, Eingangstür •Auffahrt, Aufgang, Einfahrtsweg, Hauseinfahrt, Portal, Rampe, Zufahrt, Zugang

2044 Einfall
Anwandlung, Laune, Schrulle •Eingebung, Gedanke, Idee

2045 einfallen
einstürzen, zusammenbrechen •altern, zusammenfallen •anfangen, beginnen, mitsingen •aufblitzen, s. erinnern •besetzen, eindringen, einmarschieren, erobern

2046 Einfalt
Arglosigkeit, Einfältigkeit, Gutgläubigkeit, Harmlosigkeit, Kritiklosigkeit, Leichtgläubigkeit, Naivität, Treuherzigkeit, Vertrauensseligkeit, Zutraulichkeit •Demut, Redlichkeit, Schlichtheit

2047 einfältig
arglos, beschränkt, gutgläubig, harmlos, leichtgläubig, offen, offenherzig, treuherzig •schwerfällig, ungeschickt, unvernünftig •demütig, redlich, schlicht

2048 einfangen
einkerkern, einschließen, fesseln •auffangen, sammeln •ergreifen, fangen, haschen

2049 einfarbig
einheitlich, eintönig, monochrom, unifarben

2050 einfinden (s.)
ankommen, besuchen, s. einstellen, erscheinen, s. nähern

2051 Einfluss
Beeinflussung, Einflussnahme, Einwirkung, Überredung •Geltung, Gewicht, Macht

2052 einflussreich
angesehen, mächtig, maßgebend, vermögend, wichtig, wirksam

2053 einfügen
einarbeiten, einbauen, einblenden, einpassen, einrücken, einschalten, einschieben, einstreuen, integrieren, zwischenschieben

2054 Einfügung
Eingliederung, Einordnung, Zuordnung •Einlage, Einschiebung, Einschub

2055 einfühlen (s.)
s. einleben, s. hineindenken, s. hineinversetzen

2056 einführen
anbieten, vorstellen •hineinschieben, hineinstecken •anleiten, einarbeiten, einweisen, unterweisen •importieren

2057 Einführung
Einleitung, Erläuterung, Vorbemerkung, Vorwort •Vorstellung •Anleitung, Anweisung, Einarbeitung, Einweisung, Unterweisung

2058 Eingang
Aufnahme, Empfang •Eingangstür, Hauseingang, Schwelle, Tor, Toreinfahrt, Tür, Türschwelle •Ankunft, Einlieferung, Posteingang

2059 Eingangshalle
Foyer, Hotelhalle, Vorhalle, Vorzimmer, Wandelgang, Wandelhalle

2060 eingeben
einflößen, einfüllen, eingießen •einflüstern, einreden, suggerieren •beantragen, vorlegen

2061 eingebildet
angenommen, anscheinend, ausgedacht, erfunden, ersonnen, fiktiv, fragwürdig, gedacht, gedanklich, ideell, illusionär, illusorisch, imaginär, irreal, scheinbar, täuschend, trügerisch, unwirklich, utopisch, vorgestellt, wirklich, fantasiert [phantasiert], fantastisch [phantastisch] •anmaßend, arrogant, aufgeblasen, dünkelhaft, eitel, gnädig, großspurig, herablassend, hochmütig, hochnäsig, hoffärtig, selbstbewusst, selbstgefällig, selbstgerecht, selbstherrlich, selbstsicher, selbstüberzeugt, snobistisch, stolz, süffisant, überheblich, vermessen, wichtigtuerisch

2062 eingehen
einlaufen, zusammenschrumpfen •abblühen, absterben, dorren, verdorren, vergilben, verkümmern, vertrocknen, verwelken •heimgehen, hinscheiden, verscheiden

2063 eingeschränkt
behindert, gehandikapt •bedürfnislos, einfach, genügsam

2064 eingeübt
geprobt, geübt, vorbereitet

2065 eingewöhnen (s.)
s. anpassen, s. einleben, s. einordnen, s. unterordnen

2066 Eingewöhnung
Annäherung, Einklang, Einordnung, Gewöhnung, Harmonisierung

2067 eingliedern (s.)
s. angleichen, s. anpassen, s. einfügen, s. eingliedern, s. einleben, s. einordnen, s. einpassen, s. richten, s. unterordnen

2068 Eingliederung
Einordnung, Integration

2069 eingraben
einpflanzen, einsetzen •untergraben, vergraben, versenken •beerdigen, begraben, beisetzen •eingravieren, einkerben, einkratzen, einritzen, einstanzen, gravieren, punzen

2070 eingraben (s.)
s. einschanzen, s. schützen, s. verschanzen

2071 eingreifen
dazwischenfahren, dazwischentreten, s. einmengen, s. einmischen, s. einschalten •s. beteiligen, mitarbeiten, mitmachen, mitmischen, mitwirken

2072 Eingriff
Einmengung, Einmischung, Hineinreden, Intervention •Einschnitt, Operation, Schnitt

2073 einhalten
befriedigen, einlösen •beharren, festhalten •ausruhen, aussetzen, innehalten, pausieren •beachten, befolgen, nachkommen •aufhören, beendigen

2074 einhandeln (s.)
s. anstecken, s. infizieren, s. zuziehen

2075 einheimisch
alteingesessen, ansässig, bodenständig, eingeboren, eingebürgert, eingesessen, ortsansässig •heimisch, hiesig, inländisch

2076 Einheit
Einheitlichkeit, Ganzheit, Gesamtheit, Geschlossenheit, Totalität, Unteilbarkeit, Vollständigkeit •Kapitel, Unit •Maß, Maßeinheit •Abteilung, Bataillon, Heeresverband, Kolonne, Kommando, Mannschaft, Pulk, Schar, Truppe, Truppeneinheit, Truppenteil, Verband •Führung, Führungsstamm, Kader, Kern, Kerngruppe, Kreis

2077 einheitlich
einig, zusammenhängend •gleich, übereinstimmend, zusammenfallend

2078 einholen
einfangen, erhaschen •aufholen, nachziehen •erreichen, gleichziehen •einkaufen, erstehen

2079 einig
handelseinig, übereingekommen •gemeinschaftlich, geschlossen, vereint •einheitlich, einmütig, einträchtig, übereinstimmend, gleichgestimmt •geeint, vereinigt

2080 einigen
aussöhnen, beilegen, bereinigen, schlichten

2081 einigen (s.)
abmachen, s. aussöhnen, beipflichten, übereinkommen, s. vergleichen, s. versöhnen, s. verständigen, s. vertragen

2082 einigermaßen
annähernd, beinahe, fast, passabel, praktisch, ungefähr, ziemlich, zirka

2083 Einigung
Ausgleich, Aussöhnung, Beilegung, Schlichtung, Übereinkommen, Übereinkunft, Vereinbarung, Versöhnung, Verständigung •Abkommen, Abmachung, Einvernehmen, Vereinbarung

2084 Einkehr
Erholungspause, Verschnaufpause •Meditation, Sammlung, Selbstbesinnung, Selbsterkenntnis

2085 einkehren
absteigen, pausieren, rasten, unterbrechen

2086 Einkesselung
Einkreisung, Einschließung, Einschluss, Einzingelung, Umklammerung, Umschließung, Umzingelung

2087 Einklang
Einigkeit, Einmütigkeit, Eintracht, Gleichgesinntheit, Gleichklang, Harmonie, Verbundenheit, Zusammenhalt

2088 einklopfen
durchtreiben, einschlagen, eintreiben, hineinschlagen

2089 einkreisen
einschließen, umgrenzen, umzingeln •umranden, umzirkeln

2090 Einkreisung
Einkesselung, Einschluss, Einzingelung, Kessel, Umzingelung

2091 Einkünfte
Einkommen, Einnahmen •Altersversorgung, Pension, Rente •Bezüge, Lohn

2092 einladen
auffordern, laden, vorladen •bestellen, herbitten •freihalten, spendieren

2093 einladend
gastfreundlich, verlockend •appetitanregend, appetitlich, vorzüglich, würzig

2094 Einladung
Besuch, Empfang, Festlichkeit, Geselligkeit •Einladungskarte, Einladungsschreiben

2095 Einlage
Einsatz, Kapital •Füllmasse, Füllung •Einfügung, Einschluss, Zwischenstück •Einsatz, Pfand •Fußstütze, Schuheinlage •Aktie, Geldanlage, Teilhaberpapier

2096 einlassen
hineinlassen, öffnen •einfüllen, füllen

2097 einlassen (s.)
einmischen, helfen •mitarbeiten, mithalten, mitmachen, teilnehmen

2098 Einlauf
Darmspülung, Klistier •Ankunft, Ziel, Zugang

2099 einlaufen
eingehen, schrumpfen, zusammenschnurren •s. füllen •eintreffen, nahen

2100 einlegen
einfügen, einschieben •frisieren, wellen •einpökeln, konservieren, marinieren •hineinbringen, hineinlegen

2101 einleiten
anbahnen, anknüpfen, anstoßen, vorbereiten •beginnen, eröffnen •veranlassen

2102 Einleitung
Ansage, Vorspann •Einführung, Vorbemerkung •Eröffnungsstück, Introduktion, Ouvertüre, Präludium, Vorspiel •Einführung, Prolog, Vorrede, Vorspiel •Geleitwort, Vorrede, Vorwort

2103 einlenken
abbiegen, einbiegen •s. beugen, s. fügen, s. unterwerfen •hinführen, hinlotsen

2104 einleuchtend
anschaulich, begreiflich, einsichtig, glaubhaft, handfest, unmissverständlich, unzweideutig

2105 einliefern
einquartieren, hinbringen •abliefern, hinbringen, hinschaffen

2106 Einlieferung
Einweisung, Übersendung, Überstellung, Überweisung •Abgabe, Ablieferung

2107 einlogieren
behausen, beherbergen, einmieten, unterbringen

2108 einlösen
ausführen, entsprechen, erfüllen •tilgen, zurückkaufen

2109 einmal
dereinst, einst •irgendeinmal, irgendwann •damals, ehemals, einst, früher, vormals •künftig, nächstens •einfach, halt

2110 Einmarsch
Ankunft, Einzug •Aggression, Angriff, Anschlag, Anschluss, Ansturm, Attacke, Besetzung, Eindringen, Einfall, Erstürmung, Invasion, Kampagne, Offensive, Überfall, Übergriff, Überrumpelung, Vormarsch, Vorstoß

2111 einmarschieren
besetzen, eindringen, einrücken, intervenieren, überfallen •eindringen, einfallen

2112 einmengen (s.)
bereinigen, dazwischentreten, durchgreifen, eingreifen, s. einmischen, s. einschalten

2113 einmieten
einlogieren, einquartieren, einziehen •einkellern, einlagern, einwintern

2114 Einnahme
Aneignung, Bemächtigung, Besetzung, Eroberung, Unterwerfung •Ausbeute, Erlös, Ertrag, Reinerlös •Einkommen, Lohn

2115 einnebeln
einhüllen, tarnen •bespritzen, bewölken

2116 einnehmen
besetzen •aneignen, beschlagnahmen, bestürmen, erobern, unterwerfen •erarbeiten, kassieren, umsetzen, verdienen •essen, schlucken, trinken •ausüben, bekleiden, innehaben

2117 Einöde
Abgeschiedenheit, Einsamkeit, Leere •Steppe, Wildnis, Wüste

2118 einordnen
einfügen, eingliedern, einstellen, zuordnen

2119 einordnen (s.)
s. angleichen, s. einfügen, s. einleben, s. fügen, s. richten, s. unterordnen

2120 Einordnung
Einfügung, Eingliederung, Einreihung, Gliederung, Zuordnung •Anpassung, Integration, Unterordnung
2121 einpacken
abpacken, einwickeln, verpacken •verpacken, verstauen, wegpacken, zusammenpacken
2122 einpassen
einbauen, einfügen
2123 einpflanzen
einsetzen, implantieren, transplantieren, wechseln •setzen, umpflanzen
2124 einprägen
eindrücken, eingravieren, einstanzen, prägen •beibringen, lehren, unterrichten
2125 einpuppen (s.)
s. einspinnen, s. verpuppen •s. absondern, s. verschanzen
2126 Einquartierung
Einlieferung, Einweisung •Besetzung, Okkupation
2127 einreden (s.)
s. einbilden, s. vorgaukeln, s. vormachen, s. vorspiegeln, s. zusammenreimen
2128 einreichen
abgeben, beantragen, übergeben, vorlegen
2129 Einreise
Einwanderung, Immigration, Vereinigung, Zulauf, Zuwanderung, Zuzug
2130 einreisen
einwandern, immigrieren, zuwandern, zuziehen
2131 einreißen
abbrechen, abreißen, abtragen, niederreißen, zerstören •einschleichen, überhand nehmen
2132 einrenken
beilegen, schlichten, vermitteln •einkugeln, einrichten
2133 einrichten
ausstatten, möblieren •arrangieren
2134 einrichten (s.)
s. begnügen, s. bescheiden, s. beschränken, s. einengen
2135 Einrichtung
Anstalt, Institut •Ausgestaltung, Ausstattung, Hausrat, Inventar, Möbel, Mobiliar, Wohnungseinrichtung •Apparatur
2136 einrollen (s.)
s. einwickeln, s. zusammenkauern, s. zusammenrollen
2137 einrücken
angreifen, eindringen, einmarschieren •einziehen, verschieben, versetzen
2138 einsam
abseits, entlegen, fern, menschenleer, unwirtlich, verlassen •wenig befahren •abgekapselt, abgeschieden, abgeschlossen, abgesondert, abgetrennt, allein, beziehungslos, einsiedlerisch, einzeln, introvertiert, isoliert, kontaktarm, kontaktlos, schweigsam, separat, unzugänglich, verbindungslos, vereinsamt, verlassen, verschwiegen, verwaist, weltabgewandt, zurückgezogen •idealistisch, lebensfremd, verträumt, weltabgewandt, weltfremd, wirklichkeitsfern •ausgestoßen, geächtet, isoliert, rechtlos, verbannt, verfemt, vogelfrei
2139 Einsatz
Anstrengung, Aufopferung, Eifer, Engagement •Anfang, Auftakt, Beginn •Aufwendung, Ausgabe, Begleichung, Einlage, Finanzierung, Investition, Kapitalanlage •Aufgebot, Aufwand, Aufwendung •Anwendung, Verwendung •Ertrag, Nutzen
2140 einsatzbereit
benutzbar, betriebsbereit, gebrauchsfertig •aufgerüstet, verteidigungsbereit

2141 einschalten
andrehen, anknipsen, anmachen, anschalten •einschieben, ergänzen, hineinschieben
2142 einschalten (s.)
s. einmengen, s. einmischen
2143 einschärfen
einprägen, ermahnen
2144 einschätzen
begutachten, beurteilen, taxieren, urteilen, zensieren •kalkulieren, veranschlagen
2145 einschirren
anschirren, anspannen, einspannen
2146 einschlafen
einnicken, einschlummern •abbrechen, einschlummern, nachlassen, versiegen •dahinscheiden, entschlafen, verscheiden
2147 einschläfern
betäuben, narkotisieren •beruhigen, beschwichtigen, einwiegen •töten
2148 Einschlag
Bresche, Kahlschlag •Umschlag, Verpackung •Färbung, Neigung, Tendenz •Einschuss, Einschussloch
2149 einschlagen
auslichten, roden •beschädigen, demolieren, entzweischlagen, zerschlagen, zerstören, zertrümmern •einpacken, einrollen, einwickeln, verpacken •einklopfen, einrammen, einstoßen, eintreiben
2150 einschleichen
auftauchen, einbrechen, einstellen •einreißen, überhand nehmen
2151 einschleusen
einschmuggeln, hineinschaffen •durchsetzen, unterwandern
2152 einschließen
einbeziehen, einkalkulieren, umfassen •aufbewahren, aufheben, einlagern, einlegen, einmotten, einpacken, forträumen, sicherstellen, verwahren, weglegen, wegpacken •belagern, einkesseln, einkreisen, umkreisen •einbuchten, einbunkern, eingittern, einkassieren, einlochen, einriegeln, einsperren, inhaftieren, verhaften
2153 einschließen (s.)
s. abkapseln, s. isolieren, s. zurückziehen
2154 einschließlich
dabei, dazu, einbegriffen, einbezogen, eingerechnet, eingeschlossen, implizit, inbegriffen, inklusive, mitenthalten, mitgemeint, mitgerechnet, plus, umfassend, zugehörig
2155 Einschluss
Einfügung, Einschaltung, Einschub, Zugabe, Zwischenstück •Einkesselung, Einkreisung, Einschließung, Umklammerung, Umzingelung
2156 einschmeicheln (s.)
s. anbiedern, betteln, einwickeln, flattieren, hofieren, kokettieren, kriechen, schmeicheln, schönreden, schöntun, umschmeicheln, werben
2157 Einschnitt
Bresche, Durchbruch, Enge, Stollen •Einkerbung, Schnitt, Spalt •Pause, Zäsur •Schnittöffnung, Schnittverletzung, Schnittwunde
2158 Einschränkung
Auflage, Nebenbedingung, Vorbehalt •Abstinenz, Armut •Abstrich, Begrenzung, Beschneidung, Beschränkung, Einsparung, Kürzung, Minderung, Schmälerung, Sparpaket, Streichung, Verringerung
2159 einschreiben
immatrikulieren •eintragen, einzeichnen, registrieren, verbuchen, verzeichnen
2160 einschreiten
dazwischentreten, durchgreifen, eingreifen, s. einmengen, s. einmischen, schlichten, vermitteln, versöhnen
2161 Einschulung
Schulaufnahme, Schuleinschreibung

2162 einsehen
auffassen, verstehen •hineinblicken, hineinsehen, nachsehen
2163 einseifen
abseifen, abwaschen, duschen, reinigen, s. säubern, seifen, waschen, reinmachen, sauber machen •blenden, bluffen
2164 einseitig
engherzig, entstellt, festgefahren, parteiisch, schief, unsachlich, voreingenommen, vorurteilsvoll •unerfüllt, unerwidert •eindimensional, eingleisig
2165 einsetzen
anfangen, intonieren, starten •einbauen, einfügen, einpassen, hineinbauen, installieren, montieren •berufen, bestallen, einstellen, ernennen •anwenden, benutzen, nutzen, verwerten •einpflanzen, implantieren, pflanzen
2166 einsetzen (s.)
s. bemühen, s. dahinter setzen, s. engagieren
2167 Einsicht
Besinnung, Klarsicht, Vernunft, Verstand, Verständnis, Wirklichkeitssinn •Beschlagenheit, Erfahrung, Erkenntnis, Klugheit, Lebenserfahrung, Menschenkenntnis, Reife, Routine, Überblick, Überlegenheit, Weitblick, Weltkenntnis •Einblick, Eindruck, Kenntnis •Erfahrung, Erkenntnis, Erleuchtung
2168 einsichtig
einleuchtend, erklärlich, fasslich, glaubhaft, stichhaltig, treffend, unzweideutig •aufgeschlossen, weitherzig •besonnen, klug, überlegt, vernünftig, verständnisvoll
2169 Einsiedelei
Eremitage, Eremitei, Klause, Zelle
2170 einsinken
s. senken, untersinken, zusammensacken •versacken
2171 einspannen
beschäftigen, hinzuziehen •anschirren, anspannen, aufzäumen •einziehen, festspannen
2172 Einsparung
Einschränkung, Rationierung, Sparsamkeit
2173 einspritzen
befeuchten, bespritzen, einsprengen •einimpfen, injizieren
2174 Einspruch
Einwand, Entkräftigung, Gegenargument •Ablehnung, Beanstandung, Beschwerde, Einwand, Einwurf, Entgegnung, Gegenmeinung, Kontra, Missbilligung, Protest, Reklamation, Veto, Widerspruch
2175 einstampfen
feststampfen, festtreten •makulieren •einpressen, einstanzen
2176 einstecken
siegen, überbieten, überholen, überrunden, übertrumpfen •aufgeben, einwerfen •akzeptieren, erdulden, hinnehmen, schlucken •hineinstecken, mitnehmen •einkassieren, stehlen
2177 Einsteckmodul
Erweiterungsplatine, Steckmodul
2178 einsteigen
aufspringen •betreten, hineinsteigen •s. beteiligen, investieren, mitmachen •einbrechen, eindringen
2179 einstellen
anheuern, anstellen, anwerben, beschäftigen, bestallen, betrauen, chartern, dingen, einschalten, einsetzen, engagieren, verpflichten •einrichten, justieren, regulieren •aufbewahren, hineinstellen, unterstellen •abbrechen, aufhören, beenden, innehalten
2180 einstellen (s.)
s. vorbereiten, s. wappnen •s. einfinden, erscheinen •s. abspielen, s. ereignen, geschehen, passieren, s. zutragen

2181 Einstellung
Eichung, Einrichtung, Justierung, Regulierung •Setup •Dienstantritt, Einsetzung, Ernennung •Anschauung, Anschauungsweise, Ansicht, Auffassung, Dafürhalten, Denkart, Denkweise, Gedanken, Gesinnung, Ideologie, Lebensanschauung, Lebenseinstellung, Meinung, Philosophie, Sinnesart, Standpunkt, Überzeugung, Verhalten, Weltanschauung •Abgewöhnung, Abschaffung, Aufhebung, Beendigung, Beseitigung

2182 einstimmen
einstellen, regulieren, stimmen •anstimmen, singen

2183 einstimmig
abgemacht, absolut, einheitlich, einhellig, einig, einmütig, geschlossen, konform, unwidersprochen, vereint •gleichstimmig, unisono, homofon [homophon]

2184 einstreichen
einziehen, erhalten, gewinnen, kassieren

2185 einstudieren
durchproben, einüben, proben, üben •lernen, studieren

2186 einstudiert
gelernt, geübt, vorbereitet •gekünstelt

2187 einstufen
aufgliedern, aufteilen, einordnen, ordnen, staffeln, untergliedern, unterteilen

2188 Einsturz
Einbruch, Sturz, Umsturz, Zerfall, Zusammensturz

2189 einstürzen
einbrechen, umstürzen, zusammenfallen, zusammenstürzen

2190 einstweilig
aushilfsweise, probeweise •einstweilen, inzwischen, vorderhand, vorerst, vorläufig, zeitweilig, zunächst

2191 eintauchen
anfeuchten, nassmachen •eintunken, stippen, tunken •hinuntertauchen, untertauchen

2192 eintauschen
einhandeln, einwechseln, erwerben

2193 einteilen
aufteilen, bemessen, dosieren, rationieren, zumessen, zusprechen •aufgliedern, aufteilen, einordnen, gliedern, ordnen, untergliedern, unterteilen, zerlegen

2194 Einteilung
Aufteilung, Dosierung, Einsparung, Rationierung, Zuteilung, Zuweisung •Aufbau, Durchorganisation, Gliederung, Struktur, Strukturplan •Berechnung, Disposition, Planung •Aufgliederung, Aufschlüsselung, Aufteilung, Gliederung, Gruppierung

2195 eintönig
einförmig, gleichförmig, trist

2196 Eintracht
Brüderlichkeit, Einigkeit, Einstimmung, Freundschaft, Frieden, Gemeinschaft, Gleichgesinntheit, Gleichklang, Kameradschaft, Übereinstimmung, Verbrüderung

2197 einträchtig
brüderlich, einheitlich, einhellig, einmütig, einstimmig, übereinstimmend, unzertrennlich, vereint, gleichgesinnt, gleichgestimmt •einig, gemeinsam, vereint

2198 Eintrag
Ordnungsmaßnahme, Verweis •Bemerkung, Buchung, Eintragung, Notiz, Vermerk

2199 eintragen
abwerfen, einbringen, erbringen, erzielen •einschreiben, verbuchen, verzeichnen

2200 eintragen (s.)
s. anmelden, s. einschreiben, immatrikulieren

2201 eintreffen
s. bestätigen, s. bewahrheiten, eintreten, stimmen, zutreffen •anrücken, aufkreuzen, auftauchen, s. einfinden, einlaufen, erscheinen, kommen

2202 eintreiben
einschlagen, hineinklopfen, hineinstoßen •einfordern, einkassieren, einmahnen, erheben

2203 Eintreibung
Einkassierung, Einziehung, Erhebung, Inkasso

2204 eintreten
beschädigen, zerschlagen •s. abspielen, s. bewahrheiten, s. ereignen, geschehen, kommen, s. zutragen •teilhaben •betreten, hereinkommen, hineingehen

2205 Eintritt
Eintrittsgeld, Eintrittspreis •Beitreten, Beitritt •Eingang, Entree •Anbruch, Auftakt, Eröffnung •Eingang, Einlass, Zutritt

2206 eintrocknen
versiegen •einfallen, einschrumpfen, schrumpfen, verkümmern, zusammengehen •ausdorren, austrocknen, verdorren

2207 eintrüben (s.)
s. bedecken, s. bewölken, s. verdunkeln, s. verdüstern, s. zuziehen

2208 einüben
einstudieren, proben, üben

2209 Einvernehmen
Einigkeit, Einklang, Einmütigkeit, Eintracht, Frieden, Gleichklang, Harmonie

2210 einvernehmlich
friedlich, gütlich

2211 einverstanden
billigen, einwilligen, zusagen, zustimmen •abgemacht, okay

2212 Einverständnis
Beifall, Billigung, Einwilligung, Genehmigung, Gewährung

2213 Einwanderer
Kolonist, Siedler •Immigrant

2214 einwandern
einreisen, immigrieren, siedeln, zuwandern, zuziehen

2215 einwandfrei
genießbar •ausgereift, fehlerfrei, fehlerlos, korrekt, makellos, mustergültig, perfekt, tadellos, tipptopp, unangreifbar, untadelig, vollendet, vollkommen •druckreif

2216 einweichen
durchfeuchten, durchnässen, einfeuchten, eintauchen, nässen •weich machen

2217 einweihen
s. anvertrauen, informieren, unterrichten •einsegnen, eröffnen, taufen, weihen

2218 einweisen
führen, leiten, lenken, lotsen •einliefern, einquartieren, überweisen •anleiten, anlernen, einführen, lehren, schulen, unterweisen

2219 Einweisung
Einlieferung, Einquartierung, Überweisung •Anleitung, Einarbeitung, Einführung, Unterweisung

2220 einwerfen
dazwischenrufen, dazwischenwerfen •zerschlagen, zerstören •einstecken, hineinwerfen

2221 einwickeln
bereden, erweichen, herumbekommen •blenden, foppen, hereinlegen, überlisten, verschaukeln •einpacken, einrollen, einschlagen, verpacken, zubinden

2222 Einwurf
Briefeinwurf, Briefkasten •Ausruf, Bemerkung, Zwischenruf •Ballabgabe •Beschwerde, Einspruch, Einwand, Entgegnung, Gegenargument, Gegenstimme, Klage, Protest, Reklamation, Veto, Widerspruch, Zweifel

2223 Einzäunung
Abzäunung, Einfriedung, Eingrenzung, Pferch, Umfassung, Umgrenzung, Umzäunung

2224 Einzelgänger
Anachoret, Einsiedler, Eremit, Klosterbruder •Außenseiter, Außenstehender, Eigenbrötler, Entrechteter, Exzentriker, Geächteter, Hagestolz, Individualist, Kauz, Menschenfeind, Nonkonformist, Original, Quertreiber, Sonderling, Störenfried, Unikum, Verfemter, Wunderling •Außenseiter, Ausgestoßener, Ausgewiesener, Deportierter, Desperado, Entrechteter, Geächteter, Outcast, Outsider, Paria, Verbannter, Verfemter •Junggeselle, allein Stehender [Alleinstehender]

2225 Einzelheit
Einzelstück, Teilstück •Ausnahme, Ausschnitt, Detail, Feinheit

2226 einzeln
abgesondert, extra, getrennt, isoliert, vereinzelt •detailliert, prägnant

2227 einziehen
einspannen, festspannen •s. niederlassen, wohnen •einatmen, inhalieren •durchstecken, durchziehen, einfädeln •einberufen, mobilisieren •einfordern, einmahnen, eintreiben, kassieren •bergen, einholen, niederholen •eindringen, einrücken •beschlagnahmen, sicherstellen •s. erkundigen, s. informieren

2228 einzig
ausnahmslos, ausschließlich •äußerst, bahnbrechend

2229 Einzug
Ankunft, Einmarsch •Anbeginn, Anfang, Auftakt, Eröffnung

2230 Eis
Eisglätte, Glatteis •Gefrorenes, Speiseeis, Eiscreme [-krem(e)] →Eistorte, Fruchteis, Milcheis, Softeis [Soft Eis] •Eisklumpen, Erstarrung, Vereisung

2231 eisen
abkühlen, einfrosten, gefrieren, tiefgefrieren

2232 Eisen
Falle, Fangeisen, Tellereisen •Bande, Fessel

2233 eisern
beharrlich, charakterfest, geradlinig, hartnäckig, konsequent, nervenstark, rigoros, stahlhart, standhaft, stetig, unbeirrbar, unbeugsam, unerschütterlich, unnachgiebig, willensstark •diktatorisch, konsequent, streng, strikt, unnachsichtig •ehern, stählern

2234 eisig
eiskalt, grausam, unsozial •eiskalt, frostig, winterlich

2235 Eisschrank
Gefrierschrank, Kühlbox, Kühlschrank

2236 eitel
geckenhaft, gefallsüchtig, geziert, kokett, putzsüchtig •lauter, pur •angeberisch, aufgebläht, aufgeblasen, aufschneiderisch, gespreizt, großsprecherisch, großspurig, großtuerisch, hochnäsig, hoffärtig, prahlerisch, protzig, selbstgefällig, überheblich, unbescheiden, wichtigtuerisch •anmaßend, arrogant, dünkelhaft, eingebildet, herablassend, hochmütig, hochnäsig, selbstbewusst, selbstgefällig, selbstüberzogen, stolz, überheblich, vornehm

2237 Eitelkeit
Gefallsucht, Koketterie, Prahlerei, Prunksucht, Putzsucht, Selbstgefälligkeit

2238 Ejakulat
Samenflüssigkeit, Samenzellen, Sperma, Spermium

2239 Ekel
Barbar, Scheusal, Ungeheuer •Abneigung, Abscheu, Überdruss, Unlust, Widerwille •Abscheu, Antipathie, Schauer

2240 Ekel erregend
abstoßend, eklig, widerlich, widerwärtig, Abscheu erregend

2241 ekeln
abstoßen, anekeln, anwidern, verabscheuen, zurückstoßen
2242 ekeln (s.)
s. entsetzen, s. grausen, s. schütteln
2243 Elastizität
Dehnbarkeit, Federkraft, Schnellkraft, Spannkraft
2244 elegant
fein, todschick, vornehm •geschliffen, gewandt, routiniert, weltläufig
2245 Element
Bestandteil, Grundstoff •Hobby, Steckenpferd •Elementarkraft, Naturgewalt
2246 elementar
einfach, unkompliziert •ausschlaggebend, bedeutend, bestimmend, fundamental, grundlegend, maßgeblich •bodenständig, naturhaft, ursprünglich, urwüchsig
2247 elend
abgebrannt, abgerissen, arm, ärmlich, armselig, bedürftig, bejammernswert, besitzlos, bettelarm, erwerbslos, herabgekommen, hilfsbedürftig, hungernd, karg, minderbemittelt, mittellos, notdürftig, spärlich, unbemittelt, unvermögend, unversorgt, verarmt, Not leidend •ausgehungert, geschwächt •erbärmlich, erbarmungswürdig, jämmerlich, schlecht, unpässlich •ehrlos, gemein, niedrig
2248 Elend
Armseligkeit, Bedürftigkeit, Besitzlosigkeit, Entbehrung, Geldnot, Kargheit, Knappheit, Notstand, Verelendung •Bekümmernis, Beschwerlichkeit, Gram, Jammer, Kreuz, Kummer, Last, Leid, Misere, Qual, Schmerz, Seelenschmerz, Sorge, Trauer, Trostlosigkeit, Trübsal, Verdruss, Verzweiflung •Ende, Katastrophe, Ruin, Unheil, Untergang, Verderben, Verhängnis
2249 Elite
Auslese, Establishment, Geldadel, Oberschicht, Schickeria, Society •Auslese, Auswahl, Blüte
2250 Eltern
Elternpaar, Erzeuger, Erziehungsberechtigte →Familienoberhaupt, Haushaltsvorstand, Papa, Papi, Schöpfer, Stammvater, Urheber, Vater, Vati, Mama, Mami, Mutter, Mutti •Pflegeeltern, Stiefeltern, Zieheltern
2251 Emaille
Glanz, Glasur, Guss, Lasur, Schmelz, Überzug
2252 Emanzipation
Feminismus, Frauenbewegung •Chancengleichheit, Gleichberechtigung, Gleichstellung •Loslösung, Selbstbestimmung, Unabhängigkeit
2253 emanzipieren (s.)
s. befreien, s. gleichstellen, s. loslösen
2254 Embryo
Fetus, Fötus, Leibesfrucht
2255 Emigration
Ausland, Exil, Verbannungsort, Zufluchtsort
2256 emigrieren
abwandern, ausreisen, auswandern, flüchten, fortziehen, s. retten, scheiden, übersiedeln, umsiedeln, weggehen, weglaufen, wegziehen
2257 emotional
gefühlsbetont, gefühlsmäßig, gefühlvoll, innerlich, psychisch, seelisch
2258 Empfang
Audienz, Besuch, Einladung, Fest, Gesellschaft, Gespräch •Anmeldebüro, Empfangsbüro, Foyer, Lounge, Vestibül •Begrüßung •Ankunft, Annahme, Erhalt, Überreichung
2259 empfangen
aufnehmen, begrüßen •annehmen, erhalten

2260 Empfänger
Adressat, Briefpartner •Abnehmer, Annehmer •Fernsehapparat, Radioapparat
2261 empfänglich
allergisch, anfällig, disponiert, schwächlich •ansprechbar, aufnahmefähig, zugänglich
2262 Empfängnis
Befruchtung, Begattung, Konzeption
2263 Empfängnisverhütung
Familienplanung, Geburtenkontrolle, Geburtenregelung, Kontrazeption
2264 empfehlen
anraten, anregen, raten, vorschlagen, nahe legen •ankündigen, anpreisen, anraten, werben
2265 empfehlen (s.)
fortgehen, scheiden, s. verabschieden, weggehen
2266 Empfehlung
Empfehlungsschreiben, Referenz •Gruß, Kompliment
2267 empfinden
fühlen, spüren, tasten, verspüren
2268 empfindlich
dünn, schwach •allergisch, anfällig •beseelt, einfühlsam, emotional, empfindsam, fein besaitet, feinfühlig, feinsinnig, gefühlsbetont, gefühlsduselig, gefühlsselig, gefühlvoll, gemütvoll, innerlich, nachtragend, sensibel, sentimental, teilnehmend, tränenreich, überempfindlich, verinnerlicht, verletzbar, zart besaitet, zart fühlend •einschneidend, entscheidend, nachhaltig, spürbar •verweichlicht, wehleidig, zimperlich •genau, kleinlich, penibel, überempfindlich •reizbar, überspannt •verhätschelt, verwöhnt •verletzlich, verwundbar
2269 Empfindsamkeit
Empfindlichkeit, Feinfühligkeit, Gemütstiefe, Sensibilität, Überempfindlichkeit
2270 Empfindung
Emotion, Empfinden, Gefühl, Gefühlsausbruch, Gefühlsäußerung, Gefühlsbewegung, Gefühlserguss, Gemütsbewegung, Stimmung •Reisefieber, Überreizung •Eindruck, Gefühlseindruck, Sinneswahrnehmung •Anteilnahme, Einfühlungsvermögen, Herzlichkeit, Mitgefühl, Rücksicht, Sympathie, Verstehen
2271 emporragen
s. aufbauen, aufragen, s. auftürmen, s. erheben
2272 Ende
Beschluss, Finale, Kehraus •Hinterteil, Schwanz •Abschluss, Ausgang, Ausklang, Beendigung, Finale, Schluss •Ableben, Heimgang, Lebensende, Tod
2273 enden
vollenden, fertig stellen •ausklingen, auslaufen, endigen, versiegen •aufgeben, beendigen
2274 endlich
irdisch, sterblich, vergänglich •abschließend, schließlich, zuletzt
2275 Endlichkeit
Begrenztheit, Flüchtigkeit, Sterblichkeit, Vergänglichkeit, Zeitlichkeit
2276 endlos
andauernd, grenzenlos, uferlos, unbegrenzt, unbeschränkt, unendlich, unzählbar, weit •dauernd, ewig, immer, ununterbrochen
2277 Endpunkt
Bestimmungsort, Ende, Endstation, Ziel •Beendigung, Schlussstein

2278 Energie
Können, Kraft, Lebenskraft, Tatkraft, Triebkraft, Unternehmungsgeist, Unternehmungslust, Willenskraft, Willensstärke •Bestimmtheit, Eindringlichkeit, Emphase •Elektrizität, Strom •Atomenergie, Atomkraft, Kernenergie, Kernkraft

2279 eng
bieder, engstirnig, kleinbürgerlich, spießerhaft •dicht, gedrängt, zusammengepresst •dauerhaft, intensiv, vertraut •enganliegend, hauteng, knalleng, knapp, körpernah •beengt, begrenzt, schmal •beklemmend, dicht, eingeengt, gestaut, verengt

2280 Engagement
Aktivität, Eifer, Einsatz, Mitwirkung, Verpflichtung •Anstellung, Arbeitsplatz, Beruf, Job, Position

2281 engagieren
anstellen, beschäftigen, einstellen

2282 engagieren (s.)
s. bemühen, s. binden, s. einsetzen, s. verwenden

2283 engagiert
aktiv, begeistert, beschäftigt •angestellt, eingestellt, genommen, übernommen

2284 Enge
Beschränktheit, Intoleranz, Kleinlichkeit, Spießertum, Spießigkeit, Voreingenommenheit •Engpass, Hohlweg, Klamm •Beengtheit, Gedrängtheit, Knappheit, Platzmangel, Raummangel •Gedränge, Gewühl •Beengung, Beklemmung

2285 Engel
Cherub, Erzengel, Himmelsbote, Schutzengel, Bote Gottes, himmlische Heerscharen •Befreier, Erlöser, Retter

2286 engherzig
akkurat, ausgeklügelt, beamtenhaft, beschränkt, einseitig, engstirnig, gewissenhaft, intolerant, kleinbürgerlich, kleinkariert, kleinlich, pedantisch, penibel, pingelig, provinziell, schulmeisterlich, spießbürgerlich, spießig, spitzfindig, stumpfsinnig, stupide, übergenau, überspitzt, unbekehrbar, unduldsam, verhaftet, voreingenommen

2287 Engpass
Behinderung, Erschwernis, Erschwerung, Misere, Missstand, Zwangslage •Enge, Hohlweg

2288 Enkel
Enkelkind, Kindeskind •Abkomme, Familienmitglied, Verwandter

2289 enorm
äußerst, sehr •immens, monumental, übergroß, voluminös •auffällig, außergewöhnlich, fabelhaft, groß, hervorragend, sagenhaft, sensationell, ungewöhnlich

2290 entbehren
abgehen, ermangeln, fehlen, vermissen, verzichten •darben, dürsten, verschmachten

2291 Entbehrung
Bedürftigkeit, Beschränkung, Geldnot, Kargheit, Knappheit, Notstand

2292 entbinden
beurlauben, dispensieren, entheben, entpflichten, freistellen, kündigen, loslassen, pensionieren, zwangspensionieren •gebären, niederkommen

2293 Entbindung
Befreiung, Beurlaubung, Dispensierung •Geburt, Niederkunft

2294 entbrennen
s. begeistern, erglühen, s. verlieben •aufflackern, aufflammen, auflodern, entstehen

2295 entdecken
auskundschaften, erforschen, ergründen, herausbekommen •bemerken, erblicken, wahrnehmen

2296 Entdecker
Autor, Bahnbrecher, Begründer, Erbauer, Erfinder, Erschaffer, Schrittmacher, Urheber, Vater

2297 Ente
Enterich, Erpel, Gänsevogel, Wasservogel →Eiderente, Flugente, Gluckente, Löffelente, Mastente, Moorente, Schnatterente, Stockente •Betrug, Erfindung, Falschdarstellung, Falschmeldung, Fehlanzeige, Unwahrheit

2298 entehren
beschmutzen, entweihen, schänden, verunehren •missbrauchen, misshandeln, schänden, vergewaltigen

2299 Enterbung
Aneignung, Ausschluss, Bemächtigung, Wegnahme

2300 entern
aufbringen, erbeuten, kapern

2301 Entertainer
Showmaster, Unterhalter

2302 entfallen
ausfallen, fortfallen •verdrängen, vergessen, verlernen •entgleiten, herunterfallen

2303 entfalten (s.)
s. entwickeln, erwachen, gedeihen

2304 Entfaltung
Aufdeckung, Darlegung, Darstellung, Erläuterung •Entwicklung, Reifezeit, Wachstum

2305 entfernen
abtransportieren, fortschaffen, wegbringen, wegräumen •annullieren, auslöschen, eliminieren •ausklammern, fortlassen, kürzen, sparen, streichen, tilgen, weglassen

2306 entfernen (s.)
s. aufmachen, s. fortbegeben, s. fortmachen, s. wegbegeben

2307 entfernt
abgelegen, abgeschieden, abseits, entlegen, fern, verlassen •fort •fortgeräumt, weggeräumt, weggeschoben

2308 Entfernung
Abstand, Distanz, Ferne, Zwischenraum •Abschaffung, Abstellung, Abtransport, Aufhebung, Behebung, Beseitigung, Tilgung

2309 entflammen
entzücken, fortreißen, mitreißen

2310 entfliehen
s. davonmachen, entlaufen, türmen •ausweichen, scheuen

2311 entfremden
entzweien, verfeinden, auseinander bringen

2312 entfremden (s.)
s. auseinander leben, s. entzweien, s. loslösen, s. trennen, s. überwerfen

2313 entführen
fortbringen, kidnappen, rauben, verschleppen, wegschleppen

2314 Entführer
Kidnapper →Flugzeugentführer, Hijacker, Kindesentführer, Luftpirat, Skyjacker

2315 Entführung
Kidnapping, Kindesentführung, Menschenraub •Flugzeugentführung, Hijacking, Jetnapping, Kidnapping, Luftpiraterie

2316 entgegengesetzt
gegenteilig, umgekehrt, unverträglich, widersinnig

2317 entgegenhalten
dagegenreden, dazwischenrufen, dazwischenwerfen, einwenden, einwerfen, entgegnen, erwidern, widersprechen

2318 entgegenkommen
anbieten, zuvorkommen •s. bequemen •helfen, protegieren

2319 entgegenwirken
behindern, entgegenarbeiten, stören •angreifen, entgegentreten

2320 entgegnen
entgegenhalten, reagieren •antworten, beantworten, dagegenhalten, entgegenhalten, widersprechen

2321 Entgegnung
Einspruch, Einwand, Zurückweisung •Antwort, Erwiderung, Kontra, Reaktion
2322 entgehen
überhören, übersehen •davonkommen, entwischen, vermeiden
2323 entgeistert
bestürzt, betroffen, entsetzt, erschrocken, verdattert, verstört
2324 enthalten
angehören, beinhalten, einschließen, haben, umfassen, umschließen, umspannen
2325 enthalten (s.)
entsagen, unterlassen, s. versagen
2326 enthaltsam
abstinent, entsagend, maßvoll
2327 Enthaltsamkeit
Abstinenz, Enthaltung, Mäßigkeit
2328 entheben
befreien, entbinden, zurückstellen •davonjagen, entthronen, verabschieden
2329 Enthüllung
Einweihung, Eröffnung, Weihe •Aufdeckung, Bekanntmachung, Nachweis
2330 entkräften
entnerven, erschöpfen, schwächen, zehren •entwaffnen, widerlegen
2331 entkräftet
abgekämpft, angegriffen, erschöpft, groggy, urlaubsreif •aufgehoben, hinfällig, widerlegt
2332 Entkräftung
Erschöpfung, Kraftlosigkeit, Ohnmacht •Gegenbeweis, Widerlegung, Widerspruch
2333 entladen
abladen, ausladen, entleeren, löschen
2334 entladen (s.)
rasen, wüten •bersten, detonieren, explodieren, zerspringen
2335 entlang
daneben, hin, hindurch, längs, neben, seitlich, seitwärts
2336 entlarven
aufrollen, entschleiern •aufdecken, finden
2337 entlassen
abberufen, abschieben, abservieren, absetzen, beurlauben, entheben, entmachten, entthronen, fortschicken, hinauswerfen, kündigen, pensionieren, stürzen, suspendieren, verabschieden •freilassen, herauslassen •abgedankt, emeritiert, entpflichtet, pensioniert
2338 Entlassung
Abberufung, Abmeldung, Abschied, Absetzung, Amtsabtretung, Amtsenthebung, Beurlaubung, Dispens, Dispensation, Entmachtung, Exmatrikulation, Kündigung, Pensionierung, Rückberufung, Ruhestandsversetzung, Suspendierung, Verabschiedung, Zwangsbeurlaubung, Zwangspensionierung
2339 Entlastung
Ehrenerklärung, Ehrenrettung, Rehabilitation •Entschuldigung, Rechtfertigung •Freigabe
2340 entlaufen
verschwunden, weg •ausbrechen, entfliehen, entrinnen, flüchten
2341 entledigen (s.)
s. ausziehen, s. befreien, s. frei machen •abschieben, abwälzen, aufbürden, aufladen
2342 Entleerung
Ausleerung, Entladung, Leerung •Darmentleerung, Stuhlgang
2343 Entlüftung
Belüftung, Klimaanlage, Luftschacht, Lüftung
2344 entmachten
abbauen, absetzen, entheben, entthronen
2345 Entmachtung
Abberufung, Ablösung, Amtsenthebung, Enthebung, Rückberufung

2346 entmannen
kastrieren, verschneiden, zeugungsunfähig machen, unfruchtbar machen

2347 entnehmen
ersehen, folgern, herauslesen •herausnehmen, wegnehmen

2348 entreißen
entwenden, fortnehmen, rauben •s. aneignen, s. bemächtigen, veruntreuen

2349 entrinnen
davonkommen, entgehen •ausweichen, meiden, scheuen •davonlaufen, entkommen, entwischen, fliehen

2350 entrückt
entzückt, trunken, verzückt •selbstvergessen, träumerisch, versonnen, versunken, vertieft, verträumt

2351 Entscheid
Anordnung, Dekret, Entscheidung, Verfügung, Weisung

2352 entscheiden
bestimmen, festlegen, festsetzen, verfügen •s. herausstellen

2353 entscheiden (s.)
s. entschließen, s. überwinden, wählen

2354 entscheidend
bestimmend, eingreifend, folgenreich, grundlegend, maßgebend, wesenhaft, wesentlich •empfindlich, groß

2355 Entscheidung
Dekret, Ordnung, Verfügung, Weisung •Alternative, Ermessen →Berufsentscheidung, Elfmeterschießen, Entweder-oder, Tiebreak [Tie-Break]

2356 entschieden
anständig, beständig, charakterfest, charaktervoll, treu, unbestechlich •rücksichtslos, tatkräftig, zielbewusst, zielsicher •abgemacht, angenommen, ausgemacht, beschlossen, erledigt, fertig, unterzeichnet, vereinbart

2357 entschließen (s.)
beschließen, s. durchringen, s. entscheiden, s. überwinden

2358 entschlossen
gesonnen, gewillt, willig •ausdauernd, beharrlich, energisch, fest, geradewegs, geradezu, hartnäckig, konsequent, rastlos, resolut, schnurstracks, tatkräftig, unbeirrt, unentwegt, unerbittlich, unermüdlich, unerschütterlich, unverdrossen, verbissen, willensstark, zielbewusst, zielstrebig, zuverlässig

2359 Entschlossenheit
Aufrechterhaltung, Beharrlichkeit, Beibehaltung, Beständigkeit, Bewahrung, Dickköpfigkeit, Dickschädligkeit, Eigensinn, Eigenwille, Entschiedenheit, Entschlusskraft, Fanatismus, Halsstarrigkeit, Konsequenz, Selbstbeherrschung, Selbsterziehung, Standhaftigkeit, Starrheit, Stetigkeit, Sturheit, Tatkraft, Trotz, Unbelehrbarkeit, Unbeugsamkeit, Unermüdlichkeit, Unverdrossenheit, Verbohrtheit, Widerspenstigkeit, Wille, Willenskraft, Willensstärke, Zähigkeit

2360 Entschluss
Abmachung, Entscheidung, Ergebnis •Absicht, Bestreben, Entschlossenheit, Vorhaben, Vorsatz, Wille, Wollen, Wunsch

2361 entschlüsseln
dechiffrieren, dekodieren, entziffern •erforschen, erschließen, herausfinden, verstehen

2362 entschlusslos
energielos, gelangweilt, lahm, schlapp, schwächlich, willensschwach

2363 entschuldigen (s.)
s. entlasten, s. rechtfertigen, s. reinwaschen

2364 Entschuldigung
Ausrede, Ehrenerklärung, Ehrenrettung, Rechtfertigung, Vergebung, Verzeihung

2365 entsetzen
s. ängstigen, s. ekeln, erbleichen, erschrecken, s. fürchten, s. grausen, schlottern

2366 entsetzlich
furchtbar, fürchterlich, schauerlich, schrecklich, unheimlich, Grauen erregend •sehr, überaus

2367 entsinnen (s.)
einfallen, s. erinnern, s. merken, s. wiedererinnern

2368 entsorgen
abwracken, recyclen, verschrotten, verwerten, wieder aufbereiten, wiederverwerten •abschaffen, entfernen, fortschaffen, wegschaffen

2369 entspannen
abmildern, beschwichtigen, entschärfen •ausruhen, ausschlafen, ausspannen, faulenzen, rasten, relaxen, ruhen, stillliegen, verschnaufen, frei machen •entkrampfen, lockern •auflockern, entkrampfen

2370 entspannen (s.)
s. ausruhen, s. erholen •s. legen, s. normalisieren, s. setzen

2371 entspannt
entkrampft, erleichtert, gelöst •formlos, frei, gelöst, leger, ungehemmt, unzeremoniell

2372 Entspannung
Abklingen, Abschwächung, Befreiung, Beruhigung, Entkrampfung, Entschärfung, Milderung •Atempause, Erholung, Urlaub

2373 entsprechen
ähneln, übereinstimmen, gleichkommen

2374 entsprechend
gemäß, laut, nach •betreffend, dazugehörig, diesbezüglich, zusammengehörig •ähnlich, gleich, verwandt •analog, gemäß, konform, passend

2375 entstehen
s. abzeichnen, anbahnen, s. ankündigen, auftauchen, s. ausprägen, s. bilden, s. entspinnen, s. formen, s. herausbilden

2376 Entstehung
Geburt, Herkunft •Anfang, Aufkommen

2377 entstellen
deformieren, entwerten, verunstalten, verunzieren

2378 entstellt
einseitig, falsch, unrichtig, unsachlich, verdreht, verzerrt •hässlich, missgestaltet, verschandelt, verunstaltet, verzerrt

2379 enttäuschen
desillusionieren, entzaubern, ernüchtern, frustrieren •deprimieren, entmutigen, grämen, niederdrücken

2380 Enttäuschung
Desillusion, Desillusionierung, Ernüchterung, Frustration •Bankrott, Ernüchterung, Fehlschlag, Fiasko, Katastrophe, Misserfolg, Missgeschick, Niederlage, Pleite, Reinfall, Rückschlag

2381 Entwaffnung
Abrüstung, Demobilisierung, Entmilitarisierung, Truppenreduzierung, Waffenverringerung

2382 entwässern
abfließen, abrinnen, absickern, abströmen, abtropfen, austrocknen, dränen, dränieren, entsumpfen, kanalisieren, trockenlegen

2383 Entwässerung
Dränage, Dränierung, Dränung, Kanalisation, Trockenlegung

2384 entweichen
durchgehen, entfliehen, entlaufen, entwischen, verschwinden •ausfließen, auslaufen, austreten, herauslaufen

2385 entweihen
besudeln, entheiligen, entwürdigen, schänden

2386 Entweihung
Entheiligung, Entwürdigung, Schändung, Verunreinigung, Zerstörung
2387 Entwendung
Bemächtigung, Dieberei, Diebstahl, Eigentumsdelikt, Plünderung, Raub, Wegnahme
2388 entwerfen
beschreiben, erläutern, schildern •ausarbeiten, s. ausdenken, s. zurechtlegen
2389 entwerten
lochen, stempeln, ungültig machen •herabwürdigen, gering schätzen •abmindern, abwerten
2390 entwickeln
aufzeichnen, schildern, verdeutlichen •ausarbeiten, ausbauen, hervorbringen, konstruieren, planen •anbahnen, entstehen •fortbilden, heranbilden, qualifizieren
2391 entwickeln (s.)
s. entfalten, gedeihen •aufleben, s. erweitern, s. fortsetzen, s. steigern, s. vermehren •aufwachsen, s. entwickeln, heranwachsen
2392 Entwicklung
Evolution, Fortentwicklung, Reifezeit, Wachstum •Entfaltung, Geschichte, Werdegang •Beginn, Entstehung, Wachstum, Werden •Durchführung, Konstruktion, Planung •Richtung, Tendenz, Trend
2393 entwinden
abnehmen, s. aneignen, ausplündern, ausräubern, ausräumen, erbeuten, mitnehmen, stehlen
2394 entwischen
ausbrechen, davonlaufen, entfliehen, entlaufen, flüchten, wegschleichen
2395 entwöhnen
absetzen, abstillen •aberziehen, abgewöhnen, austreiben
2396 Entwöhnung
Abbruch, Abgewöhnung, Einstellung, Entziehung
2397 entwürdigend
entehrend, ruhmlos, schändlich, schmachvoll, unrühmlich, verächtlich, verletzend
2398 Entwurzelung
Heimatlosigkeit, Staatenlosigkeit, Ungeborgenheit, Wurzellosigkeit
2399 entziehen
abschirmen, bewahren •fortnehmen, untersagen, verweigern, vorenthalten
2400 entziehen (s.)
davonlaufen, entrinnen •s. befreien, s. lösen, s. losmachen •ausweichen, s. drücken, entgehen, scheuen, umgehen •s. abkapseln, s. isolieren
2401 Entziehung
Entwöhnung, Entzug •Aneignung, Beraubung, Beschlagnahme, Dieberei, Wegelagerei
2402 entziffern
enträtseln, entwirren, erschließen, übersetzen •buchstabieren, dechiffrieren, dekodieren, entschlüsseln
2403 entzünden (s.)
anschwellen, röten •brennen, s. entfachen
2404 Entzündung
Entflammung, Selbstentzündung •Erkrankung, Rötung
2405 entzweien (s.)
s. entfremden, s. trennen, s. überwerfen, s. zerstreiten
2406 Epik
Erzählkunst, Prosa
2407 Epilog
Nachspiel, Nachwort, Schlusswort
2408 erachten
auslegen, beurteilen, ermessen, erwägen, folgern
2409 erarbeiten
ausarbeiten, entwerfen •aneignen, lernen •erreichen, erwirken, leisten, vollbringen
2410 erbarmen (s.)
bedauern, mitempfinden, mitfühlen, mitleiden

2411 erbärmlich
abgewirtschaftet, herabgekommen, heruntergekommen, ruiniert •arm, bedürftig, verarmt, Not leidend •bedauerlich, jämmerlich, zerreißend

2412 erbarmungslos
barbarisch, brutal, eisig, gefühllos, gefühlskalt, herzlos, lieblos, rücksichtslos, streng, unnachgiebig, unnachsichtig, verroht

2413 erbauen
beglücken, bezaubern, entzücken, entzünden, erfreuen, ergötzen, gefallen, mitreißen •bauen, errichten, erstellen, hoch ziehen

2414 Erbauer
Architekt, Baukünstler, Bauleiter, Baumeister

2415 erbaulich
beschaulich, besinnlich, erhebend •feierlich, getragen

2416 Erbe
Abkomme, Abkömmling, Erbberechtigter, Hinterbliebene, Hinterbliebener, Nachfahr, Nachfolger, Nachkomme, Überlebende, Überlebender •Tradition, Überlieferung •Erbschaft, Erbteil, Errungenschaft, Erwerb, Hinterlassenschaft, Nachlass, Vermächtnis •Andenken, Erbstück, Erinnerungsstück, Familienstück •Tradition, Überlieferung, Weitergabe

2417 erbeben
beben, erschaudern, erschüttern, frösteln, zittern

2418 erben
beerben, bekommen, ererben, erhalten, erlangen

2419 erbeuten
einheimsen, ergattern, erobern

2420 erbitten
anfragen, ansuchen, erbetteln, nachsuchen

2421 Erbitterung
Empörung, Entrüstung, Erregung, Indignation, Unwille, Wut •Bitterkeit, Groll, Missmut, Unbehagen, Unzufriedenheit, Verbitterung

2422 erbleichen
erblassen, s. verfärben •erschrecken, s. fürchten, s. scheuen

2423 erblich
angeboren, angestammt, genetisch, ursprünglich, vererbt

2424 Erblindung
Blendung, Blindheit

2425 erblühen
aufblühen, aufgehen, keimen, knospen, s. öffnen

2426 erbringen
aufbringen, beschaffen, vorlegen •beweisen, nachweisen •abwerfen, s. auszahlen, einbringen

2427 erdacht
angenommen, ausgedacht, erdichtet, erfunden, fingiert, gedacht, hypothetisch

2428 Erdbeben
Beben, Erderschütterung, Erdstoß, Erschütterung →Hauptbeben, Nachbeben, Vorbeben

2429 Erde
Ackerboden, Ackerscholle, Erdboden, Erdreich, Gartenerde, Sedimente •Erdball, Erdglobus, Erdkreis, Erdkugel, Globus, Kugel, Planet, Welt, Weltkugel •Diesseits, Jetzt, Welt

2430 erdrücken
demolieren, drücken, quetschen •totdrücken, totquetschen •belasten, erschlagen, überwältigen

2431 Erdrutsch
Bergrutsch, Bergsturz, Felssturz, Steinlawine •Murbruch, Mure, Murgang, Schlammstrom

2432 ereifern
aufbringen, aufregen, elektrisieren, erhitzen, erregen

2433 ereignen (s.)
s. abspielen, s. begeben, s. einstellen, s. vollziehen, s. zutragen
2434 Ereignis
Angelegenheit, Begebenheit, Eigentümlichkeit, Episode, Geschehen, Sensation, Vorfall, Vorkommnis, Zwischenfall
2435 erfahren
erleben, widerfahren, kennen lernen •beschlagen, bewandert, kundig, lebenserfahren, unterrichtet, weise •ermitteln, herausbekommen, hören
2436 Erfahrung
Einblick, Erkenntnis, Kenntnis, Klugheit, Lebenserfahrung, Menschenkenntnis, Praxis, Verständnis, Weisheit, Weltkenntnis, Wissen, Knowhow [Know-how] •Fertigkeit, Praxis, Routine
2437 erfahrungsgemäß
erprobt, erwiesen, versuchsweise •bekanntermaßen, bekanntlich, erwiesenermaßen, folglich
2438 erfassen
aufgreifen, packen •aufführen, buchen, dazunehmen, registrieren, verzeichnen •einbeziehen, einkalkulieren, einplanen •durchblicken, verstehen
2439 Erfindung
Erdichtung, Fiktion, Lüge, Märchen, Schwindel, Unwahrheit, Verdrehung •Erbauung, Gründung, Schöpfung •Auffindung, Aufspürung, Entdeckung, Erforschung
2440 erflehen
s. ausbitten, erbetteln, erbitten •beten, bitten, erheischen, flehen
2441 Erfolg
Attraktion, Zulauf, Zuspruch •Durchbruch, Effekt, Errungenschaft, Fazit, Fortschritt, Gelingen, Glück, Lohn, Resultat, Sieg, Triumph, Wirksamkeit •Bestseller, Hit, Kassenschlager, Publikumserfolg
2442 erfolgen
s. begeben, s. einstellen, s. ereignen, geschehen, passieren, stattfinden, s. vollziehen, vorfallen, s. zutragen
2443 erfolgreich
erfolggekrönt, sieggekrönt, sieghaft, siegreich •aussichtsreich, begünstigt, preisgekrönt, verheißungsvoll, vielversprechend, vorteilhaft, zukunftsträchtig, Glück bringend
2444 Erfordernis
Anforderung, Bedingung, Bedürfnis, Gebot, Notwendigkeit, Pflicht, Unentbehrlichkeit, Unerlässlichkeit, Voraussetzung
2445 Erforschung
Abenteuerreise, Entdeckungsreise, Expedition, Forschungsreise •Ergründung, Erkundung, Prüfung, Untersuchung
2446 erfreuen
aufheitern, belustigen, erheitern, gefallen, genießen
2447 erfreuen (s.)
s. amüsieren, s. belustigen, s. ergötzen, s. erheitern, genießen, s. vergnügen
2448 erfreulich
angenehm, gut, willkommen •glücklich, günstig, positiv, vorteilhaft
2449 erfrischen (s.)
s. reinigen, s. säubern, s. waschen •s. erholen, s. erquicken, s. stärken
2450 Erfrischung
Abkühlung, Belebung, Erquickung, Kühlung, Labsal, Stärkung, Wohltat →Erfrischungsgetränk, Getränk, Imbiss
2451 erfüllen
eintreffen, eintreten •s. ausbreiten, ausfüllen, s. entfalten •einlösen, entsprechen, erledigen, nachkommen, zufrieden stellen
2452 erfüllen (s.)
s. bestätigen, s. bewahrheiten

2453 Erfüllung
Befriedigung, Zufriedenheit •Ausführung, Durchführung, Vollführung •Beachtung, Einhaltung, Einlösung

2454 erfunden
irreführend, nichtig, unbegründet •angenommen, ausgedacht, erdacht, erdichtet, erlogen, fiktiv, fingiert, gedacht, hypothetisch, vorgetäuscht

2455 ergänzen
abrunden, hinzutun, vervollständigen •anfügen, anreihen, erweitern, hinzufügen, vervollständigen, zusetzen

2456 Ergänzung
Anhang, Beifügung, Beilage, Nachtrag •Auffrischung, Auffüllung, Erweiterung, Nachtrag, Vervollständigung •Anfügung, Anreihung, Anschluss, Fußnote, Hinzufügung, Nachtrag

2457 ergaunern
erlisten, erlügen, erschleichen, erschmeicheln, erschwindeln

2458 ergeben
folgsam, fügsam, gefügig, gehorsam •anhänglich, geduldig, solidarisch, treu •abwerfen, einbringen, erbringen, ertragen •devot, untertänig, unterwürfig

2459 ergeben (s.)
s. abzeichnen, s. herausschälen, resultieren •s. aufgeben, s. beugen, kapitulieren, s. schicken, s. unterwerfen

2460 Ergebnis
Bilanz, Endresultat, Endstand, Ertrag, Fazit, Gewinn, Resultat, Resümee, Schlussergebnis, Summe

2461 Ergiebigkeit
Einträglichkeit, Ertrag, Fruchtbarkeit, Gedeihen, Profit, Reichtum, Segen, Vorteil, Wohlstand

2462 ergießen (s.)
auslaufen, entfließen, entströmen, fluten, strömen

2463 erglühen
entflammen, s. erwärmen •aufblinken, aufblitzen, aufflammen, aufscheinen, erstrahlen •erröten, s. röten

2464 ergraut
alt, bejahrt, betagt, grau, grauhaarig, weißhaarig

2465 ergreifen
anwandeln, befallen, beschleichen, überwältigen •erfassen, packen, zugreifen •aufgreifen, fangen, greifen

2466 ergreifend
berauschend, erregend, faszinierend •erschütternd, rührend

2467 Ergreifung
Arretierung, Festnahme, Gefangennahme, Inhaftierung, Inhaftnahme, Verhaftung

2468 ergriffen
bestürzt, beunruhigt, bewegt, erregt, erschüttert, gepackt, gerührt, ruhelos

2469 erhaben
plastisch, reliefartig •souverän, überlegen, unerreicht •hoch, überragend •ehrwürdig, feierlich, würdig

2470 Erhalt
Erwerb •Abnahme, Entgegennahme •Ernte

2471 erhalten
davontragen, kriegen •bekommen, empfangen, erringen, erzielen •durchbringen, versorgen •aufbewahren, konservieren, präparieren •aufrechterhalten, bewahren, unterhalten •belassen, lassen •pflegen, schonen

2472 Erhalter
Brotherr, Ernährer, Versorger •Gott, Herr, Schöpfer

2473 erhärten
bekräftigen, festigen, stabilisieren, stützen, untermauern •abbinden, abhärten, härten, versteinern

2474 Erhärtung
Verhärtung, Verknorpelung, Versteinerung •Argument, Bekräftigung •Festigung, Gerinnung, Verdichtung

2475 erheben
auftreiben, eintreiben •aufheben, lüften, hoch heben •auszeichnen, befördern •erfreuen, erheitern, stärken, trösten

2476 erheben (s.)
s. aufbäumen, s. auflehnen, s. entgegenstellen, opponieren, revoltieren, s. sträuben, s. wehren, s. widersetzen •s. aufrichten, s. aufsetzen, s. heben

2477 erheblich
beträchtlich, ziemlich •beträchtlich, spektakulär, überraschend, umwerfend

2478 Erhebung
Beförderung •Auflehnung, Empörung, Rebellion, Revolte •Eintreibung, Einziehung •Anhöhe, Berg, Hügel •Demoskopie, Erkundung, Ermittlung, Recherche, Umfrage, Untersuchung

2479 erheitern
amüsieren, aufheitern, aufmuntern, erfreuen

2480 Erheiterung
Ablenkung, Aufheiterung, Belustigung, Freude, Kurzweil, Zerstreuung

2481 erhellen
ableuchten, anstrahlen, ausleuchten, beleuchten •enthüllen, enträtseln, entschleiern, verdeutlichen

2482 Erhellung
Argument, Aufklärung, Beweis, Klarheit •Helle, Helligkeit, Licht

2483 erhitzen
aufheizen, aufwärmen, erwärmen

2484 Erhitzung
Dürre, Erwärmung •Affekt, Entrüstung, Erregung, Überspannung, Wallung

2485 erhoffen (s.)
s. ausrechnen, s. errechnen

2486 erhöhen
anschwellen, s. erweitern, s. steigern •aufbessern, aufwerten, heraufsetzen •auszeichnen, befördern •loben, preisen

2487 erhöhen (s.)
anwachsen, s. ausdehnen, s. verbreiten •s. steigern, zunehmen

2488 Erhöhung
Gehaltserhöhung, Lohnerhöhung •Preisanstieg, Preissteigerung, Teuerung •Aktivierung, Anstieg, Ausbau, Ausweitung, Erweiterung, Intensivierung, Steigerung, Verbesserung, Vergrößerung, Vermehrung, Verstärkung, Vertiefung, Vervielfachung, Wachstum, Weiterentwicklung, Zugang, Zunahme •Aufpreis, Aufschlag, Zuschlag •Anhöhe, Bodenerhebung, Hügel •Podest, Podium

2489 erholen (s.)
aufleben, genesen, gesunden, s. kräftigen, s. restaurieren •abschalten, s. ausruhen, s. entspannen, s. kräftigen, ruhen

2490 Erholung
Atempause, Entspannung, Urlaub •Genesung, Gesundung, Neubelebung •Nickerchen, Schlaf, Schlummer, Siesta

2491 erinnern
anregen, auffordern, auffrischen, gemahnen, mahnen

2492 erinnern (s.)
s. entsinnen, s. merken, s. zurückerinnern

2493 Erinnerung
Andenken, Gedächtnis, Gedenken •Anmahnung, Mahnung •Gedächtnis, Merkfähigkeit •Retrospektive, Rückblende, Rückblick, Rückerinnerung, Rückschau, Überblick, Zurückschau

2494 erkalten
abflauen, enden •abkühlen, erfrieren, erstarren

2495 erkennbar
entzifferbar, kenntlich, lesbar, sichtbar, vernehmbar, wahrnehmbar •erwiesen, feststellbar, wahrnehmbar •absehbar, überschaubar, übersehbar, voraussagbar, voraussehbar, vorauszusehen

2496 erkennen
durchschauen, herausfinden, nachweisen •erblicken, gewahren •feststellen, identifizieren, wiedererkennen

2497 Erkenntnis
Einsicht, Erfahrung •Beschluss, Entscheid, Urteil •Intellekt, Vernunft

2498 Erker
Altan, Anbau, Chörlein, Sims, Überbau, Vorbau, Vorsprung, Wandvorsprung

2499 erklären
aussagen, berichten, gestehen •aufzeigen, auslegen, begründen, deuten, ergründen, erläutern, festlegen, interpretieren, konkretisieren, präzisieren, veranschaulichen, verdeutlichen, klarlegen •erzählen, bekannt geben

2500 Erklärung
Einführung, Einleitung •Ausdeutung, Auslegung, Beurteilung, Darstellung, Definition, Deutung, Erläuterung, Interpretation, Kommentar, Lesart, Sinndeutung, Stellungnahme, Umschreibung, Verdeutlichung, Worterklärung •Postille •Liebeserklärung

2501 erklimmen
erlangen, erzielen •besteigen, ersteigen

2502 erkranken
s. anstecken, fiebern, s. infizieren, leiden •s. erkälten, fiebern, frösteln, s. verkühlen

2503 Erkundigung
Anfrage, Auskunft, Befragung, Bitte, Erforschung, Ergründung, Ermittlung, Feststellung, Frage, Interview, Nachfrage, Rückfrage, Sondierung, Umfrage, Untersuchung

2504 Erlass
Anweisung, Befehl, Order, Satzung, Verordnung, Vorschrift •Dekret, Gesetz

2505 erlauben
bewilligen, genehmigen, gestatten, stattgeben, zubilligen, zulassen •berechtigen, bevollmächtigen

2506 erlauben (s.)
s. beehren, s. herausnehmen

2507 Erlaubnis
Anerkennung, Anrecht, Anspruch, Berechtigung, Bevollmächtigung, Billigkeit, Billigung, Einverständnis, Einwilligung, Ermächtigung, Genehmigung, Gestattung, Handelsvollmacht, Prokura, Rechtmäßigkeit, Vollmacht, Zulassung, Zusage, Zustimmung •Genehmigung, Konzession, Lizenz

2508 erlaubt
berechtigt, bewilligt, freigegeben, genehmigt, gesetzlich, gestattet, legal, ordnungsgemäß, rechtmäßig, statthaft, zugelassen, zulässig

2509 Erläuterung
Darlegung, Erklärung •Einführung, Einleitung, Erklärung

2510 erledigen
abfertigen, ableisten, ausführen, durchführen, erfüllen, vollziehen •ausrotten, ermorden •besiegen, ruinieren, vernichten

2511 erledigt
bankrott, ruiniert •ausgeführt, beendet, fertig •bloßgestellt, geliefert •besiegt, gebrochen, vernichtet •abgehetzt, abgekämpft, abgespannt, angegriffen, ausgelaugt, durchgedreht, entkräftet, entnervt, ermattet, erschlagen, erschöpft, groggy, schwach, überlastet, verbraucht

2512 erleichtern
ausrauben, berauben •abnehmen, entlasten, unterstützen •vereinfachen

2513 erleichtert
befreit, beruhigt, erlöst, froh

2514 Erleichterung
Abhilfe, Entlastung, Vereinfachung •Beruhigung, Entkrampfung, Entspannung

2515 erleiden
aushalten, dulden, erdulden, ertragen, leiden •durchleben, widerfahren, zustoßen

2516 erlernen
s. aneignen, s. anlernen, erwerben, studieren

2517 erlesen
aussuchen, erküren, erwählen •apart, delikat, edel, exquisit, selten, vortrefflich, vorzüglich

2518 erleuchten
aufheitern, verklären •erhellen, illuminieren •veranschaulichen, verdeutlichen •aufdecken, klarlegen, offen legen

2519 Erleuchtung
Einfall, Eingebung, Gedanke, Geistesblitz, Idee •Erfahrung, Erkenntnis

2520 erlogen
entstellt, erfunden, gelogen, unglaubhaft, unrichtig, unwahr, unwahrhaftig

2521 Erlös
Einkommen, Einnahme, Ertrag, Nutzen, Profit, Überschuss, Verdienst

2522 erloschen
abgekühlt, abgestorben, erkaltet •bankrott, pleite

2523 erlöschen
aufhören, verebben, verhallen •absterben, entschlafen, hinscheiden, umkommen •ausgehen, auslöschen, verglimmen, verglühen •abebben, abflachen, abklingen, s. legen

2524 erlösen
befreien, erleichtern •kassieren, verdienen •bergen, erretten, retten

2525 Erlöser
Befreier, Retter •Christus, Messias

2526 Erlösung
Befreiung, Freiheit •Befreiung, Bergung, Entsatz, Errettung, Rettung •Abberufung, Lebensende, Tod

2527 Ermahnung
Kritik, Mahnung, Ordnungsruf, Predigt, Tadel •Rat, Ratschlag, Unterweisung

2528 ermessen
charakterisieren, deuten, einschätzen, erachten •überblicken, überschauen, klar sehen •einsehen, erfassen, ergründen, fassen, herausfinden, verstehen

2529 Ermittlung
Aufklärung, Erhebung, Erkundung, Nachfrage, Sondierung, Umfrage

2530 ermöglichen
bewerkstelligen, fertig bringen •einrichten, erlauben, gestatten, zulassen •ausrüsten, befähigen, ertüchtigen, schulen

2531 ermüden
erlahmen, ermatten, erschlaffen, erschöpfen •abhetzen, abjagen, erschöpfen, zermürben •erlahmen, ermatten, erschlaffen, erschöpfen •abstumpfen, anöden, gähnen, langweilen

2532 ermüdend
anstrengend, beschwerlich, mühevoll, mühsam •einerlei, einförmig, eintönig, gleichförmig, uninteressant

2533 Ermüdung
Abgespanntheit, Abspannung, Ermattung, Erschöpftheit, Erschöpfung, Schwächezustand, Übermüdung, Zerschlagenheit •Bettschwere, Erschöpfung, Schläfrigkeit

2534 ermutigend
anerkennend, aufrichtend, bejahend, belebend, beruhigend, erleichternd, heilsam, helfend, liebreich, lobend, stärkend, tröstend, tröstlich, trostreich, würdigend, zustimmend

2535 ernähren
beköstigen, füttern, nähren, unterhalten, verköstigen, verpflegen

2536 erneuern
aufarbeiten, auffrischen, aufpolstern, ausbessern, beheben, bekräftigen, dichten, ersetzen, erweitern, flicken, kitten, kleben, modernisieren, rekonstruieren, renovieren, reparieren, restaurieren, retten, sanieren, stopfen, umbauen, umgestalten, verändern, verbessern, wiederholen, zusammenfügen, wiederaufbauen, wiederherrichten, wiederherstellen, in Stand setzen [instand setzen]

2537 erniedrigen (s.)
s. demütigen, s. entwürdigen, s. ergeben, s. herabsetzen, s. herabwürdigen

2538 Erniedrigung
Beleidigung, Degradierung, Demütigung, Diskriminierung, Herabwürdigung, Schmähung, Verächtlichmachung, Verachtung

2539 ernst
aufrichtig, ehrlich, ernsthaft •gestreng, hart, unnachsichtig •bedenklich, bedrohlich, gefährlich •andächtig, feierlich, gemessen, getragen, stimmungsvoll, weihevoll, würdevoll •brennend, drängend, eindringlich, folgenreich, fühlbar, merklich, spürbar, tief gehend

2540 Ernst
Bedeutsamkeit, Rang, Schwere, Tiefe •Bereitschaft, Ehrgeiz, Streben •Bedrängnis, Bedrohung, Gefahr, Gefährdung, Gefährlichkeit, Krise, Lebensgefahr, Risiko, Todesgefahr •Härte, Strenge •Entschiedenheit, Ernsthaftigkeit

2541 ernsthaft
eindringlich, gewichtig •ernstlich, tatsächlich, wirklich •achtbar, aufrichtig, ehrlich

2542 Ernte
Ernteertrag, Erntesegen, Ertrag, Lese →Getreideernte, Getreideschnitt, Grummet, Grünmahd, Heuernte, Mahd, Obsternte, Schnitt, Traubenernte, Traubenlese, Weinlese, Teeernte [Tee-Ernte], Kaffeeernte [Kaffee-Ernte]

2543 ernten
erhalten, erzielen •aufsammeln, einbringen, einfahren, lesen, pflücken, schütteln

2544 Ernüchterung
Desillusion, Enttäuschung •Beruhigung, Besinnung

2545 Eroberer
Frauenheld, Verführer •Aggressor, Angreifer, Invasor, Kriegstreiber

2546 erobern
aneignen, beschlagnahmen, besetzen, besiegen, erbeuten, erstürmen, unterwerfen

2547 Eroberung
Bemächtigung, Beschlagnahme, Besetzung, Bezwingung, Einnahme, Erstürmung, Unterwerfung

2548 eröffnen
aussagen, beichten, eingestehen, gestehen, zugeben •aufmachen, einweihen, gründen, öffnen •aufklären, belehren, informieren •anbrechen, anlaufen, beginnen

2549 Eröffnung
Einweihung, Enthüllung, Weihe •Ausstellungseröffnung, Vernissage •Bekanntmachung, Mitteilung, Verkündigung •Anbruch, Ausbruch, Startschuss

2550 Erörterung
Aussprache, Beratung, Besprechung, Debatte, Diskussion, Verhandlung

2551 Erotik
Eros, Genussfreude, Sinnenfreude, Sinnenlust, Sinnlichkeit, Triebhaftigkeit
2552 erotisch
begehrlich, lüstern, sinnlich •anziehend, attraktiv, aufreizend, sexy, toll, verführerisch
2553 erpressen
abnötigen, bedrohen, durchsetzen, erzwingen
2554 Erpressung
Androhung, Ausplünderung, Bedrohung, Bemächtigung, Drohung
2555 erprobt
bekannt, bewährt, eingeführt, gültig, renommiert, verlässlich •fit, geübt, qualifiziert, unterrichtet
2556 errechnen
bemessen, ermitteln, kalkulieren, werten
2557 erregen
anziehen, aufreizen, betören, bezaubern, faszinieren •anstoßen, anwidern •aufregen, empören •bedingen, bewirken, heraufbeschwören, hervorbringen, hervorrufen, wecken
2558 Erreger
Bakterie, Bazillus, Keim, Virus
2559 Erregung
Aufgeregtheit, Rastlosigkeit, Ruhelosigkeit •Affekt, Ekstase, Enthusiasmus, Passion, Taumel
2560 erreichbar
nahe, verfügbar, zugänglich •ausführbar, denkbar, durchführbar, möglich, unschwer, vorstellbar
2561 Erreichbarkeit
Nachbarschaft, Nähe, Reichweite, Sichtweite, Umgebung, Umkreis
2562 erreichen
ankommen, erklingen •einholen, hingelangen •antreffen, vorfinden •durchkämpfen, durchsetzen, erarbeiten, erwirken, erzielen, realisieren, schaffen
2563 errichten
anfangen, eröffnen, gründen •aufbauen, aufstellen, hoch ziehen, fertig stellen
2564 erringen
aneignen, erarbeiten, erkämpfen, erkaufen, erobern, siegen •erfechten, erkämpfen, erstreiten
2565 Errungenschaft
Anschaffung, Erwerb, Kauf •Erfolg, Fortschritt, Volltreffer
2566 Ersatz
Abfindung, Abgeltung, Entschädigung, Regress, Rückgriff, Schadenersatz, Wiedererstattung •Aushilfe, Ersatzmann, Lückenbüßer, Reserve, Stellvertreter, zweite Wahl •Ersatzspieler, Reservemann •Äquivalent, Behelf
2567 Ersatzdienstleistender
Kriegsdienstverweigerer, Zivildienstleistender
2568 Erschaffung
Kreation, Schöpfung •Anfertigung, Erzeugung, Fertigung, Produktion
2569 erscheinen
auftauchen, auftreten, vorkommen •anmuten, scheinen, vorkommen •anrücken, s. einstellen, eintreffen
2570 Erscheinung
Halluzination, Sinnestäuschung •Auflage, Veröffentlichung •Phänomen, Wunder •Äußerlichkeit, Ausformung, Aussehen, Bau, Design, Gestaltung, Prägung •Design, Kreation, Modeschöpfung •Look, Moderichtung, Modetendenz, Modetrend
2571 Erschlaffung
Abgeschlagenheit, Ermattung, Erschöpfungszustand, Ruhebedürfnis, Schwächezustand •Laxheit, Lockerung
2572 erschlagen
abgehetzt, abgekämpft, abgespannt, entkräftet, entnervt, überlastet, verbraucht •ermorden, totschlagen

2573 erschließen
entschlüsseln, entziffern, ermitteln, herausbekommen •besiedeln, bevölkern, kultivieren
2574 erschließen (s.)
aufplatzen, s. auftun, s. öffnen
2575 Erschließung
Bebauung, Besiedlung, Kolonisierung, Siedlung
2576 erschlossen
baureif, bebaubar •offen, zugänglich
2577 erschöpfen
abnützen, beeinträchtigen, schmälern, verschleißen •aushöhlen, auszehren, erschlaffen •ausgehen, schwinden
2578 erschöpft
ertragsarm, unergiebig •abgearbeitet, abgekämpft, abgespannt, angegriffen, angeschlagen, mitgenommen, müde, schlaff, überanstrengt, überarbeitet, überlastet, k. o. •aufgebraucht, leer
2579 erschossen
matt, müde, k. o. •erledigt, tot, umgelegt
2580 erschrecken
einschüchtern, verschüchtern •erbeben, erschaudern, erzittern, zusammenfahren, zusammenschrecken, zusammenzucken
2581 Erschütterung
Bestürzung, Nervenschock, Schock •Beben, Erderschütterung •Gerüttel, Holpern, Stoß, Vibration
2582 ersetzen
abfinden, aufkommen, begleichen, einstehen, entgelten, entschädigen, erstatten, herhalten, rückvergüten, sühnen, verantworten •austauschen, auswechseln
2583 erstarren
abkühlen, erfrieren, erhärten, gerinnen, versteinern, fest werden, steif werden
2584 erstarrt
fest, hart, kristallisiert •bewegungslos, regungslos, unbeweglich •entsetzt, erschüttert, fassungslos, sprachlos
2585 Erstarrung
Angst, Erschütterung •Gerinnung, Kristallisation, Verdichtung, Verhärtung •Kälte, Starre, Steifheit
2586 erstaunlich
sagenhaft, verblüffend, Aufsehen erregend •sehr, überaus •hoch, schnell •befremdend, eigenartig, merkwürdig, seltsam
2587 Erstausgabe
Erstdruck, Original, Originalausgabe, Urfassung
2588 erstellen
abfassen, anfertigen, schreiben, verfertigen •anfertigen, bauen, errichten, erzeugen, fabrizieren, fertigen, herstellen, machen
2589 ersticken
ableben, umkommen •erdrosseln, erwürgen, strangulieren •auslöschen, niederschlagen, unterdrücken •hindern, niederhalten, zurückdrängen, s. zusammennehmen
2590 erstickt
tot •belegt, dumpf, dunkel, gedämpft, hohl, leise
2591 erstrebenswert
anstrebenswert, begehrenswert, ersehnenswert, wünschenswert
2592 erstrecken (s.)
dauern, reichen •s. hinziehen, s. lang ziehen, s. strecken
2593 ertappen
erwischen, schnappen, überführen, überraschen
2594 erteilen
bestimmen, verfügen •befugen, bevollmächtigen •beraten, zuraten •geben, zuteilen
2595 Ertrag
Ernte, Ernteergebnis, Ernteertrag •Einnahme, Erlös, Nutzen, Profit, Verdienst, Zins •Fazit, Folge

2596 ertragen
aushalten, durchmachen, erdulden, hinnehmen, standhalten, tragen, überstehen, verkraften
2597 erträglich
akzeptabel, hinlänglich, leidlich, mittelmäßig, tauglich, vertretbar •annehmbar, ertragbar, tragbar
2598 ertragsarm
ausgelaugt, unergiebig, unfruchtbar
2599 ertrinken
ersaufen, untergehen
2600 Eruption
Ausbruch, Explosion, Vulkanausbruch
2601 erwachsen
anfangen, entstehen, s. formen •ausgewachsen, geschlechtsreif, herangewachsen, mündig, reif, selbständig [selbstständig]
2602 Erwägung
Abwägung, Betrachtung, Denkart, Erforschung, Erörterung, Gedankengang, Kopfzerbrechen, Nachdenken, Reflexion, Überlegung
2603 erwählen
ausersehen, auslesen, aussuchen, erlesen, ernennen, finden, herauslesen, heraussuchen, küren
2604 erwähnen
anbringen, andeuten, anmerken, ansprechen, nennen, vorbringen, fallen lassen
2605 erwähnenswert
ansehnlich, gut, hervorragend, nennenswert, ungewöhnlich
2606 erwähnt
bemerkt, genannt, gesagt, hingewiesen, vorerwähnt, vorgenannt
2607 erwärmen (s.)
s. begeistern, s. interessieren
2608 erwarten
entgegenblicken, entgegensehen •erhoffen, ersehnen, erträumen, herbeiwünschen, wünschen
2609 erwartet
erhofft, erwünscht, fällig, herbeigesehnt, vermutet
2610 erwartungsvoll
vertrauensvoll, wachsam, zuversichtlich •fiebrig, gespannt, ungeduldig •lüstern, nostalgisch, sehnlich, sehnsüchtig, sehnsuchtsvoll, versessen
2611 erwecken
anfeuern, aufmuntern •bewirken, erregen, erzeugen, herbeiführen, hervorrufen, provozieren, verursachen •aufrütteln, aufwecken, wachrufen, wachrütteln, wecken •erregen, provozieren, wecken
2612 erweisen (s.)
s. bewahrheiten, s. ergeben, s. finden, s. herausstellen, s. zeigen
2613 erweitern
auffüllen, nachtragen, vervollkommnen, vervollständigen •ausbauen, ausdehnen, ausweiten, vergrößern
2614 erweitern (s.)
s. ausweiten, expandieren, s. verbreiten, s. vergrößern
2615 Erweiterung
Anbau, Ausbau, Zunahme •Ausdehnung, Ausweitung, Entfaltung, Vergrößerung, Verlängerung •Auffrischung, Auffüllung, Komplettierung, Vervollständigung
2616 erwerben
s. beschaffen, s. zulegen •ankaufen, anschaffen, erstehen, ersteigern, s. zulegen •erlernen, studieren
2617 erwerbstätig
berufstätig, beschäftigt
2618 Erwerbstätigkeit
Anstellung, Arbeit, Broterwerb, Lebensunterhalt
2619 erwünscht
begehrenswert, begehrt, beliebt, gefragt, geschätzt, gesucht •angebracht, genehm, recht

2620 erzählen
abhandeln, ausbreiten, behandeln, bereden, berichten, beschreiben, besprechen, betrachten, darlegen, erklären, erläutern, formulieren, offenbaren, reden, schildern, schwätzen, s. unterhalten, vortragen, zusammenstellen •preisgeben, übermitteln, vorbringen, vortragen •plaudern, s. unterhalten •aufbinden, aufschwatzen, auftischen, eingeben, einreden, weismachen •delirieren, irrereden, fantasieren [phantasieren] •aufklären, ausrichten, erklären, informieren, unterrichten, vorbringen, vortragen, zutragen, bekannt geben •plappern, quasseln, quatschen, schwätzen •ansprechen, s. anvertrauen, ausdrücken, äußern, s. aussprechen, aussprechen, berichten, gestehen, hersagen, kundtun, mitteilen, murmeln, s. offenbaren, s. öffnen, plaudern, reden, schwatzen, sprechen, s. unterhalten, vorbringen, vorlesen, bekannt geben •ausbreiten, ausstreuen, verbreiten, verkünden •aufbinden, einreden, weismachen •einwenden, entkräften, erwidern, widerlegen •auspacken, aussagen, bekennen, eingestehen, gestehen, offenbaren, zugeben •äußern, behaupten, meinen, mitteilen •andeuten, anspielen, antippen, meinen

2621 erzählend
breit, dichterisch, episch

2622 Erzähler
Aufschneider, Fabulant, Schwätzer, Schwindler •Schilderer, Vortragender

2623 erzeugen
erfinden, ersinnen •bilden, erschaffen, erstellen, hervorbringen, hervorrufen, verfertigen •erregen, hervorrufen

2624 Erzeugnis
Artikel, Fabrikat, Produkt, Schöpfung

2625 Erzieherin
Amme, Bonne, Gouvernante, Kinderfrau, Kindergärtnerin, Kindermädchen, Nurse •Ermahnerin, Lehrerin, Pädagogin

2626 erzieherisch
erziehungsmäßig, lehrhaft, pädagogisch, schulisch, erziehlich

2627 Erziehungsanstalt
Bildungsanstalt, Lehranstalt, Unterrichtsanstalt→Heim, Internat, Pensionat, Schule

2628 Erziehungsberechtigte
Eltern, Mutter, Vater, Vertreter

2629 erzielen
bekommen, erlangen, erreichen •bewirken, durchsetzen, erzwingen, realisieren, verwirklichen •s. einigen, s. versöhnen, s. verständigen

2630 erzittern
s. ängstigen, erschrecken, s. fürchten •erbeben, erschüttern •beben, schlottern, schnattern, zittern

2631 erzogen
anständig, brav, lieb, manierlich •gebildet, geformt

2632 erzürnen
ärgern, aufbringen, aufregen, beunruhigen, erbosen, ergrimmen, verdrießen, verstimmen

2633 Esel
Maulesel, Maultier •Grautier, Langohr •Blödmann, Dummkopf, Grünschnabel, Idiot, Nichtswisser

2634 Eskorte
Abschirmung, Begleitung, Gefolge, Geleit, Sicherheit

2635 essbar
bekömmlich, genießbar, ungiftig, verträglich

2636 Esse
Feueresse, Kamin, Rauchfang, Schornstein

2637 essen
kosten, schmausen, speisen, tafeln, verspeisen

2638 Essen
Beköstigung, Erhaltung, Ernährung, Gericht, Kost, Mahlzeit, Marschverpflegung, Mundvorrat, Proviant, Ration, Reiseproviant, Speise, Speisung, Unterhaltung, Verköstigung, Verpflegung, Versorgung, Wegzehrung •Frühstück •Mittagessen, Mittagsbrot, Mittagsmahl, Mittagstisch •Brotzeit, Dinner, Imbiss, Jause, Kaffee, Nachmittagskaffee, Pause, Snack, Souper, Teestunde, Vesper, Zwischenmahlzeit •Abendbrot, Abendessen, Abendmahlzeit, Dinner, Nachtessen, Nachtmahl, Souper •Bankett, Dinner, Ehrenmahl, Festessen, Festmahl, Galadinner, Gastmahl, Mahlzeit, Tafel •Gericht, Mahl, Speise •Imbiss, Mahl, Mahlzeit, Picknick •Leich, Leichenschmaus, Raue

2639 Esser
Fresser, Gourmand, Prasser, Vergeuder, Verschwender, Vielfraß, maßloser Schwelger •Feinschmecker, Genießer, Genussmensch, Gourmet, Kulinarier, Leckermaul, Lukullus, Naschkatze, Schlecker, Schleckermaul, Schlemmer, Schwelger

2640 Esskastanie
Edelkastanie, Marone, Maroni

2641 Etage
Geschoss, Stockwerk →Dachgeschoss, Erdgeschoss, Hauptgeschoss, Keller, Obergeschoss, Parterre, Souterrain, Untergeschoss, Zwischengeschoss, erste Etage, erster Stock

2642 Etappe
Entwicklungsstufe, Periode, Zeitabschnitt, Zeitraum, Zeitspanne •Abschnitt, Strecke, Teilstrecke, Teilstück

2643 Ethos
Denkweise, Einstellung, Gesinnung, Grundhaltung

2644 etwa
möglicherweise, womöglich •beinahe, eventuell, fast, nahezu, pauschal, ungefähr, vielleicht, zirka

2645 Eulenspiegelei
Ausgelassenheit, Jux, Narretei, Posse, Schabernack, Schnurre, Streich, Ulk •Entstellung, Verdrehung, Verzerrung

2646 Euphorie
Ekstase, Enthusiasmus, Glücksgefühl, Glückstaumel, Hochgefühl, Hochstimmung

2647 Evolution
Entwicklungsprozess, Entwicklungsverlauf, Reifung

2648 Ewigkeit
Beharrlichkeit, Beständigkeit, Dauer, Dauerhaftigkeit, Endlosigkeit, Unendlichkeit, Unsterblichkeit, Unveränderlichkeit, Zeitlosigkeit •Himmel, Jenseits •Länge

2649 exakt
fristgemäß, fristgerecht, pünktlich •akkurat, genau, prägnant •ausführlich, entsprechend, genau, treffsicher

2650 examinieren
abfragen, ausforschen, prüfen

2651 Exekutive
Exekutivgewalt

2652 Exempel
Abschreckung, Warnung •Beispiel, Muster, Probe •Erklärung, Veranschaulichung

2653 Existenz
Bestehen, Dasein, Leben, Vorhandensein •Erhaltung, Ernährung, Lebensunterhalt, Versorgung

2654 existieren
s. befinden, sein •atmen, leben, da sein

2655 exklusiv
abzüglich, außer, ohne •teuer, vornehm

2656 Exot
Ausländer, Fremder

2657 exotisch
ausländisch, fremdartig, fremdländisch
2658 Expedition
Entdeckungsreise, Forschungsreise •Speditionsabteilung
2659 Experiment
Erforschung, Versuch, Wagnis
2660 experimentieren
erproben, proben, probieren, untersuchen, versuchen, wagen
2661 explodieren
aufbrausen, kochen, schäumen •bersten, detonieren, krachen, zerbersten
2662 Explosion
Ausbruch, Detonation, Entladung, Knall, Krach
2663 explosiv
dramatisch, gespannt, kritisch •brisant, feuergefährlich •auffahrend, aufschäumend, jähzornig, unbeherrscht, ungezügelt, zornig
2664 extern
außen, auswärtig, auswärts, fremd
2665 extra
ausdrücklich, wiederholt •absichtlich, mit Absicht •ausgesucht, besondere •ausschließlich, eigens, gesondert, getrennt •außerplanmäßig, überplanmäßig, zusätzlich
2666 Extrakt
Absud, Auszug, Elixier, Tinktur •Auszug, Hauptinhalt, Kern •Gedrängtheit
2667 extravagant
auffällig, stattlich, verblüffend, Aufsehen erregend •exzentrisch, skurril, überspannt, übersteigert
2668 Extravaganz
Ausgefallenheit, Übertriebenheit, Verdrehtheit, Verrücktheit
2669 extrem
exzentrisch, überspannt •äußerst, ausgeprägt, ungeheuer •bedingungslos, radikal •maßlos, übermäßig, unverhältnismäßig, zu viel
2670 Extrem
Äußerste, Höchste, Letzte •Endpunkt, Grenze •Exzess, Maßlosigkeit, Übermaß, Übertreibung
2671 exzentrisch
abnorm, übertrieben •empfindlich, flatterhaft, inkonsequent, kapriziös, launenhaft, launisch, reizbar, schwankend, sprunghaft, unausgeglichen, unberechenbar, unbeständig, unstet, unzuverlässig, veränderlich, wandelbar, wechselhaft, wechselnd, wetterwendisch

F

2672 Fabrik
Anlage, Betrieb, Firma, Industriebetrieb, Werk
2673 Fabrikat
Fabrikationsname, Fabrikmarke, Handelsmarke, Handelszeichen, Schutzmarke, Warenzeichen •Artikel, Produkt, Ware
2674 Fabrikation
Anfertigung, Fertigung, Herstellung, Produktion
2675 fabrizieren
anfertigen, erzeugen, fertigen, produzieren
2676 fabulieren
aufschneiden, erdichten, lügen, schwindeln
2677 Fach
Abteil, Schrankfach •Berufszweig, Branche, Ressort •Disziplin, Fachbereich, Fachgebiet, Fachrichtung, Fachschaft, Fakultät, Teilgebiet, Wissensgebiet, Wissenszweig •Lehrfach, Schulfach, Studienfach, Unterricht, Unterrichtsfach

2678 Facharbeit
Diplomarbeit, Zulassungsarbeit •Einzelarbeit, Maßarbeit
2679 fächeln
blasen, erfrischen, wedeln •wehen
2680 Fächer
Kühler, Schwinger, Wedel
2681 fächern
aufgliedern, gliedern, ordnen, unterteilen
2682 fachmännisch
fachgerecht, gekonnt, kunstgerecht, meisterhaft, professionell, qualifiziert, sachgemäß, sachverständig
2683 Fachrichtung
Disziplin, Fach, Fachbereich, Fachschaft, Fakultät, Zweig
2684 Fackel
Fackellicht, Feuer, Flamme, Leuchte
2685 fade
salzlos, schal, ungewürzt, würzlos •abgestanden, schal •abgedroschen, einförmig, nichts sagend
2686 Faden
Bindfaden, Fädchen, Garn, Zwirn •Leitfaden, Leitgedanke
2687 fadenscheinig
durchschaubar, durchsichtig, plump, unglaubwürdig, vordergründig
2688 Fadheit
Geschmacklosigkeit, Schalheit •Alltäglichkeit, Eintönigkeit, Geistlosigkeit, Plattheit
2689 fähig
befähigt, gelehrig, genial, talentiert, tauglich, tüchtig
2690 fahl
düster, grau •erdfarben, falb •blass, bleich, farblos
2691 Fahlheit
Blassgesichtigkeit, Bleichheit, Durchsichtigkeit, Farblosigkeit
2692 Fahne
Fahnenabzug, Korrekturabzug •Bierfahne, Dunstfahne, Weinnebel •Banner, Flagge, Standarte, Wimpel •Blume, Lunte, Rute, Schwanz, Schweif, Standarte, Sterz, Wedel, Zagel
2693 fahrbereit
verkehrstauglich, verkehrstüchtig •repariert, wiederhergestellt
2694 Fähre
Fährboot, Fährkahn, Fährschiff
2695 fahren
befördern, chauffieren, frachten, kutschen, kutschieren, lenken, rollen, spedieren, steuern, transportieren •bedienen, führen, steuern •abfahren, abreisen, davonfahren, fortfahren, verreisen, wegfahren •hinunterfahren, hinunterrasen
2696 Fahrer
Autofahrer, Autolenker, Chauffeur, Führer, Fuhrmann, Kraftfahrer, Lenker •Falschfahrer, Geisterfahrer, Gespensterfahrer •Radfahrer •Motorradfahrer •Astronaut, Kosmonaut, Raumfahrer, Weltraumfahrer •Seebär, Seefahrer, Seemann •Fuhrknecht, Fuhrmann, Pferdekutscher
2697 Fahrerhaus
Fahrerkabine, Führerhaus
2698 Fahrerlaubnis
Ausweis, Berechtigung, Führerschein
2699 fahrig
flatterig, nervös, unaufmerksam, unkonzentriert, zerstreut
2700 Fahrrad
Drahtesel, Rad, Stahlross, Zweirad
2701 Fahrstuhl
Rollstuhl •Aufzug, Lift, Paternoster
2702 Fährte
Geläuf, Insiegel, Spur •Erkenntnis, Richtung
2703 Fahrwasser
Bahn, Richtung •Fahrrinne, Kanal, Kielwasser

2704 Fahrzeug

Gefährt, Verkehrsmittel •Luftfahrzeug →Ballon, Fesselballon, Flugzeug •Schiff •Schienenfahrzeug →Bahn, Eisenbahn, Elektrische, Straßenbahn, Tram, Trambahn, U-Bahn, Zug •Auto, Straßenverkehrsmittel →Automobil, Flitzer, Gefährt, Kraftfahrzeug, Kraftwagen, Luxuskarosse, Personenkraftwagen, Rennwagen, Schlitten, Sportwagen, Straßenkreuzer, Bus, Autobus, Fernreisebus, Luxusbus, Omnibus, Reisebus, Schulbus, Kutsche, Chaise, Droschke, Einspänner, Equipage, Karosse, Kutschwagen, Lastkraftwagen, Lastauto, Lastwagen, Truck, Feuerwehrauto, Löschfahrzeug, Löschzug, Krankenwagen, Ambulanzwagen, Krankenauto, Rettungsauto, Rettungswagen, Sanitätsauto, Sanka, Unfallwagen, Campingfahrzeug, Camper, Motorhome, Wohnmobil, Zugmaschine, Schlepper, Traktor, Trecker, Mietwagen, Taxi

2705 Fairplay [Fair Play]

Anständigkeit, Ehrlichkeit, Fairness, Sportlichkeit •Gerechtigkeit, Unbestechlichkeit, Vorurteilslosigkeit

2706 Fäkalien

Ausscheidungen, Dreck, Exkremente, Kot, Stuhl

2707 Faksimile

Abdruck, Abschrift, Nachahmung, Reproduktion

2708 Faktor

Einfluss, Tatsache, Umstand •Sachverhalt, Umstand •Größe, Zahl

2709 Fall

Fallen, Sinken, Sturz •Fußfall, Kniefall •Angelegenheit, Frage, Sache •Angelegenheit, Rechtsfall, Rechtssache, Streitfall, Corpus Delicti •Reep, Seil, Tau •Absturz, Sturz •Fehler, Fehltritt, Übertretung •Ereignis, Niedergang, Untergang, Vorkommen •Kasus →Ablativ, Akkusativ, Dativ, Genitiv, Nominativ, Wemfall, Wenfall, Werfall, Wesfall

2710 Falle

Hinterhalt, Lauer •Bett, Koje, Schlafgelegenheit •Fallgrube, Fangeisen, Leimrute, Netz, Schlinge •Bedrängnis, Bedrohung, Nachstellung

2711 fallen

abgleiten, absacken, abstürzen, ausgleiten, ausrutschen, durchfallen, herabfallen, herabstürzen, herunterfallen, herunterspringen, herunterstürzen, hinfallen, hinfliegen, hinschlagen, hinsinken, hinunterfallen, hinunterstürzen, niederstürzen, s. niederstürzen, stürzen, umfallen •abebben, abflauen, sinken •ausgleiten, hinstürzen, stürzen •hinfallen, niedersinken, zusammenbrechen, zusammenklappen, zusammensinken

2712 fällen

abhauen, absägen, abschlagen, jäten, roden •abscheiden, sekretieren

2713 falsch

misstönend, unrein •arglistig, erfunden, erlogen, scheinheilig, unbegründet, unehrlich, unrichtig, unwahr, unzutreffend, verkehrt, verstellt, widersprüchlich •fehlerhaft, irrtümlich, unhaltbar, unkorrekt, unlogisch, verfehlt, verkehrt, widersprüchlich •gefälscht, imitiert, kopiert, künstlich, nachgeahmt, nachgebildet, nachgemacht, plagiiert, unecht •illoyal, treulos, ungesetzlich, unredlich, vertragsbrüchig •bigott, frömmelnd, frömmlerisch, scheinfromm, scheinheilig •unglaubhaft, unglaubwürdig, verlogen, zweifelhaft

2714 fälschen

nachmachen, verfälschen •verdrehen, verschleiern, verstellen

2715 Fälscherwerkstatt
Falschmünzerei, Kopieranstalt
2716 Falschheit
Ausflucht, Ausrede, Ausweg, Entschuldigung, Notlüge, Rückzug, Trick, Unwahrheit, Verlegenheitslüge, Vorwand •Arglist, Bosheit, Fallstrick, Heimtücke, Hintergedanken, Hinterhalt, Hinterhältigkeit, Hinterlist, Intrige, List, Schliche, Tücke, Überlistung, Unaufrichtigkeit, Verrat, Verschlagenheit •Unehrlichkeit, Unwahrheit, Verlogenheit, Verstellung, Vortäuschung •Ammenmärchen, Blendwerk, Ente, Erdichtung, Erfindung, Falschmeldung, Flunkerei, Gleisnerei, Heuchelei, Hinterlist, Irreführung, Jägerlatein, Legende, Lüge, Lügengeschichte, Scheinheiligkeit, Schwindel, Unaufrichtigkeit, Unglaubwürdigkeit, Unrichtigkeit, Unwahrheit, Verdrehung, Verlogenheit, Verstellung, Zeitungsente
2717 Fälschung
Abklatsch, Imitation, Kopie, Nachahmung, Nachbildung, Nachmachung, Plagiat, Verdopplung •Falschmünzerei, Geldfälschung, Münzfälschung •Attrappe, Blindpackung, Fassade, Leerpackung, Maske, Nachbildung
2718 Falte
Einbiegung, Falz, Knick, Kniff, Knitter •Krähenfuß, Runzel
2719 falten
brechen, einknicken, fälbeln, fälteln, falzen, knicken, kniffen, knüllen, plissieren, umschlagen, verknüllen, zerknicken, zerknittern, zerknüllen, zusammenlegen
2720 faltenlos
anliegend, passend •glatt, jugendlich, jung, straff •glatt, gleichmäßig
2721 faltig
gefältelt, gefaltet, plissiert •durchfurcht, faltenreich, hutzelig, knittrig, runzlig, schrumpelig, verhutzelt, verrunzelt, zerfurcht, zerknittert, zerschründet
2722 familiär
gemütlich, intim, privat, vertraulich •formlos, unbefangen, unverkrampft
2723 Familie
Geschlecht, Haus, Stamm •Anhang, Familienkreis, Sippe, Verwandtschaft
2724 Familienforschung
Ahnenforschung, Stammbaumkunde
2725 Familienstück
Andenken, Erbstück, Erinnerungsstück, Erinnerungszeichen
2726 Fanatiker
Eiferer, Glaubenseiferer, Sektierer •Hitzkopf, Rechthaber, Starrkopf
2727 fanatisch
blindgläubig, radikal, überzeugt, unbelehrbar, verbissen •aufbrausend, auffahrend
2728 Fanatismus
Intoleranz, Voreingenommenheit, Vorurteil •Rechthaberei, Verbissenheit, Verblendung, Verbohrtheit
2729 Fang
Beute, Diebesgut, Eroberung, Raub •Fischfang
2730 Fänge
Fangarme, Tatzen, Tentakel
2731 fangen
abfangen, auffangen, einfangen, ergreifen, erwischen, fassen, greifen, haschen, packen, schnappen, stellen, überführen, überlisten, übertölpeln •angeln, fischen •bekommen, geohrfeigt werden, bestraft werden
2732 Fantasie [Phantasie; nicht bei Musikstück]
Einbildungskraft, Einfallsreichtum, Eingebung, Erdichtung, Erfindergeist, Erfindungsgabe, Erscheinung, Gedankenreichtum, Gestaltungskraft, Ideenreichtum, Kreativität, Originalität, Produktivität, Vorstel-

lungsvermögen •Impromptu, Improvisation, freies Musikstück •Einbildung, Erdichtung, Hirngespinst, Illusion, Luftschloss, Phantom, Täuschung, Traumwelt, Trugbild, Utopie, Vision, Vorspiegelung, Wunschbild, Wunschvorstellung, Zukunftstraum, Fantasiegebilde [Phantasiegebilde]

2733 Fantasiegestalt [Phantasiegestalt]
Fabelgestalt, Fabeltier, Märchengestalt

2734 Fantasielosigkeit [Phantasielosigkeit]
Einfallslosigkeit, Gedankenarmut, Geistlosigkeit, Ideenlosigkeit, Langeweile, Monotonie

2735 fantasieren [phantasieren]
fiebern, irrereden •improvisieren, frei spielen •ausbrüten, s. ausdenken, ausknobeln, entwickeln, erdenken, erdichten, erfinden, erschwindeln, ersinnen, flunkern, großtun, konstruieren, lügen, prahlen, träumen, vormachen

2736 Farbe
Anstrich, Bemalung •Anschaulichkeit, Lebendigkeit •Buntheit, Farbenpracht •Färbemittel, Farbstoff →Dispersionsfarbe, Ölfarbe, Seidenfarbe, Wasserfarbe

2737 farbecht
farbbeständig, indanthren, lichtecht, waschecht

2738 färben (s.)
s. verändern, s. verfärben •erblassen, erbleichen •erröten, rot werden

2739 farbig
bunt, grell, poppig, schillernd •fesselnd, spannend

2740 farblos
ausdruckslos, unauffällig •eindruckslos, fade, reizlos •blass, naturfarben, ungefärbt

2741 Farce
Karikatur, Posse •Fülle, Füllsel

2742 Farm
Agrarbetrieb, Bauernhof, Ranch

2743 Farmer
Bauer, Pflanzer, Rancher

2744 Faser
Faden, Fiber, Fussel, Haar •Fibrille

2745 faserig
borstig, fibrös, filzig, haarfein, haarig, pelzig, wollig

2746 fasern
auszupfen, zerrupfen •fusseln, haaren

2747 Fassade
Front, Hauptansicht, Stirnseite, Straßenseite, Vorderansicht, Vorderfront, Vorderteil •Angesicht, Antlitz, Gesicht, Gesichtsausdruck, Miene, Mimik •Hülle, Oberfläche, Überzug •Außenseite, Äußeres, Oberfläche, Oberseite, Vorderseite

2748 fassbar
einleuchtend, glaubhaft, plausibel •begreiflich, unkompliziert, verstehbar

2749 fassen
beinhalten, enthalten •beschließen, vorhaben •aufnehmen, begreifen, verstehen •aufgreifen, fangen, greifen •hineingehen, hineinpassen

2750 Fassung
Abgeklärtheit, Ausgeglichenheit, Bändigung, Bedacht, Bedachtsamkeit, Beherrschtheit, Beherrschung, Behutsamkeit, Beschaulichkeit, Besinnlichkeit, Besonnenheit, Charakterstärke, Diszipliniertheit, Geduld, Gefasstheit, Gelassenheit, Gemächlichkeit, Gemessenheit, Geruhsamkeit, Gesetztheit, Gleichgewicht, Gleichmut, Langsamkeit, Rücksicht, Ruhe, Selbstbeherrschung, Selbstdisziplin, Selbstzucht, Sicherheit, Stille, Überlegenheit, Umsicht, Umsichtigkeit, Zucht, Zügelung, Zurückhaltung •Ausführung, Gestaltung •Auffassung, Interpretation, Versi-

on •Einfassung, Umfassung, Umrahmung

2751 fassungslos
bestürzt, betreten, perplex, sprachlos, überrascht, verwundert, wortlos

2752 Fassungslosigkeit
Befremden, Bestürzung, Betroffenheit, Entsetzen, Sprachlosigkeit, Überraschung, Verwunderung

2753 fast
beinahe, halb, kaum, knapp, ungefähr

2754 fasten
abmagern, abnehmen, s. kasteien

2755 Fastnacht
Fasching, Faschingszeit, Karneval

2756 Fastnachtszug
Faschingszug, Fastnachtsumzug, Karnevalszug

2757 Faszination
Bezauberung, Verhexung

2758 faszinieren
begeistern, betören, bezaubern, blenden

2759 faszinierend
berauschend, betörend, bezaubernd, packend

2760 fauchen
keuchen, schnauben •blasen, zischen

2761 faul
arbeitsscheu, bequem, müßig, tatenlos, untätig •alt, faulig, gärig, schlecht, ungenießbar, verdorben, verfault •ungesetzlich, unsauber

2762 faulenzen
bummeln, davonbleiben, fehlen, fernbleiben, gammeln, s. herumdrücken, herumlungern, herumstromern, s. herumtreiben, kneifen, krankfeiern, schwänzen, streunen, strolchen, wegbleiben, zigeunern, blau machen

2763 Faulenzer
Ausbund, Bummler, Daumendreher, Drückeberger, Faulpelz, Flaneur, Früchtchen, Galgenstrick, Galgenvogel, Gammler, Haderlump, Herumtreiber, Müßiggänger, Nichtsnutz, Nichtstuer, Strolch, Stromer, Tagedieb, Taugenichts, Tunichtgut

2764 Faulheit
Arbeitsscheu, Bequemlichkeit, Faulenzerei, Müßiggang, Nichtstun, Trägheit, Untätigkeit

2765 Faun
Baumgott, Pan, Waldgeist, Waldgott •Blaubart, Casanova, Lebemann, Lüstling

2766 Fauna
Tierleben, Tierreich, Tierwelt

2767 Favorit
Anwärter, Schützling •Günstling, Liebling

2768 Fazit
Bilanz, Resultat, Resümee, Schlussergebnis

2769 fechten
kämpfen, streiten •betteln, bitten

2770 Fechter
Sportler •Eiferer, Fanatiker •Kämpfer, Streiter •Bettler, Bittsteller

2771 Feder
Federkiel, Schreibfeder, Zeichenfeder •Daune, Gänsefeder, Vogelfeder •Sprungfeder •Federkleid, Federn, Gefieder

2772 federn
schnellen, schwingen, springen, zurückschnellen, zurückspringen

2773 Federvieh
Geflügel, Hausgeflügel →Enten, Gänse, Hühner, Puten, Tauben

2774 Fee
Drude, Elfe, Flussnymphe, Meerjungfrau, Najade, Nixe, Nymphe, Quellnymphe, Seejungfer, Seejungfrau, Waldgeist, Wassergeist, Wasserjungfrau

2775 fegen
bürsten, kehren, säubern •hasten, pesen
2776 Fehde
Duell, Hader, Händel, Unfriede, Zerwürfnis
2777 fehl
unangebracht, unerwünscht, unpassend, unwillkommen
2778 fehlen
ausgleiten •danebenschießen, danebentreffen, irren, verfehlen •sündigen, versagen •benötigen, brauchen, mangeln, vermissen •ausfallen, fernbleiben, schwänzen
2779 Fehler
Ausfall, Defekt, Makel, Mangelhaftigkeit, Unvollkommenheit, Unvollständigkeit, Unzulänglichkeit •Delikt, Denkfehler, Dummheit, Entgleisung, Fehlgriff, Fehlschluss, Fehltritt, Fehlurteil, Formfehler, Geschmacklosigkeit, Irrtum, Lapsus, Missdeutung, Missgriff, Missverständnis, Patzer, Schnitzer, Taktlosigkeit, Trugschluss, Übertretung, Ungeschick, Unrichtigkeit, Verfehlung, Vergehen, Versehen, Zuwiderhandlung
2780 fehlerhaft
abgestoßen, angehauen, angeschlagen, angestoßen, auseinander, beschädigt, brüchig, dahin, defekt, entzwei, hin, kaputt, lädiert, mangelhaft, schadhaft, unvollkommen, zerbrochen
2781 fehlgehen
danebengreifen, fehlplanen, fehlschlagen, s. täuschen, s. verkalkulieren, s. verrechnen •irregehen, s. verfahren, s. verirren, s. verlaufen
2782 Fehlpass
Fehlschlag, Fehlschuss
2783 Fehlschlag
Fehlpass, Fehlschuss •Debakel, Enttäuschung, Misserfolg, Rückschlag, Schiffbruch
2784 Feier
Gottesdienst, Messfeier •Ehrung, Huldigung •Feierlichkeit, Feierstunde, Festakt •Barbecue, Belustigung, Bottleparty, Cocktailparty, Empfang, Fest, Festlichkeit, Fete, Gartenfest, Gartenparty, Geselligkeit, Grillfest, Grillparty, Party, Veranstaltung •Erinnerungsfeier, Gedächtnisfeier, Gedenkfeier, Gedenktag, Jubiläum •Einsetzung, Einweihung, Enthüllung, Eröffnung, Taufe, Weihe •Festakt, Gedenkfeier, Gedenkstunde, Jahresfeier •Feierstunde, Festakt, Festversammlung, Gedenkstunde
2785 Feierabend
Arbeitsschluss, Dienstschluss, Geschäftsschluss •Freizeit, Muße, Stille
2786 feierlich
andächtig, ehrwürdig, erbaulich, festlich, gehoben, getragen, gravitätisch, stimmungsvoll, würdevoll, würdig, zeremoniell
2787 Feierlichkeit
Feierstunde, Festlichkeit, Gedächtnisfeier, Weihe, Weihestunde, Würde
2788 feiern
anerkennen, auszeichnen, herausheben, schätzen, würdigen •s. amüsieren, s. vergnügen •anhimmeln, ehren, glorifizieren, lobpreisen, rühmen, verherrlichen
2789 Feiertag
Festtag, Ruhetag, Sonntag
2790 Feile
Raspel, Reibe, Reibeisen
2791 feilen
abschleifen, glätten
2792 feilschen
handeln, schachern
2793 fein
aufmerksam, manierlich, vornehm, zuvorkommend •ästhetisch, feinfühlend, feinsinnig, kunstsinnig •lecker, pikant •genau •elegant,

schick, vornehm •duftig, durchsichtig, hauchzart, zierlich

2794 Feind
Erzfeind, Gegenpart, Gegenspieler, Gegner, Konkurrent, Kontrahent, Mitbewerber, Nebenbewerber, Nebenbuhler, Rivale, Todfeind, Widersacher

2795 Feindschaft
Anfeindung, Fehde, Feindseligkeit, Gefecht, Gegnerschaft, Hader, Händel, Konfrontation, Kontroverse, Unfriede, Zank, Zerwürfnis, Zwist •Kampf, Rivalität, Wettbewerb, Wetteifer, Wettkampf

2796 Feinheit
Einfühlungsvermögen, Empfindsamkeit, Feinfühligkeit, Feingefühl, Fingerspitzengefühl, Geschmack, Kennerblick, Sensibilität, Takt, Zartgefühl •Differenziertheit, Einzelheit, Nuance, Unterschied •Noblesse, Vornehmheit •Anmut, Erlesenheit, Raffinesse, Zartheit

2797 Feinschmecker
Genießer, Gourmet, Leckermaul, Lukullus, Schlemmer •Kenner, Kunstfreund, Schöngeist

2798 Feld
Platz, Rasen, Spielfeld •Bezirk, Region •Acker, Ackerland, Flur •Feuerlinie, Front, Kriegsschauplatz

2799 Feldhüter
Feldschütz, Flurhüter, Flurschütz, Flurwächter

2800 Feldmesser
Geometer, Landmesser, Landvermesser

2801 Feldsalat
Ackersalat, Kaninchensalat, Rapunzel, Schafmäulchen

2802 Feldzug
Heerzug, Kampagne, Kriegszug

2803 Fell
Balg, Decke, Haut, Pelle, Pelz, Schwarte •Hülle, Kleid, Schicht

2804 Fels
Beharrlichkeit, Unnachgiebigkeit •Berg, Grat, Wand, Zacke •Felsblock, Geröll, Gestein, Stein

2805 felsig
holprig, steinig, uneben, ungleichmäßig •felsenhart, fest

2806 Felsrutsch
Abrutsch, Bergrutsch, Bergsturz, Felssturz, Rutsch, Steinlawine

2807 feminin
empfindsam, mimosenhaft •frauenhaft, fraulich, mädchenhaft, weiblich

2808 Fenster
Fensterscheibe, Glas, Scheibe →Atelierfenster, Blumenfenster, Butzenscheibenfenster, Doppelfenster, Erkerfenster, Fliegenfenster, Kippfenster, Klappfenster, Schiebefenster, Bullauge, Fensteröffnung, Luke, Schiffsfenster, Bodenfenster, Bodenluke, Dachfenster, Dachgaube, Dachluke, Gaube, Gauke, Gaupe, Giebelfenster, Mansardenfenster, Fensterrose, Ochsenauge, Rosette, Rundfenster •Guckfenster, Guckloch, Öffnung

2809 Fensterbank
Fensterbrett, Fenstersims, Sohlbank

2810 Fensterladen
Blende, Jalousie, Markise, Rollladen

2811 Fenstervorhang
Gardine, Store, Vorhang

2812 Ferien
Entspannung, Erholung, Erholungsaufenthalt, Erholungszeit, Ferienaufenthalt, Freizeit, Reisezeit, Sommeraufenthalt, Sommerfrische, Urlaub, Urlaubsaufenthalt, Urlaubszeit →Betriebsferien, Schulferien, Semesterferien

2813 fern
abseits, fernab, jenseits, weit •vergangen, vorbei

2814 Fernbedienung
Fernlenkung, Fernsteuerung, Funksteuerung, Steuerung

2815 Ferne
Ausland, Übersee •Abstand, Distanz, Entfernung •Vergangenheit •Folgezeit, Zukunft

2816 ferner
daneben, dazu, obendrein, weiterhin, zudem

2817 Fernglas
Feldstecher, Fernrohr, Opernglas

2818 Fernschreiben
Depesche, Eilnachricht, Fax, Telegramm

2819 fernschriftlich
telegrafisch, per Fax

2820 Fernsehen
Fernsehübertragung, Television →Pay-per-view, Pay TV

2821 Fernweh
Reiselust, Sehnsucht, Wanderlust

2822 fertig
abgehetzt, angegriffen, entkräftet, verbraucht •gar, gekocht •beziehbar, bezugsfertig •abfahrbereit, marschbereit, reisefertig, startbereit •abgeschlossen, aus, ausgeführt, beendet, komplett, vollbracht, vollendet •angerichtet, küchenfertig, tischfertig, zubereitet

2823 Fessel
Gewalt, Knechtschaft, Pression, Sklaverei •Strick →Fußfessel, Handfessel, Handschelle, Manschette, Zwangsjacke

2824 fesseln
anbinden, anketten, festbinden •bannen, mitreißen

2825 Fesselung
Ankettung, Einschließung, Umschnürung

2826 fest
bruchfest, massiv, unverwüstlich •hart, steif, trocken •abgemacht, abgeschlossen, abgezeichnet, handelseinig, paraphiert, signiert, übereingekommen, unterschrieben, unterzeichnet •aufrecht, beharrlich, felsenfest, hartnäckig, standhaft, streng, unbeweglich, unnachsichtig •bindend, feststehend, unauflöslich •dicht, geschlossen, undurchlässig, wasserdicht •abgegrenzt, befestigt, gesichert •abgesichert, abgestützt •ehern, eisern, erzen •abgemacht, abgeschlossen, endgültig, gültig, unabänderlich, unumstößlich, verbrieft •beständig, bruchfest, dauerhaft, haltbar, massiv, robust, solide, stabil, unzerbrechlich

2827 Fest
Festlichkeit, Jahresfeier, Jahrestag, Jubelfeier, Jubeltag •Ehrenfest, Ehrentag, Festtag, Gedenkfeier, Gedenktag, Jubiläum →Geburtstag, Hochzeitstag, Kommunionstag, Konfirmationstag, Namenstag, Verlobungstag, Auferstehungsfest, Osterfest, Ostern, Christfest, Christnacht, Heiligabend, Weihnacht, Weihnachten, Weihnachtsabend, Weihnachtsfest

2828 festhalten
beharren, behaupten, durchsetzen •eintragen, notieren, registrieren •beibehalten, bestätigen •aufhalten, packen, zurückhalten, festnehmen

2829 fest halten (s.)
s. anhalten, s. anhängen, s. anklammern, s. fest klammern, s. fest krallen, s. klammern

2830 festhängen
festkleben, festsitzen, haften, halten, kleben

2831 festigen
befestigen, kräftigen, verankern, verdichten •aufrichten, beleben, kräftigen, stabilisieren

2832 festigen (s.)
s. abhärten, s. kräftigen, s. stärken

2833 Festigkeit
Entschiedenheit, Entschlossenheit, Hartnäckigkeit, Unveränderlichkeit, Zuverlässigkeit •Dichte, Haltbarkeit, Zähigkeit

2834 Festival
Fest, Festspiel, Festveranstaltung
2835 festlegen
anlegen, investieren •abstecken, bestimmen, vorsehen •abmachen, abreden, absprechen, abstimmen, aushandeln, ausmachen, bestimmen, verabreden, vereinbaren
2836 Festlegung
Einigung, Vertrag •Definition, Determination, Diagnose
2837 festmachen
anbinden, anbringen, anketten, ankleben, anleinen, anmachen, anmontieren, anschrauben, anziehen, aufhängen, aufmontieren, aufschrauben, befestigen, fesseln, hineindrehen, montieren, verbinden, vernageln, zusammennageln, festbinden, festschrauben, fest drehen, festziehen •ankern, anlegen
2838 Festnahme
Arretierung, Gefangennahme, Inhaftierung, Verhaftung
2839 Festplatz
Festwiese, Messeplatz, Rummelplatz
2840 festsetzen
abführen, abholen, arretieren, einsperren, ergreifen, inhaftieren, packen, verhaften, fest halten, festnehmen, gefangen nehmen •anberaumen, bestimmen, fixieren •abreden, absprechen, abstimmen, bestimmen
2841 Festspiel
Festival, Festtage, Festwoche
2842 feststecken
aufsitzen, s. fest fahren, haken, festsitzen, haften bleiben, stecken bleiben
2843 feststehend
gewiss, sicher •bindend, dauerhaft, stetig, untrennbar, unverbrüchlich
2844 feststellen
aufklären, beweisen •diagnostizieren, sehen •ausdrücken, äußern, aussprechen, behaupten, darstellen, informieren, sagen, sprechen, zutragen
2845 Feststellung
Aufklärung, Erkundung, Ermittlung, Nachfrage •Bekanntmachung, Erkenntnis, Information, Unterrichtung
2846 Fetisch
Amulett, Anhänger, Glücksbringer, Götzenbild, Maskottchen, Talisman, Totem, Zaubermittel
2847 Fetischismus
Abgötterei, Baalsdienst, Götzendienerei, Götzendienst
2848 fett
dick, korpulent, massig, wohlgenährt •fetthaltig, ölig, schmalzig, tranig •einträglich, ergiebig, lukrativ •reich, üppig
2849 Fett
Feist, Fettgewebe, Fettpolster •Butter, Margarine, Öl •Fettgewebe, Fettpolster •Schmalz, Schmer, Speck
2850 fettarm
fettfrei, fettlos, kalorienarm, mager
2851 fetten
abschmieren, einfetten, ölen, schmieren •balsamieren, einfetten, einmassieren, einölen, einreiben, einsalben, einschmieren, ölen, salben, cremen [kremen], eincremen [-kremen]
2852 fettig
dreckig, schmierig, unansehnlich •befleckt, beschmutzt, fett, fetttriefend, fleckig, ölig, schmalzig, schmierig, schmutzig, schwabbelig, speckig, talgig, tranig, verfleckt, verschmutzt
2853 Fetzen
Brocken, Happen, Rest, Schnippel, Schnipsel, Stück, Stückchen
2854 feucht
beschlagen, überzogen •dumpf, klamm, nass •begossen, bewässert •regnerisch, verregnet •schweißtriefend, verschwitzt

2855 Feuchtigkeit
Feuchte, Humidität, Nass, Nässe, Niederschlag, Wässrigkeit

2856 Feuer
Glanz, Licht •Blinkfeuer, Leuchtfeuer •Beschießung, Bombardierung •Brand, Feuersglut, Feuersturm, Flamme, Funkengarbe

2857 Feuerbestattung
Einäscherung, Kremation, Leichenverbrennung, Verbrennung

2858 feuerfest
feuerbeständig, feuersicher, unbrennbar

2859 feuern
anfeuern, befeuern, beheizen •entlassen, hinauswerfen •beschießen, schießen

2860 Feuerwehr
Feuerlöschzug, Feuerwehrauto •Brandpolizei, Brandwache, Feuerschutzpolizei

2861 Feuerzeichen
Brandfackel, Feuerflamme, Feuersäule

2862 Feuilleton
Kulturteil, Unterhaltungsteil •Bericht, Darstellung, Essay

2863 feurig
leuchtend, strahlend •dynamisch, getrieben, lebhaft, leidenschaftlich, vif, vital •brennend, fackelnd, glühend

2864 Fiasko
Fehlschlag, Katastrophe, Misserfolg, Niederlage, Pleite

2865 Fibel
Lesebuch, Schulbuch •Brosche, Gewandnadel, Spange

2866 Fieber
Delirium, Einbildung, Fieberwahn, Sinnestäuschung, Fieberfantasie [Fieberphantasie] •Erkrankung, Fieberglut, Fieberhitze, Krankheit •Ekstase, Hochstimmung •Malaria, Wechselfieber

2867 fieberhaft
aufgeregt, ehrgeizig, emsig, geschäftig, ungeduldig •fieberkrank, fiebrig •erwartungsvoll, nervös

2868 fiebern
fantasieren [phantasieren] •darniederliegen, erkranken •begehren, hungern, lechzen, schmachten

2869 Figur
Geschöpf, Gesicht, Mensch, Person, Subjekt, Typ •Partie, Rolle •Büste, Denkmal, Plastik, Skulptur, Statue •Erscheinung, Gestell, Körper, Körperform, Statur

2870 Fiktion
Entdeckung, Erdichtung, Erfindung •Annahme, Unterstellung

2871 fiktiv
angenommen, erdichtet, gedacht, gedanklich, vorgestellt

2872 Film
Filmstreifen, Streifen •Filmband, Filmkassette, Filmmaterial, Filmrolle →Diafilm, Farbfilm, Kassettenfilm, Kleinbildfilm, Kleinfilm, Mikrofilm, Negativfilm, Positivfilm, Rollfilm, Schmalfilm, Schwarzweißfilm, Umkehrfilm •Sendung →Fernsehfilm, Kinofilm, Kulturfilm, Nachrichtensendung, Naturfilm, Reportage, Spielfilm, Unterhaltungsfilm, Videofilm, Abendfilm, Nachmittagsfilm, Nachtfilm, Vormittagsfilm, Cowboyfilm, Western, Wildwestfilm

2873 Filou
Pfiffikus, Schlauberger, Schlaumeier •Bauernfänger, Geschäftemacher, Scharlatan, Spitzbube

2874 Filter
Durchschlag, Seiher, Sieb

2875 filtern
durchschlagen, durchseihen, durchsieben, filtrieren, klären, seihen •auslesen, aussieben, aussondern, eliminieren, sieben

2876 Filz
Geizhals, Knauser, Knicker, Nimmersatt •Filzhut, Filzschuhe

2877 Finale
Endkampf, Endlauf, Endspiel, Entscheidungsphase, Finish, Gruppen-Finale, Schlusskampf, Spurt •Ausklang, Schluss, Schlussstück

2878 finanziell
geldlich, pekuniär, wirtschaftlich

2879 Finanzierung
Aufwendung, Begleichung, Bezahlung, Investition

2880 finden
denken, glauben, meinen •antreffen, sehen, vorfinden •antreffen, auffinden, aufspüren, ermitteln, vorfinden

2881 finden (s.)
s. erweisen, s. herausstellen •zusammenfinden, zusammenkommen

2882 findig
abgefeimt, ausgefuchst, ausgekocht, bauernschlau, clever, diplomatisch, durchtrieben, einfallsreich, erfinderisch, erfindungsreich, geistreich, gerissen, geschäftstüchtig, geschickt, gewandt, gewieft, gewitzt, ideenreich, konstruktiv, kreativ, lausbübisch, listig, originell, pfiffig, produktiv, raffiniert, schlau, schöpferisch, taktisch, verschlagen, verschmitzt, fantasievoll [phantasievoll]

2883 Findling
Findlingsstein •Elternloser, Waise, Waisenkind

2884 Finesse
Geschick, Schlauheit •Kniff, Trick •Raffinesse, Spitzfindigkeit

2885 Finger
Glied, Gliedmaße, Griffel

2886 Finne
Auswuchs, Blüte, Eiterbläschen, Furunkel, Pickel, Pustel

2887 Finsternis
Dunkelheit, Düsternis, Nacht

2888 Finte
Scheinangriff, Täuschungsmanöver, Vorwand •Ausflucht, Ausrede, Ausweg

2889 Firlefanz
Bagatelle •Albernheit, Kinderei, Narretei, Stuss, Unsinn •Flitter, Talmi, Tand

2890 firm
ausgebildet, beschlagen, fest, unschlagbar

2891 Firma
Geschäftsname, Handelsname, Haus, Unternehmen •Betrieb, Fabrik, Geschäft, Konzern, Laden, Unternehmen, Werk, Werkstätte

2892 Firmament
Himmel, Himmelsgewölbe, Horizont, Weltall

2893 First
Dach, Dachstuhl, Giebel, Zinne

2894 Fischerei
Angeln, Anglerei, Fischfang →Angelfischerei, Binnenfischerei, Fliegenfischerei, Flussfischerei, Hochseefischerei, Küstenfischerei, Meeresfischerei, Netzfischerei, Reusenfischerei, Seefischerei, Sportfischerei

2895 Fiskus
Finanzamt, Finanzbehörde, Finanzkasse, Staatskasse, Steuerbehörde

2896 Fitness
Spannkraft, Vitalität

2897 Fitnessball
Fit-Ball, Gymnastikball

2898 Fittich
Flügel, Schwinge

2899 fix
elastisch, gewandt, leichtfüßig, rasch •flink, flott, schnell •gleichbleibend

2900 fixieren
anbringen, befestigen •festhalten, notieren, protokollieren •anschauen, anstarren, anstieren

2901 fixiert
aufgeschrieben, aufgezeichnet, protokolliert, vermerkt •angebracht, angemacht, befestigt, festgemacht

2902 flach
abgedroschen, fade, geistlos, trivial, unbedeutend, nichts sagend •ausgestreckt, glatt, plan, breit gedrückt •niedrig, seicht

2903 Fläche
Ausbreitung, Ausdehnung, Platz, Weite •Bodenfläche, Ebene, Flachland, Gelände

2904 Flachheit
Gehaltlosigkeit, Geistlosigkeit, Inhaltslosigkeit, Plattheit, Trivialität •Ebene, Flachland

2905 Flachland
Fläche, Flur, Platte, Tafel, Tafelland, Tiefebene

2906 flackern
brennen, zucken, züngeln

2907 Flagellant
Geißelbruder, Geißler

2908 flaggen
schmücken, verzieren •aufheißen, aufhissen, hissen

2909 Flair
Ausstrahlung, Fluidum, Stimmung •Ahnung, Gespür, Instinkt, Spürsinn

2910 Flamme
Feuerflamme, Feuergarbe, Flammenmeer, Flammensäule •Auserwählte, Einzige, Geliebte, Schatz

2911 flammend
heftig, impulsiv, lebendig, schwungvoll, vital •flackernd, lichterloh, lodernd, lohend

2912 Flaneur
Bummelant, Bummler, Müßiggänger, Tagedieb

2913 Flanke
Sprung, Turnübung •Hüfte, Körperteil •Abspiel, Pass, Zuspiel •Flügel, Seite, Seitenteil

2914 flanken
abgeben, abspielen, zuspielen •überqueren, überspringen

2915 Flasche
Behälter, Gefäß, Flakon, Riechfläschchen •Dilettant, Stümper, Versager

2916 flattern
baumeln, wedeln, wehen •schlottern, vibrieren, zittern •fliegen, gleiten, schweben, segeln

2917 Flauheit
Abgespanntheit, Ermattung, Ermüdung, Kraftlosigkeit, Schwächezustand, Zerschlagenheit •Flaute, Kalme, Windstille •Geldmangel, Geldschwierigkeit

2918 Flaum
Daune, Feder, Flaumfeder •Bärtchen, Bartwuchs

2919 flaumig
buschig, federartig, weich, zart

2920 flauschig
flockig, wollig

2921 Flausen
Ausflüchte, Ausreden •Blödsinn, Unsinn

2922 Flaute
Kalme, Ruhe, Stille, Windstille •Konjunkturrückgang, Krise, Rezession, Tiefstand

2923 Flechtwerk
Draht, Filigran, Geflecht

2924 Flecken
Ansiedlung, Gegend, Kaff, Nest, Ort •Brandmal, Makel, Schandfleck •Fleck, Klecks, Spritzer •Flicken, Stoffstück

2925 fleckenlos
akkurat, integer •adrett, geputzt, gereinigt, gesäubert, sauber

2926 Fleckenlosigkeit
Fehlerlosigkeit, Gepflegtheit, Makellosigkeit, Ordentlichkeit, Sauberkeit •Achtbarkeit, Anständigkeit, Biederkeit, Charakterstärke, Ehrbarkeit, Ehrsamkeit, Lauterkeit, Rechtschaffenheit, Tugend, Unschuld

2927 fleckig
gefleckt, gescheckt, scheckig •bunt, farbenfroh, farbenreich •beschmutzt, schmutzig, unsauber •unregelmäßig

2928 fleddern
ausnehmen, bestehlen, plündern, rauben, stehlen

2929 Flegeljahre
Entwicklungsjahre, Entwicklungszeit, Jugendjahre, Jugendzeit, Pubertät, Reifezeit

2930 flehen
anflehen, beten, bitteln, bitten

2931 flehentlich
bittend, flehend, fordernd, fußfällig, inständig, kniefällig, untertänig

2932 fleischlos
pflanzlich, vegetarisch

2933 Fleiß
Ehrgeiz, Streben •Arbeitseifer, Schaffensfreude, Schaffenslust, Strebsamkeit

2934 fleißig
arbeitsam, arbeitswillig, bestrebt, diensteifrig, ehrgeizig, emsig, geschäftig, rastlos, rührig, strebsam, tätig, tüchtig, unermüdlich

2935 flexibel
beweglich, biegsam, dehnbar, schmiegsam, weich •anpassungsfähig, aufnahmefähig, formbar, veränderbar •behände, gewandt

2936 Flicken
Fleck, Flecken, Flicklappen, Stoffstück

2937 Fliege
Brumme, Insekt, Mücke •Binder, Krawatte, Schlips, Selbstbinder

2938 fliegen
bammeln, s. bewegen •reisen, steigen •flattern, gleiten, schweben, schwingen, schwirren, segeln •hetzen, jagen, sausen, spurten •ausfliegen, ausschwärmen, entfliegen, entweichen, fortfliegen, vergehen, verschwinden, wegfliegen •anfliegen, befallen, überfallen, überkommen •ansteuern, heranfliegen, herankommen

2939 Flieger
Chefpilot, Flugkapitän, Flugzeugführer, Pilot •Flugzeug, Luftfahrzeug

2940 fliehen
ausbrechen, entlaufen, flüchten, türmen •ausweichen, meiden, scheuen •desertieren, türmen

2941 Fliehkraft
Zentrifugalkraft

2942 Fliese
Kachel, Platte, Tonplatte

2943 flimmern
blinzeln, blitzen, funkeln, glänzen, glimmern, glitzern, schimmern

2944 flink
agil, behände, fix, gewandt, rasch, wendig •augenblicklich, flugs, sofort, sogleich, umgehend, unmittelbar, unverzüglich, fix, flugs, geschwind

2945 flirten
anbändeln, buhlen, kokettieren, liebeln, plänkeln, poussieren, schäkern, schöntun, tändeln

2946 Flitterwochen
Hochzeitswochen, Honeymoon, Honigmonat, Honigmond, Honigwochen

2947 Flocke
Daune, Feder, Flaum •Geriesel, Schnee •Stück, Teil

2948 Flop
Enttäuschung, Fehlschlag, Fiasko, Misserfolg, Misslingen, Niederlage, Versagen

2949 Flora
Pflanzenreich, Pflanzenwelt

2950 florieren
blühen, s. entwickeln, erstarken, vorankommen

2951 Floskel
Drehung, Gemeinplatz, Gerede, Phrase, Redensart, Rederei

2952 flott
ausschweifend, lebenslustig, sorglos •rasant, schmissig, schneidig, schnell, wendig, zackig •fix, geschwind, quick •adrett, elegant, fesch, schick •aufgeweckt, rasant, schneidig

2953 Flotte
Geschwader, Marine, Schiffsverband, Seemacht, Seestreitkräfte →Armada, Handelsflotte, Kriegsflotte

2954 Fluch
Drohwort, Kraftwort, Verwünschung •Acht, Ächtung, Bann •Gottesstrafe, Verdammnis •Heimsuchung, Unheil, Unsegen, Verhängnis

2955 fluchen
verdammen, verfluchen, verurteilen, verwünschen •lästern, schmähen

2956 Flucht
Feigheit, Preisgabe, Untreue •Ausbruch, Entkommen •Abzug, Rückzug •Fahrerflucht, Fluchtergreifung, Unfallflucht

2957 flüchten
desertieren, türmen •ausweichen, meiden •entfliehen, entlaufen

2958 flüchtig
kurz, oberflächlich •ätherisch, dampfförmig, dunstförmig, gasförmig •leichthin, schlampig, ungenau •andeutungsweise, vage •begrenzt, kurzfristig, vorübergehend •ausgebrochen, desertiert, entflohen, entlaufen, entwichen, fahnenflüchtig, verschwunden •eidbrüchig, untreu

2959 Flüchtigkeit
Lässigkeit, Leichtfertigkeit, Oberflächlichkeit, Pflichtvergessenheit, Schluderei, Unordentlichkeit

2960 Flüchtling
Ausbrecher, Ausreißer •Heimatvertriebener, Vertriebener

2961 Flug
Luftfahrt, Luftsport •Flugreise, Luftreise

2962 Flügel
Flanke, Seite, Seitenfläche, Seitenteil •Klavier, Piano •Fittich, Schwinge

2963 flügge
flugfähig •erwachsen, reif, selbständig [selbstständig]

2964 Fluggesellschaft
Airline, Fluglinie

2965 Flughafen
Airport, Flugplatz, Landeplatz, Lufthafen

2966 Flugzeug
Luftfahrzeug →Airbus, Düsenflugzeug, Düsenjäger, Jumbojet, Militärflugzeug, Segelflugzeug, Verkehrsflugzeug, Verkehrsmaschine, Wasserflugzeug

2967 Flugzeugbesatzung
Belegschaft, Besatzung, Crew

2968 Flugzeughalle
Flugzeugschuppen, Hangar

2969 flunkern
anlügen, anschwindeln, erfinden, erlügen, schwindeln, verdrehen, vorgaukeln

2970 fluoreszieren
aufleuchten, aufstrahlen, mitleuchten, strahlen

2971 Flur
Feld, Feldmark •Diele, Eingang, Gang, Halle, Hausflur, Korridor •Bezirk, Gebiet, Gegend, Landschaftsgebiet, Region, Zone

2972 Flurbuch
Grundbuch, Kataster

2973 Fluse
Fädchen, Faser, Fussel

2974 flusen
fusseln, haaren

2975 Fluss
Gewässer, Strom, Wasserlauf •Beweglichkeit, Fortbewegung •Bett, Flussbett, Strombett

2976 flüssig
liquid, solvent, verfügbar, zahlungsfähig •dickflüssig, dünnflüssig, geschmolzen, verflüssigt •fließend, geläufig, zügig •fließend, geläufig, gleichmäßig, reibungslos, tadellos, ununterbrochen
2977 Flüssigkeit
Blut, Lymphe, Serum •Getränk, Trank, Trunk •Brühe, Feuchte, Feuchtigkeit, Geriesel •Elixier, Lösung, Tinktur
2978 flüstern
fispeln, fispern, hauchen, murmeln, säuseln, summen, tuscheln, wispern, zischeln, zischen
2979 Flüsterpropaganda
Fama, Gerede, Gerücht, Ondit
2980 Flut
Anhäufung, Unmenge, Vielzahl •Brandung, Hochflut, Hochwasser, Springflut, Sturmflut, Tide
2981 fluten
branden, fließen, schwemmen, strömen, wogen
2982 Flutwelle
Brecher, Seegang, Sturzsee, Welle, Woge
2983 Föhn
Fallwind •Haartrockner
2984 föhnen
abtrocknen, trocknen
2985 Folge
Auswirkung, Effekt, Fazit, Nachspiel, Resultat, Wirkung •Abfolge, Aneinanderreihung, Nacheinander, Reihenfolge, Rhythmus, Sequenz, Serie, Turnus, Wechsel
2986 folgen
befolgen, gehorchen •s. anhören, s. konzentrieren, verfolgen •s. anschließen, hinterhergehen, mitgehen, nachfolgen, nachgehen, nachkommen
2987 folgenreich
beachtlich, erwähnenswert, gewichtig, schwerwiegend, zwingend
2988 folgenschwer
erschreckend, fatal, fürchterlich, unglücklich, unheilvoll, verhängnisvoll
2989 folgerichtig
durchdacht, konsequent, schlüssig, unbeirrt, zielbewusst
2990 folgern
ersehen, schließen
2991 Folgerung
Ableitung, Beweisführung, Herleitung, Schluss
2992 folglich
also, danach, ergo, somit, sonach •dadurch, daher, darum, mithin, somit
2993 Folgsamkeit
Demut, Disziplin, Einordnung, Fügsamkeit, Gehorsam, Gutwilligkeit, Hörigkeit, Knechtschaft, Unterordnung, Willfährigkeit, Wohlerzogenheit
2994 Folie
Hintergrund •Blatt
2995 Folklore
Volkslieder, Volksmusik, Volkstänze
2996 Folter
Härte, Strenge, Unnachgiebigkeit •Drangsal, Marter, Martyrium, Misshandlung, Qual, Quälerei, Strapaze
2997 Fond
Folie, Hintergrund •Hinterbank, Rücksitz •Fischsaft, Fleischsaft
2998 Fontäne
Springbrunnen, Wasserspiel •Kaskade, Katarakt, Stromschnelle, Wasserfall
2999 Förde
Bai, Becken, Bucht, Meeresbucht
3000 förderlich
aufbauend, dienlich, fruchtbar, sinnvoll, wirksam

3001 fordern
s. ausbitten, begehren, verlangen •auffordern, behelligen, herausfordern, provozieren •abverlangen, verlangen, zumuten •einfordern, einklagen, klagen, verlangen •bestellen, vorbestellen

3002 fördern
abbauen, gewinnen •aufbauen, betreuen, emporbringen, helfen, managen, protegieren, sponsern, unterstützen

3003 Forderung
Liquidation, Rechnung •Anspruch, Bitte, Verlangen, Wunsch •Anmaßung, Bedrohung, Duell, Herausforderung, Provokation •Anforderung, Anrecht

3004 Förderung
Beistand, Fürsprache, Gönnerschaft, Gunst, Unterstützung •Abbau, Gewinnung •Bafög, Beihilfe, Beitrag, Fördermittel, Hilfeleistung, Stipendium, Studienbeihilfe, Studienförderung, Studienzuschuss, Subvention, Unterstützung, Zuschuss, Zuwendung

3005 Form
Art, Benehmen, Etikette, Manieren •Design, Fasson, Styling

3006 formal
äußerlich, bürokratisch, formell, unpersönlich

3007 Formalität
Förmlichkeit, Formsache •Etikette, Form •Anweisung, Geheiß, Satzung, Verfügung

3008 Format
Gestalt, Maß •Ausstrahlung, Charakter

3009 formbar
anpassungsfähig, beeinflussbar, empfänglich, offen •biegsam, knetbar, schmiedbar, weich

3010 Formel
Floskel, Phrase, Redensart, Redewendung •Regel, Vorschrift

3011 formen
ausformen, behauen, bilden, gestalten, kneten, modellieren •ausbilden, erziehen, schulen, unterrichten, unterstützen, unterweisen

3012 formieren
anfertigen, gestalten •aufstellen, ordnen

3013 förmlich
amtlich, dienstlich, offiziell •äußerlich, konventionell, steif, unpersönlich

3014 formlos
amorph, gestaltlos, strukturlos, unförmig, ungegliedert, ungestaltet, unstrukturiert •unbefangen, ungezwungen

3015 Formular
Formblatt, Fragebogen, Musterblatt, Vordruck

3016 Formulierung
Abfassung, Manuskript, Text •Ausdruck, Redeweise, Redewendung

3017 Formung
Ausbildung, Erziehung, Schliff •Durchbildung, Form, Gestaltung

3018 forschen
auskundschaften, s. befassen, erkennen, eruieren, finden, nachspüren, suchen

3019 Forscher
Bahnbrecher, Erfinder, Forschungsreisende

3020 Forschung
Erkundung, Prüfung, Untersuchung •Geisteswelt, Lehre, Wissenschaft

3021 Förster
Forstmann, Forstwirt, Wildhüter

3022 fort
absent, auswärts, dahin, fortgegangen, unterwegs •abgängig, unauffindbar, verloren, verschollen, verschwunden, weg •abgetreten, arbeitslos, aufgehört, gegangen, gekündigt •fortgezogen, umgezogen, weggezogen

3023 fortbegeben (s.)
abrücken, s. aufmachen, davongehen, s. entfernen, s. fortmachen, losgehen, s. wegbegeben
3024 fortbilden
weiterbilden •entwickeln, heranbilden
3025 fortbilden (s.)
s. bilden, s. qualifizieren, s. vervollkommnen, s. weiterbilden
3026 fortbringen
abtransportieren, entfernen, räumen, wegbringen, wegräumen, wegschaffen, wegstellen •entführen, verschleppen
3027 Fortdauer
Bestand, Ewigkeit, Fortbestand, Stetigkeit
3028 Fortentwicklung
Aufwärtsentwicklung, Fortschritt, Verbesserung, Weiterkommen •Entfaltung, Evolution, Reifezeit, Wachstum
3029 fortfahren
abfahren, verreisen •fortführen, fortsetzen, weiterführen, weiterverfolgen
3030 fortjagen
abschieben, ächten, auflösen, ausbürgern, ausquartieren, aussiedeln, ausweisen, davonjagen, fortscheuchen, fortschicken, hinausekeln, hinauswerfen, scheuchen, umsiedeln, verbannen, vergrämen, verjagen, verscheuchen, verschrecken, verstoßen, vertreiben, wegjagen, wegscheuchen, wegtreiben, zerstreuen, auseinander treiben, auseinander jagen •abschieben, aussiedeln, hinauswerfen, verstoßen •entfernen, hinauswerfen, kündigen
3031 fortkommen
verschwinden, verloren gehen •aufrücken, aufsteigen, s. durchsetzen, s. emporarbeiten, s. verbessern •abmarschieren, davongehen, weglaufen, weichen
3032 fortlassen
ausklammern, auslassen, übergehen, überspringen, weglassen
3033 fortlaufen
davonlaufen, durchbrennen, durchgehen, flüchten •davonrennen, weglaufen, wegrennen •ausweichen, meiden, umgehen
3034 fortlegen
aufräumen, weglegen, wegräumen •abdecken, verstecken
3035 fortpflanzen
befruchten, zeugen
3036 Fortpflanzung
Mehrung, Vermehrung •Befruchtung, Empfängnis, Zeugung
3037 forträumen
fortbringen, fortschaffen, wegbringen, wegräumen
3038 fortschaffen
abräumen, forttragen, wegtragen •abschaffen, beseitigen, wegbringen, wegräumen
3039 fortschleichen
davongehen, davonschleichen, s. entfernen, wegschleichen
3040 fortschrittlich
aufsteigend, bahnbrechend, bedeutungsvoll, epochemachend, modern, progressiv, umwälzend, wegweisend, zeitgemäß, zukunftsgerichtet, zukunftsweisend
3041 fortsetzen (s.)
s. erweitern, s. fortpflanzen, s. steigern, s. vermehren
3042 Fortsetzung
Dauer, Fortbestand, Fortdauer, Fortführung
3043 fortziehen
abziehen, davongehen, scheiden •ausziehen, umziehen, wegziehen •entziehen, verweigern
3044 Fossil
Petrefakt, Versteinerung

3045 Fotograf
→Amateurfotograf, Berufsfotograf, Landschaftsfotograf, Lichtbildner, Modefotograf, Porträtfotograf, Pressefotograf, Werbefotograf

3046 Fotomodell
Dressman, Model, Modell •Mannequin, Model, Modell, Vorführdame

3047 Fötus
Fetus, Keimling, Leibesfrucht

3048 Fracht
Frachtgut, Frachtstück, Fuhre, Kargo, Ladung, Stückgut

3049 Frage
Fragestellung, Problem, Sache, Schwierigkeit •Anfrage, Ausforschung, Nachfrage

3050 fragen
anfragen, ausfragen, befragen, erkundigen, ermitteln, interviewen

3051 fragil
gebrechlich, gefährdet, zart, zerbrechlich

3052 Fratze
Entstellung, Faxen, Grimasse, Grimassen, Posse, Spottbild, Streiche, Zerrbild

3053 Frau
Dame, Gebieterin, Herrin •Ehefrau, Gattin, Gemahlin, Weib

3054 frauenhaft
feminin, fraulich, weiblich

3055 Fräulein
Gouvernante, Kindermädchen, Lehrerin •Bedienung, Kellnerin •Jungfer, Jungfrau, Unverheiratete

3056 Freak
Anhänger, Fachmann, Könner →Autofreak, Computerfreak

3057 frech
abschätzig, anmaßend, ausfallend, ausfällig, beleidigend, beschämend, dickköpfig, dreist, eigensinnig, flott, geschert, grob, impertinent, jungenhaft, keck, kühn, naseweis, ordinär, pampig, patzig, pejorativ, primitiv, respektlos, schamlos, schnippisch, spitz, störrisch, überheblich, unartig, unausstehlich, unbotmäßig, unerzogen, unfolgsam, ungehorsam, ungesittet, ungezogen, unhöflich, unmanierlich, unverfroren, unverschämt, verzogen, vorlaut, vorwitzig

3058 Frechdachs
Bengel, Flegel, Fratz, Lausbub, Lausebengel, Lausejunge, Range, Schelm, Schlawiner, Schlingel, Wildfang •Göre, Krabbe

3059 Frechheit
Abscheulichkeit, Ansinnen, Aufsässigkeit, Beleidigung, Bodenlosigkeit, Bösartigkeit, Dreistigkeit, Eigensinn, Garstigkeit, Gehässigkeit, Impertinenz, Niedertracht, Schamlosigkeit, Starrsinn, Trotz, Unart, Unfolgsamkeit, Ungehorsam, Ungezogenheit, Unverfrorenheit, Unverschämtheit, Widerspenstigkeit, Zumutung

3060 frei
brachliegend, unbebaut •gelöst, lässig, leger, salopp, ungeniert •gebührenfrei, kostenlos, unentgeltlich •befreit, entlassen •leer, offen, unbesetzt •achtbar, bieder, unverdächtig •ledig, unverheiratet •autonom, unabhängig, ungebunden, selbständig [selbstständig] •improvisiert, unvorbereitet •reibungslos, unbehindert, unbeschränkt, ungehindert, unkontrolliert •neutral, parteilos, ungebunden, unpolitisch •entbunden, entlastet, unbelastet •leer, offen, unbelegt, unbesetzt, verfügbar •aufsichtslos, herrenlos, unbeaufsichtigt, unbewacht, ungesichert

3061 freigeben
beurlauben, entbinden, entlassen •übergeben, zulassen •auslösen, entlassen, freilassen

3062 freigebig
gebefreudig, großmütig, großzügig, liberal, spendabel, tolerant •edelmütig, gebefreudig, generös, gnä-

dig, gönnerhaft, großherzig, großmütig, honorig, mildtätig, nobel, spendabel, uneigennützig, verschwenderisch, weitherzig, wohltätig, wohlwollend

3063 freigeistig
atheistisch, glaubenslos, heidnisch, ungläubig, unreligiös •aufgeklärt, freidenkerisch, liberal

3064 freihalten
bewirten, einladen, spendieren •aufheben, belegen, besetzen

3065 Freiheit
Autonomie, Eigenständigkeit, Freizügigkeit, Liberalismus, Selbständigkeit, Unabhängigkeit, Ungebundenheit

3066 freiheitlich
demokratisch, freiheitsliebend, liberal, tolerant

3067 freiheitsliebend
demokratisch, freigesinnt, freiheitlich, liberal, repressionslos

3068 Freiheitsstrafe
Arrest, Bestrafung, Gewahrsam •Ausgangsverbot, Hausarrest, Stubenarrest

3069 freikämpfen
befreien, entsetzen, zurückerobern

3070 Freikörperkultur
FKK, Nacktkultur, Naturismus, Nudismus

3071 freilich
anstandslos, bedenkenlos, selbstverständlich, unbesehen, widerspruchslos, zweifellos •aber, dabei, jedoch, mindestens, wohl, zwar •allemal, bestimmt, doch, eben, einfach, gewiss, gleichwohl, immerhin, ja, jawohl, jedenfalls, mindestens, natürlich, obwohl, schließlich, schon, wenigstens, zweifelsohne •anstandslos, bedenkenlos, gern, natürlich •einverstanden, gut, jawohl, schön

3072 freimachen
befreien, erlösen, freisetzen •frankieren

3073 Freiraum
Bewegungsfreiheit, Ellbogenfreiheit, Spielraum, Unabhängigkeit

3074 freisprechen
begnadigen, lossprechen •absolvieren, entlasten, entschuldigen, nachsehen, rechtfertigen, rehabilitieren, vergeben, verzeihen

3075 freiwillig
ehrenamtlich, umsonst, unentgeltlich •automatisch, bereitwillig, gern, spontan, unaufgefordert, ungefragt

3076 Freizeit
Rüstzeit •Ferien, Urlaub •Erholung, Feierabend, Muße

3077 fremd
fern, unbekannt, ungewohnt •ausländisch, auswärtig, wildfremd •eingewandert, immigriert

3078 Fremde
Gäste, Reisende, Touristen •Ausland, Ferne, Fremdartigkeit, Unbekanntheit •Ausländer, Fremder, Unbekannte

3079 Fremdenfeindlichkeit
Ausländerfeindlichkeit, Ausländerfeindschaft, Fremdenhass

3080 Fremdenverkehr
Fremdenverkehrswesen, Reiseverkehrswesen, Tourismus

3081 Fremder
Ausländer, Fremdling •Einbrecher, Eindringling, Unbekannter

3082 Fremdkörper
Eindringling, Krawallmacher, Störenfried, Unruhestifter •Einschluss, Einsprengsel •Ding, Stück

3083 fremdländisch
ausländisch, auswärtig, exotisch, fremd

3084 fressen
abfressen, abgrasen, äsen, futtern, grasen, weiden •essen, verschlingen •zersetzen, zerstören

3085 Fresser
Dickwanst, Fresssack, Prasser, Schlinger, Vielfraß

3086 Freude
Behagen, Herzensfreude, Jubel, Wohlgefallen •Daseinsfreude, Fröhlichkeit, Gekicher, Gelächter, Heiterkeit, Jubel, Lustigkeit, Stimmung •Befriedigung, Genuss, Lust, Spaß

3087 freudig
beschwingt, erfreut, froh, heiter, optimistisch, wohlgefällig •angenehm, erfreulich, gut, vorteilhaft

3088 freuen
amüsieren, beglücken, belustigen, erfreuen, ergötzen, vergnügen

3089 Freund
Bekannter, Geliebter, Liebhaber •Gefährte, Gefolgsmann, Genosse, Gesinnungsgenosse, Getreuer, Kamerad, Verbündeter, Vertrauter

3090 Freundin
Begleiterin, Gefährtin, Genossin, Kameradin, Verbündete, Vertraute •Bekannte, Geliebte, Liebste

3091 freundlich
aufmerksam, entgegenkommend, galant, gefällig, gut, herzlich, hilfsbereit, kultiviert, liebenswürdig, manierlich, nett, sympathisch, taktvoll, verbindlich, zugetan, zuvorkommend, wohlgesinnt •angenehm, behaglich, bequem, gemütlich, wohnlich •heiß, heiter, sommerlich, sonnig, warm

3092 Freundlichkeit
Entgegenkommen, Gastfreundlichkeit, Gewogenheit, Güte, Gutmütigkeit, Herzlichkeit, Hilfsbereitschaft, Innigkeit, Liebenswürdigkeit, Taktgefühl, Teilnahme, Verbindlichkeit, Wohlwollen, Zuvorkommenheit

3093 freundschaftlich
anhänglich, befreundet, brüderlich, einmütig, einträchtig, gefällig, kameradschaftlich, kollegial, partnerschaftlich, gleichgesinnt

3094 Friede
Übereinkommen, Übereinkunft, Vereinbarung, Vertrag •Kampfende, Waffenstillstand

3095 Friedfertigkeit
Friedlichkeit, Langmut, Milde, Sanftmut

3096 Friedhof
Begräbnisstätte, Gottesacker, Kirchhof, Totenacker →Grabmal, Grabmonument, Grabstein, Mausoleum, Monument, Pyramide, Stele, Urnenfriedhof •Ehrenfriedhof, Gräberfeld, Kriegsgräberstätte, Soldatenfriedhof

3097 friedlich
beschaulich, idyllisch, ruhig •einträchtig, friedfertig, friedvoll, gütlich, versöhnlich

3098 friedlos
geächtet, gebannt, vogelfrei •aufgewühlt, hastig, kribbelig, unstet, wirbelig

3099 frieren
abkühlen, erstarren, zufrieren •frösteln, schauern, schlottern, zittern

3100 Frikadelle
Bulette, Fleischkloß, Hackbällchen, Hamburger, Klops •Gemüsefrikadelle, Küchle

3101 frisch
neu, ungebraucht, ungetragen •ofenfrisch, ofenwarm •deutlich, sichtbar, vorhanden •frostig, kalt •angenehm, anregend, erfrischend, wohl tuend •durchblutet, gesund •rein, sauber •ausgeruht, erholt, fit, kräftig, leistungsfähig, potent, qualifiziert, topfit, trainiert, tüchtig, unverbraucht, vorbereitet •glatt, jung, straff

3102 Frische
Jugend, Jugendlichkeit, Unverbrauchtheit •Kühle

3103 Friseur
Bader, Barbier, Coiffeur, Figaro, Haarkünstler →Damenfriseur, Herrenfriseur

3104 frisieren
kämmen, ondulieren •manipulieren, verändern, verbergen, verbessern, vernebeln, verschleiern, verstecken, vertuschen, verwischen

3105 frisiert
manipuliert, verändert, verbessert •gebürstet, gekämmt, gewellt, onduliert, zurechtgemacht

3106 Frist
Fälligkeitstag, Stichtag, Termin •Aufschub, Bedenkzeit, Galgenfrist, Gnadenfrist, Strafaufschub

3107 fristen
befristen, stunden

3108 Frisur
Frisurmode, Haarmode, Haarputz, Haarschnitt, Haartracht, Toupet →Affenschaukeln, Afrolook, Bubikopf, Bürstenschnitt, Damenfrisur, Dauerkrause, Dauerwelle, Dutt, Haarknoten, Herrenfrisur, Kinderfrisur, Knoten, Kranz, Kurzhaarfrisur, Kurzhaarschnitt, Lockenkopf, Nest, Pagenkopf, Pferdeschwanz, Ponyfrisur, Schnecken, Stiftenkopf, Zopf •Locke →Damenwinker, Haarlocke, Herrenwinker, Korkenzieherlocke, Schmachtlocke, Stirnlocke

3109 froh
befreit, beruhigt, entlastet, entspannt, erfreut, erleichtert, erlöst, glücklich •aufgeheitert, ausgelassen, fidel, freudig, frohgemut, fröhlich, übermütig, überschäumend, übersprudelnd, ungetrübt, vergnügt, gut gelaunt •befreit, beruhigt, erfreut, erlöst, heilfroh

3110 Front
Fassade, Vorderansicht, Vorderseite •Feuerlinie, Gefechtslinie, Kampfgebiet, Kampflinie, Kampfplatz, Kriegsgebiet, Kriegsschauplatz, Schlachtfeld

3111 frontal
frontseitig, stirnseitig, von vorn

3112 Frost
Frostwetter, Kälte, Winterwetter •Raureif, Reif

3113 frostig
bitterkalt, eisig, winterlich •abweisend, distanziert, reserviert

3114 frottieren
abreiben, abtrocknen, trockenreiben

3115 fruchtbar
aufbauend, dienlich, einträglich, erfolgreich, ergiebig, förderlich, gedeihlich, hilfreich, konstruktiv, lukrativ, nutzbar, nutzbringend, nützlich, rentabel, tauglich, vorteilhaft, Profit bringend, Gewinn bringend •geschlechtsreif, potent, zeugungsfähig •ergiebig, Frucht bringend

3116 Fruchtbarkeit
Ergiebigkeit, Gedeihen •Empfänglichkeit, Fertilität

3117 früh
beizeiten, frühmorgens, morgens, rechtzeitig, vormittags, am Morgen •baldig, beizeiten, ehestens, frühzeitig, prompt, zeitig

3118 Frühe
Morgen, Tagesanbruch, Tagesbeginn, Zwielicht

3119 früher
alt, bisherig, damalig, damals, ehedem, ehemalig, ehemals, einerzeit, einmal, einst, einstens, einstig, einstmalig, einstmals, gewesen, seinerzeit, verflossen, vergangen, vordem, vorher, vorig, vormalig, vormals, vorzeiten •davor, eher, vor, voran, voraus, vorher, vorne, zuerst

3120 Fuchs
Pfiffikus, Ränkeschmied, Rechtsverdreher, Schlauberger, Schlaukopf •Pferd •Pelz •Rothaarige, Rotkopf •Reineke, Rotrock

3121 Fuge
Naht, Verbindungsstelle •Furche, Kerbe, Rille, Riss, Ritze, Schlitz, Spalt, Vertiefung, Zwischenraum

3122 fügen
anreihen, anschließen, vereinigen, zusammenfügen

3123 fügen (s.)
s. abfinden, s. angleichen, s. anpassen, s. beugen, s. einfügen, s. einleben, s. einordnen, s. fügen, s. integrieren, nachgeben, s. unterordnen, s. unterwerfen

3124 Fügung
Verkettung, Zusammenhang •Geschick, Schicksal

3125 fühlen
befingern, befühlen, tasten •ahnen, spüren •empfinden, merken, spüren, wahrnehmen

3126 Fühlung
Beziehung, Fühlungnahme, Kontaktaufnahme

3127 führen
befehligen, beherrschen, gebieten, verwalten, vorstehen •bedienen, betätigen, handhaben, regulieren •anführen, befehligen, gebieten, verwalten, vorsitzen •fahren, lenken

3128 führend
bahnbrechend, bestimmend, richtungweisend, tonangebend, wegweisend

3129 Führer
Boss, Chef, Direktor, Vorgesetzter, Vorsitzender •Befehlshaber, Hauptmann •Aufpasser, Begleiter, Begleitperson, Betreuer, Weggefährte •Anleitung, Ratgeber, Wegweiser •Reiseführer, Reiseleiter •Autofahrer, Chauffeur, Fahrer •Alleinherrscher, Diktator, Machthaber, Tyrann •Anführer, Bandenchef, Gangleader, Hauptmann, Initiator, Leithammel, Leithengst, Rädelsführer •Häuptling, Stammesältester, Stammesoberhaupt •Gebieter, Hauptfigur, Hauptperson, Machthaber, Mittelpunkt, Oberhaupt, Präsident, Regent, Schlüsselfigur, Staatschef, Staatsoberhaupt •Betreuer, Fremdenführer, Reisebegleiter •Erzieher, Lehrer •Leutnant, Offizier, Truppenführer •Anführer, Bauführer, Bauleiter, Polier •Anführer, Diskussionsleiter, Sprecher, Wortführer •Fuhrknecht, Fuhrmann, Kutscher, Pferdekutscher, Wagenlenker •Bandleader, Dirigent, Kapellmeister, Orchesterchef •Äbtissin, Ordensoberin, Priorin •Abt, Ordensoberer, Prior

3130 Führung
Betragen, Handlungsweise, Verhalten •Befehlshaber, Führungsspitze, Leitung •Anführung, Herrschaft, Verwaltungsspitze

3131 Fuhrwerk
Gefährt, Gespann, Karre, Wagen

3132 Fülle
Farce, Füllmasse •Farbigkeit, Vielfalt •Reichtum, Überangebot, Überfluss •Anhäufung, Menge •Körperfülle, Leibesfülle

3133 füllen
abfüllen, anbieten, auffüllen, aufwarten, einflößen, einfüllen, eingeben, eingießen, einschenken, einschütten, eintrichtern, hineingießen, hineinschütten, kredenzen, reichen, zapfen, voll füllen, voll gießen, voll machen, voll schenken, voll schütten •auffüllen, auftanken, ausfüllen, ausschreiben, betanken, nachfüllen, nachschütten, tanken, voll tanken •anfüllen, anreichern, auffüllen •bepolstern, füttern, polstern, wattieren

3134 füllig
aufgebläht, aufgeschwemmt, aufgetrieben, geschwollen •beleibt, fett, korpulent, mollig, pummelig, rund, stämmig, stramm, umfangreich, unförmig, wohlgenährt
3135 Füllung
Einlage, Inhalt •Farce, Fülle •Aufspeicherung, Sättigung •Tampon, Watte •Plombe •Auffüllung, Einfüllung →Daunen, Federn
3136 Fund
Ausgrabung, Entdeckung, Freilegung •Fundsache, Verlorenes
3137 Fundament
Unterbau, Untersatz, Unterteil •Ansatz, Ausgangspunkt, Basis, Voraussetzung •Grundfeste, Grundmauer, Grundstein, Postament, Sockel, Unterbau •Fußgestell, Piedestal, Postament
3138 fundamental
bestimmend, durchgreifend, elementar, entscheidend, grundlegend, grundsätzlich, maßgebend, prinzipiell
3139 Funk
Sendung, Übertragung →Hörfunk, Mobilfunk, Radar, Radio, Rundfunk, Sprechfunk
3140 Funke
Feuer •Kleinigkeit, Körnchen, Prise, Stäubchen, Wenigkeit, Winzigkeit
3141 funkeln
blinken, blitzen, glänzen, gleißen, glitzern, strahlen
3142 funkelnd
blinkend, blitzend, glitzernd, schillernd, schimmernd
3143 funken
verstehen •benachrichtigen, morsen, senden, telegrafieren •feuern
3144 Funkspruch
Depesche, Eilnachricht, Fernschreiben, Telegramm
3145 Funkstation
Rundfunkstation, Sendeanlage, Sendestation
3146 Funktion
Leistung, Zweck •Amt, Aufgabe •Arbeit, Ausübung, Geschäft, Tun, Wirksamkeit
3147 Funktionär
Mitarbeiter, Parteiarbeiter •Anführer, Chef, Manager
3148 funktionieren
arbeiten, gehen, wirken
3149 für
anstatt, ersatzweise, stellvertretend •zugunsten [zu Gunsten]
3150 Fürbitter
Fürsprecher, Heiliger, Schutzpatron •Antragsteller, Bittsteller
3151 Furche
Falte, Krähenfuß, Runzel •Falz, Fuge, Graben, Rinne
3152 furchen
ackern, pflügen, umgraben, umpflügen
3153 Furcht
Ahnung, Argwohn, Kleinmut, Zaghaftigkeit •Demut, Ehrfurcht, Scheu
3154 furchtbar
sehr, überaus •entsetzlich, fürchterlich, grauenhaft, grauenvoll, katastrophal, schauerlich, schaurig, Grauen erregend
3155 fürchten
argwöhnen, bangen, befürchten
3156 fürchten (s.)
s. ängstigen, s. entsetzen, s. grausen, s. scheuen
3157 furchtsam
bang, beklommen, kleinmütig, scheu, schreckhaft, verängstigt, verschüchtert
3158 Fürsorge
Diakonie, Fürsorglichkeit, Sozialfürsorge, Sozialhilfe, Wohlfahrt →Altersfürsorge, Armenpflege, Rentenfürsorge •Bedacht, Behutsamkeit, Obhut

3159 fürstlich
freigebig, großzügig •prächtig, prunkvoll, reichlich, wundervoll, aufwändig [aufwendig] •adelig, edel

3160 Furunkel
Abszess, Eiterbeule, Eitergeschwür, Karbunkel, Schwäre

3161 fusionieren
verbinden, vereinigen, verschmelzen, zusammenschließen

3162 Fuß
Bein, Extremität, Gliedmaße •Fundament, Grundmauer, Unterbau, Unterteil •Längenmaß

3163 Fußballklasse
→Bayernliga, Bezirksliga, Bundesliga, Kreisgruppe, Kreisklasse, Kreisliga, Landesliga, Regionalliga

3164 Fußbank
Fußschemel, Schemel

3165 Fußboden
Bodenfläche, Diele, Estrich

3166 Fussel
Fädchen, Faser, Fluse

3167 Fußfall
Demutsgebärde, Kniefall •Huldigung

3168 fußfällig
demutsvoll, devot, kniefällig, servil, untertänig, unterwürfig

3169 Fußgänger
Nomade, Passant, Pilger, Vorübergehender, Wanderer

3170 Fußgängerweg
Bürgersteig, Fußgängerpfad, Fußgängerüberweg, Fußsteig, Fußweg, Gehsteg, Gehsteig, Gehweg, Promenade, Trottoir, Zebrastreifen

3171 Fußmatte
Abstreicher, Abtreter, Fußabstreicher, Fußabtreter

3172 Fußrücken
Reihen, Rist, Spann

3173 Fußvolk
Heer, Truppe •Anbeter, Bewunderer, Fan, Fanatiker, Gefolgschaft, Mitläufer, Sympathisanten, Verehrer

3174 Futter
Ausfütterung, Fütterung, Innenfutter •Äsung, Fraß, Fressen, Nahrung, Weichfutter

3175 Futteral
Etui, Hülle, Kapsel, Scheide, Schoner

3176 futtern
spachteln •äsen, fressen, grasen, schlingen, weiden

3177 füttern
ernähren, mästen, nähren, päppeln •füllen, unterlegen

3178 Futterrübe
Runkelrübe, Zuckerrübe

G

3179 Gabe
Auffassungsgabe, Befähigung, Begabung, Denkfähigkeit, Fähigkeit, Geistesgaben, Intellekt, Intelligenz, Klugheit, Scharfsinn, Urteilsfähigkeit, Urteilskraft, Verstand •Bruchteil, Dosis, Maß •Aufmerksamkeit, Geschenk, Mitbringsel, Präsent •Almosen, Beitrag, Scherflein

3180 Gabel
Essgabel, Essgerät →Fischgabel, Fleischgabel, Kuchengabel, Vorlegegabel •Forke, Harke, Heugabel, Mistgabel, Rechen •Gehörn, Geweih •Abzweigung, Gabelung, Kreuzung, Verzweigung

3181 gabeln
aufgabeln, aufspießen

3182 gabeln (s.)
abzweigen, s. teilen, s. verzweigen, auseinander gehen

3183 gackern
gicksen, girren, glucksen, kollern

3184 Gaffer
Neugierige, Schaulustige, Umstehende, Zaungäste
3185 Gag
Clou, Geistesblitz, Spaß, Überraschungseffekt
3186 gähnen
aufgehen, klaffen, offen stehen
3187 Galerie
Ausstellung, Bilderausstellung, Bildergalerie, Gemäldeausstellung, Gemäldegalerie, Sammlung, Vernissage
3188 Gallerte
Aspik, Gelatine, Gelee, Jus
3189 gallertig
dicklich, gallertartig, gelatineartig
3190 Galopp
Eilschritt, Laufschritt
3191 galoppieren
beschleunigen, rasen, sausen •reiten, sprengen
3192 gammeln
dahinleben, s. hängen lassen, herumlungern, s. herumtreiben
3193 Gang
Gangart, Schritt, Tritt •Bande, Jugendbande •Ablauf, Entwicklung, Lauf •Besorgung, Erledigung •Diele, Flur, Korridor •Menügang, Speisenfolge
3194 gängeln
bevormunden, lenken, vorschreiben
3195 gängig
bekannt, gebräuchlich, geläufig, gewohnt, normal, verbreitet •begehrt, beliebt, gefragt •erfüllbar, erreichbar, gangbar
3196 Gangway
Laufgang, Laufsteg, Lauftreppe
3197 Gans
Gänserich, Ganter →Blässgans [Blessgans] •Dummkopf, Einfaltspinsel, Schwätzer
3198 ganz
absolut, alles, gesamt, insgesamt, komplett, lückenlos, restlos, sämtlich, total, ungekürzt, vollends, völlig, vollkommen, vollständig, vollzählig •heil, unbeschädigt, unversehrt
3199 gar
durch, essbar, weich •etwa, vielleicht
3200 Garage
Autoabstellplatz, Car-Pool, Fahrzeugabstellplatz
3201 Garant
Bürge, Gewährsmann
3202 garantiert
authentisch, erwiesenermaßen, gewährleistet, verbürgt, zuverlässig
3203 Garbe
Ballen, Bündel, Stapel •Feuergarbe, Gewehrgarbe, Gewehrsalve
3204 Garde
Elitetruppe •Leibgarde, Wachmannschaft, Wachposten
3205 Garderobe
Bekleidung, Kleidung •Flurgarderobe, Kleiderablage, Kleiderständer •Ankleidezimmer, Kabine, Umkleidekabine, Umkleideraum
3206 Gardine
Vorhang →Scheibengardine, Store, Übergardine
3207 garen
braten, dünsten, kochen, schmoren
3208 gären
aufgehen, treiben •brodeln, kriseln, schwelen
3209 Garn
Band, Faden, Nähfaden, Nähgarn, Zwirn
3210 garnieren
ausgestalten, ausputzen, dekorieren, schmücken, verschönern, zieren •dressieren, verzieren
3211 garniert
geschmückt, verfeinert, verschönert, verziert

3212 Garnison
Bataillon, Kompanie, Truppeneinheit •Kaserne, Truppenstandort
3213 Garnitur
Satz, Serie, Set •Ausschmückung, Besatz
3214 garstig
bösartig, boshaft, unausstehlich, widerspenstig •ekelhaft, furchtbar, grässlich, grauenhaft, gräulich, regnerisch, schauderhaft, scheußlich, unschön
3215 Garten
Anlage, Gartenanlage, Grünanlage, Park →Anzuchtgarten, Atriumgarten, Baumgarten, Blumengarten, Dachgarten, Fruchtgarten, Gemüsegarten, Grasgarten, Hausgarten, Kleingarten, Kräutergarten, Lustgarten, Nutzgarten, Obstgarten, Reihenhausgarten, Schrebergarten, Steingarten, Vorgarten, Wohngarten, Ziergarten •Freigehege, Tiergarten, Zoo
3216 Gartenzwerg
Armleuchter, Spottfigur •Wichtel, Wichtelmann •Knirps, Zwerg
3217 Gas
Dampf, Dunst, Emission, Rauch →Auspuffgas, Butan, Erdgas, Flaschengas, Giftgas, Leitungsgas, Leuchtgas, Nebelgas, Propan, Reizgas, Stadtgas, Tränengas
3218 Gast
Dauergast, Kostgänger, Pensionär, Stammgast •Besucher, Eingeladener, Geladener •Dauermieter, Pensionär, Stammgast
3219 Gastarbeiter
Fremdarbeiter
3220 gastfreundlich
einladend, gastfrei, gastlich, wirtlich
3221 Gastfreundschaft
Freigebigkeit, Gastfreundlichkeit, Gastlichkeit
3222 Gastgeber
Bewirter, Gesellschafter, Hausherr, Wirt
3223 gastieren
auftreten, besuchen, vorführen
3224 Gastrolle
Gastspiel, Gastvorstellung
3225 Gastwirt
Schankwirt, Wirt
3226 Gatter
Gitter, Umzäunung, Vergitterung, Zaun
3227 gaukeln
narren, täuschen •flattern, fliegen, segeln
3228 Gaukler
Betrüger, Blender •Artist, Fakir, Taschenspieler, Zirkuskünstler •Hexer, Illusionist, Magier, Medizinmann, Wahrsager, Zauberer, Zauberkünstler
3229 Gauner
Ausbund, Bandit, Bauernfänger, Betrüger, Dieb, Erzgauner, Fälscher, Falschspieler, Filou, Gangster, Ganove, Geldfälscher, Geschäftemacher, Gesetzesbrecher, Halunke, Hehler, Herumtreiber, Hochstapler, Krimineller, Lump, Missetäter, Preller, Räuber, Scharlatan, Schieber, Schuft, Schurke, Schwindler, Spitzbube, Straftäter, Strolch, Übeltäter, Urkundenfälscher, Vagabund, Verbrecher, Wechselbetrüger, Zechpreller
3230 Gazette
Blatt, Journal, Zeitung
3231 geachtet
achtbar, anerkannt, beliebt, ehrenwert, geschätzt, populär
3232 gealtert
abgehärmt, alt, bejahrt, betagt, ergraut
3233 Geäst
Ast, Astwerk, Gezweig
3234 geästelt
federartig, verästelt, verzweigt, vielarmig

3235 Gebäck
Backware, Backwerk, Biskuit, Kuchen, Patisserie, Plätzchen
3236 Gebälk
Balken, Dachsparren, Dachstuhl, Firstbalken
3237 geballt
gehäuft, haufenweise, massenhaft, massenweise, reichlich, viel
3238 gebändigt
abgerichtet, besiegt, bezwungen, dressiert, gezähmt, zahm, zutraulich
3239 gebannt
besessen, erstarrt, verzaubert •geächtet, rechtlos, verfemt, vogelfrei
3240 Gebeine
Gerippe, Knochengerüst, Skelett, Totengebeine
3241 geben
aufführen, veranstalten •beschenken, mitbringen, spendieren •abliefern, aushändigen, überreichen
3242 Gebet
Anrufung Gottes, Bitte, Flehen, Fürbitte →Abendgebet, Ave-Maria, Bittgebet, Bußgesang, Danksagung, Dankgebet, Frühgebet, Hausgebet, Komplet, Morgengebet, Nachtgebet, Paternoster, Prim, Rosenkranz, Schulgebet, Stoßgebet, Tischgebet, Vaterunser, Vesper, Englischer Gruß, Gebet des Herrn
3243 Gebiet
Ballungsgebiet, Ballungszentrum, Bereich, Bezirk, Bodenfläche, Domäne, Herrschaftsgebiet, Hoheitsgebiet, Industriezentrum, Land, Region, Reich, Staatsgebiet, Territorium, Zone •Areal, Außenbezirk, Bodenfläche, Grundstück, Rand, Randbezirk, Randgebiet, Tangente •Branche, Fach, Sparte, Zweig
3244 gebieten
anführen, beherrschen, diktieren, leiten, regieren •anweisen, bestimmen, verfügen •bedingen, erfordern
3245 Gebieter
Ehemann, Mann •Herr, Machthaber, Oberhaupt, Regent
3246 Gebieterin
Ehefrau, Frau •Herrin, Herrscherin, Regentin
3247 gebildet
belesen, beschlagen, gescheit, klug, qualifiziert, sachverständig, studiert, weise
3248 gebilligt
akzeptiert, anerkannt, angenommen, entschieden, fertig
3249 Gebirge
Berge, Bergmassiv, Bergrücken, Felsmassiv, Gebirgskette, Gebirgsmassiv, Gebirgszug, Hochgebirge, Höhenzug •Mittelgebirge, Vorgebirge
3250 Gebiss
Zahnersatz, Zahnprothese •Kauwerkzeuge, Zähne
3251 gebläht
aufgedunsen, aufgeschwollen, breit, geschwollen
3252 Gebläse
Blasebalg, Klimaanlage, Ventilator
3253 geblendet
erblindet, sehbehindert •entzückt, erstaunt, fassungslos, überrascht
3254 gebogen
gekrümmt, geschweift, geschwungen, halb rund •krumm, umgebogen, verbogen
3255 geboren
abstammend, ansässig, gebürtig
3256 geborgen
beschirmt, beschützt, erlöst, gerettet, sicher
3257 Geborgenheit
Behütetsein, Gesichertheit, Nestwärme, Schutz, Sicherheit
3258 Gebot
Anordnung, Befehl, Bestimmung, Order, Verfügung •Angebot •Forderung, Gesetz, Glaubenssatz

3259 Gebrauch
Anwendung, Benutzung, Einsatz, Inanspruchnahme, Nutzanwendung, Nutzung, Verwendung
3260 gebrauchen
benötigen, brauchen •anwenden, benützen, benutzen, nützen, nutzen
3261 gebräuchlich
bekannt, eingeführt, gängig, geläufig, verbreitet
3262 Gebrauchsanweisung
Bedienungsvorschrift, Gebrauchsanleitung
3263 gebrauchsfertig
anwendbar, betriebsbereit, einsatzfertig
3264 Gebrechen
Defekt, Mangel, Schaden •Beschwerden, Krankheit, Leiden
3265 gebrechlich
altersschwach, kränklich, wackelig, zittrig
3266 Gebrechlichkeit
Altersschwäche, Auszehrung, Hinfälligkeit, Kräfteverfall
3267 gebrochen
defekt, kaputt •abgehackt, stammelnd, stockend •deprimiert, entmutigt, niedergedrückt, niedergeschlagen
3268 Gebühr
Abgabe, Beitrag, Steuer, Tribut •Courtage, Maklergebühr, Provision, Vermittlungsgebühr •Briefporto, Porto, Postgebühr •Eintrittsgebühr
3269 gebührend
ordentlich, schicklich •angebracht, geeignet, gehörig, zustehend
3270 gebunden
broschiert •eingefangen, geknebelt •verlobt, versprochen, zugesagt •unfrei, verantwortlich, unselbständig [unselbstständig]
3271 Geburt
Beginn, Entstehung, Ursprung, Wiege •Abkunft, Abstammung, Herkunft •Entbindung, Niederkunft
3272 Gedächtnis
Aufnahmefähigkeit, Erinnerungsvermögen, Lernfähigkeit, Merkfähigkeit, Rückerinnerung →Orientierungssinn, Orientierungsvermögen, Ortsgedächtnis, Sprachgedächtnis, Zahlengedächtnis •Andenken, Gedenken, Jubiläum
3273 Gedächtnisstütze
Eselsbrücke, Gedächtnishilfe, Lernhilfe, Merkhilfe, Stütze →Merkbuch, Merkheft, Merkzettel, Notizbuch, Terminkalender
3274 gedämpft
leise, tonlos, halb laut •dämmrig, halbdunkel
3275 gedankenlos
achtlos, fahrig, unachtsam, unaufmerksam •automatisch, blind, mechanisch •albern, dumm •leichtsinnig, unbesonnen, unklug, unvernünftig, unvorsichtig, vernunftlos
3276 Gedankenlosigkeit
Unbedachtheit, Unbesonnenheit, Unverstand, Zerfahrenheit •Geistlosigkeit •Borniertheit, Torheit, Unvernunft, Vernunftlosigkeit
3277 Gedeck
Gang, Gericht, Portion •Besteck
3278 gedeihen
ansteigen, aufblühen, blühen, s. entwickeln, erblühen, s. steigern •erstarken, wachsen
3279 gedenken
einfallen, s. erinnern, s. merken, zurückdenken •planen, vorhaben, wollen
3280 Gedenkmünze
Denkmünze, Medaille, Plakette
3281 Gedenkrede
Gedächtnisrede, Nachrede, Nachruf, Würdigung

3282 Gedenkstein
Denkmal, Denkstein, Ehrenmal, Mahnmal
3283 Gedicht
Dichtung, Gleichklang, Lied, Ode, Poesie, Reim, Spruch, Vers, Verschen, Versdichtung, Verse, lyrische Dichtung →Ballade, Gelegenheitsgedicht, Heldengedicht, Scherzgedicht •Eleganz, Erlesenheit, Großartigkeit
3284 gediegen
dezent, unauffällig •rein, stabil •reell, solide, vertrauenswürdig, wertbeständig
3285 gedrängt
angehäuft, gehäuft •beengt, eingeklemmt •bündig, kurz
3286 gedreht
bogenförmig, gebogen, gedrechselt, gekrümmt, gerundet, geschraubt, gewunden, schneckenförmig, schraubenförmig, spiralig, verschnörkelt
3287 gedrungen
bullig, massig, untersetzt
3288 geduckt
ergeben, unterwürfig •ängstlich, bang, besorgt, schreckhaft
3289 Geduld
Ausdauer, Gelassenheit, Gleichmut, Toleranz •Entschlossenheit, Geradlinigkeit, Stehvermögen, Unermüdlichkeit, Unerschütterlichkeit, Zähigkeit •Demut, Ergebenheit, Ergebung, Treue
3290 geduldig
ausdauernd, beharrlich, unermüdlich •gelassen, gleichmütig, tolerant •dulderisch, ergeben
3291 gedunsen
aufgeschwemmt, aufgetrieben, schwammig
3292 geeignet
brauchbar, ideal, passend, verwendbar •befähigt, begabt, fähig
3293 gefährlich
bissig, scharf •ansteckend, infektiös, übertragbar •abenteuerlich, riskant, verwegen, bedrohend, ernst, Unheil bringend, Gefahr bringend •bedrohlich, gefahrvoll, lebensgefährlich, riskant, tödlich •beängstigend, bedenklich, erschütternd, katastrophal, verhängnisvoll, Besorgnis erregend •bedenklich, heikel, verfänglich •letal, mörderisch, tödlich, todbringend •gewagt, heikel, kritisch, tollkühn, verwegen •brennbar, entflammbar, entzündbar, feuergefährlich
3294 Gefährlichkeit
Bedrängnis, Bedrohung, Gefährdung, Risiko
3295 gefahrlos
harmlos, risikolos, ungefährlich, unschädlich
3296 Gefährte
Begleiter, Freund, Kamerad
3297 Gefährtin
Begleiterin, Freundin, Kameradin, Partnerin
3298 Gefälle
Abschüssigkeit, Anstieg, Berg, Neigung, Schräge, Senkung, Steigung •Abfahrtsstrecke, Abhang, Absturz, Berg, Berghang, Böschung, Halde, Hang, Lehne, Piste, Steilhang, Talhang
3299 gefallen
angeschlagen, lädiert •ansprechen, anziehen, mögen, passen, zusagen
3300 Gefallen
Bereitschaft, Dienstwilligkeit, Entgegenkommen, Freundlichkeit, Gefälligkeit, Hilfeleistung, Verbindlichkeit, Wohlwollen •Geschmack, Interesse, Sympathie •Anerkennung, Ehrfurcht, Hochachtung, Respekt, Wertschätzung •Achtung, Anerkennung, Anklang, Beifall, Lob, Lobrede, Würdigung, Zustimmung •Geneigtheit, Gewo-

genheit, Gunst, Hingabe, Hingezogenheit, Hinneigung, Huld, Liebe, Sympathie, Verbundenheit, Wohlwollen, Zuneigung •Anhänglichkeit, Freundschaft, Hingezogenheit, Hinneigung, Liebe, Verbundenheit, Wohlwollen, Zuneigung

3301 Gefallene
Kriegsopfer, Tote, Verstorbene •Courtisane, Dirne, Hure

3302 gefälscht
künstlich, nachgeahmt, nachgemacht, unecht

3303 Gefangener
Arrestant, Häftling →Knastbruder, Strafgefangener, Sträfling, schwerer Junge, Kriegsgefangener, Untersuchungsgefangener, Untersuchungshäftling

3304 gefärbt
tendenziös •bunt, eingefärbt, farbig, scheckig

3305 Gefasel
Geklatsche, Geschwätz, Klatsch, Tratsch •Ausdruckslosigkeit, Banalität, Belanglosigkeit

3306 gefesselt
ergriffen, gepackt •eingeengt, gefangen, geknebelt, unfrei, zugeschnürt

3307 Gefieder
Feder, Federkleid, Kleid

3308 Geflecht
Flechte, Haargeflecht, Zopf •Draht, Flechtwerk, Gewebe, Maschenwerk •Gespinst, Verwicklung, Verworrenheit

3309 gefleckt
farbig, fleckig, gescheckt, buntscheckig, bunt gescheckt

3310 geflohen
abgehauen, fort, unauffindbar, verloren, verschollen, verschwunden, weg

3311 Geflügel
Federvieh, Nutzvögel, Vögel

3312 Gefolge
Begleitung, Dienerschaft, Gefolgsleute, Geleit, Nachhut, Zug

3313 Gefolgsmann
Anhänger, Begleiter, Lehnsmann, Trabant, Vasall

3314 Gefräßigkeit
Appetit, Essgier, Esslust, Esssucht, Fressgier, Fresssucht, Gier, Heißhunger, Unersättlichkeit, Verfressenheit

3315 gefrieren
erkalten, erstarren, zufrieren •einfrieren, tiefgefrieren

3316 Gefrierschrank
Eisschrank, Kühlschrank

3317 gefroren
eisig, erstarrt, kalt

3318 Gefüge
Anordnung, Gliederung, Struktur, Zusammensetzung

3319 gefügig
brav, fügsam, gesonnen, nachgiebig, untertan, willig

3320 Gefühl
Empfinden, Gefühlsbewegung, Gemütsbewegung, Instinkt, Stimmung •Ahnung, Vermutung, Vorgefühl •Bewusstsein, Empfindung, Gemüt, Herz, Innenleben, Innenwelt, Inneres, Psyche, Seele, Seelenleben

3321 gefühllos
abgestumpft, erbarmungslos, gefühlskalt, gemütsarm, hartherzig, lieblos, mitleidlos, seelenlos, verhärtet •abgestorben, blutleer, empfindungslos, taub

3322 Gefühlsleere
Gefühllosigkeit, Gefühlskälte, Herzlosigkeit

3323 gefühlvoll
besinnlich, einfühlsam, emotional, empfindsam, feinfühlig, romantisch, sensibel, zart fühlend

3324 gefunden
aufgetaucht, entdeckt, enträtselt, ermittelt, festgestellt

3325 gefurcht
faltig, furchig, gekerbt, runzelig, schlaff, verhutzelt, welk, zerfurcht, zerschründet
3326 Gegebenheit
Gewissheit, Norm, Realität, Umstand
3327 gegen
auseinander, dagegen, entgegen, kontra, wider, zuwiderlaufend •annähernd, beinahe, etwa, fast, gleichsam, halb, nahezu, praktisch, quasi, ungefähr, zirka •zuungunsten [zu Ungunsten]
3328 Gegend
Lebenskreis, Milieu, Umgebung, Umkreis •Landschaftsgebiet, Landstrich
3329 Gegengewicht
Ausgleichung, Gewichtsausgleich, Machtausgleich •Divergenz, Gegenpol, Unterschied
3330 Gegengift
Antitoxin, Gegenmittel
3331 Gegenliebe
Beziehung, Freundschaft •Anklang, Beifall, Echo, Resonanz, Zustimmung
3332 Gegensatz
Antithese, Gegenpol, Gegensätzlichkeit, Gegenstück, Gegenteil, Kehrseite, Kontrast, Unterschied, Verschiedenheit
3333 gegensätzlich
absurd, anders, diametral, divergent, dualistisch, entgegengesetzt, folgewidrig, konträr, oppositionell, unlogisch, widersinnig, widersprüchlich, widerspruchsvoll •antonymisch, entgegengesetzt
3334 Gegensätzlichkeit
Dualismus, Gegensatz, Polarität, Ungleichartigkeit, Unvereinbarkeit, Verschiedenartigkeit, Verschiedenheit
3335 gegenseitig
abwechselnd, auseinander, beiderseits, relativ, rückbezüglich, voneinander, wechselweise
3336 Gegenseitigkeit
Gegenbeziehung, Korrelation, Wechselbeziehung, Wechselseitigkeit, Wechselwirkung
3337 Gegenstand
Frage, Motiv •Sujet, Thema, Themenstellung •Ding, Objekt, Sache
3338 gegenständlich
konkret, körperlich, materiell, stofflich •bildhaft, figürlich
3339 gegenstandslos
bedeutungslos, nutzlos, überflüssig, unnütz, wertlos •grundlos, haltlos, unmotiviert
3340 Gegenstimme
Einspruch, Einwand, Einwurf, Entgegnung, Protest, Veto, Widerrede
3341 Gegenstück
Abschrift, Doppel, Durchschrift, Ergänzung, Kopie •Abklatsch, Spiegelbild, Widerschein
3342 Gegenteil
Antithese, Gegenstück •Gegensatz •Antonym, Gegensatzwort, Gegenwort •Andere
3343 gegenteilig
anders, dawider, verschieden
3344 gegenüber
angrenzend, anliegend, benachbart, dicht, dort, drüben, entgegengesetzt, jenseits, neben, umliegend, vis-a-vis [vis-à-vis]
3345 Gegenwart
Augenblick, Jetztzeit •Dasein, Existenz, Präsenz, Zugegensein
3346 gegenwärtig
erinnerlich, parat, präsent •aktuell, brisant, spruchreif •heutig, zeitgenössisch •anwesend, hier, vorhanden •derzeit, heute, jetzt
3347 Gegenwehr
Auflehnung, Gegendruck, Protest, Verweigerung, Widerstand •Abwehr, Defensive, Notwehr

3348 gehaltlos
dünn, salzlos •nährstoffarm, saftlos •alltäglich, banal, einfallslos, flach, geistlos, inhaltsleer, leer, nüchtern, schal, stumpfsinnig, substanzlos, trivial, witzlos, nichts sagend

3349 Gehaltlosigkeit
Belanglosigkeit, Einfallslosigkeit, Gedankenarmut, Hohlheit, Leere, Plattheit, Trivialität

3350 gehaltvoll
ausdrucksstark, aussagekräftig •kräftig, nahrhaft, schmackhaft

3351 gehässig
anzüglich, ausfallend, beißend, beleidigend, bissig, bösartig, boshaft, giftig, hämisch, höhnisch, ironisch, kabarettistisch, parodistisch, persönlich, sarkastisch, satirisch, schadenfroh, scharfzüngig, schneidend, spöttisch, verletzend, zynisch

3352 gehasst
charakterlos, missliebig, unausstehlich, unbeliebt, unpopulär, unsympathisch, verhasst, verwerflich, verworfen

3353 Gehege
Auslauf, Zwinger •Koppel, Viehweide, Weide •Einfriedung, Umzäunung

3354 geheim
anonym, undurchsichtig •diskret, insgeheim, unauffällig, verschwiegen •heimlich, topsecret, verborgen, verhüllt •illegal, verschwörerisch

3355 Geheimbund
Geheimorganisation, Untergrundorganisation

3356 Geheimdienst
Abwehrdienst, Geheimpolizei, Nachrichtendienst

3357 Geheimgericht
Feme

3358 Geheimnis
Dunkel, Frage, Heimlichkeit, Mysterium, Rätsel •Schweigepflicht →Amtsgeheimnis, Arztgeheimnis, Beichtgeheimnis, Briefgeheimnis, Dienstgeheimnis, Postgeheimnis, Staatsgeheimnis

3359 geheimnisvoll
dämonisch, dunkel, hintergründig, magisch, mysteriös, mystisch, nebulös, okkult, okkultistisch, rätselhaft, spiritistisch, übersinnlich, undurchschaubar, unerforschlich, unergründlich •doppeldeutig, doppelsinnig, orakelhaft, vieldeutig •schlummernd, unentdeckt

3360 gehemmt
angebunden, behindert, erschwert, gefesselt, unfrei •befangen, scheu, verkrampft

3361 gehen
s. befinden, s. fühlen •spazieren →abklappern, abpirschen, abstreifen, s. bewegen, s. fortbewegen, hinausgehen, laufen, trampen, umherirren, umherschleudern, vagabundieren, verkehren, zigeunern, schleichen, latschen, schlurfen, schlürfen, streunen, strolchen, tapsen, waten, zockeln, zotteln, zuckeln, hoch steigen, bergsteigen, besteigen, klettern, klimmen, kraxeln, stelzen, fuchteln, hatscheln, hinken, rudern, schlurren, stapfen, stiefeln, stöckeln, stolpern, stolzieren, tänzeln, tanzen, tappeln, tappen, taumeln, tippeln, torkeln, traben, trappeln, trippeln, trotteln, trotten, watscheln, promenieren, ausgehen, bummeln, flanieren, lustwandeln, schlendern, trödeln, umherstreifen, wandeln, spazieren gehen, durchkreuzen, durchqueren, durchstreichen, durchstreifen, herumgeistern, herumirren, herumschlendern, herumschweifen, herumspuken, herumziehen, schweifen •weichen, s. aufmachen, s. entfernen, s. fortbegeben •schwanken, schwingen, taumeln, torkeln, wanken •abdanken, aufhören, kündigen

3362 Gehirn
Geist, Köpfchen, Verstand •Denkapparat, Gehirnmasse, Hirn, Kopf, Zerebrum, graue Zellen →Großhirn, Hinterhirn, Kleinhirn, Vorderhirn

3363 gehoben
bessere, obere •andächtig, feierlich •aufgeräumt, froh

3364 Gehör
Gehörorgan, Gehörsinn, Hörvermögen, Ohr

3365 gehorchen
beachten, befolgen, beherzigen, einhalten, einwilligen, folgen, s. fügen, nachkommen, parieren, spuren, s. unterwerfen

3366 gehören
besitzen, haben •angehören, besitzen, zugehören

3367 gehörig
eigen, zugehörig •ausreichend, viel •angebracht, angemessen, gebührend, geziemend

3368 gehörlos
stocktaub, taub, taubstumm, schwerhörig

3369 Geifer
Grimm, Wut, Zorn •Schaum, Speichel •Gischt

3370 geigen
aufspielen, fiedeln, streichen

3371 geil
scharf, sexy •begehrlich, gierig, liebestoll, wollüstig •liebestoll, mannstoll, nymphoman •aufgeschossen, dünn

3372 Geilheit
Fleischeslust, Lüsternheit, Sexualität, Sinnlichkeit, Triebhaftigkeit

3373 Geisel
Bürge, Gekidnappter, Unterpfand

3374 Geisha
Buhle, Liebesdienerin

3375 Geißel
Geißelung, Züchtigung •Bürde, Kreuz, Mühsal, Plage •Knute, Peitsche, Rute, Stock

3376 geißeln
peitschen, züchtigen •anprangern, anzeigen, brandmarken

3377 Geist
Denkart, Denkweise •Auffassungsgabe, Denkfähigkeit, Esprit, Intellekt, Aufnahmefähigkeit, Begabung, Genius, Intelligenz, Lernfähigkeit, Talent •Albtraum, Alp, Dämon, Erscheinung, Gespenst, Gnom, Halluzination, Hirngespinst, Kobold, Mahr, Nachtgeist, Phantom, Schattengestalt, Scheme, Schimäre, Schreckbild, Schreckgespenst, Spuk, Spukgestalt, Troll, Wichtelmann, Fantasiebild [Phantasiebild]

3378 Geisterbeschwörer
Exorzist, Teufelsaustreiber

3379 geistern
gespenstern, herumspuken, irrlichtern, spuken •herumgeistern, nachtwandeln, schlafwandeln

3380 Geisterstunde
Mitternacht, Tageswechsel

3381 Geistesblitz
Einfall, Eingebung, Erleuchtung, Gedanke, Idee

3382 geistesgegenwärtig
bedächtig, geduldig, gefasst, gelassen, gesetzt, gleichmütig, reaktionsschnell, ruhig

3383 Geistesgegenwart
Entschlusskraft, Kaltblütigkeit, Reaktionsvermögen

3384 Geistesgröße
Denker, Erfinder, Geist, Genie, Genius, Koryphäe

3385 Geisteskraft
Abstraktionsfähigkeit, Denkfähigkeit, Denkvermögen, Erkenntnisvermögen, Urteilsfähigkeit

3386 geistig
unkörperlich, unsinnlich •alkoholisch, flüchtig •abstrakt, begrifflich, unwirklich

3387 geistlich
kirchlich, klerikal, sakral, theologisch
3388 Geistlicher
Kleriker, Priester, Seelsorger, Theologe →Bischof, Dechant, Dekan, Gemeindepfarrer, Gottesmann, Kaplan, Kardinal, Kirchenmann, Militärgeistlicher, Militärseelsorger, Missionar, Mönch, Ortspfarrer, Pastor, Pater, Patriarch, Pfaffe, Pfarrer, Pfarrgeistlicher, Pfarrherr, Pfarrvikar, Pope, Prälat, Präses, Prediger, Propst, Rabbi, Rabbiner, Schwarzrock, Seelenhirte, Stadtpfarrer, Superintendent, Vikar, geistlicher Herr, geistlicher Würdenträger
3389 Geistlosigkeit
Banalität, Einfallslosigkeit, Gedankenarmut, Geistesarmut, Hohlheit, Plattheit, Trivialität
3390 geistreich
aufgeweckt, gescheit, scharfsinnig •einfallsreich, erfinderisch, geistvoll, genial, ideenreich, sprühend, witzig •ausdrucksstark, aussagekräftig, inhaltsvoll
3391 Geiz
Besitzgier, Beutelschneiderei, Eigennutz, Geldgier, Geldschneiderei, Gewinnsucht, Habgier, Knauserigkeit, Nepp, Preisschneiderei, Preistreiberei, Profitgier, Raffgier, Wucher
3392 geizen
anhäufen, darben, kargen, knausern
3393 Geizhals
Filz, Geizkragen, Knauser, Knicker, Nassauer, Pfennigfuchser, Profitmacher
3394 geizig
berechnend, geldgierig, gewinnsüchtig, gierig, habgierig, habsüchtig, knauserig, knickerig, profitsüchtig, raffgierig
3395 geknickt
abgeknickt, eingeknickt, umgeknickt •deprimiert, gedrückt, lebensmüde, mutlos, niedergedrückt, traurig, trübsinnig
3396 gekränkt
beleidigt, eingeschnappt, verschnupft
3397 gekühlt
abgekühlt, kalt •eingefroren, gefroren
3398 geladen
entsichert, schussbereit •empört, zornig •beladen, voll •eingeladen, willkommen •bestellt, vorgeladen •gerufen, willkommen, gern gesehen
3399 Geladener
Besucher, Eingeladener, Gast
3400 Gelage
Bacchanal, Bauchdienerei, Besäufnis, Festfreuden, Fressgelage, Prasserei, Sauferei, Schlemmerei, Schwelgerei, Trinkgelage, Verschwendung, Zechgelage, Fressen, Fresserei, Orgie, Völlerei
3401 gelähmt
gebrechlich, gehbehindert, lahm •blockiert, ohnmächtig
3402 Gelände
Anwesen, Grund •Bereich, Erdboden, Gegend, Landschaft, Region, Terrain, Zone
3403 Geländelauf
Cross-Lauf, Dauerlauf
3404 Geländer
Balustrade, Brüstung, Reling, Stütze
3405 Geländewagen
Geländefahrzeug, Jeep
3406 Gelassenheit
Bedacht, Besinnlichkeit, Besonnenheit, Gefasstheit, Gleichmut, Muße, Ruhe
3407 geläufig
bekannt, gewohnt, vertraut •fließend, mühelos

3408 Geld
Finanzen, Geldmittel, Vermögen, Zahlungsmittel →Flöhe, Kies, Kleingeld, Kohlen, Koks, Kröten, Mammon, Mäuse, Mittel, Moos, Piepen, Pinke, Zaster •Budget, Finanzen, Reichtum, Vermögensverhältnisse •Devisen, Geldsorten, Sorten, Zahlungsmittel •Banknote, Geldschein, Papiergeld, Schein •Geldstück, Hartgeld, Münze →Groschen, Kleingeld, Silbergeld •Alterspfennig, Ersparnis, Notgroschen, Spargroschen •Blüte, Falschgeld, Falschmünze •Bestechungsgeld, Bestechungssumme, Handgeld, Handmittel, Schmiergeld, Schmiermittel, Schweigegeld •Bargeld, Barmittel, Barschaft •Aufgeld, Draufgabe, Draufgeld, Handgeld, Zuwendung •Bedienungsgeld, Servicegeld, Trinkgeld •Denkmünze, Gedenkmünze, Schaumünze

3409 Geldgeber
Bankier, Börsenmann, Finanzier, Finanzmann, Finanzverwalter, Gläubiger, Kreditgeber •Förderer, Geber, Gönner, Mäzen, Spender, Sponsor, Wohltäter

3410 geldlich
finanziell, geldmäßig, pekuniär, rechnerisch

3411 Gelee
Aspik, Gelatine •Konfitüre, Marmelade

3412 Gelege
Brut, Nachkommenschaft, Nachwuchs

3413 gelegen
annehmbar, erwünscht, passend, willkommen

3414 Gelegenheit
Augenblick, Zeitpunkt •Anlass, Aufhänger •Chance, Möglichkeit, Zufälligkeit

3415 Gelegenheitsarbeiter
Aushilfskraft, Handlanger, Hilfsarbeiter, Tagelöhner

3416 gelegentlich
beiläufig, bisweilen, manchmal, mitunter, stellenweise, streckenweise, vereinzelt, zeitweise, zuweilen

3417 gelehrig
begabt, fähig, gescheit, talentiert •anstellig, aufgeweckt, lernfähig, verständig

3418 Gelehrigkeit
Eignung, Fähigkeit, Lernbereitschaft, Lernwilligkeit

3419 Gelehrter
Akademiker, Forscher, Wissenschaftler

3420 Geleit
Bewachung, Ehrengeleit, Eskorte, Gefolge, Polizeieskorte

3421 geleiten
begleiten, eskortieren, folgen, mitgehen, mitkommen

3422 Gelenk
Befestigung, Scharnier →Kugelgelenk, Scharniergelenk

3423 gelenkig
behände, biegsam, federnd, flexibel, graziös, leichtfüßig, wendig

3424 Gelenkigkeit
Behändigkeit, Beweglichkeit, Flinkheit, Gewandtheit, Schnellfüßigkeit

3425 Gelenkpuppe
Drahtpuppe, Gliederpuppe, Marionette

3426 gelichtet
ausgelichtet, kahl, karg, rar

3427 geliefert
bloßgestellt, gestorben, verurteilt •abgegeben, zugestellt

3428 geliehen
ausgeliehen, geborgt

3429 gelingen
gewinnen, siegen •funktionieren, geraten, glücken, klappen, glattgehen, fertig bringen, zustande kommen [zu Stande kommen]

3430 gellen
hallen, schallen, schreien

3431 gellend
betäubend, dröhnend, grell, lärmend, markerschütternd, ohrenbetäubend, schallend, schreiend, schrill

3432 geloben
beeiden, bejahen, beschwören, versprechen

3433 gelobt
ausgezeichnet, bejubelt, geehrt, gepriesen, prämiiert

3434 gelockert
blättrig, gelöst, lose •entspannt, locker, unverkrampft

3435 gelockt
gekraust, gewellt, lockig, onduliert

3436 gelöst
locker, offen •entkrampft, entspannt •gelockert, ungeniert, ungezwungen •aufgelöst, enträtselt, klar

3437 Gelöstheit
Entspannung, Freiheit, Lässigkeit, Natürlichkeit, Unbefangenheit, Ungeniertheit

3438 gelten
herrschen, vorherrschen, walten •ausmachen, bedeuten, zählen •abgelten, vergelten

3439 geltend
authentisch, beglaubigt, gültig, unbestreitbar, unbezweifelbar

3440 Geltung
Bedeutung, Beeinflussung, Einfluss •Geltungsdauer, Gültigkeit, Laufzeit

3441 Geltungsbereich
Einflussbereich, Einflusssphäre

3442 Geltungssucht
Ehrgeiz, Geltungsbedürfnis, Geltungsdrang, Größenwahn, Machthunger, Machtstreben, Profilneurose, Ruhmsucht

3443 geltungssüchtig
ehrgeizig, ehrsüchtig, geltungsbedürftig

3444 gelungen
erfolgreich, errungen, geglückt, nützlich, siegreich

3445 gelüsten
begehren, dürsten, hungern, lechzen, schmachten

3446 gemacht
blumenreich, gekünstelt, geschraubt, geschwollen, gesucht, geziert, gezwungen, manieriert, phrasenhaft, schwülstig, unecht •durchgeführt, getan •angesehen, erfahren, verdient

3447 Gemäldesammlung
Galerie, Kunstausstellung, Pinakothek, Vernissage

3448 gemäß
nach, zufolge •angebracht, angezeigt, konform, kongruent

3449 gemäßigt
enthaltsam, entsagend •durchschnittlich, gering, mäßig

3450 Gemeinde
Kirchengemeinde, Kirchspiel, Pfarrei, Sprengel •Gemeinschaft, Gesamtheit •Ansiedlung, Dorf, Kommune

3451 Gemeindeoberhaupt
Bürgermeister, Gemeindevorsteher, Ortssprecher, Ortsvorsteher

3452 Gemeindevertretung
Gemeinderat •Kirchenrat, Pfarrgemeinderat

3453 Gemeingut
Allgemeingut, Allmende, Gemeinschaftsbesitz

3454 Gemeinheit
Boshaftigkeit, Bosheit, Böswilligkeit, Falschheit, Garstigkeit, Gehässigkeit, Heimtücke, Hinterlist, Hin-

tertreibung, Infamie, Lumperei, Mobbing, Niedertracht, Niederträchtigkeit, Perfidie, Rachsucht, Ruchlosigkeit, Schadenfreude, Scheußlichkeit, Schikane, Schlechtigkeit, Schurkerei, Spott, Teufelei, Tücke, Übelwollen, Verlogenheit, Verwerflichkeit •Gleisnerei, Heuchelei, Scheinheiligkeit

3455 gemeinhin
allgemein, generell, grundsätzlich, oft

3456 Gemeinnutz
Allgemeinwohl, Gemeinnützigkeit, Gemeinwohl

3457 gemeinnützig
mitmenschlich, sozial, wohltätig

3458 Gemeinplatz
Phrase, Plattheit, Redensart, Trivialität

3459 gemeinsam
alle, beieinander, kooperativ, miteinander, vereint, zusammen

3460 Gemeinsamkeit
Einheit, Gemeinschaftsgeist, Geschlossenheit, Kameradschaftsgeist, Klassengeist, Kollegialität, Solidarität, Verbundenheit, Zusammengehörigkeit, Zusammengehörigkeitsgefühl, Zusammenhalt •Ähnlichkeit, Berührungspunkt, Verwandtschaft

3461 Gemeinschaft
Gemeinschaftsarbeit, Zusammenarbeit •Einheit, Gemeinde, Gesamtheit, Gruppe

3462 Gemenge
Auflauf, Enge, Gedränge, Getriebe, Getümmel, Gewoge, Gewühl, Menschenansammlung, Tumult •Emulsion, Gemisch, Mischung, Mixtur, Vermischung

3463 gemessen
gesetzt, gravitätisch, hoheitsvoll •ausgeglichen, bedacht, beherrscht, gemächlich, würdevoll

3464 Gemetzel
Blutbad, Blutvergießen, Massaker

3465 gemietet
ausgeliehen, gechartert, geleast, geliehen

3466 gemischt
vermengt, vermischt, verschnitten •abwechslungsreich, kunterbunt, mannigfaltig, verschiedenartig

3467 Gemüse
Blattgemüse, Freilandgemüse, Frischgemüse, Frühgemüse, Gartengemüse, Grünfutter, Kohlgemüse, Pflanzenkost, Pflanzennahrung, Treibhausgemüse, Trockengemüse, Wintergemüse, Wurzelgemüse

3468 gemustert
angeschaut, betrachtet, fixiert •geblümt, gefleckt, gepunktet, gescheckt, gestreift, getigert, getupft, kariert, streifig, zebraartig

3469 genau
eingehend, gewissenhaft, gründlich, reiflich, richtig, sorgsam •deutlich, haargenau, klar, prägnant •eben, gerade •getreu, wortgetreu •exakt, pünktlich, rechtzeitig •detailliert, grundlegend, umfassend •buchstäblich, wortgetreu, wörtlich, wortwörtlich, ganz genau

3470 Genauigkeit
Exaktheit, Pünktlichkeit •Bestimmtheit, Exaktheit, Gewissenhaftigkeit, Gründlichkeit, Prägnanz, Sorgfältigkeit, Sorgsamkeit

3471 Gendarm
Polizei, Polizeibeamter, Schutzpolizist, Wachmann

3472 genehmigen
billigen, erlauben, zulassen, gutheißen •befugen, berechtigen, bevollmächtigen, ermächtigen

3473 genehmigt
bewilligt, erlaubt, gestattet, statthaft, zulässig

3474 geneigt
brav, einsichtig, gefüge, gesittet, gewillt, willig •abfallend, absteigend, schräg •freundlich, gewogen, wohlgesinnt, gefügig, gesonnen, zuvorkommend, gönnerhaft, hold, huldreich, zugetan •anmutig, betörend, entzückend

3475 Genie
Erfinder, Geist, Genius, Koryphäe

3476 genieren (s.)
erröten, s. schämen •s. anstellen, s. zieren

3477 genießbar
freundlich, nett •essbar, ungiftig •appetitlich, bekömmlich

3478 genießen
bekommen, empfangen, erhalten •frönen, huldigen, prassen, schlemmen, schmausen, schwelgen, tafeln, s. vergessen, ausschweifen, s. erfreuen, s. vergnügen, verschwenden •s. ausleben, ausschweifen, s. austoben

3479 Genosse
Bundesgenosse, Bündnispartner, Verbündeter •Parteifreund, Parteimitglied •Gefährte, Gesinnungsfreund, Getreuer

3480 Genossenschaft
Dachverband, Innung, Organisation, Verband, Zunft

3481 Gentleman
Ehrenmann, Kavalier, Weltmann

3482 genügen
auskommen, ausreichen, erfüllen, zufrieden stellen

3483 genügend
ausreichend, entsprechend, erträglich, zureichend

3484 Genugtuung
Duell, Rache •Befriedigung, Entgelt, Entschädigung, Gegenwert, Lohn, Preis, Vergeltung, Wiedergutmachung, Zufriedenstellung

3485 Genuss
Festmahl, Genussfreude, Leckerbissen, Schlemmerei, Schmaus, Schwelgerei •Begehren, Gier, Habgier, Unersättlichkeit •Entzücken, Freude, Geilheit, Hochgenuss, Lüsternheit, Wohlbehagen, Wollust •Annehmlichkeit, Augenweide, Gaumenfreude, Ohrenschmaus •Ergötzen, Hochgenuss, Lust, Vergnügen, Vergnüglichkeit

3486 genüsslich
genießerisch, genussfreudig, kennerhaft, kulinarisch, lukullisch, schwelgerisch

3487 Gepäck
Ausrüstung, Reisegepäck, Tragelast

3488 gepackt
entbrannt, ergriffen •bereit, reisefertig •eingeengt, eingeschlossen, eingesperrt, gefangen, inhaftiert, festgesetzt

3489 Gepäckträger
Dachgepäckträger •Dienstmann, Träger

3490 gepanscht
verdünnt, verfälscht, verwässert

3491 gepflegt
formsicher, sprachrein, treffsicher •adrett, gewählt, schick, schmuck

3492 gepresst
eingeklemmt, eingezwängt, zusammengedrückt •gedrückt, gequetscht •ausgepresst, entsaftet •ausgetrocknet, gedorrt

3493 geprobt
eingeübt, geübt, vorbereitet

3494 geprüft
berechnet, erwogen, geeicht •kontrolliert, nachgesehen, überprüft •heimgesucht, inspiziert, nachgeprüft, niedergedrückt, überprüft, zensiert

3495 gepudert
geschminkt, schöngemacht, zurechtgemacht

3496 geputzt
herausgeputzt, zurechtgemacht •glänzend, poliert, blank poliert
3497 gequält
gefoltert, gepeinigt, gezüchtigt, misshandelt •gemacht, geschraubt
3498 gerade
lotrecht, seiger •augenblicklich, jetzt •aufrichtig, geradeheraus •gestreckt, linear, schnurgerade •geradlinig, redlich, wahr •kurvenfrei, kurvenlos, schnurgerade
3499 gerade biegen
ausgleichen, begleichen, bereinigen •begradigen, zurechtbiegen
3500 gerädert
abgespannt, aufgerieben, entnervt, erschöpft, mitgenommen, überlastet
3501 gerade stellen
zurechtrücken, zurechtstellen, gerade rücken
3502 geraten
gelungen •funktionieren, gelingen, glattgehen
3503 geräumt
leer, menschenleer •ausverkauft, vergriffen, verkauft
3504 Geräusch
Radau, Tumult •Hall, Klang, Laut, Ton
3505 geräuschvoll
dröhnend, lautstark, ohrenbetäubend, unüberhörbar
3506 gerecht
angemessen, gebührend, verdient •emotionslos, fair, leidenschaftslos, neutral, objektiv, parteilos, rational, sachlich, unbeeinflusst, unbefangen, unbestechlich, unparteiisch, unvoreingenommen, vorurteilsfrei, vorurteilslos, wertneutral
3507 Gerede
Geklatsche, Geschwätz, Klatsch, Tratsch
3508 geregelt
festgelegt, geordnet, methodisch, organisiert, planmäßig
3509 gereift
ausgeglichen, herangewachsen, mündig •ausgereift, erntereif, reif
3510 gereinigt
ausgenommen, gesäubert •aufgeräumt, sauber
3511 Gereiztheit
Brummigkeit, Empfindlichkeit, Entrüstung, Erbitterung, Gekränktheit, Misslaunigkeit, Verstimmung, Wut
3512 gerettet
geborgen, gefeit, unbedroht, ungefährdet
3513 Gericht
Essen, Mahlzeit •Gerichtsbehörde, Gerichtshof, Justiz
3514 gerichtet
bestraft, geahndet, hingerichtet, verurteilt •bereit, bereitgelegt, hingelegt, vorbereitet, soweit
3515 Gerichtsdiener
Amtsbote, Amtsdiener, Büttel
3516 Gerichtsverfahren
Gerichtsverhandlung, Prozess, Rechtsstreit, Verhandlung
3517 Gerichtsvollzieher
Vollstreckungsbeamter
3518 gering
klein, zierlich, zwergenhaft •billig, niedrig, preiswert •flach, niedrig, seicht •bedächtig, schleppend •ertragbar, leicht •abgemildert, abgeschwächt •dürftig, kläglich, wenig •ausreichend, durchschnittlich
3519 Geringfügigkeit
Bagatelle, Bedeutungslosigkeit, Kleinigkeit, Lächerlichkeit, Lappalie, Nebensächlichkeit, Unwichtigkeit
3520 Geringschätzung
Benachteiligung, Diskriminierung, Herabwürdigung, Missachtung, Verachtung, Zurücksetzung
3521 gerinnen
eindicken, koagulieren, zusammenlaufen

3522 Gerippe
Knochen, Knochengerüst, Skelett •Gerüst, Grundplan
3523 gerissen
abgerissen, defekt, entzwei •ausgefuchst, ausgekocht, clever, geschäftstüchtig, gewitzt, listig, verschlagen
3524 gern haben (s.)
harmonieren, s. lieben, s. mögen, s. verstehen, s. vertragen
3525 Gerte
Geißel, Peitsche, Rute
3526 Geruch
Geruchsempfindung, Geruchssinn •Duft, Gestank •Aroma, Wohlgeruch •Ausdünstung, Körperausdünstung, Körpergeruch, Schweiß, Schweißgeruch, Transpiration •Blume, Bukett
3527 Gerücht
Fama, Flüsterpropaganda, Gerede, Klatsch, Ondit
3528 gerührt
betroffen, bewegt, ergriffen
3529 geruhsam
beschaulich, gemächlich, ruhevoll •bedacht, gelassen, gemessen
3530 Gerümpel
Ausschuss, Kitsch, Kram, Ramsch, Schrott, Zeug
3531 Gerüst
Gestell, Stützwerk →Baugerüst, Knochengerüst •Gerippe, Grundplan
3532 gerüstet
reisefertig, startbereit •abwehrbereit, gerichtet, parat, vorbereitet
3533 gesagt
angedeutet, artikuliert, erwähnt
3534 gesalzen
salzig, versalzen •kostspielig, teuer
3535 gesammelt
abgeheftet, gebunden, geordnet •andächtig, angespannt, aufmerksam, konzentriert
3536 Gesamtheit
Gemeinschaft, Gruppe •Ganzheit, Totalität, Vollständigkeit
3537 Gesandter
Abgeordneter, Abgesandter, Agent, Beauftragter, Bevollmächtigter, Botschafter, Delegationschef, Delegierter, Deputierter, Diplomat, Geschäftsträger, Konsul, Regierungsvertreter, Repräsentant, Stellvertreter, Unterhändler, Vermittler, Vertreter, Wahlkonsul •Agent •Abgeordneter, Beauftragter, Delegierter, Kurier, Sendbote, Unterhändler •Abgeordneter, Delegierter, Deputierter, Parlamentarier, Volksvertreter →Bundestagsabgeordneter, Landtagsabgeordneter
3538 Gesang
Gesinge, Singerei, Singsang •Gesangsstück, Lied, Melodie, Vokalstück •Gegröle, Gesinge, Singerei, Singsang •Choral, Hymne, Kantate, Kirchengesang, Kirchenlied, Psalm •Chanson, Couplet, Kabarettlied, Schlager, Song •Arie, Lied, Sologesang •Duett, Wechselgesang, Zwiegesang •Hymne, Hymnus, Ode, Weihelied •Bänkellied, Bänkelsang, Moritat •Musical, Operette, Singspiel
3539 gesättigt
angereichert, konzentriert •satt, voll, zufrieden
3540 geschädigt
lädiert, verletzt •ausgebeutet, ausgenutzt
3541 Geschädigter
Betroffener, Leidtragender, Opfer, Verunglückter
3542 geschafft
abgearbeitet, ermattet, erschöpft, schwach, überfordert, überlastet •beendet, fertig
3543 geschäftig
aktiv, arbeitsam, tatkräftig, unermüdlich

3544 geschäftlich
dienstlich, formell, offiziell •finanziell, kaufmännisch, kommerziell
3545 Geschäftsaufgabe
Bankrott, Geldnot, Geldschwierigkeiten, Illiquidität, Insolvenz, Konkurs, Niederlage, Pleite, Ruin, Vernichtung, Zahlungsunfähigkeit, Zusammenbruch
3546 Geschäftsinhaber
Betriebsinhaber, Fabrikbesitzer, Ladenbesitzer, Unternehmer
3547 geschäftstüchtig
clever, fleißig, geschickt, unternehmerisch
3548 Geschäftsviertel
Geschäftszentrum, Ladenstraße, Mall, Shoppingcenter
3549 geschändet
befleckt, beschämt, erniedrigt, gebrandmarkt, gedemütigt, gekränkt
3550 geschätzt
achtbar, anerkannt, beliebt, bewundert, geachtet, geehrt, geliebt, populär, verehrt
3551 geschehen
s. abspielen, s. begeben, s. einstellen, s. ereignen, s. vollziehen, vorkommen, s. zutragen
3552 Geschehen
Ablauf, Geschehnis, Handlung, Hergang, Vorfall, Vorkommnis, Zufall, Zwischenfall
3553 gescheit
aufgeweckt, intelligent, scharfsinnig, vernunftbegabt, vernünftig •groß, üppig •gut, hervorragend
3554 gescheitert
erfolglos, misslungen, vergeblich •bankrott, gestrandet
3555 Geschenk
Schenkung, Spende •Aufmerksamkeit, Mitbringsel, Präsent, Zueignung •Geschenkartikel, Reklameartikel, Werbegabe, Werbegeschenk
3556 Geschichte
Entwicklung, Werdegang •Frühgeschichte, Prähistorie, Urgeschichte, Vorgeschichte, Vorzeit •Ursprung, Urzeit •Altertum, Antike, Urzeit, Vorgeschichte, Vorzeit •Historie, Vergangenheit, Vorwelt, Vorzeit •Angelegenheit, Sache •Begebenheit, Einmaligkeit, Phänomen, Schauspiel, Vorgang, Zwischenfall •Chronik, Historie, Vergangenheit, Vorzeit •Abhandlung, Ausführung, Aussage, Bericht, Erzählung, Nachricht, Schilderung •Anekdote, Drama, Erzählung, Novelle, Prosadichtung, Roman •Anekdötchen, Anekdote •Abhandlung, Arbeit, Artikel, Aufsatz, Essay •Heiligenerzählung, Heiligenleben, Legende •Erzählung, Göttersage, Heldensage, Sage •Ammenmärchen, Erfindung, Jägerlatein, Lügengeschichte, Lügenmärchen, Münchhauseniade, Seemannsgarn, Story •Erzählung, Märchen →Kindermärchen, Kunstmärchen, Volksmärchen •Fantasy-Geschichte, Geistergeschichte, Gespenstergeschichte, Gruselgeschichte, Horrorgeschichte, Schauergeschichte, Spukgeschichte •Augenzeugenbericht, Bericht, Reportage, Tatsachenbericht
3557 Geschick
Fügung, Kismet, Los, Schicksal, Vorsehung •Begabung, Fähigkeit •Fähigkeit, Gewandtheit
3558 Geschicklichkeit
Behändigkeit, Fertigkeit, Geläufigkeit, Gelenkigkeit, Handfertigkeit
3559 geschickt
anstellig, fingerfertig, kunstfertig, routiniert •begabt, talentiert
3560 Geschirr
Joch, Zuggeschirr •Haushaltsgeschirr, Hausrat, Keramik, Porzellan, Service, Tafelgeschirr, Töpferware •Silbergeschirr, Tafelsilber •Essgeschirr, Platte, Teller →Blechteller,

Dessertteller, Frühstücksteller, Glasteller, Holzteller, Plastikteller, Porzellanteller, Suppenteller, Tonteller, Untertasse, Unterteller, Warmhalteteller, flacher Teller, tiefer Teller

3561 geschlagen
bestraft, geprügelt, gezüchtigt, verbläut •aufgerieben, besiegt, bezwungen, erledigt, unterlegen, unterworfen, vernichtet

3562 Geschlecht
Glied, Penis •Anverwandte, Familie, Haus, Sippe, Stamm •Generation •Femininum, weibliches Geschlecht •Maskulinum, männliches Geschlecht •Artikel, Begleiter, Geschlechtswort

3563 geschlechtlich
erotisch, sexuell

3564 Geschlechtsorgan
Genital, Genitalien, Geschlechtsorgane, Geschlechtsteil, Geschlechtsteile, Sexualorgan •Scheide, Vulva •Glied, Penis, Phallus

3565 geschliffen
gewählt, gewandt •geschärft, schneidend •diplomatisch, gewandt, routiniert

3566 Geschliffenheit
Ausgefeiltheit, Ausgesuchtheit, Gewähltheit, Manieren

3567 geschlossen
alle, zusammen •abgeschlossen, abgesperrt, zugeschlossen •einheitlich, zusammenhängend

3568 Geschmack
Aroma, Würze •Gefallen, Interesse •Gout, Kunstverständnis, Schönheitssinn, Stilgefühl

3569 geschmacklos
lau, schal, ungewürzt •abgeschmackt, stillos, unschön •taktlos, ungebührlich, unverschämt

3570 Geschmacklosigkeit
Fadheit, Geschmacksleere, Schalheit •Abgeschmacktheit, Albernheit, Formlosigkeit, Kitsch, Plattheit, Stillosigkeit, Stilwidrigkeit, Unbefangenheit, Ungezwungenheit

3571 geschmackvoll
kulinarisch, schmackhaft •abgestimmt, apart, auserlesen, formvollendet, gewählt, harmonisch, künstlerisch, stilgemäß, stilvoll

3572 Geschmeide
Halsband, Kette, Kleinod, Schmuck, Wertstück

3573 geschmeidig
diplomatisch, gewandt, taktisch •abgefedert, beweglich, biegsam, dehnbar, elastisch, federnd, flexibel, gefedert, weich, zugfähig

3574 geschmückt
angemalt, dekoriert, geschminkt, schöngemacht, verbrämt, verschnörkelt, verziert, zurechtgemacht

3575 geschockt
bestürzt, entrüstet, erregt, erschrocken, getroffen, schockiert

3576 Geschöpf
Kreatur, Lebewesen, Mensch, Tier, Wesen

3577 Geschoss
Munition, Rakete, Sprengkörper →Bolzen, Bombe, Dumdumgeschoss, Explosivgeschoss, Gewehrkugel, Granate, Handgranate, Kanonenkugel, Kugel, Molotowcocktail, Panzerfaust, Patrone, Plastikbombe, Projektil, Schrapnell, Schrot, Schrotkugel, Schuss, Sprengladung, Sprengsatz, Sprengstoffpaket, Stahlmantelgeschoss, Zeitbombe •Etage, Stockwerk

3578 Geschrei
Brüllen, Gebrüll, Geheul, Gejammer, Gejohle, Gekreisch, Gezeter, Jammern, Krakeel, Lärm, Schreierei, Wehgeschrei

3579 geschrumpft
runzelig, verblüht, vertrocknet, welk

3580 Geschütz
Böller, Flak, Haubitze, Kanone
3581 geschützt
diebessicher, einbruchsicher •abgeschirmt, gesichert, unbedroht, ungefährlich •immun, sicher
3582 Geschwätz
Gefasel, Gerede, Geschwafel, Phrase, Phrasendrescherei, Quatscherei, Rederei, Schwätzerei, Unsinn
3583 geschwind
fix, rasch
3584 Geschwister
Anverwandte, Verwandte →Bruder, Schwester
3585 geschwollen
geschraubt, gestellt, manieriert, unecht •eingebildet, überheblich •aufgebläht, aufgedunsen, aufgetrieben
3586 Geschworener
Beisitzer, Laienrichter, Schöffe
3587 gesellig
aufgeschlossen, kontaktfreudig, umgänglich •abwechslungsvoll, amüsant, anregend, belebend, erfrischend, erheiternd, fröhlich, kurzweilig, mannigfaltig, spannungsvoll, spaßig, unterhaltend, unterhaltsam, variationsreich, variierend, vielartig, vielseitig, zerstreuend
3588 Geselligkeit
Besuch, Fest •Aufgeschlossenheit, Kommunikationsfreude, Kontaktfähigkeit
3589 Gesellschaft
Klassengesellschaft, Standesgesellschaft •Geselligkeit, Zusammensein •Betrieb, Firma, Unternehmen •Umgang, Verkehr •Überflussgesellschaft, Wohlstandsgesellschaft
3590 Gesellschafter
Fabulant, Plauderer •Kommanditist, Kompagnon, Mitbesitzer, Mitglied, Mitinhaber, Partner, Sozius, Teilhaber
3591 Gesellschafterin
Begleiterin, Betreuerin, Hostess
3592 Gesetz
Gesetzmäßigkeit, Grundsatz •Codex, Lex, Recht, Verfassung •Bestimmung, Erlass, Richtlinie, Vorschrift, Weisung, Paragraf [Paragraph] •Absatz, Artikel, Gesetzesabschnitt •Lebensgesetz, Naturgesetz, Naturzustand
3593 Gesetzbuch
Codex, Gesetzessammlung, Gesetzeswerk, Verfassung →BGB, Grundgesetz, Strafgesetzbuch
3594 Gesetzgebung
Legislative →Bundesregierung, Landesregierung, Senat
3595 gesetzlich
abgesichert, abgesprochen, genehmigt •geordnet, gesetzmäßig, juristisch, legal, legitim, ordnungsgemäß, rechtlich, rechtmäßig, rechtskräftig, vorschriftsmäßig, zulässig •geschrieben, vorgeschrieben •zwangsweise
3596 Gesetzlosigkeit
Anarchie, Rechtsbruch, Ungesetzlichkeit, Willkürherrschaft
3597 gesetzmäßig
behördlich, gesetzlich, juristisch, rechtlich, rechtmäßig, vorgeschrieben •unabänderlich, zwangsläufig
3598 Gesetzmäßigkeit
Gesetz, Grundsatz, Loyalität, Norm, Ordnung, Prinzip, Recht, Standard
3599 Gesetzwidrigkeit
Eigenmächtigkeit, Illegalität, Illegitimität, Ordnungswidrigkeit, Rechtsbeugung, Rechtsbruch, Rechtsverletzung, Rechtswidrigkeit, Strafbarkeit, Ungesetzlichkeit, Unrechtmäßigkeit, Verbot, Verfassungswidrigkeit, Widerrechtlichkeit

3600 gesichert
beschirmt, geborgen, gefahrlos, sicher, ungefährlich •begründet, bewiesen
3601 Gesichertheit
Authentizität, Echtheit, Glaubwürdigkeit, Rechtsgültigkeit
3602 Gesicht
Fassade, Front, Hauptansicht, Vorderansicht, Vorderfront, Vorderseite •Sinnestäuschung, Täuschung, Wahn, Wunschvorstellung •Angesicht, Antlitz •Bittermiene, Leichenbittermiene, Leidenszug, böses Gesicht •Gesichtsausdruck, Gesichtszug, Mienenspiel, Mimik
3603 Gesinnung
Ansicht, Ansichten, Denkart, Denkweise, Grundhaltung, Haltung, Mentalität, Parteilichkeit, Weltanschauung
3604 gesondert
einzeln, extra, individuell, separat •ausschließlich, extra, individuell
3605 gesonnen
aufgelegt, gelaunt •bereit, geneigt, gewillt
3606 gespalten
entzwei, kaputt •unentschlossen, zerrissen, zwiespältig
3607 Gespann
Freundespaar, Liebespaar •Fuhrwerk, Gefährt, Karren •Ochsengespann
3608 gespannt
dramatisch, explosiv, spannungsgeladen •begierig, fiebrig, gefesselt, neugierig •straff, stramm
3609 Gespanntheit
Anspannung, Neugierde, Ungeduld •Feindschaft, Spannung
3610 Gespinst
Flor, Geflecht, Gewebe
3611 Gespräch
Aussprache, Befragung, Behandlung, Beratung, Besprechung, Debatte, Dialog, Diskussion, Erörterung, Gedankenaustausch, Interview, Konversation, Meinungsaustausch, Streitgespräch, Unterhaltung, Unterredung, Wechselrede, Zwiegespräch, Zwiesprache, Smalltalk [Small Talk] •Anruf, Makeln, Telefonanruf, Telefonat, Telefongespräch, Wechselgespräch
3612 gesprächig
beredt, geschwätzig, mitteilsam, offenherzig, redefreudig, redelustig
3613 Gesprächsleiter
Diskussionsleiter, Moderator, Talkmaster
3614 Gestalt
Beschaffenheit, Form, Gebilde, Struktur •Figur, Geschöpf, Gesicht, Person, Wesen •Erscheinung, Figur, Körper, Körperform •Bauweise, Design, Form, Machart
3615 gestalten
bilden, formen, gliedern, ordnen, strukturieren, untergliedern •aufbauen, ausarbeiten, ausgestalten, einrichten
3616 geständig
angezeigt, schuldig, überführt
3617 Geständnis
Aussage, Beichte, Bekenntnis, Eingeständnis, Schuldbekenntnis, Sündenbekenntnis
3618 Gestank
Ausdünstung, Dunst, Geruch
3619 gestatten
bewilligen, einwilligen, erlauben, ermöglichen, gewähren
3620 Geste
Achselzucken, Blick, Gebärde, Kopfschütteln
3621 gestehen
aussagen, beichten, bekennen, eingestehen, offenbaren, zugeben
3622 Gesteinskunde
Mineralogie
3623 gestellt
aufgerichtet, hingestellt •überführt, überliefert •künstlich, unnatürlich
3624 gestern
vergangen, vorbei, tags zuvor

3625 Gestik
Gebärden, Gebärdenspiel, Gesten, Mienenspiel, Mimik, Pantomime
3626 gestikulieren
deuten, fuchteln, fuhrwerken
3627 Gestirn
Himmelskörper, Planet, Stern →Mond, Sonne
3628 gestohlen
gefälscht, imitiert, nachgemacht •beschafft, besorgt, entwendet, geklaut, organisiert
3629 gestopft
ausgebessert, geflickt, genäht, repariert •besetzt, gefüllt
3630 gestorben
erledigt, geliefert •geschieden, tot, verblichen, verstorben
3631 gestört
getrennt, unterbrochen •närrisch, toll •geisteskrank, umnachtet, verrückt •angespannt, unkollegial
3632 gestrafft
gerafft, gespannt, prall •abgekürzt, gedrängt, straff, umrisshaft
3633 gestreckt
gedehnt, geweitet, lang •gerade, geradlinig, linear, schnurgerade
3634 gestrig
fortschrittsfeindlich, konservativ, rückschrittlich, unzeitgemäß •überholt, unmodern, veraltet, vorüber
3635 gestützt
abgestützt, aufgestützt, gehalten, unterlegt
3636 Gesuch
Ansuchen, Bittschrift, Eingabe, Petition
3637 gesund
biologisch, ernährungsbewusst, gesundheitsbewusst, natürlich •existenzfähig, fit, heil, lebensfähig, lebenskräftig, unverletzt, unversehrt, wohl, wohlauf, wohlbehalten •blühend, kerngesund, quicklebendig, wohlauf •arbeitsfähig, dienstfähig, erwerbsfähig, kräftig, stark
3638 Gesundheit
Frische, Lebenskraft, Wohl, Wohlbefinden, Wohlergehen
3639 Gesundung
Aufschwung, Besserung, Erholung, Heilung, Kräftigung, Rekonvaleszenz
3640 getarnt
unsichtbar, verborgen, verdeckt •kostümiert, maskiert, verkleidet, vermummt
3641 geteilt
aufgeteilt, geschieden, getrennt •aufgeteilt, getrennt, zweigeteilt
3642 getilgt
ausgeglichen, ausgestrichen, durchgestrichen, erledigt, gestrichen
3643 getragen
langsam, mäßig, moderato •alt, benutzt, gebraucht, secondhand, verwendet
3644 Getränk
Brühe, Erfrischung, Flüssigkeit, Gebräu, Gesöff, Trank, Trinkbares, Trunk →Alkohol, Bier, Cocktail, Kaffee, Limonade, Milch, Mineralwasser, Most, Saft, Spirituosen, Tee, Wein
3645 getrauen (s.)
s. erkühnen, s. ermannen, s. trauen, s. unterfangen, s. unterstehen, s. vorwagen
3646 getraut
verehelicht, verheiratet, vermählt
3647 getrennt
abseits, allein •ausgesondert, gereinigt, gesiebt •auseinander, einzeln, gesondert, geteilt, separat •aufgelöst, entzweit, geschieden
3648 getreulich
gewissenhaft, pünktlich •anhänglich, getreu, loyal
3649 Getriebe
Chaos, Gedränge, Gewühl •Maschine, Räderwerk, Triebwerk •Beweglichkeit, Hast, Regsamkeit

3650 getrieben
geschoben, gestoßen, gezerrt •lebendig, mobil, vital
3651 getrocknet
ausgedörrt, ausgetrocknet, gedorrt, gepresst
3652 getrübt
unklar •betrübt, gedrückt
3653 geübt
einstudiert, gelernt, geprobt, vorbereitet •anstellig, gewandt
3654 Gewächs
Blume, Pflanze •Auswuchs, Geschwulst, Geschwür, Tumor
3655 gewählt
elegant, gehoben, gepflegt, kultiviert, ausgewählt, erwählt, gekürt
3656 Gewalt
Heftigkeit, Kraft, Stärke •Herrschaft, Macht, Regiment •Belieben, Gewalttätigkeit, Herrschsucht, Laune, Nötigung, Rücksichtslosigkeit, Unbarmherzigkeit, Willkür, Zwang
3657 gewaltlos
friedlich, verträglich
3658 Gewaltlosigkeit
Friedensliebe, Friedlichkeit, Gewaltverzicht, Pazifismus
3659 gewaltsam
brutal, rabiat, rigoros, schonungslos •eigenmächtig
3660 gewalttätig
absolutistisch, autoritär, bestimmt, diktatorisch, fest, gebieterisch, gewaltsam, rigoros, schwer, strikt, totalitär, unerbittlich, unumschränkt •anarchistisch, gesetzlos •brutal, grob, handgreiflich, tätlich
3661 Gewalttätigkeit
Brutalität, Gefühllosigkeit, Lieblosigkeit, Unmenschlichkeit •Ausschreitung, Handgreiflichkeit, Pogrom, Terror, Übergriff
3662 gewandt
begabt, brauchbar, talentiert •agil, behände, gelenkig, rasch, schnellfüßig •diplomatisch, geschliffen, routiniert, wendig
3663 Gewandtheit
Beweglichkeit, Fertigkeit, Geläufigkeit, Gelenkigkeit, Handfertigkeit, Routine, Schnelligkeit, Wendigkeit •Diplomatie, Routine, Wendigkeit
3664 Gewässer
Binnengewässer, Binnensee, Binnenwasser, Wasser, Wasserlauf →Bach, Fluss, Quelle, Rinnsal, See, Strom, Teich, Tümpel, Weiher
3665 Geweih
Gehörn, Gestänge, Schaufeln, Stangen
3666 gewellt
gekräuselt, gelockt, geringelt, kraus, lockig, wellig, wuschelig •holprig, hügelig
3667 Gewerkschaft
Arbeitnehmerorganisation, Arbeitnehmervertretung
3668 Gewicht
Druck, Gewalt, Härte, Heftigkeit, Kraft, Schwere, Stärke, Vehemenz •Ballast, Gewichtigkeit, Last, Masse, Schwere •Bedeutsamkeit, Bedeutung, Belang, Einfluss, Ernst, Geltung, Größe, Rang, Relevanz, Schwere, Stellenwert, Tiefe, Tragweite, Wert, Wichtigkeit •Akzent, Betonung, Hervorhebung, Unterstreichung •Eigengewicht, Körpergewicht •Normalgewicht, Normalgewichtigkeit •Dicke, Körpergewicht, Übergewicht •Untergewicht •Idealgewicht •Brutto, Bruttogewicht, Gesamtgewicht •Tara, Verpackungsgewicht •Kraft, Masse, Stärke
3669 gewichtig
dringend, erforderlich, wesentlich •epochal, erwähnenswert •bleiern, mächtig, wuchtig
3670 Gewinde
Drehung •Draht, Flechtwerk, Geflecht

3671 Gewinn
Einträglichkeit, Ergiebigkeit, Ertrag, Nutzen, Nützlichkeit, Profit, Rentabilität, Vorteil •Anteil, Ausbeute, Beteiligung, Bonus, Dividende, Gewinnanteil, Tantieme •Hauptgewinn, Haupttreffer, Volltreffer

3672 Gewinnbeteiligung
Provision, Umsatzbeteiligung, Umsatzprovision

3673 gewinnen
siegen, triumphieren •abbauen, ernten, fördern •bekommen, erlangen, erreichen, erzielen •destillieren, herstellen

3674 Gewinnung
Abbau, Erzeugung, Förderung

3675 gewiss
natürlich, sicher, sicherlich, zweifelsfrei •beglaubigt, glaubwürdig, wahr •gesichert, unbestritten, wahr

3676 Gewissen
Ermahner, Verantwortung

3677 gewissenhaft
ordentlich, peinlich, pünktlich, richtig, sorgfältig, verlässlich

3678 Gewissenhaftigkeit
Gründlichkeit, Korrektheit, Ordentlichkeit, Pflichtbewusstsein, Präzision, Sorgfalt, Zuverlässigkeit

3679 Gewissensbisse
Reue, Schuldbewusstsein, Schuldgefühl, Skrupel

3680 gewissermaßen
beinahe, eigentlich, sozusagen, gleichwie

3681 Gewitter
Denkzettel, Maßregelung, Schelte, Standpauke, Tadel •Blitz, Donner, Donnerwetter

3682 gewogen
freund, geneigt, hörig, jovial, zugeneigt, zugetan, wohlmeinend, wohlwollend, wohlgesinnt

3683 gewöhnen (s.)
s. einarbeiten, s. einleben •s. ergeben, s. finden, s. fügen, s. schicken

3684 Gewohnheit
Brauch, Gebrauch, Gepflogenheit, Herkommen, Kult, Landessitte, Regel, Ritual, Sitte, Tradition, Usus, Zeremoniell •Anpassung, Einfügung, Eingewöhnung •Angewohnheit, Gepflogenheit

3685 Gewohnheitsarbeit
Alltagsarbeit, Routine

3686 gewöhnlich
niveaulos, ordinär, primitiv, vulgär •allgemein, eingefahren, gewohnt, normal, regelmäßig, regulär, im Allgemeinen •häufig, meist, meistens

3687 gewohnt
bekannt, gangbar, gängig, geläufig, üblich, vertraut

3688 Gewöhnung
Gewohnheit, Routine •Angleichung, Eingewöhnung, Einordnung, Kompromiss

3689 gewölbt
bauchig, gebogen, geschwungen •bauchig, erhaben, konvex, vorgewölbt

3690 Gewürz
Aroma, Geschmacksverbesserer, Speisewürze, Suppenwürze, Würze, Würzmittel, Würzung, Zutat

3691 gewürzt
aromatisch, feurig, geschmackvoll, gut, herzhaft, pikant, prickelnd, scharf, schmackhaft, vorzüglich, würzig

3692 gezähmt
folgsam, fügsam, gefügig •abgerichtet, dressiert, gebändigt, zahm

3693 gezeichnet
sterbend, todgeweiht, todkrank •gemalt, skizziert •gebrandmarkt, verurteilt •signiert, unterzeichnet

3694 Gezeiten
Flutstrom, Gezeitenströmung, Tide →Ebbe, Flut

3695 gezüchtet
gekreuzt, gezogen, verfeinert

3696 gezüchtigt
geprügelt, gequält, geschlagen, gestraft
3697 gezwungen
geschraubt, geziert, phrasenhaft, unecht, unnatürlich •notgedrungen, unfreiwillig, ungern
3698 Giebel
Dachstuhl, Fassade, First
3699 gieren
ausspionieren, horchen, lauschen •dürsten, lechzen, trachten
3700 gierig
begierig, fressgierig, fresssüchtig, gefräßig, süchtig, unersättlich, verfressen, versessen
3701 gießen
prasseln, regnen, schütten •befeuchten, begießen, besprühen, bewässern, sprengen, spritzen
3702 Gift
Böswilligkeit, Gemeinheit, Hinterlist, Niederträchtigkeit, Rachsucht, Schlechtigkeit •Toxin
3703 giftig
gefährlich, schädlich, tödlich, toxisch •bösartig, garstig, gemein, hasserfüllt
3704 gigantisch
ansehnlich, enorm, gewaltig, grenzenlos, heftig, kolossal, mächtig, massig, monströs, monumental, reißend, riesenhaft, riesig, titanisch, überdimensional, übermächtig, unermesslich, ungeheuer, unheimlich, vehement, voluminös, wuchtig •überladen, übertrieben, ungeheuerlich •baumlang, riesengroß, riesenhaft •allmächtig, beträchtlich, einflussreich, immens, kolossal, mächtig, potent, riesig, tonangebend
3705 Gipfel
Gipfelkonferenz, Gipfeltreffen •Baumkrone, Spitze, Wipfel •Bergspitze, Grat, Scheitel, Zinne •Glanzleistung, Glanzpunkt, Höhepunkt, Krönung, Meisterleistung, Nonplusultra, Vollendung •Delikatesse, Echtheit, Perfektion, Vollkommenheit, Vortrefflichkeit •Höchststufe, Superlativ
3706 Gischt
Brandung, Schaum, Schaumkrone
3707 Glanz
Funke, Licht, Schimmer •Aufmachung, Herrlichkeit, Pracht, Prunk •Glätte, Politur •Hochglanz, Politur
3708 glänzen
beeindrucken, brillieren, überzeugen •blinken, blitzen, funkeln, leuchten, schimmern
3709 glänzend
blinkend, poliert, blank poliert •funkelnd, glitzernd, schillernd, strahlend •anerkennenswert, beispielgebend, beispielhaft, brillant, einmalig, einwandfrei, erlesen, fehlerlos, glanzvoll, glorreich, hervorragend, ideal, komplett, korrekt, lobenswert, makellos, mustergültig, nacheifernswert, perfekt, prächtig, recht, tadellos, unnachahmlich, untadelig, vorbildlich
3710 gläsern
spröde, zerbrechlich, zerspringbar •durchsichtig, glasklar, transparent
3711 glatt
schlicht, schmucklos •ruhig, still •glitschig, rutschig •durchtrieben, raffiniert •mühelos, reibungslos, ungehindert •ebenmäßig, geglättet, geputzt, gestriegelt, poliert
3712 Glätte
Ebenheit, Flachheit •Eisbahn, Glatteis, Reifglätte, Schneeglätte, Straßenglätte
3713 glätten
ausgleichen, besänftigen •bügeln, mangeln, plätten •abfeilen, abschleifen, begradigen, planieren, schmirgeln •glattmachen, glattstreichen, glattziehen
3714 Glatze
Glatzkopf, Kahlkopf, Platte

3715 glatzköpfig
glatzig, haarlos, kahlköpfig, unbehaart

3716 Glaube
Vermutung, Vorahnung •Bestimmtheit, Gewissheit, Tatsache, Überzeugung •Erwartung, Frömmigkeit, Glaubensstärke, Gläubigkeit, Gottesfurcht, Gottesfürchtigkeit, Gottesglaube, Gottgefälligkeit, Gottvertrauen, Hingabe, Religiosität, Vertrauen, Zuversicht •Bekenntnis, Glauben, Glaubensrichtung, Konfession, Religion •Glaubhaftigkeit, Glaubwürdigkeit, Überzeugung

3717 glauben
annehmen, denken, meinen, schätzen, vermuten •abnehmen, vertrauen

3718 gläubig
arglos, einfältig, gutgläubig, naiv, treuherzig, unreif, vertrauensselig, vertrauenswürdig, nichts ahnend •andächtig, erwartungsvoll, fromm, glaubensstark, gottesfürchtig, gottgefällig, gottgläubig, kirchlich, orthodox, rechtgläubig, religiös, stregngläubig •gehorsam, lenkbar

3719 Gläubiger
Geldgeber, Kreditgeber, Schuldforderer •Christ, Gemeindemitglied, Kirchgänger

3720 Gläubigkeit
Glaube, Religion •Arglosigkeit, Gutgläubigkeit, Leichtgläubigkeit, Naivität, Vertrauensseligkeit

3721 glaubwürdig
ehrlich, verlässlich, wahr •authentisch, bewiesen, glaubhaft

3722 Glaubwürdigkeit
Beweis, Echtheit, Überzeugung •Aufrichtigkeit, Ehrlichkeit, Vertrauenswürdigkeit

3723 gleich
augenblicklich, direkt, kurzerhand, sofort, umgehend, unvermittelt •leidenschaftslos, passiv •egal, einerlei, eins •ähnlich, analog, entsprechend, genauso, gleichartig, übereinstimmend, vergleichsweise •entsprechend, gemäß •ebenbürtig, gleichberechtigt, gleichgestellt •gleichnamig, gleichklingend, gleichlautend •analog, geradeso, naturgetreu, realistisch

3724 gleichbedeutend
bedeutungsähnlich, sinnähnlich, sinngleich, synonym

3725 gleichberechtigt
emanzipiert, paritätisch, gleichgestellt

3726 Gleichberechtigung
Emanzipation, Gleichheit, Gleichstellung, Parität

3727 gleichförmig
gleichartig, vergleichbar, verwandt •schablonenhaft, schematisch •eintönig, ermüdend, langweilig

3728 Gleichförmigkeit
Alltäglichkeit, Eintönigkeit, Langeweile •Beständigkeit, Übereinstimmung

3729 Gleichgewicht
Gleichklang, Harmonie •Ausgeglichenheit, Balance, Waage

3730 gleichgültig
egal, einerlei •abgestumpft, apathisch, arbeitsscheu, bedeutungslos, belanglos, bequem, denkfaul, desinteressiert, faul, frigide, gefühllos, gefühlskalt, gelangweilt, inaktiv, interesselos, kühl, leidenschaftslos, lethargisch, lustlos, passiv, phlegmatisch, schläfrig, schwerfällig, tatenlos, teilnahmslos, träge, unaufgeschlossen, unberührt, unbeschäftigt, unbeteiligt, unbewegt, unempfindlich, ungerührt, uninteressiert, untätig, verschlafen, widerwillig, wurstig •einfallslos, fantasielos [phantasielos], langweilig, temperamentlos, unbewegt, ungerührt, uninteressant •leidenschaftslos, nüchtern, sachlich, unpersönlich, unromantisch

3731 Gleichgültigkeit
Abgestumpftheit, Achtlosigkeit, Apathie, Bedeutungslosigkeit, Desinteresse, Faulheit, Gedankenlosigkeit, Gefühllosigkeit, Inaktivität, Interesselosigkeit, Lethargie, Passivität, Phlegma, Schläfrigkeit, Stumpfsinn, Tatenlosigkeit, Teilnahmslosigkeit, Trägheit, Trivialität, Unachtsamkeit, Unaufgeschlossenheit, Ungerührtheit, Uninteressiertheit, Widerstandslosigkeit •Frigidität, Gefühlskälte, Kühle, Leidenschaftslosigkeit •Abgebrühtheit, Gefühllosigkeit, Grausamkeit, Kaltblütigkeit, Mitleidlosigkeit, Schonungslosigkeit, Unbarmherzigkeit

3732 gleichkommen (s.)
s. ähneln, s. gleichsehen •s. decken, s. entsprechen, übereinstimmen

3733 gleichmachen
abtragen, ausgleichen, ebnen, einplanieren, nivellieren •normen, vereinheitlichen

3734 Gleichmacherei
Anpassung, Gleichschaltung, Gleichstellung

3735 Gleichmaß
Ausgewogenheit, Gleichklang, Harmonie •Ebenmaß, Ebenmäßigkeit •Ausgeglichenheit, Beherrschtheit

3736 gleichmäßig
einheitlich, gleichförmig, monoton •bleibend, unauflösbar, unvergänglich •ausgewogen, harmonisch, symmetrisch

3737 gleichmütig
abgeklärt, ausgeglichen, bedachtsam, gelassen, ruhevoll

3738 Gleichnis
Dichtung, Fabel, Parabel •Gegenüberstellung, Lehrstück, Sinnbild, Symbol

3739 gleichnishaft
allegorisch, bildhaft, figürlich, parabolisch, sinnbildlich

3740 gleichsam
ähnlich, analog, solchermaßen, sozusagen, wie

3741 gleichschalten
anpassen, unifizieren, uniformieren, gleichmachen

3742 Gleichschaltung
Anpassung, Gleichstellung, Vereinheitlichung, Vermassung

3743 Gleichschritt
Gleichmaß, Paradeschritt, Stechschritt

3744 Gleichtakt
Gleichlauf, Gleichläufigkeit, Gleichrichtung, Parallelismus

3745 gleich ziehen
aufholen, ausgleichen, einholen, mitziehen

3746 gleiten
ausgleiten, ausrutschen, hinfallen, rutschen, schlittern •rodeln, schlittern

3747 Gletscher
Ferner, Firn, Firner

3748 Glied
Extremität, Körperteil •Geschlechtsteil, Penis •Angehöriger, Mitarbeiter, Mitglied •Bestandteil, Einzelheit, Element, Teil

3749 gliedern
angleichen, anpassen, auffächern, aufgliedern, aufschlüsseln, aufteilen, durchgliedern, einbeziehen, einordnen, einstufen, fächern, klassifizieren, ordnen, staffeln, untergliedern, unterteilen, verteilen, zerlegen •angliedern, anreihen, anschließen, eingliedern, vereinen

3750 Gliederpuppe
Drahtpuppe, Gelenkpuppe, Marionette •Automat, Roboter

3751 Gliederung
Anordnung, Bau, Gefüge, Staffelung, Struktur •Aufgliederung, Aufschlüsselung, Aufteilung, Durchgliederung, Einordnung, Einteilung, Fächerung, Klassifikation,

Ordnung, Stufung, Unterteilung, Verteilung

3752 glitzern
blinken, blitzen, funkeln, glänzen, gleißen, leuchten, schimmern, strahlen

3753 global
international, umfassend, umspannend, weltumfassend, weltweit •absolut, gesamt, total

3754 Glocke
Bimmel, Gong, Klingel, Schelle →Hausglocke, Kirchenglocke, Schulglocke, Türglocke, Türschelle

3755 glorreich
ehrenvoll, glanzvoll, glorios, ruhmreich, triumphal •ausgezeichnet, gut, hervorragend

3756 Glück
Beglückung, Entzücken, Hochgefühl •Wohlbehagen, Wohlgefühl •Fortuna, Freudenbecher •Erfolg, Gelingen, Glücksfall, Glücksstern

3757 Glucke
Bruthenne, Gluckhenne

3758 glucken
ausbrüten, brüten, horsten, nisten

3759 glücken
florieren, gelingen •funktionieren, gelingen, fertig bringen

3760 glücklich
erfolgreich, sorgenlos, ungetrübt •beglückt, beschwingt, erfüllt, froh, frohgemut, glückselig, selig, überglücklich, vergnügt, zufrieden, freudestrahlend

3761 glücklicherweise
erfreulicherweise, gottlob, unberufen

3762 Glücksbringer
Amulett, Fetisch, Maskottchen, Talisman

3763 Glücksfall
Chance, Gelegenheit, Glück, Glückssache, Möglichkeit, Zufall

3764 Glückskind
Glückspilz, Glücksritter, Goldmarie, Sonntagskind

3765 glühen
erhellen, leuchten •brennen, emporlodern

3766 glühend
entzückt, hingerissen, passioniert •brennend, siedend •feurig, flammend, leuchtend

3767 Glühwürmchen
Johanniskäfer, Johanniswürmchen, Leuchtkäfer

3768 Glut
Hitze, Wärme •Begeisterung, Feuer, Temperament

3769 Gnade
Barmherzigkeit, Erbarmen, Nachsicht, Vergebung, Verzeihung •Amnestie, Begnadigung, Straferlass •Güte, Huld, Mitgefühl, Wohlwollen

3770 gnadenlos
erbarmungslos, rücksichtslos, schonungslos, unerbittlich, ungerührt, verroht

3771 Gnadenlosigkeit
Erbarmungslosigkeit, Gefühllosigkeit, Gleichgültigkeit, Grausamkeit, Mitleidlosigkeit, Schonungslosigkeit, Stumpfheit, Unempfindlichkeit

3772 gnädig
gönnerhaft, wohlwollend, gutgesinnt •glimpflich, rücksichtsvoll, sanft

3773 goldig
allerliebst, anmutig, anziehend, attraktiv, betörend, bezaubernd, einnehmend, entzückend, gewinnend, herzig, hübsch, lieblich, niedlich, reizend, süß, sympathisch •golden, gülden

3774 Golf
Bai, Fjord, Förde, Meeresbucht •Golfspiel, Kleingolf, Kricket, Krocket, Krocketspiel, Minigolf, Polo

3775 gönnen
bewilligen, gewähren, vergönnen, verschaffen, zubilligen •begünstigen

3776 Gosse
Kloake, Rinne, Rinnstein

3777 Gott
Allgütiger, Allmächtiger, Allmächtiger, Allvater, Erhalter, Erschöpfer, Ewige, Gottvater, Herr, Herrgott, Jahwe, Jehova, Richter, Schöpfer, Allwissender, Herr der Heerscharen, Herr Zebaoth, himmlischer Vater

3778 Gottesdienst
Kirche, Messe →Abendmahl, Abendmahlsfeier, Amt, Andacht, Feldmesse, Hochamt, Messfeier, Messopfer, Pontifikalamt, Pontifikalmesse, Segensandacht, Vesper, Vigil, Vigilien •Requiem, Seelenamt, Seelenmesse, Totenamt, Totenmesse •Mette →Christmette, Mitternachtsmette

3779 gottesfürchtig
andächtig, ehrfürchtig, gläubig, kirchlich, religiös

3780 Gottesmutter
Gnadenmutter, Himmelskönigin, Madonna, Maria

3781 göttlich
allmächtig, allwissend, ewig, heilig, himmlisch, unendlich

3782 gottlos
frevlerisch, sündig •atheistisch, glaubenslos, religionslos, ungläubig

3783 gottverlassen
abgeschieden, entlegen, fern

3784 Götzendienst
Baalsdienst, Bilderdienst, Fetischismus, Götzenverehrung, Heidentum, Idolatrie, Teufelsdienst

3785 Gouvernante
Amme, Bonne, Kindermädchen, Nurse •Ausbilderin, Erzieherin, Fräulein, Lehrerin

3786 Grab
Erdhügel, Grabhügel, Grabstätte, Grabstelle, Ruhestätte →Einzelgrab, Gruft, Kriegsgrab, Massengrab, Sammelgrab, Urnengrab

3787 Graben
Schützengraben •Grabenbruch, Mulde •Burggraben, Wassergraben, Stadtgraben, Stadtwall •Abflussgraben, Straßengraben •Einbruch, Furche, Grube, Mulde, Rinne, Stollen

3788 Grabrede
Leichenrede, Nachruf, Totenehrung, Totenrede

3789 Grad
Dienstgrad, Dienststellung •Ausmaß, Reichweite

3790 gradlinig
einfach, schmucklos •akkurat, genau, sorgfältig

3791 grämen
bedrücken, bekümmern, betrüben, beunruhigen, verdrießen, vergrämen

3792 Gras
Kiff, Marihuana, Pott •Grasfläche, Rasen, Weide, Wiese →Knäuelgras, Riedgras, Rispengras, Rohr, Schilf, Schwingel, Segge, Strandhafer, Wiesenhafer, Wollhafer, Zittergras

3793 grassieren
s. ausbreiten, s. verbreiten

3794 Grat
Kante, Schärfe, Schneide •Bergkamm, Bergrücken, Buckel, Gebirgskamm

3795 gratinieren
überbacken, übergrillen, überkrusten

3796 gratulieren
beglückwünschen, feiern, Glück wünschen, Segen wünschen, Glückwünsche darbringen, Segenswünsche darbringen, Segenswünsche aussprechen, Segenswünsche übermitteln, Segenswün-

sche überbringen, Glückwünsche aussprechen, Glückwünsche übermitteln, Glückwünsche überbringen

3797 grau
ereignislos, reizlos, wirkungslos •bejahrt, ergraut, grauhaarig

3798 Gräuel
Ekel, Grauen, Horror, Unbehagen, Unlust •Abscheulichkeit, Scheußlichkeit, Widrigkeit

3799 grauen
düstern, eintrüben •dämmern, tagen

3800 Grauen
Abscheu, Angst, Entsetzen, Gruseln, Horror, Schauder •Abscheu, Ekel, Scheu, Widerwille

3801 grauenhaft
eklig, furchtbar, grässlich, katastrophal, schauderhaft, schauerlich, unausstehlich, unbeliebt, unerträglich, widerwärtig, Grauen erregend

3802 grausam
bitterkalt, grimmig •barbarisch, brutal, herzlos, kaltblütig, rigoros, roh, schonungslos, ungerührt

3803 Grausamkeit
Barbarei, Gewalt, Terror •Bestialität, Brutalität, Gewalttätigkeit, Gräuel, Mordlust

3804 grausen
anekeln, verabscheuen, widerstreben, zurückschrecken

3805 gravieren
einkerben, einritzen

3806 gravierend
einschneidend, erschwerend, schwerwiegend

3807 Gravitation
Anziehung, Anziehungskraft, Erdanziehung, Schwerkraft

3808 graziös
anmutsvoll, biegsam, leichtfüßig, wohlgeformt

3809 greifen
erwischen, fangen, verhaften •anfassen, grapschen, haschen, zufassen

3810 grell
aufdringlich, bunt, schreiend •blendend, stechend •gellend, laut, schrill

3811 Gremium
Ausschuss, Beirat, Komitee, Kommission, Rat

3812 Grenze
Abgrenzung, Begrenzung, Grenzlinie, Umgrenzung →Ackergrenze, Barriere, Bundesgrenze, Flurgrenze, Gemarkung, Gemeindegrenze, Grenzbach, Grenzfluss, Grenzscheide, Grenzwall, Grundstücksgrenze, Kreisgrenze, Landesgrenze, Schranke, Staatsgrenze, Stadtgrenze, Umzäunung, Zaun, Zollschranke

3813 Grenzposten
Grenzer, Grenzpolizei, Grenzwache, Zöllner

3814 Grenzstation
Grenzübergang, Kontrollpunkt, Zollkontrolle, Zollstation

3815 Griesgram
Bärbeißer, Brummbär, Miesepeter, Muffel, Sauertopf

3816 Griff
Klinke, Türgriff, Türklinke •Bügel, Halter, Handgriff, Henkel, Knauf, Schaft, Stiel

3817 griffbereit
fassbar, parat, verfügbar, vorbereitet

3818 Grill
Backofen, Bratrost, Rost

3819 Grille
Grashüpfer, Heimchen, Heuschrecke •Anwandlung, Grillen, Kapriole, Schrulle

3820 Grillhähnchen
Backhähnchen, Brathähnchen, Broiler

3821 Grind
Borke, Hautschorf, Schorf
3822 grindig
rau, schorfig
3823 grob
großkörnig •abweisend, barsch, biestig, brüsk, derb, dreist, eklig, grobschlächtig, naseweis, plump, pöbelhaft, raubeinig, roh, rüde, rüpelhaft, sauer, schamlos, taktlos, unfein, unfreundlich, ungehobelt, ungeschliffen, ungezogen, unhöflich, unkultiviert, unmanierlich, unverschämt, unwirsch, unzivilisiert, verärgert •unbestimmt, ungenau, verschwommen
3824 Grobheit
Abweisung, Aufdringlichkeit, Barschheit, Grobschlächtigkeit, Rohheit, Schroffheit, Taktlosigkeit, Unaufmerksamkeit, Unfreundlichkeit, Ungefälligkeit, Ungeschliffenheit, Unhöflichkeit, Unkultiviertheit, Unliebenswürdigkeit
3825 grölen
brüllen, johlen, kreischen, plärren, schmettern
3826 Groll
Bitterkeit, Missmut, Unbehagen, Verbitterung
3827 grollen
donnern, gewittern, rumpeln •anfeinden, ärgern, schmollen, zürnen
3828 Groschenheft
Dreigroschenheft, Groschenroman, Heftchenroman, Schmutzliteratur, Schund, Schundliteratur
3829 groß
beeindruckend, enorm, imponierend, sensationell, umwerfend •erwachsen, mündig, reif •aufgeschossen, baumlang, hünenhaft, lang, riesig, hoch gewachsen •außergewöhnlich, außerordentlich, erstaunlich •berühmt, populär, prominent •großgeschrieben
3830 großartig
fesselnd, packend, spannend •prima, toll •beträchtlich, eindrucksvoll, einzigartig, unverhältnismäßig •außergewöhnlich, bedeutungsvoll, denkwürdig, unauslöschlich, unvergesslich
3831 Großeltern
Ahnen, Anverwandte, Vorfahren •Ahne, Greis, Großpapa, Großvater, Opa, Opi, Senior, Urahne •Ahnin, Alte, Greisin, Großmama, Großmutter, Oma, Omi, Seniorin, Urahnin
3832 großstädtisch
städtisch, urban, weltstädtisch
3833 großziehen
aufpäppeln, ernähren, erziehen, füttern, züchten
3834 Großzügigkeit
Freigebigkeit, Hochherzigkeit, Mildtätigkeit, Opferbereitschaft •Duldsamkeit, Edelmut, Großherzigkeit, Großmut, Liberalität, Selbstlosigkeit, Toleranz •Freigebigkeit, Generosität, Mildtätigkeit, Wohltätigkeit
3835 grotesk
abstrus, absurd, lächerlich, makaber, ungestalt, unsinnig, verschroben, wunderlich
3836 Grube
Grab, Totengruft •Bergwerk, Mine, Stollen, Zeche •Graben, Höhlung, Kuhle, Loch, Mulde, Vertiefung
3837 Gruft
Grab, Grabgewölbe, Grabkammer, Krypta, Totengruft
3838 grün
alternativ, naturbewusst, ökologisch, umweltbewusst •ahnungslos, jung, unerfahren •sauer, unreif

3839 Grund
Ansporn, Beweggrund, Grundlage, Hintergrund, Impuls, Ursache •Argument, Beweis, Erklärung •Acker, Boden, Erde, Land •Basis, Fundament, Unterbau •Erdboden, Meeresboden
3840 Grundbesitz
Besitz, Eigenbesitz, Grundeigentum, Länderei
3841 Grundbuch
Flurbuch, Grundstücksverzeichnis, Katasterbuch
3842 gründen
begründen, eröffnen, errichten
3843 Gründer
Begründer, Erbauer, Mitbegründer, Schrittmacher, Urheber
3844 Grundgedanke
Gerüst, Grundidee, Grundplan, Grundvorstellung, Leitgedanke, Leitmotiv
3845 Grundgesetz
Charta, Staatsverfassung, Verfassung
3846 grundlegend
elementar, maßgeblich, prinzipiell, wichtig
3847 gründlich
radikal, total •gehörig, sehr •ausführlich, detailliert, deutlich, eindeutig, erschöpfend, komprimiert, prägnant, treffend, vollständig •akkurat, eindeutig, prägnant, unmissverständlich •fehlerlos, sorgsam, zuverlässig
3848 Grundriss
Aufriss, Konzept, Skizze •Abriss, Auszug, Zusammenfassung
3849 Grundsatz
Gesetz, Gesichtspunkt, Regel
3850 Grundsatzerklärung
Ausgangspunkt, Deklaration, Grundlage, Manifest, Programm, Verkündung, Vorausbedingung, Voraussetzung
3851 Grundstück
Anwesen, Areal, Grund, Grundbesitz, Immobilie, Land, Liegenschaft
3852 Gründung
Begründung, Bildung, Erzeugung, Grundlegung, Stiftung
3853 grünen
aufblühen, keimen, treiben, wachsen
3854 Gruppe
Belegschaft, Mannschaft •Kolonne, Truppe, Zug •Schicht, Stand •Clique, Kreis, Team •Block, Fraktion, Gruppierung •Aufgebot, Equipe, Mannschaft, Riege, Staffel, Team, Vertretung •Clique, Ensemble, Kollegium, Künstlergruppe, Orchester, Team, Theatergruppe •Gremium, Kollegenkreis, Kollegium, Kreis, Team
3855 gruppieren
anlegen, arrangieren, aufstellen, gliedern, zusammensetzen, zusammenstellen
3856 gruseln (s.)
s. ängstigen, s. entsetzen, s. erschrecken, s. grausen
3857 Gruß
Begrüßung →Abschiedsgruß, Empfehlung, Grußbotschaft, Willkommen, Willkommensgruß •Höflichkeitsbezeugung →Bückling, Diener, Knicks, Reverenz, Verbeugung, Verneigung •Lebenszeichen, Nachricht
3858 grüßen
begrüßen →anlächeln, salutieren, s. verbeugen, s. verneigen, zunicken
3859 grußlos
unhöflich •schweigend, sprachlos, still, stillschweigend, stumm, wortlos
3860 gucken
äugen, blicken, linsen, spähen •ansehen, bemerken, erblicken, erkennen, erspähen

3861 Guerilla
Aufständischer, Freiheitskämpfer, Freischärler, Heckenschütze, Partisan, Rebell, Untergrundkämpfer, Widerstandskämpfer

3862 Guillotine
Blutgerüst, Fallbeil, Hinrichtungsgerüst, Schafott

3863 Gülle
Brühe, Jauche, Mist, Sudel

3864 Gully
Abfluss, Abwasserkanal, Sinkkasten

3865 gültig
geltend, gesetzmäßig, unanfechtbar, verbindlich

3866 Gültigkeit
Geltung, Verbindlichkeit, Wirksamkeit •Gesetzeskraft, Rechtsgültigkeit, Rechtskraft

3867 Gummi
Kondom, Präservativ •Radiergummi, Radierstift •Buna, Kautschuk

3868 gummiartig
biegbar, dehnbar, schmiegsam

3869 Gunst
Auszeichnung, Ehre •Freundlichkeit, Gewogenheit, Güte, Wohlwollen •Förderung, Fürsprache, Gönnerschaft

3870 günstig
ausgiebig, aussichtsreich, aussichtsvoll, chancenreich, dankbar, einbringlich, einträglich, erfolgreich, ergiebig, ertragreich, fruchtbar, fündig, gut, lohnend, lukrativ, nutzbringend, positiv, profitabel, rentabel, üppig, verheißungsvoll, vielversprechend, vorteilhaft, zuträglich, Erfolg versprechend, Gewinn bringend, Profit bringend •freundlich, gnädig, wohlmeinend •billig, herabgesetzt, preiswert •gelegen, rechtzeitig, zeitgemäß •erfreulich, gut •aussichtsreich, hoffnungsvoll, vielversprechend, vorteilhaft

3871 Günstling
Augapfel, Geliebte, Geliebter, Idol •Favorit, Liebling, Schoßkind

3872 Gürtel
Gurt, Koppel, Riemen •Bereich, Ring, Umgebung •Ehrengürtel, Schärpe, Schmuckbinde

3873 gut
einwandfrei, frisch, genießbar •charaktervoll, ehrenhaft, honorig, redlich •einverstanden, freilich, ja •gesittet, manierlich, unbescholten •edel, human, mitfühlend, uneigennützig •munter, übermütig, vergnüglich •erfolgreich, fruchtbar, lohnend •hilfreich, leicht •fleißig, lernwillig, strebsam •erfindungsreich, spritzig •entspannt, natürlich •sommerlich, sonnig, wolkenlos •deutlich, leserlich, ordentlich

3874 Gut
Ansiedlung, Anwesen, Bauernhof, Besitztum, Domäne, Gehöft, Gutshof, Hof

3875 gutartig
harmlos, heilbar, ungefährlich •gutmütig, warmherzig, weichherzig

3876 Güte
Beschaffenheit, Qualität, Wert •Anteilnahme, Barmherzigkeit, Freundlichkeit, Herzensbildung, Herzensgüte, Innigkeit, Nächstenliebe, Selbstlosigkeit, Taktgefühl, Warmherzigkeit, Weisheit, Zartgefühl

3877 Gutschein
Bon, Gutschrift •Bescheinigung, Gutschrift, Verrechnung

3878 Guttempler
Abstinenzler, Antialkoholiker, Blaukreuzler, Temperenzler

H

3879 Haare
Haarersatz, Haarteil, Kunsthaare, Perücke, Toupet •Haarschopf, Locken, Mähne •Haarbüschel, Haarschopf, Mähne, Strähne •Haarlocke, Locke, Schmachtlocke, Welle •Dutt, Haarknoten •Frisur, Haarschnitt, Haartracht •Faden, Fiber

3880 Haarfett
Brillantine, Paste, Pomade, Haarcreme [-krem(e)]

3881 haarig
bärtig, borstig, stachelig, stechend, stoppelig, unordentlich •bedenklich, delikat, verfänglich

3882 Haarspalter
Pedant, Prinzipienreiter, Sophist, Wortklauber

3883 Haben
Guthaben, Plus

3884 Habitus
Aussehen, Erscheinung, Typ •Haltung, Körperhaltung, Pose, Stellung

3885 Hacke
Haue, Spitzhacke →Feldhacke, Gartenhacke •Absatz, Ferse

3886 hacken
auflockern, graben, jäten, roden •zerhacken, zerstückeln, klein hacken •bolzen, holzen, Fußball spielen

3887 Hacker
Computereindringling

3888 Hackfleisch
Faschiertes, Gehacktes, Tatar

3889 Hackstock
Hackklotz, Hauklotz, Holzklotz

3890 Hafen
Hafenbecken →Außenhafen, Ausfuhrhafen, Bestimmungshafen, Binnenhafen, Bootshafen, Einfuhrhafen, Fährhafen, Fischereihafen, Flusshafen, Fluthafen, Freihafen, Handelshafen, Heimathafen, Jachthafen, Kanalhafen, Kriegshafen, Mutterhafen, Naturhafen, Ölhafen, Schutzhafen, Seehafen, Tidehafen, Überseehafen, Umschlaghafen, Winterhafen, Zielhafen, Zollhafen, Zufluchtshafen •Gefäß →Nachtgeschirr

3891 Hafenarbeiter
Dockarbeiter, Schauermann, Schiffsarbeiter

3892 Haft
Arrest, Aufsicht, Bau, Einschließung, Einsperrung, Festungshaft, Freiheitsentzug, Freiheitsstrafe, Gefangenschaft, Gefängnisstrafe, Gewahrsam, Knast, Schutzhaft, Sicherung, Sicherungshaft, Sicherungsverwahrung, Untersuchungshaft, Verwahrung

3893 haften
bürgen, einstehen, garantieren, geradestehen, gewährleisten, hinterlegen, sicherstellen, verbriefen, s. verbürgen, verbürgen, versichern •anhängen, kleben, festhängen, festkleben

3894 Hag
Busch, Gehölz, Hain, Horst, Tann, Wäldchen •Gehege, Gemarkung

3895 Hagelkorn
Eiskorn, Eiskristall, Hagelschloße

3896 hageln
kieseln, prasseln, schauern, schloßen •einwirken, s. häufen, niedergehen

3897 Hahn
Geflügel →Auerhahn, Birkhahn, Gockel, Kapaun, Truthahn •Drosselventil, Ventil

3898 Haken
Hieb, Schlag •Krampe •Kleiderhaken •Problem, Schwierigkeit •Fensterhaken, Türhaken

3899 halb
abgebrochen, halbwegs, lückenhaft, unbeendet, ungenügend, unvollendet, halb fertig •beinahe, fast, nahezu

3900 Halbheit
Untauglichkeit, Wirkungslosigkeit •Ahnungslosigkeit, Dilettantismus, Hudelei, Huschelei, Murkserei, Nichtwissen, Pfuscherei, Stückwerk, Stümperei, Unerfahrenheit, Unkenntnis, Unwissenheit

3901 Halbinsel
Kap, Landzunge

3902 Hälfte
Anteil •Halbzeit, Spielunterbrechung •Mitte, Teilstück

3903 hallen
dröhnen, gellen, schallen

3904 Hallo
Geschrei, Johlen, Schreierei •Grüß Gott

3905 Hallodri
Leichtfuß, Luftikus, Windbeutel, Windhund

3906 Hals
Gurgel, Kehle

3907 Halsbinde
Binder, Fliege, Krawatte, Schleife, Schlips

3908 Halskette
Geschmeide, Halsband, Halskettchen, Kollier

3909 halt
befristet, eben, nämlich

3910 Halt
Bindung, Haftung, Klebekraft •Grundstein, Stützpunkt, Unterlage •Haltestelle, Station •Hilfe, Rückhalt •Kraft, Mut, Stärke •Pause, Rast, Stopp, Unterbrechung

3911 haltbar
farbecht, lichtecht, waschecht •eingemacht, konserviert, unverderblich •beständig, dauerhaft, unverwüstlich, widerstandsfähig •fest, grifffest

3912 Haltbarkeit
Dauerhaftigkeit, Strapazierfähigkeit, Unvergänglichkeit, Unverwüstlichkeit

3913 halten
ausruhen, pausieren, rasten, Halt machen, stehen bleiben •beibehalten, bewahren •abhalten, durchführen, veranstalten •dabehalten, zurückhalten •abwehren, parieren

3914 Haltepunkt
Haltestelle, Station

3915 Halter
Bügel, Griff, Stiel •Besitzer, Eigentümer, Inhaber

3916 haltlos
labil, nachgiebig, willensschwach •erfunden, gegenstandslos •ehrlos, würdelos

3917 Haltlosigkeit
Disziplinlosigkeit, Zuchtlosigkeit, Zügellosigkeit

3918 Haltung
Körperhaltung, Pose, Positur •Denkweise, Einstellung, Gesinnung •Auftreten, Betragen, Manieren, Umgangsformen

3919 Halunke
Filou, Ganove, Gauner, Lump, Spitzbube

3920 Hammer
Fäustel, Schlägel

3921 Hampelmann
Angsthase, Blindgänger, Duckmäuser, Feigling, Hasenfuß, Hasenherz, Jammerbild, Jammerlappen, Kneifer, Memme, Niete, Null, Pantoffelheld, Schwächling, Versager, Weichling •Gliederpuppe, Marionette

3922 hampeln
hopsen, strampeln, zappeln

3923 Hand
Flosse, Klaue, Patsche, Pfote, Pranke, Tatze

3924 Handarbeit
Einzelanfertigung, Maßarbeit, Meisterarbeit, Qualitätsarbeit •Häkelei, Handweberei, Klöppelei, Stickerei, Strickerei •Tätigkeit

3925 handarbeiten
häkeln, nähen, sticken, stricken, weben •basteln, werken

3926 Handbuch
Bedienungsanweisung, Betriebsanleitung, Gebrauchsanweisung, Leitfaden •Nachschlagewerk, Ratgeber

3927 Handel
Austausch, Güteraustausch, Tausch, Tauschgeschäfte, Tauschhandel, Umtausch, Warenaustausch, Warenverkehr, Wechsel →Außenhandel, Außenwirtschaft, Ausfuhr, Auslandshandel, Binnenhandel, Detailhandel, Einfuhr, Einzelhandel, Export, Freihandel, Großhandel, Import, Kleinhandel, Ladenverkauf, Schleichhandel, Seehandel, Überseehandel, Warenausfuhr, Wareneinfuhr, Welthandel, Zwischenhandel •Schmuggel, Schmuggelei, Schwarzhandel, Schwarzmarkt

3928 handeln
machen, operieren, tun, unternehmen, verfahren, vorgehen •austauschen, einhandeln, eintauschen, feilschen, hökern, schachern, schieben, tauschen, wechseln •einführen, hereinlassen, importieren •ausführen, exportieren •hinterziehen, paschen, schieben, schmuggeln •eingreifen, helfen, managen, unternehmen, vorgehen

3929 Handelsmarke
Fabrikat, Handelszeichen, Marke, Schutzmarke, Warenzeichen

3930 handfest
eindeutig, exakt •derb, rau, robust, standfest •gewaltig, groß

3931 Handhabe
Angriffspunkt, Beweggrund, Motiv, Ursache •Benutzung, Handhabung

3932 handhaben
benützen, gebrauchen, verwenden •ausüben, betätigen, betreiben, hantieren, steuern

3933 Handhabung
Bedienung, Verfahrensweise •Anwendung, Gebrauch

3934 Handkarre
Karre, Schubkarre

3935 Händler
Kaufmann →Ankäufer, Aufkäufer, Geschäftemacher, Geschäftsmann, Krämer, Lieferant, Einzelhändler, Großhändler, Grossist, Dealer, Jobber, Peddler, Pusher, Rauschgifthändler, Hausierer, Marktschreier, Straßenhändler, Trödler, Pascher, Schieber, Schleichhändler, Schmuggler, Schwarzhändler, Exporteur, Verkäufer

3936 handlich
klein, transportabel •brauchbar, handgerecht, zweckmäßig

3937 Handlung
Ablauf, Geschehen •Handlungsweise, Verhalten

3938 Handlungsweise
Binsenwahrheit, Denkart, Doktrin, Gesinnung, Grundsatz, Grundwahrheit, Handlungsgrundsatz, Leitsatz, Maxime, Prinzip •Benehmen, Verhalten •Handeln, Verfahrensweise, Vorgehensweise

3939 Handschlag
Händedruck, Shakehands •Ehrenwort •Kaufabschluß

3940 Handschrift
Gekritzel, Klaue, Krakelei, Gekrakele, Pfote, Schreibweise, Schrift •Pergament, Schriftrolle

3941 Handstreich
Attacke, Blitzangriff, Gewaltstreich, Offensive

3942 Handwagen
Leiterwagen, Ziehwagen

3943 Handzeichen
Gebärde, Geste, Wink

3944 Handzettel
Flugblatt, Flugschrift, Prospekt, Werbezettel

3945 Hang
Abhang, Böschung, Schräge •Interesse, Schwäche, Sehnsucht, Tendenz, Vorliebe

3946 Hängelampe
Ampel, Blumenampel
3947 hängen
aufhängen, befestigen, hinhängen •baumeln, pendeln
3948 hänseln
aufziehen, ausspotten, foppen, necken, spötteln, spotten
3949 hantieren
arbeiten, herumwirtschaften •bedienen, betätigen
3950 Hantierung
Tätigkeit, Tun, Verrichtung •Anwendung, Bedienung, Besorgung
3951 harmlos
bescheiden, einfach •gutartig, heilbar •gefahrlos, ungefährlich, unschädlich •ahnungslos, einfältig, gutgläubig, treuherzig •ungiftig
3952 Harmlosigkeit
Bekömmlichkeit, Unschädlichkeit, Verträglichkeit •Arglosigkeit, Gutgläubigkeit, Kritiklosigkeit, Naivität, Treuherzigkeit, Unbedarftheit
3953 Harmonie
Ausgewogenheit, Eintracht, Gleichklang, Gleichmaß, Übereinstimmung, Wohlklang •Einigkeit, Einklang, Einstimmigkeit, Eintracht, Einvernehmen, Gleichgesinntheit, Übereinstimmung, Zusammenklang •Ausgeglichenheit, Geschlossenheit, Zusammenspiel, Zusammenwirken
3954 harmonieren
wohlklingen, wohltönen •passen, übereinstimmen, zusammenstimmen
3955 harmonisch
abgeklärt, brüderlich, einträchtig •ausgeglichen, ausgewogen, symmetrisch •melodisch, wohlklingend
3956 Harnisch
Kürass, Panzer, Rüstung
3957 hart
schwierig, unlösbar •betrüblich, bitter, schmerzlich •altbacken, trocken •eisig, hartherzig, rigoros, unnachsichtig •kräftig, stark •ehern, eisenhart, felsenhart, fest, knochenhart, stählern, stahlhart, steinern, steinhart •klumpig, verhärtet
3958 Härte
Druck, Vehemenz, Wucht •Festigkeit, Stabilität, Widerstandsfähigkeit •Benachteiligung, Ungerechtigkeit, Vernachlässigung •Brutalität, Gefühlskälte, Mitleidlosigkeit, Rücksichtslosigkeit, Unzugänglichkeit
3959 härten
festigen, stählen, verdichten
3960 Häscher
Büttel, Scherge, Verfolger
3961 Hase
Kaninchen, Karnickel, Langohr, Mümmelmann, Meister Lampe →Feldhase, Osterhase, Stallhase •Angsthase, Feigling, Hasenfuß, Weichling
3962 haspeln
aufrollen, aufspulen, aufwickeln
3963 Hass
Feindschaft, Gehässigkeit, Hassgefühl, Unversöhnlichkeit, Vorurteil
3964 Hässlichkeit
Abscheulichkeit, Ekelhaftigkeit, Grässlichkeit, Grauenhaftigkeit, Widerlichkeit, Widerwärtigkeit, Widrigkeit
3965 hastig
eilig, geschwind, hurtig •übereilt, unüberlegt
3966 Hatz
Hetze, Rastlosigkeit, Ruhelosigkeit, Unrast •Fahndung, Kesseltreiben, Pogrom •Hetzjagd, Jagd
3967 hauchen
atmen, blasen •flüstern, wispern
3968 hauchzart
ätherisch, blumenhaft, duftig, hauchfein, locker

3969 Haudegen
Draufgänger, Held, Mordskerl, Tausendsassa

3970 hauen
abrechnen, abschwarten, balgen, boxen, dreschen, durchhauen, durchprügeln, durchwichsen, einhauen, geißeln, heimzahlen, herunterhauen, knallen, losschlagen, ohrfeigen, peitschen, prügeln, rangeln, scheuern, schlagen, verbimsen, verbläuen, verdreschen, vergelten, verhauen, verkeilen, verklopfen, vermöbeln, verpassen, verprügeln, verschlagen, versohlen, vertrimmen, verwalken, verwamsen, verwichsen, watschen, wienern, züchtigen, zuhauen, zusammenschlagen •zerhacken, zerhauen, zerkleinern

3971 hauen (s.)
s. balgen, s. hauen, s. herumschlagen, s. prügeln, s. schlagen

3972 Haufen
Abteilung, Ansammlung •Anzahl, Flut, Heer, Unmenge, Unzahl, Vielzahl •Anhäufung, Ballen, Berg, Bündel, Menge, Pack, Packen, Paket, Stapel, Stoß

3973 häufen (s.)
zunehmen, überhand nehmen •s. ansammeln, zusammenkommen •s. ausbreiten, s. ergießen

3974 Häufigkeit
Mannigfaltigkeit, Unzahl •Frequenz, Verkehrsaufkommen, Verkehrsdichte •Horde, Masse •Mehrmaligkeit, Wiederkehr

3975 Häufung
Anhäufung, Ansammlung, Zusammenballung

3976 Haupt
Anführer, Bandenführer, Gangleader, Rädelsführer •Direktor, Firmeninhaber •Gebieter, Herr, Machthaber, Regent, Staatsoberhaupt •Kopf, Schädel

3977 Hauptdarsteller
Hauptfigur, Hauptrolle, Held, Primadonna, Star, Superstar

3978 Hauptgedanke
Grundidee, Grundmotiv, Leitgedanke, Leitmotiv

3979 Hauptgeschäftszeit
Saison, Stoßzeit

3980 Hauptrolle
Hauptdarsteller, Held, Schlüsselfigur, Titelrolle

3981 Hauptsache
Grundgedanke, Inbegriff, Kernpunkt, Kernstück, Leitmotiv, Schwerpunkt

3982 hauptsächlich
ausdrücklich, vorwiegend •gewichtig, vorherrschend, zentral

3983 Hauptverkehrszeit
Berufsverkehr, Rushhour, Stoßverkehr, Stoßzeit

3984 Haus
Anwesen, Bauwerk, Besitz, Bungalow, Daheim, Eigenheim, Einfamilienhaus, Gebäude, Heim, Mehrfamilienhaus, Mietshaus, Objekt, Villa, Wohnhaus, Wohnung, Zuhause •Baracke, Behelfsunterkunft, Bude, Hütte, Kate, Unterkunft •Chalet, Cottage, Datscha, Ferienhaus, Wochenendhaus •Bleibe, Herberge, Nachtquartier, Unterkunft →Gasthof, Hotel, Jugendherberge, Pension •Baracke, Holzhaus, Holzhütte, Schuppen •Hochhaus, Skyscraper, Wohnsilo, Wohnturm, Wolkenkratzer •Lager, Lagerhaus, Magazin, Silo, Stock, Warenlager •Familie, Geschlecht, Sippe, Stamm

3985 Hausangestellte
Putzfrau, Raumpflegerin, Reinemachefrau, Reinmachefrau, Scheuerfrau •Butler, Dienstbote •Dienstmädchen, Haushaltshilfe, Haustochter

3986 Hausaufgabe
Hausübung, Übungsarbeit

3987 Hauseingang
Auffahrt, Hauseinfahrt, Pforte, Zugang
3988 hausen
stürmen, wüten •leben, übernachten, weilen, wohnen, zubringen
3989 Hausfrau
Hausbesitzerin, Hauswirtin, Vermieterin •Ehefrau •Gesellschafterin, Hausdame, Wirtschafterin
3990 hausgemacht
bürgerlich, gediegen, nahrhaft
3991 Haushalt
Budget, Etat, Finanzen •Hausstand, Hauswesen, Hauswirtschaft
3992 Hausherr
Gastgeber, Wirt •Familienoberhaupt, Familienvater, Familienvorstand •Hausbesitzer, Hauswirt
3993 Hausherrin
Besitzerin, Hauswirtin, Vermieterin •Gastgeberin, Wirtin
3994 häuslich
haushälterisch, sparsam, wirtschaftlich •einfach, gediegen
3995 Hausrat
Geschirr, Hauseinrichtung, Möbel
3996 Hausse
Anstieg, Aufschwung, Blüte, Boom, Hochkonjunktur
3997 Haut
Bedeckung •Schale, Schote •Balg, Fell
3998 häuten
abbalgen, abhäuten, abziehen
3999 Headline
Blickfang, Schlagzeile, Überschrift
4000 Hebegerät
Aufzug, Flaschenzug, Kran, Lift, Winde
4001 heben
anheben, aufheben, aufrichten, emporheben, lüften, stemmen, wuchten, hoch stemmen, hoch nehmen, hoch heben, hoch ziehen, hoch wuchten •aufwerten, erhöhen, stärken, vergrößern
4002 heben (s.)
aufsteigen, davonfliegen, wegfliegen •aufplatzen, aufspringen, hoch gehen
4003 Hebung
Heraufsetzung, Preissteigerung •Betonung •Anstieg, Intensivierung, Verstärkung •Bergung, Rettung
4004 hecheln
atmen, japsen, keuchen, röcheln
4005 Hecke
Brutzeit, Nest •Buschwerk, Umgrenzung
4006 Heer
Landstreitkräfte, Landtruppen •Anzahl, Flut, Schar, Schwung, Unzahl, Vielheit
4007 Heeresübung
Gefechtsübung, Geländeübung, Manöver
4008 Heeresverband
Abteilung, Armee, Bataillon, Batterie, Brigade, Division, Kompanie, Korps, Regiment, Schwadron, Formation, Truppenteil, Verband
4009 Heft
Broschüre, Kladde, Magazin •Schulheft →Notenheft, Rechenheft, Schreibheft, Vokabelheft •Griff, Schaft, Stiel
4010 heften
binden, broschieren, zusammenheften •anheften, anklammern
4011 Hefter
Aktendeckel, Aktenordner, Schnellhefter
4012 heftig
entsetzlich, furchtbar, fürchterlich, gewaltig, stark, verheerend, wuchtig •beißend, rau, schneidend •aufgebracht, unbändig, ungeduldig •dynamisch, energiegeladen, kraftvoll, schwungvoll •gewaltig, wuchtig •feurig, heiß, impulsiv, leidenschaftlich, passioniert, temperamentvoll •intensiv, maßlos, panisch, stürmisch •frenetisch, ra-

send, stürmisch, ungestüm, wild •besessen, familiär, feurig, flammend, hemmungslos, impulsiv, lebhaft, natürlich, offen, unbefangen, ungehemmt, ungezwungen, zwanglos

4013 Heftigkeit
Ekstase, Passion, Rausch •Kraft, Vehemenz, Wucht

4014 Hegemonie
Überlegenheit, Vorherrschaft, Vormacht, Vormachtstellung, Vorrangstellung

4015 hegen
behandeln, betreuen, füttern, hüten, pflegen, umsorgen, züchten

4016 Heide
Erika, Heidekraut •Nichtchrist, Ungetaufter, Ungläubiger

4017 Heidentum
Glaubenslosigkeit, Götzendienst, Ketzerei, Ungläubigkeit

4018 heidnisch
freigeistig, glaubenslos, irrgläubig, religionslos, ungläubig

4019 heikel
diffizil, kompliziert, verfänglich

4020 heil
einwandfrei, ganz, intakt, unbeschädigt, unversehrt, wohlbehalten •gesund, unverletzt, unversehrt, wohlbehalten

4021 Heil
Glück, Segen, Wohl •Gnade, Seelenheil

4022 heilen
s. bessern, s. erholen, gedeihen, genesen, gesunden •abheilen, ausheilen, auskurieren, behandeln, kurieren, retten, stärken, therapieren, versorgen, wiederherstellen •bessern, erleichtern, lindern, mäßigen, mildern •abheilen, gesunden, verheilen, vernarben, zuheilen, zuwachsen •aufkommen, ausheilen, s. bessern, genesen, gesunden

4023 heilig
geheiligt, gesegnet, geweiht, sakral, selig

4024 Heiligenschein
Aureole, Glorie, Glorienschein, Gloriole

4025 Heiliger
Fürbitter, Fürsprecher, Schutzpatron

4026 heilsam
aufbauend, heilend, heilkräftig, lindernd •dienlich, fördernd, hilfreich, sinnvoll

4027 Heilung
Behandlung, Krankheitsbehandlung, Therapie •Genesung, Gesundung, Heilungsprozess

4028 Heim
Heilanstalt, Sanatorium •Erziehungsanstalt, Erziehungsheim, Internat, Pensionat •Daheim, Elternhaus, Haus, Vaterhaus, Wohnung, Zuhause •Gasthaus, Herberge, Hospiz

4029 Heimat
Geburtsland, Heimatland, Vaterland

4030 Heimatgefühl
Heimatliebe, Patriotismus, Vaterlandsliebe, Zusammengehörigkeitsgefühl

4031 heimatlich
bodenständig, gewohnt, heimisch, vertraut

4032 heimatlos
ausgebürgert, ausgestoßen, entwurzelt, flüchtig, staatenlos, umhergetrieben, verfemt

4033 Heimatloser
Ausgewiesener, Flüchtling, Verbannter, Verstoßener, Vertriebener

4034 Heimchen
Grille, Heuschrecke

4035 heimisch
angepasst, vertraut, wohlbekannt •ansässig, bodenständig, sesshaft, wohnhaft

4036 heimlich
unauffällig, unbemerkt, unbeobachtet, ungesehen, unsichtbar, verstohlen •unerlaubt, unstatthaft, verboten •geheim, okkult, verborgen

4037 Heimlichkeit
Geflüster, Gerede, Getuschel •Geheimnis, Rätsel •Heimlichtuerei, Hinterhalt, Versteckspiel

4038 Heimlichtuer
Duckmäuser, Geheimniskrämer, Hehler

4039 Heimreise
Heimfahrt, Rückfahrt, Rückkehr, Rückreise

4040 Heimschule
College, Internat, Pensionat

4041 heimsuchen
erfassen, ergreifen, übermannen •erdulden, erleiden

4042 Heimsuchung
Leid, Marter, Pein •Katastrophe, Missgeschick, Schicksalsschlag, Unheil

4043 Heimtücke
Arglist, Bosheit, Hinterhältigkeit, Hinterlist, Niedertracht

4044 heiraten
ehelichen, freien, heimführen, s. vermählen

4045 heiser
belegt, klanglos, krächzend, kratzig, rau, rauchig, stockheiser, tonlos

4046 heiß
schwül, sommerlich, sonnig, tropisch, brütend heiß •brenzlig, brisant, explosiv, heikel •anregend, rhythmisch •erhitzt, glühend, kochend •siedend heiß

4047 heißen
anordnen, auftragen, verpflichten •benennen, betiteln, bezeichnen, nennen, rufen

4048 heiter
aufgeheitert, aufgekratzt, beschwingt, erfreut, fidel, frohgestimmt, fröhlich, glücklich, glückselig, humorvoll, lebensfroh, lebenslustig, lustig, munter, optimistisch, schwungvoll, sonnig, sorglos, stillvergnügt, unbesorgt, vergnügt, wohlgefällig, gut gelaunt •aufgeheitert, heiß, hell, sommerlich, sonnig, südlich, tropisch, wolkenlos

4049 Heiterkeit
Fröhlichkeit, Frohsinn, Optimismus, Wohlbehagen •Gekicher, Gelächter

4050 heizen
befeuern, beheizen, einheizen, erwärmen •erhitzen, erwärmen

4051 Heizstoff
Brennmaterial, Brennstoff, Heizmaterial

4052 Heizung
Esse, Feuerung, Heizkörper, Kamin, Ofen

4053 hektisch
antreibend, aufbrausend, besessen, beweglich, blutvoll, dynamisch, erregt, fahrig, feurig, fieberhaft, gedankenlos, gehetzt, getrieben, glühend, heißblütig, impulsiv, kopflos, lebendig, lebhaft, leichtfertig, leidenschaftlich, nervös, schwungvoll, stürmisch, temperamentvoll, turbulent, unbedacht, ungestüm, unruhig, vif, vital, wahllos •aufbrausend, aufgeregt, bewegt, erregt, fahrig, flatterig, gehetzt, gereizt, hastig, hitzig, impulsiv, missmutig, quecksilbrig, rastlos, reizbar, ruhelos, turbulent, überanstrengt, überempfindlich, überreizt, ungeduldig, ungestüm, unruhig, unstet, wild, zappelig, übel gelaunt •impulsiv, spontan, ungeheißen, unüberlegt

4054 Held
Darsteller, Mime, Schauspieler •Haudegen, Kämpfer •Berühmtheit, Star •Bezwinger, Eroberer, Gewinner, Heros •Ass, Bester, Champion, Favorit, Gewinner, Kanone, Meister, Spitzenreiter

4055 Heldentat
Großtat, Heldenstück, Husarenstück, Mannestat

4056 helfen
befreien, heraushelfen, retten •nutzen, nützen, gut tun •ermutigen, unterstützen •assistieren, aushelfen, s. beteiligen, einspringen, eintreten, kooperieren, mitarbeiten, mithelfen, mitmachen, mitwirken, unterstützen, s. verbünden, vertreten, zupacken, zusammenarbeiten, s. zusammenschließen, zusammenwirken •abhelfen, begleichen, beilegen, regeln, schlichten, vermitteln •aufbauen, begünstigen, ermuntern, favorisieren, fördern, unterstützen, vorwärts bringen •beistehen, s. einsetzen, entlasten, fürsprechen, verteidigen •beistehen, bemitleiden, beraten

4057 Helfer
Berater, Mitkämpfer •Handlanger, Hilfsarbeiter •Assistent, Bedienung, Dienstbote, Gehilfe, Handlanger, Handreicher, Hilfsarbeiter, Hilfskraft, Sekundant, Stütze, Zuarbeiter •Erlöser, Gönner, Retter •Handlanger, Helfershelfer, Komplize, Mittäter, Mitwisser, Spießgeselle •Dieb, Gangster, Hehler, Helfershelfer, Hintermann, Schieber, Schlepper •Förderer, Gönner, Mäzen, Sponsor •Begleiter, Beschützer, Fürsorger •Geburtshelfer, Geburtshelferin, Geburtshilfe, Hebamme •Handlanger, Helfershelfer, Komplize, Mitschuldiger, Mittäter, Spießgeselle •Lawinenhund, Lebensretter, Retter, Rettungsschwimmer, Schutzengel, Schützer •Beistand, Gehilfe, Komplize, Partner, Verbündeter •Beistand, Tröster

4058 hell
adrett, unbeschmutzt •glockenrein, rein, silbern •beleuchtet, erleuchtet, strahlend •hellauf, völlig

4059 hellhörig
achtsam, aufmerksam, erwartungsvoll, wachsam •laut, schalldurchlässig

4060 Helligkeit
Helle, Licht, Lichtflut, Lichtfülle

4061 hellsichtig
ahnungsvoll, hellseherisch, vorausblickend, vorausschauend

4062 hemmen
abbremsen, behindern, bremsen, einschränken, erschweren, hindern •entgegenarbeiten, entgegenwirken, sabotieren

4063 hemmend
behindernd, erschwerend, hinderlich, störend, ungünstig

4064 Hemmnis
Bremsklotz, Hemmschuh, Radschuh, Sperrkette •Behinderung, Erschwernis, Handikap, Widerstand

4065 Hemmung
Behinderung, Erschwernis •Bedenken, Skrupel •Befangenheit, Gehemmtheit, Komplex, Minderwertigkeitskomplex, Scheu, Schüchternheit, Unsicherheit, Verklemmtheit, Verkrampfung, Verlegenheit

4066 hemmungslos
ungehemmt, zwanglos •gewissenlos, rücksichtslos, verantwortungslos •ausschweifend, disziplinlos, enthemmt, frei, leidenschaftlich, schrankenlos, ungeniert, ungezügelt, unkontrolliert, zügellos, zwanglos

4067 Henne
Glucke, Huhn →Blässhuhn [Blesshuhn], Legehenne

4068 herabsetzen
abqualifizieren, degradieren, diskriminieren, erniedrigen •begrenzen, beschneiden, beschränken, drosseln, einengen, einschränken, mindern, verlangsamen •dezimieren, einschränken, nachlassen, verbilligen

4069 Herabsetzung
Nachlass, Preissenkung •Degradierung, Deklassierung, Diffamierung, Diskriminierung •Abfälligkeit, Abqualifikation, Abwertung, Demütigung, Dreistigkeit, Entwertung, Entwürdigung, Geringachtung, Geringschätzung, Herabwürdigung, Missachtung, Nichtachtung, Nichteinhaltung, Respektlosigkeit, Verächtlichmachung, Verachtung, Verminderung, Verunglimpfung

4070 herabsteigen
absteigen, heruntergehen, heruntersteigen

4071 herabziehen
hinabziehen, hinunterziehen, verderben, verleumden

4072 herauf
auf, aufsteigend, aufwärts, bergauf, empor, hinauf

4073 heraus
außen, draußen, hinaus

4074 herausbilden (s.)
s. abzeichnen, s. anbahnen, s. ankündigen, s. auftun, s. entfalten, s. formen, s. herauskristallisieren, s. zeigen

4075 herausbrechen
ausreißen, ausrupfen, entfernen •ausspeien, erbrechen, s. übergeben

4076 herausbringen
auflösen, entblößen, enthüllen, enträtseln, entschleiern, entschlüsseln, ermitteln, erraten •ausforschen, erforschen, ermitteln, eruieren, nachforschen •aufdecken, darlegen, entlarven •einweihen, eröffnen •feststellen, herausfinden •abdrucken, drucken, emittieren, publizieren, verlegen, veröffentlichen

4077 Herausgabe
Drucklegung, Edition, Publizierung, Veröffentlichung •Rückgabe, Übergabe

4078 herausgeben
ankündigen, drucken, publizieren, verlegen, veröffentlichen •ausliefern, freigeben, überreichen, zurückgeben

4079 herausheben
betonen, herausstellen, hervorheben, pointieren, unterstreichen •belobigen, herausstellen

4080 herausholen
bergen, retten •entnehmen, herausnehmen

4081 herausplatzen
entfahren, entschlüpfen •lachen, losbrüllen, losplatzen

4082 herausreißen
ausreißen, ausrupfen, jäten •entlasten, freikämpfen, retten, verteidigen

4083 herausschlagen
abwerfen, einbringen, erzielen, profitieren •entfernen, herauslösen

4084 herb
hart, schmerzlich, schwer •reserviert, spröde, unzugänglich, zurückgezogen

4085 herbei
her, heran, herzu

4086 herbeieilen
anlaufen, anrücken, herbeilaufen, herkommen, herzueilen, herzulaufen, hinlaufen, s. nähern

4087 herbeischaffen
anfahren, herantransportieren •beschaffen, bringen, heranschaffen

4088 herbeiziehen
bemühen, einsetzen, einspannen, heranholen, heranziehen, herbeiholen

4089 Herbst
Altweibersommer, Nachsommer •Alter, Lebensabend

4090 Herd
Heim, Zuhause •Feuerstelle, Kochstelle, Küchenherd

4091 Herde
Rotte, Rudel •Ansammlung, Gruppe, Menge
4092 hereinfallen
aufsitzen, s. irren, s. verrechnen •s. blamieren, verpatzen
4093 hereinkommen
einbrechen, eindringen •betreten, eintreten, hineingehen •s. einloggen, s. einschalten, hineinkommen
4094 Hergang
Ablauf, Lauf, Verlauf •Affäre, Begebenheit, Geschehen, Geschichte, Vorfall, Vorkommnis
4095 herkommen
ableiten, entspringen, entstammen, herleiten, zurückgehen
4096 Herkommen
Abkunft, Abstammung •Brauch, Überlieferung
4097 herkömmlich
ehrwürdig, traditionell, überkommen, überliefert
4098 Herkunft
Fabrikationsname, Marke •Abkunft, Abstammung, Herkommen, Ursprung
4099 Herkunftsland
Geburtsland, Heimatland, Ursprungsland, Vaterland
4100 herleiten
abstammen, herrühren
4101 hernach
dann, hinterher, künftig, nachher, nachträglich
4102 Herold
Ausrufer, Verkünder
4103 Herr
Dienstherr, Direktor •Besitzer, Eigentümer •Ehrenmann, Gentleman, Gesellschaftslöwe, Kavalier, Weltmann •Fürst, Graf, Regent
4104 herrichten
zubereiten, zurechtstellen, zusammenstellen •vorbereiten, zurechtlegen, zurechtmachen •ausbessern, fertig machen •anordnen, arrangieren •backen, zubereiten
4105 Herrlichkeit
Glanz, Glorie, Prunk •Erhabenheit, Großartigkeit, Wonne
4106 herrschaftlich
adelig, fürstlich, imposant, kaiserlich, königlich, majestätisch, pompös, prachtvoll, üppig
4107 herrschen
gebieten, lenken, regieren, verwalten
4108 Herrscher
Präsident, Regent, Staatschef, Staatsoberhaupt •Alleinherrscher, Despot, Diktator, Führer, Fürst, Gewaltherrscher, Imperator, Kaiser, König, Machthaber, Monarch, Regent, Schreckensherrscher, Souverän, Tyrann, Unterdrücker, Zar •Gebieter, Machthaber, Oberhaupt, Regent, Staatsoberhaupt
4109 Herrschsucht
Geltungsbedürfnis, Geltungssucht, Überheblichkeit
4110 Hersteller
Erschaffer, Schöpfer •Erzeuger, Fabrikant, Produzent
4111 Herstellung
Anfertigung, Erschaffung, Erzeugung, Fabrikation, Fertigung, Produktion
4112 herumsprechen (s.)
aufkommen, durchsickern, herauskommen, s. verbreiten
4113 herumstehen
s. aufhalten, verweilen, zusehen •s. langweilen
4114 herumtreiben (s.)
s. herumdrücken, herumlungern, streunen, strolchen, vagabundieren, zigeunern

4115 herunter
abgearbeitet, abgehetzt, abgespannt, entkräftet, erholungsbedürftig, ermattet, groggy, mitgenommen, überfordert, zerschlagen •ab, abwärts, bergab, drunten, herab, hinab, hinunter, nieder, nach unten

4116 heruntergehen
abbauen, abziehen, dezimieren, drosseln, einschränken, herabsteigen, herunterschrauben, heruntersteigen, reduzieren, schmälern, verkleinern, verkürzen, vermindern, verringern •abnehmen, beschränken, dezimieren, einschränken, ermäßigen, fallen, herabsetzen, heruntersetzen, mindern, nachlassen, reduzieren, senken, sinken, unterbieten, verbilligen, verkleinern, vermindern •drosseln, reduzieren, verlangsamen, verringern, verzögern

4117 heruntergekommen
abgewirtschaftet, ruiniert, schlampig, ungepflegt, unordentlich, verdorben, verkommen, verlebt, verlottert, verludert, verschlampt, verwahrlost, verwildert •abgebrannt, arm, erwerbslos

4118 herunterkommen
scheitern, verschlimmern •verfallen, verkommen, vernachlässigen, veröden, verrotten, verwahrlosen, verwildern, zerfallen

4119 herunterlassen
herablassen, niederlassen, senken

4120 herunterschlucken
s. abfinden, verdauen, verkraften •herunterbringen, schlucken

4121 heruntersteigen
absitzen, absteigen, herabsteigen, hinabgehen, hinabklettern, hinabsteigen, hinuntergehen, hinuntersteigen, bergab gehen, bergab steigen

4122 hervorbrechen
ausfließen, austreten, herausquellen, hervorkommen, s. zeigen

4123 hervorbringen
auskramen, demonstrieren, hervorholen •bilden, erzeugen, kreieren, schöpfen •bedingen, bewirken, erwecken, herbeiführen, hervorrufen

4124 hervorstechen
s. abheben, auffallen, bestechen, brillieren, gefallen, imponieren, wetteifern, wirken

4125 hervortreten
s. enthüllen, hervorkommen, hervorstechen

4126 hervortun (s.)
ausstechen, s. auszeichnen, s. bewähren, herausragen

4127 Herz
Mittelpunkt, Zentrum •Gefühl, Gemüt, Innerlichkeit, Seele •Anziehung, Herzenswärme, Herzlichkeit, Innigkeit, Liebe

4128 herzbewegend
bewegend, ergreifend, erschütternd, herzergreifend, Mitleid erregend

4129 Herzensbrecher
Belami, Casanova, Charmeur, Frauenheld, Lebemann, Schürzenjäger, Verführer, Witwentröster

4130 herzig
artig, charmant, lieb •drollig, neckisch, scherzhaft, ulkig

4131 Herzklopfen
Beklemmung, Erregung, Lampenfieber, Nervosität, Unruhe

4132 herzlos
abgestumpft, hartherzig, lieblos, schonungslos, unmenschlich

4133 Herzlosigkeit
Brutalität, Egoismus, Gefühlskälte, Kaltherzigkeit, Schonungslosigkeit, Unbarmherzigkeit

4134 heterodox
andersgläubig, irrgläubig

4135 heterogen
abweichend, ungleich, unvereinbar, wesensfremd, andersgeartet
4136 Hetze
Dringlichkeit, Unaufschiebbarkeit, Wichtigkeit •Fahndung, Kesseltreiben, Nachstellung, Verfolgung, Verleumdung •Behändigkeit, Flinkheit, Schnelligkeit •Eile, Hast, Ruhelosigkeit, Treiberei, Unrast •Hatz, Hetzjagd, Treibjagd
4137 hetzen
aufhetzen, aufpeitschen, fanatisieren, verleumden •anspornen, anstacheln, vorwärts treiben •bedrängen, nachstellen, vorwärts treiben •eilen, fliegen, jagen, wetzen
4138 Hetzer
Aufhetzer, Aufwiegler, Herausforderer, Meuterer, Provokateur, Quertreiber, Unruhestifter
4139 Heuchler
Aufschneider, Biedermann, Duckmäuser, Fälscher, Flunkerer, Intrigant, Komödiant, Leisetreter, Leugner, Liebediener, Lügner, Neinsager, Pharisäer, Scheinheiliger, Schmeichler, Schwindler, Verneiner
4140 heuern
anheuern, anmustern, chartern, dingen
4141 Hexe
Drude, Zauberin •Ehedrache, Furie, Megäre, Xanthippe
4142 hexen
beschwören, besprechen, verwünschen, verzaubern
4143 hier
hierzulande [hier zu Lande], hiesig •anwesend, da, gegenwärtig, parat, präsent, vorhanden, zugegen
4144 Hierarchie
Hackordnung, Rangordnung, Stufenordnung
4145 hierarchisch
abgestuft, differenziert, gegliedert, gestaffelt
4146 hierauf
bald, nachdem, schließlich, später
4147 hierher
daher, her, heran, herbei, herzu
4148 hiermit
dadurch, damit, hierdurch
4149 hiesig
ansässig, beheimatet, einheimisch, ortsansässig
4150 Hilfe
Assistenz, Beihilfe, Beitrag, Gefälligkeit, Handreichung, Mithilfe, Mitwirkung •Rettung, Samariterdienst •Förderung, Unterstützung •Hausangestellte, Haushaltshilfe, Raumpflegerin •Assistent, Gehilfe, Mitarbeiter •Abhilfe, Aushilfe, Beistand, Beitrag, Dienst, Hilfestellung, Hilfsdienst, Mitarbeit, Unterstützung, Zutun •Alarm, Hilferuf, Notruf
4151 hilflos
ausgeliefert, preisgegeben, ungeschützt •ratlos, unbeholfen, verlegen •abhängig, hilfsbedürftig, ohnmächtig, schwach, unsicher, unselbständig [unselbstständig] •behindert
4152 Hilflosigkeit
Minderwertigkeitsgefühl, Ohnmacht, Ratlosigkeit •Abhängigkeit, Hörigkeit, Unmündigkeit, Unselbständigkeit [Unselbstständigkeit] •Behinderung
4153 hilfreich
dienlich, förderlich •dienstfertig, zuvorkommend •aufopfernd, fürsorglich
4154 Hilfsbereitschaft
Altruismus, Aufopferung, Barmherzigkeit, Bereitschaft, Bereitwilligkeit, Caritas, Edelmut, Einsatzbereitschaft, Entsagung, Freundlichkeit, Fürsorge, Gefälligkeit, Güte, Herzensgüte, Hingabe, Hochherzigkeit, Höflichkeit, Humanität, Menschenfreundlichkeit, Menschenliebe, Menschlichkeit, Mild-

tätigkeit, Mitleid, Mitmenschlichkeit, Nächstenliebe, Opferbereitschaft, Philanthropie, Samariterdienst, Samaritertum, Selbstaufopferung, Selbstlosigkeit, Selbstverleugnung, Uneigennützigkeit, Wohltätigkeit, Zuvorkommenheit

4155 Himmel
Eden, Ewigkeit, Jenseits, Olymp, Paradies •All, Kosmos, Unendlichkeit, Universum, Weltall, Weltraum •Firmament, Himmelsdach, Himmelsgewölbe, Himmelszelt, Sternenzelt

4156 Himmelskörper
Fixstern, Gestirn, Planet, Stern

4157 Himmelskunde
Astronomie, Sternkunde

4158 Himmelsmächte
Cherub, Engel, Heerscharen, Seraph

4159 himmlisch
appetitlich, köstlich •bildschön, göttlich, herrlich, paradiesisch, strahlend, unübertroffen, wunderschön, zauberhaft •engelhaft, überirdisch, übernatürlich •außerirdisch, jenseitig

4160 hin
fort, weg •dorthin •entzwei, kaputt, zerbrochen

4161 hinauf
auf, aufsteigend, aufwärts, droben, empor, oben

4162 hinausschieben
aufschieben, verschieben •fortschieben, hinausbringen

4163 hinauswerfen
abberufen, ablösen, entmachten, entthronen, stürzen •abschieben, abwimmeln, ausquartieren, fortjagen, fortscheuchen, hinausjagen, hinausschmeißen •abschieben, aussiedeln, ausweisen, deportieren, umsiedeln, verbannen, verstoßen

4164 hinauszögern
aufschieben, verzögern

4165 hinauszögern (s.)
s. erstrecken, s. hinausziehen, s. hinschleppen, s. verlängern

4166 hinbiegen
beeinflussen, erziehen •ausgleichen, schlichten, versöhnen

4167 Hinblick
Beziehung, Gesichtspunkt, Hinsicht

4168 hinbringen
anliefern, liefern, zustellen •hinbegleiten, hinführen, hinlenken

4169 hinderlich
belastend, beschwerlich, erschwerend, hemmend, hindernd, störend

4170 hindern
durchkreuzen, verhindern •abhalten, behindern, bremsen, drosseln, s. entgegenstellen, entgegentreten, erschweren

4171 Hindernis
Barriere, Barrikade, Blockade, Schlagbaum •Behinderung, Erschwernis, Handikap, Widerstand

4172 Hinderung
Beeinträchtigung, Behinderung, Erschwernis •Durchkreuzung, Hintertreibung, Vereitelung

4173 hindeuten
ankündigen, hervorheben, hinweisen, hinzeigen

4174 hindrehen (s.)
s. hinwenden, s. zukehren, s. zuwenden

4175 hinein
drinnen, einwärts, innen

4176 hineingehen
auffassen, aufnehmen, begreifen, einsehen, erfassen, fassen, kapieren, verstehen •betreten, eintreten

4177 hineinkommen
betreten, beziehen, einziehen, hineingehen

4178 hineinlegen
erläutern, hineindeuten •einfügen, einordnen, einreihen •reinlegen, schaden

4179 hineinreden
dazwischenreden, unterbrechen •eingreifen, s. einmengen, s. einmischen
4180 hineinstecken
durchstecken •einbetten, einkoffern, einschachten
4181 hineinwerfen
einstecken, einwerfen, verschicken, versenden •eintauchen
4182 hinfahren
kontrollieren, nachschauen •besuchen, fahren, nähern
4183 hinfällig
aussichtslos, bedeutungslos, entbehrlich, überflüssig, umsonst, unbrauchbar, unnötig, unwichtig, vergebens, vergeblich, zwecklos •abgezehrt, altersschwach, gebrechlich, verfallen
4184 Hinfälligkeit
Ermattung, Erschöpfung, Gebrechlichkeit, Kräfteverfall
4185 hinführen
hinbegleiten, hinbringen, hinschaffen
4186 Hingabe
Aufopferungungsfähigkeit, Einsatzbereitschaft, Engagement, Hingebung, Idealismus, Nächstenliebe
4187 hingeben (s.)
s. aufopfern, s. darbringen, s. ergeben
4188 hingebungsvoll
aufopfernd, liebevoll, rührend •diensteifrig, pflichtbewusst, unverdrossen
4189 hingegen
aber, dagegen, immerhin, trotzdem, wiederum
4190 hingeschieden
gestorben, heimgegangen, verblichen, verschieden, verstorben
4191 hinhalten
aufhalten, aufschieben, hinziehen, verzögern •anbieten, entgegenstrecken
4192 hinhaltend
abwartend, aufschiebend, schleppend, verzögernd
4193 hinken
erlahmen, humpeln, lahmen
4194 hinlänglich
akzeptabel, annehmbar, genießbar, passabel, vertretbar •angemessen, ausgiebig, ausreichend, genug, genügend, hinreichend, massenhaft, reichlich, viel, zureichend
4195 hinlaufen
herbeieilen, hinrennen •entgegeneilen, entgegenstürzen, hineilen, hinjagen, hinrennen, hinstürzen
4196 hinlegen (s.)
s. hinstrecken, s. legen, s. niederlegen
4197 hinnehmen
dulden, erdulden, erleiden, s. schicken
4198 hinreichen
ausreichen, langen •anbieten, geben •ausstrecken, entgegenstrecken, hinstrecken
4199 hinreißen
aufregen, begeistern, entzücken, mitreißen
4200 Hinrichtungsplatz
Blutgerüst, Guillotine, Hinrichtungsstätte, Richtstätte, Schafott, Galgen, Gerüst, Hebebaum, Henkergerüst
4201 hinschleppen (s.)
erlahmen, s. hinziehen, s. verlängern, s. verzögern
4202 hinsetzen
absetzen, abstellen •ausruhen, entspannen, s. niedersetzen, s. setzen
4203 Hinsicht
Beziehung, Bezug, Gesichtspunkt, Hinblick, Zusammenhang
4204 hinsichtlich
betreffs, bezüglich, dementsprechend, gemäß, insofern, wegen
4205 hinstellen
deponieren, niederlegen •aufstellen, postieren

4206 hinten
achtern, dahinter, hinter, rückseitig •dahinten, hintenan •abschließend, endend

4207 hinterbringen
ausplaudern, kolportieren, petzen, verraten, zuflüstern, zutragen

4208 hintereinander
dahinter, folgend, nacheinander, nachfolgend, sukzessive, aufeinander folgend

4209 Hintergrund
Dekoration, Leinwand, Staffage •Background, Folie, Fond, Rückwand •Ursache, Voraussetzung, Zusammenhang

4210 Hinterhalt
Falle, Lauer, Nachstellung •Schlupfwinkel, Versteck •Arglist, Hinterhältigkeit

4211 hinterher
dahinter, danach, nachher

4212 Hintermann
Kolporteur, Spitzel, Verräter, Zubringer •Auftraggeber, Drahtzieher, Macher

4213 hinterrücks
heimtückisch, meuchlings, unvermutet, unversehens •abgefeimt, intrigant, unaufrichtig, unehrlich, unwahrhaftig

4214 Hinterseite
Gartenseite, Hinterfront, Rückfront, Rückseite

4215 Hintersitz
Fond, Hinterbank, Rücksitz

4216 Hinterteil
Ende, Schluss •Achtersteven, Heck •Gesäß, Hinterbacken, Hintern, Po, Sitzfläche, Steiß, Steißbein

4217 Hintertüre
Gartentür, Hintertreppe, Hintertürchen, Hoftür, Notausgang, Schleichweg •Ausweg, Rückzugsmöglichkeit

4218 hinweisen
ansagen, anspielen, aufzeigen, eröffnen, zeigen

4219 Hinweisschild
Hinweistafel, Markierung, Ortsschild, Richtungsanzeiger, Wegweiser

4220 hinwenden (s.)
s. hindrehen, s. zukehren, s. zuwenden

4221 hinwerfen
aufgeben, aufhören, aussteigen •hinschleudern, werfen

4222 hinziehen
hinausschieben, hinausziehen, hinauszögern, verlangsamen

4223 hinziehen (s.)
s. hinschleppen, s. verzögern •andauern, anhalten, s. erhalten, fortbestehen, fortdauern, fortleben, s. fortsetzen, fortwähren, überdauern, überleben, währen

4224 hinzufügen
anfügen, anreihen, beifügen, ergänzen, komplettieren, vervollständigen, zufügen

4225 Hinzufügung
Anfügung, Anhang, Beifügung, Beigabe, Einschluss, Nachtrag

4226 hinzukommen
anschließen, beigesellen, dazukommen, hinzugesellen

4227 hinzutreten
s. beigesellen, hineingeraten

4228 Hirn
Schädel •Gehirn •Verstand

4229 hissen
aufheißen, aufhissen, flaggen, hieven

4230 Historie
Urgeschichte, Vergangenheit, Vorzeit •Geschichte, Geschichtswerk

4231 historisch
bedeutsam, einmalig, zukunftsweisend •bezeugt, geschichtlich, überliefert, verbürgt •bedeutsam, epochal, geschichtsträchtig, sensationell, weltbewegend, zukunftsweisend •frühzeitlich, urgeschichtlich, urzeitlich, vorzeitlich

4232 hitzig
hochsommerlich, kochend, glühend heiß •aufbrausend, auffahrend, erregt, fiebrig, hektisch, hitzköpfig, ruhelos

4233 hitzköpfig
aufgebracht, cholerisch, ungehalten

4234 Hobby
Freizeitbeschäftigung, Liebhaberei, Steckenpferd, Zeitvertreib

4235 hobeln
abschleifen, abziehen, glätten, schleifen

4236 hoch
außergewöhnlich, überraschend •teuer, überhöht, Schwindel erregend •immens, übertrieben •glasklar, hell •aufwärts, bergauf, hinauf •bedeutend, führend, übergeordnet •groß, lang •euphorisch, glückselig, high

4237 Hoch
Hochruf, Toast •Hochdruckgebiet, Hochdruckzone, Schönwetterzone

4238 hochachtungsvoll
ehrerbietig, ehrfurchtsvoll •achtungsvoll, ergebenst

4239 Hochdruck
Hypertonie, Überdruck, Überspannung •Betrieb, Hochbetrieb, Rummel, Trubel •Elan, Intensität, Schwung, Spannung

4240 Hochebene
Bergland, Hochfläche, Hochplateau

4241 hoch gehen
bersten, detonieren, explodieren •aufbrausen, rasen, schäumen, toben, überschnappen

4242 hochgradig
extrem, höchst, intensiv, unerreicht

4243 hochhalten
achten, respektieren, verehren, hochachten, hochschätzen

4244 hoch kommen
ansteigen, aufsteigen, emporklimmen, hoch gehen, hoch steigen

4245 Hochkonjunktur
Aufschwung, Blüte, Boom, Konjunkturaufschwung

4246 Hochkultur
Blüte, Blütezeit, Glanzzeit, Hochblüte

4247 hochnehmen
ausbeuten, hereinlegen, leimen, neppen, prellen, schummeln

4248 Hochruf
Hoch, Hurra, Vivat

4249 hoch schauen
aufblicken, aufschauen, aufsehen

4250 Hochschule
Akademie, Bildungsanstalt, College, Fachakademie, Fachhochschule, Forschungsanstalt, Gesamthochschule, Kolleg, Konservatorium, Kunsthochschule, Lehrerakademie, Musikhochschule, TH, TU, Uni, Universität, Wirtschaftshochschule

4251 Hochsitz
Anstand, Hochstand, Jagdkanzel

4252 Hochspannung
Anspannung, Gespanntheit, Spannung, Ungeduld

4253 höchst
äußerst, sehr, ungeheuer, ungemein, unsagbar

4254 Hochstapelei
Angabe, Großsprecherei, Prahlerei, Schaumschlägerei, Wichtigtuerei •Betrug, Hinterziehung

4255 hoch stecken
aufbinden, aufstecken, zusammenbinden, hoch binden

4256 Hochverräter
Abtrünniger, Landesverräter, Vaterlandsverräter

4257 Hochwasser
Flut, Sintflut, Überfluss, Überflutung, Überschreitung, Überschwemmung

4258 Hochzeit
Eheschließung, Heirat, Ringwechsel, Trauung, Verheiratung, Vermählung

4259 hochzeiten
heiraten, s. verehelichen, s. verheiraten, s. vermählen
4260 hoch ziehen
aufrichten, errichten, hoch reißen, hoch zerren •emporziehen, heraufziehen, hieven •flaggen, hissen
4261 Hocke
Hockstellung, Kauerstellung
4262 Höcker
Auswuchs, Buckel, Wölbung •Berg, Hügel
4263 Höckertier
Dromedar, Kamel
4264 Hof
Gefolge, Hofhaltung •Durchgang, Tenne •Anwesen, Bauerngut, Gut
4265 hoffen
entgegensehen, ersehnen, erstreben, erwarten, s. freuen, wünschen
4266 Hoffnung
Aussicht, Erwartung, Glaube, Lichtblick, Optimismus, Silberstreifen, Vertrauen, Zutrauen, Zuversicht
4267 hoffnungslos
aussichtslos, ausweglos, chancenlos, sinnlos, verbaut, verfahren, verstellt, verzweifelt •deprimiert, entmutigt, gedrückt, geknickt, niedergeschlagen, resigniert •bedauernswert, bedrückend, belastend, betrüblich, deprimierend, entmutigend, ergreifend, erschreckend, lähmend, niederdrückend, niederschmetternd, tragisch, unglückselig
4268 hoffnungsvoll
fortschrittsgläubig, lebensbejahend, optimistisch •freudig, gut gelaunt •rosig, trostreich, zuversichtlich
4269 höflich
achtungsvoll, ehrerbietig, freundlich, geschliffen, großmütig, huldvoll, kavaliersmäßig, kulant, manierlich, respektvoll, ritterlich, rücksichtsvoll, taktvoll
4270 Höflichkeit
Anstand, Freundlichkeit, Gefälligkeit, Hilfsbereitschaft, Liebenswürdigkeit, Ritterlichkeit, Taktgefühl, Zuvorkommenheit
4271 Höhe
Anhöhe, Höhenzug, Hügel •Ausmaß, Dimension, Reichweite
4272 Hoheitsgewalt
Souveränität, Staatsgewalt
4273 hoheitsvoll
erhaben, gebieterisch, hehr, königlich, majestätisch, stattlich, würdevoll
4274 Höhepunkt
Clou, Glanzpunkt, Hauptattraktion •Krisis, Wendepunkt •Krönung, Maximum, Nonplusultra, Spitzenleistung, Sternstunde, Zenit •Kuppe, Scheitel, Spitze •Ejakulation, Ekstase, Orgasmus, Samenerguss, Wollust •Gipfel, Krönung, Maximum, Nonplusultra, Optimum
4275 hohl
abgegriffen, abgeschmackt, banal, geistlos, ideenlos, stereotyp, stupide, substanzlos, unbedeutend •eingebogen, konkav
4276 Höhle
Einbauchung, Höhlung •Felsenhöhle, Felshöhle, Grotte, Kaverne, Tropfsteinhöhle •Bau, Wohnung
4277 Hohlkörper
Rohr, Röhre, Schlauch
4278 Höhlung
Einbuchtung, Einsenkung, Furche, Graben, Krater, Mulde, Nische, Schlucht, Vertiefung
4279 Hohn
Ironie, Sarkasmus, Spott, Stichelei, Zynismus
4280 höhnen
auslachen, hohnlachen, spötteln, spotten, sticheln, witzeln

4281 holen
abholen, besorgen, heranholen, heranschaffen, herbeibringen, herbeischaffen, herbringen, herholen, herschaffen, wegholen
4282 holen (s.)
s. bedienen, s. nehmen, zulangen •anstecken, s. zuziehen
4283 Hölle
Finsternis, Hades, Höllenreich, Inferno, Schattenreich, Totenreich, Unterwelt •Menge, Vielzahl •Kasino, Spielbank, Spielhölle •Dornenweg, Folter, Leidensweg, Marter, Martyrium •Lärm
4284 holpern
stolpern, straucheln •rattern, rumpeln
4285 holprig
abgehackt, stockend •felsig, rau, uneben, ungleichmäßig
4286 Holz
Dickicht, Gehölz, Wald
4287 hölzern
starr, steif, unbiegsam, unnachgiebig •tölpelhaft, ungeschickt, ungeschliffen •staksig, stocksteif
4288 Holzweg
Irrweg, Sackgasse
4289 homosexuell
homoerotisch, homophil, invertiert, lesbisch, schwul, gleichgeschlechtlich
4290 Homosexuelle
Homo, Homophile, Invertierte, Lesbe, Lesbierin, Schwule
4291 Honig
Bienenhonig, Blütenhonig, Kunsthonig, Waldhonig •Artigkeit, Dienerei, Ergebenheit, Kriecherei, Lobhudelei, Schmeichelei, Schöntuerei, Schwänzelei, Umwerbung, Untertänigkeit, Unterwürfigkeit
4292 horchen
aushorchen, auspressen, befragen •abhorchen, abhören •anhören, s. anhören, aufhorchen, hinhören, lauschen, mithören, zuhören
4293 Horde
Bande, Herde, Masse •Ganoven, Lumpenpack, Raubgesindel, Sippschaft •Lattengestell, Lattenrost, Obststeige
4294 hören
einwilligen, gehorchen •beachten, erhören •aufhorchen, ermitteln, herausbekommen, horchen, vernehmen, wahrnehmen •auffangen, mitbekommen, mitkriegen
4295 Hörer
Radiohörer •Telefonhörer •Student
4296 Hörgerät
Hörapparat, Hörrohr
4297 Horizont
Aussicht, Kimmung, Sichtgrenze •Gesichtsfeld, Gesichtskreis, Niveau
4298 Hort
Besitz, Schatz •Kinderhort, Kindertagesstätte •Obhut, Schutz
4299 Hospital
Anstalt, Krankenhaus •Altersheim, Armenhaus
4300 hospitieren
beiwohnen, beobachten, praktizieren, zuhören
4301 Hotel
Autohotel, Motel, Raststätte, Übernachtungsstätte •Gasthof, Pension, Unterkunft
4302 hübsch
ansehnlich, staatlich •entzückend, reizvoll
4303 Hüftgürtel
Hüfthalter, Korsett
4304 huldigen
achten, anbeten, ehren, lieben, schätzen, verehren, vergöttern, hoch achten •frönen, genießen, s. hingeben, verfallen
4305 Hülle
Schoner, Schutzhülle •Maske, Tarnung, Verhüllung, Verschleierung •Etui, Futteral •Einband, Umhüllung, Umschlag, Verpackung

4306 Humanität
Barmherzigkeit, Caritas, Menschenfreundlichkeit, Menschenliebe, Menschenwürde, Menschlichkeit, Philanthropie

4307 Humor
Hohn, Ironie, Jux, Schabernack, Scherz, Spaß, Spott, Witz •Ausgelassenheit, Frohsinn, Heiterkeit, Übermut, Vergnügen •Galgenhumor, Sarkasmus

4308 humoristisch
drollig, geistreich, humorvoll, lustig, schalkhaft, schelmisch, scherzend, scherzhaft, spaßig

4309 Hund
Kläffer, Köter, Vierbeiner •Betrüger, Gauner

4310 Hunger
Appetit, Esslust, Gefräßigkeit, Gelüste, Gier, Heißhunger, Verlangen, Wunsch •Elend, Entbehrung, Entkräftung, Knappheit, Mangel, Not, Unterernährung

4311 hungern
darben, entbehren, fasten, kargen, leiden, schmachten •begehren, dürsten, lechzen, sehnen

4312 hungrig
ausgehungert, gefräßig, heißhungrig, unterernährt •lebensdurstig, lebensgierig, lebenshungrig, sehnsüchtig •bildungseifrig, bildungshungrig, lernbegierig, unersättlich, wissbegierig, wissensdurstig

4313 hupen
blasen, lärmen, tönen, trompeten, tuten, warnen

4314 hüten
s. annehmen, beschirmen, betreuen, umsorgen •pflegen, schonen

4315 hüten (s.)
s. verwahren, s. vorsehen, Acht geben

4316 Hütte
Anlage, Eisenwerk, Fabrik, Hüttenwerk •Häuschen, Kate •Baracke, Baubude •Berghütte, Sennhütte

4317 Hygiene
Gesundheitspflege, Körperpflege, Schönheitspflege

4318 hygienisch
keimfrei, sauber, steril, unschädlich •gesundheitsgemäß, sanitär

4319 Hypothek
Anleihe, Darlehen, Geldschuld, Grundpfandrecht, Grundschuld, Grundstücksbelastung, Kredit, Schulden, Verpflichtung, Vorschuss •Akzeptkredit, Wechselkredit

4320 hypothetisch
angenommen, bedingt •unbestimmt, unbewiesen, ungesichert, ungewiss, unsicher

4321 Hysterie
Aufgeregtheit, Emotion, Erregung, Raserei, Stimulation, Überspanntheit

4322 hysterisch
aufbrausend, erregbar, fickrig, heftig, rasend, reizbar, übererregbar, überspannt, unbeherrscht, wild

I

4323 ideal
erstklassig, exzellent, glänzend, mustergültig, perfekt, traumhaft, vollendet, fantastisch [phantastisch] •geeignet, passend, richtig •angemessen, günstig, passend, richtig, zutreffend, o. k., in Ordnung

4324 Ideal
Kunstfertigkeit, Meisterschaft, Perfektion, Reife, Vollendetheit, Vollendung, Vollkommenheit •Leitbild, Richtschnur, Vorbild, Wunschbild, Zielbild

4325 idealisieren
anbeten, glorifizieren, verklären, verschönern

4326 idealistisch
aufopfernd, barmherzig, brüderlich, edel, gnädig, gut, gütig, hilfsbereit, humanitär, mild, mildtätig, nobel, samariterhaft, selbstlos, uneigennützig, warmherzig, wohltätig •lebensfern, lebensfremd, schwärmerisch, träumerisch, überschwänglich, unrealistisch, utopisch, verträumt, weltabgewandt, weltfern, weltfremd, wirklichkeitsfern, wirklichkeitsfremd

4327 Idee
Einfall, Eingebung, Gedanke, Geistesblitz •Bedeutung, Grundgedanke, Leitgedanke, Leitmotiv •Archetyp, Inbild, Original, Urbild

4328 identisch
deckungsgleich, kongruent, übereinstimmend, gleichartig, gleichbedeutend

4329 Identität
Personendaten •Deckung, Kongruenz, Übereinstimmung, Wesenseinheit •Deckung, Einhelligkeit, Einmütigkeit, Gleichgesinntheit, Gleichheit, Kongruenz

4330 Idiom
Redensart, Redewendung, Sprachbesonderheit, Sprachmerkmal

4331 Idiotie
Beschränktheit, Dummheit •Albernheit, Blödsinn, Dummheiten, Kindereien, Quatsch, Torheit, Torheiten, Unfug, Unsinn •Debilität, Geisteskrankheit, Schwachsinn, Schwachsinnigkeit

4332 idiotisch
debil, geistesgestört, irrsinnig, schwachsinnig •blödsinnig, hirnverbrannt, unsinnig •dumm, schwachköpfig, verrückt

4333 Idylle
Beschaulichkeit, Harmonie, Ruhe

4334 idyllisch
beschaulich, friedlich, still •harmonisch, intim, lauschig

4335 ignorieren
meiden, übergehen, überhören, übersehen

4336 Ikone
Heiligenbild, Heiligengemälde

4337 Illustration
Demonstration, Erläuterung, Illustrierung, Veranschaulichung •Bebilderung, Bilderschmuck •Bild, Nachbildung, Vervielfältigung

4338 illustrieren
beleuchten, demonstrieren, erklären, erläutern, präzisieren, veranschaulichen, verdeutlichen •ausmalen, bebildern

4339 Image
Ansehen, Persönlichkeitsbild, Ruf

4340 Imbiss
Bissen, Erfrischung, Essen, Happen, Snack, Speise, Stückchen

4341 Imbissstube
Schnellbuffet, Schnellgaststätte, Schnellimbiss, Schnellrestaurant, Snackbar

4342 immateriell
körperlos, übersinnlich, unkörperlich

4343 Immobilien
Gebäude, Häuser, Objekte •Grundbesitz, Grundeigentum, Grundstücke

4344 immun
abgehärtet, abwehrfähig, geimpft, widerstandsfähig •gefeit, kugelfest, unverwundbar •gesetzlich, unangreifbar, unübertragbar, unveräußerlich, unverletzlich

4345 Immunität
Abhärtung, Resistenz, Robustheit, Schutz, Unempfindlichkeit, Widerstandsfähigkeit, Zähigkeit •Schutz, Sicherheit, Tabu, Unantastbarkeit, Unverletzlichkeit, Unverwundbarkeit

4346 Imperativ
Befehlsform
4347 Imperialismus
Großmachtstreben, Hegemonie, Weltmachtstreben
4348 implizieren
beinhalten, einbeziehen, einschließen, verwickeln
4349 imponierend
auffallend, außergewöhnlich, beachtlich, eindrucksvoll, einzigartig, epochal, imposant, überragend, überwältigend, weltbewegend
4350 Importware
Einfuhrartikel, Einfuhrgut, Importartikel
4351 imposant
außerordentlich, beeindruckend, beträchtlich, einzigartig, erstaunlich, fabelhaft, imponierend, sondergleichen, verblüffend •eindrucksvoll, einprägsam, nachhaltig, tief gehend, wirkungsvoll, wunderbar
4352 Improvisation
Stegreifaufführung, Stegreifstück, Stegreifübung
4353 in
aktuell, modern, up to date •binnen, während •darunter, innen, unter, zwischen
4354 Inbegriff
Gehalt, Grundsatz, Hauptsache, Urbegriff
4355 inbrünstig
durchdrungen, ergriffen, fühlend, gefühlvoll, inständig, seelenvoll, warm
4356 Index
Messzahl, Vergleichszahl •Aufstellung, Kartei, Liste, Register, Sachverzeichnis, Tabelle, Verzeichnis
4357 Indikation
Anzeichen, Merkmal
4358 indirekt
andeutungsweise, mittelbar, ungesagt, verklausuliert, verschleiert
4359 individuell
spezifisch, verschieden, vielfältig •eigen, persönlich, subjektiv •besonders, einmalig
4360 Individuum
Einzelmensch, Einzelperson, Einzelwesen
4361 indizieren
anzeigen, empfehlen, fordern
4362 Induktion
Beweisführung, Epagoge, Schlussfolgerung
4363 Industrie
Großgewerbe, Unternehmerschaft, Volkswirtschaft →Leichtindustrie, Schwerindustrie •Massenherstellung
4364 Industriegebiet
Ballungszentrum, Industrielandschaft
4365 Industrieprodukt
Fabrikware, Massenware
4366 induzieren
ableiten, folgern, schließen •bewirken, erzeugen, hervorrufen
4367 infantil
kindisch, kindlich, unreif, zurückgeblieben
4368 Infekt
Ansteckung, Entzündung, Übertragung
4369 infernalisch
dämonisch, diabolisch, fürchterlich, grässlich, höllisch, katastrophal, schrecklich, teuflisch, Entsetzen erregend
4370 Inferno
Katastrophe •Hölle, Unterwelt
4371 infizieren (s.)
anstecken, erkranken, übertragen, verseuchen
4372 Inflation
Abwertung, Geldentwertung, Geldwertverfall, Kaufkraftminderung, Preissteigerung, Preisverfall, Teuerung, Verteuerung, Währungsverfall, Wertverlust

4373 Informatik
Computerwissenschaft
4374 Information
Antwort, Auskunft, Benachrichtigung, Berichterstattung, Bescheid, Kenntnis, Mitteilung, Nachricht, Orientierung, Richtung, Übermittlung, Wissen
4375 informativ
aufklärend, aufschlussreich, interessant, vielsagend, wissenswert
4376 informieren
anvertrauen, beibringen, benachrichtigen, berichten, eröffnen, kundtun, melden, mitteilen, preisgeben, sagen, übermitteln, verständigen, zutragen, bekannt geben •funken, mitteilen, morsen, signalisieren, telegrafieren •aufklären, belehren
4377 informieren (s.)
anfragen, auskundschaften, befragen, s. erkundigen, s. informieren, s. orientieren, s. umhören
4378 Inhaber
Besitzer, Eigentümer, Eigner, Halter →Aktionär, Autobesitzer, Fabrikbesitzer, Hausbesitzer, Ladenbesitzer, Vermieter, Verpachter
4379 Inhaftnahme
Arretierung, Bemächtigung, Gefangennahme, Verhaftung
4380 Inhalation
Einatmung, Einsaugung
4381 Inhalt
Bedeutung, Gedankengut, Ideengehalt, Kern, Substanz •Füllung, Ladung, Last, Masse
4382 inhaltslos
banal, dürftig, gehaltlos, inhaltsleer, substanzlos, nichts sagend
4383 Inhaltslosigkeit
Banalität, Einfallslosigkeit, Geistlosigkeit, Seichtheit
4384 inhaltsreich
ausdrucksstark, gehaltvoll, geistreich, ideenreich, substanziell [substantiell]
4385 Inhaltsverzeichnis
Auflistung, Übersicht, Zusammenstellung →Directory
4386 Initiative
Aktivität, Einsatzbereitschaft, Entschlossenheit, Entschlusskraft, Tatkraft, Wagemut
4387 Injektion
Einimpfung, Einspritzung, Spritze
4388 Inkasso
Eintreibung, Einziehung, Erhebung
4389 inklusive
anbei, beigelegt, beiliegend, einbegriffen, eingeschlossen, inbegriffen, inliegend, innen, zuzüglich
4390 inkompetent
unbefugt, unberechtigt •unfähig, ungeeignet
4391 inkonsequent
folgewidrig, unlogisch, widersprechend •schwankend, sprunghaft, unbeständig, veränderlich, wandelbar, wankelmütig, wechselhaft, wechselvoll
4392 Inkonsequenz
Grundsatzlosigkeit, Unbeständigkeit, Unstetigkeit •Falschheit, Folgewidrigkeit, Widersprüchlichkeit
4393 innen
anbei, anliegend, beigefügt, inliegend •darin, dazwischen, inmitten, innerhalb, innerlich, mittendrin, unter, zwischen
4394 Innereien
→Aufbruch, Eingeweide, Flecken, Gedärme, Gekröse, Gescheide, Geschlinge, Herz, Kaldaunen, Kutteln, Leber, Lunge, Magen, Niere
4395 Inneres
Kernpunkt, Mittelpunkt •Gemütsleben, Herz, Innenleben, Psyche, Seele, Seelenleben
4396 innerlich
drinnen, innen, inwendig •empfindlich, feinfühlig, gefühlvoll, sensibel

4397 innig
einig, einmütig, friedlich, herzlich, warmherzig •eindringlich, flehentlich, inbrünstig, nachdrücklich
4398 Innung
Bund, Gemeinschaft, Gilde, Handwerkervereinigung, Vereinigung, Zunft
4399 Inschrift
Aufschrift, Beschriftung •Gedenkstein, Texttafel
4400 Insekt
Kerbtier, Kerf
4401 Insel
Atoll, Eiland, Hallig, Koralleninsel, Riff, Schäre
4402 insgesamt
ausnahmslos, ganz, mitsamt, pauschal, rundweg, total, vollends, zusammen
4403 inspiriert
begeistert, belebt, beseelt, eingenommen, ergriffen
4404 inständig
bittend, eindringlich, fordernd, innig, kniefällig, nachdrücklich, verlangend
4405 Instanz
Behördenstelle, Dienststelle, Gerichtsstand, Gerichtsstelle
4406 Instinkt
Empfindung, Gefühl, Gespür, Spürsinn, Witterung •Impuls, Naturtrieb, Trieb, Triebfeder, Veranlassung •Auge, Blick, Sehvermögen, Spürsinn
4407 instinktiv
emotional, gefühlsmäßig, intuitiv, unbewusst, unwillkürlich •instinktsicher, triebhaft
4408 Institut
Anstalt, Ausbildungsstätte, Bildungsanstalt, Bildungsstätte, Einrichtung, Forschungsanstalt, Forschungsinstitut, Labor, Laboratorium, Lehranstalt, Seminar, Studienanstalt, Versuchsanstalt •Internat, Pensionat
4409 instruieren
anleiten, ausbilden, lehren, unterweisen •aufklären, belehren, informieren
4410 Instruktion
Anordnung, Anweisung, Befehl, Kommando, Order, Verfügung, Weisung
4411 Instrument
Musikinstrument →Streichinstrument, Bassgeige, Bratsche, Fidel, Fiedel, Gambe, Geige, Kontrabass, Viola, Violine →Blasinstrument, Alphorn, Altflöte, Barockflöte, Bassflöte, Blockflöte, Dudelsack, Fagott, Fanfare, Klarinette, Oboe, Panflöte, Piccoloflöte, Posaune, Querflöte, Sopranflöte, Trompete, Waldhorn, Saxophon [Saxofon] →Schlaginstrument, Becken, Celesta, Glockenspiel, Gong, Handtrommel, Holzblock, Holztrommel, Kastagnetten, Kirchenglocke, Marimba, Maultrommel, Pauke, Rassel, Ratsche, Rührtrommel, Rumbakugel, Schellentrommel, Schnarre, Spieldose, Stimmgabel, Tamburin, Tamtam, Triangel, Trommel, Vibraphon [Vibrafon], Xylophon [Xylofon] →Zupfinstrument, Balalaika, Banjo, Cembalo, Clavichord, Flügel, Gitarre, Hackbrett, Harfe, Hawaiigitarre, Klavier, Laute, Mandoline, Monochord, Piano, Spinett, Zimbal, Zither →Akkordeon, Handklavier, Quetsche, Schifferklavier, Ziehharmonika, Harmonium, Orgel, Drehorgel, Drehleier, Leierkasten, Viella, Werkel, Mundharmonika •Apparat, Gerät, Mittel, Werkzeug
4412 inszenieren
abhalten, arrangieren, ausrichten, organisieren, unternehmen, veranstalten •anstiften, hervorrufen, verursachen

4413 Integration
Vereinigung, Verschmelzung, Zusammenschluss •Aufnahme, Eingemeindung, Eingliederung

4414 Intellekt
Denkfähigkeit, Denkvermögen, Erkenntnis, Scharfsinn, Verstand

4415 intensiv
eindringlich, inbrünstig, leidenschaftlich, nachdrücklich •angestrengt, gesammelt, gründlich

4416 Interaktion
Gegenseitigkeit, Korrelation, Wechselbeziehung, Wechselseitigkeit, Wechselwirkung, wechselseitige Beeinflussung, wechselnde Abhängigkeit

4417 interaktiv
korrelierend, wechselwirkend, wechselseitig beeinflussend, wechselseitig belebend

4418 interessant
ausgefallen, überraschend, ungeläufig •informativ, wichtig, wissenswert •lukrativ, Gewinn bringend •anziehend, attraktiv, unterhaltsam

4419 Interesse
Bedeutung, Gewicht, Wert •Kaufinteresse, Kauflust •Hang, Neigung, Tendenz, Zuneigung •Lernbegierde, Lerneifer, Wissbegier, Wissensdrang, Wissensdurst •Anteilnahme, Neugier •Bedarf, Bedürfnis, Verlangen

4420 interessieren
begeistern, erwärmen

4421 interessiert
ansprechbar, aufgeschlossen, aufgetan, aufnahmebereit, aufnahmewillig, erwartungsvoll, geneigt, gespannt, gestimmt, neugierig, offen, weltoffen, wissbegierig, zugänglich •barmherzig, mitleidig, teilnehmend •eifrig, gelehrig, gespannt, lernbegierig, lerneifrig, strebsam, unersättlich, wissbegierig

4422 intern
drinnen, innen •inoffiziell, vertraulich

4423 Internat
Anstalt, Erziehungsinstitut, Institut, Pensionat, Schule, Schülerheim, Schülerwohnheim

4424 international
global, überstaatlich, weltumfassend, weltweit

4425 Interpret
Ausleger, Deuter, Erklärer •Künstler, Solist

4426 Interview
Befragung, Fragegespräch, Gespräch, Zwiegespräch

4427 intim
geheim, persönlich, privat, vertraulich •eng, familiär, freundschaftlich, innig, vertraut

4428 Intimsphäre
Privatleben, Privatsphäre, Tabubezirk

4429 intolerant
einseitig, engstirnig, unaufgeschlossen, unflexibel

4430 Intoleranz
Befangenheit, Einseitigkeit, Parteilichkeit, Voreingenommenheit, Vorurteil

4431 Intrigant
Denunziant, Giftmischer, Hetzer, Hintermann, Hintertreiber, Kolporteur, Ränkeschmied, Spielverderber

4432 Inzest
Blutschande, Inzucht

4433 inzwischen
einstweilen, einstweilig, vorläufig •seit, seitdem, seither •dabei, dazwischen, mittlerweile, solange, unterdessen, zwischenzeitlich

4434 irdisch
diesseitig, profan, säkular, sterblich, weltlich, zeitlich •begrenzt, endlich, sterblich, zeitlich

4435 Ironie
Anzüglichkeit, Hohn, Sarkasmus, Schärfe, Spott, Verspottung, Zynismus
4436 irre
enorm, überhöht, unwahrscheinlich •blöde, debil, dumm, geisteskrank, schwachsinnig, wahnsinnig
4437 irreführen
benachteiligen, beschwindeln, blenden, hereinlegen, nasführen, täuschen •irreleiten
4438 irren
s. täuschen, s. verrechnen, s. versprechen, s. verzählen •fehlgehen, fehlschlagen, hereinfallen, irregehen, missverstehen
4439 irrgläubig
abgefallen, abtrünnig, sektiererisch
4440 Irrgläubiger
Abtrünniger, Abweichler, Häretiker, Ketzer, Schismatiker
4441 irrig
abwegig, albern, unbegründet •fehlerhaft, inkorrekt, unrecht, verfehlt
4442 Irrsinn
Aberwitz, Unding, Unsinn, Wahnwitz •Bewusstseinsspaltung, Geisteskrankheit, Schizophrenie, Schwachsinn
4443 irrsinnig
gewaltig, immens, überaus •dämlich, extremistisch, stur, unbesonnen, verbohrt, vernagelt •blöde, debil, geistesgestört, schwachsinnig, verrückt
4444 irrtümlich
absichtslos, fahrlässig, fälschlich, irrig, trügerisch, unabsichtlich, unbeabsichtigt, ungewollt, unwahr, unwahrscheinlich, versehentlich
4445 Isolation
Abgeschiedenheit, Abkapselung, Abschließung, Absonderung, Absperrung, Alleinsein, Distanziertheit, Eigenbrötelei, Einsamkeit, Entsagung, Frostigkeit, Introvertiertheit, Kontaktarmut, Kontaktschwäche, Menschenscheu, Privatleben, Schweigsamkeit, Separation, Ungeselligkeit, Unnahbarkeit, Unzugänglichkeit, Vereinsamung, Verhaltenheit, Verlassenheit, Verlassensein, Verlorenheit, Verschlossenheit, Weltangst, Weltflucht, Zurückgezogenheit, Zurückhaltung •Einöde, Öde, Wüste, Zurückgezogenheit •Distanzierung, Eliminierung •Abdichtung, Isolierung
4446 isolieren
abdämmen, abdichten, umhüllen •absondern, ausschließen, eliminieren, vereinzeln •abdichten, verstopfen

J

4447 Jacke
Anorak, Blazer, Jacket, Jackett, Joppe, Klubjacke, Rock, Sakko, Trachtenjacke, Wams
4448 Jackenaufschlag
Besatz, Revers, Umschlag
4449 Jagd
Fang, Hatz, Hetzjagd, Jagdwerk, Jägerei, Pirsch, Treibjagd, Weidwerk •Jagdgebiet, Jagdrevier •Fahndung, Kesseltreiben, Nachstellung, Verfolgung, Verfolgungsjagd
4450 Jagdeifer
Jagdfieber, Jagdleidenschaft
4451 Jagdfrevel
Wilddieberei, Wilderei
4452 Jagdfrevler
Raubschütz, Wilddieb, Wilderer, Wildfrevler, Wildschütz
4453 Jagdmesser
Genickfänger, Hirschfänger, Knicker, Weidmesser, Weidner

4454 jagen
fangen, fischen, hetzen, pirschen, schießen, wildern •eilen, flitzen, hasten, laufen, rasen, rennen, sausen, sputen, stürmen, stürzen •aufjagen, aufscheuchen, aufschrecken, aufstöbern, hoch jagen, hoch scheuchen •austreiben, fortjagen, wegjagen •s. aneignen, erbeuten, erwerben, gewinnen •abschießen, erjagen, erlegen, erschießen, hetzen, nachstellen, pirschen, schießen, töten •nachjagen, nachlaufen, nachrennen, nachstellen, verfolgen •abbrausen

4455 Jäger
Grünrock, Waidmann, Weidmann, Wildhüter •Jagdflieger, Jagdflugzeug •Kannibale, Kopfjäger, Menschenfresser

4456 jäh
abfallend, abgründig, abschüssig, schroff, steil •abrupt, blitzschnell, ruckartig, schlagartig, stürmisch, überraschend, überstürzt, unerwartet, unverhofft, unvermittelt, unvermutet, unversehens, unvorhergesehen

4457 Jahr
Jahreszeit •Jahresanfang, Jahresbeginn, Neujahr •Blütezeit, Frühjahr, Frühling, Lenz, Maienzeit, Vorsaison •Erntezeit, Frühsommer, Hochsommer, Reisezeit, Sommer, Sommerzeit, Spätsommer •Altweibersommer, Erntezeit, Herbst, Indianersommer, Spätherbst •Advent, Adventszeit, Vorweihnachtszeit •Winter, Wintersaison •Altjahresabend, Jahresausklang, Jahreswechsel, Jahreswende, Silvester, 31. Dezember •Quartal, Vierteljahr •Halbjahr

4458 Jahresabschluss
Altjahresabend, Jahreswechsel, Silvester •Abrechnung, Bestandsaufnahme, Bestandsverzeichnis, Bilanz, Inventur, Lageraufnahme, Rechnungslegung, Schlussergebnis, Schlussrechnung

4459 Jahresring
Altersring, Baumring, Flader, Maser

4460 Jahrgang
Altersklasse, Altersstufe, Geburtsjahr, Generation

4461 Jahrmarkt
Dom, Kirchweih, Kirmes, Markt, Messe, Oktoberfest, Rummel, Volksfest

4462 Jammer
Klagen, Lamento, Wehgeschrei, Wehklagen •Armut, Elend, Leid, Not

4463 jämmerlich
bedauernswert, bejammernswert, herzergreifend, herzzerreißend, jammervoll, Mitleid erregend •ärmlich, elend, kläglich

4464 jammern
ächzen, aufseufzen, aufstöhnen, bedauern, beklagen, betrauern, heulen, klagen, lamentieren, nachtrauern, plärren, schluchzen, schreien, seufzen, stöhnen, trauern, wehklagen, wimmern

4465 jammernd
händeringend, lamentierend, wehklagend

4466 jäten
abbrechen, harken, herausreißen, krauten, säubern

4467 Jauche
Brühe, Dung, Gülle, Mist, Odel

4468 jauchen
düngen, güllen, odeln

4469 jauchzen
frohlocken, jubeln, lachen, strahlen

4470 Jauchzer
Freudenruf, Freudenschrei, Holdrio, Jubelschrei, Juchzer

4471 jaulen
heulen, wimmern, winseln

4472 je
einmal, irgendwann, jemals, zuweilen •jeweils, pro

4473 jedenfalls
aber, allerdings, dagegen, denkbar, immerhin, jedoch, schließlich
4474 jeder
alle, allesamt, geschlossen, jedermann, total, unbeschränkt, vollzählig
4475 jedes Mal
allemal, anhaltend, beständig, dauernd, fortlaufend, fortwährend, gewöhnlich, immer, jederzeit, konstant, permanent, stetig, unablässig, ununterbrochen, vielmals
4476 Jeep
Allradwagen, Geländefahrzeug, Geländewagen •Armeefahrzeug
4477 jemand
dieser, ein, einer, irgendeiner, irgendwelcher, irgendwer, man, x-beliebig, sonst wer, sonst einer, sonst jemand
4478 jenseits
abseits, daneben, entgegengesetzt, fern, gegenüber
4479 Jenseits
Ewigkeit, Gottesreich, Himmelreich, Paradies
4480 Jesus
Christus, Erlöser, Gekreuzigter, Gottessohn, Heiland, Messias, Sohn Gottes •Christkind, Christkindchen, Christkindlein, Christuskind, Jesuskind
4481 jetzt
aktuell, akut, derzeit, derzeitig, eben, gegenwärtig, heute, heutig, momentan
4482 Joch
Kummet, Zuggeschirr •Knechtschaft, Unfreiheit, Unterjochung, Versklavung •Bergsattel, Gebirgssattel •Ochsengespann •Bürde, Kreuz, Mühsal, Sorge
4483 joggen
dauerlaufen, laufen, rennen
4484 Jogging
Cross-Lauf, Dauerlauf, Fitnesslauf, Geländelauf
4485 johlen
brüllen, grölen, kreischen, lärmen
4486 Johlen
Brüllen, Gejohle, Gekreisch, Geschrei
4487 Joystick
Eingabegerät, Steuerhebel, Steuerknüppel
4488 jubeln
s. freuen, jauchzen, jubilieren, juchzen, strahlen, triumphieren
4489 jucken
kitzeln, krabbeln, kribbeln •krallen, kratzen, scharren •beißen, brennen, stechen
4490 Judikative
richterliche Gewalt
4491 Jugend
Blütezeit, Entwicklungszeit, Jugendalter, Jugendzeit, Pubertät, Wachstumsjahre
4492 Jugendlicher
Bursche, Halbwüchsiger, Heranwachsender, Jüngling, Junior, Teenager, Teeny •Backfisch, Fräulein, Mädchen
4493 jung
jungenhaft, knabenhaft, lausbübisch •unbewandert, unerfahren, unwissend •mädchenhaft •blühend, heranwachsend, jugendlich, minderjährig, unerfahren, unreif •rank, schlank
4494 Junge
Bengel, Bub, Bube, Jüngling, Kind, Knabe, Sohn
4495 Jünger
Anhänger, Fan, Gefolgschaft, Getreuer, Mitläufer, Vasall, Verehrer
4496 Jungfrau
Backfisch, Dirndl, Fräulein, Jungfer, Mädchen
4497 jungfräulich
unentdeckt, unerforscht, unerschlossen •keusch, unberührt, unschuldig

4498 Junggeselle
Bursche, Einspänner, Jüngling, Lediger, Single, Unverheirateter, allein Stehender [Alleinstehender]
4499 Jüngster
Benjamin, Kleinster, Küken, Nesthäkchen
4500 Junior
Juniorchef, Sohn
4501 Jura
Gesetzeskunde, Rechtskunde, Rechtswissenschaft
4502 Jurist
Rechtsgelehrter →Rechtsanwalt, Advokat, Anwalt, Fürsprecher, Rechtsbeistand, Verteidiger, Notar, Richter, Staatsanwalt
4503 juristisch
anwaltlich, gesetzlich, rechtlich, rechtskundlich, richterlich
4504 Jury
Fachgremium, Kampfgericht, Kampfrichter, Preisgericht, Preisrichter, Punktrichter, Schiedsgericht, Schiedsrichter, Unparteiische
4505 Juwel
Edelstein, Schmuckstein •Geschmeide, Kleinod, Schmuckstück
4506 Juwelier
Edelmetallschmied, Goldschmied, Schmuckhändler, Silberschmied

K

4507 Kabarett
Brettl, Kleinkunstbühne
4508 Kabarettist
Ironiker, Parodist, Satiriker, Spötter, Zyniker
4509 Kabel
Draht, Leitung, Seil, Tau •Depesche, Fernschreiben, Funkspruch, Telegramm
4510 Kabine
Abteil, Kajüte, Raum →Schiffskabine, Telefonkabine, Umkleidekabine
4511 Kachel
Fliese, Platte →Badekachel, Klinker, Ofenkachel
4512 Käfer
Deckflügler →Borkenkäfer, Buchdrucker, Glückskäfer, Glühwürmchen, Hirschkäfer, Johanniskäfer, Johanniswürmchen, Laufkäfer, Leuchtkäfer, Maikäfer, Marienkäfer, Mistkäfer, Rüsselkäfer, Siebenpunkt
4513 Kaffeekränzchen
Kaffeeklatsch, Kaffeestündchen
4514 Käfig
Vogelbauer, Vogelgehege, Vogelhaus, Voliere •Gatter, Pferch, Zwinger
4515 kahl
glatzköpfig, haarlos, kahlköpfig •blattlos, entlaubt •bilderlos, schmucklos •abgeholzt, baumlos, versteppt
4516 Kahlschlag
Abholzung, Lichtung, Rodung, Schneise
4517 Kajüte
Kabine, Logis
4518 Kalender
Almanach, Annalen, Auswahlband, Chronik, Jahrbuch, Kalendarium
4519 Kalkulation
Ausrechnung, Bemessung, Berechnung, Einschätzung, Kostenvoranschlag, Schätzung, Überschlag, Veranschlagung, Voranschlag, Vorausberechnung •Budget, Etat, Finanzplan, Haushaltsplan, Staatshaushalt
4520 kalkulierbar
abschätzbar, absehbar, berechenbar, einfach, erfassbar, ersichtlich, überschaubar, übersehbar, übersichtlich, verstehbar, voraussagbar, vorhersagbar

4521 kalt
abgebrüht, kaltblütig •abgekühlt, ausgekühlt, winterlich, eisig kalt •abgestumpft, erbarmungslos, gefühlskalt, kompromisslos, leidenschaftslos, lieblos, mitleidlos

4522 Kälte
Brutalität, Erbarmungslosigkeit, Kaltherzigkeit, Lieblosigkeit, Schonungslosigkeit, Unmenschlichkeit •Bodenfrost, Eiskälte, Kühle

4523 Kamel
Dromedar, Höckertier, Trampeltier, Wüstenschiff •Dummkopf, Stümper, Tollpatsch, Tölpel, Versager

4524 Kamera
Camcorder, Fernsehkamera, Filmapparat, Filmkamera, Videokamera •Fotoapparat, Advanced Photo System →Autofocus-Kamera, Digitalkamera, Kleinbildkamera, Pocketkamera, Sofortbildkamera, Spiegelreflexkamera, Unterwasserkamera

4525 Kamerad
Bruder, Freund, Gefährte, Genosse, Kumpel →Schulkamerad, Spielkamerad, Sportkamerad, Vereinsmitglied

4526 Kameradin
Freundin, Gefährtin, Kumpel, Verbündete, Vertraute →Schulkameradin, Spielkameradin, Sportkameradin, Vereinsmitglied

4527 Kamin
Brandstätte, Esse, Rauchfang, Schlot, Schornstein •Abzugskamin, Abzugsrohr, Abzugsschacht, Dunstabzug, Entlüfter

4528 Kaminfeger
Kaminkehrer, Schlotfeger, Schornsteinfeger

4529 Kamm
Bergkamm, Bergrücken, Grat, Spitze, Zacke •Frisierkamm, Haarkamm →Einsteckkamm, Hornkamm, Läusekamm, Stielkamm

4530 kämmen
bürsten, frisieren, glätten

4531 Kampagne
Propagandafeldzug, Wahlkampagne, Werbeaktion •Feldzug, Heerzug, Kriegszug, Vormarsch

4532 Kampf
Auseinandersetzung, Bekämpfung, Feindseligkeiten, Gefecht, Geplänkel, Kampfgetümmel, Kampfhandlung, Offensive, Schusswechsel, Treffen, Waffenkampf →Abwehrschlacht, Entscheidungsschlacht, Feldschlacht, Feuergefecht, Feuerüberfall, Kesselschlacht, Konfrontation, Luftkampf, Luftschlacht, Materialschlacht, Rückzugsgefecht, Schlachtgetümmel, Seeschlacht, Winterschlacht •Fight, Kräftemessen, Wettkampf •Boxen, Boxkampf, Faustkampf, Schattenboxen, Sparring •Gegnerschaft, Konkurrenz, Rivalität •Bemühen, Einsatz, Engagement •Arbeitskampf, Arbeitsniederlegung, Ausstand, Kampfmaßnahme, Lohnkampf, Streik •Endkampf, Endrunde, Endspiel, Finale, Finish, Schlusskampf •Befreiungskampf, Freiheitskampf, Guerillakampf, Guerillakrieg, Partisanenkampf, Revolution, Résistance, Widerstandskampf

4533 Kämpfer
Fechter, Krieger, Soldat •Avantgardist, Bahnbrecher, Pionier, Schrittmacher, Vorkämpfer, Vorläufer, Wegbereiter •Boxer, Faustkämpfer, Fighter, Sportler •Freiheitskämpfer, Freischärler, Guerilla, Partisan, Widerstandskämpfer

4534 Kampfsport
→Boxen, Fechten, Judo, Jiu-Jitsu, Karate, Ringen

4535 kampfunfähig
besiegt, bezwungen, geschafft, überwältigt, vernichtet, knockout [knock-out]

4536 Kanal
Ableitung, Abwasserkanal, Siel, Zuleitung •Strombegradigung, Stromregulierung •Wasserlauf, Wasserstraße, Wasserweg
4537 Kandare
Halfter, Zaum, Zügel, Zwangsjacke
4538 Kandidat
Absolvent, Examenskandidat, Prüfling, Prüfungskandidat •Anwärter, Bewerber
4539 kandieren
überzuckern, versüßen, verzuckern
4540 Kannibale
Menschenfresser, Unmensch, Wilder
4541 Kannibalismus
Menschenfresserei
4542 Kanon
Heiligenaufzählung, Heiligenverzeichnis •Rundgesang, Wechselgesang •Leitfaden, Norm, Richtschnur
4543 Kanone
Ass, Experte, Leuchte •Böller, Flak, Geschütz, Haubitze •Leistungssportler, Profi
4544 Kante
Ecke, Einfassung, Nahtstelle, Rand •Grat, Zacke
4545 Kantine
Kasino, Mensa, Speiseraum, Werkskantine
4546 Kanzel
Ansitz, Anstand, Hochsitz, Hochstand, Jagdkanzel, Wildkanzel •Predigtstuhl
4547 Kap
Landzunge, Überhang, Vorgebirge
4548 Kapelle
Band, Ensemble, Orchester •Bethaus, Gotteshaus
4549 Kapitalist
Aktionär, Bonze, Finanzgröße, Geldadel, Geldmagnat, Geldmann, Industriekapitän, Magnat, Reicher
4550 Kapitän
Führer, Rudermann, Schiffsführer, Schiffslenker, Steuermann •Flugzeugführer, Flugzeugkapitän, Pilot •Mannschaftsführer, Spielführer •Anführer, Befehlshaber, Kommandant, Kommandeur
4551 Kapitel
Kardinalsversammlung, Kirchenrat •Abschnitt, Artikel
4552 Kapitulation
Aufgabe, Unterwerfung, Niederlage
4553 kapitulieren
aufgeben, s. ergeben, s. unterwerfen
4554 Käppchen
Barett, Kalotte, Käppi
4555 Kapriole
Allüren, Flausen, Kaprice [Kaprize] •Freudensprung, Luftsprung
4556 Kapsel
Raumfahrzeug •Tablette •Büchse, Gehäuse, Hülse
4557 kaputt
abgestoßen, angeschlagen, beschädigt, defekt, hin, hinüber, ramponiert, zerbrochen •entzwei, geplatzt, zersprungen •angegriffen, erledigt, geschafft, groggy, mitgenommen, überlastet
4558 Karawane
Reisegesellschaft •Kamelzug •Aufmarsch, Zug
4559 karg
ärmlich, dürftig, kümmerlich, mager, spärlich •ertragsarm, ertraglos, unergiebig, unfruchtbar, unrentabel
4560 Kargo
Frachtgut, Frachtstück, Stückgut
4561 kariert
gekästelt, gewürfelt, schachbrettartig

4562 Karikatur
Hohn, Parodie, Persiflage, Satire, Schreckgestalt, Spott, Spottbild, Verunstaltung, Verzerrung, Zerrbild •Pamphlet, Parodie, Persiflage, Satire, Spottgedicht

4563 Karneval
Fasching, Fastnacht

4564 Karnevalsruf
Alaaf, Helau

4565 Karosse
Kutsche, Prachtkutsche, Staatskarosse

4566 Karosserie
Chassis, Wagenaufbau

4567 Karotte
Möhre, Mohrrübe, Gelbe Rübe

4568 Karre
Gefährt, Handwagen, Leiterwagen, Schubkarre

4569 Karriere
Aufstieg, Entwicklung, Laufbahn, Vorwärtskommen, Werdegang

4570 Karte
Billett, Eintrittskarte, Fahrausweis, Fahrkarte, Fahrschein, Ticket→Einlasskarte, Getränkekarte, Jahreskarte, Kinokarte, Landkarte, Monatskarte, Postkarte, Seekarte, Speisekarte, Spielkarte, Theaterkarte, Visitenkarte, Wanderkarte, Wochenkarte •Bildschirmkarte →Erweiterungskarte, Grafikkarte, Steckkarte, Videokarte

4571 Karteischrank
Aktenschrank, Registratur

4572 Kartell
Bund, Interessengemeinschaft, Kooperation

4573 Kartenstock
Talon

4574 Kartoffel
Erdapfel, Erdbirne, Grundbirne, Knolle

4575 Kartoffelpuffer
Kartoffelpfannkuchen, Reibekuchen

4576 Kartoffelpüree
Kartoffelbrei, Stampfkartoffeln

4577 Karton
Pappdeckel, Pappe •Packung, Pappschachtel, Verpackung

4578 Karussell
Drehscheibe, Ringelspiel •Laufring, Reitbahn, Reitschule

4579 Käse
→Blauschimmelkäse, Hartkäse, Rohmilchkäse, Schafskäse, Weichkäse, Ziegenkäse

4580 Kaserne
Garnison, Quartier, Truppenstandort, Truppenunterkunft •Mietshaus, Mietskaserne, Wohnblock

4581 käsig
blassgesichtig, fahl, kreidebleich •geronnen, teigig

4582 Kasino
Kantine •Gesellschaftsraum, Klubraum •Spielbank, Spielhölle

4583 Kasse
Auszahlungsstelle, Zahlschalter →Bank, Sparkasse •Geldkassette, Geldtruhe •Finanzen, Geldbestand, Geldvorrat •Krankenkasse, Krankenversicherung

4584 Kassette
Musikkassette, Videokassette •Behälter, Etui, Kästchen, Schatulle

4585 kassieren
einkassieren, einnehmen, einsammeln, einziehen, vereinnahmen •abschaffen, einstellen, streichen

4586 katalogisieren
einordnen, erfassen, formieren, gruppieren, registrieren, sortieren, strukturieren, systematisieren, zusammenstellen

4587 katastrophal
entsetzlich, fürchterlich, schrecklich, verheerend

4588 Katechismus
Glaubensartikel, Glaubenslehre

4589 Kategorie
Art, Einteilung, Genre, Klasse, Rubrik

4590 kategorisch
absolut, behauptend, entschieden, fraglos, nachdrücklich
4591 Kater
Katze, Tier •Hangover, Katerstimmung, Kopfschmerzen
4592 Katheder
Kanzel, Predigtstuhl •Lehrstuhl, Podium, Pult
4593 Katze
Heuchlerin, Liebedienerin, Lügnerin, Schmeichelzunge •Miezekatze, Raubkatze
4594 kauen
s. abmühen, arbeiten, verarbeiten •essen, mahlen
4595 kauern
dahocken, kriechen, s. niederknien
4596 Kauf
Abnahme, Ankauf, Anschaffung, Aufkauf, Bereicherung, Besorgung, Einkauf, Erledigung, Errungenschaft, Erwerb, Neuerwerb, Übernahme •Aufwand, Ausgabe, Unkosten •Anschaffung, Besorgung, Einkauf, Erledigung •Auktion, Verkauf, Versteigerung •Ausverkauf →Räumungsverkauf, Schlussverkauf, Sommerschlussverkauf, Winterschlussverkauf •Homeshopping, Teleshopping
4597 käuflich
bestechbar, bestechlich, erhältlich, feil, lieferbar, verführbar, zugänglich •bestechlich, korrupt, verführbar
4598 Kaufmann
Exporteur, Geschäftsmann, Großhändler, Händler, Importeur, Kleinhändler, Krämer, Ladenbesitzer, Spediteur
4599 kaum
bloß, eben, gerade •beinahe, gering, knapp, selten, wenig
4600 Kaution
Bürgschaft, Gewährleistung, Hinterlegungssumme, Sicherheitsleistung
4601 Kavallerist
Dragoner, Husar, Kürassier, Ulan
4602 keck
draufgängerisch, dreist, forsch, kühn, tolldreist, ungeniert
4603 Kehre
Abbiegung, Abzweigung, Gabelung, Verzweigung, Wegbiegung
4604 Kehricht
Abfall, Asche, Dreck, Müll, Schmutz, Unrat
4605 keifen
belfern, geifern, zanken, zetern
4606 Keiferei
Gehader, Gekeife, Gezeter, Zanksucht
4607 Keile
Dresche, Hiebe, Schläge
4608 Keilerei
Prügelei, Rauferei, Schlägerei
4609 Keim
Keimling, Sprössling •Anlass, Anstoß •Krankheitserreger, Krankheitskeim
4610 keimen
anwachsen, aufgehen, aufkeimen, aufkommen, aufsprossen, s. auftun, ausschlagen, austreiben, s. entfalten, entstehen, grünen, knospen, sprießen, sprossen, treiben
4611 Keimling
Ableger, Spross •Embryo, Fetus, Fötus
4612 Keimzelle
Samenzelle, Spermium •Gamet, Geschlechtszelle •Ei, Eizelle
4613 Kelch
Pokal, Schale, Trinkgerät •Blumenkelch, Blütenkelch •Abendmahlsgerät, Altargerät
4614 Kelle
Schöpfer •Fugeisen, Spatel
4615 Keller
Abstellraum, Kellergewölbe, Kellerraum →Bierkeller, Heizungskeller, Obstkeller, Weinkeller •Kellerwohnung, Souterrain

4616 Kellerei
Weingut, Weinkellerei
4617 kennen
s. auskennen, auskennen, durchblicken, erkennen, wissen, s. zurechtfinden •beherrschen, überblicken, überschauen, wissen
4618 Kenner
Feinschmecker, Genießer, Gourmet, Lukullus •Fachmann, Meister •Dezernent, Fachmann, Referent, Sachbearbeiter •Ästhet, Feingeist, Kunstfreund, Kunstkenner, Kunstverständiger, Meister, Schöngeist
4619 Kennwort
Anruf, Erkennungszeichen, Losung, Parole, Zuruf •Codewort, Passwort
4620 Kennzeichen
Besonderheit, Charakterisierung, Charakteristikum, Eigenschaft, Kennzeichnung, Merkmal, Spezifizierung, Unterscheidungszeichen •Benennung, Beschriftung, Bezeichnung, Markierung •Ausschilderung, Beschilderung, Kennzeichnung, Markierung
4621 kennzeichnen
anstreichen, markieren •charakterisieren, deuten •ausschildern, beschildern
4622 kennzeichnend
bezeichnend, charakteristisch, spezifisch, typisch, unverkennbar
4623 Keramik
Steingut, Tonware
4624 Kerbe
Einschnitt, Fuge, Furche, Schlitz
4625 Kerker
Bunker, Gefängnis, Karzer, Knast, Zwinger
4626 Kerl
Held, Kraftmensch •Bengel, Bursche, Flegel, Lümmel
4627 Kern
Obstkern, Samenkern, Stein •Hauptsache, Mittelpunkt, Substanz
4628 kernig
kraftvoll, markig, robust
4629 Kernkraftwerk
Atommeiler, Atomreaktor, Druckwasserreaktor, Kernreaktor, Schnellbrüter, Siedewasserreaktor
4630 Kernpunkt
Grundgedanke, Hauptgedanke, Inbegriff, Kerngedanke, Wesentlichkeit
4631 Kerze
Talglicht, Wachskerze →Geburtstagskerze, Grabkerze, Kommunionkerze, Osterkerze, Taufkerze, Weihnachtskerze
4632 Kerzenhalter
Kandelaber, Kerzenleuchter, Kerzenständer, Kerzenträger
4633 Kessel
Einkesselung, Einschließung, Einzingelung, Umzingelung •Becken, Canyon, Schlucht
4634 Kette
Anzahl, Aufeinanderfolge, Reihe •Halsband, Kollier
4635 Ketzerei
Abweichung, Götzenverehrung, Häresie, Irrglaube, Irrlehre
4636 ketzerisch
abtrünnig, heidnisch, irrgläubig •frech, gewagt, provokativ, unkonventionell
4637 keuchen
japsen, röcheln, schnaufen
4638 keusch
enthaltsam, gesittet, jungfräulich, rein, tugendhaft, unberührt •zölibatär
4639 Keuschheit
Keuchheitsgelübde, Zölibat •Abstinenz, Askese, Enthaltsamkeit •Jungfräulichkeit, Reinheit, Unschuld •Anstand, Moral, Sittlichkeit, Tugend, Unbescholtenheit
4640 Keyboard
Klaviatur •Tastatur
4641 kichern
gickeln, glucksen

4642 Kies
Baustoff, Splitt •Geld, Heu, Kohlen, Moneten
4643 Killer
Berufsmörder, Gunman
4644 Kind
Abkömmling, Nachkomme •Baby, Junge, Mädchen, Säugling •Bub, Junge, Sohn, Stammhalter
4645 Kindergarten
Hort, Kinderkrippe, Kindertagesstätte
4646 Kindheit
Kinderjahre, Kinderzeit, Kindesalter
4647 Kinnhaken
Fausthieb, Haken, Niederschlag, Schwinger, Knockout [Knock-out]
4648 Kino
Filmbühne, Filmtheater, Lichtspielhaus, Lichtspieltheater •Filmvorführung
4649 Kippe
Schaukel, Wippe
4650 kippen
ausleeren, ausschütten •umfallen, umkippen •abschneiden, kappen, kupieren •austrinken, hinunterspülen, hinuntertrinken
4651 Kirche
Glaubensrichtung, Konfession, Religionsgemeinschaft •Kirchenbehörde, Kirchenstaat •Gotteshaus, Heiligtum, Kultstätte →Andachtshaus, Basilika, Bethaus, Bischofskirche, Dom, Gebetshaus, Hauptkirche, Kapelle, Kathedrale, Moschee, Münster, Synagoge, Tempel
4652 Kirchenchor
Altarraum, Chor •Kantorei, Singkreis
4653 Kirchendiener
Glöckner, Küster, Sakristan, Mesner [Messner, Mesmer]
4654 Kirchweih
Dom, Jahrmarkt, Kirmes, Rummel •Einweihungstag, Gedenktag, Jahrestag
4655 Kismet
Bestimmung, Fügung, Geschick, Vorsehung, Zufall
4656 Kissen
Federkissen, Kopfkissen, Sitzkissen, Sofakissen •Heizkissen
4657 Kit
Nachrüstsatz, Systemerweiterung
4658 Kitsch
Firlefanz, Plunder, Ramsch, Tand •Geschmacklosigkeit, Schund
4659 kitschig
geschmacklos, romantisch, rührselig, schmalzig, schnulzig, schwärmerisch, seelenvoll, überladen
4660 Kittel
Kittelschürze •Kleidungsstück, Oberhemd •Arbeitsmantel, Berufsmantel, Schutzkleidung
4661 Kitzel
Hautempfindung, Juckreiz •Reiz, Sinnenreiz, Stimulus, Verlockung
4662 kitzeln
jucken, krabbeln, kribbeln, prickeln, reizen •reizen, stimulieren
4663 klaffen
aufstehen, gähnen, offen stehen
4664 kläffen
anschlagen, belfern, bellen
4665 Klage
Geheul, Gejammer, Klagelied, Lamento, Totenklage, Wehklage •Anklage, Anschuldigung •Ächzer, Klagelaut, Schluchzer, Schmerzensruf, Seufzer, Stoßseufzer
4666 klagen
prozessieren, verklagen •jammern, lamentieren, wehklagen •anklagen, anschuldigen, verdächtigen
4667 Kläger
Ankläger, Staatsanwalt
4668 kläglich
kärglich, mickrig, schäbig •beschämend, erbärmlich •beklagenswert, jämmerlich, zerreißend
4669 Klamm
Einschnitt, Felsenschlucht

4670 Klammer
Klemme, Riegel, Schnalle, Spange
4671 klammern
befestigen •flicken, schließen
4672 Klang
Laut, Schall, Ton •Klangfarbe, Kolorit, Timbre
4673 klangvoll
klingend, melodisch, tönend, wohllautend
4674 Klappe
Bett, Falle •Mundwerk, Schnabel •Ecke, Kante, Umschlag
4675 klappen
funktionieren, gehen, gelingen
4676 klappern
frieren, schlottern, zittern •klirren, poltern, prasseln, rasseln, scheppern
4677 klapprig
altersschwach, gebrechlich, hinfällig
4678 Klaps
Kopfnuss, Puff, Schlag, Streich
4679 klar
durchsichtig, glasklar, kristallklar, rein, transparent, ungetrübt •enträtselt, entschlüsselt •artikuliert, deutlich •heiter, unbewölkt, wolkenlos •absolut, allerdings, freilich, gewiss, natürlich, selbstverständlich, sicherlich, aber sicher •erwiesen, offensichtlich, unbezweifelbar •eindeutig, exakt, unzweideutig •normal, urteilsfähig, zurechnungsfähig
4680 klären
abklären, aufhellen, enträtseln, richtig stellen •filtern, läutern, reinigen
4681 Klarheit
Glanz, Helle, Licht, Schimmer •Bestimmtheit, Deutlichkeit, Exaktheit, Unmissverständlichkeit
4682 Klasse
Güte, Meisterwerk •Abteilung, Einordnung, Kategorie, Rubrik •Kinder, Schüler, Schulklasse •Gesellschaftsschicht, Stand •Klassenraum, Klassenzimmer, Schulstube
4683 Klassengeist
Berufsehre, Kastendenken, Standesdünkel, Standesehre, Zusammengehörigkeitsgefühl
4684 Klassik
Altertum, Antike
4685 klassisch
alt, antik •konventionell, traditionell, zeitlos •ideal, perfekt, vollendet
4686 Klatsch
Dorfgespräch, Geflüster, Geklatsche, Gemunkel, Geraune, Gerede, Gerüchtemacherei, Geschwätz, Stadtgespräch, Tratsch
4687 klatschen
applaudieren, bejubeln, beklatschen, feiern, zujubeln •durchhecheln, reden, schwatzen, tratschen
4688 Klausel
Auflage, Bedingung, Nebenbedingung, Sondervereinbarung, Vorbehalt, Zusatz
4689 Klausur
Examen, Klassenarbeit, Prüfungsarbeit •Abgeschiedenheit, Abgeschlossenheit, Klosterleben
4690 kleben
kitten, kleistern, leimen, verkleben, verleimen, zukleben, zusammenkleben •anhaften, haften, festkleben, kleben bleiben •anbringen, ankleben, aufkleben •herunterhauen, ohrfeigen, schmieren
4691 klebrig
anhaftend, kleisterig, leimig, pappig
4692 Klebstoff
Alleskleber, Bindemittel, Dichtstoff, Kitt, Kleber, Kleister, Leim →Acryl-Dichtmasse, Blitzkleber, Büroleim, Fensterkitt, Gips, Glaserkitt, Gummilösung, Holzleim, Kaltleim, Kunstharzleim, Lederleim, Malerleim, Marmorkitt, Mauerkitt, Papierleim, Porzellankitt, Sekun-

denkleber, Silikon-Dichtmasse, Tafelleim, Tapetenleim, Tischlerleim, Wachskitt, Warmleim, Zement, Zweikomponentenkleber

4693 klecksen

malen, pinseln, schmieren •beschmieren, besudeln, vollschmieren

4694 Kleidung

Aufzug, Bekleidung, Bekleidungsstück, Freizeitkleidung, Garderobe, Gewand, Klamotten, Kleider, Kleidungsstück, Kluft, Maßkleidung, Oberbekleidung, Sachen, Tracht, Trauerkleidung, Zeug •Babykleidung, Kinderkleidung •Arbeitskleidung, Berufskleidung •Damenbekleidung, Kleid, Kleider, Kostüm, Umstandskleidung •Anzug, Herrenbekleidung, Livree, Uniform, Zivil •Anzug, Cut, Cutaway, Frack, Gehrock, Gesellschaftsanzug •Aufmachung, Festgewand, Festkleid, Festkleidung, Festrobe, Gala, Galaanzug, Robe •Abendkleid, Ballkleid, Cocktailkleid, Gesellschaftskleid, Tanzkleid •Anorak, Blazer, Blouson, Jacke, Jacket, Kittel, Klubjacke, Parka, Rock, Sakko, Schianorak, Trachtenjacke, Wams, Windjacke •Damenrock, Kilt, Rock •Dress, Sportanzug, Sportkleidung, Trikot •Hauskleid, Morgenkleid, Morgenrock, Negligé [Negligee] •Asbestanzug, Asbesthandschuh, Feuerschutzkleidung •Kutte, Mönchskleid, Ordenskleid •Arbeitsanzug, Monteuranzug, Overall, Schutzanzug •Futteral, Mantel, Schutzhülle, Trenchcoat, Überzieher, Überzug →Abendmantel, Damenmantel, Frühjahrsmantel, Gummimantel, Herrenmantel, Kindermantel, Lammfellmantel, Ledermantel, Lodenmantel, Militärmantel, Pelzmantel, Regenhaut, Regenmantel, Reisemantel, Soldatenmantel, Sommermantel, Übergangsmantel, Überrock, Wettermantel, Wildledermantel, Wintermantel •Amtstracht, Habit, Ornat, Talar •Hose →Arbeitshose, Badehose, Beinkleid, Bermudas, Bundhose, Cordhose, Damenhose, Flanellhose, Fliegerhose, Herrenhose, Jeans, Karottenhose, Keilhose, Kinderhose, Knickerbocker, Kniehose, Lederhose, Pluderhose, Pumphose, Reithose, Schihose, Shorts, Sommerhose, Sporthose, Turnhose, Winterhose, Bluejeans [Blue Jeans] •Höschen, Schlüpfer, Slip, Unterhose •Unterwäsche

4695 klein

winzig, zierlich •geringfügig, lächerlich, verschwindend, wenig •bedeutungslos, egal, irrelevant, peripher, uninteressant •kindlich, unfertig, unreif, zierlich •gnomenhaft, pygmäenhaft, winzig, zwergenhaft

4696 Kleinigkeit

Bagatelle, Bedeutungslosigkeit, Belanglosigkeit, Geringfügigkeit, Kleinkram, Lappalie, Spielerei, Unwichtigkeit •Happen, Imbiss, Kostprobe •Andeutung, Hauch, Winzigkeit

4697 Kleinkind

Baby, Dreikäsehoch, Kleines, Schoßkind, Sprössling

4698 kleinlaut

betreten, niedergedrückt, verschämt, verstummt

4699 kleinlich

engherzig, kleinbürgerlich, krämerhaft, pedantisch, provinziell, spießbürgerlich, übergenau

4700 Kleinod

Bijou, Geschmeide, Juwel, Kette, Kostbarkeit, Schatz, Schmuckstück

4701 Klemme
Beengtheit, Enge, Raummangel •Aussichtslosigkeit, Geldsorgen •Verbindungselement, Verbindungsstück

4702 klemmen
kneifen, quetschen, zwicken •eindrücken, einklemmen, einzwängen

4703 Klempner
Flaschner, Installateur, Spengler

4704 Kleptomanie
Diebssucht, Stehltrieb, Stehlzwang

4705 Klette
Efeu, Liane, Rankengewächs, Schlingpflanze

4706 Kletterer
Alpinist, Bergsteiger, Bergtourist

4707 klettern
emporklettern, ranken •aufsteigen, bergsteigen, hinaufkraxeln

4708 Klient
Mündel, Schützling •Auftraggeber, Kunde, Mandant

4709 Klima
Großklima, Höhenklima, Kleinklima, Landklima, Reizklima, Seeklima •Atmosphäre, Stimmung, Stimmungslage

4710 Klimaanlage
Aircondition, Entfeuchter •Entlüfter, Ventilator

4711 klingeln
bimmeln, läuten, schellen •anklingeln, anläuten, anrufen, antelefonieren, fernsprechen, telefonieren

4712 klingen
anklingen, antönen, branden, dröhnen, erklingen, erschallen, ertönen, gellen, hallen, schallen, schwingen, tönen, widerhallen •s. anhören, wirken

4713 Klinik
Ambulanz, Anstalt, Heilanstalt, Krankenhaus, Spital →Augenklinik, Entbindungsheim, Entbindungsstation, Frauenklinik, Gefängniskrankenhaus, Genesungsheim, Hals-Nasen-Ohren-Klinik, Hautklinik, Heilstätte, Heim, Hospital, Kinderklinik, Lazarett, Privatklinik, Sanatorium, Universitätsklinik, Orthopädische Klinik, Feldlazarett, Lazarett, Notkrankenhaus, Irrenanstalt, Irrenhaus, Nervenheilanstalt, Nervenklinik

4714 Klinke
Drücker, Griff, Knauf →Türdrücker, Türgriff, Türklinke

4715 Klippe
Falle, Hindernis, Schwierigkeit, Tücke •Felsklippe, Grat, Riff, Schroffe, Zacke

4716 klirren
erklingen, scheppern

4717 Klischee
Abklatsch, Imitation, Nachahmung, Schablone

4718 Kloake
Senkgrube, Sickergrube •Abwasserkanal, Gully •Körperausgang

4719 klobig
derb, klotzig, massig, plump, vierschrötig

4720 klopfen
hauen, verhauen, verprügeln, verschlagen •anklopfen •bumsen, hämmern, pochen, schlagen

4721 Klopfer
Fäustel, Hammer, Schlägel

4722 Klops
Bulette, Fleischkloß, Frikadelle •Kloß, Knödel

4723 Kloß
Klumpen, Verdickung •Fleischkloß, Frikadelle •Kartoffelkloß, Knödel, Semmelkloß, Semmelknödel •Brocken, Dickwanst, Fettwanst, Koloss

4724 Kloster
Abtei, Konvent, Stift →Frauenkloster, Männerkloster •Einsamkeit, Klosterleben, Zurückgezogenheit

4725 Klotz
Brocken, Kloben, Klumpen •Flegel, Grobian, Raubein, Rüpel
4726 klotzig
kolossal, mächtig •klobig, schwerfällig, unförmig, ungeschlacht
4727 Klub
Gemeinschaft, Gesellschaft, Organisation, Verband, Zirkel
4728 Kluft
Klamotten, Kleider, Sachen, Uniform •Abgrund, Canyon, Schlucht, Spalte •Diskrepanz, Gegensatz, Kontrast
4729 klumpen
gerinnen, stocken •ballen, zusammendrücken, zusammenpressen
4730 Klüngel
Cliquenwirtschaft, Parteiwirtschaft, Seilschaft
4731 knabbern
beißen, nagen, naschen
4732 knacken
dekodieren, entschlüsseln •arbeiten, malochen, schuften •bersten, brechen •aufbeißen, öffnen
4733 knackig
blühend, drall, kraftvoll, prall
4734 Knacks
Knick, Riss, Sprung •Defekt, Störung, Tick •Bruch, Schaden, Schädigung
4735 Knall
Detonation, Donnerschlag, Entladung, Explosion, Getöse, Spektakel •Dachschaden, Macke, Tick
4736 knallen
dröhnen, krachen, lärmen, schießen •schnalzen, schnippen
4737 Knallerei
Ballerei, Feuergefecht, Schießerei, Schusswechsel
4738 knapp
kärglich, mager, schäbig, spärlich •kaum, selten •gedrängt, summarisch •enganliegend, hauteng, stramm
4739 knarren
ächzen, knarzen, krachen
4740 knattern
böllern, knallen, knarren, krachen
4741 Knäuel
Ballen, Bündel, Packen •Garnknäuel, Wollknäuel •Chaos, Gewirr, Tumult, Zusammenrottung
4742 Knauf
Griff, Heft, Henkel, Schaft
4743 knautschen
knittern, knüllen, zerknittern, zerknüllen
4744 Knebel
Behinderung, Beißkorb, Fessel, Maulkorb
4745 knebeln
fesseln, würgen, festbinden •bedrängen, terrorisieren, tyrannisieren, unterdrücken
4746 knechten
beherrschen, drangsalieren, knebeln, niederhalten, niederwerfen, terrorisieren, tyrannisieren, unterdrücken, unterjochen, versklaven
4747 kneifen
drücken, petzen, zwacken, zwicken •ausweichen, drücken, vermeiden
4748 Kneifer
Einglas, Klemmer, Zwicker •Angsthase, Drückeberger, Hasenfuß, Memme
4749 kneten
durchwalken, durchwirken, vermengen •bearbeiten, massieren
4750 Knick
Riss, Sprung •Abknickung, Biegung, Kehre, Kurve •Bruch, Eselsohr, Falte, Falz, Kniff
4751 knicken
einknicken, falten, umknicken •einknicken, stolpern, straucheln •umkippen, zusammenfallen, zusammenklappen, zusammensacken
4752 knien
s. hinknien, niederknien

4753 knipsen
entwerten, lochen •aufnehmen, fotografieren
4754 knittern
knautschen, knüllen, zerknittern, zerknüllen
4755 knittrig
faltenreich, runzlig, zerfurcht, zerklüftet, zerknautscht
4756 Knochen
Beine, Gerippe, Knochengerüst, Skelett
4757 Knockout [Knock-out]
Haken, Niederschlag, Schwinger
4758 Knolle
Wurzel, Zwiebel •Kartoffel
4759 Knopf
Druckknopf, Verschluss •Griff, Knauf
4760 knöpfen
aufknöpfen, verschließen, zuknöpfen
4761 Knospe
Keim, Spross, Sprössling •Auswuchs, Wölbung
4762 knospen
aufkeimen, aufsprießen, aufsprossen
4763 knoten
zusammenbinden, zusammenknüpfen, zusammenschnüren
4764 Knoten
Dutt, Haarknoten •Arbeitsstation, Server •Geschwulst, Verdickung, Verhärtung •Komplikation, Kompliziertheit, Verwicklung
4765 Knotenpunkt
Brennpunkt, Haupttreffpunkt, Mittelpunkt→Autobahnknoten, Eisenbahnknotenpunkt, Straßenkreuzung •Gabelung, Kreuzung, Wegscheide
4766 knüllen
knautschen, knittern, zerknittern, zerknüllen
4767 Knüller
Attraktion, Gag, Schlager, Sensation, Werbegag
4768 knüpfen
befestigen, binden, flechten, schnüren
4769 Knüppel
Knüttel, Prügel, Stecken •Hindernis, Steine
4770 knurren
herumkritteln, kritisieren, mäkeln, meckern •brummen, murren, raunzen •schnurren
4771 knusprig
kross, rösch •anziehend, blühend, frisch
4772 Knute
Gewalt, Herrschaft, Zwang •Gerte, Peitsche, Rute, Ziemer
4773 Koalition
Allianz, Bündnis, Interessengemeinschaft
4774 kochecht
farbecht, indanthren, waschecht
4775 köcheln
brodeln, garen, sprudeln
4776 kochen
anrichten, vorbereiten, zubereiten →backen, braten, dämpfen, dünsten, erhitzen, erwärmen, frittieren, grillen •brodeln, köcheln, sieden, simmern •gären, kriseln, schwelen •aufbegehren, schäumen
4777 kochend
heiß, siedend, kochend heiß
4778 Köder
Angelbissen, Lockmittel, Luder
4779 Kodex
Codex, Gesetzbuch, Gesetzessammlung, Handschrift, Handschriftensammlung •Ehrenkodex, Netiquette, Verhaltensregeln, Vorschriften •Gesetzessammlung, Rechtsspiegel
4780 kodieren
chiffrieren, enkodieren, verschlüsseln
4781 Kofferträger
Dienstbote, Kuli, Page

4782 Kohle
Geld, Kröten, Mäuse, Moneten, Zaster •Brennmaterial, Brennstoff, Heizmittel →Braunkohle, Briketts, Steinkohle, Koks

4783 kokettieren
anbändeln, flirten, schäkern, tändeln •aufreizen, berücken

4784 Kolleg
Besprechung, Kolloquium •Bildungsanstalt, Lehranstalt •Hörstunde, Vorlesung

4785 Kollekte
Geldsammlung, Geldspende, Opfergabe, Spende, Spendenaktion

4786 kollidieren
rammen, zusammenfahren, zusammenprallen, zusammenstoßen, aufeinander prallen

4787 Kollier
Halsband, Halskette

4788 Kollision
Entzweiung, Fehde, Konflikt, Streit •Anstoß, Aufeinanderprall, Auffahrunfall, Aufprall, Autounfall, Crash, Havarie, Karambolage, Schaden, Unfall, Unglück, Verkehrsunfall, Bescherung, Zusammenprall, Zusammenstoß •Havarie, Schiffbruch, Schiffskollision, Schiffsunfall, Seeschaden •Flugzeugabsturz, Flugzeugkatastrophe

4789 Kolonie
Ansiedlung, Niederlassung •Auslandsbesitz, Auslandsterritorium •Tierverband

4790 Kolonisation
Ansiedlung, Erschließung, Niederlassung

4791 Koloss
Brocken, Dicker, Kloß, Kugel, Tonne •Gigant, Moloch, Monster, Monstrum, Riese, Scheusal, Titan, Ungeheuer

4792 kolossal
erstaunlich, ungeläufig •enorm, hochgradig

4793 Kombination
Arrangement, Zusammensetzung, Zusammenspiel •Chiffre, Ziffernfolge

4794 kombinieren
ableiten, folgern, schließen •zusammenfügen, aneinander fügen

4795 Komfort
Annehmlichkeit, Behaglichkeit, Bequemlichkeit, Luxus

4796 Komik
Lachhaftigkeit, Possenhaftigkeit, Possierlichkeit, Scherz

4797 Komiker
Humorist, Kabarettist, Spaßvogel, Witzbold

4798 komisch
belustigend, drollig, närrisch, possenhaft, schalkhaft, schnurrig, spaßhaft, ulkig, witzig •eigenartig, skurril

4799 Kommando
Anordnung, Befehl, Order •Abteilung, Gruppe •Befehlsgewalt, Oberbefehl, Regentschaft, Regierungsgewalt, Regiment, Staatsgewalt, Staatsmacht

4800 kommen
auftauchen, auftreten, eintreten •ankommen, s. einstellen, eintreffen, herbeikommen, herkommen, s. nahen •s. abzeichnen, s. ankündigen

4801 Kommissar
Kriminalbeamter, Polizeibeamter •Beauftragter, Bevollmächtigter, Sachwalter

4802 Kommode
Möbel, Schrein, Truhe

4803 Kommunikation
Annäherung, Anschluss, Kontakt, Verständigung •Fernmeldewesen, Nachrichtenwesen, Telekommunikation →Bildschirmtext, Btx, Datex, Datex-J, DFÜ, Fernsehen, ISDN, Multimedia-Btx, Online, Rundfunk, Telefon

4804 Kommunion
Abendmahl, Eucharistie
4805 Komödiant
Mime, Schauspieler, Schelm •Gauner, Heuchler, Schwindler
4806 Komödie
Farce, Heuchelei, Schauspielerei, Täuschung, Verstellung •Burleske, Klamotte, Lustspiel, Posse, Schwank
4807 kompakt
festgefügt, ganz, gedrängt, komplett, lückenlos, restlos, total, vollständig, zusammenhängend
4808 Kompanie
Firma, Konzern •Anteil, Genossenschaft •Bataillon, Regiment, Truppenteil, Wehrmachtsteil
4809 kompatibel
anpassbar, austauschbar, auswechselbar, kombinierbar
4810 Kompensation
Angleichung, Ausgleich •Entschädigung, Erstattung, Vergütung
4811 kompensieren
abarbeiten, aufheben, aufrechnen, ausgleichen, ersetzen, wettmachen
4812 kompetent
befugt, ermächtigt, maßgebend, verantwortlich, zuständig
4813 komplett
ausverkauft, besetzt, voll •abgeschlossen, geschlossen, lückenlos, vollkommen, vollzählig
4814 komplex
beziehungsreich, verflochten, verschlungen, zusammengesetzt
4815 Komplex
Anlage, Einheit, Gefüge •Gesamtheit, Verknüpfung •Hemmung, Minderwertigkeitsgefühl, Minderwertigkeitskomplex, Selbstzweifel, Unsicherheit
4816 Kompliment
Artigkeit, Höflichkeitsbekundung, Schmeichelei
4817 komponieren
anordnen, arrangieren, gestalten, vertonen
4818 Komponist
Tondichter, Tonschöpfer
4819 Komposition
Musikstück, Musikwerk, Tondichtung, Werk •Anordnung, Arrangement, Kombination
4820 komprimieren
konzentrieren, quetschen, straffen, zusammendrücken, zusammenpressen, zusammenziehen
4821 Kompromiss
Ausgleich, Balance, Begleichung, Bereinigung, Entgegenkommen, Gegengewicht, Genehmigung, Konzession, Lösung, Mitte, Mittelweg, Regelung, Schlichtung, Vergleich, Vermittlung, Zugeständnis, goldene Mitte
4822 kompromittieren
blamieren, erniedrigen, treffen, verleumden
4823 kondensieren
festigen, verflüssigen •eindampfen, verkochen
4824 kondensiert
eingedickt, verdichtet, verflüssigt
4825 Kondition
Anlage, Begabung, Veranlagung •Ausdauer, Begeisterung, Elastizität, Fleiß, Form, Leistungsfähigkeit, Unermüdlichkeit
4826 Kondolenz
Anteilnahme, Beileidsbezeigung, Teilnahme
4827 Konfitüre
Fruchtmark, Gelee, Marmelade
4828 Konflikt
Bedrängnis, Dilemma, Problem, Zerrissenheit •Auseinandersetzung, Kontroverse, Krieg
4829 konform
einheitlich, korrespondierend, übereinstimmend, gleichgeordnet

4830 konfrontieren
dagegenhalten, gegenüberstellen, vergleichen, nebeneinander halten
4831 kongruent
deckungsgleich, übereinstimmend
4832 Koniferen
Nadelhölzer, Zapfenträger
4833 Konkurrenz
Brotneid, Existenzkampf, Gegnerschaft, Wettbewerb, Wetteifer
4834 konkurrenzfähig
wettbewerbsfähig, wettbewerbsorientiert
4835 können
s. auskennen, beherrschen, vermögen, wissen
4836 Konsequenz
Charakter, Kontinuität, Willensstärke, Zielbewusstsein •Ergebnis, Resultat •Folgerichtigkeit, Logik, Systematik
4837 konservativ
angepasst, beharrend, bewahrend, bürgerlich, etabliert, fortschrittsfeindlich, gestrig, rückschrittlich, traditionsgebunden, unbekehrbar, unzeitgemäß •altmodisch, unmodern, unzeitgemäß, veraltet
4838 Konserve
Blechdose, Konservenbüchse, Konservendose •Dauerware, Eingemachtes
4839 konservieren
eingefrieren, frosten •einkochen, einmachen, einwecken •einpökeln, einsalzen, pökeln •balsamieren, einbalsamieren, mumifizieren •aufheben, bewahren •durchräuchern, trocknen, trockenlegen, trockenmachen →lufttrocknen, räuchern, heiß räuchern, kalt räuchern •eindosen
4840 Konservierung
Einbalsamierung, Mumifikation, Mumifizierung •Erhaltung, Konserve, Speicherung
4841 Konsole
Pfeiler, Stütze, Träger
4842 Konstanz
Beharrlichkeit, Beständigkeit, Unbeugsamkeit
4843 konstatieren
bekräftigen, bemerken, registrieren, vermerken
4844 Konstellation
Kometenbahn, Sternenstellung •Lage, Situation
4845 konstituieren
einsetzen, festsetzen, zusammentreten
4846 konstruieren
s. ausdenken, bilden, entwerfen, erdenken, erfinden, ersinnen
4847 Konstruktion
Entwicklung, Gestaltung, Konzept, Organisationsplan, Planung, Projekt, Schlachtplan
4848 konsultieren
befragen, besprechen
4849 Konsum
Verbrauch, Verzehr
4850 konsumieren
aufbrauchen, verbrauchen, verzehren
4851 Kontakt
Angrenzung, Berührung, Kommunikation, Tuchfühlung
4852 Kontinent
Erdteil, Festland, Festlandssockel →Afrika, Amerika, Antarktis, Asien, Australien, Europa
4853 Kontinentalklima
Landklima, Festlandsklima, Binnenklima
4854 kontinuierlich
andauernd, fortdauernd, immerzu, permanent, ständig
4855 Kontinuität
Beständigkeit, Konstanz, Stetigkeit, Unwandelbarkeit
4856 Konto
Bankkonto, Bankverbindung →Gehaltskonto, Girokonto, Sparkonto •Bankeinlage, Bankkonto, Guthaben, Haben, Spareinlage

4857 Kontrakt
Abkommen, Bündnis, Vereinbarung, Vertrag
4858 Kontrast
Abweichung, Gegenstück, Kehrseite, Kluft, Widerspruch
4859 Kontrolle
Aufsicht, Beaufsichtigung, Beobachtung, Beschattung, Besichtigung, Besuch, Durchsicht, Experiment, Inspektion, Inspizierung, Lauschangriff, Maulkorb, Musterung, Nachfrage, Nachprüfung, Nachweis, Observation, Observierung, Probe, Prüfung, Recherche, Stichprobe, Test, Überprüfung, Überwachung, Untersuchung, Visitation, Zensur •Beherrschung, Herrschaft •Versuch •Durchsuchung, Hausdurchsuchung, Haussuchung, Inspektion, Razzia •Anblick, Besichtigung, Betrachtung, Inspektion
4860 kontrollieren
beaufsichtigen, besichtigen, checken, durchsehen, inspizieren, nachprüfen, nachrechnen, nachsehen, prüfen, revidieren, visitieren •belauern, beobachten, beschatten, überwachen
4861 Kontrollliste
Checkliste, Prüfliste
4862 Kontur
Linie, Profil, Schattenriss, Scherenschnitt, Silhouette, Umriss
4863 Konzentration
Konzentrierung, Zusammenziehung •Anspannung, Aufmerksamkeit, Interesse •Anreicherung, Sättigung
4864 konzentrieren
anreichern, sättigen •ansammeln, komprimieren, straffen, vereinigen, versammeln, zentralisieren, zusammenziehen
4865 konzentriert
andächtig, aufmerksam, interessiert, lernbegierig, wachsam •geballt, gehäuft, intensiv •abgekürzt, gerafft, gestrafft •dickflüssig, pur, unverdünnt
4866 Konzept
Absicht, Denkmodell, Entwurf, Organisationsplan, Projekt, Schlachtplan, Vorstellung •Design, Dessin, Entwurf, Form, Muster •Abriss, Entwurf, Inhaltsangabe, Layout, Resümee, Skizze, Textgestaltung, Überblick, Übersicht, Exposé [Exposee]
4867 Konzert
Musikaufführung, Musikveranstaltung
4868 Kooperation
Arbeitsteilung, Gemeinschaftsarbeit, Gruppenarbeit, Mitarbeit, Teamarbeit, Teamwork, Zusammenarbeit
4869 Kopf
Birne, Dach, Haupt, Schädel •Gehirn, Titel, Überschrift •Anführer, Führer
4870 kopflos
gedankenlos, hastig, leichtfertig, leichthin, oberflächlich, übereilt, überstürzt, voreilig, vorschnell •desorientiert, durcheinander, konfus, verstört, verwirrt, verworren
4871 Kopie
Fax, Fernkopie, Telefax •Abguss, Abklatsch, Ablichtung, Abschrift, Abzug, Attrappe, Darstellung, Druckerzeugnis, Dublette, Duplikat, Durchschlag, Durchschrift, Faksimile, Fälschung, Fotokopie, Imitation, Klischee, Lichtpause, Nachahmung, Nachbildung, Pause, Plagiat, Reproduktion, Vervielfältigung, Wiedergabe, Zweitschrift •Raubkopie, Schwarzkopie, Softwarediebstahl

4872 kopieren
faxen, fernkopieren •abdrucken, herausgeben, nachdrucken, veröffentlichen •nachahmen, wiedergeben, wiederholen •abbilden, abdrücken, abkupfern, ablichten, abpausen, abschreiben, abtippen, abzeichnen, abziehen, durchpausen, fälschen, fotokopieren, gleichtun, imitieren, nachahmen, nachbilden, nachmachen, nachmalen, nachzeichnen, pausen, plagiieren, reproduzieren, vervielfältigen

4873 Koppel
Gurt, Gürtel, Riemen •Viehweide, Weide, Wiese

4874 koppeln
anmachen, verketten, zusammenbringen, zusammenhängen, zusammensetzen

4875 Korb
Behälter, Körbchen •Absage, Abweisung, Zurückweisung

4876 Korn
Alkohol, Branntwein, Schnaps •Getreide, Halmfrucht, Körnerfrucht

4877 körnig
gekörnt, granulös, grusig

4878 Körper
Leib, Organismus, Rumpf

4879 Körperfülle
Beleibtheit, Dickleibigkeit, Korpulenz, Leibesfülle

4880 körperlich
leiblich, physisch, somatisch •anatomisch, organisch

4881 körperlos
immateriell, substanzlos, unkörperlich

4882 korpulent
aufgedunsen, dickleibig, füllig, kugelrund, stämmig, umfangreich

4883 Korpulenz
Beleibtheit, Fettleibigkeit, Körperfülle, Leibesfülle

4884 korrekt
detailliert, gründlich, vollständig •akkurat, haarscharf, tadellos •anständig, höflich •fehlerlos, gewissenhaft, pedantisch, sorgsam •akkurat, diszipliniert, ordnungsliebend, penibel, präzise, sorgsam, untadelig

4885 Korrektheit
Präzision, Zuverlässigkeit •Anstandsgefühl, Benehmen, Taktgefühl, Tugendhaftigkeit

4886 korrespondieren
beantworten, schreiben •entsprechen, übereinstimmen

4887 korrigieren
ändern, anstreichen, redigieren, überarbeiten, verbessern, vervollkommnen •dementieren, revidieren, richtig stellen

4888 Korruption
Bestechung, Hinterziehung, Unterschlagung, Veruntreuung

4889 Kosmetik
Hautpflege, Körperpflege, Make-up, Schönheitspflege

4890 Kosmetika
Schönheitspflegemittel →Gesichtsmaske, Gesichtsmilch, Gesichtswasser, Hautpflegemittel, Make-up, Reinigungsmilch, Rouge, Salbe, Schminke, Schönheitsmittel, Feuchtigkeitscreme [-krem(e)], Nachtcreme [-krem(e)], Nährcreme [-krem(e)], Reinigungscreme [-krem(e)], Tagescreme [-krem(e)], Waschcreme [-krem(e)]

4891 kosmisch
himmlisch, raumumfassend, weltumfassend

4892 Kosmos
Himmelsraum, Unendlichkeit, Universum, Weltraum

4893 kostbar
auserkoren, auserlesen, ausersehen, auserwählt, ausgesucht, ausgewählt, ausgezeichnet, besonders, bestens, delikat, edel, einmalig, erlesen, erstklassig, erstrangig, exquisit, exzellent, fein, gediegen, hervorragend, hervortretend, hochwertig, kostspielig, selten, trefflich, überragend, übertreffend, unschätzbar, unübertrefflich, vortrefflich, vorzüglich, wertvoll

4894 Kostbarkeit
Echtheit, Erlesenheit, Exklusivität, Feinheit, Raffinesse, Zartheit •Brillant, Diamant, Edelstein, Edelsteine, Geschmeide, Juwel, Juwelen, Pretiosen, Schmuck

4895 kosten
abschmecken, ausprobieren, probieren, schmecken, versuchen •ausmachen, betragen

4896 köstlich
aromatisch, delikat, lecker •amüsant, interessant, unterhaltsam, witzig

4897 kostspielig
überhöht, überteuert, unbezahlbar, unerschwinglich

4898 Kostüm
Gewand, Kleid •Maskerade, Maskierung

4899 Kot
Ausscheidungen, Exkremente, Fäkalien, Stuhl

4900 Krabbe
Garnele, Scampi, Shrimp [Schrimp]

4901 krabbeln
jucken, kitzeln, reizen •kriechen, robben, rutschen

4902 Krach
Donnerschlag, Gepolter, Knall, Spektakel •Baisse, Crash, Kurssturz •Streit, Zank

4903 krachen
brüllen, donnern, dröhnen, poltern, prasseln, rumoren, spektakeln

4904 krächzen
ächzen, seufzen, stöhnen

4905 krächzend
belegt, heiser, rau

4906 Kraft
Druck, Gewalt, Potenz, Stärke, Vehemenz, Wucht •Hausangestellte, Hausgehilfin, Stütze •Bärenkraft, Energie, Körperkraft, Leistungsfähigkeit, Riesenkraft, Stärke, Vitalität, Potenzial [Potential] •Beredsamkeit, Durchschlagskraft, Eindringlichkeit, Nachdruck, Überzeugungskraft

4907 kräftig
beleibt, gewaltig, massig, stämmig, umfangreich, vollschlank •böig, heftig •bunt, farbig, intensiv •athletisch, drahtig, sportlich •derb, grob, ungehobelt, ungeschliffen, vulgär •kalorienreich, labend, sättigend •beweglich, leistungsfähig, rüstig

4908 Kräftigung
Befestigung, Festigung, Stützung •Auffrischung, Erfrischung, Erholung

4909 kraftlos
entkräftet, hinfällig, zart •abgespannt, erschöpft, zerschlagen •machtlos, ohnmächtig

4910 Kraftlosigkeit
Einflusslosigkeit, Machtlosigkeit, Ohnmacht •Haltlosigkeit, Willenlosigkeit •Abspannung, Entkräftung, Erschöpfung, Kräfteverfall, Übermüdung

4911 Kraftmaschine
Maschine, Motor, Turbine

4912 Kraftmensch
Athlet, Athletiker, Herkules, Kraftlackel, Kraftmeier, Kraftprotz, Muskelmann, Muskelprotz, Supermann, Tarzan •Kraftsportler, Sportler

4913 Kraftprobe
Auseinandersetzung, Konflikt, Machtprobe, Streit, Zerreißprobe •Kraftanstrengung, Kräfteverbrauch, Tatendrang

4914 *Kraftstoff*
Benzin, Sprit, Treibstoff •Diesel, Dieselkraftstoff •Superbenzin •Normalbenzin, bleifreies Benzin, bleihaltiges Benzin •Flugzeugbenzin, Kerosin
4915 *krähen*
kreischen, schreien
4916 *Krakeeler*
Mäkler, Nörgler, Quengler •Krawallmacher, Radaumacher, Unruhestifter
4917 *krallen*
fest halten, fest krallen •jucken, kratzen, scharren
4918 *Krampf*
Affentheater, Gehabe, Getue •Kolik, Schmerzanfall
4919 *krampfhaft*
gewaltsam, verbissen •kolikartig, krampfartig
4920 *krank*
abgespannt, anfällig, angegriffen, angeschlagen, arbeitsunfähig, berufsunfähig, bettlägerig, blass, elend, erwerbsunfähig, gebrechlich, hinfällig, indisponiert, invalide, körperbehindert, kränklich, labil, leidend, morbid, pflegebedürftig, schwach, siech, übel, unpässlich, unwohl, verkrüppelt, schwerkrank •aufgegeben, gezeichnet, hoffnungslos, invalide, körperbehindert, todgeweiht, todkrank, unheilbar, unrettbar, verloren, versehrt, schwer beschädigt •krankhaft, pathologisch, zwanghaft
4921 *kränken*
anstoßen, beleidigen, verletzen, verwunden
4922 *Krankenauto*
Krankenwagen, Rettungswagen, Sanitätsfahrzeug
4923 *Kranker*
Leidender, Patient, Verletzter →Schwerkranker, Suchtkranker, Todgeweihter, Todkranker •Sprachbehinderter, Sprachgestörter, Sprachkranker →Stammler, Stotterer •Behinderter, Berufsunfähiger, Erwerbsunfähiger, Invalide, Körperbehinderter, Krüppel, Schwerbeschädigter, Versehrter •Amokläufer, Geistesgestörter, Geisteskranker, Idiot, Irrer, Irrsinniger, Nervenkranker, Schwachsinniger, Tobsüchtiger, Verrückter, Wahnsinniger •Schauspieler, Scheinkranker, Schwindler, Simulant
4924 *Krankheit*
Abnutzungskrankheit, Abzehrung, Angegriffenheit, Ansteckung, Auszehrung, Beschwerden, Bettlägerigkeit, Erkrankung, Gebrechen, Gebrechlichkeit, Kinderkrankheit, Kränklichkeit, Leiden, Pein, Qual, Siechtum, Störung, Übel, Übelkeit, Unfallfolge, Unpässlichkeit, Unwohlsein, Wehwehchen, Zusammenbruch, schlechter Tag •Abartigkeit, Abnormität, Krankhaftigkeit, Perversion •Arbeitsunfähigkeit, Behinderung, Berufskrankheit, Berufsunfähigkeit, Invalidität, Körperbehinderung
4925 *krankheitserregend*
ansteckend, infektiös, krankmachend, pathogen, virulent
4926 *Krankheitserreger*
Erreger →Bazillus, Virus
4927 *Kränkung*
Affront, Beleidigung, Beschimpfung, Demütigung, Ehrverletzung, Lästerung, Verleumdung, Verunglimpfung
4928 *Krater*
Abgrund, Becken, Kessel, Schlucht
4929 *kratzen*
jucken, scharren
4930 *Kratzer*
Riss, Ritz, Schramme, Schrunde, Schürfung
4931 *kraus*
gekräuselt, gewellt •konfus, strubbelig, verheddert, verwirrt, verworren, zerzaust

4932 krausen
furchen, runzeln, zusammenziehen
4933 Krawall
Aufruhr, Ausschreitung, Empörung, Exzess, Gewalttätigkeit, Lärm, Pogrom, Radau, Revolution, Terror, Tumult, Übergriff, Unruhe, Unruhen, Wirren
4934 kraxeln
klettern, klimmen, steigen •kritzeln
4935 Kreation
Modell, Modellkleid •Erschaffung, Neuschöpfung
4936 Kreatur
Erzgauner, Gangster, Ganove, Halunke •Lebewesen, Mensch, Tier
4937 Krebs
Geschwulst, Gewächs, Karzinom, Schwellung, Tumor •Krustentier, Schalentier
4938 Kreditkarte
Plastikgeld
4939 kreidebleich
aschfahl, blassgesichtig, bleichgesichtig, kreideweiß, leichenblass, todbleich
4940 Kreis
Bekanntenkreis, Freundeskreis •Forum, Ring, Runde, Zirkel
4941 Kreisel
Dopp, Spindel •Drehung, Strudel, Wirbel
4942 kreisen
drehen, kreiseln, rotieren •kursieren, umgehen, umlaufen, zirkulieren
4943 Kreislauf
Blutkreislauf, Blutzirkulation •Rundfahrt, Rundreise •Umdrehung, Umkreisung •Kreisbahn, Kreisbewegung, Zirkulation •Karussell, Ringelspiel
4944 Krematorium
Feuerbestattungsanstalt, Feuerofen
4945 Krempe
Hutrand, Rand, Schirm •Einfassung, Saum
4946 Kreuz
Buckel, Rücken •Elend, Geißel, Last, Leiden, Not •Autobahnknotenpunkt
4947 kreuzen (s.)
konvergieren, s. überkreuzen, s. überschneiden, zusammenfallen
4948 Kreuzung
Abbiegung, Abknickung, Abzweigung, Autobahnknotenpunkt, Autobahnkreuz, Biegung, Einmündung, Gabelung, Kreuzungspunkt, Scheideweg, Straßenkreuzung, Wegbiegung, Weggabelung, Wegkreuzung •Paarung, Züchtung •Bastard, Mischling
4949 kriechen
s. bücken, s. demütigen, liebedienern •krabbeln, robben, rutschen
4950 kriechend
hündisch, knechtisch, kniefällig, untertänig
4951 Kriecherei
Dienstbarkeit, Dienstwilligkeit, Ergebenheit, Katzbuckelei, Liebedienerei, Schmeichelei, Speichelleckerei, Untergebenheit
4952 Krieg
Auseinandersetzung, Gefecht, Kampf →Abnutzungskrieg, Abwehrkrieg, Angriffskrieg, Atomkrieg, Belagerungskrieg, Bewegungskrieg, Blitzkrieg, Bruderkrieg, Bürgerkrieg, Eroberungskrieg, Glaubenskrieg, Grabenkrieg, Guerillakrieg, Kleinkrieg, Kreuzzug, Landkrieg, Luftkrieg, Partisanenkrieg, Religionskrieg, Seekrieg, Stellungskrieg, Verteidigungskrieg, Völkerkrieg, Weltkrieg, Wirtschaftskrieg, Zermürbungskrieg, Zweifrontenkrieg
4953 kriegen
bemächtigen, erringen, fassen •aufgreifen, greifen, schnappen
4954 Kriegsdienstverweigerer
Ersatzdienstleistender, Zivi, Zivildienstleistender

4955 Kriegsopfer
Gefallene, Tote, Vermisste
4956 Kriegszug
Feldzug, Heerzug, Kampagne
4957 kriminell
anstößig, gesetzwidrig, illegal, ordnungswidrig, rechtswidrig, strafbar, sträflich, tabu, unbefugt, ungesetzlich, unzulässig, verbrecherisch, verfassungswidrig, widerrechtlich •asozial, schändlich •straffällig, strafwürdig, verbrecherisch
4958 Krimskrams
Allerlei, Kuddelmuddel, Sammelsurium •Firlefanz, Kinkerlitzchen, Tand
4959 Krippe
Futtertrog •Hort, Kinderkrippe, Krabbelstube
4960 Krise
Klemme, Not, Notstand, Tiefstand •Gefahr, Höhepunkt, Wendepunkt
4961 Kritik
Aburteilung, Anfechtung, Beanstandung, Beschwerde, Einspruch, Geläster, Klage, Mäkelei, Missbilligung, Nörgelei, Reklamation, Tadel •Beurteilung, Gutachten, Stellungnahme, Wertung •Begriffsvermögen, Denkvermögen, Einsicht, Erkenntnis, Intelligenz, Klarsicht, Logik, Scharfsichtigkeit, Überzeugungskraft, Urteilsfähigkeit, Urteilskraft, Verstand •Aufmerksamkeit, Skepsis, Wachsamkeit
4962 Kritiker
Klatschmaul, Krittler, Lästerer, Lästerzunge, Mäkler, Meckerer, Nörgler, Schandmaul, Verleumder •Berater, Beurteiler, Gutachter, Kenner, Rezensent
4963 kritisch
bedenklich, bedrohlich, ernst, heikel, prekär •anspruchsvoll, pedantisch, prüfend, verfeinert, wählerisch •aufmerksam, skeptisch, wachsam
4964 kritisieren
anfechten, anpflaumen, beanstanden, s. beklagen, bemängeln, s. beschweren, heruntermachen, kritteln, mäkeln, meckern, missbilligen, mosern, nörgeln, quengeln, räsonieren, reklamieren, schimpfen, zerpflücken •ablehnen, abweisen, anfechten, attackieren, aussetzen, beanstanden, bemängeln, missbilligen, monieren, reklamieren, versagen, verweigern, zurechtweisen •beanstanden, besprechen, einwenden, rezensieren, werten
4965 Krone
Diadem, Reif, Stirnreif •Jacketkrone, Kunstharzkrone, Zahnkrone, Zahnmantelkrone •Schaumkrone •Baumgipfel, Baumkrone, Baumspitze, Baumwipfel, Blätterkrone, Gipfel, Wipfel •Abschluss, Gipfel, Vollendung
4966 krönen
beenden, beschließen, besiegeln, erreichen, vollenden
4967 Krug
Bembel, Gefäß, Kanne, Karaffe
4968 Krume
Brosame, Brösel •Ackerscholle, Bodenkrume
4969 krumm
bucklig, schief, verwachsen •schwarz, undurchsichtig, unreell •gebogen, verbogen
4970 krümmen
anwinkeln, biegen, winden, krumm biegen
4971 Küche
Gastronomie, Kochkunst •Kochnische, Kochraum •Kombüse, Schiffsküche
4972 Küfer
Böttcher, Büttner, Fassbinder, Kübler, Schäffler

4973 Kugel
Ball, Blase •Erdball, Erdkugel •Geschoss, Munition, Projektil →Gewehrkugel, Pistolenkugel, Revolverkugel
4974 kugelig
kreisrund, kugelrund, ringförmig
4975 kugeln
drehen, kreiseln, kullern, rotieren, zirkulieren
4976 kugeln (s.)
s. krummlachen, s. schieflachen, s. totlachen
4977 Kuh
Färse, Rind
4978 Kuhhirte
Cowboy, Gaucho, Hirte
4979 kühl
abgekühlt, ausgekühlt •abgestumpft, distanziert, gefühlskalt, gleichgültig, herzlos
4980 Kuhle
Grube, Loch, Mulde, Vertiefung
4981 Kühle
Gefühlskälte, Mitleidlosigkeit, Ungerührtheit •Frische, Frost, Kälte
4982 kühlen
fächeln, wedeln •abkühlen, auskühlen
4983 Kühler
Aircondition, Kühlanlage, Ventilator
4984 Kühlung
Abkühlung, Erkaltung, Temperaturabnahme, Temperaturrückgang, Wärmeabnahme, Wärmeentzug
4985 Küken
Hähnchen, Hühnchen •Benjamin, Jüngster, Kleinster, Nesthäkchen
4986 kulant
entgegenkommend, großzügig, hilfsbereit, verbindlich, zuvorkommend
4987 Kulanz
Entgegenkommen, Gefälligkeit, Großzügigkeit
4988 kulinarisch
delikat, erlesen, lecker, pikant
4989 Kulisse
Bühnenbild, Dekoration, Staffage, Szenerie
4990 Kult
Brauch, Handlung, Ritus, Zeremonie •Anbetung, Bewunderung, Verehrung, Vergötterung
4991 kultivieren
veredeln, verfeinern •beackern, bestellen, erschließen, roden •bebauen, besiedeln
4992 Kultstätte
Heiligtum, Opferstätte, Tempel, Weihestätte
4993 Kultur
Betragen, Bildung, Lebensart, Zivilisation •Aufzucht, Bestellung, Bodenbearbeitung, Züchtung
4994 kümmerlich
jämmerlich, kläglich •ärmlich, kärglich, schäbig, schmählich, ungenügend
4995 kümmern
angehen, berühren, betreffen
4996 kümmern (s.)
s. abgeben, s. befassen, s. bekümmern, s. beschäftigen •s. annehmen, s. sorgen
4997 kummervoll
bedrückt, elegisch, melancholisch, pessimistisch, schwermütig, wehmütig •gramgebeugt, sorgenschwer
4998 Kunde
Kenntnis, Wissen •Abnehmer, Abonnent, Bezieher, Endverbraucher, Interessent, Käufer, Konsument, Stammkunde, Verbraucher •Auftraggeber, Geschäftsfreund, Interessent, Kundschaft •Botschaft, Meldung, Mitteilung, Neuigkeit •Gesamtkunden, Klientel, Kunden
4999 kundig
belesen, beschlagen, informiert, orientiert, qualifiziert, wissend

5000 kündigen
abheuern, abmustern •abdanken, zurücktreten •entlassen, fortschicken, suspendieren
5001 Kündigung
Abbau, Reduzierung •Ablösung, Amtsenthebung, Entmachtung •Abdankung, Abschied, Demission, Rauswurf, Rücktritt •Abdankung, Abschied, Ausscheiden, Austritt
5002 Kundschaft
Abnehmerkreis, Käuferschaft, Kundenkreis
5003 Kunst
Schaffen, Schöpfung •Fähigkeit, Geschicklichkeit, Kunstfertigkeit
5004 Kunstausstellung
Bilderausstellung, Galerie, Vernissage
5005 Kunstgriff
Geschick, Handgriff, Kniff, Trick
5006 künstlerisch
ästhetisch, formvollendet, stilvoll •einfallsreich, erfinderisch, gestalterisch, ideenreich, kreativ, schöpferisch, fantasievoll [phantasievoll]
5007 künstlich
gekünstelt, gemacht, gespreizt, gestelzt, geziert, gezwungen •falsch, imitiert, unecht, unnatürlich
5008 Kunststück
Dressurakt, Dressurnummer •Kniff, Trick, Zauberei
5009 kunstvoll
ästhetisch, formvollendet, prächtig, stilvoll, wertvoll
5010 Kunstwerk
Kreation, Kunstgegenstand, Meisterleistung, Opus, Schöpfung, Spitzenleistung, Werk
5011 Kupon
Abschnitt, Coupon, Zinsabschnitt
5012 Kuppe
Bergspitze, Gipfel, Grat, Horn, Scheitel
5013 Kuppel
Gewölbe, Wölbung
5014 kuppeln
verknüpfen, zusammenfügen, aneinander fügen
5015 Kur
Heilverfahren, Kuraufenthalt
5016 kurbeln
ankurbeln, drehen, leiern, wälzen
5017 küren
ausersehen, auslesen, wählen
5018 kurios
befremdend, bizarr, skurril, sonderlich, verwunderlich
5019 Kuriosität
Abnormität, Eigentümlichkeit, Skurrilität
5020 Kurpfuscher
Bader, Quacksalber, Scharlatan
5021 Kurs
Bahn, Fahrtrichtung, Lauf, Richtung, Wegrichtung •Fortbildungsveranstaltung, Lehrgang, Schulung •Devisenkurs, Wechselkurs •Aktienpreis
5022 kursieren
s. herumsprechen, umlaufen, s. verbreiten, zirkulieren •umgehen, umlaufen, zirkulieren
5023 kurz
abgekürzt, gedrängt, gerafft, straff, verkürzt •bündig, einsilbig, knapp •kurzfristig, kurzlebig, kurzzeitig, zeitweise
5024 Kurzbericht
Beitrag, Essay, Feature, Glosse, Kolumne
5025 Kürze
Flüchtigkeit, Vergänglichkeit •Bündigkeit, Kernigkeit, Telegrammstil •Eile, Hast, Hetze •Begrenztheit, Knappheit, Raffung
5026 Kürzel
Abkürzung, Abkürzungszeichen, Sigel, Verkürzung

5027 kürzen
dezimieren, drosseln, heruntergehen, reduzieren, schmälern •abhacken, abschlagen, abschließen, abschneiden, beendigen, kappen, kupieren, schneiden, stutzen, trimmen, verkleinern, verkürzen, abtrennen, abkürzen

5028 Kurzschluss
Ausfall, Blockade, Gedächtnisstörung, Gedächtnisverlust, Ladehemmung, Mattscheibe, Sperre, Vergessen, Blackout [Black-out] •Stromausfall, Unterbrechung

5029 Kurzschlusshandlung
Affekthandlung, Alleingang, Verzweiflungstat

5030 Kurzschrift
Steno, Stenografie [Stenographie]

5031 kurzsichtig
schwachsichtig, sehbehindert •beschränkt, borniert, eingeschränkt

5032 Kurzsichtigkeit
Fehlsichtigkeit, Sehbehinderung, Sehstörung •Beschränktheit, Borniertheit, Engstirnigkeit

5033 kuscheln
s. andrücken, s. anlehnen, s. anschmiegen

5034 kuschen
s. niederlegen, s. niedersetzen •ducken, parieren, spuren, unterordnen

L

5035 Labor
Forschungsanstalt, Forschungsinstitut, Laboratorium

5036 Labsal
Aufmunterung, Trost •Balsam, Erfrischung, Labung, Stärkung, Wohltat

5037 Labyrinth
Chaos, Durcheinander, Wirrwarr •Geheimnis, Rätsel •Irrgarten, Irrweg, Sackgasse

5038 lachen
feixen, kichern, losbrüllen, quietschen, wiehern

5039 lächerlich
geringfügig, wenig, winzig •absurd, albern, grotesk, kindisch, komisch, töricht, verrückt

5040 Lächerlichkeit
Geringfügigkeit, Kleinigkeit, Lappalie, Wenigkeit, Winzigkeit •Kinderei, Unvernunft

5041 lackieren
anstreichen, bestreichen, streichen, überziehen

5042 laden
aufladen, speichern •auflasten, bepacken, einladen •bestellen, vorladen, zitieren

5043 Laden
Geschäft, Kaufhaus, Supermarkt, Warenhaus

5044 Ladung
Einladung, Vorladung •Fracht, Kargo, Stückgut, Versandgut

5045 Lage
Stimmung, Stimmungslage •Ort, Richtung, Standort, Stellung •Sachlage, Sachverhalt, Zustand

5046 Lager
Arbeitslager, Deportationslager, Gefangenenlager, Konzentrationslager, KZ, Massenvernichtungslager, Straflager, Vernichtungslager •Depot, Großspeicher, Lagerhaus, Magazin, Silo, Speicher •Bett, Lagerstätte, Liegestatt, Matratze, Ruhelager

5047 lagern
s. ausruhen, pausieren, rasten •biwakieren, übernachten •aufbewahren, deponieren, hinterlegen, sicherstellen, speichern, unterbringen •auflassen, stilllegen, stoppen, lahm legen

5048 Lagerung
Alterung, Reifung •Einquartierung, Unterbringung •Einlagerung, Verwahrung

5049 lahm
gehbehindert, hinkend •erschöpft, müde •einschläfernd, fade, monoton, öde, trocken, trostlos •bequem, langsam

5050 lahmen
erlahmen •hinken, humpeln

5051 lähmen
beeinträchtigen, behindern, einschränken, hemmen •paralysieren, schwächen

5052 Lähmung
Lähmungserscheinung, Lähmungszustand •Einhalt, Hemmung, Verhinderung •Angst, Betäubung, Erstarrung

5053 Lakai
Bediensteter, Butler, Diener, Kammerdiener

5054 Lake
Beize, Salzlake

5055 lakonisch
einsilbig, reserviert, wortarm, wortkarg •knapp, prägnant, treffend

5056 Lampe
Beleuchtungskörper, Leuchte, Licht, Lichtquelle →Außenleuchte, Außenlicht, Deckenleuchte, Flurlampe, Gaslaterne, Hängelampe, Kellerlampe, Kronleuchter, Küchenlampe, Lampion, Laterne, Leuchter, Papierlaterne, Peitschenlampe, Schlafzimmerlampe, Schreibtischlampe, Stalllaterne, Stehlampe, Strahler, Straßenlampe, Straßenlaterne, Tischlampe, Wohnzimmerlampe, Zimmerlampe

5057 Lampenfieber
Aufregung, Erregung, Prüfungsangst, Reisefieber

5058 Land
Bodenbesitz, Grundbesitz, Landbesitz •Nation, Reich, Staat, Vaterland •Erde, Festland, Grund

5059 Landgut
Domäne, Gutshof

5060 Landnahme
Besitznahme, Einverleibung, Eroberung

5061 Landschaft
Gegend, Natur, Revier, Umkreis

5062 landschaftlich
mundartlich, regional, umgangssprachlich

5063 Landspitze
Kap, Klippe, Landzunge, Riff

5064 Landstraße
Chaussee, Fahrstraße

5065 Landstreicher
Aussteiger, Clochard, Gammler, Herumtreiber, Müßiggänger, Nichtsnutz, Nichtstuer, Obdachloser, Penner, Stadtstreicher, Stromer, Taugenichts, Tippelbruder, Tramp, Tunichtgut, Vagabund

5066 Landwirtschaft
Stallwirtschaft, Viehwirtschaft •Agrarwesen, Feldbau, Pflanzenzucht, Weidewirtschaft •Bauernhof, Gut, Hof

5067 lang
aufgeschossen, groß •endlos, langfristig, unabsehbar •ausführlich, ausgiebig, langatmig •ausgedehnt, ellenlang, lang gezogen •ausführlich, langatmig, seitenlang •langstängelig

5068 Länge
Körpergröße •Abstand, Dimension, Entfernung, Reichweite, Strecke •Verlauf, Zeitdauer

5069 langen
auslangen, ausreichen, genügen, hinkommen, hinreichen, reichen •abliefern, aushändigen, reichen •ohrfeigen, strafen

5070 längen
ausweiten, dehnen, strecken

5071 Längenkreis
Meridian

5072 Langeweile
Einförmigkeit, Eintönigkeit, Monotonie, Öde

5073 langfristig
anhaltend, bleibend, kontinuierlich, stetig, unabsehbar

5074 länglich
ausgedehnt, gedehnt, oval, lang gezogen

5075 langsam
begriffsstutzig, schwerfällig •allmählich, anfangs, bedächtig, behäbig, etappenweise, gemächlich, sachte, schleppend, schrittweise, stockend, stückweise, stufenweise, sukzessive, zögernd •allmählich, chronisch, schleichend

5076 Langsamkeit
Abweg, Behäbigkeit, Betulichkeit, Gemächlichkeit, Gemessenheit, Kompliziertheit, Langatmigkeit, Schneckentempo, Träumerei, Trödelei, Umständlichkeit, Umstandskrämerei, Umwege, Unbeholfenheit, Ungeschick, Weitschweifigkeit, Zeitlupe

5077 langwierig
diffizil, kompliziert, problematisch, unübersichtlich, verzwickt •andauernd, schleichend, Zeit raubend

5078 Lärm
Donnern, Dröhnen, Gebrüll, Geheul, Gejohle, Geklirr, Gekreisch, Gekreische, Geplärre, Gerassel, Geräusch, Geschrei, Getobe, Getöse, Heidenlärm, Höllenlärm, Krach, Rabatz, Radau, Ruhestörung, Rummel, Skandal, Spektakel, Stimmengewirr, Trubel, Tumult •Aufruhr, Aufstand, Chaos, Durcheinander, Radau, Spektakel, Tumult •Gegröle, Gesinge, Singerei •Gehupe, Motorenlärm, Straßenlärm, Verkehrslärm

5079 lärmen
donnern, dröhnen, klappern, kreischen, poltern, rattern

5080 Larve
Made, Puppe, Raupe •Gesichtsmaske, Maske

5081 lasch
fade, schal, würzlos •disziplinlos, lässig, nachlässig •kraftlos, lahm, lau, träge

5082 lassen
abgeben, abliefern, abtreten, überbringen, überlassen •belassen, vermeiden, verzichten

5083 lässig
leichtfertig, oberflächlich •aufgelockert, cool, leger, locker, salopp, ungeniert, unzeremoniell

5084 Lasso
Fangseil, Wurfleine, Wurfschlinge

5085 Last
Ballast, Bürde, Joch, Mühsal •Fracht, Fuhre, Kargo, Ladung

5086 lasten
anhängen, bedrücken, beschweren, s. sorgen

5087 Laster
Ausschweifung, Übel, Untugend •Lastkraftwagen, Truck

5088 lasterhaft
ausschweifend, lotterhaft, ruchlos, sittenlos, unmoralisch, verrucht, verworfen, zuchtlos

5089 lästern
bloßstellen, schimpfen, schmähen, verunglimpfen

5090 lästig
störend, unerwünscht, unpassend, unwillkommen •aufdringlich, taktlos, überdrüssig, übersatt, widerlich, zudringlich

5091 Lasttier
Maultier, Packesel, Saumtier, Tragtier

5092 Latte
Goliath, Lulatsch, Riese •Stab, Stange •Bohle, Brett, Leiste, Planke

5093 Lattengestell
Horde, Lattenrost, Obststeige

5094 lau
desinteressiert, interesselos, passiv, schlapp, teilnahmslos •halbherzig, widerstrebend •handwarm, lauwarm, überschlagen
5095 Laub
Belaubung, Blätter, Laubwerk
5096 Lauf
Fahrtrichtung, Kurs, Richtung •Wettlauf, Wettrennen •Ablauf, Fortgang, Hergang, Nacheinander •Dauerlauf, Geländelauf, Jogging, Waldlauf
5097 Laufbursche
Botenjunge, Boy, Kurier, Sendbote
5098 laufen
auslaufen, lecken, tröpfeln •ablaufen, s. abspielen, s. ereignen, s. vollziehen •arbeiten, funktionieren •fließen, plätschern, strömen •gehen
5099 laufend
andauernd, beständig, fortdauernd, immerfort, konstant, unaufhaltsam, unausgesetzt
5100 Laune
Einfall, Fimmel, Flause, Grille, Kapriole, Macke, Mucke, Neigung, Schrulle, Spleen, Tick
5101 Lauscher
Anwesende, Zuhörer •Mithörer, Schwarzhörer •Horcher, Hörorgan, Löffel, Ohr, Ohren •Aufpasser, Gewährsmann, Hintermann, Horcher, Informant, Kontaktmann, Kundschafter, Späher, Spion, Spitzel, V-Mann, Verbindungsmann, Verleumder, Zuträger
5102 lauschig
anheimelnd, häuslich, traulich, wohlig
5103 lausig
spartanisch, ungenügend, wenig •katastrophal, schlecht, übel
5104 laut
deutlich, hörbar, lautstark, unüberhörbar, vernehmbar •dröhnend, gellend, lärmend, lauthals, lautstark, ohrenbetäubend, schallend, schrill, unüberhörbar •betreffs, entsprechend, hinsichtlich
5105 Laut
Geräusch, Hall, Schall, Ton →Ablaut, Auslaut, Diphthong, Doppelkonsonant, Doppellaut, Doppelvokal, Explosivlaut, Fließlaut, Gaumenlaut, Gleitlaut, Halbvokal, Hauchlaut, Inlaut, Kehllaut, Konsonant, Kurzvokal, Langvokal, Lippenlaut, Mitlaut, Nasenlaut, Reibelaut, Selbstlaut, Sprachlaut, Übergangslaut, Umlaut, Verschlusslaut, Vokal, Zahnlaut, Zwielaut, Zwischenlaut, stimmhafter Konsonant, stimmloser Konsonant
5106 läuten
bimmeln, klingeln, schellen •erklingen, ertönen
5107 lauter
makellos, pur, unverfälscht •ausschließlich, bloß, nur •anständig, geradlinig, integer, unschuldig
5108 läutern
bereuen, sühnen, umkehren •filtern, klären, reinigen
5109 Läuterung
Besserung, Buße, Umkehr •Reinigung, Trennung
5110 Lawine
Fülle, Haufen •Eismasse, Lahn, Lähne, Laue, Schneemasse
5111 Layout
Preview, Seitenansicht, Seitenvorschau
5112 leben
s. aufhalten, s. befinden •atmen, bestehen, existieren
5113 Leben
Atem, Dasein, Sein •Betriebsamkeit, Regsamkeit •Lebensdauer, Lebensweg, Lebenszeit
5114 lebendig
anschaulich, deutlich, leicht verständlich •da, existierend, lebend •agil, dynamisch, feurig, heißblütig, lebhaft, schwungvoll, vital

5115 Lebensfreude
Ausgelassenheit, Daseinsfreude, Daseinslust, Lebenslust
5116 Lebensgefährte
Angetrauter, Ehemann, Ehepartner, Gatte, Gemahl, Herr, Lebenskamerad, Mann
5117 Lebensgefährtin
Angetraute, Ehefrau, Ehepartnerin, Frau, Gattin, Gemahlin, Herrin, Lebenskameradin
5118 lebenskundig
beschlagen, bewandert, erfahrungsreich, versiert
5119 Lebensmittel
Bedarf, Beköstigung, Essen, Esswaren, Fressalien, Genussmittel, Konsumgüter, Kost, Nahrung, Nahrungsmittel, Naturalien, Proviant, Speise, Verköstigung, Viktualien, Fastfood [Fast Food] →Biokost, Bionahrung
5120 lebenstüchtig
diplomatisch, geschäftstüchtig, geschickt, gewandt, intelligent, schlau, wendig
5121 Lebenswerk
Lebensarbeit, Schaffen
5122 Lebenswille
Lebensenergie, Lebenskraft •Lebensdrang, Selbsterhaltungstrieb, Selbstschutz, Überlebenswille
5123 Lebewesen
Geschöpf, Kreatur, Organismus •Mensch, Pflanze, Tier
5124 lebhaft
geschäftig, getrieben, lebendig, mobil, temperamentvoll, ungestüm, vital •auffällig, bunt, farbenprächtig •blühend, florierend, schwungvoll •allegro, vivace •anschaulich, bildlich, konkret
5125 Lebkuchen
Honigkuchen, Pfefferkuchen, Printe
5126 lecken
ausfließen, durchsintern, tröpfeln, tropfen •lutschen, naschen, schlecken
5127 Leckerbissen
Delikatesse, Feinkost, Gaumenfreude, Gaumenkitzel, Genuss, Hochgenuss, Köstlichkeit, Leckerei, Schleckerei, Schmankerl, Schmaus, Sinnenfreude, Spezialität
5128 Leder
Ball •Balg, Fell •Haut, Hülle, Schutzschicht
5129 ledig
allein, ehelos, single, solo, unabhängig, ungebunden, allein stehend
5130 leer
abgegriffen, abgeschmackt, banal, geistlos, inhaltslos, oberflächlich, phrasenhaft, seicht, stereotyp, stumpfsinnig, stupide, trivial •unbedruckt, unbeschrieben •frei, offen, unbesetzt, vakant, leer stehend •ausgetrunken, geleert •kahl, unmöbliert
5131 Leere
Gedankenarmut, Gehaltlosigkeit, Inhaltslosigkeit, Seichtheit, Trivialität •Einöde, Einsamkeit •Nichts, Vakuum
5132 leeren
ausschlürfen, austrinken •ausgießen, ausladen, ausleeren, ausschütten, entleeren, räumen
5133 legalisieren
anerkennen, beglaubigen, legitimieren, ratifizieren
5134 Legalität
Gesetzmäßigkeit, Rechtmäßigkeit
5135 Legat
Botschafter, Gesandter •Nachlass, Testament, Vermächtnis
5136 legen (s.)
abebben, nachlassen, schwinden •s. hinlegen, s. niederlegen

5137 Legende
Heiligenerzählung, Heiligenleben •Erklärung, Erläuterung, Zeichendarstellung, Zeichenerklärung •Gewesenes, Vergangenes
5138 leger
familiär, formlos, gelöst, leutselig, natürlich, nonchalant, offen, salopp, umgänglich, unbefangen, ungehemmt, zwanglos •entspannt, gelöst
5139 Legislative
Gesetzgeber, Gesetzgebung
5140 legitim
begründet, geschrieben, gesetzmäßig, juristisch, rechtmäßig, rechtskräftig
5141 Lehne
Abstützung, Rückhalt, Stütze →Armlehne, Rückenlehne, Stuhllehne •Bergabfall, Berghang
5142 lehnen
anlehnen, anschmiegen, anstellen
5143 lehnen (s.)
s. anlehnen, s. stützen, s. zurücklehnen
5144 Lehnsessel
Armsessel, Armstuhl, Lehnstuhl
5145 Lehranstalt
Akademie, Hochschule, Schule, Universität, Alma Mater
5146 Lehre
Belehrung, Instruktion, Schulung •Behauptung, Dogma, Doktrin, Lehrmeinung, These •Ausbildung, Ausbildungszeit, Lehrjahre, Lehrzeit, Vorbereitungszeit, Wanderjahre
5147 Lehrer
Ausbilder, Erzieher, Lehrkraft, Pädagoge, Pauker
5148 Lehrerin
Ausbilderin, Erzieherin, Gouvernante, Lehrmeisterin
5149 Lehrgang
Handbuch, Kompendium, Lehrbuch •Fortbildung, Kurs, Unterricht
5150 Lehrling
Auszubildender, Azubi, Praktikant, Volontär →Lehrjunge, Lehrmädchen
5151 lehrreich
erzieherisch, pädagogisch •anschaulich, bildend, lehrhaft, wissenswert
5152 Lehrstück
Analogie, Gleichnis, Parabel
5153 Lehrstuhl
Kanzel, Katheder •Professorenstelle, Professur
5154 Leib
Bauch, Unterleib •Gestalt, Körper, Rumpf
5155 leiblich
körperlich, physisch, somatisch, stofflich
5156 Leibwächter
Beschützer, Bewacher, Bodyguard, Schatten
5157 Leiche
Entschlafener, Gefallener, Heimgegangener, Leichnam, Mumie, Skelett, Toter, Verschiedener, Verstorbener •Aas, Kadaver, Luder, Tierleiche
5158 leichenblass
aschfahl, bleich, blutleer, fahl, grau, totenblass, totenbleich
5159 Leichengefolge
Leichenkondukt, Leichenzug, Trauergefolge, Trauergeleit, Trauerkondukt, Trauerparade, Trauerzug
5160 Leichenhalle
Leichenhaus, Leichenkapelle, Totenhaus
5161 leicht
leichtlebig, unbekümmert •angenehm, seicht, trivial •schlagartig, überraschend, unvermutet •gering, geringfügig, minimal, verschwindend •gewichtslos, tragbar •bekömmlich, verträglich, leicht verdaulich •gefahrlos, kinderleicht, simpel, spielend •ätherisch, federleicht, gewichtslos •bekömmlich, kalorienarm, verträglich

5162 Leichtigkeit
Bedeutungslosigkeit, Belanglosigkeit, Geringfügigkeit, Kinderspiel, Lappalie, Unwichtigkeit •Gewichtslosigkeit, Leichtgewicht

5163 leichtlebig
flatterhaft, lebenslustig, sorglos, unbeschwert, unsolide

5164 Leidenschaft
Affekt, Begeisterung, Beglückung, Dynamik, Eifer, Ekstase, Elan, Enthusiasmus, Entzücken, Euphorie, Feuer, Freude, Frische, Gefühlsüberschwang, Glückseligkeit, Hochgefühl, Idealismus, Inbrunst, Innigkeit, Liebe, Munterkeit, Passion, Rausch, Schwärmerei, Schwung, Spannkraft, Temperament, Triumph, Übereifer, Überschwang, Überschwänglichkeit, Verzückung, Vitalität •Begierde, Trieb

5165 Leidensgenosse
Leidensgefährte, Schicksalsgefährte, Schicksalsgenosse

5166 Leidensweg
Beschwerlichkeit, Durststrecke, Verdruss •Dornenweg, Golgathaweg, Kreuzweg

5167 leihen (s.)
s. ausborgen, s. borgen, s. pumpen

5168 Leihhaus
Pfandhaus, Pfandleihanstalt, Pfandleihe, Versatzamt

5169 Leim
Bindemittel, Kleber, Klebstoff, Kleister

5170 leimen
kitten, kleben, zusammenfügen •anschmieren, anschwindeln, beschwindeln, betrügen, hereinlegen, hintergehen, prellen, täuschen

5171 Leinwand
Filmwand, Projektionswand •Leinen, Leinengewebe, Linnen

5172 leise
flüsternd, gedämpft, geflüstert, halb laut •piano, verhalten

5173 Leiste
Lende •Brettchen •Kante, Rand

5174 Leistung
Arbeitskraft, Leistungsfähigkeit, Potenzial [Potential] •Aufwendung, Bezahlung •Erfolg, Ergebnis, Meisterwerk, Produkt

5175 leiten
einweisen, lotsen •anführen, befehligen, führen, kommandieren, präsidieren, regeln, regieren, vorstehen

5176 leitend
führend, tonangebend, verantwortungsvoll

5177 Leiter
Verwalter, Vormund •Bandleader, Orchesterchef •Lenker, Lotse •Stiege, Tritt •Anführer, Chef, Manager, Präsident •Präses, Vorsitzender, Vorstand •Direktor, Präsident, Vorsitzender, Vorstand

5178 Leitung
Aufsicht, Direktion, Herrschaft, Kommando, Management •Direktorium, Präsidium, Spitze, Vorstand, Vorstandschaft •Draht, Kabel, Verbindungsschnur →Lichtleitung, Rohrleitung, Telefonleitung •Ölleitung, Pipeline

5179 Lektion
Denkzettel, Moralpredigt, Standpauke •Etüde, Lehrstück, Übungsstück •Kapitel, Lernstoff, Unterrichtseinheit, Unterrichtsstunde

5180 Lektüre
Bücher, Lesestoff, Schriftgut →Bettlektüre, Feierabendlektüre, Ferienlektüre, Hauslektüre, Klassenlektüre, Pflichtlektüre, Reiselektüre, Schullektüre, Unterhaltungslektüre, Urlaubslektüre

5181 lenken
dirigieren, einweisen, leiten, lotsen, steuern •beeinflussen, einreden, einwirken •erziehen, helfen

5182 Lenker
Lenkrad, Steuer •Chef, Direktor •Autofahrer, Fahrer, Pilot •Erzieher, Führer, Leiter
5183 Lernbereitschaft
Lerneifer, Lernwille, Wissbegier, Wissensdrang, Wissensdurst
5184 lernen
dazulernen, einprägen, s. einprägen, einstudieren, einüben, erlernen, memorieren, pauken, studieren •s. aneignen, s. anlesen
5185 Lernender
Auszubildender→Anhänger, Azubi, Hochschüler, Hörer, Jünger, Kadett, Lehrjunge, Lehrling, Rekrut, Scholar, Schüler, Schülerin, Schuljunge, Schulkind, Schulmädchen, Stift, Student, Studiosus, Zögling
5186 lesen
ausmustern, aussondern, entfernen, s. informieren, nachlesen, nachschauen, nachschlagen, nachsehen •durcharbeiten, durchblättern, durchlesen, durchsehen, studieren, anlesen, anschauen, ansehen, durchblättern, durchgehen, durchschauen, überfliegen, überlesen, überschlagen •deklamieren, dozieren, lehren, vorlesen, vortragen •aufsammeln, ernten
5187 Leser
Bibliomane, Bücherfreund, Bücherwurm, Leseratte •Abonnent, Bezieher, Dauerbezieher, Stammkunde, Stammleser
5188 Lesung
Beratung, Besprechung •Dichterlesung, Vorlesung, Vortragsabend
5189 leuchten
aufblenden, aufblitzen, aufflammen, aufleuchten, aufscheinen, erglühen, erstrahlen •blenden, erhellen •blinken, blitzen, strahlen
5190 leuchtend
blendend, brillant, funkelnd •grell, störend, unangenehm
5191 Leuchter
Lampe, Leuchte, Lichtquelle→Kerzenständer, Kronleuchter, Lüster
5192 Leuchtfeuer
Blinkfeuer, Feuerschiff, Feuerturm, Leuchtboje, Leuchtturm, Richtfeuer
5193 leugnen
ableugnen, abstreiten, anfechten, beschönigen, bestreiten, dementieren, ignorieren, verleugnen, verneinen, zurückweisen
5194 Liaison
Affäre, Liebesverhältnis •Allianz, Bündnis, Entente, Vereinigung
5195 liberal
aufgeklärt, freiheitlich, freisinnig, tolerant, vorurteilsfrei
5196 licht
glänzend, hell, lichterfüllt •gelichtet, spärlich •frei, geräumig, offen
5197 Licht
Sonnenstrahl •Lichtstrahl, Scheinwerferkegel •Glanz, Helligkeit, Schimmer •Beleuchtung, Lampe, Leuchte •Kerze, Talglicht, Wachslicht •Flutlicht, Rampenlicht, Scheinwerfer, Scheinwerferlicht, Spotlight •Bühnenlicht, Lichtkegel, Rampenlicht, Spotlight, Szenenbeleuchtung
5198 Lichtblick
Aufrichtung, Tröstung, Zusprache, Zuspruch •Hoffnungsschimmer, Lichtpunkt, Zukunft, Zuversicht
5199 lichten
abholzen, roden, zurückschneiden
5200 lichten (s.)
s. aufheitern, s. aufhellen, s. aufklären •abnehmen, schwinden
5201 Lichtgriffel
Lichtstift, Lightpen
5202 lichtscheu
berüchtigt, finster, obskur, suspekt, zwielichtig •augenkrank→schneeblind

5203 lieb
kostbar, teuer, verehrt, vergöttert •charmant, einnehmend, sympathisch •erwünscht, genehm, willkommen •aufopfernd, hingebungsvoll •anständig, artig, folgsam, gutwillig, lenkbar, willig, wohlerzogen •aufmerksam, barmherzig, karitativ, entgegenkommend, gnädig, gutherzig, gütig, gutmütig, herzensgut, liebenswert, liebenswürdig, mitfühlend, sanftmütig, selbstlos, uneigennützig, warmherzig, weichherzig, zugetan, zuvorkommend, wohlmeinend, wohlwollend •attraktiv, betörend, gewinnend, reizvoll, sympathisch, toll

5204 Liebe
Herzenswärme, Verbundenheit, Wohlwollen •Anbetung, Verehrung, Vergötterung •Begierde, Leidenschaft, Liebesgefühl, Verliebtheit, Zärtlichkeit, Zuneigung

5205 lieben
anhimmeln, begehren, vergöttern, verlangen, lieb haben

5206 lieben (s.)
beschlafen, bumsen, ficken, geigen, hacken, koitieren, s. paaren, pimpern, rammeln, stöpseln, stoßen, s. vereinigen, vögeln, intim werden •s. gernhaben, s. mögen

5207 Liebeserklärung
Heiratsantrag, Liebesgeständnis, Liebeswerben

5208 Liebeskummer
Herzeleid, Liebesqual, Liebesschmerz

5209 Liebespaar
Brautpaar, Liebesleute

5210 liebevoll
gefühlvoll, hingebend, hingebungsvoll, sensibel, zärtlich

5211 Liebhaber
Auserwählte, Auserwählter, Bräutigam, Buhle, Freund, Galan, Geliebter, Herzallerliebster, Herzensfreund, Liebster, Ritter, Romeo, Schatz, Scheich, Troubadour, Verehrer •Kenner, Kunstliebhaber, Mäzen

5212 Liebhaberin
Allerliebste, Auserwählte, Braut, Courtisane, Einzige, Freundin, Geliebte, Herzallerliebste, Holde, Konkubine, Liebste, Mätresse, Puppe, Schatz •Kunstkennerin, Kunstliebhaberin

5213 liebkosen
abdrücken, drücken, herzen, kosen, schmusen, umarmen, umfassen, umgarnen, zärteln, lieb haben •busseln, knutschen, küssen, schmatzen, schnäbeln •kraulen, streicheln, tätscheln

5214 Liebkosung
Anrührung, Befühlung, Berührung, Betastung, Freundschaftsbeweis, Kontakt, Liebe, Schmeichelei, Umarmung, Zärtlichkeit •Begrüßungskuss, Kuss, Liebeszeichen, Schmatz

5215 lieblich
anmutig, attraktiv, charmant, entzückend, gewinnend, reizvoll •süffig, wohlschmeckend •anmutig, ästhetisch, malerisch, wunderschön

5216 Liebling
Abgott, Favorit, Günstling •Augapfel, Darling, Herzblatt, Juwel, Schatz, Schwarm •Augapfel, Goldkind, Goldstück, Herzblatt, Herzchen, Liebchen, Schätzchen

5217 lieblos
frostig, gefühllos, hartherzig, kränkend, unliebenswürdig

5218 Lieblosigkeit
Gefühlsarmut, Gefühlskälte, Grausamkeit, Hartherzigkeit, Mitleidlosigkeit, Rohheit, Unmenschlichkeit

5219 liederlich
anstößig, verdorben •flatterhaft, vergnügungssüchtig •lässig, lax, nachlässig, unordentlich •beherzt, frech, frivol, keck, ungeniert, unverfroren •anstößig, ausschweifend, schamlos, unmäßig, vulgär

5220 Liederlichkeit
Schluderei, Unordnung •Disziplinlosigkeit, Zuchtlosigkeit, Zügellosigkeit
5221 liefern
abgeben, abliefern, anliefern, ausfahren, aushändigen, ausliefern, beliefern, einliefern, hinbringen, übereignen, zubringen, zustellen, geben, überlassen, überstellen, ausgeben, überbringen, übergeben, überliefern
5222 Lieferung
Ablieferung, Anlieferung, Auslieferung, Überbringung, Übergabe, Überweisung, Versand, Weitergabe, Zuleitung, Zustellung •Aushändigung, Übereignung, Übergabe, Überreichung •Ablieferung, Aushändigung, Auslieferung, Hergabe, Preisgabe, Übergabe, Übermittlung, Überweisung, Weitergabe, Zufuhr, Zusendung, Zustellung
5223 liegen
ausruhen, dösen •s. erstrecken, s. hinziehen •behagen, entsprechen
5224 Lift
Aufzug, Fahrstuhl •Hebemaschine, Kran
5225 Limonade
Brause, Sprudel, Sprudelwasser
5226 lind
lau, mild, lauwarm
5227 lindernd
mild, tröstlich •abschwächend, entlastend, entspannend, erholend, erleichternd, heilend, mildernd
5228 Linderung
Aufrichtung, Balsam, Hoffnungsschimmer, Seelentrost, Zuspruch
5229 Lineal
Maßstab, Metermaß
5230 Linie
Strecke, Verkehrslinie •Reihe, Zeile •Ader, Maser •Gerade, Strich •Kontur, Schattenriss, Silhouette
5231 linkisch
erfahrungslos, täppisch, unbeholfen, ungeschickt, ungeübt
5232 links
backbord, linkerhand •fortschrittlich, progressiv, revolutionär
5233 Lippenbekenntnis
Gleisnerei, Heuchelei, Scheinheiligkeit
5234 List
Arglist, Bauernschläue, Gewitztheit, Gleisnerei, Heimtücke, Hinterlist, Intrige, Intrigenspiel, Kabale, Manöver, Pfiffigkeit, Ränke, Ränkespiel, Trick, Tücke, Verschlagenheit
5235 Liste
Auflistung, Aufzählung, Index, Katalog, Register, Tabelle, Verzeichnis, Zusammenfassung, Zusammenstellung
5236 Litfasssäule
Anschlagsäule, Plakatsäule
5237 Lobby
Interessengruppe, Organisation
5238 lobenswert
achtenswert, anerkennenswert, löblich, rühmenswert, verdienstvoll
5239 Lobgesang
Hymne, Loblied, Weihegesang, Weihelied •Laudatio, Loblied
5240 Loch
Bruchstelle, Leck, Öffnung, Riss •Durchlass, Enge →Beobachtungsloch, Graben, Grube, Höhle, Mauseloch, Mulde, Nadelöhr, Spion, Vertiefung •Bude, Kammer •Gefängnis, Kerker, Knast
5241 lochen
durchbohren, durchstechen, perforieren
5242 locken
ondulieren, wellen •anziehen, heranlocken, ködern •anregen, anziehen, begeistern, berauschen, entflammen, entzücken, fesseln, interessieren, mitreißen, verlocken

5243 locker
bröckelig, mürbe, zerfallend •familiär, formlos, nonchalant, salopp, unzeremoniell •abgelöst, gelockert, wackelig •entkrampft, entspannt, gelöst
5244 lockern (s.)
s. entkrampfen, s. entspannen •abblättern, abbröckeln, s. ablösen, abspringen, s. lösen
5245 Lockerung
Entkrampfung, Entspannung, Erschlaffung
5246 lockig
dauergewellt, gekräuselt, gelockt, geringelt, wellig
5247 Lockmittel
Anreiz, Blickfang •Angelbissen, Köder, Lockspeise, Luder •Attraktion, Lockvogel
5248 lodern
flackern, flammen, leuchten, lohen
5249 lodernd
aufsteigend, flackernd, flammend •begeistert, leidenschaftlich
5250 Logik
Denkvermögen, Folgerichtigkeit, Konsequenz, Schlussfolgerung, Systematik, Urteilskraft
5251 lohnen
belohnen, danken, entschädigen, s. revanchieren, vergelten
5252 lohnen (s.)
s. auszahlen, s. rentieren
5253 lokal
begrenzt, beschränkt, gebietsweise, landschaftlich, örtlich, räumlich, regional
5254 lokalisieren
abgrenzen, abstecken, eingrenzen •aufspüren, feststellen, herausfinden, orten
5255 Lokomotive
Dampfross, Lok →Diesellokomotive, Elektrolokomotive, Schnellzuglokomotive
5256 los
abgerissen, abgetrennt, gelöst, gesondert, locker, unbefestigt
5257 Los
Fügung, Geschick, Kismet, Schicksalsfügung, Vorsehung •Glückslos, Lotterielos →Niete, Treffer
5258 lösbar
auflösbar, entwirrbar •löslich •aussichtsreich, hoffnungsreich •einfach, leicht •schneidbar, teilbar, trennbar
5259 löschen
beseitigen, bezahlen, tilgen •ausladen, entladen, leeren, leichtern •ausblasen, auslöschen, austreten •stornieren, tilgen, zurücknehmen
5260 Löschung
Begleichung, Stornierung, Tilgung, Zurücknahme •Entladung
5261 lose
anrüchig, flatterhaft, flott, liederlich, ungezügelt, vergnügungssüchtig •abgerissen, abgetrennt, losgelöst •frech, keck
5262 lösen
entkrampfen, entspannen •s. lossagen, s. trennen, auseinander gehen •auflösen, enträtseln, entschlüsseln, erraten •abtrennen, aufknöpfen, aufknoten, entwirren, losbinden
5263 losgehen
bersten, detonieren, explodieren, krepieren, platzen •anfangen, einsetzen •abbröckeln, abspringen •s. entfernen, fortgehen
5264 loslassen
freigeben, freilassen, freisetzen
5265 loslegen
anfangen, beginnen, herangehen •herausplatzen, schimpfen, wettern
5266 löslich
auflösbar, entwirrbar, lösbar
5267 loslösen
abschütteln, s. frei machen •ablösen, abreißen, abschrauben

5268 Loslösung
Absonderung, Isolierung, Spaltung •Scheidung, Trennung
5269 lossagen
ausstoßen, isolieren, verbannen •absagen, abschwören
5270 Lossprechung
Ablass, Absolution, Amnestie, Begnadigung, Straferlass, Sündennachlass
5271 Losung
Erkennungszeichen, Losungswort, Parole •Ausscheidung, Tierkot •Devise, Leitspruch, Wahlspruch
5272 Lösung
Aufklärung, Resultat, Schlüssel •Auflösung, Bruch, Scheidung, Spaltung •Flüssigkeit, Tinktur •Beruhigung, Entkrampfung, Erleichterung •Aufklärung, Ausweg, Schlüssel
5273 loswerden
abstoßen, losbringen, verhökern •abschütteln, s. befreien
5274 Lot
Richtblei, Senkblei, Senklot •Kleinigkeit, Wenigkeit, Winzigkeit
5275 loten
ausloten, auspeilen, umgrenzen
5276 Löwe
Leu, Wüstenkönig •Partylöwe
5277 loyal
anständig, fair, lauter, redlich •gesetzestreu, regierungstreu, staatstreu, verfassungstreu
5278 Loyalität
Gesetzestreue, Regierungstreue, Staatstreue •Fairness, Redlichkeit, Unbescholtenheit
5279 Lücke
Bresche, Durchbruch, Spalt, Zwischenraum •Bresche, Durchbruch
5280 Lückenbüßer
Behelf, Ersatz, Notnagel, Reserve, Stellvertreter, zweite Wahl •Blitzableiter, Dumme, Prügeljunge, Prügelknabe, Schuldiger, Schuldtragender, Sündenbock, Zielscheibe, schwarzer Peter
5281 lückenhaft
beschädigt, bruchstückhaft, defekt, fragmentarisch, unabgeschlossen, unvollendet, unvollkommen, unvollständig, halb fertig
5282 Luft
Atmosphäre, Lufthülle •Brise, Lüftchen, Lufthauch, Luftstrom, Luftzug, Wind •Atem, Dunst •Atem, Hauch, Odem, Puste
5283 luftdicht
geschlossen, luftundurchlässig, verschlossen
5284 Luftdruckmesser
Barograf [Barograph], Aerometer, Barometer
5285 luftdurchlässig
luftig, porös
5286 lüften
aufdecken, enträtseln •abnehmen, herunternehmen •anheben, hoch heben •auflockern, auslüften, durchlüften •fächern, ventilieren
5287 Lüfter
Entlüfter, Fächer, Ventilator, Wedel
5288 Luftfahrt
Fliegerei, Flugsport, Luftsport
5289 luftig
böig, windig, zugig •gasförmig •federleicht, gewichtslos •luftdurchlässig
5290 Luftschutzkeller
Bunker, Luftschutzbunker, Luftschutzraum, Unterstand
5291 Luftsprung
Freudensprung, Kapriole, Salto
5292 Lüftung
Belüftung, Entlüftung, Klimaanlage, Ventilation

5293 Luftverschmutzung
Dunstglocke, Dunstschicht, Dunstschleier, Emission, Luftverpestung, Smog

5294 Luftwirbel
Sog, Turbulenz, Wirbelsturm

5295 lügen
anlügen, anschwindeln, belügen, beschwindeln, erfinden, erlügen, s. herauslügen, s. herausreden, s. herauswinden, kohlen, leimen, schwindeln, täuschen, verdrehen, verfälschen, verzerren, vorlügen

5296 Lügnerin
Heuchlerin, Katze, Scheinheilige, Schmeichlerin

5297 lukullisch
feinschmeckerisch, gastronomisch, genießerisch, kulinarisch, luxuriös, üppig, verschwenderisch

5298 lümmeln (s.)
s. flegeln, s. gehen lassen, s. räkeln

5299 Lumpen
Fetzen, Flicken, Lappen •Gelichter, Lumpengesindel, Lumpenpack •Aufwischlappen, Aufwischtuch, Feudel, Putzlappen, Putztuch, Scheuerlappen, Scheuertuch, Wischlappen

5300 lumpig
dürftig, geizig, kläglich, kümmerlich, minimal

5301 Lupe
Fadenzähler, Linse, Vergrößerungsglas

5302 Lust
Begierde, Gelüste, Leidenschaft •Orgasmus, Rausch, Taumel •Begeisterung, Hochgefühl, Lebenslust •Bereitwilligkeit, Geneigtheit

5303 lustig
aufgeheitert, drollig, fidel, heiter, lebensfroh, munter, putzig, spaßig, übermütig, ulkig, witzig, Spaß liebend

5304 lutschen
lecken, nuckeln, saugen, suckeln

5305 Lutscher
Nuckel, Sauger, Schnuller •Lolly, Süßigkeit

5306 luxuriös
ausladend, edel, feudal, glanzvoll, grandios, herrschaftlich, illuster, komfortabel, pompös, prachtvoll, prunkvoll, üppig •großzügig, verschwenderisch, verschwendungssüchtig

5307 Lyrik
Dichtkunst, Gedicht, Poesie

5308 lyrisch
dichterisch, gefühlvoll, poetisch

M

5309 machen
aufführen, durchführen, veranstalten •bewältigen, erledigen, meistern, vollbringen •anfertigen, fertigen, herstellen, zubereiten •anordnen, auftragen, verfügen

5310 Macht
Einfluss, Geltung •Achtung, Ansehen, Einfluss, Prestige •Alleinherrschaft, Befehlsgewalt, Herrschaft, Regierung, Staatsgewalt, Staatsmacht •Allgewalt, Allmacht, Omnipotenz

5311 Machtgier
Machtanspruch, Machtbesessenheit, Machthunger, Machtstreben

5312 Mädchen
Backfisch, Biene, Bohnenstange, Dirn, Dirndl, Dirne, Fräulein, Gör, Heulliese, Heulsuse, Jungfer, Kratzbürste, Mädel, Mauerblümchen, Pummel, Pummelchen, Puppe, Trampel, lange Latte •Dienstmädchen, Hausangestellte, Hausmädchen •Freundin, Geliebte

5313 Madonna
Gottesmutter, Himmelskönigin
5314 Mafia
Geheimorganisation, Kartell, Ring, Syndikat, Unterwelt
5315 Magazin
Arsenal, Depot, Lagerhaus, Speicher, Vorratslager •Fachzeitung, Gazette, Illustrierte, Journal, Wochenblatt, Zeitschrift •Modeheft, Modejournal, Modezeitschrift, Modezeitung
5316 Magen
Bauch, Verdauungsorgan
5317 mager
ausgelaugt, erschöpft, unergiebig, unfruchtbar, wüstenhaft •gertenschlank, schlankwüchsig •abgemagert, abgezehrt, knochendürr, knochig, spindeldürr
5318 Magerkeit
Abmagerung, Auszehrung, Gewichtsabnahme, Gewichtsverlust •Schwindsucht, Tuberkulose
5319 Magie
Aberglaube, Hexerei, Zauberei, schwarze Kunst
5320 Magier
Medizinmann, Quacksalber, Zauberer
5321 Magnet
Attraktion, Blickfang, Köder, Lockmittel, Lockvogel, Schlager, Zugnummer, Zugstück •Eisen anziehendes Metall
5322 mähen
abmähen, absicheln, schneiden, sensen, sicheln •blöken, schreien
5323 mahlen
mörsern, pulverisieren, zerbröseln, zerkleinern, zerreiben, zerstoßen, klein hacken
5324 Mähne
Balg, Decke, Fell, Haare, Haarkleid, Locken, Pelz, Pferdemähne, Strähnen, Wolle
5325 mahnen
ermahnen, rügen, tadeln, vorhalten, vorwerfen •ersuchen, nachsuchen •anmahnen, erinnern
5326 Mahnung
Zahlungsaufforderung, Zahlungsbefehl •Anmahnung, Mahnruf •Erinnerungsschreiben, Ermahnung
5327 majestätisch
erhaben, gebieterisch, hoheitsvoll, königlich
5328 makaber
beklemmend, dämonisch, gräulich, schaurig, Furcht erregend •absurd, grotesk, komisch
5329 Makel
Missbildung, Verunstaltung •Gebrechen, Schaden •Beschämung, Blamage, Bloßstellung, Brandmarkung, Ehrverletzung, Entehrung, Erniedrigung, Fleck, Gespött, Kompromittierung, Misskredit, Schande, Schandfleck, Schimpf, Schmach, Schmähung, Skandal, Unehre, Verleumdung, Verruf
5330 Make-up
Rouge, Schminke, Schönheitsmittel, Verschönerung
5331 Mal
Narbe, Wundmal •Leberfleck, Muttermal •Abzeichen, Brandzeichen •Erkennungszeichen, Grenzpfahl, Markstein •Charakterzug, Merkzeichen, Symptom
5332 malen
klecksen, pinseln, schmieren →anmalen, färben, gestalten, porträtieren, zeichnen
5333 Maler
Künstler, Kunstmaler, Zeichner →Blumenmaler, Farbenkleckser, Glasmaler, Historienmaler, Kleckser, Laienmaler, Landschaftsmaler, Porträtist, Porträtmaler, Schlachtenmaler, Schmierer, Sonntagsmaler, naiver Maler •Anstreicher, Tüncher

5334 Malerei
Bildwerk, Dekoration, Gemälde →Aquarell, Bauernmalerei, Bemalung, Deckengemälde, Miniaturbild, Ölbild, Ölgemälde

5335 malmen
zermahlen, zermalmen •kauen, mahlen

5336 malnehmen
multiplizieren, vervielfachen

5337 Management
Aufsicht, Direktion, Führung, Führungsposition, Geschäftsleitung, Oberaufsicht, Unternehmensführung, Vorsitz

5338 Manager
Boss, Leiter, Wirtschaftskapitän •Agent, Betreuer, Trainer, Vermittler

5339 manche
diverse, einige, etliche, verschiedene

5340 manchmal
gelegentlich, öfter, selten, sporadisch, streckenweise, vereinzelt, wiederholt, zeitweise, zuweilen

5341 Mandant
Schutzbefohlener, Schützling •Auftraggeber, Klient, Kunde

5342 Mandat
Auftrag, Ermächtigung, Vollmacht •Abgeordnetenamt, Abgeordnetensitz

5343 Manege
Reitbahn, Zirkusrund

5344 Mangel
Bügelmaschine, Wäschemangel •Armut, Bedürftigkeit, Beschränktheit, Besitzlosigkeit, Dürftigkeit, Elend, Kärglichkeit, Knappheit, Mittellosigkeit, Not, Spärlichkeit, Verarmung, Verelendung, Verknappung →Geldmangel, Geldnot, Hunger, Hungersnot, Nahrungsknappheit, Nahrungsmangel •Geistlosigkeit, Leere •Defekt, Lücke, Unzulänglichkeit

5345 mangelhaft
kümmerlich, ungenügend, unzulänglich, unzureichend

5346 mangeln
bügeln, glätten, pressen •ausgehen, ermangeln, vermissen

5347 manifestieren (s.)
s. ausdrücken, s. ausprägen, s. präsentieren

5348 Maniküre
Handpflege, Nagelpflege

5349 Manipulation
Hintergehung, Schwindelei, Unterschlagung •Kunstgriff, List, Trick •Aufhetzung, Aufputschung, Aufwiegelung, Demagogie, Fanatismus, Verführung, Verhetzung, Volksverhetzung

5350 manipulieren
verdrehen, verfälschen •einreden, suggerieren, überreden

5351 Mann
Bursche, Gentleman, Herr, Kerl •Ehegemahl, Ehemann, Gatte

5352 männlich
mannhaft, maskulin

5353 Mannschaft
Belegschaft, Besatzung, Crew •Besetzung, Ensemble, Equipe, Team •Brigade, Schar, Truppe

5354 Manöver
Gefechtsübung, Geländeübung, Heeresübung, Truppenübung •Irreführung, List, Schachzug, Verschlagenheit, Winkelzug

5355 Manschette
Ärmelabschluss, Ärmelaufschlag •Handfessel, Handschelle •Umhüllung •Würgegriff

5356 Manuskript
Drehbuch, Skript, Text →Filmmanuskript •Handschrift, Satzvorlage, Skript, Textvorlage, Urschrift

5357 Marine
Seemacht, Seestreitkräfte →Armada, Flotte, Kriegsflotte

5358 Marionette
Drahtpuppe, Gelenkpuppe, Gliederpuppe
5359 Mark
Knochenmark, Rückenmark •Gemarkung, Grenzgebiet •Fruchtbrei, Tomatenmark •Geldstück, Zahlungsmittel
5360 markant
ausdrucksvoll, scharfgeschnitten •ausgeprägt, einprägsam, frappant, hervorstechend
5361 Marke
Possenreißer, Spaßmacher •Dienstausweis, Erkennungszeichen •Briefmarke, Postwertzeichen •Fabrikat, Handelsmarke, Warenzeichen
5362 markieren
heucheln, simulieren, täuschen •abgrenzen, abstecken •abhaken, ankreuzen, anstreichen •ausschildern, beschildern •eintragen, einzeichnen, hineinzeichnen
5363 Markierung
Ausschilderung, Beschilderung, Kennzeichnung
5364 Markise
Schutzdach, Sonnendach, Sonnenschutz, Sonnensegel
5365 Markstein
Entscheidung, Höhepunkt, Umbruch, Wendepunkt •Erkennungsstein, Gemarkung, Grenzstein, Meilenstein
5366 Markt
Absatzgebiet, Absatzmarkt •Güteraustausch, Handelsplatz, Warenverkauf →Basar, Gemüsemarkt, Jahrmarkt, Obstmarkt, Wochenmarkt •Forum, Marktplatz •Aktienbörse, Wertpapierbörse
5367 Marktschreier
Anreißer, Aufschneider, Werber
5368 Marmelade
Fruchtmark, Gelee, Jam, Konfitüre
5369 Marone
Esskastanie, Maroni, Röstkastanie
5370 Marsch
Koog, Neuland, Polder, Schwemmland •Fußmarsch, Fußreise, Wanderung
5371 Märtyrer
Bekenner, Blutzeuge, Heiliger
5372 Masche
Draht, Flechtwerk, Geflecht •Schlaufe, Schleife, Schlinge •Kunstgriff, List, Schliche, Trick
5373 Maschine
Apparat, Automat, Gerät •Anlage, Motor, Triebwerk •Flieger, Flugzeug, Luftfahrzeug •Feuerstuhl, Kraftrad, Motorrad
5374 Maske
Fastnachtsgesicht, Larve •Schein, Täuschung, Verstellung •Bildschirmmaske, Schablone
5375 Maskottchen
Amulett, Anhänger, Beschützer, Fetisch, Glücksbringer, Talisman
5376 masochistisch
abnormal, selbstquälerisch, selbstzerstörerisch
5377 Maß
Abstinenz, Einschränkung •Festigkeit, Gefasstheit •Bierseidel, Maßkrug •Abmessung, Ausdehnung •Flächenmaß, Längenmaß, Raummaß •Dosis, Gabe, Menge •Einheit
5378 Massage
Abreibung, Knetkur →Bindegewebsmassage, Fußsohlenreflexmassage, Ganzkörpermassage, Gesichtsmassage, Heilmassage, Körpermassage, Rückenmassage, Segmentmassage, Unterwassermassage, klassische Massage, Lymphdränage [Lymphdrainage], manuelle Massage
5379 massakrieren
ausrotten, morden, niedermachen, niedermetzeln
5380 massenhaft
haufenweise, massenweise, reichlich, übergenug

5381 maßgebend
ausschlaggebend, grundlegend, kompetent, relevant, richtungweisend

5382 massieren
abreiben, bürsten, durchkneten, kneten, streichen, zirkeln

5383 massig
aufgedunsen, fleischig, füllig, korpulent, kugelrund, plump, stämmig, umfangreich, wohlbeleibt

5384 mäßig
asketisch, enthaltsam, maßvoll, zurückhaltend •durchschnittlich, mittelmäßig

5385 mäßigen
abmildern, abschwächen, erleichtern, lindern, zügeln •bändigen, bezähmen, drillen, zähmen, zügeln

5386 Mäßigkeit
Beherrschung, Gefasstheit, Gelassenheit •Einschränkung, Sparsamkeit •Abstinenz, Askese, Genügsamkeit, Mäßigung

5387 massiv
drastisch, energisch, rigoros •haltbar, solide, unverwüstlich, unzerstörbar •unförmig, vierschrötig, wohlbeleibt

5388 Massiv
Berge, Gebirge, Gebirgskette, Gebirgszug

5389 maßlos
extremistisch, radikal •ausschweifend, extrem, exzessiv, übermäßig, übersteigert, übertrieben, unersättlich, unmäßig, unnatürlich, unstillbar

5390 Maßlosigkeit
Getue, Krampf, Zirkus •Ausschweifung, Extravaganz, Exzess, Genusssucht, Hemmungslosigkeit, Überschreitung, Überschwang, Übersteigerung, Übertriebenheit, Unmäßigkeit, Verschwendung, Zügellosigkeit

5391 Maßnahme
Ausführungsbestimmung, Maßregel, Regelung •Aktion, Handlungsweise, Vorgehensweise

5392 maßregeln
abrechnen, s. revanchieren, vergelten •degradieren, herabstufen, zurücksetzen •anbrüllen, ausschimpfen, heruntermachen, tadeln

5393 Maßstab
Benotung, Bewertung •Leitbild, Leitfigur, Vorbild •Bedeutung, Gradmaß, Gradmesser, Norm, Richtschnur, Wertmesser, Werturteil •Lineal •Metermaß, Zollstock

5394 Mast
Pfahl, Pfeiler •Mastbaum, Schiffsmast, Segelstange •Mastkur, Mästung

5395 Matador
Espada, Stierkämpfer, Torero •Berühmtheit, Held, Publikumsliebling

5396 Material
Anhaltspunkt, Belege •Sammlung, Unterlagen •Ausgangsmaterial, Grundstoff, Rohstoff •Masse, Materie •Baumaterial, Baustoff, Grundstoff, Naturstoff, Rohstoff, Werkstoff

5397 materialistisch
genussorientiert, gewinnorientiert •geizig, geldgierig, gewinnsüchtig

5398 Materie
Realität, Wirklichkeit •Ding, Material, Stoff, Substanz •Gegenstand, Thema

5399 Matratze
Lager, Strohsack, Unterbett

5400 Mätresse
Geliebte, Konkubine, Kurtisane

5401 Matrize
Gießform, Hohlform, Musterform •Druckform, Vordruck, Vorlage

5402 Matrose
Blaujacke, Bootsmann, Mariner, Schiffer, Schiffsjunge, Seefahrer, Seemann

5403 matt
abgehetzt, aufgerieben, entnervt, geschafft, groggy, überlastet •besiegt, geschlagen •beschlagen, blind, glanzlos, stumpf •belegt, klanglos

5404 Matte
Fußabstreifer, Fußmatte, Türvorleger •Weide, Wiese •Bettvorleger, Läufer

5405 Mattscheibe
Gedächtnisstörung, Blackout [Black-out] •Bildschirm, Fernsehapparat, Fernseher, Fernsehgerät, Flimmerkiste

5406 Mauer
Einfriedung, Eingrenzung, Umfassung, Wall →Außenmauer, Außenwand, Backsteinmauer, Betonmauer, Brandmauer, Friedhofsmauer, Gartenmauer, Giebelmauer, Glaswand, Grenzmauer, Grundmauer, Hauswand, Innenmauer, Innenwand, Kellermauer, Querwand, Schutzmauer, Seitenmauer, Steinmauer, Steinwand, Stützmauer, Trennwand, Umfriedungsmauer, Wand, Ziegelmauer, Zimmerwand, Zwischenmauer, Zwischenwand •Stadtbefestigung, Stadtmauer, Stadttor, Stadtturm

5407 Mauerblümchen
Aschenbrödel, Blaustrumpf, Jungfer

5408 Maul
Öffnung •Gosche, Klappe, Mundwerk •Äser •Rachen, Schnabel, Schnauze

5409 maximal
größtmöglich, höchstmöglich •äußerst, äußerstenfalls, bestenfalls

5410 Maximum
Höchstmaß, Höchststand, Höchstwert, Nonplusultra, Optimum

5411 Mäzen
Kunstfreund, Kunstliebhaber •Förderer, Geldgeber, Gönner, Sponsor

5412 mechanisch
automatisch, blindlings, unbewusst •geisttötend, gewohnheitsmäßig, stumpfsinnig •maschinell, maschinenmäßig, serienmäßig

5413 Mechanismus
Apparatur, Getriebe, Maschinerie

5414 Medien
Kommunikationsmittel, Massenmedien

5415 Medium
Bindeglied, Mittler, Versuchsperson •Spiritist

5416 Medizin
Gesundheitslehre, Heilkunde, Heilkunst •Arznei, Arzneimittel, Droge, Heilmittel, Medikament, Pharmazeutikum, Präparat →Belebungsmittel, Beruhigungsmittel, Betäubungsmittel, Erleichterungsmittel, Fiebermittel, Gegenmittel, Pulver, Schlafmittel, Schmerzmittel, Stärkungsmittel, Vorbeugungsmittel, Wurmmittel, Absud, Arznei, Auszug, Destillat, Elixier, Essenz, Extrakt, Heilmittel, Heiltrank, Paste, Salbe, Tropfen, Zäpfchen, Kapsel, Pastille, Pille, Tablette, Dragée [Dragee], Antibabypille, Ovulationshemmer, Schlafmittel, Schlafpulver, Schlaftablette, Schmerzmittel, Schmerztablette

5417 Meer
Flut, Ozean, See, Weltmeer →Atlantik, Eismeer, Nordsee, Pazifik, Polarmeer, Atlantischer Ozean, Arktischer Ozean, Indischer Ozean •Vielzahl, Menge

5418 mehlig
pulverförmig, staubig, zermahlen

5419 mehr
mehrfach, mehrmals •auch, außerdem, sogar •darüber, reichlich

5420 mehrdeutig
geheimnisvoll, hintergründig, rätselhaft •doppeldeutig, missverständlich, vage, verschwommen

5421 Mehrdeutigkeit
Ambivalenz, Doppelbödigkeit, Vieldeutigkeit
5422 Mehrehe
→Bigamie, Polyandrie, Polygamie, Polygynie, Vielehe, Vielmännerei, Vielweibeirei
5423 mehren
ausdehnen, ausweiten, s. verdichten, s. verstärken •ansteigen, anwachsen, häufen, vervielfachen
5424 mehrere
allerhand, einige, etliche, manche
5425 Mehrheit
Großteil, Majorität, Mehrzahl, Übergewicht, Übermacht, Überzahl
5426 mehrjährig
jahrelang, langjährig, wiederholt
5427 mehrteilig
komplex, verflochten, verschlungen, verworren, vielschichtig
5428 meiden
ausweichen, fernbleiben, scheuen, unterlassen, vermeiden
5429 Meineid
Betrug, Eidbruch, Falschschwur, Wortbruch
5430 Meinung
Anschauung, Ansicht, Auffassung, Denkweise, Standpunkt, Überzeugung, Urteil, Vorstellung, Weltanschauung •Erklärung, Erläuterung, Kommentar, Stellungnahme •Äußerung, Bemerkung, Darstellung, Erklärung, Klarstellung •Annahme, Argwohn, Bedenken, Mutmaßung, Unterstellung, Verdacht, Vermutung
5431 meißeln
behauen, bilden, herausarbeiten
5432 meistens
durchweg, gewöhnlich, größtenteils, meist, normalerweise, überwiegend
5433 Meister
Champion, Gewinner, Sieger •Ass, Autorität, Berater, Charaktergestalt, Eingeweihter, Experte, Facharbeiter, Fachgröße, Fachkraft, Fachmann, Gutachter, Insider, Kapazität, Kenner, Könner, Koryphäe, Persönlichkeit, Profi, Respektsperson, Routinier, Sachkenner, Sachkundiger, Sachverständiger, Spezialarbeiter, Spezialist, Wissender •Lehrherr, Lehrmeister
5434 meisterhaft
beispiellos, eindrucksvoll, imponierend, ohnegleichen, sondergleichen, überraschend, verblüffend
5435 Meisterschaft
Championat, Wettkampf •Fähigkeit, Können, Kunst, Perfektion
5436 Meisterstück
Einzelarbeit, Gesamtwerk, Glanzstück, Kreation, Kunstwerk, Meisterwerk, Opus, Prachtexemplar, Prachtstück, Produkt, Schaffen, Wertarbeit •Einzelanfertigung, Einzelarbeit, Facharbeit, Handarbeit
5437 melden
aussagen, berichten, beschreiben, darlegen, referieren, schildern, vortragen, wiedergeben •anzeigen, bezichtigen, denunzieren •mitteilen, übermitteln
5438 melden (s.)
s. anmelden, s. ansagen •mitarbeiten, s. rühren
5439 Meldung
Anmeldung, Teilnahmeerklärung •Anzeige, Bezichtigung, Denunziation •Bericht, Berichterstattung, Mitteilung, Nachricht, Rapport, Report, Reportage, Situationsbericht, Verlautbarung, Veröffentlichung •Anzeige
5440 melken
ausbeuten, ausnehmen •strippen
5441 Melodie
Gesang, Lied •Tonfolge, Tonweise, Weise

5442 Menge
Schar, Schwarm, Unmasse, Vielzahl, Wust •Menschenmenge, Volksmenge •Allgemeinheit, Öffentlichkeit •Anhäufung, Großaufgebot, Haufen, Masse, Vielzahl

5443 Mensch
Erdenbürger, Individuum, Lebewesen, Person •Geschöpf, Gestalt, Persönlichkeit

5444 menschenleer
abgelegen, ausgestorben, einsam, gottverlassen, unbewohnt, unkultiviert, unzivilisiert, verödet •geräumt, leer

5445 Menschenrecht
Gerechtigkeit, Unantastbarkeit, Vernunftrecht

5446 menschenscheu
kontaktarm, kontaktscheu, lebensfremd, unempfänglich, unnahbar, unzugänglich, zurückhaltend

5447 menschenunwürdig
niedrig, primitiv, schuftig, verworfen, würdelos

5448 Menschheit
Erdbevölkerung, Generation, Menschen, Menschengeschlecht, Volksgemeinschaft

5449 menschlich
barmherzig, herzensgut, human, menschenfreundlich, menschenwürdig, tolerant, zugetan

5450 Menstruation
Monatsblutung, Periode, Regel, Tage, Zyklus

5451 mental
gedanklich, geistig, in Gedanken

5452 Mentalität
Anschauung, Anschauungsweise, Art, Auslegung, Beurteilung, Dafürhalten, Denkart, Denkungsweise, Denkweise, Einstellung, Gedanken, Gedankengang, Gemüt, Gesinnung, Sinnesart, Überzeugung, Weltanschauung, Denken

5453 merken
s. einprägen, lernen •durchblicken, herausbekommen, mitbekommen, registrieren, spitzkriegen, spüren •empfinden, verspüren •fühlen, spüren, wittern

5454 merken (s.)
bewahren, s. einprägen •s. konzentrieren, zuhören, Acht geben

5455 merklich
auffallend, erstaunlich, sichtlich, zusehends

5456 merkwürdig
befremdlich, eigenartig, eigentümlich, kurios, skurril, sonderbar, verwunderlich

5457 Messdiener
Altardiener, Ministrant

5458 Messe
Ausstellung, Exposition, Jahrmarkt, Kirchweih, Kirmes, Musterschau, Schau, Verkaufsausstellung, Verkaufsmesse, Warenausstellung •Aufenthaltsraum, Kantine, Speiseraum •Feier, Gottesdienst

5459 messen
abmessen, ausmessen, bemessen, berechnen, dimensionieren, nachmessen, nachprüfen, überprüfen, vermessen

5460 messen (s.)
boxen, catchen, fechten, kämpfen, ringen •wetteifern

5461 Metall
Edelmetall, Halbedelmetall, Leichtmetall, Schwermetall, unedles Metall →Argentum, Eisen, Gold, Platin, Quecksilber, Silber

5462 metallisch
ehern, erzen, hart

5463 Metzger
Fleischer, Fleischhacker, Fleischhauer, Schlachter •Chirurg, Operateur, Scharlatan

5464 Meute
Hundekoppel, Hundemeute •Bande, Gang, Straßenbande

5465 mies
minderwertig, geringwertig •elend, erbärmlich, kläglich, miserabel, unpässlich
5466 Miesmacher
Griesgram, Miesepeter, Nörgler, Schwarzseher
5467 Miete
Mietzins, Pachtzins •Schober, Stapel •Eindeckung, Überwinterung
5468 mieten
ausleihen, leihen •s. einmieten, s. einquartieren •ablagern, einkellern, speichern
5469 Mieter
Mietpartei, Mietperson →Dauermieter, Hauptmieter, Nachmieter, Untermieter
5470 Mikrofon [Mikrophon]
Abhörgerät, Spion, Wanze
5471 milchig
trübe, unklar, weißlich
5472 Milchstraße
Galaxis, Sternensystem
5473 mild
freigebig, gebefreudig, generös, spendabel •lieblich, süffig •barmherzig, gnädig, nachsichtig, warmherzig, weichherzig, zugetan •lau, lind
5474 Milde
Geduld, Güte, Hinnahme, Huld, Humanität, Langmut, Nachgiebigkeit, Nachsicht, Sanftmut
5475 Milieu
Gesellschaft, Szene •Atmosphäre, Klima •Familie, Herkommen •Gegend, Landschaft, Lebenskreis, Nachbarschaft, Nähe, Umgebung, Umgegend, Umkreis, Umland, Umwelt
5476 Militär
Armee, Bundeswehr, Bürgerheer, Bürgermiliz, Bürgerwehr, Heer, Landstreitkräfte, Miliz, Streitkräfte, Streitmacht, Truppe, Volksheer, Volksmiliz, Wehrmacht •Luftstreitkräfte, Luftwaffe •Soldatenzeit, Wehrdienst •Kriegsmarine, Marine, Seestreitkräfte
5477 Militärdienst
Barras, Heeresdienst, Kommiss, Kriegsdienst, Rekrutenzeit, Soldatenzeit, Wehrdienst
5478 Mimik
Gebärdenspiel, Mienenspiel
5479 Minderheit
Minderzahl, Minorität, Wenigkeit
5480 minderjährig
halbwüchsig, jugendlich, kindlich, unmündig, unreif
5481 minderwertig
geringwertig, halbwertig, mangelhaft, wertgemindert, wertlos •nichtswürdig, untergeordnet, verworfen
5482 mindestens
bestenfalls, geringstenfalls, jedenfalls, wenigstens, zumindest
5483 Mine
Bergwerk, Grube, Schacht, Zeche •Sprengkörper, Sprengladung, Waffe
5484 Mineralwasser
Selters, Selterswasser, Sprudelwasser, Tafelwasser
5485 minimal
dürftig, gering, winzig •belanglos, geringfügig, unwesentlich
5486 Minimum
Mindestforderung, Mindestmaß, Mindestwert, Mindestzahl
5487 Minister
Landesminister, Senator •Bundesminister, Regierungsmitglied
5488 Ministerpräsident
Kabinettschef, Landesvater, Premierminister, Regierungschef
5489 Minnedienst
Liebesdienst, Liebespfand, Liebeswerbung
5490 minus
abgerechnet, abgezogen, abzüglich

5491 mischen
anrühren, durchmengen, durchmischen, mengen, mixen, vermengen, vermischen, verquirlen, verrühren, zusammenschütten, durcheinander würfeln, durcheinander werfen
5492 Mischgetränk
Cocktail, Drink, Mixgetränk
5493 Mischling
Bastard, Halbblut, Mestize, Mulatte
5494 Mischung
Mittelding, Zwischending •Durcheinander, Emulsion, Gemenge, Konglomerat
5495 miserabel
mangelhaft, minderwertig, stümperhaft •bescheiden, kärglich, unzureichend •gemein, infam, schnöde, schofel, schuftig
5496 missachten
ignorieren, verachten, verschmähen, zurückweisen, gering achten, gering schätzen •benachteiligen, diskriminieren, zurücksetzen •abweichen, übertreten, zuwiderhandeln
5497 Missachtung
Abneigung, Abscheu, Geringachtung, Verächtlichmachung, Verachtung •Diskriminierung, Herabwürdigung, Verächtlichmachung
5498 Missbildung
Fehlkonstruktion •Abnormität, Auswuchs, Misswuchs, Schaden
5499 Missbrauch
Vergeudung, Verschwendung •Entehrung, Schändung, Vergewaltigung
5500 missfallen
abstoßen, ekeln, verdrießen, widerstreben
5501 missgebildet
bucklig, entstellt, fehlerhaft, missförmig, unansehnlich, unförmig, verunstaltet, verwachsen
5502 Missgeburt
Fehlgeburt •Invalide, Körperbehinderter, Krüppel, Missbildung, Versehrter •Missgestalt, Wechselbalg, Wechselkind
5503 missglücken
danebengehen, fehlschlagen, misslingen, quergehen, s. zerschlagen, zusammenbrechen
5504 missglückt
fehlgeschlagen, fruchtlos, unnütz, verfehlt, vergeblich
5505 Missionar
Prediger, Verkündiger, Vorkämpfer •Apostel, Glaubensbote
5506 missklingen
ächzen, jaulen, misstönen, quietschen
5507 missraten
danebengehen, danebengeraten, missglücken •fehlgeschlagen, misslungen •ungesittet, ungezogen
5508 Misstrauen
Arglist, Argwohn, Bedenken, Befürchtung, Egoismus, Eifersucht, Hintergedanke, Hintergedanken, Hinterhältigkeit, Missgunst, Neid, Scheelsucht, Skepsis, Übelwollen, Ungläubigkeit, Unwahrheit, Verdacht, Vermutung, Verschlagenheit, Vorbehalt, Zweifel
5509 Missvergnügen
Überdruss, Unbehagen, Verdrossenheit, Verstimmtheit
5510 Missverhältnis
Gegensatz, Kontrast, Widerspruch •Abnormität, Normwidrigkeit, Regelwidrigkeit, Ungleichgewicht, Unterschiedlichkeit, Verschiedenartigkeit
5511 Missverständnis
Auseinandersetzung, Konflikt, Missklang, Scharmützel, Streitigkeit, Zusammenstoß •Fehldeutung, Irrtum, Verwechslung
5512 missverstehen
s. irren, missdeuten, s. täuschen, verkennen

5513 Misswirtschaft
Hudelei, Lotterwirtschaft, Schlamperei, Schlendrian, Stümperei •Durcheinander, Unordnung
5514 Mist
Dünger, Stalldünger, Stallmist •Blödsinn, Nonsens, Quatsch •Ausschussware, Gerümpel, Kram, Krempel, Plunder, Ramsch, Schund, Trödel, Unrat
5515 mit
beisammen, einbegriffen, einschließlich, inklusive •durch, per
5516 Mitarbeit
Abhilfe, Arbeitsteilung, Assistenz, Beistand, Beitrag, Dienstleistung, Handreichung, Hilfsdienst, Kooperation, Mitwirkung, Teamarbeit, Zusammenarbeit •Assistenz, Aushilfe, Befreiung, Dazutun, Dienst, Dienstleistung, Hilfsdienst •Abhilfe, Aushilfe, Dienst, Dienstleistung, Hilfestellung, Mitwirkung, Zutun
5517 Mitbestimmung
Mitbestimmungsrecht, Mitspracherecht
5518 Mitbewohner
Hausgenosse, Insasse, Untermieter
5519 miteinander
gemeinschaftlich, kollektiv, kooperativ
5520 mitfühlen
s. angleichen, s. anpassen, bedauern, bemitleiden, dauern, s. einfügen, s. einleben, s. richten, s. unterordnen •begreifen, s. hineinversetzen, mitempfinden, nachempfinden, nacherleben, nachfühlen, nachvollziehen, teilnehmen
5521 mitgehen
s. anschließen, begleiten, mitkommen
5522 mitgenommen
abgehetzt, abgespannt, gerädert, überfordert, urlaubsreif, halb tot
5523 mithin
also, dadurch, daher, darum, deshalb, deswegen, folglich, insofern, somit
5524 mitkommen
begleiten, mitgehen •begreifen, verstehen
5525 mitleidig
anteilnehmend, empfindend, erbarmungsvoll, gefühlvoll, gnädig, mitfühlend, rücksichtsvoll, teilnehmend, warmfühlend, zart fühlend
5526 mitleidlos
desinteressiert, gleichgültig, teilnahmslos •gehässig, schadenfroh •abgebrüht, rücksichtslos
5527 mitmachen
s. beteiligen, mitarbeiten, teilnehmen, dabei sein
5528 Mitmensch
Bruder, Mitbürger, Nachbar, Zeitgenosse
5529 mitmenschlich
anteilnehmend, human, menschlich
5530 mitnehmen
aufregen, ermüden, erschöpfen •abnehmen, s. aneignen, bestehlen, fälschen, hinterziehen, täuschen, unterschlagen, veruntreuen
5531 mitreißen
abschwemmen, abtragen •begeistern, entflammen, hinreißen
5532 Mitschüler
Klassenkamerad, Kollege, Schulkamerad
5533 mitspielen
mithalten, mitwirken, mitziehen
5534 Mitteilung
Ankündigung, Anzeige, Benachrichtigung, Bescheid, Eröffnung, Erwähnung, Information, Offenbarung, Offenheit, Übermittlung →Anruf, Brief, Fax, Telegramm •Mahnung, Protoköllchen, Verwarnung, Verweis, Warnung

5535 Mittel
Handhabe, Werkzeug •Durchschnitt, Mittelmaß, Querschnitt •Hilfsmittel, Prothese •Bargeld, Geld, Vermögen •Ausrüstung, Ersatz, Gebrauchsgegenstände, Gerät, Gerätschaften, Hilfsmittel, Hilfswerkzeug, Requisit, Rüstzeug, Utensilien, Zubehör

5536 mitziehen
mithalten, mitspielen, unterstützen •s. anschließen, mitlaufen

5537 mixen
anrühren, durchmengen, durchmischen, vermengen, vermischen

5538 Mixer
Barkeeper, Barmixer •Handquirl •Mixbecher, Shaker

5539 Mixtur
Gemenge, Lösung, Mischung, Tinktur •Arzneimittel, Medizin

5540 Möbel
Ausstattung, Eigentum, Einrichtung, Einrichtungsgegenstände, Hausrat, Inventar, Lagerbestand, Möbelstück, Mobiliar, Wohnungseinrichtung

5541 mobil
agil, betriebsam, geschäftig, rege •fahrbar, tragbar

5542 mobilisieren
aktivieren, anstacheln •ausheben, einziehen, mobilmachen, rekrutieren •aufbieten, aufwenden, hineinstecken

5543 Mode
Aktualität, Allgemeingeschmack, Fortschritt, Gepflogenheit, Gewohnheit, Neuheit, Novität, Tagesgeschmack, Zeiterscheinung, Zeitgeist, Zeitgeschmack

5544 Model
Schablone, Wachsmodel •Fotomodell, Mannequin

5545 Modell
Dressman, Vorführmann •Kreation, Modellkleid, Modeschöpfung •Fotomodell, Mannequin, Vorführdame •Dessin, Muster, Vorlage

5546 modern
aktuell, fortschrittlich, hochmodern, in, modisch, neuartig, neuzeitlich, progressiv, zeitgemäß •faulen, rotten, schimmeln, verderben, verfaulen, verwesen •fesch, in, modisch, schick

5547 Modistin
Hutmacherin, Putzmacherin

5548 Modulation
Aussprache, Betonung, Klang •Änderung, Umwandlung, Veränderung

5549 Modus
Gattung, Genre, Typ •Art, Gewohnheit, Weise

5550 mogeln
betrügen, fälschen, überlisten

5551 mögen
wollen, wünschen, gern haben

5552 mögen (s.)
s. gern haben, s. lieben, s. verstehen, s. vertragen

5553 Möglichkeit
Mittel, Weg •Chance, Glück •Annahme, Aussicht, Ermessen, Erwartung, Glaubhaftigkeit, Mutmaßung, Vermutung, Wahrscheinlichkeit

5554 Molkerei
Meierei, Milchverarbeitungsbetrieb, Milchwirtschaft

5555 mollig
angenehm, gemütlich, heimelig •dicklich, füllig, kräftig, pausbäckig, pummelig, rundlich, wohlbeleibt

5556 Monarchie
Alleinherrschaft, Königsherrschaft

5557 Monarchin
Alleinherrscherin, Königin, Souverän

5558 Mönch
Bruder, Frater, Klosterbruder, Ordensbruder, Ordensmann, Pater •Einsiedler, Eremit •Anfänger, Neuling, Novize
5559 Mönchsleben
Askese, Einsiedlerleben, Weltabgeschiedenheit
5560 Mond
Erdbegleiter, Himmelskörper, Trabant
5561 mondän
elegant, exklusiv, extravagant, modisch, weltmännisch
5562 mondsüchtig
nachtwandlerisch, schlafwandlerisch, somnambul
5563 Mondsüchtiger
Nachtwandler, Schlafwandler, Somnambuler
5564 monochrom
einfarbig, uni
5565 Monopol
Alleinanspruch, Alleinrecht, Patentanspruch
5566 Monotonie
Einförmigkeit, Eintönigkeit, Langeweile
5567 Montage
Aufbau, Einbau, Einrichtung, Einsetzung, Installation, Zusammenbau
5568 montieren
anschließen, einbauen, einrichten, installieren, zusammenbauen, zusammensetzen •anbringen, anmontieren, festmachen
5569 Mopp
Handbesen, Kehrbesen, Staubbesen
5570 Moral
Ethik, Handlungsregeln, Sittenlehre, Sittlichkeit, Tugendhaftigkeit, Wertmaßstäbe
5571 Mörder
Killer, Täter
5572 mörderisch
furchtbar, schlimm •bestialisch, blutig, grausam •hoch, rasend
5573 Mörser
Geschützwaffe •Schroter, Stampfer, Stampfgefäß
5574 Mörtel
Baustoff, Putz →Kalkmörtel, Putzmörtel, Zementmörtel
5575 motivieren
begründen, überzeugen •aktivieren, animieren, anstacheln, beeinflussen, beflügeln, beleben, entflammen, ermuntern, initiieren
5576 Motor
Kraftquelle, Triebwerk •Anreger, Initiator, Schöpfer •Antrieb, Dynamik, Triebkraft
5577 Motorrad
Feuerstuhl, Krad, Maschine, Motorroller
5578 Mücke
Brumme, Brummer, Fliege, Schmeißfliege •Moskito, Schnake, Stechmücke
5579 müde
ermüdet, ruhebedürftig, schlafbedürftig, schläfrig, schlaftrunken, übernächtigt, unausgeschlafen, verschlafen •ermattet, ermüdet, geschafft, mitgenommen, schläfrig, todmüde, überanstrengt, überlastet, übermüdet
5580 Müdigkeit
Abspannung, Bettschwere, Ermüdung, Schläfrigkeit
5581 mühelos
bequem, kinderleicht, narrensicher
5582 Mühelosigkeit
Ausführbarkeit, Bequemlichkeit, Kinderspiel, Lösbarkeit
5583 Mühle
Wassermühle, Windmühle •Altauto, Schrottfahrzeug
5584 Mulatte
Bastard, Halbblut, Mischling
5585 Müllabfuhr
Entsorgung, Sperrgutabfuhr

5586 Müllplatz
Abraumhalde, Autofriedhof, Deponie, Kippe, Müllabladeplatz, Müllhalde, Müllkippe, Schrotthaufen, Schrottplatz, Schuttabladeplatz, Schutthalde, Schuttplatz •Endlager •Entsorgungspark, Recyclinghof, Wertstoffhof
5587 Müllverwertung
Aufbereitung, Entsorgung, Recycling, Wiederaufbereitung, Wiederverwertung •Beseitigung, Vernichtung
5588 Multimedia [Multi-Media]
elektronischer Medienverbund, elektronischer Medienzusammenschluss, elektronisches Mediensystem
5589 Multiplikation
Malnehmen, Vervielfachung
5590 multiplizieren
malnehmen, vervielfachen
5591 Mumie
Leiche, Leichnam, sterbliche Hülle, irdische Hülle, Verstorbene
5592 mundartlich
dialektisch, regional, umgangssprachlich
5593 Mündel
Schutzbefohlener, Schützling
5594 münden
s. begegnen, einfließen, einmünden, hineinfließen, zufließen, zusammenfließen
5595 mündig
ausgewachsen, entwickelt, erwachsen, flügge, großjährig, reif, volljährig •aufgeklärt, reif, wissend
5596 Mündigkeit
Ehefähigkeit, Heiratsalter, Volljährigkeit •Aufgeklärtheit, Reife
5597 mündlich
persönlich, verbal
5598 Mündung
Delta, Flussdelta, Flussmündung, Schlauchmündung, Trichtermündung
5599 Mundwerk
Mund →Dreckschleuder, Gosche, Gusche, Klappe, Kodderschnauze, Rand, Schandmaul, Schandschnauze, Schnabel, Schnute
5600 munter
albern, aufgedreht, aufgelegt, aufgeweckt, ausgelassen, beschwingt, lebendig, lebhaft, mobil, obenauf, temperamentvoll, übermütig, überschäumend, ungebärdig, ungestüm, vital, wild •auf, aufgestanden, ausgeruht, ausgeschlafen, hellwach, ruhelos, schlaflos, unruhig, wach •ausgeruht, erfrischt, erholt, erstarkt, frisch, gestärkt, leistungsfähig
5601 mürbe
bröckelig, morsch, spröde •butterweich, krümelig •demoralisiert, entnervt, widerstandslos
5602 Mure
Bergrutsch, Gesteinsstrom, Schlammstrom
5603 murmeln
brummen, flüstern •blubbern, gluckern, gurgeln
5604 murren
s. aufbäumen, s. auflehnen, bocken, brummen, s. erheben, knurren, maulen, rebellieren, schmollen, s. sträuben, trotzen, s. widersetzen
5605 Museum
Ausstellungsgebäude →Biermuseum, Freilichtmuseum, Galerie, Glasmuseum, Heimatmuseum, Kunsthalle, Kunstsammlung, Naturkundemuseum, Pinakothek, Puppenmuseum, Schulmuseum, Stadtmuseum, Weinmuseum, Historisches Museum
5606 Musik
Klangwelt, Tonkunst, Tonreich →Barockmusik, Blasmusik, Blechmusik, Chormusik, Countrymusic, Folklore, Instrumentalmusik, Jazz, Kammermusik, Kirchenmusik, Kla-

viermusik, Orchestermusik, Orgelmusik, Popmusik, Renaissancemusik, Rokokomusik, Streichmusik, Unterhaltungsmusik, Vokalmusik, Volksmusik, Zwölftonmusik, frühchristliche Musik, klassische Musik, mittelalterliche Musik, moderne Musik, neue Musik, romantische Musik, elektronische Musik, geistliche Musik •Band, Kapelle, Musikgruppe, Musikkapelle, Tanzkapelle •Musikwerk •Abendmusik, Nachtmusik, Nocturno, Serenade, Soiree, Ständchen

5607 musikalisch
begnadet, kreativ, musikbegabt, schöpferisch

5608 Musikbox
Jukebox, Musikautomat

5609 Musikveranstaltung
Abendmusik, Aufführung, Konzert, musikalische Veranstaltung →Chorkonzert, Jazzkonzert, Kammerkonzert, Kammermusik, Kirchenkonzert, Konzertabend, Kurkonzert, Liederabend, Matinee, Militärkonzert, Orchesterkonzert, Passionsmusik, Promenadenkonzert, Rockkonzert, Serenadenkonzert, Sinfoniekonzert, Solistenkonzert, Ständchen

5610 musisch
feinsinnig, künstlerisch, kunstsinnig

5611 musizieren
aufspielen, spielen →begleiten, blasen, dudeln, fantasieren, fideln, geigen, hämmern, improvisieren, klimpern, orgeln, schlagen, streichen, umrahmen, untermalen, zupfen, auswendig spielen

5612 muskulös
athletisch, drahtig, kraftstrotzend, sportlich

5613 Muss
Drohung, Fessel, Knechtschaft, Nötigung, Zwang •Befehl, Drang, Pflicht

5614 Muße
Arbeitsschluss, Feierabend, Ferien, Mußestunde, Mußezeit •Beschaulichkeit, Freizeit, Stille

5615 müssen
obliegen, sollen, zollen

5616 müßig
bequem, faul, träge •sinnlos, überflüssig, umsonst, vergebens

5617 Muster
Auswahl, Musterkollektion, Musterstück, Palette, Sortiment, Warenangebot, Warenprobe •Dessin, Musterzeichnung, Schablone, Vorlage •Wasserzeichen

5618 Mustergültigkeit
Fehlerlosigkeit, Makellosigkeit, Untadelhaftigkeit, Vollkommenheit

5619 musterhaft
dankenswert, löblich, rühmlich, tugendhaft, verdienstvoll

5620 Musterknabe
Musterschüler, Tugendbold, Unschuldsengel

5621 mustern
ansehen, betrachten, durchmustern, fixieren, inspizieren

5622 Musterung
Durchsicht, Kontrolle, Sichtung, Tauglichkeitsprüfung

5623 Mut
Beherztheit, Courage, Draufgängertum, Dreistigkeit, Entschlossenheit, Forschheit, Furchtlosigkeit, Heldenhaftigkeit, Heldentum, Heroismus, Kühnheit, Löwenmut, Mannesmut, Mannhaftigkeit, Mumm, Schneid, Tapferkeit, Tollkühnheit, Übermut, Unerschrockenheit, Unverzagtheit, Vermessenheit, Wagemut, Waghalsigkeit, Zivilcourage •Ansporn, Aufschwung, Auftrieb, Ermutigung

5624 mutig
aggressiv, angriffslustig, ausgelassen, beherzt, couragiert, draufgängerisch, engagiert, forsch, furchtlos, gefährlich, gewagt, tollkühn,

halsbrecherisch, heldenhaft, heldenmütig, heroisch, kämpferisch, kriegerisch, kühn, mannhaft, provokant, resolut, tapfer, tatkräftig, todesmutig, unerschrocken, unverzagt, vermessen, verwegen, wagemutig, waghalsig, zänkisch, zanksüchtig, zielbewusst

5625 mutmaßen
ahnen, annehmen, argwöhnen, befürchten, deuchten, erahnen, erwarten, meinen, schwanen, spekulieren, spüren, vermuten, vorahnen, vorausahnen, vorherfühlen, vorhersehen

5626 mysteriös
abstrus, dunkel, geheimnisumwittert, magisch, rätselhaft, unbegreiflich, undurchschaubar, undurchsichtig, unerklärlich, unfassbar

5627 Mysterium
Geheimnis, Rätsel •Mirakel, Phänomen, Übersinnliches

5628 mythisch
geheimnisvoll, legendär, sagenumwoben

5629 Mythologie
Götterdichtung, Göttersage, Gottheitsahnung, Mythos, Volksglaube

N

5630 nach
entsprechend, gemäß, laut •danach, nachfolgend, nachher

5631 Nachahmer
Kopist, Plagiator •Epigone, Imitator, Nachbeter

5632 nacharbeiten
aufarbeiten, aufholen, nachlernen, nachziehen

5633 nachdenklich
bedrückt, bekümmert, besorgt, unruhig •gedankenvoll, grüblerisch, tiefsinnig

5634 Nachdruck
Bestimmtheit, Eindringlichkeit, Energie, Entschiedenheit, Inständigkeit •Bedeutung, Gewicht, Wichtigkeit •Herausgabe, Neuauflage, Reprint •Ausdrücklichkeit, Bestimmtheit, Unmissverständlichkeit

5635 Nachfolge
Anreihung, Aufeinanderfolge •Erbe

5636 nachfolgen
s. anschließen, hinterhergehen, nachkommen •nacheifern, nachleben, nachmachen, nachstreben

5637 Nachfolger
Erbe, Hinterbliebene, Nachkomme •Juniorchef, Thronfolger •Deszendent, Nachkomme, Spross

5638 Nachforschung
Ausforschen, Erkundung, Ermittlung, Fahndung, Nachprüfung, Recherche, Sondierung, Suche, Umfrage, Untersuchung

5639 Nachfrage
Bedarf, Kaufinteresse •Auskundschaftung, Erhebung

5640 nachgeben
erhören, gewähren, tolerieren, zulassen •s. biegen, s. dehnen •s. anpassen, s. ergeben, s. fügen, s. unterordnen, zurückstecken, zurückweichen

5641 nachgehen
ermitteln, eruieren, nachforschen •nachfolgen, nachschleichen

5642 Nachgeschmack
Beigeschmack •Nachhall, Nachklang

5643 nachgiebig
biegsam, dehnbar, elastisch •einordnungsbereit, einordnungswillig •bereit, gefügig, gewillt, gutherzig, gutmütig, gutwillig, willfährig, willig

5644 Nachgiebigkeit
Gefügigkeit, Lenksamkeit, Versöhnlichkeit •Bereitwilligkeit, Einordnungsbereitschaft, Kollegialität, Kooperation, Teamgeist

5645 nachholen
aufarbeiten, aufholen, wettmachen, wiederholen

5646 Nachhut
Nachkömmling, Nachzügler, Schlusslicht

5647 nachkommen
einlösen, entsprechen, erfüllen •s. anschließen, hinterherkommen, nachfolgen

5648 Nachkommenschaft
Familie, Kindersegen, Nachwuchs

5649 Nachlass
Erbe, Hinterlassenschaft, Vermächtnis •Angebot, Ermäßigung, Herabsetzung, Minderung, Preisabschlag, Preisnachlass, Preissenkung, Rabatt, Verbilligung

5650 nachlassen
dalassen, hinterlassen, überlassen, überschreiben, vermachen, zurücklassen •abebben, abklingen, s. abschwächen, erlöschen, verebben •ermäßigen, heruntersetzen, verbilligen •regredieren, s. verschlechtern, rückwärts gehen •abebben, abflauen, erlahmen •ermatten, ermüden, erschlaffen, erschöpfen •stagnieren, stocken •entschwinden, verfliegen, verstreichen

5651 nachlässig
achtlos, beiläufig, flüchtig, gedankenlos, leichtfertig, leichthin, liederlich, oberflächlich, schlampig, schludrig, sorglos, unachtsam, unbedacht, unkorrekt •burschikos, formlos, nonchalant, salopp, ungezwungen, unzeremoniell

5652 Nachlässigkeit
Achtlosigkeit, Eigenmächtigkeit, Flüchtigkeit, Gedankenlosigkeit, Oberflächlichkeit, Pflichtvergessenheit, Unordentlichkeit, Unverantwortlichkeit •Hudelei, Misswirtschaft, Schlamperei, Schlendrian, Unordnung

5653 nachlaufen
beschatten, nachspionieren •nachsteigen, umwerben •folgen, hinterherlaufen, verfolgen

5654 Nachrede
Beschuldigung, Denunziation, Fama, Klatsch, Tratsch •Gedächtnisrede, Gedenkrede, Nachruf

5655 nachreden
nachbeten, nachplappern, nachsprechen •denunzieren, diffamieren, herabsetzen, verleumden, schlecht machen

5656 Nachricht
Ankündigung, Anmeldung, Ansage, Bekanntgabe, Bekanntmachung, Bescheid, Botschaft, Meldung, Mitteilung, Neuigkeit •Antwort, Auskunft, Bescheid, Information

5657 Nachsatz
Anhang, Beifügung, Nachschrift, Postskript

5658 Nachschlagewerk
Enzyklopädie, Handbuch, Kompendium, Lexikon, Sammelwerk, Lehrbuch, Leitfaden, Ratgeber, Schulbuch •Wörterbuch, Wörterverzeichnis, Wortsammlung, Wortschatzsammlung, Wortverzeichnis →Antonymwörterbuch, Aussprachewörterbuch, Dialektwörterbuch, Fachwörterbuch, Fremdsprachenwörterbuch, Fremdwörterbuch, Gesamtwörterbuch, Mundartwörterbuch, Namensammlung, Schülerwörterbuch, Synonymwörterbuch, Wortauswahlwörterbuch •Thesaurus

5659 Nachschub
Proviant, Versorgung

5660 *nachsehen*
nachlesen, nachschlagen •hinterhersehen, nachblicken, nachschauen •checken, durchsehen, kontrollieren, nachprüfen, revidieren, testen, s. vergewissern

5661 *Nachsicht*
Duldsamkeit, Geduld, Schonung, Toleranz •Entschuldigung, Vergebung, Verzeihung

5662 *nachsichtig*
duldsam, geduldig, verständnisvoll, weitherzig

5663 *nachsitzen*
brummen, nacharbeiten, dableiben

5664 *Nachspeise*
Dessert, Nachtisch, Süßspeise →Eis, Flammeri, Gelee, Götterspeise, Kompott, Panaschee, Pudding, Wackelpeter, Creme [Krem(e)]

5665 *Nachspiel*
Folge, Nachwirkung •Ausklang, Epilog, Schlussakkord, Schlusswort

5666 *nachstellen*
justieren, regulieren, reparieren •nachsteigen, umwerben

5667 *nachsuchen*
anfragen, beantragen •absuchen, auskundschaften, ermitteln, nachforschen, nachspüren, recherchieren

5668 *Nachteil*
Fehlschlag, Kehrseite, Mangel, Manko, Verlust

5669 *nachteilig*
abträglich, misslich, schädlich, unwirtschaftlich, unzweckmäßig, verlustreich, widrig

5670 *Nachtgeschirr*
Hafen, Nachttopf

5671 *Nachtgewand*
Nachthemd, Pyjama, Schlafanzug

5672 *Nachtkästchen*
Nachtschränkchen, Nachttisch

5673 *Nachtlokal*
Bar, Disco, Disko, Diskothek, Nachtclub [Nachtklub], Nightclub [Nightklub]

5674 *nachtragen*
dazutun, ergänzen, komplettieren, vervollständigen •verübeln, zürnen, übel nehmen

5675 *nachts*
nächtens, nächtlicherweile, bei Nacht, bei Dunkelheit, zur Nachtzeit

5676 *nachtwandlerisch*
instinktiv, intuitiv, sicher •mondsüchtig, somnambul

5677 *nachvollziehen*
s. einfühlen, ermessen, nacherleben

5678 *Nachwehen*
Auswirkung, Ergebnis, Frucht, Konsequenz, Nachspiel, Nachwirkung, Wirkung •Beschwerden, Schmerzen

5679 *nachweinen*
nachjammern, nachtrauern, vermissen

5680 *Nachweis*
Attest, Beglaubigung, Bestätigung •Begründung, Rechtfertigung, Richtigkeitserweis

5681 *nachweisbar*
aktenkundig, belegbar, urkundlich

5682 *nachweisen*
ableiten, aufzeigen, beweisen, dokumentieren, untermauern

5683 *nachziehen*
aufholen, wettmachen, gleichziehen •festschrauben, festziehen

5684 *Nacken*
Genick, Hals

5685 *nackt*
ausgezogen, entblößt, enthüllt, entkleidet, hüllenlos, kleidungslos, splitternackt, unbedeckt, unbekleidet, unverhüllt •topless •ungeschminkt, wirklich •kahl →blattlos, federlos, haarlos

5686 Nacktbadestrand
FKK-Gelände, FKK-Strand, Naturistenstrand, Nudistenstrand
5687 Nadel
Haarnadel •Nähnadel, Stecknadel •Fichtennadel, Kiefernnadel, Tannennadel •Agraffe, Brosche, Schmuckspange, Spange
5688 Nadelgehölze
Koniferen, Nadelhölzer, Zapfenträger
5689 Nadelöhr
Nadelloch, Öhr •Engstelle
5690 Nagel
Fingernagel, Fußnagel •Eisennagel →Drahtnagel, Drahtstift, Stift
5691 nageln
annageln, befestigen, einklopfen, hämmern
5692 nagen
anbeißen, beißen, knabbern
5693 nahe
eng, innig, nahe stehend •daneben, nebenbei
5694 Nähe
Nachbarschaft, Umgebung, Umkreis •Anwesenheit, Berührung, Kontakt
5695 nahen
ankommen, anmarschieren, anrücken, eintreffen, erscheinen, herankommen, s. nahen, s. nähern •aufkommen, bevorstehen, drohen, herannahen, heranrücken, heraufziehen
5696 nähen
anfertigen, schneidern •flicken, steppen, zusammennähen
5697 nähern
eintreffen, entgegengehen, nahen, näher kommen
5698 nähern (s.)
s. ähneln, s. gleichen, nachgeraten •s. annähern, s. nahe kommen, s. näher kommen •ansprechen, dazutreten, herantreten, s. nähern, vorsprechen •s. heranmachen, s. heranschleichen •aufziehen, kommen
5699 nähren
füttern, säugen, stillen •bewirten, ernähren •anheizen, schüren, steigern
5700 nahrhaft
gehaltvoll, kalorienreich, nährstoffreich
5701 Naht
Abschluss, Rand →Saumnaht, Steppnaht, Strumpfnaht
5702 nahtlos
einwandfrei, fugenlos, übergangslos
5703 Name
Fabrikmarke, Handelsmarke •Beiname, Kosename, Neckname, Rufname, Scherzname, Spitzname, Spottname, Taufname, Vorname •Familienname, Geburtsname, Mädchenname, Zuname •Deckname, Künstlername, Pseudonym, Scheinname •Beiname, Eigenname, Familienname, Geburtsname, Nachname, Personenname, Vatername, Zuname
5704 namenlos
anonym, inkognito, unbekannt, ungenannt •außerordentlich, horrend, unsagbar, unsäglich
5705 nämlich
bekanntlich, folgendermaßen •darum, denn, weil
5706 Narbe
Mal, Schmarre, Schmiss, Wundmal
5707 narbig
blatternarbig, verunstaltet, zerklüftet
5708 Narkose
Anästhesie, Betäubung, Schmerzbetäubung, Schmerzunterdrückung
5709 Narr
Anfänger, Grünhorn •Dummkopf, Hanswurst, Tollpatsch, Tölpel, Tor •Bajazzo, Clown, Eulenspiegel, Fastnachtsnarr, Faxenmacher, Hanswurst, Harlekin, Hofnarr, Hofzwerg, Jeck, Kasper, Komiker,

Komödiant, Possenmacher, Possenreißer, Schalk, Schelm, Spaßmacher, Spaßvogel, Witzbold

5710 narren
anführen, foppen, necken, verkohlen, verulken

5711 närrisch
durchgedreht, verdreht, verrückt •toll, überspannt, überspitzt •burlesk, drollig, komisch, possenhaft, spaßig, ulkig •albern, lächerlich

5712 naschen
probieren, schlecken, schnabulieren

5713 naschhaft
feinschmeckerisch, leckermäulig, vernascht

5714 Nase
Gesichtsteil, Riecher, Riechorgan →Adlernase, Hakennase •Nüstern, Rüssel, Zinken •Geruchsempfindung, Geruchssinn •Empfinden, Gespür •Vorsprung

5715 näseln
nuscheln, schnüffeln

5716 nass
dumpf, durchnässt, durchweicht, feucht, klamm, regennass, triefend, triefnass, tropfnass •begossen, bewässert •humid, niederschlagsreich, regnerisch, verregnet •tränennass

5717 nässen
anfeuchten, benässen, benetzen

5718 national
heimatverbunden, patriotisch, vaterlandsliebend

5719 Nationalgefühl
Heimatliebe, Patriotismus, Vaterlandsliebe

5720 Nationalität
Staatsangehörigkeit, Volkszugehörigkeit

5721 natur
bio, echt, natürlich, rein, ungespritzt

5722 Natur
Charakter, Individualität, Naturell, Veranlagung, Wesensart •Naturreich, Schöpfung, Umwelt

5723 natürlich
authentisch, original, unmittelbar, unverfälscht, ursprünglich •gradlinig, kunstlos, phrasenlos, schlicht, schmucklos •biologisch, naturgemäß, naturkundlich, organisch •entspannt, familiär, formlos, leger, ungeniert, unzeremoniell •freilich, zweifellos •selbstverständlich

5724 Natürlichkeit
Gelöstheit, Lässigkeit, Unbefangenheit, Ungezwungenheit •Echtheit, Einfachheit, Schlichtheit

5725 naturverbunden
bodenständig, erdgebunden, ursprünglich

5726 Nebel
Brodem, Dampf, Fog, Nebelschleier, Smog, Trübung

5727 nebelhaft
rätselhaft, schleierhaft, unklar, unsicher, unübersichtlich

5728 neben
ausgenommen, ohne •bei, daneben, nahe

5729 nebenan
angrenzend, bei, beisammen, daneben

5730 nebeneinander
beieinander, beisammen, parallel, seitlich, zusammen

5731 Nebensache
Bagatelle, Belanglosigkeit, Lächerlichkeit, Nebensächlichkeit, Unwichtigkeit •Beiwerk, Staffage

5732 neblig
diesig, getrübt, trübe

5733 Neffe
Bruderkind, Schwesterkind

5734 negativ
abträglich, nachteilig, ungünstig •erfolglos, missglückt, vergebens, vergeblich, wirkungslos •ablehnend, abschlägig, verneinend

5735 Neger
Afrikaner, Farbiger, Mohr, Schwarzer

5736 nehmen
einnehmen, essen •einnehmen, entern •annehmen, entgegennehmen •erfassen, ergreifen •abjagen, entwenden, fortnehmen, wegnehmen •benötigen, benutzen, gebrauchen •einkassieren, stehlen

5737 neiden
beneiden, missgönnen, nicht gönnen, scheel sehen

5738 Neider
Giftnudel, Giftzahn, Nebenbuhler, Schielauge

5739 neidisch
eifersüchtig, missgünstig, neiderfüllt, selbstsüchtig

5740 Neige
Rest, Rückstand, Überbleibsel

5741 neigen
beugen, bücken, senken •abbiegen, lehnen

5742 Neigung
Abfall, Abschüssigkeit, Gefälle, Schiefe, Schiefheit, Schräge, Schrägheit, Schräglinie, Steile •Faible, Hang, Schwäche, Veranlagung, Vorliebe

5743 Nektar
Ambrosia, Götterspeise •Fruchtnektar, Fruchtsaft, Obstsaft

5744 nennen
benennen, betiteln, bezeichnen, rufen •anführen, angeben, erwähnen

5745 nennenswert
beachtlich, bedeutsam, bemerkenswert, erwähnenswert

5746 Nerv
Empfindung •Blattader, Blattrippe •Gespür, Sinn

5747 nerven
anmachen, ärgern, aufregen, aufwühlen, behelligen, belästigen, beleidigen, plagen, quälen

5748 Nervosität
Aufgeregtheit, Aufregung, Betriebsamkeit, Beunruhigung, Erregbarkeit, Getriebensein, Hast, Hektik, Hochspannung, Rastlosigkeit, Ruhelosigkeit, Spannung, Überreizung, Ungeduld, Unrast, Unruhe, Unstetigkeit •Nervenschwäche, Reizbarkeit, Spannung •Erregung, Lampenfieber

5749 Nest
Schlupfloch, Zuflucht •Ansiedlung, Dorf, Kaff, Marktflecken, Ort, Ortschaft, Siedlung •Adlerhorst, Brutplatz, Brutstelle, Horst, Nistplatz, Vogelnest

5750 Nesthäkchen
Benjamin, Jüngstes, Kleinstes, Schoßkind

5751 nett
ansehnlich, stattlich •entgegenkommend, gefällig, reizend, sympathisch •anziehend, attraktiv, bezaubernd, liebenswert, reizvoll, toll •behaglich, gemütlich, wohlig

5752 Netz
Fangnetz, Fischernetz, Fischreuse, Reuse •Drahtgeflecht, Flechtwerk, Maschenwerk •Datennetz, Internet, Network, Netzwerk, Rechnernetz, Vernetzung, elektronische Übertragung •Mobilfunknetz, Telefonnetz

5753 neu
frisch, neuwertig, unberührt, ungebraucht, ungenutzt •aktuell, modern, modisch •anders, erneuert, renoviert, restauriert, saniert, umgestaltet, umgewandelt, verändert, verwandelt, wiederhergestellt •anders, fremd, unbekannt •unerfahren, unkundig, unwissend •abermals, erneut, wiederum •erstmalig, modern, neuartig, progressiv, umwälzend, unkonventionell

5754 Neuerscheinung
Neuheit, Novität •Abdruck, Faksimile, Nachdruck, Neuauflage, Neufassung, Reprint
5755 Neugier
Forschertrieb, Indiskretion, Neugierde, Sensationslust, Ungeduld, Wissensdrang •Dramatik, Gespanntheit, Neugierde, Spannung, Ungeduld, Vorfreude
5756 neugierig
schaulustig, sensationslüstern, ungeduldig, wissbegierig, wissensdurstig
5757 Neuheit
Neuerscheinung, Neuerung, Novität
5758 Neuland
Unbestimmtheit, Ungewissheit •Marschland, Schwemmland •Neues, Unbekanntes
5759 nicht
keinesfalls, keineswegs, nein, nie, niemals
5760 Nichte
Bruderkind, Schwesterkind
5761 nichtehelich
außerehelich, unehelich, vorehelich
5762 nicken
grüßen, zunicken •begrüßen, bejahen, zustimmen •einnicken, einschlafen
5763 nieder
gemein, niveaulos, ordinär •abwärts, hinab, hinunter •ebenerdig, niedrig
5764 Niedergang
Katastrophe, Rückwärtsentwicklung, Zerfall, Zusammenbruch
5765 niedergeschmettert
entgeistert, entsetzt, fassungslos, platt, sprachlos, verdutzt •deprimiert, mutlos, niedergeschlagen •müde
5766 niederkommen
entbinden, gebären, kreißen
5767 Niederlage
Bankrott, Fiasko, Pech, Ruin •Besiegung, Bezwingung, Schlappe
5768 niederlassen
einbürgern, einwandern, siedeln •ausruhen, rasten •herablassen, senken
5769 Niederlassung
Agentur, Außenstelle, Filiale, Zweigstelle •Ansiedlung, Kolonie, Siedlung
5770 niederlegen
aufzeichnen, niederschreiben •aufgeben, quittieren •betten, hinlagern •ablegen, deponieren
5771 niederreißen
abreißen, beseitigen, einreißen, schleifen
5772 Niederschlag
Ablagerung, Bodensatz, Sediment •Gewitterguss, Hagel, Regen, Schnee •Knockdown, Knock-out [Knockout]
5773 niederschlagen
absetzen, absondern, sintern •unterbinden, unterdrücken, vereiteln •niederschmettern, zusammenschlagen
5774 niedersetzen (s.)
s. hinsetzen, s. niederlassen
5775 Niedertracht
Boshaftigkeit, Gehässigkeit, Heimtücke, Hinterlist, Infamie, Schikane, Schurkerei, Teufelei
5776 niederwerfen
besiegen, überwältigen •niederschlagen, unterbinden, lahm legen
5777 niedlich
bezaubernd, entzückend, gewinnend, liebenswert, reizvoll, sympathisch
5778 niedrig
flach, fußhoch, seicht, untief •gering, kläglich, minimal •böswillig, gehässig, niederträchtig •gewöhnlich, niveaulos, ordinär, pöbelhaft
5779 niemand
keiner, keinerlei, kein Mensch

5780 Niemand
Blindgänger, Nichtsnutz, Taugenichts, Versager, Keiner, Nobody, Null
5781 nieseln
rieseln, sprühen, tröpfeln, tropfen
5782 Niete
Fehlschlag, Niederlage •Fehllos •Metallbolzen, Niet •Nichtsnutz, Taugenichts
5783 Nihilismus
Fatalismus, Lebensverneinung, Schwarzmalerei, Skepsis
5784 Nihilist
Leugner, Ungläubiger •Fatalist, Miesmacher, Schwarzmaler, Schwarzseher, Skeptiker, Unke
5785 nippen
kosten, probieren, schlürfen
5786 nirgends
abwesend, fort, nirgendwo, verschwunden
5787 nisten
brüten, horsten •besetzen, s. einnisten
5788 Niveau
Meeresspiegel, Wasserstand •Ebene, Höhenlage, Höhenstufe •Bildungsgrad, Bildungsstand, Stufe
5789 niveaulos
anspruchslos, geistlos, primitiv, ungebildet
5790 niveauvoll
anspruchsvoll, gebildet
5791 nivellieren
abtragen, ebnen, glätten, planieren
5792 Nivellierung
Begradigung, Einebnung, Gleichmachung
5793 nobel
gebefreudig, großzügig, spendabel •apart, elegant, erlesen, exklusiv, fein, kultiviert, schick, vornehm
5794 noch
außerdem, beiläufig •augenblicklich, momentan
5795 nochmals
abermalig, abermals, vielfach, wiederholt, aufs Neue
5796 Nomade
Hirte, Wanderer •Streuner, Vagabund
5797 nominieren
designieren, ernennen
5798 Nominierung
Aufstellung, Berufung
5799 Norm
Arbeitsnorm, Leistungssoll •Brauch, Sitte •Gesetzmäßigkeit, Regel, Richtlinie
5800 normal
alltäglich, gebräuchlich, gewöhnlich, obligat •genormt, regelrecht, vorschriftsmäßig
5801 normalisieren
regeln, regulieren
5802 normieren
eichen, normen, vereinheitlichen
5803 Not
Ausweglosigkeit, Hilflosigkeit, Notsituation, Verlegenheit •Armseligkeit, Drangsal, Elend, Misere •Dilemma, Engpass, Komplikation, Notfall, Notlage, Notstand, Verlegenheit, Zwangslage
5804 Notausgang
Feuertür, Hintertüre, Nottür
5805 Note
Musiknote, Musikzeichen, Tonzeichen •Besonderheit, Eigenheit •Beurteilung, Klassifizierung, Zensur •Denkschrift, Dokument •Anmerkung, Fußnote •Banknote, Geldschein
5806 nötigen
erpressen, terrorisieren, tyrannisieren
5807 Notiz
Anmerkung, Aufzeichnung, Bemerkung, Einfügung, Fußbemerkung, Fußnote, Gedächtnisstütze, Glosse, Kommentar, Marginalie, Mitteilung, Randbemerkung, Vermerk, Zwischenbemerkung

5808 Notizbuch
Merkheft, Terminkalender, Vormerkbuch

5809 Not leiden
darben, kümmern, mangeln

5810 Notlösung
Behelf, Ersatz, Ersatzmittel, Flickwerk, Notbehelf, Provisorium

5811 notwendig
bedeutsam, dringend, erforderlich, geboten, lebensnotwendig, lebenswichtig, nötig, obligat, relevant, unbedingt, unentbehrlich, unerlässlich, unumgänglich, unvermeidlich, zwingend, essenziell [essentiell]

5812 Notwendigkeit
Bedarf, Bedingung, Erfordernis, Unerlässlichkeit

5813 Notzucht
Entehrung, Schändung, Vergewaltigung

5814 Nuance
Abschattung, Abstufung •Hauch, Kleinigkeit, Schimmer, Spur, Touch

5815 nüchtern
amusisch, gemütsarm, poesielos, prosaisch, schmucklos, trocken, unkünstlerisch, unproduktiv, unromantisch, unschöpferisch •ernst, rational, verstandesmäßig •normal

5816 null
kein, nichts

5817 Nummer
Auftritt, Szene •Chiffre, Zahl, Ziffer •Spaßmacher, Spaßvogel •Fernsprechnummer, Rufnummer, Telefonnummer •Autokennzeichen, Autonummer •Programmfolge, Reihenfolge

5818 nummeriert
beziffert, paginiert •eingeteilt, geordnet, klassifiziert

5819 nur
etwas, gering, wenig •allein, ausschließlich

5820 nutzbar
ergiebig, ertragreich, verwendbar

5821 nutzen
dienen, helfen •anwenden, einsetzen, gebrauchen, wahrnehmen

5822 Nutzen
Brauchbarkeit, Dienlichkeit, Zweckdienlichkeit •Anteil, Einnahme, Profit, Verdienst

5823 Nutznießer
Besitzer, Eigentümer, Inhaber •Parasit, Schmarotzer

5824 Nutzung
Auswertung, Verwertung •Anwendung, Benutzung •Ausbeutung, Ausnutzung, Ausschöpfung, Raubbau

O

5825 Oase
Wasserstelle, Wüsteninsel •Erholungsort, Insel

5826 obdachlos
arm, heimatlos, verarmt, wohnungslos

5827 oberflächlich
flatterhaft, sorglos, sprunghaft, zerfahren •äußerlich, peripher •platt, seicht, trivial, nichts sagend •flüchtig, nachlässig

5828 Oberflächlichkeit
Ausgelassenheit, Dummheit, Einfältigkeit, Fahrlässigkeit, Fehler, Gedankenlosigkeit, Leichtfertigkeit, Leichtsinn, Lustigkeit, Mutwille, Nachlässigkeit, Torheit, Überhebung, Übermut, Unachtsamkeit, Unbedachtheit, Unbedachtsamkeit, Unbekümmertheit, Unbesonnenheit, Unüberlegtheit, Unvernunft, Unverstand, Unvorsichtigkeit •Flatterhaftigkeit, Sprunghaftigkeit, Zerfahrenheit •Banalität, Flachheit, Gedankenarmut, Geist-

losigkeit, Ideenlosigkeit, Inhaltslosigkeit, Plattheit, Seichtheit

5829 Oberschicht
Hautevolee, Prominenz, Schickeria, Höhere Klasse, Jetset [Jet-set], Highsociety [High Society] •Adel, Aristokratie

5830 Obhut
Betreuung, Eskorte, Fürsorge, Gefolge, Geleit, Schutz

5831 Objekt
Anwesen, Bauwerk •Ding, Gegenstand, Thema •Haus, Immobilie

5832 Objektiv
Linse→Normalobjektiv, Tele, Teleobjektiv, Weitwinkel, Weitwinkelobjektiv, Zoom

5833 obligatorisch
besiegelt, bindend, definitiv, endgültig, entschieden, erforderlich, kategorisch, obligat, unabänderlich, unwiderruflich, verbindlich, vorgeschrieben

5834 Obrigkeit
Behörde, Oberhoheit, Regierung, Verwaltung

5835 Observatorium
Beobachtungsstation, Planetarium →Sternwarte, Wetterwarte

5836 obwohl
allein, dagegen •obgleich, obschon, trotzdem

5837 öde
brach, felsig, steinig •unbebaut, ungenutzt, wüst •einförmig, fade, monoton, nüchtern, poesielos, prosaisch, rational, verstandesmäßig, fantasielos [phantasielos] •abgelegen, entlegen, verlassen, verödet

5838 Öde
Abgeschiedenheit, Brachland, Einöde, Ödland, Wildnis, Wüste

5839 oder
anderenfalls, beziehungsweise, entweder, respektive

5840 Ofen
Feuerstelle, Heizgerät, Heizkörper, Heizung, Wärmequelle

5841 offen
aufgeschlossen, aufnahmebereit, aufrichtig, deutlich, ehrlich, freiheraus, freimütig, geradeheraus, interessiert, unmissverständlich, unumwunden, unverhohlen •einzeln, lose, unverpackt •erreichbar, frei gegeben, frei geschaltet •aufgeschlossen, aufgesperrt, geöffnet, unverschlossen, offen stehend •ehrlich, freimütig, geradlinig, unverhüllt, wahrhaftig •freimütig, keck, ungehemmt, ungeniert, zwanglos •dunkel, fraglich, umstritten, unbestimmt, ungeklärt, ungelöst, ungewiss, unsicher, zweifelhaft •unbeglichen, unbezahlt, offenstehend •anstehend, unabgeschlossen, unausgeführt, unerledigt, unfertig

5842 offenbar
angeblich, anscheinend, höchstwahrscheinlich, voraussichtlich •augenfällig, deutlich, einleuchtend, evident, offensichtlich, plausibel, sichtbar

5843 offenbaren
aufdecken, entlarven, entschleiern, lüften •äußern, gestehen, mitteilen •kundgeben, kundtun, manifestieren •s. enthüllen, s. offenbaren, s. zeigen

5844 Offenheit
Aufrichtigkeit, Ehrlichkeit, Freimütigkeit, Geradlinigkeit, Lauterkeit •Beredsamkeit, Geschwätzigkeit, Gesprächigkeit, Indiskretion, Klatschhaftigkeit, Klatschsüchtigkeit, Mitteilsamkeit, Redefreude, Redefreudigkeit, Redelust, Schwatzhaftigkeit •Arglosigkeit, Leichtgläubigkeit, Natürlichkeit, Offenherzigkeit, Treuherzigkeit

5845 offerieren
bereitstellen, reichen •anbieten, s. bewerben

5846 offiziell
amtlich, beglaubigt, dienstlich, gesetzlich, allgemein gültig •feierlich, formell, förmlich, konventionell
5847 öffnen
auspacken, auswickeln •obduzieren, sezieren •aufbrechen, aufmachen, erbrechen •aufschließen, aufsperren
5848 öffnen (s.)
s. anvertrauen, s. aussprechen, s. offenbaren •aufgehen, s. entfalten, s. entrollen
5849 oft
dutzendfach, dutzendmal, grenzenlos, häufig, mehrfach, mehrmalig, mehrmals, öfter, oftmalig, oftmals, unendlich, ungezählt, vielmals, wiederholt, x-fach, x-mal, zahllos, zahlreich, zigmal, etliche Mal, unendliche Mal, unzählige Mal
5850 ohne
abzüglich, außer, ausgenommen, ausschließlich
5851 ohnegleichen
beispiellos, einmalig, einzigartig, nennenswert, sondergleichen
5852 Ohnmacht
Bewusstlosigkeit, Erschöpfung •Bedeutungslosigkeit, Einflusslosigkeit, Handlungsunfähigkeit, Hilflosigkeit, Machtlosigkeit •Benommenheit, Besinnungslosigkeit, Bewegungslosigkeit, Bewusstlosigkeit, Empfindungslosigkeit, Erstarrung, Koma, Leblosigkeit, Regungslosigkeit, Unbeweglichkeit
5853 ohnmächtig
ausgeliefert, handlungsunfähig, machtlos, schwach •besinnungslos, bewusstlos
5854 Ohr
Horcher, Hörorgan, Ohrmuschel •Eselsohr, Knick
5855 Öhr
Drahtschlinge, Öse, Schlaufe
5856 Ohrfeige
Backpfeife, Maulschelle, Prügel, Schelle, Schläge, Watsche
5857 ökologisch
naturbewusst, umweltbewusst
5858 Ökonomie
Rentabilität, Sparsamkeit, Wirtschaftlichkeit
5859 Okzident
Abendland, Europa, Alte Welt
5860 Öl
Brennstoff, Erdöl, Petroleum, Rohöl •Speiseöl →Erdnussöl, Leinöl, Nussöl, Olivenöl, Pflanzenöl, Rapsöl, Rüböl, Sonnenblumenöl, Tafelöl, Weizenkeimöl
5861 ölen
abschmieren, einfetten, fetten, schmieren
5862 Online
Netzanbindung •Online-Dienst
5863 Oper
Bühnenstück, Musikdrama •Opernhaus
5864 Operation
Einfall, Einmarsch, Überfall •Arbeitsvorgang, Unternehmung •Behandlung, Eingriff
5865 operieren
aufschneiden, behandeln •agieren, verfahren, vorgehen
5866 Opfer
Opferhandlung, Opferung •Aufopferung, Entbehrung, Entsagung, Schlichtheit, Verzicht •Almosen, Beitrag, Gabe, Obolus, Opfergabe, Scherflein, Spende •Betroffener, Verunglückter •Opfertier, Schlachtopfer
5867 opferbereit
aufopfernd, edelmütig, einsatzbereit, gemeinnützig, großherzig, idealistisch, karitativ, mildtätig, selbstlos, sozial, uneigennützig, wohltätig •gebefreudig, spendabel

5868 opfern
s. abarbeiten, s. aufopfern, aufopfern, darbringen, hingeben, s. hingeben, s. opfern, weihen •schenken, spenden, zuwenden

5869 Opferung
Darbringung, Opferhandlung, Weihe

5870 opponieren
aufbegehren, entgegenarbeiten, trotzen, s. wehren, widersetzen

5871 Opposition
Gegenpartei, Gegenseite, Widersacher •Auflehnung, Einspruch, Gegenwehr, Weigerung, Widerstand

5872 optimal
bestens, bestmöglich, größtmöglich

5873 Optimismus
Aufgeschlossenheit, Aussicht, Chance, Enthusiasmus, Erwartung, Fortschrittsglaube, Fröhlichkeit, Frohsinn, Gewandtheit, Hoffnung, Hoffnungsfreude, Hoffnungsschimmer, Lebensbejahung, Lebensfreude, Lebenslust, Lichtblick, Lustigkeit, Vergnügen, Vertrauen, Zukunftsglaube, Zutrauen, Zuversicht, Zuversichtlichkeit

5874 Optimist
Enthusiast, Idealist, Zukunftsgläubiger

5875 optimistisch
aussichtsreich, daseinsbejahend, getrost, hoffnungsfroh, hoffnungsvoll, hoffungsfroh, lebensbejahend, positiv, siegesbewusst, unverdrossen, unverzagt, vielversprechend, zukunftsgläubig, zuversichtlich, Erfolg versprechend •felsenfest, unbeirrt, unerschrocken, unverzagt

5876 opulent
feudal, fürstlich, reichhaltig, reichlich, üppig

5877 Orchester
Ensemble, Klangkörper →Band, Blaskapelle, Blasorchester, Damenkapelle, Jazzband, Kammerorchester, Kapelle, Kurkapelle, Militärkapelle, Musikkapelle, Opernorchester, Posaunenchor, Schulorchester, Sinfonieorchester, Stimmungskapelle, Stimmungsorchester, Streichorchester, Tanzkapelle, Tanzorchester, Unterhaltungskapelle, Unterhaltungsorchester, Zigeunerkapelle

5878 Orden
Kongregation, Ordensgemeinschaft →Frauenorden, Laienorden, Männerorden, Schulorden •Abzeichen, Auszeichnung, Dekorierung, Ehrenzeichen, Medaille

5879 ordentlich
gesittet, schicklich •aufgeräumt, gepflegt, korrekt, makellos, proper, sauber, wohl geordnet •regelmäßig, vorschriftsmäßig •beherrscht, diszipliniert, geordnet •bedächtig, behutsam, fürsorglich, gewissenhaft, gründlich, pflichtbewusst, pingelig, sorgfältig, sorgsam

5880 ordnen
abräumen, abservieren, aufräumen, entrümpeln, säubern, wegräumen, wegschaffen, zusammenstellen •anordnen, einteilen, gliedern, gruppieren

5881 Ordner
Aufseher, Ordnungshüter, Wächter •Lenker, Planer •Sammelmappe, Schnellhefter

5882 Ordnung
Arrangement, Folge, Gliederung, Reihenfolge, Schema •Genauigkeit, Gleichmaß, Korrektheit •Abteilung, Gattung, Kategorie, Rubrik •Disziplin, Strenge, Zucht •Regel, Satzung, Vorschrift

5883 Organ
Körperschaft, Verband •Körperorgan, Körperteil •Fachblatt, Vereinsblatt

5884 Organisation
Abwicklung, Durchführung, Planung •Körperschaft, Verband, Vereinigung •Aufbau, Einteilung, Gefüge, Zusammensetzung

5885 Organisator
Arrangeur, Ausrichter, Leiter, Veranstalter

5886 organisch
belebt, lebendig •anatomisch, körperlich •gewachsen, homogen •gegliedert, geordnet

5887 organisieren
beschaffen, heranschaffen, managen, vermitteln, verschaffen •arrangieren, ausrichten, veranstalten

5888 Organismus
Geschöpf, Kreatur, Lebewesen •Einheit, Ganzheit, Gesamtheit

5889 Orgie
Bacchanal, Gelage, Runde, Trinkerei, Umtrunk, Völlerei, Zecherei •Ausschweifung, Unzucht

5890 Orient
Morgenland, Nahost, Ferner Osten, Naher Osten, Mittlerer Osten

5891 orientieren
aufklären, einweihen, unterweisen •anrichten, ausrichten, bereiten, einstellen, richten, zubereiten, zurichten, fertig machen

5892 Original
Erstschrift, Handschrift, Originalausgabe, Quelle, Urfassung, Urschrift, Urtext •Individualist, Kauz, Komiker

5893 originell
eigenartig, eigentümlich •einfallsreich, erfinderisch, genial, ideenreich, kreativ, fantasiebegabt [phantasiebegabt], fantasiereich [phantasiereich]

5894 Ort
Örtlichkeit, Platz, Raum, Standort, Stätte, Stelle •Ansiedlung, Bauerndorf, Dorf, Flecken, Gemeinde, Kaff, Kleinstadt, Kommune, Markt, Marktflecken, Nest, Niederlassung, Örtlichkeit, Ortschaft, Siedlung, Stadt, Städtchen, Weiler →Gassendorf, Haufendorf, Reihendorf, Runddorf, Straßendorf •Domizil, Geburtsort, Geburtsstätte, Heimatort, Heimatstadt •City, Großstadt, Hauptstadt, Kleinstadt, Metropole, Millionenstadt, Moloch, Regierungssitz, Stadt, Weltstadt •Altstadt, City, Innenstadt, Stadtkern, Stadtmitte, Stadtzentrum •Außenbezirk, Peripherie, Satellitenstadt, Stadtrand, Trabantenstadt, Vorort, Vorstadt, Vorstadtsiedlung

5895 orten
aufspüren, ertappen, herausfinden, lokalisieren

5896 ortsfest
ansässig, ortsgebunden, stationär

5897 ortsfremd
ausländisch, fremdländisch, ortsunkundig

5898 östlich
fernöstlich, morgenländisch, orientalisch •asiatisch, fernöstlich

5899 Ouvertüre
Vorspiel •Auftakt, Eröffnung

P

5900 paar
diverse, einige, einzelne, etliche, mehrere, verschiedene, ein paar, eine Anzahl, eine Reihe

5901 Paar
Brautpaar, Liebespaar •Eheleute, Ehepaar

5902 paaren
verbinden, verflechten, verketten, verknüpfen
5903 Paarung
Befruchtung, Begattung •Balz, Liebesspiel •Kreuzung, Züchtung •Beischlaf, Geschlechtsverkehr, Koitus
5904 Pack
Bagage, Lumpengesindel, Mob, Pöbel, Sippschaft •Ballen, Bündel, Packen, Stapel, Stoß
5905 packen
einpacken, einrollen, einwickeln •erfassen, ergreifen, erwischen, fassen •zusammenpacken, zusammenraffen
5906 packend
bewegend, ergreifend, faszinierend, fesselnd, spannend
5907 Packung
Box, Gehäuse, Schachtel, Verpackung •Umschlag, Verband
5908 pädagogisch
erzieherisch, erziehlich, erziehungsgerecht
5909 paddeln
rudern, staken, wriggen •baden, schwimmen
5910 Page
Edelknabe, Knappe
5911 Palette
Farbmischscheibe •Auswahl, Kollektion, Musterkollektion, Warenangebot
5912 Palisade
Barrikade, Hindernis •Pfahlwerk, Schanzpfahl
5913 Pamphlet
Flugblatt, Flugschrift, Schmähschrift, Streitschrift
5914 pampig
dickflüssig, lehmig, matschig, sumpfig •anmaßend, frech, geschert, unverschämt, vorlaut
5915 Panne
Desaster, Katastrophe, Malheur, Pech, Tragik, Unfall, Unglücksfall •Betriebsstörung •Autopanne
5916 panschen
strecken, verdünnen, verwässern •planschen, plätschern
5917 Pantomime
Mimiker, Verwandlungskünstler •Gebärdenspiel, Gestik, Mimik
5918 Panzer
Schutzhülle, Schutzpanzer •Eisenpanzer, Eisenrüstung, Harnisch, Kürass, Rüstung •Kettenfahrzeug, Schützenpanzer, Tank
5919 Papier
Blatt, Bogen, Schein, Schreibbogen, Zettel, Stück Papier
5920 Papiere
Ausweis, Ausweiskarte, Ausweispapiere, Berechtigung, Bescheinigung, Dokument, Fähigkeitsnachweis, Identifikationskarte, Identifikationsnachweis, Kennkarte, Legitimation, Passierschein, Personalausweis, Personalpapiere, Visum, Zeugnis, Fahrausweis, Fahrerlaubnis, Fahrzeugpapiere, Führerschein, Pass, Reisepass •Police, Versicherungsschein
5921 Pappe
Karton, Pappdeckel •Klebstoff, Leim
5922 Papst
Oberhaupt, Oberhirte, Oberpriester, Heiliger Vater, Stellvertreter Christi
5923 Parabel
Bogenform, Kegelschnitt •Gleichnis, Lehrstück
5924 Parade
Abwehr, Gegenstoß •Aufstellung, Defilee, Flottenschau, Heerschau, Truppenschau •Aufmarsch, Wachparade

5925 Paradies
Schlaraffenland, Traumland •Eldorado, Elysium, Jenseits, Olymp
5926 paradiesisch
beglückend, elysisch, himmlisch •friedlich, idyllisch, wonnig
5927 parallel
auch, gemeinsam, gleichzeitig, simultan, synchron, zeitgleich, zugleich, zusammen, gleichgerichtet, gleichlaufend
5928 Parallele
Entsprechung, Gegenüberstellung, Vergleich
5929 Parasit
Nassauer, Schmarotzer, Schnorrer
5930 Parfüm
Aroma, Bukett, Hauch, Odeur, Wohlgeruch •Duftwasser, Riechwasser
5931 parfümieren
s. schön machen, s. zurechtmachen •einbalsamieren, mumifizieren
5932 Park
Gartenanlage, Grünanlage, Parkanlage →Orangerie, Palmengarten, Tierpark, Wildpark •Arsenal, Depot, Waffenpark •Landschaftsschutzgebiet, Nationalpark, Naturpark, Regionalpark, Stadtpark •Fahrzeugflotte, Fahrzeugpark
5933 Parkplatz
Abstellplatz, Autoabstellplatz, Autohof
5934 Parlament
Abgeordnetenhaus, Bürgerschaft, Landesparlament, Landtag, Volksvertretung
5935 Parole
Devise, Leitsatz, Leitspruch, Losung, Maxime, Motto, Slogan, Wahlspruch •Appell, Kennwort, Losungswort •Lebensregel, Leitsatz, Maxime
5936 Partei
Fraktion, Gruppe, Vereinigung →Oppositionspartei, Regierungspartei
5937 Partie
Abschnitt, Bruchstück, Passage, Segment •Charge, Figur, Rolle •Ausfahrt, Landpartie, Tour •Match, Spiel, Wettkampf
5938 Partitur
Noten, Notentext
5939 Partner
Ansprechpartner, Bezugsperson •Ehepartner, Lebensgefährte •Gesellschafter, Kompagnon, Sozius, Teilhaber
5940 Partnerschaft
Beziehung, Brüderschaft, Eintracht, Freundschaft, Gemeinsamkeit, Gemeinschaft, Kameradschaft, Kollegialität, Solidarität, Verbundenheit, Verhältnis, Vertrautheit, Zusammengehörigkeit •Einklang, Einvernehmen, Gleichklang, Konsens, Übereinstimmung
5941 Partnervermittlung
Eheinstitut, Ehevermittlung, Heiratsvermittlung
5942 Pass
Durchgang, Joch, Sattel, Übergang •Abschlag, Abspiel, Abstoß, Abwurf, Zuspiel →Querpass, Rückpass, Steilpass •Ausweis, Papiere, Reisepass
5943 Passage
Absatz, Abschnitt, Kapitel, Passus, Textstelle •Durchgang, Durchlass, Eingang, Furt, Meerenge •Ladenstraße •Flugreise, Schiffsreise •Lauf, schnelle Tonfolge
5944 Passagier
Beifahrer, Fahrgast, Gast, Insasse, Mitfahrer, Reisender, Sozius •Fluggast, Flugreisender •Schiffsreisender
5945 Passant
Fußgänger, Vorübergehender

5946 passee [passé]
ehemalig, erledigt, gewesen, verflossen, vergessen •altertümlich, altmodisch, antiquarisch, antiquiert, unmodern, uralt, veraltet
5947 passen
kleiden, stehen •behagen, mögen, zusagen •entsprechen, harmonieren, lieben, mögen, schätzen, zusammenpassen, gern haben •aufgeben, kapitulieren •abgeben, abspielen, anspielen, zuspielen
5948 passend
angenehm, bequem, gut sitzend •stilgerecht, zusammenstimmend •angemessen, annehmbar, geboten, tauglich •abgezählt, exakt
5949 passieren
widerfahren, zustoßen •s. abspielen, eintreffen, eintreten, s. ereignen, geschehen, stattfinden, s. zutragen •vorübergehen, vorüberziehen •durchgehen, durchqueren, überqueren, überschreiten, vorüberziehen •durchfiltern, durchsieben, klären
5950 Passion
Freizeitbeschäftigung, Hobby, Liebhaberei, Spezialgebiet, Steckenpferd, Vorliebe •Dornenweg, Leidensweg, Martyrium •Begeisterung, Hochstimmung, Rausch, Taumel, Überschwang
5951 Passiv
Leideform
5952 Pate
Firmpate •Gevatter, Taufpate •Beschützer •Mafiachef
5953 Patenkind
Mündel, Schützling
5954 Pathos
Ausdrucksfülle, Feierlichkeit •Gefühlserregung, Inbrunst, Innigkeit, Leidenschaft, Passion
5955 Patin
Firmpatin •Taufpatin
5956 Patriarch
Erzvater, Familienoberhaupt, Stammvater
5957 patriotisch
national, vaterländisch, vaterlandsliebend
5958 Patriotismus
Heimatliebe, Nationalgefühl, Vaterlandsliebe, Vaterlandssinn
5959 Patron
Beschützer, Schutzengel, Schutzheiliger, Schutzherr •Beschützer, Förderer, Gönner, Mäzen, Schirmherr, Schutzherr, Schutzpatron, Sponsor
5960 Patrone
Geschoss, Kugel, Munition, Projektil •Tintenpatrone, Tonerkassette, Toner Cartridges →Einmalpatrone, Nachfüllpatrone, Recyclingpatrone
5961 patrouillieren
beaufsichtigen, beschirmen, bewachen
5962 patzen
murksen, pfuschen, schludern, stümpern
5963 pauken
büffeln, lernen, ochsen •musizieren, trommeln, wirbeln
5964 pauschal
gesamt, insgesamt, komplett, total, alles eingeschlossen, alles umfassend, im Ganzen •rund, undetailliert, in etwa
5965 Pause
Ferien, Urlaub →Atempause, Erholung, Erholungspause, Frühstückspause, Mittagspause, Mittagszeit, Rast, Schnaufpause, Tischzeit, Unterbrechung, Verschnaufpause, Werkpause, Zigarettenpause, Marschunterbrechung, Rast, Ruhepause, Besinnung, Einkehr, Mußestunde, Arbeitsunterbrechung, Schulpause, Unterrichtspause, Zigarettenpause •Halbzeit, Spielunterbrechung •Musikpause →Achtelpause, Viertelpause, halbe Pau-

se, ganze Pause •Überbrückung, Übergangszeit, Wartezeit •Standby •Durchschlag, Kopie

5966 Pavillon
Musikpavillon •Gartenhaus, Gartenlaube, Laube, Pergola, Rotunde →Efeulaube, Geißblattlaube, Weinlaube

5967 Pazifismus
Friedensliebe, Gewaltlosigkeit, Kriegsgegnerschaft

5968 Pazifist
Friedensfreund, Kriegsgegner •Blumenkind, Gammler, Hippie

5969 Pech
Harz, Teer •Debakel, Desaster, Missgeschick, Notlage, Panne, Ungeschick, Unglücksfall, Unheil, Verhängnis

5970 Pechvogel
Linkshänder, Pechmarie, Unglücksmensch, Unglücksrabe, Unglücksvogel

5971 Pedal
Fußhebel, Tretkurbel, Tretwerk →Gaspedal, Orgelpedal

5972 Pegel
Messeinrichtung, Wasserstandsmesser

5973 peilen
anvisieren, orientieren, vermessen

5974 peinlich
blamabel, fatal, unerfreulich, unerquicklich •exakt, gewissenhaft •bedauerlich, misslich, prekär, skandalös, unerfreulich, unliebsam, unwillkommen

5975 Peitsche
Geißel, Gerte, Karbatsche, Knute, Ochsenziemer, Rute

5976 pellen
abpellen, schälen

5977 Pelz
Balg, Behaarung, Decke, Fell, Haardecke, Haarkleid •Bekleidungsstück, Pelzjacke, Pelzmantel →Fuchs, Persianer

5978 Penaten
Hausgötter, Laren, Manen, Schutzgötter

5979 Pendel
Perpendikel, Uhrpendel

5980 pendeln
ausschlagen, schaukeln, schlendern, wippen •rudern, schlenkern, schwenken, schwingen

5981 Pension
Altersrente, Ruhegehalt •Witwengehalt •Gasthof, Herberge, Unterkunft

5982 Pensionär
Rentner, Ruheständler •Gast, Stammgast

5983 per
durch, für, gegen, infolge, vermöge, via

5984 perfekt
erledigt, gemacht, gültig •erstklassig, fehlerlos, makellos, tadellos, unfehlbar, untadelig •akrobatisch, artistisch, geschickt, gewandt, meisterhaft, vollendet

5985 perfektionieren
ergänzen, vervollkommnen, vervollständigen, vollenden •abrunden, kultivieren, verfeinern, verschönern

5986 Pergament
Handschrift, Papier, Papierrolle, Papyrus, Schriftrolle •Handschrift, Kodex, Papyrus, Schriftrolle

5987 Periode
Menstruation, Monatsblutung, Tage •Epoche, Zeitraum, Zeitspanne

5988 peripher
äußerlich, oberflächlich •nebensächlich, unbedeutend

5989 Peripherie
Außenbezirk, Randgebiet

5990 Perle
Glanzstück, Juwel, Schmuck

5991 perlen
moussieren, prickeln, sprudeln •träufeln, tröpfeln

5992 perplex
baff, entgeistert, erstaunt, fassungslos, niedergeschmettert, platt, sprachlos, überrascht, verblüfft, verwundert, bass erstaunt

5993 Person
Figur, Geschöpf, Gestalt, Individuum, Lebewesen, Mensch

5994 Personal
Amtsbruder, Amtsgehilfe, Arbeitskamerad, Arbeitskollege, Arbeitskräfte, Assistent, Belegschaft, Berufsgenosse, Berufskollege, Beschäftigte, Betriebsangehörige, Firmenangehörige, Hilfskraft, Kollege, Kollegium, Kumpel, Mitarbeiter, Team •Arbeiter, Beschäftigte, Lohnempfänger, Werktätige •Dockarbeiter, Schauermann, Schiffsarbeiter •Dienerschaft, Dienstleute, Dienstpersonal, Gesinde •Feldarbeiter, Knecht, Landarbeiter, Tagelöhner •Bäuerin, Landarbeiterin, Magd, Stallmagd •Abhängiger, Ausgebeuteter, Diener, Knecht, Leibeigener, Sklave, Unfreier, Untergebener, Untertan •Pferdejunge, Pferdeknecht, Reitknecht, Stallbursche •Crew, Flugzeugbesatzung •Flugbegleiter, Reisebetreuer, Steward •Flugbegleiterin, Reisebetreuerin, Stewardess

5995 persönlich
anzüglich, ausfällig, beleidigend, kränkend, verletzend •direkt, eigenhändig, höchstpersönlich, individuell, leibhaftig, privat, selber •direkt, eigenhändig, selbst, unmittelbar

5996 Perspektive
Raumsicht •Anblick, Aspekt, Sichtweise •Hoffnung, Lichtblick, Rettung

5997 Perücke
Haarersatz, Toupet •Maskerade, Verkleidung

5998 Pessimismus
Aussichtslosigkeit, Ausweglosigkeit, Bedrückung, Bekümmertheit, Betrübtheit, Depression, Entmutigung, Freudlosigkeit, Gedrücktheit, Hoffnungslosigkeit, Klemme, Lebensverneinung, Leiden, Melancholie, Mutlosigkeit, Niedergeschlagenheit, Pech, Resignation, Sackgasse, Schwarzmalerei, Schwermut, Skepsis, Trauer, Trostlosigkeit, Trübseligkeit, Trübsinn, Unglück, Unheil, Unlösbarkeit, Verzagtheit, Verzweiflung, Wehmut, Wehmütigkeit, Weltschmerz

5999 Pessimist
Fatalist, Miesmacher, Schwarzseher, Skeptiker, Ungläubiger, Unke, Zweifler

6000 Petition
Antrag, Bettelbrief, Bittgesuch, Bittschrift, Eingabe, Gesetzesvorlage, Gesuch

6001 Petroleum
Erdöl, Naphtha, Rohöl •Brennmaterial

6002 Petticoat
Halbrock, Unterrock

6003 petzen
anschwärzen, anzeigen, denunzieren, verraten •kneifen, zwicken

6004 Pfadfinder
Pionier, Scout

6005 pfählen
abstützen, stützen, verstreben •töten

6006 Pfahlwerk
Pfahlbau •Palisade, Pfahlzaun •Schanzpfahl, Sperre

6007 Pfand
Bürgschaft, Garantieleistung, Hinterlegung, Kaution •Einsatz, Spielpfand

6008 Pfandbrief
Anleihe, Anteilschein, Effekt, Wertpapier, Wertschrift

6009 pfänden
abnehmen, beschlagnahmen, konfiszieren, sicherstellen
6010 Pfanne
Gelenkpfanne •Bratpfanne, Tiegel •Dachpfanne, Ziegel
6011 Pfannkuchen
Eierkuchen, Omelette, Palatschinken, Krepp [Crêpe]
6012 Pfeffer
Pfeffergewürz, Würze •Geist, Witz
6013 pfeffern
abschmecken, würzen •hinausschmeißen, hinauswerfen
6014 Pfeife
Orgelpfeife •Friedenspfeife, Tabakpfeife •Dummkopf, Versager •Schiedsrichterpfeife, Trillerpfeife
6015 pfeifen
fiepen, klagen •musizieren •flöten, piepen, piepsen, schilpen, ziepen, zirpen, zwitschern
6016 Pfeil
Bogengeschoss, Wurfgeschoss •Richtungsweiser, Wegweiser
6017 Pfeiler
Eckpfeiler, Grundpfeiler, Pilaster, Säule
6018 Pferd
Fuchs, Gaul, Hengst, Klepper, Mähre, Ross, Saumross, Schandmähre, Stute •Fohlen, Füllen, Jungpferd, Pferdchen
6019 Pfiff
Anpfiff, Startzeichen •Ton •Extra, Schwung
6020 Pfiffigkeit
Bauernschläue, Geschäftstüchtigkeit, Mutterwitz, Raffiniertheit, Verschlagenheit
6021 Pflanze
Busch, Gewächs, Nutzpflanze, Staude, Strauch, Zierpflanze •Blume •Baum •Pilze •Gras •Moos
6022 pflanzen
anbauen, bebauen, bestellen, einsetzen, kultivieren
6023 Pflanzenreich
Flora, Pflanzenwelt
6024 pflanzlich
fleischlos, vegetabil, vegetabilisch, vegetarisch
6025 Pflaster
Straßenbelag, Straßenpflaster •Heftpflaster, Wundpflaster •Schönheitspflaster
6026 Pflaume
Obst, Zwetschge •Nichtskönner, Niete, Versager •Banause, Greenhorn, Hinterwäldler, Ignorant, Nichtskönner, Nichtswisser, Provinzler, Spießbürger, Spießer, Stümper, Ungebildeter, Unwissender
6027 Pflege
Ausbesserung, Behandlung, Erneuerung, Instandhaltung, Instandsetzung, Renovierung, Reparatur, Schonung, Wartung •Behandlung, Betreuung, Fürsorge, Hege, Hilfe, Schonung, Versorgung •Gesundheitspflege, Hygiene, Körperpflege, Schönheitspflege •Handpflege, Maniküre, Nagelpflege, Pediküre •Fußnagelpflege, Fußpflege, Nagelpflege, Pediküre •Tierpflege, Tierschutz
6028 pflegen
hüten, schonen •fördern, kultivieren •betreuen, umhegen, umhüten, umsorgen •aufrechterhalten, beibehalten, wahren
6029 Pfleger
Krankenpfleger, Krankenwärter •Kurator, Vormund
6030 pfleglich
achtsam, behutsam, pflegsam, schonend, sorglich, umsichtig
6031 Pflegschaft
Kuratel, Patenschaft, Vormundschaft
6032 Pflicht
Erfordernis, Gebot, Unerlässlichkeit •Obliegenheit, Schuldigkeit, Verpflichtung

6033 pflichtbewusst
aufmerksam, bemüht, gewissenhaft, strebsam, übereifrig, verantwortungsvoll, zuverlässig

6034 Pflichtbewusstsein
Diensteifer, Gründlichkeit, Pflichtgefühl, Präzision, Rechtschaffenheit, Verantwortungsbewusstsein, Zuverlässigkeit

6035 Pflock
Hering, Pfahl, Stock

6036 pflügen
ackern, durchfurchen, umbrechen

6037 Pforte
Durchgang, Durchlass •Eingang, Tor, Tür

6038 Pförtner
Portier, Türhüter, Türsteher, Türwächter

6039 Pfosten
Balken, Mast, Pfahl, Pfeiler, Pflock, Poller, Strebe •Marterpfahl, Pranger •Torpfosten

6040 Pfriem
Ahle

6041 pfropfen
verschließen, zukorken •okulieren, veredeln

6042 Pfusch
Flickwerk, Pfuscherei, Stückwerk, Stümperei

6043 pfuschen
hudeln, murksen, schlampen, schludern

6044 Pfütze
Lache, Suhle, Wasserstelle

6045 Phänomen
Geistesgröße, Kapazität, Könner, Koryphäe •Erscheinung, Kuriosität, Wunder

6046 phänomenal
beeindruckend, brillant, einzigartig, fabelhaft, grandios, imposant, sensationell, spektakulär, überwältigend, Aufsehen erregend

6047 Phase
Zeitabschnitt, Zeitraum •Lage, Situation •Entwicklungsstand, Entwicklungsstufe

6048 Philosoph
Denker, Gelehrter, Stoiker, Weiser

6049 Philosophie
Denkweise, Gedankengebäude, System, Weltanschauung

6050 philosophieren
nachdenken, sinnieren, überlegen

6051 Pickel
Blüte, Finne, Pustel •Hacke, Haue

6052 picken
anpinnen, anstickem •essen, herauspicken

6053 pikant
prickelnd, reizend •herzhaft, scharf, würzig •anrüchig, frivol, unschicklich

6054 Pilger
Pilgersmann, Wallfahrer, Wanderer

6055 Pilgerfahrt
Bittgang, Bußgang, Pilgerzug

6056 pilgern
beten, bitten •marschieren, schreiten, wallen, wallfahren, wallfahrten, wandeln, wandern, ziehen

6057 Pinnwand
Infotafel, Infowand

6058 Pinsel
Malerpinsel, Malgerät •Haarbüschel •Einfaltspinsel, Tor •Paintbrush, Zeichenwerkzeug

6059 Pionier
Bahnbrecher, Schrittmacher, Vorbereiter, Wegbereiter

6060 Pipeline
Erdölleitung, Leitung, Ölleitung, Rohrleitung

6061 Pirat
Bandit, Freibeuter, Korsar, Seeräuber •Flugzeugentführer, Hijacker, Luftpirat, Skyjacker

6062 Piraterie
Freibeuterei, Piratentum, Seeräuberei

6063 Piste
Abfahrtshang, Abfahrtsstrecke •Rennstrecke, Rundkurs •Landebahn, Rollbahn, Startbahn

6064 Plage
Anspannung, Beschwerlichkeit, Beschwernis, Bürde, Joch, Kreuz, Mühe, Strapaze

6065 Plan
Arbeitssoll, Soll •Aufriss, Bauplan, Bauriss, Bauskizze, Grundriss •Absicht, Bestreben, Intention, Nahziel, Projekt, Unternehmung, Vorhaben, Vorsatz, Ziel, Zielsetzung, Zweck •Curriculum, Lehrplan, Lehrstoff, Studienplan •Ablaufdiagramm, Ablaufplan, Datenflussplan, Flowchart, Flussdiagramm, Programmablaufplan

6066 planen
abzielen, ansteuern, beabsichtigen, bezwecken, entwerfen, projektieren, sinnen, sinnieren, spekulieren, überlegen •einplanen, vorsehen

6067 Plantage
Anpflanzung, Baumschule, Pflanzung •Anwesen, Herrensitz

6068 Plastik
Kunststoff •Büste, Figur, Relief, Skulptur, Statue, Statuette, plastisches Bildwerk

6069 plastisch
anschaulich, ausdrucksvoll, bildhaft, bildlich, demonstrativ, deutlich, einprägsam, erklärend, erläuternd, farbig, illustrativ, lebendig, sinnfällig, veranschaulichend, verständlich, wirklichkeitsnah •körperlich, räumlich

6070 Platine
Leiterplatte →Einsteckmodul, Erweiterungsplatine, Grundplatine, Hauptplatine, Motherboard, Steckmodul, Systemplatine

6071 platonisch
enthaltsam, gefühllos, keusch

6072 plätschern
fließen, laufen, rauschen, rieseln •pantschen, planschen, plantschen

6073 platt
hohl, oberflächlich, seicht, trivial •baff, sprachlos, überrascht, verdattert •breit, gedrückt •eben, flach, plan

6074 Platte
Haarlosigkeit, Kahlkopf •Glasplatte, Servierplatte •Diele, Planke, Tischplatte •CD, Langspielplatte, LP, Schallplatte, Scheibe, Single •Hochebene, Plateau

6075 plätten
bügeln, glätten, mangeln

6076 Plattform
Bühne, Podium, Tribüne •Aussichtsgalerie, Aussichtsterrasse •Bahnsteig

6077 Plattheit
Banalität, Fadheit, Geistlosigkeit, Trivialität

6078 Platz
Platzierung, Position, Rangfolge •Bewegungsfreiheit, Spielraum •Ansiedlung, Örtlichkeit, Stelle •Sitzgelegenheit, Sitzplatz •Feld, Rasen •Forum, Marktplatz

6079 platzieren
ablegen, absetzen, abstellen, aufbauen, aufstellen, deponieren, hinlegen, hinstellen, niederlegen, niedersetzen, postieren, stellen •einpflanzen, einsetzen, legen, stecken •s. aufstellen, s. formieren, s. postieren

6080 Platzmangel
Raumknappheit, Raumnot •Gedränge, Überbesiedlung, Übervölkerung

6081 Plauderei
Geplauder, Kaffeeklatsch, Plauderstündchen, Schwatz, Schwätzchen

6082 Plaudertasche
Klatschbase, Klatschtante, Plapperliese, Plappertasche, Raffel, Schnatterliese, Schwatzbase, Schwätzerin, Waschweib

6083 Playboy
Dandy, Draufgänger, Genussmensch, Lebemann, Luftikus, Partyhengst, Poussierstängel, Salonlöwe, Windbeutel, Windhund

6084 plombieren
sichern, versiegeln, zusiegeln •ausbessern, füllen, sanieren

6085 plump
linkisch, steif, unbeholfen, ungeschickt •grob, klobig, unförmig, vierschrötig •durchsichtig, fadenscheinig •taktlos, ungalant, unhöflich

6086 Plus
Ausbeute, Erlös, Profit, Überschuss •Oberhand, Trumpf, Überlegenheit

6087 Pöbelei
Flegelei, Flegelhaftigkeit, Unart, Ungezogenheit, Unhöflichkeit

6088 pöbelhaft
flegelhaft, lümmelhaft, ungebührlich, ungehobelt, unmanierlich

6089 pochen
hämmern, klopfen, pulsieren •ballern, ticken, trommeln

6090 Podest
Bühne, Podium, Tribüne •Absatz, Treppenabsatz

6091 Poet
Dichter, Lyriker, Schriftsteller

6092 poetisch
dichterisch, lyrisch, schöpferisch •ausdrucksvoll, stimmungsvoll

6093 Pogrom
Ausschreitung, Gewalttätigkeit, Terror, Übergriff

6094 Pointe
Clou, Knalleffekt, Schlusseffekt, Überraschungseffekt, Witz

6095 Pokal
Kelch, Römer, Trinkgefäß •Auszeichnung, Cup, Medaille, Preis, Siegerkranz, Siegespreis, Siegestrophäe, Sporttrophäe, Trophäe, Urkunde

6096 pökeln
einpökeln, einsalzen

6097 Pol
Achse, Angelpunkt, Brennpunkt, Drehpunkt, Herzstück, Schnittpunkt, Zentralpunkt •Antarktis, Südpol •Arktis, Nordpol •Achse, Endpunkt, Extreme, Gegensätze

6098 Politik
Diplomatie, Staatsführung, Staatskunst

6099 politisch
formgewandt, weltgewandt, weltklug

6100 Politur
Glanz, Hochglanz •Poliermittel

6101 Polizei
Bereitschaftspolizist, Bulle, Feldjäger, Gendarm, Gesetzeshüter, Kriminalpolizist, Militärpolizist, Ordnungshüter, Polizeibeamter, Polizist, Schupo, Schutzmann, Verkehrspolizist, Wachtmeister •Politesse, Polizistin

6102 Polster
Sitzkissen, Sofakissen •Federung, Unterlage •Fettdepot, Fettpolster •Menge, Vielzahl

6103 poltern
lärmen, rumpeln •anbrüllen, heruntermachen, zanken, zetern

6104 Pomp
Aufwand, Glanz, Pracht, Prunkentfaltung, Überfluss, Üppigkeit

6105 Pool
Bassin, Becken, Schwimmbad, Schwimmbecken, Swimmingpool, Wasserbecken •Gemeinschaftsvorrat

6106 poppig
farbenfreudig, grell, leuchtend, scheckig

6107 populär
eingängig, fassbar, fasslich, verstehbar, allgemein verständlich •bekannt, beliebt, berühmt
6108 Popularität
Bekanntheit, Beliebtheit, Volkstümlichkeit
6109 portofrei
franko, freigemacht
6110 porträtieren
abbilden, aufnehmen, fotografieren •darstellen, malen, zeichnen
6111 Position
Arbeitsplatz, Beschäftigung, Dienst, Stellung •Blickwinkel, Sicht •Lage, Standort •Einzelposten •Körperhaltung, Körperstellung
6112 positiv
hoffnungsfreudig, hoffnungsvoll, lebensbejahend, vertrauensvoll, zukunftsgläubig •erfolgreich, günstig, vielversprechend •bejahend, zustimmend
6113 Posse
Narretei, Unfug •Burleske, Farce, Lustspiel, Schwank
6114 Post
Bundespost, Postbetrieb, Postverwaltung, Postwesen, Deutsche Bundespost •Briefsendung, Paket, Paketsendung, Postkarte, Postsendung •Postamt, Postgebäude
6115 Postbeamter
Briefbote, Briefträger, Briefzusteller, Eilbote, Geldbriefträger, Paketbote, Paketzusteller, Postbote, Postzusteller, Telegrafenbote, Zusteller
6116 Posten
Einzelposten, Position •Amt, Anstellung, Arbeitsverhältnis, Stellung •Lieferung, Warenmenge •Bewachung, Garde, Wachdienst, Wachmannschaft
6117 Postulat
Anspruch, Axiom, Forderung, Verlangen
6118 postulieren
s. ausbedingen, s. ausbitten, fordern, wollen
6119 potent
finanzkräftig, vermögend •angesehen, einflussreich •fortpflanzungsfähig, zeugungsfähig
6120 Potenz
Fortpflanzungsfähigkeit, Fruchtbarkeit, Zeugungsfähigkeit, Zeugungskraft •Kraftreserve, Leistungsvermögen
6121 Potenzial [Potential]
Arbeitskraft, Kraftreserve, Möglichkeit, Spannkraft
6122 potenzieren
anheben, erhöhen, intensivieren, steigern
6123 Prachtentfaltung
Extravaganz, Farbenglanz, Repräsentation, Üppigkeit, Verschwendung, Wohlleben •Glanz, Herrlichkeit, Luxus, Pomp, Pracht, Prunk
6124 Prachtexemplar
Juwel, Kleinod, Prunkstück, Zierstück •Pfundskerl, Prachtmensch
6125 prächtig
sommerlich, sonnig •grandios, herrschaftlich, kolossal, luxuriös, repräsentativ, stattlich, unvergleichlich, aufwändig [aufwendig]
6126 prädestiniert
berufen, fähig, talentiert, vorbestimmt
6127 Prädikat
Bewertung, Note, Zensur •Satzaussage •Prämierung, Rang
6128 prägen
eindrücken, einschlagen, stanzen •beeinflussen, gestalten
6129 Prägung
Aufdruck, Stempel •Aussehen, Eigenart, Gestalt

6130 praktisch
tatsächlich, wirklich •beinahe, fast, regelrecht •brauchbar, griffig, handlich, zweckgemäß •anstellig, geschickt

6131 praktizieren
ausüben, machen, ordinieren, tun

6132 prall
dick, fett •eng, straff, stramm

6133 Prämie
Extra, Gabe, Geldzulage, Gratifikation, Sonderzulage, Sonderzuwendung, Vergütung, Versicherungsbeitrag, Versicherungsprämie, Zulage, Zuschlag, Zuwendung, Auszeichnung, Belohnung

6134 prangen
blähen, blenden, prunken •grünen, keimen, treiben

6135 Pranke
Hand, Klaue, Pfote, Pratze, Tatze

6136 präsentieren
schenken, überreichen •offerieren, vorzeigen

6137 Präsenz
Anwesenheit, Dabeisein, Gegenwart, Zugegensein

6138 Präsidium
Führung, Leitung, Vorsitz, Vorstand

6139 prasseln
gießen, schütten, tropfen •brennen, knistern, lodern, tosen

6140 Praxis
Arztpraxis •Anwaltskanzlei •Leben, Realität, Wirklichkeit •Berufserfahrung, Routine •Detailwissen, Sachkenntnis, Spezialwissen

6141 präzise
ausführlich, detailliert, exakt, genau, prägnant, treffend, zutreffend •genau

6142 Präzision
Akribie, Bestimmtheit, Exaktheit, Genauigkeit, Gewissenhaftigkeit, Gründlichkeit, Prägnanz, Sorgfalt

6143 predigen
auffordern, ermahnen, rügen, tadeln •belehren, verkünden

6144 Prediger
Geistlicher, Pfarrer, Mahner

6145 Predigt
Belehrung, Denkzettel, Donnerwetter, Gardinenpredigt, Lektion, Standpauke, Strafpredigt, Tadel, Zurechtweisung •Kanzelrede, Sonntagspredigt

6146 Preis
Anerkennung, Würdigung •Gebühr, Kaufpreis, Wert •Auszeichnung, Siegespreis, Trophäe

6147 Preisausschreiben
Quiz, Rätsel, Wettbewerb, Wettstreit

6148 preisen
ehren, feiern, verherrlichen, Verzicht

6149 preisgeben
ausliefern, verraten •ausplaudern, petzen •aufgeben, verzichten

6150 preisgeben (s.)
s. ausliefern, s. stellen, s. überlassen

6151 preisgegeben
ausgeliefert, hilflos, unbehütet, ungeschützt

6152 preisgekrönt
begünstigt, erfolggekrönt, erfolgreich

6153 Preisrätsel
Preisaufgabe, Preisfrage

6154 preiswürdig
achtenswert, anerkennenswert, rühmenswert, verdienstvoll

6155 prellen
andrehen, anschmieren, begaunern, bluffen, hereinlegen, hintergehen, leimen, neppen, überfahren, übervorteilen

6156 Presse
Pressewesen, Zeitung, Zeitungswesen •Journalismus, Pressewesen, Publizistik, Zeitungswesen →Asphaltpresse, Boulevardpresse,

Klatschblatt, Regenbogenpresse, Revolverblatt, Sensationsblatt, Sensationspresse, Skandalpresse, Yellow press •Entsafter →Entmoster, Fruchtpresse, Kelter, Moster, Obstpresse, Ölpresse, Weinpresse

6157 Pressefreiheit
Redefreiheit, Schreibfreiheit

6158 pressen
erpressen, zwingen •einschnüren, einzwängen •ausdrücken, auspressen, ausquetschen, auswinden, auswringen, entsaften, herauspressen, keltern •zusammendrücken, zusammenquetschen

6159 prickeln
moussieren, perlen, schäumen •jucken, krabbeln, kribbeln

6160 primär
anfänglich, eigentlich, ursächlich, ursprünglich

6161 primitiv
begrenzt, behelfsmäßig, notdürftig, probeweise, provisorisch, versuchsweise, vorerst, vorläufig, vorübergehend •einstweilig, vorerst, zunächst •unerfahren, ungebildet •niveaulos, ordinär, vulgär •anspruchslos, eingeschränkt •unbearbeitet, urtümlich •einfach, originär, urtümlich

6162 privat
höchstpersönlich, individuell •außerdienstlich, nichtöffentlich •familiär, vertraulich, vertraut

6163 Privatleben
Intimsphäre, Privatsphäre

6164 Privatmann
Privatperson •Pensionär, Pensionist, Privater, Privatier, Rentenempfänger, Rentner, Ruheständler

6165 Privileg
Ausnahme, Bevorzugung, Priorität, Sonderrecht, Vergünstigung, Vorrang, Vorrecht, Vorzug, Vorzugsrecht

6166 privilegiert
begünstigt, berechtigt, bevorteilt

6167 pro
für, je, zu

6168 Probe
Experiment, Test, Versuch •Kostprobe, Versuchsstück •Bestätigung, Nachweis •Belastungsprobe, Machtprobe, Zerreißprobe

6169 proben
einstudieren, vorbereiten •ausprobieren, versuchen

6170 Probezeit
Bewährungsfrist, Prüfungszeit

6171 Problem
Angelegenheit, Frage, Kernfrage, Problemstellung, Streitfrage

6172 Produkt
Ergebnis, Ertrag, Erzeugnis, Resultat •Erzeugnis, Fabrikat, Ware, Werk

6173 Produktion
Anfertigung, Arbeit, Ausfertigung, Erschaffung, Erzeugung, Fertigstellung, Fertigung, Herstellung, Hervorbringung

6174 produktiv
einfallsreich, erfinderisch, kreativ, schöpferisch •effektiv, erträglich, fruchtbar

6175 Produktivität
Einfallsreichtum, Schöpferkraft •Ergiebigkeit, Leistungsfähigkeit

6176 Produzent
Erzeuger, Hersteller, Unternehmer

6177 produzieren
anfertigen, erzeugen, fabrizieren, herstellen

6178 produzieren (s.)
s. aufspielen, s. präsentieren

6179 profan
diesseitig, irdisch, weltlich •alltäglich, gewöhnlich

6180 professionell
berufsmäßig, gewerbsmäßig, profimäßig

6181 Professioneller
Experte, Fachmann •Berufssportler, Profi

6182 Profil
Längsschnitt, Querschnitt •Ansehen •Aufriss, Seitenansicht, Silhouette

6183 profilieren (s.)
s. entwickeln, s. hervortun

6184 Profisportler
Berufssportler, Leistungssportler, Profi

6185 Programm
Software →Anwendungsprogramme, Anwendungssoftware, Bildbearbeitungsprogramm, Bildverarbeitungsprogramm, Computerprogramm, Dienstprogramm, Freeware, Grafikprogramm, Kalkulationsprogramm, Shareware, Spielprogramm, Tabellenkalkulationsprogramm, Textprogramm, Textverarbeitungsprogramm, Tools, Utilities •Ablauf, Ordnung, Plan, Reihenfolge, Spielfolge •Grundsatzerklärung, Manifest •Programmheft, Programmzettel, Repertoire, Spielfolge, Spielplan

6186 proklamieren
ausrufen, verkünden, bekannt geben, bekannt machen

6187 Prokurist
Beauftragter, Bevollmächtigter, Vertreter

6188 Prolet
Unerzogener, Ungebildeter •Lohnabhängiger, Proletarier, Werktätiger

6189 Promenade
Uferstraße •Bummel, Spaziergang

6190 Propagandist
Straßenverkäufer, Werber

6191 proportional
entsprechend, verhältnisgleich, verhältnismäßig

6192 Prospekt
Preisliste, Preisverzeichnis •Anzeigenblatt, Informationsschrift, Katalog, Mailing, Werbeprospekt, Werbeschrift, Wurfsendung

6193 Prostituierte
Buhle, Callgirl, Dirne, Freudenmädchen, Hure, Kokotte, Konkubine, Kurtisane, Liebedienerin, Mätresse, Nutte, Straßenmädchen, Strichmädchen

6194 Protest
Auflehnung, Widerspenstigkeit, Widerstand •Beanstandung, Beschwerde, Eingreifen, Einspruch, Einwand, Einwurf, Entgegnung, Gegenmeinung, Intervention, Klage, Vermittlung, Veto, Widerrede, Widerspruch

6195 protestieren
ablehnen, aufbegehren, dagegenreden, einwenden, s. empören, s. erheben, meutern, opponieren, rebellieren, revoltieren, verneinen, s. verwahren, widerreden, s. widersetzen, widersprechen •dazwischentreten, eingreifen, intervenieren

6196 Prothese
Ersatzglied, Kunstglied

6197 Protokoll
Aufzeichnung, Niederschrift, Notizen, Tagungsbericht →Ergebnisprotokoll, Gedächtnisprotokoll, Kurzprotokoll, Verlaufsprotokoll

6198 Provinz
Bezirk, Distrikt, Region

6199 provinziell
bäuerlich, bieder, dörflich, hinterwäldlerisch, kleinbürgerlich, kleinstädtisch, ländlich, spießbürgerlich

6200 Provisorium
Behelf, Hilfseinrichtung, Überbrückungsmaßnahme

6201 provozieren
ärgern, aufstacheln, beleidigen, brüskieren, erschrecken, reizen, schockieren, verärgern, verbittern, verdrießen, verstimmen •hervorrufen, verursachen

6202 Prozess
Gerichtsverfahren, Gerichtsverhandlung, Rechtsverfahren, Verhandlung •Entfaltung, Entwicklung, Entwicklungsprozess, Entwicklungsverlauf, Reife, Reifungsprozess, Veränderung, Wachstum •Durchführung, Fortgang, Verlauf

6203 prozessieren
anklagen, befehden, belangen, beschuldigen

6204 prüfen
s. beraten, beratschlagen, besprechen •abchecken, durchsehen, testen •abfragen, ausfragen, examinieren •ausprobieren, kosten •besuchen, inspizieren, kontrollieren, visitieren •abchecken, durchsehen, inspizieren, nachprüfen, nachrechnen, testen, s. vergewissern •durchgehen, durchsehen, kontrollieren, nachprüfen, nachschauen, überprüfen, s. überzeugen, s. vergewissern •abfragen, abhören, testen, überprüfen

6205 Prüfung
Heimsuchung, Schicksalsschlag •Durchsicht, Erprobung, Kontrolle, Prüfstand •Bewährungsprobe, Feuerprobe, Feuertaufe, Prüfstein •Examen, Test→Abitur, Abschlussexamen, Abschlussprüfung, Ex, Extemporale, Klassenarbeit, Klausur, Kurzprobe, Kurztest, Probe, Probearbeit, Prüfungsarbeit, Reifeprüfung, Schularbeit, Schulaufgabe, Schulaufsatz, Stegreifaufgabe

6206 Prügel
Abreibung, Dresche, Hiebe, Schläge •Knüppel, Rohrstock, Stock

6207 prunksüchtig
großzügig, überreichlich •ausladend, feudal, luxuriös •dünkelhaft, eitel

6208 prusten
schnauben, schnaufen •herausplatzen, loslachen

6209 Pseudonym
Doppelname, Künstlername, Scheinname

6210 Psyche
Gemüt, Innenleben, Inneres, Seele, Seelenleben

6211 psychologisch
innerlich, seelenkundlich, seelisch

6212 Publicity
Propaganda, Reklame, Werbefeldzug •Bekanntheit, Berühmtheit, Publizität

6213 Publicrelations [Public Relations]
Agitation, Aufklärungsarbeit, Kontaktpflege, Meinungspflege, Öffentlichkeitsarbeit, PR, Propaganda, Werbung

6214 Puder
Pulver, Staub→Babypuder, Fettpuder, Körperpuder, Streupuder

6215 pudern
bestreuen, einstäuben

6216 Puff
Wäschebehälter, Wäschekorb •Absteige, Bordell, Dirnenhaus, Etablissement, Freudenhaus •Knuff, Schlag

6217 Puffer
Stoßdämpfer •Kartoffelpfannkuchen, Reibekuchen

6218 Pullover
Pulli→Baumwollpullover, Damenpullover, Herrenpullover, Jumper, Kinderpullover, Nicki, Pullunder, Rolli, Rollkragenpullover, Strickpulli, Strickpullover, Sweater, Wollpullover

6219 pulsieren
hämmern, klopfen, pochen

6220 Pult
Betstuhl, Kanzel •Katheder, Schreibpult

6221 Pulver
Schießpulver, Schwarzpulver •Mehl, Puder

6222 pulvrig
mehlig, pulverförmig, pulverisiert, zermahlen
6223 Pump
Anleihe, Darlehen, Schulden
6224 pumpen
auspumpen, hoch pumpen, leer pumpen •ausborgen, auslegen, ausleihen, beleihen, borgen, entlehnen, herleihen, leihen, verleihen, verpfänden, versetzen, vorlegen, vorschießen, vorstrecken
6225 Punkt
Angelegenheit, Fall, Sache •Sprenkel, Tupfen •Fleck, Ort, Stätte, Stelle •Wertung, Wertungspunkt •Bildpunkt, Pixel
6226 pünktlich
bald, beizeiten, fristgemäß, fristgerecht, früh, ordnungsgemäß, prompt, rechtzeitig, termingemäß
6227 Pünktlichkeit
Exaktheit, Frühzeitigkeit, Genauigkeit •Verlässlichkeit, Zuverlässigkeit
6228 Puppe
Freundin, Geliebte •Püppchen, Spielzeug •Schneiderbüste, Schneiderpuppe •Larve
6229 Pustel
Eiterbläschen, Finne, Pickel
6230 Putz
Mörtel, Verputz •Arabeske, Ausschmückung, Ornament, Rankenwerk, Verschnörkelung
6231 Putzsucht
Hygienewahn, Reinlichkeitsfimmel, Sauberkeitsfimmel •Eitelkeit, Gefallsucht, Selbstgefälligkeit, Stutzerhaftigkeit
6232 pyknisch
gedrungen, stämmig, untersetzt

Q

6233 Qigong
Energieübung
6234 Qual
Beschwernis, Drangsal, Leidensweg, Martyrium, Plage •Beschwerden, Pein, Schmerz
6235 Quälgeist
Nervensäge, Plagegeist, Quengler, Ruhestörer, Störenfried
6236 Qualifikation
Ausbildung, Berechtigung, Ermächtigung •Auffassungsgabe, Befähigung, Begabung, Brauchbarkeit, Cleverness, Eignung, Fähigkeit, Geist, Geistesgabe, Genialität, Genius, Geschick, Intelligenz, Kapazität, Kennerblick, Klugheit, Scharfsinn, Schlauheit, Talent, Tauglichkeit, Veranlagung
6237 Qualität
Befähigung, Talent, Vorzug •Güte, Wertbeständigkeit •Güteklasse, Handelsklasse
6238 Qualm
Dunst, Rauch
6239 qualmen
paffen, schmauchen •rauchen, rußen
6240 Quantität
Anzahl, Fülle, Größe, Menge
6241 Quantum
Anteil, Dosis, Menge
6242 Quarantäne
Isolation, Isolierung, Sperrzeit
6243 Quark
Albernheit, Blödsinn, Gehaltlosigkeit •Schichtkäse, Topfen, Weißkäse

6244 Quartier
Absteige, Asyl, Behausung, Bleibe, Herberge, Logis, Obdach, Schlafstelle, Unterkunft, Unterschlupf •Baracke, Bauhütte, Behelfsunterkunft, Bretterbude •Aufenthaltsort, Domizil, Heimatort, Sitz

6245 Quaste
Bommel, Bummel, Franse, Puschel, Troddel

6246 Quelle
Informant, Informationsquelle •Anfang, Ausgangspunkt, Herkunft, Ursprung •Born, Brunnen, Spring •Bach, Quellwasser •Bezugsquelle, Fundgrube, Kaufgelegenheit •Original, Urfassung, Urschrift

6247 quellen
herausfließen, heraustreten •anschwellen, auftreiben, s. voll saugen

6248 Quellenangabe
Literaturangabe, Literaturnachweis

6249 Quengelei
Genörgel, Mäkelei, Meckerei, Nörgelei

6250 quengelig
misslaunig, unlustig

6251 quer
entgegengesetzt, gegensätzlich •schief, schräg

6252 Querelen
Ärger, Beschwerden, Klage, Streit

6253 Querschnitt
Auszug, Kurzfassung, Überblick •Durchschnitt, Mittelmaß

6254 quetschen
ausdrücken, auspressen •einkeilen, einklemmen, festklemmen

6255 quietschen
kichern, lachen, quieken, schreien, wiehern •pfeifen

6256 quitt
entlastet, erledigt, wettgemacht

6257 quittieren
anerkennen, bescheinigen, unterschreiben •ausscheiden, aussteigen, kündigen

6258 Quittung
Dank, Denkzettel, Lohn •Beleg, Bescheinigung, Empfangsschein •Bon, Kassenabschnitt, Kassenbeleg, Kassenzettel

6259 Quiz
Denksportaufgabe, Frage-und-Antwort-Spiel, Rätsel

R

6260 Rache
Abrechnung, Abschluss, Aufstand, Ausgleich, Bestrafung, Bilanz, Blutrache, Buße, Entschädigung, Feme, Gegenangriff, Gegenmaßnahme, Gegenschlag, Gegenstoß, Heimzahlung, Reaktion, Repressalie, Revanche, Sanktionen, Sühne, Vendetta, Vergeltung, Vergeltungsmaßnahme

6261 rächen
abrechnen, ahnden, aufbrummen, ausrotten, bestrafen, maßregeln, misshandeln, revanchieren, strafen, vergelten, wettmachen, züchtigen, Rache nehmen, Rache üben

6262 Rad
Reif, Ring •Fahrrad, Stahlross

6263 Radargerät
Funkmessgerät, Peilungsgerät, Radarpistole

6264 Räderwerk
Apparat, Getriebe, Maschinerie

6265 Radfahrer
Fahrradfahrer, Radler •Duckmäuser, Heuchler, Kriecher, Krummbuckel, Leisetreter, Liebediener, Lobhudler, Pharisäer, Schmeichelkatze, Schmeichler, Schmuser, Schönredner, Speichellecker

6266 radieren
zeichnen •ausradieren, löschen, wegradieren

6267 Radiergummi
Gummi, Radierer

6268 radikal
absolut, gründlich, total, völlig •bestialisch, tierisch, verroht •extremistisch, kompromisslos

6269 Radio
Funk, Hörfunk •Radioapparat, Rundfunkgerät

6270 Radiosender
Radiostation, Rundfunkanstalt

6271 Radius
Aktionsradius, Einflussbereich, Reichweite

6272 raffen
s. aneignen, zusammentragen •reffen, hoch heben

6273 raffgierig
geldgierig, gewinnsüchtig, habgierig, raffsüchtig

6274 Raffinesse
Bauernschläue, Cleverness, Durchtriebenheit, Verschlagenheit •Erlesenheit, Feinheit, Verfeinerung

6275 raffinieren
läutern, reinigen

6276 raffiniert
kultiviert, verfeinert •ausgekocht, bauernschlau, clever, diplomatisch, gerissen, geschäftstüchtig, verschlagen

6277 ragen
aufstreben, s. auftürmen, emporragen, hoch ragen

6278 Rahm
Sahne, Schlagrahm →Sauerrahm, Schmant, Süßrahm

6279 Rahmen
Einfassung, Einrahmung, Umrahmung, Umrandung •Chassis, Fahrzeuggestell •Flair, Umgebung, Umstände

6280 Rakete
Geschoss, Raketenwaffe →Abwehrrakete, Interkontinentalrakete, Luftabwehrrakete, Mittelstreckenrakete, Panzerabwehrrakete

6281 rammen
einschlagen, einstoßen, eintreiben •auffahren, kollidieren, zusammenprallen, aufeinander stoßen, aufeinander prallen

6282 Rampe
Auffahrt, Zufahrt, Zugang •Laderampe, Verladerampe •Brüstung, Geländer

6283 Rand
Abschluss, Begrenzung, Umgrenzung, Umrahmung •Hutrand, Krempe

6284 randalieren
krakeelen, lärmen, poltern, toben •zerstören

6285 Rang
Amt, Klasse, Schicht •Kategorie, Ordnungsstufe •Bedeutsamkeit, Bedeutung, Gewichtigkeit, Tragweite, Wichtigkeit •Dienstgrad, Dienstrang, Rangstufe

6286 Rangfolge
Hackordnung, Hierarchie, Klassifikation, Rangordnung, Stufenleiter

6287 ranken
s. emporranken, klettern, s. schlängeln, s. schlingen, s. winden

6288 Ranzen
Büchertasche, Schultasche •Bierbauch, Fettbauch •Rucksack, Tornister

6289 rar
knapp, selten, spärlich, sporadisch •auserlesen, ausgesucht, einmalig, hochwertig, kostbar

6290 rasant
eilig, flott •rassig, schneidig, sportlich
6291 rascheln
rauschen, schwirren, surren •lispeln, säuseln, wispern
6292 Rasen
Spielfeld, Spielfläche, Sportplatz •Grasfläche, Grasplatz, Wiese
6293 raspeln
raffeln, reiben, zerkleinern
6294 Rasse
Art, Menschenrasse, Nation, Spezies
6295 rassig
schneidig, schnittig, todschick
6296 Rassismus
Fremdenhass, Rassenhass, Rassenwahn
6297 Rat
Andeutung, Fingerzeig, Hilfe, Hinweis, Ratschlag, Tipp, Wink •Ermunterung, Ermutigung •Sitzung, Versammlung
6298 raten
anempfehlen, anraten, empfehlen, vorschlagen, nahe legen •enträtseln, erraten, knobeln
6299 Ratgeber
Handbuch, Leitfaden •Berater, Fachmann, Mentor, Tutor •Berater, Fachmann, Meister •Advokat, Anwalt, Berater, Fürsprecher, Rechtsbeistand, Verteidiger
6300 Ratifizierung
Annahme, Paraphierung
6301 Ration
Dosis, Kontingent, Menge, Portion •Verpflegungssatz, Zuteilung
6302 rational
sachlich, überlegt, vernunftgemäß
6303 rationalisieren
modernisieren, organisieren, umstrukturieren, vereinfachen
6304 Ratlosigkeit
Hilflosigkeit, Unentschiedenheit, Unschlüssigkeit
6305 ratsam
angezeigt, annehmbar, notwendig, vorteilhaft
6306 Ratsdiener
Amtsdiener, Gemeindebote, Gemeindediener
6307 rätselhaft
geheimnisvoll, mystisch, undurchschaubar •unbegreifbar, undurchsichtig, unfassbar
6308 rätseln
knobeln, nachdenken, tüfteln
6309 rau
aufgeraut, aufgesprungen, rissig, schrundig •belegt, heiser •beißend, schneidend, streng
6310 Raub
Beraubung, Diebstahl, Entwendung, Erbeutung, Plünderung •Beute, Raubgut
6311 rauben
entführen, kidnappen, verschleppen •abnehmen, bestehlen, entreißen
6312 Räuber
Pirat, Seeräuber •Bandit, Dieb, Wegelagerer
6313 Rauch
Dampf, Qualm, Schmauch, Schwaden •Dampf, Qualm, Ruß •Abgas, Abgase, Auspuffgas, Emission, Gas
6314 rauchen
paffen, qualmen, schmauchen, schmoken •glimmen, rußen, schwelen
6315 Raucher
Qualmer, Schmaucher, Schmöker →Gelegenheitsraucher, Genussraucher, Kettenraucher
6316 Rauchfang
Esse, Kamin, Schlot, Schornstein •Dunstabzug, Wrasenabzug
6317 Rauchware
Tabak, Tabakerzeugnisse, Tabakwaren →Glimmstängel, Zigarette, Zigarre •Fellwerk, Pelze, Pelzwerk, Rauware

6318 rauen
aufkratzen, aufrauen, einkratzen, rau machen

6319 Raum
Ausdehnung, Weite •Bezirk, Gebiet, Region •Gegend, Umgebung •Entwicklungsmöglichkeit, Spielraum •Platz, Saal, Stelle, Stube, Zimmer •Gemach, Kabinett, Zimmer •Weltall, Weltraum •Ort, Örtlichkeit

6320 räumen
abtransportieren, entfernen, fortschaffen •ausräumen, entleeren •ausziehen, fortziehen, wegziehen

6321 Raumfahrt
Astronautik, Kosmonautik, Weltraumfahrt

6322 Raumfahrzeug
Raumschiff, Raumstation, Satellit, Spacelab, Weltraumlabor, Weltraumstation •Rakete

6323 räumlich
ausgedehnt, geräumig •lokal, örtlich, regional

6324 Räumung
Abschiebung, Abzug, Ausbürgerung, Aussiedlung, Ausweisung, Deportation, Evakuierung, Hinauswurf, Rückzug, Umquartierung, Umsiedlung, Umzug, Verbannung, Verstoßung, Vertreibung, Wegzug •Ausräumung

6325 raunen
murmeln, tuscheln, wispern, zischeln

6326 Raupe
Gleiskette, Raupenband •Larve, Schmetterlingsraupe

6327 Rausch
Angetrunkenheit, Benebelung, Berauschtheit, Besoffenheit, Betrunkenheit, Bewusstseinstrübung, Bierseligkeit, Delirium, Dusel, Schwips, Suff, Trunkenheit, Weinlaune, Weinseligkeit •Begeisterung, Gefühlsüberschwang, Verzücktheit, Verzückung •Entrückung, Hochgefühl, Trance, Trip, Verzückung

6328 rauschen
fluten, plätschern, sprudeln •blasen, brausen, säuseln, toben

6329 Rauschgift
Anregungsmittel, Aufputschmittel, Dopingmittel, Stimulans, Droge, Rauschmittel →Kokain, Koks, Schnee, Haschischzigarette, Joint, Marihuanazigarette, Rauschgiftzigarette, Crack, Betäubungsmittel, Tranquilizer

6330 räuspern (s.)
hüsteln, husten

6331 Razzia
Durchsuchung, Hausdurchsuchung, Säuberungsaktion

6332 reagieren
s. aufführen, s. benehmen, s. verhalten •antworten, beantworten, entgegnen, erwidern

6333 Reaktion
Erwiderung, Gegenschlag, Gegenstoß, Rückwirkung •Fortschrittsfeindlichkeit, Rückschritt

6334 reaktionär
fortschrittsfeindlich, konservativ, rückschrittlich, unzeitgemäß

6335 Reaktor
Atomreaktor, Kernkraftwerk, Kernreaktor

6336 real
existent, greifbar, konkret, körperlich, stofflich •faktisch, tatsächlich •echt, lebensnah, naturgetreu, praxisnah, realistisch, wahrheitsgetreu, wirklichkeitsgetreu, wirklichkeitsnah •leidenschaftslos, objektiv, realistisch, sachlich

6337 realisieren
abwickeln, erfüllen, tun, verwirklichen

6338 Realisierung
Ausführung, Erfüllung, Verwirklichung

6339 Realismus
Klarsicht, Nüchternheit, Sachlichkeit, Vernunft, Wirklichkeitsnähe, Wirklichkeitssinn, Wirklichkeitstreue

6340 rebellisch
aufrührerisch, aufsässig, aufständisch, aufwieglerisch, hetzerisch, oppositionell, provokatorisch, revoltierend, umstürzlerisch, zerstörerisch

6341 Rechen
Forke, Harke

6342 rechnen
haushalten [Haus halten], einteilen, rationieren, sparen, wirtschaften •dazurechnen, mitzählen •berechnen, zusammenzählen

6343 Rechnung
Rechenaufgabe, Rechenexempel •Kaufbeleg, Quittung •Berechnung, Verrechnung

6344 recht
angebracht, angemessen, gerechtfertigt, ordnungsgemäß, passend, rechtmäßig

6345 Recht
Anrecht, Berechtigung, Ermächtigung, Freibrief •Gesetzeskunde, Rechtswissenschaft •Gesetz, Rechtsordnung, Rechtsprechung →Beamtenrecht, Erbrecht, Familienrecht, Handelsrecht, Kirchenrecht, Landesrecht, Menschenrecht, Militärrecht, Naturrecht, Seerecht, Staatsrecht, Stadtrecht, Strafrecht, Zivilrecht, allgemeines Recht, gemeines Recht, geschriebenes Recht, gesetztes Recht, überliefertes Recht •Faustrecht, Naturrecht, Selbsthilfe, Selbstjustiz, Terror

6346 Rechthaber
Besserwisser, Bürokrat, Federfuchser, Neunmalschlauer, Pedant, Schulmeister, Sprücheklopfer, Wortklauber

6347 Rechthaberei
Beharrlichkeit, Dickköpfigkeit, Eigensinn, Eigensinnigkeit, Eigenwille, Eigenwilligkeit, Extremismus, Halsstarrigkeit, Hartgesottenheit, Oppositionsgeist, Starrheit, Starrköpfigkeit, Starrsinn, Sturheit, Trotz, Uneinsichtigkeit, Unfolgsamkeit, Ungehorsam, Verbohrtheit, Widerspenstigkeit, Widerstandsgeist

6348 rechtlos
rechtsungültig, rechtswidrig •entrechtet, geächtet, schutzlos, vogelfrei •benachteiligt, unterprivilegiert

6349 rechts
konservativ, reaktionär, rückständig •rechter Hand, steuerbord

6350 rechtschaffen
angesehen, integer, lauter, pflichtgetreu, redlich, untadelig, wacker

6351 Rechtsweg
Beschwerdeweg, Instanzenweg, Klageweg

6352 Rechtswesen
Gerichtsbarkeit, Gerichtswesen, Justiz, Rechtspflege, Rechtsprechung, Rechtsverwaltung

6353 rechtzeitig
beizeiten, frühzeitig, pünktlich, zeitig

6354 recken
ausdehnen, ausspannen, ausstrecken

6355 Redakteur
Chefredakteur, Lektor, Schriftleiter

6356 Redaktion
Nachrichtenbüro, Pressestelle, Schriftleitung

6357 Rede
Ansprache, Darbietung, Referat, Vortrag →Festrede, Wahlrede •Äußerung, Unterredung, Verständigung, Worte •Antrittsvorlesung, Eröffnungsrede, Jungfernrede •Kolleg, Vorlesung, Vortrag

6358 Redefreiheit
Pressefreiheit, Schreibfreiheit

6359 redegewandt
beredsam, beredt, eloquent, expressiv, rednerisch, rhetorisch, schlagfertig, sprachgewaltig, sprachgewandt, sprühend

6360 Redensart
Floskel, Formel, Gemeinplatz, Phrase, Redewendung

6361 Redner
Referent, Sprecher, Vortragender •Rhetoriker

6362 redselig
aufdringlich, geschwätzig, gesprächig, redefreudig, redelustig, schwatzhaft

6363 reduziert
ermäßigt, herabgesetzt, preiswert, verbilligt

6364 Reduzierung
Ermäßigung, Herabsetzung, Nachlass, Verbilligung •Abbau, Abstrich, Begrenzung, Drosselung, Einschränkung, Kürzung, Minderung, Reduktion, Schmälerung, Senkung, Streichung, Verringerung

6365 Reeder
Eigner, Schiffsbesitzer, Schiffseigner

6366 reell
gediegen, qualitätvoll, solide •greifbar, konkret •fair, loyal, redlich

6367 Reep
Seil, Strick, Tau, Trosse

6368 reflektieren
spiegeln, zurückwerfen •nachdenken, nachsinnen

6369 Reflex
Effekt, Reaktion •Rückstrahlung, Widerschein

6370 Reformer
Bahnbrecher, Erneuerer, Initiator, Neugestalter, Pionier, Schrittmacher, Umgestalter, Verbesserer, Vorbereiter, Wegbereiter

6371 Regal
Ablage, Bord, Bücherbord, Bücherbrett, Büchergestell, Bücherregal, Gestell, Stellage, Wandbrett

6372 Regatta
Bootsrennen, Bootswettfahrt →Ruderregatta, Segelregatta

6373 rege
aktiv, betriebsam, intensiv, lebhaft, schwunghaft, unternehmend, unternehmungslustig •aufgeschlossen, fortschrittlich

6374 Regel
Brauch, Direktive, Faustregel, Gepflogenheit, Gesetzmäßigkeit, Gesichtspunkt, Grundsatz, Instruktion, Leitlinie, Leitsatz, Leitschnur, Prinzip, Regelmäßigkeit, Regelung, Reglement, Richtlinie, Richtschnur, Satzung, Spielregel, Standard, Statut, Tradition, Usus, Vorschrift •Menstruation, Periode, Regelblutung

6375 regelmäßig
ebenmäßig, wohlgebaut •alltäglich, gewöhnlich, landläufig, usuell, verbreitet •dauernd, eingefahren, gängig, geläufig, gewohnheitsgemäß, gewohnheitsmäßig, herkömmlich, konstant, normal •ausgewogen, gleichmäßig, harmonisch •periodisch, rhythmisch, zyklisch •alljährlich, jährlich •monatlich, jeden Monat •täglich, jeden Tag •stündlich, jede Stunde, alle Stunden •minütlich, jede Minute •sekundlich, sekündlich, jede Sekunde, alle Sekunden

6376 Regelmäßigkeit
Gleichmaß, Wohlgestalt •Beständigkeit, Pünktlichkeit, Rhythmus, Stetigkeit •Alltag, Normalität •Gesetzmäßigkeit, Standard

6377 regeln
bereinigen, regulieren •dirigieren, führen, leiten

6378 regelrecht
ordnungsgemäß, regulär, vorschriftsgemäß, vorschriftsmäßig •ausgesprochen, direkt
6379 Regelung
Direktive, Faustregel, Lebensregel, Merkspruch, Reglement, Richtmaß, Spielregel •Abfertigung, Erledigung •Einrichtung, Maßregel
6380 regen (s.)
s. beschäftigen, s. betätigen •s. bewegen, s. rühren •erwachen
6381 Regeneration
Auffrischung, Erneuerung, Verjüngung, Wiederbelebung
6382 regenerieren (s.)
s. erneuern, genesen, gesunden, s. verjüngen
6383 Regenrinne
Dachrinne, Traufe
6384 Regie
Direktion, Führung, Management, Oberaufsicht, Vorsitz
6385 regieren
führen, leiten, steuern, verwalten
6386 Regierung
Herrschaft, Kabinett, Staatsmacht →Bundesregierung, Einparteienregierung, Koalitionsregierung, Landesregierung, Magistrat, Marionettenregierung, Militärregierung, Minderheitsregierung, Ministerrat, Senat, Staatsregierung, gesetzgebende Gewalt
6387 Regisseur
Inszenator, Spielleiter
6388 Register
Datenbank, Datenverzeichnis, Kartei, Liste, Sachverzeichnis, Tabelle, Zettelkasten, Zusammenstellung
6389 registrieren
datieren, erfassen, verzeichnen •beobachten, feststellen
6390 registriert
aufgefasst, bemerkt •eingetragen, vermerkt, verzeichnet
6391 reglos
bewegungslos, regungslos, starr
6392 regnen
abregnen, fieseln, gießen, niederprasseln, nieseln, pläddern, prasseln, rieseln, rinnen, schütten, tröpfeln, Bindfäden regnen
6393 regnerisch
diesig, feucht, feuchtkalt, nass, niederschlagsreich, regenreich
6394 Regsamkeit
Aktivität, Bereitwilligkeit, Rührigkeit, Tatendrang, Tatenlust
6395 regulär
gängig, gebräuchlich, regelmäßig
6396 regulieren
einrichten, einstellen, justieren •bedienen, führen, steuern •beilegen, bereinigen, normalisieren
6397 Regulierung
Schadensausgleich, Schadensregulierung •Bedienung, Führung, Steuerung •Bereinigung, Regelung
6398 Reh
Rehgeiß, Ricke •Kitz, Rehkalb, Rehkitz •Bock, Rehbock
6399 Rehabilitation
Ehrenerklärung, Ehrenrettung
6400 reiben
raffeln, raspeln •abfrottieren, abtrocknen, trockenreiben •abreiben, frottieren, kratzen, rubbeln, schaben, scheuern
6401 Reibung
Auseinandersetzung, Differenzen, Hader, Konflikt, Krawall, Missklang, Reiberei, Zwietracht •Rauheit, Reibungsfläche, Unebenheit •Gegendruck, Widerstand
6402 reibungslos
einwandfrei, glatt •geglättet, gehobelt, poliert
6403 reich
begütert, bemittelt, besitzend, finanzkräftig, gutsituiert, kapitalkräftig, steinreich, vermögend, wohlhabend, wohlsituiert, reich begütert •mannigfaltig, vielfältig •ansehnlich, reichhaltig, unermesslich, unerschöpflich •ergiebig,

fruchtbar •allmächtig, machtvoll, übermächtig, vermögend

6404 reichen

s. ausdehnen, s. erstrecken, gehen •anbieten, entgegenstrecken, hinstrecken •ausreichen, hinreichen •aushändigen, präsentieren, übertragen •beschenken, darreichen, überreichen, zureichen, zuteilen •hingeben, hinreichen

6405 Reichtum

Anhäufung, Aufwand, Bequemlichkeit, Farbenpracht, Freude, Gala, Luxus, Menge, Prunk, Schlaraffenleben, Überangebot, Überfluss, Überproduktion, Überreichtum, Üppigkeit, Vermögen, Verschwendung, Wohlbehagen, Wohlhabenheit, Wohlleben, Wohlstand •Buntheit, Farbigkeit, Vielgestaltigkeit •Besitztum, Kapital, Vermögen, Wohlstand

6406 reif

abgeklärt, ausgeglichen, lebenskundig •ausgearbeitet, durchdacht, überlegt •erntereif, saftig •ausgereift, ausgewachsen, erwachsen, gereift, heiratsfähig, mündig, volljährig, vollreif •altklug, dreist, frühreif, keck, kess, lümmelhaft, neunmalklug, unkindlich, vorlaut, vorwitzig •ausgearbeitet

6407 Reif

Frost, Raureif •Armreif, Diadem, Fingerring, Stirnreif •Kreisform, Rahmen

6408 Reife

Blütezeit, Reifezeit •Perfektion, Vollkommenheit •Charakterreife, Erwachsensein

6409 reifen

abhängen, ablagern, lagern, ruhen •s. entwickeln, heranwachsen •ausreifen, heranreifen, vollenden

6410 Reifen

Autobereifung, Gummischlauch, Luftreifen, Pneu

6411 Reifezeit

Alterungsprozess, Reifung •Adoleszenz, Entwicklungsjahre, Jugendalter, Jugendzeit, Pubertät, Reifejahre, Wachstum

6412 Reihe

Anzahl, Garnitur, Menge, Satz, Schar, Zahl •Folge, Front, Gänsemarsch, Kette, Kolonne, Linie, Riege, Schlange •Aufeinanderfolge, Reihenfolge, Turnus

6413 reihen

anordnen, aufstellen, einreihen, ordnen, rangieren, sortieren, unterteilen •auffädeln, aufreihen

6414 Reihenfolge

Abfolge, Aneinanderreihung, Aufeinanderfolge, Folge, Nacheinander, Ordnung, Sequenz, Turnus •Rangfolge, Stufenleiter

6415 rein

durchscheinend, durchsichtig, klar, kristallklar, transparent •echt, natur, natürlich, naturrein, pur, unvermischt •jungfräulich, lauter, unschuldig •fleckenlos, hygienisch, schmutzfrei •geheiligt, gesegnet, geweiht, sakral •geläutert, gereinigt, lauter, sauber, verfeinert •aufgeräumt, gereinigt, gesäubert

6416 Reinheit

Fleckenlosigkeit, Gepflegtheit, Ordentlichkeit, Reinlichkeit •Keuschheit, Unberührtheit

6417 reinigen

abkehren, abputzen, abspülen, abstauben, abwaschen, abwischen, aufputzen, aufräumen, aufwaschen, aufwischen, ausfegen, auskehren, auswaschen, bürsten, fegen, feudeln, kehren, putzen, säubern, scheuern, schrubben, spülen, staubsaugen, waschen, wischen, sauber machen •filtern, klären, raffinieren •beseitigen, liquidieren

6418 reinwaschen (s.)

s. entlasten, s. rechtfertigen, s. rehabilitieren, s. verteidigen

6419 Reise
Abstecher, Ausfahrt, Ausflug, Fahrt, Tour, Trip →Dienstreise, Erholungsreise, Ferienreise, Geschäftsreise, Schiffsreise, Seereise, Urlaubsreise, Weltreise

6420 reisen
fortfahren, verreisen, wegfahren, wegreisen

6421 Reisender
Fahrgast, Reisegast •Handelsvertreter, Vertreter

6422 Reisig
Brennmaterial, Kleinholz, Leseholz

6423 reißen
entzweigehen, auseinander gehen •drücken, heben, stemmen •schleppen, zerren, ziehen •rupfen, zerren, ziehen, zupfen

6424 reißen (s.)
s. aufreißen, s. aufritzen, s. aufscheuern, s. ritzen, s. schürfen

6425 Reißnagel
Heftzwecke, Pinne, Reißzwecke, Zwecke

6426 reiten
galoppieren, traben

6427 Reiter
Dragoner, Husar, Kavallerist, Kürassier, Ulan •Freizeitreiter, Sportreiter →Amateurreiter, Berufsreiter, Dressurreiter, Galoppreiter, Herrenreiter, Jockey, Kavallerist, Rennreiter, Springreiter, Turnierreiter, Zirkusreiter

6428 Reiz
Antrieb, Kitzel, Stimulus •Appeal, Ausstrahlung, Charme, Flair, Schönheit, Sexappeal •Anmut, Anregung, Anreiz, Anstoß, Anziehung, Anziehungskraft, Attraktivität, Lockung, Verlockung, Zauber, Zugkraft

6429 Reizbarkeit
Empfindlichkeit, Erregbarkeit, Nervosität, Spannung

6430 reizen
erzürnen, provozieren •ansagen, herausfordern •ätzen, beißen, brennen •entzücken, faszinieren, verlocken, verzaubern

6431 reizend
entgegenkommend, gefällig, zuvorkommend •bestrickend, charmant, entzückend, gewinnend, hübsch, niedlich, packend, reizvoll, toll

6432 Rekord
Bestleistung, Höchstleistung, Spitzenklasse, Spitzenleistung

6433 relativ
bedingt, begrenzt, beschränkt, beziehungsweise, diesbezüglich, vergleichsweise, verhältnismäßig, vorbehaltlich, ziemlich

6434 Religionsgemeinschaft
Christenheit, Gesinnungsgemeinschaft, Glaubensgemeinschaft, Kirche, Kirchengemeinde, Kirchengemeinschaft, Kultgemeinschaft, Sekte

6435 Reliquie
Andenken, Heiligenknochen, Überrest

6436 rempeln
anfahren, anprallen, anrempeln, anstoßen, knuffen, puffen, rammen, stoßen, zusammenstoßen

6437 Renaissance
Erneuerung, Wiedererweckung, Wiedergeburt

6438 Rendite
Apanage, Einkommen, Einkünfte, Einnahmen, Erträge, Honorar, Revenue •Verzinsung, Zins, Zinssatz

6439 rennen
s. abhasten, ausschwärmen, s. beeilen, brausen, s. dranhalten, eilen, fegen, flitzen, galoppieren, hasten, hetzen, huschen, jagen, laufen, loseilen, loslaufen, losrennen, preschen, rasen, sausen, schwärmen, springen, sprinten, spritzen, spurten, s. sputen, stieben, stürmen,

stürzen, vorbeizischen, wetzen •hinterherjagen, hinterherrennen, nacheilen, nachrennen, verfolgen

6440 Rennen
Autorennen, Rallye, Sternfahrt, Wettfahrt, Wettrennen •Wettlauf, Wettrennen

6441 Rennplatz
Reitbahn, Reitstrecke, Rennbahn, Rennstrecke •Pferderennbahn, Turf

6442 repräsentativ
imponierend, teuer, vornehm, würdig •charakteristisch, kennzeichnend •maßgeblich, relevant, wesentlich

6443 Reprise
Neuauflage, Wiederaufnahme •Aufschwung, Kurssteigerung

6444 reproduzieren
kopieren, vervielfältigen •abdrucken, herausbringen, publizieren •abbilden, abformen, nachbilden, wiedergeben

6445 Reservat
Reservation, Schutzgebiet •Anrecht, Sonderrecht

6446 Reserve
Distanziertheit, Einsilbigkeit, Schweigsamkeit, Verschlossenheit, Wortkargheit •Reservoir, Rücklage, Speicher, Vorrat •Ersatztruppe, Hilfstruppe

6447 reservieren
ordern, vorbestellen •belegen, offen halten •aufheben, zurücklegen

6448 reserviert
ablehnend, abweisend, distanziert, einsilbig, lakonisch, schweigsam, still, stumm, taktlos, unnahbar, unpersönlich, unterkühlt, unzugänglich, verhalten, verschlossen, wortkarg, zugeknöpft, zurückhaltend •belegt, besetzt, vorbestellt

6449 Reserviertheit
Distanziertheit, Einsilbigkeit, Introvertiertheit, Schweigsamkeit, Stummheit, Unnahbarkeit, Verhaltenheit, Verschlossenheit, Wortkargheit, Zurückhaltung

6450 Residenz
Hauptstadt, Metropole •Fürstensitz, Hofhaltung •Amtssitz, Wohnsitz

6451 Ressort
Amtsbereich, Arbeitsgebiet, Gebiet, Tätigkeitsfeld, Wirkungskreis, Zuständigkeitsbereich •Ferienanlage

6452 restlos
ausnahmslos, total, umfassend, vollendet, vollständig

6453 Resultat
Ausbeute, Auswirkung, Bilanz, Endergebnis, Endresultat, Endsumme, Ertrag, Fazit, Folge, Gewinn, Konsequenz, Quintessenz, Schlussergebnis, Schlussfolgerung, Wirkung

6454 resultieren
s. abzeichnen, erfolgen, s. herausschälen, herrühren

6455 retten
ausheilen, durchkriegen, kurieren •befreien, bergen, erlösen, erretten, herausholen •auskurieren, stärken

6456 retten (s.)
fliehen, flüchten, s. schützen

6457 Retter
Befreier, Beschützer, Engel, Erlöser, Erretter

6458 Rettung
Befreiung, Erlösung, Errettung, Loskauf, Loslösung

6459 rettungslos
aufgegeben, hilflos, unrettbar, verloren

6460 Reue
Bekehrung, Reuegefühl, Reumütigkeit, Selbstvorwurf, Umkehr

6461 Revers
Rückseite •Besatz, Umschlag
6462 revidieren
durchsehen, inspizieren, überprüfen, s. überzeugen •ändern, korrigieren, rechtfertigen, rehabilitieren, richtig stellen
6463 Revier
Krankenstation, Krankenstube •Jagdgebiet •Bereich, Landschaftsgebiet •Meldestation, Polizeistation
6464 Revision
Rechtsmittel, Wiederaufnahme •Durchsicht, Kontrolle, Überprüfung •Berichtigung, Korrektur
6465 Revolution
Umbruch, Umsturz •Aufstand, Bürgerkrieg, Freiheitskampf
6466 revolutionär
epochemachend, umwälzend •abbauend, aufrührerisch, demolierend, destruktiv, schädlich, subversiv, umstürzlerisch, zersetzend, zerstörend, zerstörerisch
6467 Revolutionär
Anarchist, Aufrührer, Partisan, Rebell, Umstürzler, Verschwörer
6468 Revue
Bühnenstück, Schau, Show, Varietee [Varieté] •Heerschau, Truppenschau
6469 Rezept
Kochanleitung, Kochrezept •Arzneiverordnung •Methode, Prozedur, Verfahrenstechnik, Verfahrensweise, Vorgehensweise
6470 Rezeption
Aufnahme, Aufnahmeraum, Empfang, Empfangsbüro, Empfangshalle, Empfangsraum, Empfangsschalter, Halle
6471 Rhythmus
Betonung, Gleichmaß, Takt
6472 richten
reparieren, wieder herstellen •beilegen, schlichten •herrichten, vorbereiten, zubereiten •hinrichten, verurteilen
6473 Richter
Bahnrichter, Kampfrichter, Linienrichter, Mattenrichter, Preisgericht, Preisrichter, Referee, Ringrichter, Schiedsrichter, Schiri, Unparteiischer, Zeitnehmer •Friedensrichter, Gerichtsvorsitzender, Jurist, Kadi, Urteilsfinder →Amtsgerichtsrat, Amtsrichter, Bundesrichter, Landgerichtsdirektor, Landgerichtsrat, Polizeirichter, Schnellrichter, Strafrichter, Untersuchungsrichter •Freischöffe, Geschworenenrichter, Geschworener, Laienrichter, Schöffe •Henker, Henkersknecht, Scharfrichter
6474 Richtergewalt
Judikative, richterliche Gewalt
6475 Richtgröße
Richtangabe, Richtmaß
6476 richtig
einwandfrei, korrekt, perfekt, vorschriftsmäßig •echt, fürwahr, tatsächlich, wahrlich •fachkundig, fachmännisch, routiniert, sachgemäß •angemessen, entsprechend, passend •behilflich, praktisch, sinnvoll
6477 Richtigkeit
Fehlerlosigkeit, Genauigkeit, Gründlichkeit, Unanfechtbarkeit
6478 Richtstätte
Galgenstätte, Hinrichtungsstätte, Schafott
6479 Richtung
Fahrtrichtung, Himmelsrichtung, Kurs, Lauf •Bewegung, Entwicklung, Lehre, Neigung, Prägung, Strömung, Trend •Beziehung, Hinsicht, Zusammenhang •Bahn, Fahrtrichtung, Flugrichtung, Kurs, Lauf, Route, Weg
6480 richtunggebend
ausschlaggebend, grundlegend, maßgebend, maßgeblich •richtungweisend, wegweisend

6481 riechen
ausdünsten, ausscheiden, duften, dünsten, stänkern, stinken, verpesten •ahnen, befürchten, s. einbilden, mutmaßen, spüren, vermuten, wittern •schnüffeln, wittern •duften, wohlriechen •ausströmen, bemerken, duften, schnüffeln, schnuppern, stinken •ausstehen, gefallen, leiden, schmecken

6482 riegeln
verrammeln, versperren, zuschließen

6483 Riemen
Gurt, Gürtel, Koppel •Paddel, Ruder

6484 rieseln
nieseln, tröpfeln •fließen, laufen, rinnen

6485 Riff
Felsklippe, Klippe, Schroffe, Spitze

6486 rigoros
drastisch, scharf, schroff, strikt •bedenkenlos, gewissenlos, mitleidlos, skrupellos, unmenschlich

6487 rillen
auskehlen, durchziehen, furchen, vertiefen

6488 Rind
Färse, Kuh

6489 Rinde
Baumrinde, Borke •Brotrinde, Kruste

6490 Ring
Kampfarena •Diadem, Stirnreif •Gürtel, Umgebung •Mafia, Syndikat, Verbrecherwelt •Altersring, Flader, Jahresring •Fingerreif, Fingerring

6491 Ringen
Rangelei, Rauferei •Kampf, Verzweiflung

6492 Rinne
Furche, Graben, Grube, Vertiefung •Gosse, Rinnstein

6493 rinnen
dahingleiten, entrinnen, schwinden, vergehen, verrinnen, vorübergehen, zerrinnen •fließen, quellen, rieseln, sprudeln

6494 Rippe
Blattader, Blattrippe •Heizkörperrippe, Radiatorrippe •Bogen, Pfeiler •Rippenknochen

6495 risikolos
gefahrlos, todsicher, unverfänglich

6496 riskieren
s. erkühnen, s. getrauen, s. unterstehen

6497 Riss
Ritzer, Schramme •Bruchstelle, Haarriss •Bruch, Spalt •Knick, Ritz •Mauerriss, Spalt

6498 rissig
aufgesprungen, rau, schrundig

6499 Ritt
Ausritt, Spazierritt

6500 Ritter
Burgherr, Rittersmann •Galan, Kavalier

6501 ritterlich
aufmerksam, galant, manierlich, wohlerzogen

6502 ritzen
eingravieren, einkratzen, einritzen, einschnitzen, verewigen •aufreißen, s. aufscheuern, aufschürfen, kratzen, schrammen

6503 robust
fest, gefeit, immun, kernig, rüstig, stabil, widerstandsfähig

6504 Robustheit
Immunität, Stabilität, Unempfindlichkeit, Zähigkeit

6505 Rodel
Bob, Rodelschlitten, Schlitten

6506 Rodung
Abholzung, Kahlschlag, Urbarmachung

6507 roh
formlos, unbehauen •ungebraten, ungekocht •eisig, grausam, hartherzig, mitleidlos, unmenschlich, verroht

6508 Rohheit
Brutalität, Gefühlskälte, Gefühlsrohheit, Herzensverhärtung, Mitleidlosigkeit, Schonungslosigkeit, Unmenschlichkeit

6509 Rohr
Dachtraufe, Rinne •Knüppel, Rohrstock •Ableitung, Röhre, Wasserrohr, Zuleitung •Rohrdickicht, Schilf, Schilfrohr

6510 Röhre
Kamin, Schlot •Fernseher, Fernsehgerät •Backofen, Backröhre •Hohlkörper, Schlauch •Bau, Tierhöhle, Unterschlupf

6511 Rolle
Röllchen, Spule, Walze •Purzelbaum •Rundheit, Rundung •Charge, Partie

6512 rollen
glätten, mangeln •ausrollen, auswalzen •dümpeln, schlingern, stampfen •einpacken, einwickeln •s. drehen, kreiseln, rotieren, s. wälzen •befördern, spedieren

6513 Roller
Kinderroller, Tretroller •Motorroller, Vespa

6514 Rollschuhe
→Inline-Skates [Inlineskates], Roller-Skates, Rollerblades

6515 Rollstuhl
Krankenfahrstuhl, Rollsessel

6516 Romantik
Empfindsamkeit, Gefühlstiefe, Verträumtheit •Fantasie [Phantasie], Träumerei, Traumwelt

6517 romantisch
einfühlsam, gemütvoll, rührselig, schwärmerisch, seelenvoll, verinnerlicht, zart fühlend •abgelegen, friedvoll, idyllisch, verträumt

6518 röntgen
ausforschen •durchleuchten, untersuchen

6519 rosig
durchblutet, gesund •günstig, optimal, optimistisch, vielversprechend •rosa, rosafarben

6520 Rost
Eisenoxid, Oxidation, Patina, Rostschicht •Bratrost, Feuerrost, Grillrost

6521 rosten
anlaufen, durchfressen, einrosten, oxidieren, verrosten, verwittern, zerfallen, zersetzen, Sauerstoff aufnehmen

6522 rösten
bräunen, toasten •braten, grillen

6523 rostig
verrostet, zerfressen •rostbraun, rostfarben

6524 röten
erglühen, erröten, s. genieren

6525 rotieren
kreisen, wirbeln •s. ärgern, aufbrausen, durchdrehen, s. erzürnen, explodieren

6526 Rotor
Drehflügel, Luftschraube, Propeller

6527 Route
Kurs, Richtung •Flugstrecke, Wegstrecke

6528 Routine
Check, Prüfgang •Erfahrung, Fertigkeit, Gewohnheit, Praxis, Übung

6529 routiniert
anstellig, geschickt, gewandt •erfahren, fachkundig, gekonnt, qualifiziert, sachverständig

6530 Rubrik
Absatz, Kapitel, Passage, Spalte •Titelkopf

6531 Rückbildung
Degeneration, Entartung, Niedergang, Rückgang

6532 rückblickend
retrospektiv, rückschauend, zurückgreifend, zurückschauend

6533 rucken
girren, gurren, rucksen •s. bewegen, stoßen, wackeln

6534 rücken
fortrücken, zusammenrücken •bewegen, umstellen, verrücken, verschieben, versetzen, verstellen

6535 Rücken
Bergkamm, Bergrücken •Kehrseite, Rückseite •Lehne, Stütze •Buckel, Kreuz •Rückgrat, Wirbelsäule

6536 Rückfahrt
Heimfahrt, Heimreise, Rückreise

6537 Rückfall
Wiedererscheinung, Wiederholung •Abnahme, Rücklauf, Rückschlag, Rückschritt, Verschlimmerung •Regression, Zurückgehen, Zurückweichen •Eskalierung, Verschärfung, Verschlechterung, Verschlimmerung, Zuspitzung

6538 rückfällig
störrisch, unverbesserlich •erneuert, mehrmals, rückkehrend

6539 Rückführung
Eingemeindung, Eingliederung, Rückgliederung

6540 Rückgabe
Abtragung, Ausgleichung, Austausch, Reklamation, Rücksendung, Rückzahlung, Umtausch •Entschädigung, Erstattung, Rückzahlung

6541 Rückgang
Degeneration, Nachlassen, Rückfall, Verminderung, Verringerung •Einbuße, Verlust

6542 Rückgrat
Charakter, Festigkeit, Haltung, Unbeirrbarkeit •Eckpfeiler, Säule, Stütze •Stütze, Wirbelsäule

6543 Rückkehr
Ankunft, Heimfahrt, Heimkehr, Rückfahrt, Rückkunft, Wiederkehr, Zurückkunft

6544 Rucksack
Bündel, Ranzen, Reisesack, Tornister

6545 Rückschau
Retrospektive, Rückblende, Rückblick

6546 rückschrittlich
fortschrittsfeindlich, gestrig, konservativ

6547 Rückseite
Gegenseite, Hinterfront, Hinterseite, Hoffront, Kehrseite, Schattenseite •Hinterteil, Popo

6548 Rücksicht
Duldsamkeit, Nachsicht, Toleranz •Ehrerbietung, Hochachtung, Schätzung, Verehrung, Wertschätzung •Behutsamkeit, Rücksichtnahme, Schonung •Anrechnung, Beachtung, Berücksichtigung, Rücksichtnahme

6549 rücksichtsvoll
aufmerksam, bescheiden, gefällig, nachsichtig, schonungsvoll, taktvoll, vorsichtig, zart fühlend

6550 Rückstand
Ausstand, Verspätung, Verzögerung •Bodensatz, Rest, Überbleibsel •Rückstände, Schuld, Verbindlichkeit

6551 rückständig
säumig, unbezahlt •altmodisch, gestrig, hinterwäldlerisch, unmodern, zurückgeblieben

6552 Rückstrahler
Katzenauge, Reflektor, Rücklicht, Schlusslicht

6553 Rückstrahlung
Reflexion, Spiegelung, Widerschein

6554 Rückwand
Background, Folie, Fond, Hintergrund

6555 rückwärts
achtern, hinten •abflauend, gegenläufig, rückläufig, schwindend, sinkend, zurück •hinterrücks, meuchlings

6556 ruckweise
ruckartig, sprungweise, stockend, stoßweise •bisweilen, mitunter

6557 Rückwirkung
Gegenseitigkeit, Wechselseitigkeit •Echo, Reaktion

6558 Rückzug
Abzug, Aufgabe, Räumung, Zurückweichen

6559 Rudel
Haufen, Pulk, Schar •Bande, Gang, Horde

6560 Ruder
Paddel, Riemen •Steuer, Steuerung •Führung, Leitung

6561 rudern
paddeln, staken, wriggen •schwenken, schwingen

6562 Ruf
Aufschrei, Schrei •Appell, Aufforderung •Achtung, Image, Leumund, Ruhm

6563 rufen
heißen, nennen •alarmieren, aufrufen, herbeirufen •brüllen, grölen, johlen

6564 Rufnummer
Fernsprechnummer, Telefonnummer

6565 Rufweite
Hörweite, Reichweite, Sichtweite

6566 Ruhe
Mittagsschlaf, Schlaf, Schlummer •Apathie, Lethargie, Passivität, Trägheit, Untätigkeit •Ausgeglichenheit, Beschaulichkeit, Gefasstheit, Gleichmut, Unerschütterlichkeit •Entspannung, Pause, Stillstand, Urlaub, Zurückgezogenheit

6567 ruhebedürftig
erholungsbedürftig, erschöpft, matt, k. o. •bettreif, schläfrig, unausgeschlafen •krank, kränklich, matt, schwach, siech

6568 Ruhelosigkeit
Anspannung, Erregung, Hektik, Unruhe, Zappeligkeit

6569 ruhen
s. ausruhen, s. erholen, verschnaufen •anhalten, aussetzen, stagnieren, stillstehen, stehen bleiben •dämmern, schlafen, schlummern

6570 Ruheständler
Rentenempfänger, Rentner •Pensionär, Pensionist, Privatier

6571 Ruhestätte
Bank, Couch, Diwan, Kanapee, Liege, Liegestatt, Ottomane, Recamière, Ruhebett, Schlafcouch, Schlafstelle, Sofa •Grabstätte, Gruft

6572 Ruhetag
Feiertag, Sonntag, Urlaubstag

6573 ruhevoll
gemütlich, geruhsam, harmonisch

6574 Ruhezeit
Bettruhe, Nacht, Schlafenszeit •Abendstunde, Feierabend, Wochenende •Erholungszeit, Ferientage, Schonzeit, Urlaubszeit •Pause, Siesta

6575 ruhig
kaltblütig, kühl, ungerührt •abgelegen, einsam •gedämpft, tonlos •einsilbig, verschwiegen, wortkarg •besonnen, diszipliniert, unerschütterlich •geschützt, lau, mild, windgeschützt, windstill •bedachtsam, gefasst, gemessen, gesetzt, ruhevoll, würdevoll

6576 rühren
anrühren, durchrühren, mischen, vermischen •s. eilen, regen •bewegen, packen

6577 rührend
aufopfernd, hingebungsvoll, sanft •bewegend, ergreifend, herzbewegend

6578 Ruine
Bruchstück, Trümmer, Überrest

6579 rumoren
lärmen, poltern, rumpeln •brodeln, gären, s. zusammenbrauen

6580 Rumpf
Gestalt, Körper, Organismus •Schiffsraum

6581 rund
kreisförmig, kreisrund, ringartig, ringförmig, zirkular •abgerundet, aufgerundet, bauchig, dick, gewölbt •breit, dick, mollig, pausbäckig, pummelig, wohlgenährt •eiförmig, eirund, ellipsenähnlich, ellipsenförmig, oval, länglich rund •säulenförmig, walzenförmig, walzig, wurmförmig, zylindrisch

6582 Runde
Rundkurs, Rundweg •Gesellschaft, Zusammenkunft •Umtrunk •Arbeitsgemeinschaft, Gruppe •Erstrunde, Vorrunde •Endrunde

6583 runden
umgeben, umkreisen •drechseln, drehen •abrunden, abzirkeln

6584 Rundung
Kreisform, Rundheit •Ausbuchtung, Bauch, Einbuchtung

6585 rundweg
alles, allgemein, ausnahmslos, durchaus, durchgehend, durchweg •aufrichtig, freimütig, offen

6586 runzeln
fälteln, furchen, krausen, zusammenziehen

6587 rupfen
ausreißen, auszupfen, jäten, zupfen •reißen, zerren, ziehen

6588 Rüsche
Applikation, Bordüre, Litze, Paspel, Tresse, Volant

6589 rußig
geschwärzt, rauchig, schmutzig

6590 rüsten
armieren, aufrüsten, ausrüsten, s. ausrüsten, ausstaffieren, ausstatten, s. bewaffnen, bewaffnen, s. bewehren, mobilisieren, mobilmachen, s. rüsten, s. schützen, s. vorsehen, s. wappnen

6591 rüsten (s.)
s. anschicken, s. ertüchtigen, vorbereiten

6592 rustikal
bäuerlich, deftig, derb, dörflich, einfach, ländlich, zünftig

6593 Rüstung
Aufrüstung, Bewaffnung, Mobilmachung •Harnisch, Kettenhemd, Panzer, Panzerhemd

6594 Rute
Stab, Zweig •Schwanz, Schweif, Wedel •Gerte, Peitsche

6595 rutschen
krabbeln, kriechen, robben •ausgleiten, ausrutschen, hinfallen, schlittern, straucheln, stürzen

6596 rutschig
eisglatt, glitschig, schlüpfrig, spiegelglatt

6597 rütteln
aufrütteln, rattern, stoßen •ausbeuteln, ausklopfen, ausschlagen, ausschütteln, wackeln

S

6598 Saat
Aussaat, Pflänzling, Saatgut, Same, Samen, Sämerei, Sämling, Setzling, Steckling •Aussaat, Bodenbestellung

6599 Sache
Artikel, Ding, Element, Gebilde, Gegenstand, Objekt •Rechtssache, Verfahren •Affäre, Angelegenheit, Begebenheit, Ereignis, Etwas, Fall, Frage, Prozess, Sachverhalt, Tatsache

6600 Sachlage
Sachverhalt, Umstand •Lage, Status, Zustand

6601 Sachlichkeit
Charakterstärke, Fairness, Gerechtigkeit, Neutralität, Nichtbeteiligung, Nichteinmischung, Objekti-

vität, Realismus, Unparteilichkeit, Unvoreingenommenheit, Vorurteilslosigkeit, Wirklichkeitssinn

6602 sachte
behutsam, schonend, sorgsam •betulich, gemächlich, saumselig, schleppend, stockend •unhörbar, unmerklich

6603 sadistisch
grausam, peinigend, quälend

6604 säen
ansäen, aussäen, ausstreuen, einsäen, legen

6605 Saft
Feuchtigkeit, Flüssigkeit •Fruchtsaft, Nektar, Obstsaft •Soße, Tunke

6606 saftig
hoch, teuer, überhöht •dickfleischig, gereift, lecker, pikant, reif, saftstrotzend, saftvoll, stark •anstößig, derb, pikant, schlüpfrig •farbig, intensiv

6607 sägen
gurgeln, schnarchen •absägen, ansägen, schneiden

6608 sagenhaft
legendär, mythisch, sagenumwoben •fabelhaft, traumhaft, wunderbar

6609 Sahne
Rahm, Schlagrahm, Süßrahm

6610 Saison
Konzertsaison, Opernsaison, Spielsaison, Spielzeit, Theatersaison •Jahreszeit, Zeitraum →Hauptreisezeit, Hauptsaison, Hauptverkehrszeit, Hochsaison, Nachsaison, Reisezeit, Sommersaison, Vorsaison, Wintersaison

6611 Saite
Faser, Flechse •Violinsaite

6612 sakral
geistlich, heilig, kirchlich

6613 Sakrament
Glaubensgeheimnis, Gnadenmittel, Heilszeichen, Heilige Handlung →Abendmahl, Abendmahlsfeier, Altarsakrament, Beichte, Bußsakrament, Ehesakrament, Eucharistie, Firmung, Kommunion, Krankensalbung, Priesterweihe, Taufe

6614 Sakrileg
Beschimpfung, Blasphemie, Gotteslästerung, Religionsfrevel, Religionsvergehen •Stilbruch, Verstoß

6615 salben
betrügen, bluffen, leimen, prellen, täuschen •balsamieren, einreiben, einschmieren, eincremen [-kremen] •heiligen, konsekrieren

6616 Salon
Friseursalon, Schönheitssalon •Besuchszimmer, Empfangsraum, Gesellschaftszimmer

6617 Salto
Flickflack, Luftsprung, Überschlag

6618 Salut
Ehrenbezeigung, Ehrensalut, Salutschuss, Salve

6619 Salz
Speisewürze →Kochsalz, Meersalz, Speisesalz

6620 salzen
abschmecken, schärfen, würzen

6621 salzig
gepökelt, gesalzen, scharf, versalzen

6622 Salzwerk
Gradierwerk, Saline

6623 Samen
Keimzelle, Samenfaden •Keim, Saatgut

6624 sämig
breiig, dickflüssig, teigig, viskös, zäh

6625 sammeln
absuchen, aufheben, aufklauben, auflesen, aufsammeln, lesen, zusammenlesen, zusammenraffen •auffinden, aufspüren, finden, wiedersehen •auffangen, einfangen, erhaschen •einen, integrieren, zusammenschließen •einkassieren, einnehmen, einsammeln, einstecken, hamstern, kassieren •aufle-

sen, aufraffen, aufsammeln •abbrechen, abpflücken, abreißen, ernten, herunterholen, lesen, pflücken

6626 sammeln (s.)
s. organisieren, s. vereinigen, s. zusammenschließen •s. hineinversenken, s. konzentrieren, s. sammeln, s. versenken, s. vertiefen, Acht geben •aufmerken, aufpassen, zuhören, Acht geben

6627 Sammler
Freund, Kenner, Liebhaber, Spezialist→Autosammler, Bildersammler, Briefmarkensammler, Kartensammler, Motorradsammler, Pflanzensammler, Pilzsammler, Steinsammler

6628 Sammlung
Dokumentation, Zusammenstellung •Erfassung, Registrierung •Achtsamkeit, Andacht, Konzentration •Geldsammlung, Kollekte •Anhäufung, Ansammlung, Aufhäufung, Fülle, Haufen, Häufung, Speicherung, Vielzahl, Vorrat •Album, Almanach, Zusammenstellung

6629 Sanatorium
Genesungsstätte, Heilanstalt, Heilstätte, Kurheim

6630 Sand
Scheuersand •Verwitterungsschutt •Flugsand, Streusand •Strand

6631 sanft
lau, mild •behutsam, sachte •barmherzig, gütig, liebenswürdig, mild, sanftmütig •lammfromm, zahm •flüsternd, leise

6632 Sänger
Balladensänger, Bänkelsänger, Bettelmusikant, Gesangskünstler, Liedermacher, Moritatensänger, Opernsänger, Straßenmusikant, Straßensänger, Folkloresänger, Volkssänger •Barde, Minnesänger, Troubadour

6633 Sängerin
Opernsängerin, Primadonna •Chansonnette, Chansonsängerin, Kabarettsängerin

6634 Sanitäter
Lazarettgehilfe, Rotkreuzmann, Sanitätssoldat

6635 Sarg
Sarkophag, Totenlade, Totenschrein

6636 Sarkasmus
Hohn, Ironie, Spott

6637 Satellit
Anhänger, Begleiter •Himmelskörper, Stern, Trabant

6638 satt
grell, intensiv, leuchtend •gemästet, gesättigt

6639 Sattel
Bergsattel, Joch, Kamm •Pferdesattel, Reitsitz, Sattelkissen

6640 sättigen
anreichern, konzentrieren •füttern, sattmachen, speisen

6641 Sättigung
Angemessenheit, Auskommen, Befriedigung, Genüge, Hinlänglichkeit, Labung •Anreicherung, Konzentration

6642 Satz
Ausspruch, Bemerkung, Kernspruch, Losung, Zitat •Behauptung, Dogma, Lehrmeinung, Theorie, These •Hüpfer, Luftsprung •Bodensatz, Rest →Kaffeesatz, Sedimente

6643 Satzteile
→Objekt, Prädikat, Satzaussage, Satzergänzung, Satzgegenstand, Subjekt

6644 Sau
Dreckspatz, Ferkel, Schlampe, Schmutzfink •Borstentier, Hausschwein, Schwein

6645 sauber
auffällig, böse, frech •adrett, gereinigt, gesäubert, proper, rein, schmutzfrei •akkurat, gewissenhaft, penibel •anständig, ehrenhaft, fair, rechtschaffen, sportlich
6646 Sauberkeit
Anständigkeit, Keuschheit •Fleckenlosigkeit, Ordentlichkeit, Reinheit, Unbeschmutztheit
6647 säubern (s.)
abbrausen, abduschen, abspülen, baden, s. baden, brausen, s. duschen, duschen, s. reinigen, waschen, s. waschen •abreiben, bürsten, feudeln, putzen, säubern, scheuern, schrubben, spülen
6648 Säuberung
Abschaffung, Abtransport, Beseitigung •Desinfektion, Reinigung •Hausputz, Reinigung, Wäsche
6649 sauer
gegoren, stichig •essigsauer, gesäuert •missgestimmt, unfreundlich, verdrossen •säuerlich, unreif
6650 Säufer
Trinker, Trunksüchtiger→Alkoholiker, Bacchant, Gewohnheitstrinker, Schluckbruder, Schluckspecht, Schnapsbruder, Trunkenbold, Zecher
6651 saugen
einsaugen, einziehen •lecken, lutschen •nähren, säugen, stillen
6652 Saum
Saumpfad, Saumweg •Bündchen, Einfassung
6653 säumen
zagen, zögern •einfassen, umgeben •umnähen, umsäumen
6654 Saumtier
Lasttier, Maulesel, Maultier, Muli, Packesel, Tragtier
6655 Sauna
Dampfbad, Heißluftbad, Schwitzbad
6656 säuseln
schönreden, süßreden •flüstern, tuscheln •fächeln, rascheln
6657 Scanner
→Flachbettscanner, Handscanner, Handy-Scanner, Kleinscanner
6658 schaben
barbieren, rasieren •kratzen, scheuern, schuppen
6659 schäbig
lumpig, mager •abgenutzt, verschlissen, zerfleddert, zerrissen •abscheulich, ekelhaft, gemein, niederträchtig, schimpflich, schnöde, schofel •habsüchtig, raffgierig •armselig, dürftig, kärglich, kümmerlich, notdürftig, spärlich
6660 schablonenhaft
abgedroschen, einförmig, feststehend, formelhaft, geistlos, gewohnheitsmäßig, gleichförmig, schematisch, stereotyp, unveränderlich
6661 Schacht
Bergwerk •Graben, Loch, Vertiefung
6662 Schachzug
List, Manöver, Schlauheit, Winkelzug
6663 schade
bedauerlich, bedauerlicherweise, betrüblich, jammerschade
6664 schaden
beeinträchtigen, benachteiligen, verderben, übel wollen
6665 Schaden
Beeinträchtigung, Beschädigung, Bruch, Schadhaftigkeit •Defizit, Einbuße, Verlust •Entstellung, Gebrechen, Verunstaltung •Blechschaden, Sachschaden, Totalschaden, Unfallschaden
6666 Schädigung
Defizit, Einbuße, Fehlbetrag •Beeinträchtigung, Minderung, Schmälerung

6667 schädlich
gefährlich, gesundheitsschädigend, ungesund •abträglich, ungünstig, verderblich
6668 Schädling
Geziefer, Ungeziefer •Agent, Saboteur •Übeltäter, Unheilstifter, Zerstörer
6669 Schaf
Lamm, Mutterschaf, Schafbock →Bock, Fleischschaf, Hammel, Hausschaf, Heidschnucke, Merinoschaf, Milchschaf, Mufflon, Schnucke, Widder, Zibbe
6670 schaffen
arbeiten, ausführen, bewältigen, bilden, produzieren, verwirklichen •aufessen, verzehren
6671 Schaffner
Bahnschaffner, Zugbegleiter
6672 schal
alltäglich, einförmig, üblich, unoriginell •abgestanden, salzlos, ungewürzt, wässerig
6673 Schale
Napf, Schüssel, Trinkgefäß •Haut, Hülle, Pelle •Borke, Kruste, Rinde •Hülle, Hülse, Schote
6674 schälen
entschleiern, herausschälen •abpellen, abziehen, pellen
6675 Schaltbrett
Armaturenbrett, Schalttafel
6676 schalten
befehligen, führen, lenken, regieren, verwalten •ausmachen, ausschalten •ankurbeln, anmachen, aufdrehen •auffassen, nachvollziehen
6677 Schalter
Druckknopf, Hebel •Schiebefenster, Wandöffnung →Auskunftsschalter, Bankschalter, Fahrkartenschalter, Lichtschalter, Postschalter
6678 Schalung
Verkleidung, Verschalung
6679 Scham
Beschämung, Schamgefühl •Geschlechtsteil, Vulva •Anstand, Keuschheit •Prüderie, Schamhaftigkeit, Sprödigkeit, Zimperlichkeit
6680 schämen (s.)
erglühen, erröten, s. genieren, s. verfärben
6681 Schamhaftigkeit
Angst, Ängstlichkeit, Bangigkeit, Befangenheit, Furchtsamkeit, Scheu, Schüchternheit, Unsicherheit, Verschüchterung •Keuschheit, Prüderie, Scham
6682 Schamlosigkeit
Anstößigkeit, Lasterhaftigkeit, Unkeuschheit, Unschamhaftigkeit, Zuchtlosigkeit •Dreistigkeit, Unverfrorenheit
6683 Schamteile
Genitalien, Geschlechtsorgane, Geschlechtsteile
6684 schänden
beflecken, entweihen •misshandeln, notzüchtigen, vergewaltigen
6685 Schänder
Sittenloser, Vergewaltiger, Wüstling •Kirchenräuber, Kirchenschänder
6686 Schändung
Folterung, Körperverletzung, Missbrauch, Misshandlung, Nötigung, Notzucht, Quälerei, Schinderei, Tortur, Vergewaltigung, Züchtigung •Entheiligung, Entweihung
6687 Schanze
Bakken, Rampe, Sprungschanze •Befestigungsanlage, Festungsbau, Kastell, Zitadelle •Schanzwerk, Schutzwall
6688 Schar
Haufen, Herde, Schwarm •Menschenmenge, Vielzahl •Abteilung, Einheit, Verband •Gesellschaft, Kreis
6689 scharen (s.)
s. gruppieren, s. sammeln, s. versammeln, zusammenströmen

6690 scharf
begehrlich, geil, triebhaft, wollüstig •gepfeffert, salzig •einschneidend, gravierend, merklich, spürbar •deutlich, plastisch, sichtbar •beißend, durchdringend, penetrant, stechend •gellend, grell, laut, markerschütternd, ohrenzerreißend, schrill •eng, gefährlich •grimmig, harsch, kalt •angespitzt, geschärft, geschliffen, spitz •bissig, gnadenlos, rücksichtslos, scharfzüngig, unerbittlich •eckig, kantig •angespitzt, geschärft, spitz

6691 Scharfblick
Erkenntnisvermögen, Scharfsichtigkeit, Weitblick •Geistesgegenwart, Reaktion

6692 Schärfe
Deutlichkeit, Nachdruck, Prägnanz •Gnadenlosigkeit, Hartherzigkeit, Unerbittlichkeit, Unnachsichtigkeit

6693 schärfen
abziehen, dengeln, wetzen •entfalten, verbessern, verfeinern •anspitzen, zuspitzen

6694 scharren
jucken, kratzen •buddeln, graben

6695 Schatten
Lichtschatten, Schattierung •Dämmerung, Dunkel •Momentsache, Vergänglichkeit •Anzeichen, Schein, Spur •Gespenst, Schemen

6696 schattenhaft
andeutungsweise, unbestimmt, undeutlich, unscharf, vage, verschwommen •schemenhaft, spukhaft, unheimlich

6697 Schattenseite
Erdentage, Jammertal •Bedrängnis, Trostlosigkeit •Nachtseite •Makel, Nachteil

6698 schattieren
abschatten, abstufen, abtönen, nuancieren

6699 schattig
kühl, schattenreich •dämmerig, dunkel, zwielichtig

6700 Schatz
Glanzstück, Prachtexemplar, Prunkstück •Juwel, Kleinod, Wertsache, Wertstück •Einziger, Geliebter, Liebling, Liebster •Einzige, Geliebte, Holde

6701 schätzen
achten, anerkennen, verehren •abschätzen, ansetzen, berechnen, taxieren, überschlagen, veranschlagen •annehmen, mutmaßen, wähnen

6702 Schätzung
Abschätzung, Taxierung, Veranschlagung •Achtung, Anerkennung, Ehrerweisung, Ehrfurcht, Hochachtung, Hochschätzung, Pietät, Tribut, Verehrung, Wertschätzung

6703 Schau
Aufführung, Darbietung, Vorstellung •Ausstellung, Musterschau, Verkaufsmesse •Position, Standpunkt, Warte

6704 Schauder
Frösteln, Gänsehaut, Schauer •Abneigung, Antipathie, Grauen, Horror, Widerwille

6705 schaudern
ekeln, s. entsetzen, s. schütteln •beben, erschauern, schlottern, zittern, zurückschrecken •frieren, frösteln

6706 schauen
bemerken, beobachten, erspähen, gewahren, sichten, wahrnehmen

6707 Schaufel
Schippe, Spaten

6708 schaufeln
ausheben, aushöhlen, ausschachten, wühlen

6709 Schaufenster
Auslage, Schaukasten, Vitrine

6710 Schaukel
Schaukelpferd, Schaukelstuhl, Wippe

6711 schaukeln
pendeln, schwingen, wippen •dümpeln, schlingern, stampfen •ausführen, bewältigen, schaffen, vollbringen, zwingen
6712 Schaum
Bierschaum, Seifenschaum •Gischt, Wasserspritzer •Geifer, Sabber, Speichel, Spucke
6713 schäumen
s. aufregen, toben, wüten •brausen, brodeln, zischen •spritzen, versprühen •moussieren, perlen, prickeln
6714 Schauplatz
Front, Kriegsschauplatz •Arena, Bühne, Szenerie
6715 Schauseite
Fassade, Straßenseite, Vorderseite
6716 Schauspiel
Episode, Ereignis, Geschehen, Vorfall, Vorkommnis, Wirbel •Bühnenstück, Theaterstück
6717 Schauspieler
Akteur, Bühnenkünstler, Chargenspieler, Darsteller, Episodendarsteller, Episodenspieler, Figurant, Filmkünstler, Filmschauspieler, Filmstar, Komödiant, Komparse, Leinwandgröße, Provinzschauspieler, Star, Stargast, Statist, Tragöde
6718 Schauspielerin
Diva, Filmdiva, Filmgröße, Filmschauspielerin, Filmstar, Filmsternchen, Leinwandgröße, Star, Sternchen
6719 schauspielerisch
darstellerisch, komödiantisch, mimisch, theatralisch
6720 scheckig
farbenfroh, mehrfarbig •fleckig, bunt gescheckt
6721 scheel
schielend, triefäugig •argwöhnisch, missgünstig
6722 Scheffel
Feldmaß, Getreidemaß, Hohlmaß
6723 scheffeln
schaufeln •anhäufen, zusammenkratzen
6724 Scheibe
Fensterglas, Fensterscheibe •Platte, Schallplatte •Zielscheibe •Brotscheibe, Schnitte, Stulle
6725 Scheide
Vagina, Vulva •Futteral •Gemarkung, Grenzscheide
6726 scheiden
abheben, unterscheiden •absondern, aussortieren •sterben, verscheiden
6727 Schein
Papier, Zettel •Glanz, Helle, Strahl •Ausweis, Fahrschein •Erscheinung, Scheinbild, Trugbild, Vision •Attest, Bescheinigung, Beurkundung, Quittung, Urkunde •Banknote, Geldschein •Anschein, Eindruck
6728 Scheinangriff
Finte, Täuschungsmanöver
6729 scheinen
anmuten, vorkommen •blinken, funkeln, glänzen, strahlen
6730 Scheinheiligkeit
Falschheit, Getue, Gleisnerei, Lippenbekenntnis, Pharisäertum, Vortäuschung
6731 Scheitel
Knotenpunkt, Schnittpunkt •Bergkuppe, Grat, Horn, Kuppe
6732 Schelle
Glocke, Klingel •Backpfeife, Ohrfeige
6733 schellen
bimmeln, klingeln, läuten
6734 Schelm
Bengel, Frechdachs, Lausebengel, Lausejunge, Schlawiner, Schlingel •Possenreißer, Schäker, Spaßmacher, Spaßvogel
6735 Schelte
Abfertigung, Belehrung, Dämpfer, Denkzettel, Maßregelung, Missbilligung, Rüge, Seitenhieb, Strafpre-

digt, Tadel, Vorhaltung, Zurechtweisung

6736 Schema
Modell, Schablone, Vorlage •Anleitung, Grundform

6737 schematisch
automatisch, eingefahren, gleichförmig, mechanisch, monoton, stereotyp, unveränderlich •anschaulich, verständlich

6738 schematisieren
schablonisieren, vereinfachen, verharmlosen

6739 Schenkel
Keule, Oberschenkel, Unterschenkel •Ecke, Kante •Kathete, Seite

6740 schenken
ausgeben, austeilen, beerben, beschenken, bescheren, fortgeben, geben, hergeben, herschenken, hingeben, reichen, spenden, spendieren, stiften, überlassen, überreichen, verehren, vermachen, verschenken, verteilen, weggeben, wegschenken, widmen, zudenken, zueignen

6741 Schenkung
Beschenkung, Gabe, Geschenk, Spende, Stiftung, Widmung, Zueignung, Zuwendung

6742 Scherbe
Bruchstück, Scherben •Blumenschale, Blumentopf

6743 scheren
abscheren, abschneiden, beschneiden, kupieren, trimmen •rasieren, zurechtstutzen

6744 Scherz
Ausgelassenheit, Eskapade, Humor, Jux, Lausbüberei, Posse, Possen, Schabernack, Schelmenstreich, Schelmenstück, Streich, Ulk

6745 scherzen
albern, herumalbern, kaspern, necken, schäkern, spaßen, ulken, witzeln

6746 Scheu
Abneigung, Lustlosigkeit, Unlust, Unmut, Unwille, Verstimmung •Hemmung, Minderwertigkeitskomplex, Schüchternheit, Unterwürfigkeit, Verschüchterung

6747 scheuen
ausbrechen, davonlaufen, durchgehen

6748 scheuern
abreiben, abscheuern, aufwischen, ausreiben, fegen, feudeln, putzen, reinigen, sauber machen •abnützen, abnutzen, abscheuern, verbrauchen, verschleißen

6749 scheußlich
feuchtkalt, nasskalt •falsch, gemein, grässlich, hinterhältig, infam, nichtswürdig, niederträchtig, ruchlos, schäbig, schändlich, schimpflich, schmachvoll, schmählich, schmutzig, schnöde, tückisch, unredlich, verrucht, verstellt, verwerflich, widerwärtig, Abscheu erregend

6750 Schicht
Arbeitszeit, Dienstzeit, Nachtdienst, Schichtdienst •Gesellschaftsgruppe, Gruppe, Klasse •Belag, Schutzschicht •Decke, Haut

6751 schicken
beauftragen, berufen, delegieren, senden •senden, überweisen, zuleiten •einschicken, einsenden, zuschicken, zusenden •entfernen, entsenden, expedieren, fortschicken •abschicken, absenden, fortschicken, verschicken, wegschicken, zusenden •abweisen, fortschicken, hinauswerfen, wegschicken •beauftragen, hinbestellen, hinschicken, vorschicken •abkommandieren, abordnen, delegieren, deputieren, entsenden •einschicken, einsenden, zuschicken, zusenden •anliefern, ausfahren, ausliefern, herbeischaffen, liefern, übermitteln, zuschicken, zustellen

6752 Schicksal
Bestimmung, Fügung, Geschick, Kismet, Los, Vorsehung
6753 schieben
drücken, rücken •einschieben, einschleusen, einschmuggeln, hehlen, hineinbringen, schmuggeln, verhökern •abdrängen, wegschieben, zurückschieben
6754 Schiebung
Betrügerei, Machenschaften, Manipulationen
6755 schief
abfallend, abschüssig, krumm •formlos, gestaltlos, ungefüge, ungestalt •falsch, inkorrekt, unlogisch, widersinnig
6756 Schiene
Eisenbahngleis, Eisenbahnschienen, Geleise, Gleis, Schienen, Schienenstrang •Bandage, Schienung
6757 schießen
abdrücken, abfeuern, abziehen •abschießen, erlegen, jagen •böllern, feuern, knallen •schleudern, schnellen, hoch werfen
6758 Schifffahrt
Seefahrt, Wasserverkehr
6759 Schild
Beschilderung, Verkehrsschild •Ebene, Fläche, Platte •Rüstung, Schutz •Aufkleber, Etikett
6760 schildern
ausdrücken, berichten, beschreiben, mitteilen, verkünden
6761 Schilderung
Beschreibung, Darstellung, Reisebericht, Reportage
6762 Schilf
Rohrdickicht, Röhricht, Schilfdickicht •Ried, Rohr, Teichrohr
6763 schillern
flackern, irrlichtern •changieren, irisieren, leuchten
6764 Schimmel
Fäulnis, Moder, Schwamm, Verwesung, Zerfall, Zersetzung •Pferd
6765 schimmelig
kahmig, moderig, sporig, verfault
6766 Schimmer
Anschein, Vermutung, Wahrscheinlichkeit •Feuerschein, Glanz, Licht
6767 schimmern
blinken, blitzen, leuchten, strahlen
6768 schimmernd
brillant, farbenfroh, leuchtend, opalisierend
6769 schimpfen
anbrüllen, anfahren, anfauchen, anherrschen, anpfeifen, anschreien, attackieren, auffordern, ausschelten, ausschimpfen, belästigen, beleidigen, beschimpfen, ermahnen, heruntermachen, herunterputzen, herunterziehen, keifen, kränken, kritisieren, maßregeln, missbilligen, monieren, niedermachen, reklamieren, rügen, schelten, schmähen, tadeln, verdammen, verfluchen, verletzen, verurteilen, verwarnen, verwünschen, wettern, zanken, zurechtweisen
6770 schinden
foltern, martern, quälen •abhäuten, abschwarten
6771 Schinder
Abdecker •Gaul, Klepper, Mähre, Schindermähre •Ausbeuter, Peiniger, Tyrann, Unterdrücker
6772 Schinderei
Fron, Plackerei, Sklavenarbeit •Folter, Körperverletzung, Misshandlung, Quälerei
6773 Schinken
Hinterteil, Keule →Lammschinken, Rinderschinken, Schweineschinken •Buch, Schmöker, Schwarte, Wälzer
6774 Schirm
Hutrand, Krempe •Geleit, Schutz •Knirps, Regenschirm •Paravent, Trennwand, Wandschirm •Sonnenschirm

6775 Schirmherrschaft
Patronat, Protektorat, Schutzherrschaft

6776 Schlacht
Duell, Gefecht, Gemetzel, Kampf, Scharmützel, Schießerei •Blutbad, Gemetzel, Massaker, Massenmord, Metzelei, Völkermord

6777 Schlaf
Bettruhe, Nickerchen, Ruhe, Schlummer →Dämmerschlaf, Dämmerzustand, Halbschlaf, Heilschlaf, Mittagsruhe, Mittagsschlaf, Nachtruhe, Nachtschlaf, Schläfchen, Schläfrigkeit, Tiefschlaf

6778 schlafen
dösen, einnicken, einschlafen, pennen, ruhen, sägen, schlummern, schnarchen, träumen, übernachten •nächtigen, übernachten

6779 schlaff
abgeschlafft, angeschlagen, ausgelaugt, durchgedreht, entkräftet, gerädert, gleichgültig, matt, überanstrengt, überfordert •lasch, lose

6780 Schlag
Donnerrollen, Donnerschlag •Herzschlag •Gehirnschlag, Herzinfarkt, Infarkt, Schlaganfall •Fausthieb, Faustschlag, Haken, Hieb, Kinnhaken, Schwinger, Streich •Art, Genre, Spezies

6781 schlagen
abholzen, abschlagen, fällen, hacken, holzen, roden, umhauen •ausstechen, überbieten, überflügeln, überrunden, übertreffen •balgen, boxen, züchtigen, zusammenschlagen •hämmern, klopfen, pochen •spielen, zupfen •besiegen, bezwingen, vernichten •hauen, niederschlagen, ohrfeigen, verprügeln, zusammenschlagen •abklopfen, ausklopfen, reinigen •drücken, münzen, prägen •zerschlagen, zerschmettern, zertrümmern

6782 Schlager
Bestseller, Dauerbrenner, Evergreen, Gassenhauer, Hit, Kassenerfolg, Kassenschlager, Longseller, Publikumserfolg, Rührstück, Schmachtfetzen, Schnulze, Verkaufsschlager, Attraktion, Reißer, Spitzenreiter, Verkaufshit, Verkaufsschlager

6783 Schläger
Halbstarker, Halbwüchsiger, Messerheld, Rabauke, Radaubruder, Randalierer, Raufbold, Rocker, Rowdy, Schlägertyp, Streitsüchtiger, Teen •Stecken, Stock •Sportschläger →Badmintonschläger, Eishockeyschläger, Federballschläger, Tennisschläger, Tischtennisschläger

6784 Schlägerei
Balgerei, Handgemenge, Keilerei, Prügelei, Rauferei

6785 Schlagfertigkeit
Redegewandtheit, Sprachgewandtheit, Wortreichtum

6786 Schlagkraft
Durchschlagskraft, Zugkraft •Beweisführung, Logik, Überzeugungskraft, Urteilskraft

6787 schlagkräftig
einsatzbereit, kampffähig •bestechend, evident, frappant, überzeugend, unwiderlegbar

6788 Schlagstock
Gummiknüppel, Polizeiknüppel

6789 Schlagwort
Ausspruch, Bemerkung, Bonmot, Denkspruch, Devise, Epigramm, Gedankenblitz, Headline, Kernspruch, Lebensregel, Lebensweisheit, Leitgedanke, Leitsatz, Losung, Maxime, Motto, Parole, Phrase, Redensart, Satz, Sentenz, Sinnspruch, Slogan, Sprichwort, Wahlspruch, Werbespot, Wort, Zitat •Suchwort

6790 Schlamm
Dreck, Matsch, Modder, Morast, Schlick, Sumpf

6791 schlammig
lehmig, matschig, modderig, moorig, morastig, schlickerig, sumpfig, verschlammt •trüb

6792 Schlange
Reihe, Schwanz •Heuchler, Lügner •Kriechtier, Reptil •Ansammlung, Autoschlange, Stau, Stauung, Verkehrsbehinderung, Verkehrschaos, Verkehrsstockung •Ansammlung

6793 schlängeln
biegen, drehen, krümmen, rollen, winden

6794 schlank
dürr, gertenschlank, grazil, hager, mager, rank, schmal, zartgliedrig, zierlich •länglich, schmal •biegsam, elastisch •dünn, gertenschlank, grazil, sportlich

6795 Schlauch
Schluckspecht, Trinker •Behälter, Gummiröhre •Anstrengung, Belastung, Belastungsprobe, Bemühung, Beschwernis, Hochdruck, Mühe, Strapaze, Stress

6796 schlecht
elend, erbärmlich, mies, schwach, übel, unpässlich •blamabel, unrühmlich •feuchtkalt, regnerisch, stürmisch •kariös, ungepflegt •faul, ungenießbar, verdorben, verfault •fehlerhaft, makelhaft •charakterlos, ehrlos, gemein, verächtlich, verwerflich, verworfen •armselig, bedürftig, hilfsbedürftig, verarmt, verelendet •faul, madig, wurmig •eklig, ranzig, ungenießbar •beißend, dick, muffig, stickig, ungelüftet, verbraucht, verpestet, verräuchert •abfällig, abschätzig, abwertend, ehrfurchtslos, entwürdigend, geringschätzig, missbilligend, missfällig, negativ, überheblich, verächtlich, vernichtend, wegwerfend •frevelhaft, gotteslästerlich, sündig, verhärtet, verrucht, verstockt •Verderben bringend

6797 schlecken
abküssen, abschlecken •naschen, schnabulieren •labbern, lecken

6798 schleichen
heranstehlen, huschen, überlisten, übertölpeln •s. anschleichen, auflauern, heranschleichen, s. nähern

6799 Schleichweg
Heimlichtuerei, Hintergedanken •Geheimpfad, Jägerpfad, Nebenstraße, Schleichpfad •Ausweg, Finesse, Hintertüre, Kniff, Winkelzug

6800 Schleife
Biegung, Bogen, Krümmung, Kurve •Haarschleife →Haarspange, Klammer, Zopfband •Masche, Schlaufe, Schlinge •Binder, Fliege, Krawatte •Endlosschleife, Programmschleife

6801 schleifen
niederreißen, vernichten, zerstören •drillen, schinden •ausgleichen, egalisieren •abschmirgeln, hobeln •schleppen, ziehen •schärfen, wetzen

6802 Schleim
Auswurf, Glibber, Sputum

6803 schleimig
heuchlerisch, honigsüß, schmeichlerisch, unterwürfig •dickflüssig, glibberig, schlüpfrig, schmierig

6804 schleppen
befördern, transportieren •lotsen, ziehen •schlurfen, schlürfen

6805 Schlepper
Kuppler, Zubringer •Bauernfänger, Lockvogel •Packesel, Träger •Traktor, Trecker, Zugmaschine •Schleppdampfer, Schleppschiff

6806 Schleuder
Wäscheschleuder, Zentrifuge •Katapult, Wurfgeschoss

6807 schleudern
werfen, hoch werfen •dümpeln, rollen, schlingern, stampfen

6808 Schleuse
Schütt, Stauanlage, Staudamm, Stauwehr, Stauwerk, Talsperre, Wehr

6809 schleusen
einschleusen, schmuggeln •durchlassen, regulieren

6810 Schliche
Dreh, Manipulation, Trick •Intrige, Kabale, Ränkespiel

6811 schlicht
anspruchslos, frugal, genügsam •gradlinig, kunstlos, ungeschmückt •arglos, harmlos, naiv, unbedarft, weltfremd

6812 schlichten
ausgleichen, aussöhnen, begleichen, begütigen, beilegen, bereinigen, beruhigen, besänftigen, beseitigen, regeln, vermitteln, versöhnen

6813 Schlichtheit
Kritiklosigkeit, Urteilslosigkeit •Anspruchslosigkeit, Natürlichkeit •Natürlichkeit, Urwüchsigkeit •Arglosigkeit, Einfalt, Gutgläubigkeit, Unbedarftheit •Eingängigkeit, Klarheit, Verständlichkeit

6814 schließen
aufhören, ausklingen, beenden, beendigen, einstellen •übereinkommen, vereinbaren •ersehen, folgern, urteilen •einschließen, sichern, wegschließen •abdrosseln, abriegeln, abschließen, absperren, einschließen, verriegeln, verschließen, versperren, wegschließen, zudrehen, zuklinken, zumachen, zuriegeln, zusperren •anfügen, angliedern, anschließen •verstopfen, zukleben, zukorken, zuschrauben •zuklappen, zuschlagen, zuwerfen

6815 schließlich
also, endlich, letztlich •eigentlich, genau genommen, streng genommen •allerdings, freilich, jedenfalls

6816 Schließung
Abdichtung, Verschließung, Versiegelung •Aufhebung, Auflösung, Beendigung, Einstellung

6817 Schliff
Ausbildung, Drill, Schulung •Anstand, Auftreten, Betragen, Etikette, Sitte, Umgangsformen

6818 schlimm
bitterböse, bösartig, unausstehlich, übel gesinnt •beängstigend, bedenklich, bedrohend, gefahrvoll, Unheil bringend •ansteckend, infektiös, übertragbar •arg, ernsthaft, folgenreich, gravierend, schwerwiegend, tiefgreifend

6819 schlingen
hinunterschlingen, schlucken •binden, winden •flechten, verknoten, ineinander binden

6820 schlingen (s.)
s. emporranken, klettern, s. ranken, s. schlängeln, s. winden

6821 Schlinggewächs
Kletterpflanze, Rankengewächs, Schlingpflanze

6822 Schlitten
Luxuskarosse, Straßenkreuzer •Bob, Kufenschlitten, Rodel, Rodelschlitten

6823 schlittern
gleiten, rodeln, rutschen •hineingeraten, schusseln

6824 Schloss
Riegel, Schieber, Sperre, Verschluss →Einsteckschloss, Kastenschloss, Patentschloss, Sicherheitsschloss, Türschloss, Vorhängeschloss, Zylinderschloss •Burg, Kastell •Fürstenhof, Herrschaftshaus, Palais, Palast, Prachtbau, Residenz

6825 Schlucht
Abgrund, Canyon, Felsenschlucht, Klamm, Schlund, Spalte, Tiefe

6826 schlucken
essen, hinunterschlingen, hinunterschlucken, hinunterwürgen, trinken, verschlucken •durchmachen, erdulden, erleiden, s. schicken
6827 Schlummer
Dämmerschlaf, Nickerchen, Schläfchen
6828 schlummernd
ruhend, schlafend •latent, unbemerkt, unterschwellig, verborgen
6829 Schlund
Gurgel, Hals, Kehle, Mundraum, Rachen, Rachenhöhle
6830 schlüpfen
auskriechen, ausschlüpfen, herauskriechen, herausschlüpfen, kommen
6831 Schlupfloch
Durchgang, Mauerloch •Asyl, Nest, Obdach, Refugium, Schlupfwinkel, Unterschlupf, Versteck, Zuflucht, Zufluchtsstätte
6832 Schlüpfrigkeit
Anstößigkeit, Frivolität, Obszönität, Pikanterie, Schamlosigkeit, Unanständigkeit, Zote, Zweideutigkeit •Glätte, Rutschigkeit
6833 Schluss
Abschluss, Ausklang, Ende, Finale, Schlussakt •Ableitung, Deduktion, Folgerung, Konsequenz •Koda, Schlussteil
6834 Schlüssel
Aufklärung, Lösung •Diebshaken, Dietrich •Bassschlüssel, Violinschlüssel •Autoschlüssel, Hausschlüssel
6835 schmachten
entbehren, ermangeln •gieren, lechzen •darben, fasten, hungern
6836 schmähen
abqualifizieren, belästigen, erniedrigen, verletzen, schlecht machen •anbrüllen, angreifen, missbilligen, reklamieren
6837 schmal
begrenzt, schmalspurig •abgezehrt, dünn, dürr, mager •bescheiden, dürftig
6838 schmarotzen
erschmeicheln, nassauern, schnorren
6839 schmecken
kosten, probieren, vorkosten •behagen, belieben, gefallen, zufrieden stellen •munden, zusagen
6840 schmeichelhaft
befriedigend, ehrenvoll, wohl tuend
6841 schmeicheln
flattieren, hofieren, kokettieren, scharwenzeln, schönreden, umschmeicheln •kleiden, passen
6842 schmelzen
abnehmen, dahinschmelzen, vergehen, s. verkleinern, s. vermindern •abtauen, auftauen, tauen, zergehen, zerlaufen •auslassen, verflüssigen
6843 Schmerz
Bürde, Kreuz, Last •Beschwernis, Krankheit, Leiden, Pein, Qual, Weh •Kolik, Krampf, Leibschmerzen •Bauchschmerzen, Bauchweh, Leibschmerz, Leibschmerzen, Magenschmerzen •Brummschädel, Ernüchterung, Hangover, Kater, Katzenjammer, Kopfschmerzen, Missbehagen •Kopfdruck, Kopfschmerzen, Migräne •Gliederreißen, Gliederschmerzen, Muskelermüdung, Muskelkater, Muskelkrampf, Muskelrheumatismus, Muskelschmerz, Reißen, Rheuma
6844 schmerzen
bedrücken, beklemmen, belasten, plagen •beleidigen, brüskieren, verbittern, verletzen •beißen, bohren, brennen, drücken, quälen, reißen, stechen, wehtun, ziehen
6845 schmerzlich
betrüblich, gramvoll, leidvoll, peinigend, quälend

6846 schmerzlos
schmerzfrei, ohne Schmerzen
6847 schmettern
dröhnen, erklingen, erschallen, trompeten •schießen, schnellen, werfen, hoch werfen
6848 schmiegen (s.)
s. andrücken, s. ankuscheln •s. biegen, nachgeben
6849 schmiegsam
anpassungsfähig, formbar, geschmeidig, nachgiebig
6850 Schmiere
Theater, Wanderbühne •Fettüberzug •Öl, Pomade, Schmiermittel
6851 schmieren
bestechen, kaufen, korrumpieren •eincremen [-kremen], einfetten, einreiben •abschmieren, einfetten, ölen •ohrfeigen, verprügeln •anpinseln, anschmieren
6852 schmierig
fettig, fleckig, speckig •schleimig, schlüpfrig •heuchlerisch, honigsüß, schönrednerisch
6853 schmirgeln
abschleifen, glätten, polieren, schleifen, glatt schleifen
6854 Schmiss
Dynamik, Schwung, Verve •Kratzer, Narbe, Schmitz, Schramme
6855 schmollen
grollen, hadern, trotzen
6856 schmoren
braten, garen, schmurgeln •dampfen, schwitzen
6857 schmuck
adrett, elegant, fesch, mondän, smart
6858 Schmuck
Geschmeide, Juwel, Kette •Arabeske, Beiwerk, Ornament, Rankenwerk, Schnörkel, Zierde, Zierrat •Agraffe, Brosche, Nadel, Schmuckspange
6859 schmücken
ausgestalten, ausmalen, ausschmücken, ausstaffieren, dekorieren, herausputzen, herrichten, verzieren, schön machen
6860 Schmuggelware
Bannware, Konterbande, Schleichware
6861 Schmuser
Lobhudler, Radfahrer, Schmeichler, Schöntuer •Hochzeitslader
6862 Schmutz
Unsauberkeit, Verunreinigung •Schamlosigkeit, Schlüpfrigkeit, Unsittlichkeit •Dreck, Kot, Unrat
6863 schmutzig
angeschmutzt, angestaubt, befleckt, dreckig, fettig, fleckig, ölig, schmierig, schmuddelig, schmutzstarrend, unansehnlich, unrein, unsauber, verfleckt, verschmutzt •gemein, schändlich, schimpflich, schnöde •anstößig, anzüglich, schamlos, schlüpfrig
6864 Schnabel
Schiffsvorderteil •Klappe, Mund •Ausguss, Tülle
6865 schnappen
aufgreifen, fassen, greifen •abjagen, abnehmen, berauben, entwenden, entwinden, mitnehmen, räubern •zubeißen, zuschnappen •arretieren, inhaftieren, verhaften, festnehmen
6866 schnattern
plappern, quasseln, quatschen, reden •beben, schlottern, zittern
6867 schnäuzen (s.)
s. ausschnäuzen, schnauben, trompeten
6868 Schnee
Eiskristall, Schneeflocke •Kokain, Koks, Rauschgift
6869 Schneewehe
Wechte, Wehe
6870 schneiden (s.)
s. kreuzen, s. überschneiden, zusammenlaufen

6871 schneidend
grimmig, heftig, kalt •geschärft, gewetzt
6872 Schneise
Blöße, Lichtung, Rodung, Schlag, Waldlichtung
6873 schnell
flüchtig, kurzfristig, zeitweilig •alsbald, dringend, ungesäumt, unverzüglich •blitzartig, eilig, fix, flink, flott, geschwind, rasant, rasch •formlos, großzügig, unbürokratisch •gleich, sofort
6874 Schnelligkeit
Eile, Elastizität, Fertigkeit, Fingerfertigkeit, Fixheit, Geschwindigkeit, Hast, Rasanz, Raschheit, Tempo, Zugriffszeit •Baud, Übertragungsgeschwindigkeit, Übertragungsrate •Baud-Rate, Schrittgeschwindigkeit
6875 Schnitt
Zuschnitt •Durchschnittswert, Mittelwert •Einkerbung, Kerbe, Spalt •Scherenschnitt •Musterbogen, Schnittmuster
6876 schnittig
fesch, rassig, schick, schmuck, schneidig, schnieke
6877 Schnittstelle
Interface, Übergang, Verbindungsstelle
6878 Schnitzel
Papierschnitzel, Schnipsel •Fleischstück
6879 Schnitzer
Bock, Dummheit, Fehler, Patzer, Verfehlung, Vergehen •Bildschnitzer, Holzbildhauer, Holzschnitzer, Madonnenschnitzer
6880 schnüffeln
schnuppern, wittern •aufklären, ausforschen, aushorchen, auskundschaften, belauern, bespitzeln, kundschaften, nachspionieren, spionieren, überwachen
6881 Schnur
Band, Bindfaden, Kordel, Leine, Seil, Strick •Riemen, Zügel •Schnürband, Schnürriemen, Schnürsenkel
6882 schnüren
verpacken, verschnüren, zuknüpfen •binden, flechten, knoten
6883 schnurren
brummen, schnarren, surren •schrumpfen, zusammenschnurren
6884 Schock
Befürchtung, Besorgnis, Bestürzung, Betäubung, Betretenheit, Betroffenheit, Entsetzen, Erschrecken, Erschrockenheit, Erschütterung, Erstaunen, Fassungslosigkeit, Furcht, Grauen, Grausen, Horror, Kopflosigkeit, Panik, Schauder, Schreck, Schrecken, Sorge, Sprachlosigkeit, Staunen, Überraschung, Verblüffung, Verwirrung, Verwunderung •Erschütterung, Trauma •Hiobsbotschaft, Hiobskunde, Schreckenskunde, Schreckensnachricht, Unglücksbotschaft
6885 Schokolade
Kakao, Kakaogetränk
6886 Scholle
Ackerscholle, Bodenkrume, Erdscholle •Plattfisch
6887 schon
allemal, selbstverständlich, sowieso, unstreitig •bereits, längst
6888 schön
aufgeklart, heiß, heiter, sommerlich, sonnig, warm, wolkenlos •idyllisch, malerisch, pittoresk •angenehm, herrlich, traumhaft, vollkommen, wohl tuend •attraktiv, begehrenswert, reizvoll •bildhübsch, makellos, wundervoll, wohlgeformt
6889 schonen
hegen, pflegen •nachlassen, nachsehen, verschonen

6890 schonend
achtsam, behutsam, pfleglich, rücksichtsvoll, sorgfältig •diskret, gelinde, mild

6891 Schönheit
Anmut, Ästhetin, Ebenmaß, Formvollendung, Grazie, Harmonie •Aphrodite, Beauty, Helena, Schöne, Venus

6892 Schönling
Adonis, Angeber, Dandy, Geck, Gent, Laffe, Pomadenhengst, Snob, Stutzer

6893 Schonung
Gehege, Zuchtbetrieb •Hegewald, Schonwald •Behutsamkeit, Fürsorge, Milde, Nachsicht, Rücksicht, Zartheit

6894 schonungslos
erbarmungslos, gnadenlos, grausam, hart, herzlos, unbarmherzig, unmenschlich, unverhohlen, verroht

6895 schöpfen
erschaffen, erzeugen, kreieren, schaffen •herausnehmen, leeren •einfüllen, füllen

6896 Schöpfer
Gott, Herr, Weltenlenker •Kelle, Schöpfkelle, Schöpflöffel •Erschaffer, Gestalter, Urheber, Verfasser •Begründer, Erfinder

6897 Schöpfung
Ergebnis, Erzeugnis, Fabrikat, Produkt •Erschaffung, Kreation, Kunstwerk

6898 Schorf
Borke, Grind, Kruste

6899 Schoß
Becken, Hüften •Rock, Rockschoß •Herkunft, Quelle, Wurzel

6900 schräg
diagonal, gekreuzt, kreuzend, kursiv, quer, schräg laufend •abfallend, abschüssig, aufsteigend, schroff, steil

6901 schrammen
reißen, ritzen, schlitzen

6902 Schrank
Kasten, Schrein, Spind →Anrichte, Arzneischrank, Bauernschrank, Bücherschrank, Buffet, Eckschrank, Einbauschrank, Garderobenschrank, Giftschrank, Hängeschrank, Kleiderschrank, Küchenschrank, Schuhschrank, Vorratsschrank, Wandschrank, Wäscheschrank, Wohnzimmerschrank

6903 Schranke
Abgrenzung, Absperrung, Barriere, Barrikade, Begrenzung, Fallbaum, Grenze, Grenzlinie, Schlagbaum, Sperre, Wegsperre •Diskrepanz, Gefälle, Missverhältnis, Unstimmigkeit •Absperrung, Barrikade, Blockade, Hürde

6904 schrauben
aufschrauben, öffnen •befestigen, eindrehen, einschrauben •s. drehen, s. winden

6905 schrecken
deprimieren, entmutigen, hemmen, hindern •abkühlen, härten •alarmieren, erschrecken, verängstigen

6906 schreckhaft
aufgeregt, bänglich, befangen, betroffen, scheu, schüchtern, zaghaft, zähneklappernd

6907 schrecklich
irrsinnig, kolossal, riesig, unsinnig •sehr, überaus •grausig, katastrophal, schändlich, unheimlich, verheerend, widerlich, Entsetzen erregend

6908 Schredder
Autoreißwolf, Häcksler, Papierwolf, Reißwolf

6909 Schrei
Aufschrei, Brüller, Hilferuf, Notruf, Ruf, Wehgeschrei •Freudenruf, Freudenschrei

6910 schreiben
abfassen, abschreiben, anfertigen, anmerken, aufnotieren, aufschreiben, aufsetzen, aufzeichnen, darlegen, formulieren, korrespondieren, mitteilen, niederschreiben, notieren, verfassen, vermerken

6911 Schreiben
Akte, Dokument, Schriftstück, Urkunde •Benachrichtigung, Botschaft, Brief, Briefaustausch, Briefverkehr, Briefwechsel, Information, Korrespondenz, Kurznachricht, Mitteilung, Nachricht, Papierkrieg, Post, Schreiberei, Schriftstück, Schriftverkehr, Schriftwechsel →e-mail, Leserbrief, Sendbrief, Zuschrift •Flugblatt, Flugschrift, Handzettel •Bekanntmachung, Hausmitteilung, Laufzettel, Rundbrief, Runderlass, Rundschreiben, Serienbrief, Umlauf, Verlautbarung, Zirkular

6912 Schreiber
Autor, Berichterstatter, Bühnenautor, Chronist, Dichter, Erzähler, Geschichtsschreiber, Historiker, Journalist, Korrespondent, Literat, Lyriker, Poet, Pressevertreter, Prosaschreiber, Publizist, Redakteur, Reporter, Romanschreiber, Romanschriftsteller, Schriftsteller, Urheber, Verfasser, Zeitungsschreiber •Absender, Adressant, Briefschreiber •Briefpartner, Briefschreiber, Korrespondent •Bürokraft, Datentypistin, Schreibdame, Schreibkraft, Sekretärin, Stenotypistin, Tippse •Librettist, Texter, Textverfasser, Werbetexter

6913 Schreibtisch
Katheder, Schreibpult, Schreibschrank, Sekretär

6914 Schreibweise
Orthografie [Orthographie], Rechtschreibung

6915 Schreier
Krawallmacher, Radaubruder •Angeber, Großmaul, Maulheld

6916 Schreierei
Brüllen, Gebrüll, Hallo, Johlen, Krach

6917 Schrein
Kasten, Lade, Schrank, Truhe •Sarg, Totenlade

6918 Schreiner
Möbelmacher, Tischler

6919 schreinern
fabrizieren, tischlern, zimmern •arbeiten, basteln

6920 schreiten
flanieren, schlendern, spazieren, wandeln •paradieren, staken, staksen, stöckeln, stolzieren

6921 Schrift
Druckwerk, Studie, Veröffentlichung •Handschrift, Schreibart

6922 Schriftführer
Protokollant, Protokollführer

6923 Schriftgelehrter
Kirchenlehrer, Theologe

6924 schriftlich
aufgeschrieben, brieflich, niedergeschrieben

6925 Schriftsteller
Autor, Dichter, Literat, Verfasser

6926 Schriftstück
Aktenstück, Papier, Unterlage •Akte, Charta, Dokument •Manuskript, Urschrift

6927 schrill
durchbohrend, durchdringend, gellend, grell, lautstark

6928 Schritt
Gang, Lauf, Tritt •Maßnahme, Maßregel

6929 Schritttempo
Behäbigkeit, Betulichkeit, Gemessenheit, Saumseligkeit, Schneckentempo

6930 schroff
abfallend, abschüssig •abweisend, barsch, taktlos, unfreundlich, ungeschliffen

6931 schröpfen
ausbeuten, ausquetschen, erleichtern, schädigen
6932 Schrot
Dunst, Hagel, Posten
6933 schroten
mahlen, zerstoßen
6934 Schrott
Abfallstoff, Alteisen, Altmaterial, Überrest •Kram, Ladenhüter, Ramsch, Schleuderware, Schund
6935 Schrotthändler
Altwarenhändler, Gebrauchtwarenhändler, Lumpenhändler, Lumpensammler, Trödler
6936 schrumpfen
einlaufen, einschrumpfen, zusammenschrumpfen •abnehmen, s. dezimieren, s. reduzieren •eindorren, schrumpeln, verdorren
6937 Schubkarre
Handkarre, Schiebkarre
6938 Schublade
Kasten, Lade, Schieblade, Schubfach, Schubkasten
6939 Schuhe
Schuhbekleidung, Schuhwerk →Babyschuhe, Kinderschuhe →Abendschuhe, Ballettschuhe, Ballschuhe →Arbeitsschuhe →Damenschuhe, Espadrillen, Flechtschuhe, Lackschuhe, Stöckelschuhe →Herrenschuhe →Sommerschuhe, Galosche, Halbschuhe, Sandalen, Sandalette, Slipper →Winterschuhe, Bindeschuhe, Bundschuhe, hohe Schuhe, Schnallenschuhe, Schnürschuhe, Spangenschuhe →Gummischuhe, Hosenschuhe, Pumps, Straßenschuhe →Bergschuhe, Bergstiefel, Wanderschuhe →Clog, Holzpantinen, Holzschuhe, Leinenschuhe, Mokassin, Pantolette, Pantinen →Stiefel, Knobelbecher, Marschstiefel, Soldatenstiefel, Arbeitsstiefel, Gummitstiefel, Schaftstiefel, Schnürstiefel, Stiefelette →Hausschuhe, Latschen, Pantoffel, Schlappen →Sportschuhe, Badeschuhe, Baskettballschuhe, Eishockey-Schlittschuhe, Freizeitschuhe, Fußballschuhe, Fußballstiefel, Joggingschuhe, Kunstlaufschlittschuhe, Laufschuhe, Schistiefel, Schlittschuh, Skischuhe, Tennisschuhe, Turnschuhe
6940 Schuld
Obligationen, Rückstände, Schulden •Haftung, Verantwortung •Fehler, Fehltritt, Gesetzesbruch, Versagen
6941 schuldbewusst
beschämt, bußfertig, reuevoll, reuig, verschämt, zerknirscht
6942 Schuldbewusstsein
Gewissensangst, Gewissenspein, Reue, Schuldgefühl, Schuldkomplex
6943 schulden
verpflichtet sein, verschuldet sein •danken, verantworten, verdanken, schuldig sein, Dank schulden
6944 schuldenfrei
abbezahlt, unbelastet, unverschuldet
6945 schuldig
schuldbeladen, schuldhaft
6946 schuldlos
keusch, lauter, rein, unberührt •makellos, tadellos, unschuldig
6947 Schuldschein
Obligation, Schuldverschreibung, Verbindlichkeit
6948 Schule
Schulgebäude, Schulhaus •Bildungsanstalt, Bildungsstätte, Kolleg, Lehranstalt
6949 Schulfreund
Klassenkamerad, Schulkamerad, Studienfreund
6950 Schulranzen
Aktentasche, Mappe, Schulmappe, Schultasche

6951 Schulterstück
Achselklappe, Achselstück, Epaulette, Schulterklappe •Schäufele

6952 Schulung
Abrichtung, Dressur •Ausbildung, Ausbildungszeit, Berufsausbildung, Erziehung, Lehrjahre, Lehrzeit, Schulzeit, Studienjahre, Studienzeit •Ausbildung, Instruktion, Nachhilfestunde, Unterricht, Unterweisung •Ausbildung, Fortbildung, Kurs, Qualifizierung, Seminar, Weiterbildung

6953 Schund
Groschenheft, Groschenroman, Schundliteratur •Kitsch, Kram, Ramsch, Tand

6954 Schuppe
Häutchen, Plättchen

6955 Schuppen
Schauer, Schupfen •Abstellraum, Scheune •Gaststätte, Lokal

6956 schüren
anfeuern, anheizen, einheizen, entfachen •ankurbeln, anstacheln, aufwiegeln

6957 Schuss
Einschlag, Einschuss •Abgabe, Abspiel, Zuspiel •Salve •Stoß, Wurf •Durchschuss, Gewebefaden

6958 Schüssel
Napf, Suppenschüssel •Becken, Schale

6959 Schusswaffe
Waffe, Büchse, Colt, Doppelbüchse, Doppelflinte, Drilling, Flinte, Gewehr, Infanteriegewehr, Jagdgewehr, Karabiner, Pistole, Revolver, Schießeisen, Schießgewehr, Stutzen, Handfeuerwaffe, Kanone, Knarre, Maschinengewehr, Maschinenpistole, Schnellfeuergewehr

6960 Schuster
Flickschuster, Schuhmacher

6961 Schutt
Baurückstand, Geröll, Kehricht, Rückstand, Ruinen, Trümmer, Überreste

6962 schütteln
mengen, mischen, vermischen •durchbeuteln, durchrütteln, durchschütteln

6963 schütteln (s.)
s. ekeln, s. entsetzen, schaudern

6964 schütten
ausgießen, leeren •einfüllen, füllen •gießen, regnen, schauern

6965 Schutz
Erhaltung, Verteidigung •Hort, Zuflucht •Abschirmung, Begleitung, Beistand, Beschirmung, Bewachung, Eskorte, Sicherung, Verteidigung •Immunisierung, Impfung, Injektion

6966 Schütze
Jäger •Soldat •Heckenschütze, Partisan

6967 schützen
erhalten, retten, schonen •abdecken, behüten, beschützen, bewachen, verteidigen •anerkennen, patentieren •armieren, bewehren, verstärken

6968 schützen (s.)
s. einigeln, s. verschanzen •s. immunisieren, impfen, schützen, vorbeugen

6969 Schützling
Favorit, Günstling •Mündel, Pflegebefohlener, Schutzbefohlener

6970 schutzlos
ausgeliefert, bedrängt, bedroht, gefährdet, hilflos, preisgegeben, unbehütet, unbeschützt, ungeschützt, ungesichert, wehrlos •entrechtet, geächtet

6971 Schutzwall
Absperrung, Aufschüttung, Eindämmung, Verschanzung, Wall, Wehr •Schanze, Schanzwerk

6972 schwach
lau, lind •brüchig, einsturzgefährdet, instabil, unbeständig, veränderlich, wackelig, nicht tragend •gehaltlos, niveaulos, zweitklassig •einflusslos, hilflos, ohnmächtig •anfällig, entkräftet, erholungsbedürftig, erschöpft, geschafft, geschwächt, gestresst, matt, müde, schlapp, übermüdet, verbraucht •charakterlos, haltlos, labil, verführbar, willensschwach •dünn, dürftig, zerbrechlich •charakterlos, haltlos, nachgiebig, rückgratlos, verführbar, weich, widerstandslos, willenlos, willensschwach

6973 Schwäche
Faible, Gefallen, Hang, Interesse, Neigung, Sehnsucht, Sympathie, Vorliebe •Einflusslosigkeit, Impotenz, Machtlosigkeit, Ohnmacht •Haltlosigkeit, Verführbarkeit, Willensschwäche •Abgespanntheit, Abspannung, Entkräftung, Ermattung, Ermüdung, Erschöpfung, Mattheit, Mattigkeit, Schwächezustand, Schwachheit, Schwunglosigkeit, Übermüdung, Zerschlagenheit •Mangel, Manko, Nichtvermögen, Unterlegenheit •Inkompetenz, Machtlosigkeit, Untauglichkeit, Unvermögen •Weichheit, Willenlosigkeit, Willensschwäche

6974 schwächen
aushöhlen, ermatten, erschöpfen

6975 Schwachsinn
Blödheit, Debilität, Geisteskrankheit, Schwachsinnigkeit •Dummheit, Hirnverbranntheit, Vernunftlosigkeit

6976 Schwager
Verwandter •Kutscher

6977 Schwall
Anhäufung, Flut, Vielzahl •Redefluss, Wortschwall

6978 Schwamm
Badeschwamm •Pilz, Schwammerl •Moder, Schimmel

6979 schwammig
aufgedunsen, aufgeschwemmt, gedunsen •quabbelig, wabbelig, weich

6980 schwängern
durchdringen, durchziehen, erfüllen •befruchten, zeugen

6981 schwanken
abwarten, s. bedenken, wanken, zaudern, zögern •fluktuieren, wechseln •schaukeln, schlingern, torkeln, wanken, zittern

6982 schwankend
schlotternd, zitternd •torkelnd, wankend •entschlusslos, unentschieden, unentschlossen, unschlüssig, unsicher, veränderlich, vorsichtig, wankend, zaghaft, zaudernd, zögernd •unbeständig, wandelbar, wechselhaft, wechselvoll

6983 Schwankung
Preisschwankung •Gewoge, Schlingern, Schwingung •Abwägen, Änderung, Unsicherheit, Wechsel

6984 Schwanz
Lunte, Rute, Schweif, Tierschwanz →Blume, Bürzel, Fahne, Krickel, Ochsenschwanz, Pferdeschwanz, Spiel, Standarte, Steiß, Sterz, Stoß •Glied, Penis •Hinterteil, Kehrseite •Ende, Schluss, Schlussglied •Flechte, Haarzopf, Pferdeschwanz, Schwänzchen

6985 schwänzeln
schmeicheln, schönreden, umschmeicheln •schweifwedeln, wackeln, wedeln

6986 Schwarm
Abgott, Diva, Filmgröße, Filmheld, Filmstern, Götze, Götzenbild, Ideal, Idol, Publikumsliebling, Star, Starlet, Sternchen •Flut, Haufen, Schar, Unmaß, Unmenge, Vielzahl

6987 schwärmen
s. ausbreiten, ausfliegen, ausschwärmen, s. verteilen •ausdenken, fantasieren [phantasieren]

6988 Schwärmer
Falter •Fanatiker •Fantast [Phantast], Enthusiast, Idealist, Langweiler, Romantiker, Schlafmütze, Schnecke, Schwarmgeist, Tagträumer, Tranfunzel, Transuse, Träumer, Traumtänzer, Utopist, Weltverbesserer

6989 Schwärmerei
Überschwang, Verliebtheit •Begeisterung, Entzücken, Idealismus, Leidenschaft, Rausch, Überschwang •Fantasterei [Phantasterei], Romantik, Träumerei

6990 schwärmerisch
begeistert, entflammt •idealistisch, poetisch, romantisch, träumerisch, wirklichkeitsfern, fantastisch [phantastisch]

6991 Schwarte
Balg, Pelle, Tierhaut •Buch, Schinken, Wälzer

6992 schwarz
dunkel, finster, unheilvoll •illegal, unerlaubt, verboten •konservativ, rechts •dunkel, düster

6993 schwatzen
ausplaudern, ausposaunen, verraten •plappern, plaudern, plauschen, quasseln, schnacken, schwätzen, unterhalten, s. unterhalten

6994 Schwätzer
Plapperer, Plauderer, Salbader, Schwadroneur

6995 schweben
flattern, fliegen, gleiten, segeln •bammeln, baumeln, pendeln

6996 Schwein
Glück, Glückstreffer •Borstentier, Borstenvieh, Hausschwein, Sau •Halunke, Schuft, Schurke •Dreckspatz, Ferkel, Schlampe, Schmutzfink, Schmutzliese, Schweinchen, Vettel

6997 schwelen
glimmen, lodern, qualmen, rauchen, rußen •s. anbahnen, s. entwickeln, gären, kochen, rumoren

6998 schwellen
anschwellen, aufquellen, aufschwellen, auftreiben, s. steigern, zunehmen •ansteigen, aufquellen, auftreiben, s. ausdehnen, zunehmen •anschwellen, erigieren, s. versteifen

6999 Schwellung
Anschwellung, Beule, Geschwulst, Geschwulstbildung, Gewächs, Gewebewucherung, Tumor, Wucherung •Ausbuchtung, Rundung, Wölbung

7000 schwenken
schlackern, schlendern, schwingen •reinigen, spülen •abbiegen, abzweigen, umlenken

7001 schwer
plump, schwerfällig, tölpelhaft •berauschend, betäubend •drastisch, rigoros, streng •kompliziert, langwierig, mühsam, schwierig •bedrückend, beklemmend, belastend, unangenehm •drückend, lastend, wuchtig

7002 Schwere
Druck, Gewicht •Ballast, Bürde, Crux, Elend, Jammer, Qual, Schmerz, Sorge •Bedeutsamkeit, Bedeutung, Relevanz, Tragweite, Würde •Anziehungskraft, Erdanziehung, Gravitation •Eigengewicht, Körpergewicht

7003 schwerfällig
apathisch, denkfaul, interesselos, lethargisch, stumpfsinnig, teilnahmslos, unaufgeschlossen, unempfindlich •eckig, hölzern, langsam, linkisch, plump, steif, täppisch, tollpatschig, tölpelhaft, unbeholfen, unbeweglich, ungelenk, ungeschickt, unpraktisch •begriffsstutzig, borniert, zurückgeblieben

7004 Schwerfälligkeit
Apathie, Desinteresse, Gefühllosigkeit, Gleichgültigkeit, Interesselosigkeit, Passivität, Stumpfheit, Stumpfsinnigkeit, Teilnahmslosigkeit, Unempfindlichkeit

7005 Schwester
Krankenpflegerin, Krankenschwester, Pflegerin •Gottesbraut, Himmelsbraut, Klosterfrau, Klosterschwester, Laienschwester, Nonne, Novizin, Ordensfrau, Ordensschwester, Stiftsfräulein, Braut Christi •Geschwister

7006 schwierig
diffizil, heikel, knifflig, kompliziert, langwierig, problematisch, vertrackt, verzwickt

7007 Schwierigkeit
Behinderung, Beschränkung, Blockierung, Dilemma, Erschwernis, Erschwerung, Fessel, Haken, Handicap, Hemmnis, Hemmschuh, Klippe, Kompliziertheit, Notlage, Problem, Problematik, Verwicklung, Verworrenheit

7008 schwimmen
kraulen, planschen, tauchen •verschwimmen, ineinander fließen •driften, treiben

7009 Schwindel
Bauernfang, Betrug, Hintergehung, Irreführung, Täuschung •Schwindelanfall, Schwindelgefühl

7010 schwindeln
anlügen, erfinden, verfälschen •erdichten, schwanken, taumeln

7011 schwinden
dahingehen, dahinschwinden, verfliegen, vergehen, verrauschen, verrinnen •entweichen, weggehen, zergehen •abflauen, vermindern •abklingen, aufhören, verhallen, vertönen

7012 schwindlig
hoch, schwindelhaft, Schwindel erregend •angeschlagen, benommen, duselig, flau, matt, schlapp, schlecht, schwach, taumelig, übel, weichlich

7013 schwingen
rudern, schlenkern •flattern, kippeln, pendeln, schaukeln, schunkeln, wackeln, s. wiegen, wippen •federn, schnellen, vibrieren

7014 schwingend
klangvoll, klingend, schallend

7015 Schwingung
Oszillation, Pendelbewegung •Atmosphäre, Flair, Gefühl

7016 schwitzen
anlaufen, beschlagen •ausdünsten, dampfen, riechen, transpirieren

7017 schwören
fluchen, verwünschen •beeiden, geloben, versprechen

7018 schwül
feuchtwarm, gewitterschwer, tropisch •beklemmend, drückend, einengend

7019 Schwüle
Hitze, Luftfeuchtigkeit •Beklemmung, Platzangst

7020 Schwung
Anzahl, Berg, Menge, Schar, Schwarm, Vielzahl, Wust •Aktivität, Antrieb, Begeisterung, Dynamik, Elan, Lebendigkeit, Lebhaftigkeit, Mobilität, Motor, Pep, Spannkraft, Temperament, Triebfeder, Unternehmungsgeist, Vehemenz, Verve, Vitalität •Bewegung, Schritt •Elastizität, Schwungkraft

7021 schwunglos
eintönig, ermüdend, uninteressant •lahm, verschlafen, verträumt

7022 Schwunglosigkeit
Abspannung, Erschöpfungszustand, Lahmheit, Schwächezustand, Schwächlichkeit, Zerschlagenheit

7023 schwungvoll
aktiv, beschwingt, unternehmungslustig •begeistert, energiegeladen, rasant, schmissig, temperamentvoll

7024 Sediment
Ablagerung, Bodensatz, Niederschlag •Schichtgestein, Sedimentgestein

7025 See
Meer, Ozean •Gewässer, Teich, Tümpel, Weiher

7026 seelenruhig
gelassen, gleichmütig, unerschütterlich •ausgeglichen, harmonisch, würdevoll

7027 Seelsorge
Beistand, Hilfe, Lebenshilfe, Telefonseelsorge, Unterstützung, geistliche Führung, geistliche Hilfe

7028 segeln
flattern, fliegen •durchsegeln, schiffen

7029 Segen
Segensspruch, Segnung •Gelingen, Glückswurf, Wohl •Ergiebigkeit, Fülle, Hilfe

7030 segnen
auflegen, weihen •auszeichnen, begnaden

7031 sehen
ansehen, ausblicken, ausmachen, ausschauen, ausspähen, bemerken, beobachten, blicken, entdecken, erblicken, erkennen, erspähen, gewahren, schauen, spähen, wahrnehmen •begreifen, einsehen, registrieren

7032 sehenswert
aufschlussreich, erhellend, sehenswürdig, vielsagend

7033 Sehhilfe
Augenglas, Augengläser, Brille, Einglas, Glas, Gläser, Kneifer, Schneebrille, Sonnenbrille, Taucherbrille, Zwicker •Haftschale, Kontaktlinsen, Kontaktschale •Fernrohr

7034 sehr
äußerst, ungeheuer, unsagbar •beachtlich, beträchtlich, imponierend, ohnegleichen, sensationell •außerordentlich, grenzenlos

7035 seicht
abgegriffen, abgeschmackt, banal, ideenlos, oberflächlich, witzlos •flach, fußhoch, niedrig

7036 Seife
Seifenartikel, Seifenflocken, Seifenmittel, Seifenpulver →Babyseife, Badeseife, Feinseife, Flüssigseife, Kinderseife, Rasierseife, Toilettenseife, Waschseife

7037 Seil
Drahtseil, Fall, Kabel, Reep, Stahlseil, Strang, Strick, Tau, Trosse •Fangleine, Lasso, Wurfleine, Wurfschlinge

7038 Seilschaft
Beziehungen, Verbindungen, Zusammenhalt •Klüngel, Sippschaft •Bergsteigergruppe

7039 sein
ergehen, s. fühlen •s. abspielen, s. begeben, geschehen, passieren, s. zutragen •s. aufhalten, s. befinden, zubringen •abgeben, darstellen, vorstellen •bestehen, existieren

7040 Seite
Buchseite •Flügel, Körperseite, Profil, Seitenteil •Eigenart, Kennzeichen, Wesensmerkmal

7041 Seitenansicht
Kontur, Profil, Silhouette

7042 Seitenhieb
Anspielung, Pfeil, Spitze

7043 seither
seit, seitdem •bisher, bislang

7044 Sekretär
Assistent, Mitarbeiter, Protokollant, Schreibkraft, Schriftführer •Schreibpult, Schreibtisch

7045 Sekt
Champagner, Schampus, Schaumwein →Rotsekt, Weißsekt

7046 Sektion
Ausschuss, Gruppe •Abteilung, Bereich, Ortsgruppe •Autopsie, Leichenöffnung, Obduktion

7047 sekundär
nebensächlich, peripher, unerheblich, unscheinbar, unwesentlich, wertlos
7048 selbst
direkt, eigenhändig, persönlich, selber •auch, sogar
7049 selbständig [selbstständig]
eigenmächtig, selbstherrlich, unberechtigt •autark, autonom, eigenständig, selbstverantwortlich, souverän, überlegen, unabhängig, ungebunden
7050 Selbstbefriedigung
Triebbefriedigung, Verlustierung →Masturbation, Onanie
7051 Selbstbewusstsein
Durchsetzungskraft, Ehre, Selbstachtung, Selbstwertgefühl, Stolz, Würde •Beherztheit, Dynamik, Resolutheit
7052 Selbstmord
Freitod, Harakiri, Selbsttötung, Suizid
7053 Selbstverständlichkeit
Klarheit, Natürlichkeit, Unentbehrlichkeit, Unerlässlichkeit
7054 selig
gestorben, verschieden, verstorben •beglückt, glückselig, freudestrahlend •geweiht, selig gesprochen
7055 Seligkeit
Gottesreich, Himmel •Entzücken, Freude, Segen
7056 selten
beschränkt, gelegentlich, kaum, sporadisch, verstreut •außergewöhnlich, einmalig, wertvoll
7057 seltsam
absonderlich, befremdend, bizarr, eigentümlich, grotesk, kauzig, komisch, schrullig, verwunderlich, wunderlich
7058 Seminar
Ausbildungsstätte, Hochschulinstitut •Kolloquium, Schulung
7059 Semmelbrösel
Brösel, Paniermehl, Semmelmehl
7060 Senat
Magistrat, Stadtrat, Stadtverwaltung
7061 Senator
Parlamentarier, Ratsherr
7062 senden
aussenden, ausstrahlen •absenden, schicken, übersenden, überweisen
7063 Sender
Funkstation, Rundfunkstation, Sendestation →Fernsehsender, Rundfunksender
7064 Sendung
Amt, Berufung, Mission •Ablieferung, Anlieferung, Aushändigung, Auslieferung, Beförderung, Belieferung, Fracht, Fuhre, Lieferung, Postsendung, Transport, Übermittlung, Übersendung, Überstellung, Überweisung, Verfrachtung, Versand, Versendung, Weitergabe, Weiterleitung, Zufuhr, Zuleitung, Zulieferung, Zusendung, Zustellung →Briefsendung, Päckchen, Paket, Postgut, Warensendung •Aufzeichnung, Ausstrahlung •Livesendung [Live-Sendung] , Direktsendung, Originalübertragung, Liveübertragung [Live-Übertragung]
7065 sengen
abbrennen, absengen, verkohlen
7066 senil
abgelebt, alt, betagt •vergreist, verkalkt
7067 Senior
Alterspräsident, Vorsitzender •Altmeister, Nestor
7068 senken
herunterlassen, niederlassen •abbauen, herabsetzen, nachlassen, verringern •beugen, neigen
7069 Senkgrube
Jauchegrube, Mistgrube, Sickergrube

7070 Senkung
Abschlag, Abzug, Diskont, Ermäßigung, Kürzung, Minderung, Nachlass, Preisminderung, Preisnachlass, Preissenkung, Prozente, Rabatt, Reduzierung, Skonto, Verbilligung •Abnahme, Dezimierung, Einschränkung, Minderung, Reduzierung, Schrumpfung, Schwund, Streichung, Verminderung, Verringerung •Abfall, Abschüssigkeit, Schräge, Steile

7071 Senn
Almhirt, Alpenhirt, Senner, Sennhirt

7072 Sennerei
Alm, Almwirtschaft, Milchwirtschaft

7073 Sennerin
Almhirtin

7074 Sensation
Eklat, Ereignis, Medienereignis, Skandal, Stadtgespräch, Tagesgespräch •Clou, Glanzpunkt, Höhepunkt •Sehenswürdigkeit

7075 Sentimentalität
Gefühlsseligkeit, Rührung •Betroffenheit, Empfindsamkeit, Gefühlsduselei, Gefühlsseligkeit, Mitleid, Rührseligkeit, Schmalz, Tränenseligkeit

7076 separat
abgesondert, abgetrennt •ausschließlich, eigens, extra, individuell

7077 separieren
absondern, isolieren, scheiden, trennen

7078 separieren (s.)
s. abkapseln, s. abschließen, s. einigeln, s. zurückziehen

7079 Serie
Garnitur, Reihe •Anhäufung, Anzahl, Unmenge, Vielzahl

7080 Serum
Blutserum, Plasma •Impfserum, Impfstoff

7081 Service
Bedienung, Bewirtung •Tafelgeschirr •Kundenberatung, Kundendienst

7082 servieren
auffahren, auftragen, bedienen, bewirten, vorsetzen

7083 Serviette
Latz, Lätzchen, Mundtuch, Papiertuch

7084 Sessel
Armstuhl, Lehnstuhl, Polstersessel

7085 sesshaft
ansässig, eingeboren, niedergelassen, ortsansässig

7086 Sesshaftigkeit
Ansiedlung, Einnistung

7087 Set
Paar, Platzdeckchen •Clique, Gruppe, Szene

7088 setzen
anbauen, anpflanzen, aufforsten, einsetzen •tippen, wetten •hinsetzen, hinstellen, postieren

7089 setzen (s.)
absinken, s. senken •s. abkühlen, s. abregen •s. hinsetzen, s. niederlassen •s. ablagern, s. absetzen, sedimentieren

7090 sexuell
erotisch, geschlechtlich, triebhaft •animalisch, sinnlich, triebhaft

7091 Showbusiness
Unterhaltungsindustrie, Vergnügungsindustrie

7092 sicher
amtlich, authentisch, hundertprozentig, offiziell, tatsächlich, unangreifbar, verbürgt, zuverlässig, zweifellos, zweifelsfrei •erfolgssicher, siegessicher •gefahrlos, risikolos, ungefährlich, unverfänglich •behütet, geborgen, unbedroht, ungefährdet •einwandfrei, fehlerfrei, korrekt, tadellos, vorschriftsmäßig, zutreffend •gewiss, überzeugt, zuversichtlich

7093 Sicherheit
Bürgschaft, Faustpfand, Kaution, Sicherheitsleistung •Aufrichtigkeit, Ehrlichkeit, Geradlinigkeit, Zuverlässigkeit •Gewissheit, Richtigkeit, Überzeugung, Wahrhaftigkeit, Wirklichkeit, Zuverlässigkeit •Behütetsein, Obhut •Selbstbewusstsein, Selbstvertrauen •Abdeckung, Absicherung, Sicherheiten •Altersrücklage, Ersparnis, Notgroschen, Rücklage, Sparguthaben

7094 sichern
deponieren, gewährleisten, sicherstellen •behüten, beschirmen, beschützen, decken, umsorgen •äugen, lugen, spähen •aufbewahren, behalten, vorenthalten, weglegen, zurückhalten •abstützen, ausbauen, fundieren, kräftigen, stabilisieren, stützen, zementieren •duplizieren, kopieren •abholen, arretieren, bestrafen, einbuchten, einkassieren, einkerkern, einlochen, einschließen, einsperren, inhaftieren, verhaften, festnehmen, gefangen nehmen, gefangen setzen

7095 Sicherstellung
Beschlagnahme, Pfändung, Zwangsverwaltung •Bürgschaft, Sicherheitsleistung

7096 Sicherung
Rückversicherung, Sicherheitsmaßnahme •Sicherheitsventil •Abschirmung, Beistand, Beschützung, Sicherheit

7097 Sicht
Blickpunkt, Position, Schau •Anblick, Ausblick, Fernsicht •Klarheit, Wahrnehmung

7098 sichtbar
erkennbar, wahrnehmbar •augenscheinlich, eklatant, ersichtlich, offenkundig •auffallend, beachtlich, deutlich, nachhaltig, spürbar

7099 sichten
ausmachen, bemerken, entdecken, erblicken, erspähen, sehen

7100 sickern
fließen, quellen, rieseln, rinnen, strömen, wallen

7101 Siedepunkt
Schmelzpunkt, Siedegrad, Siedetemperatur

7102 Siedler
Farmer, Pflanzer •Ansiedler, Kolonist

7103 Siedlung
Ansiedlung, Kolonie, Niederlassung, Ort

7104 Sieger
Besieger, Bezwinger, Gewinner, Held, Heros, Triumphator, Überwinder •Gewinner, Preisträger •Ass, Bester, Champion, Erster, Gewinner, Klassenbester, Meister, Primus, Spitzenreiter •Draufgänger, Gigant, Haudegen, Heros, Kämpe, Kämpfer, Matador, Recke

7105 Siegerkranz
Ehrenkranz, Eichenkranz, Lorbeerkranz

7106 siegesbewusst
hoffnungsvoll, siegessicher, unverdrossen, zukunftsgläubig, zuversichtlich •unerschütterlich, willensstark

7107 Signal
Haltezeichen, Stoppzeichen •Erkennungszeichen, Wink •Alarmzeichen, Fanfare, Meldezeichen, Trompetenstoß

7108 signiert
abgezeichnet, unterschrieben, unterzeichnet

7109 signifikant
arteigen, besonders, bezeichnend, charakteristisch, eigen, eigentümlich, kennzeichnend, originell, spezifisch, treffend, typisch, unverkennbar, wesenhaft, wesensgemäß •geboten, gewichtig, nötig, notwendig, obligat, unausweichlich, unentbehrlich, unerlässlich, unumgänglich, wesentlich, zwingend

7110 Silbe
Lautgruppe →Endsilbe, Nachsilbe, Vorsilbe
7111 Silberfolie
Alufolie, Aluminiumfolie, Stanniolpapier
7112 Silhouette
Kontur, Profil, Schattenriss, Skyline
7113 simpel
bescheiden, ungeziert •beschränkt, dumm, leichtgläubig, schlicht •babyleicht, spielend, unkompliziert
7114 Sims
Vorsprung •Fensterbank, Fensterbrett
7115 Simulator
→Fahrsimulator, Flugsimulator
7116 singen
besingen, lobpreisen, lobsingen, preisen, verherrlichen •anstimmen, brummen, grölen, jodeln, knödeln, psalmodieren, schmettern, summen, trällern, tremolieren, trillern •flöten, pfeifen, piepen, piepsen, quirilieren, rufen, schilpen, schlagen, tirilieren, trillern, tschilpen, zirpen, zwitschern •aufdecken, aufweisen, aufzeigen, auspacken, aussagen, beweisen, enthüllen, verpfeifen
7117 Single
Einzelspiel •Junggeselle, Junggesellin, allein Stehende [Alleinstehende], allein Stehender [Alleinstehender] •Schallplatte
7118 sinken
abflauen, abklingen, zurückgehen •absacken, hinabsinken, hinuntersinken, kentern, niedergehen, umkippen, untergehen, untersinken, versacken, versinken, wegsacken
7119 Sinn
Charakter, Eigenart, Veranlagung, Wesen •Essenz, Quintessenz, Wesen •Empfindung, Spürsinn, Verständnis •Bedeutung, Gedankenreichtum, Gehalt, Inhalt •Bedeutung, Inhalt, Substanz •Anstoß, Grund, Motiv
7120 Sinnesänderung
Absage, Dementi, Gegenerklärung, Rückzug, Sinneswandlung, Widerruf
7121 Sinnestäuschung
Erscheinung, Gesicht, Halluzination, Vision, Wahnvorstellung •Fieberfantasie [Fieberphantasie], Fieberwahn •Einbildung, Erdichtung, Mutmaßung, Spekulation, Vorstellung, Zwangsvorstellung, Fantasie [Phantasie]
7122 sinnlich
fühlbar, hörbar, sichtbar •erotisch, körperlich, sexuell, sinnenfreudig, triebhaft
7123 Sinnlosigkeit
Absurdität, Albernheit, Groteske, Komik, Lächerlichkeit, Narrheit, Sinnwidrigkeit, Torheit, Unsinn, Unsinnigkeit, Wahnwitz, Widersinn
7124 sinnvoll
behilflich, brauchbar, geeignet, praktisch, zweckmäßig •vernünftig, zweckvoll
7125 Sirene
Bajadere, Circe, Verführerin •Alarmhupe →Feuersirene, Polizeisirene
7126 Sitte
Ethik, Handlungsregeln, Moral, Wertvorstellungen •Sittenstrenge, Tugendhaftigkeit •Brauch, Brauchtum, Tradition, Überlieferung •Anstand, Haltung, Kultur, Takt, Umgangsformen
7127 Sittenlosigkeit
Lasterhaftigkeit, Liederlichkeit, Sittenwidrigkeit, Unkeuschheit, Unmoral, Unsittlichkeit, Unzucht, Verruchtheit, Verworfenheit, Wankelmut, Willensschwäche, Zuchtlosigkeit
7128 Situation
Konstellation, Lage, Verhältnis, Zustand •Sachlage, Tatbestand

7129 Sitz
Adresse, Ort, Unterkunft, Vaterstadt, Wohnung, Zuhause •Bank, Drehbein, Hocker, Schemel •Platz, Sitzplatz →Balkonsitz, Logenplatz, Logensitz, Parkettsitz, Sperrsitz, Bank, Platz, Sessel, Sofa, Stuhl
7130 sitzen
passen, stimmen •brüten, jungen •hocken, kauern, thronen •dahocken, dasitzen, hocken, kauern
7131 Sitzung
Begegnung, Beratung, Konzil, Tagung, Versammlung •Arbeitssitzung, Session
7132 Skala
Abstimmskala, Stelltafel •Gradeinteilung, Gradmesser, Maßeinteilung, Skale
7133 Skandal
Aufsehen, Eklat, Medienereignis, Ortsgespräch, Stadtgespräch •Aufruhr, Gelärme, Geräusch, Lärm, Radau, Rummel •Blamage, Bloßstellung, Schimpf, Unehre
7134 skandalös
abscheulich, allerhand, allerlei, beispiellos, bodenlos, empörend, himmelschreiend, schändlich, schimpflich, unbeschreiblich, unerhört, unfassbar, ungeheuerlich, unglaublich, verächtlich •allerhand, beispiellos, bodenlos, haarsträubend, himmelschreiend, peinlich, unangenehm, unerhört, ungeheuerlich, verwünscht
7135 Skelett
Gebein, Gerippe, Knochengerüst •Gerüst, Grundidee
7136 Ski
Bretter, Schi, Schneeschuh →Abfahrtsski, Langlaufski, Rennski
7137 skizzieren
behandeln, charakterisieren, darlegen, erläutern •ausdenken, entwerfen, entwickeln •aufzeichnen, darstellen
7138 sklavisch
devot, hündisch, untertan, untertänig, abhängig, entmachtet, entrechtet, gebannt, geknechtet, leibeigen, rechtlos, unfrei, unterdrückt, untertan, versklavt, vogelfrei, unselbständig [unselbstständig], gefügig, hörig, verfallen
7139 smart
diplomatisch, geschliffen, geübt, weltgewandt •elegant, erlesen, fein, piekfein, schmuck
7140 Snob
Angeber, Dandy, Geck, Gent, Laffe
7141 so
dadurch, daher, folglich, infolgedessen, somit •auch, dito, gleicherweise •annähernd, beiläufig, rund, schätzungsweise, ungefähr •dahingehend, folgendermaßen, folgenderweise
7142 sodann
auch, außerdem, überdies, weiter, zudem •danach, endlich, hernach, nachträglich, schließlich, später
7143 Sog
Strudel, Wirbel •Drift, Trift, Zug
7144 Sohle
Ballen, Ferse, Fuß •Bergsohle, Bodenfläche •Schuhsohle •Stützpunkt, Unterteil
7145 sohlen
verklopfen, züchtigen •ausbessern
7146 Sohn
Bub, Junge, Knabe, Stammhalter
7147 solange
einstweilen, indessen, inzwischen, mittlerweile, unterdessen
7148 Soldat
Kämpfer, Krieger, Militärpflichtiger, Uniformierter, Uniformträger, Wehrdienstleistender, Wehrpflichtiger →Fremdenlegionär, Landsknecht, Legionär, Söldner, Altgedienter, Artillerist, Berufssoldat, Füsilier, Fußsoldat, Gardist, Grenadier, Infanterist, Kavallerist, Land-

ser, Offizier, Panzergrenadier, Pionier, Rekrut, Reserveoffizier, Sanitäter, Sanitätssoldat, Stabsoffizier, Truppenoffizier, Veteran, aktiver Offizier

7149 Sole
Lake, Salzbrühe, Salzlösung

7150 solidarisch
gemeinsam, verbunden, verbündet, zuverlässig

7151 solidarisieren (s.)
alliieren, koalieren, s. verbrüdern, s. verbünden, s. zusammenschließen

7152 Solidarität
Gemeinschaftsgeist, Übereinstimmung, Verbundenheit

7153 solide
pünktlich, zuverlässig •echt, gediegen, wertbeständig •anständig, höflich, rechtschaffen

7154 sollen
müssen, obliegen •s. gehören, geziemen

7155 Söller
Altan, Balkon, Vorbau

7156 somit
also, dadurch, demzufolge, deshalb, deswegen, mithin, sonach •dadurch, deshalb, deswegen, so

7157 sonderbar
neu, ungeläufig, unüblich •absonderlich, befremdlich, eigentümlich, entlegen, kurios, merkwürdig, seltsam, verschroben

7158 Sonderfall
Anomalie, Ausnahme, Einzelerscheinung, Extremfall

7159 sonderlich
absonderlich, befremdend, seltsam, verwunderlich •eigenartig, schrullig, sonderbar, spleenig, verschroben

7160 sondern
differenzieren, auseinander halten •aber, dagegen, jedoch, vielmehr •absondern, isolieren, trennen

7161 Sonne
Sonnenlicht, Sonnenschein, Sonnenstrahlen

7162 sonnen (s.)
s. rühmen, triumphieren •bräunen, sonnenbaden

7163 sonst
außerdem, dazu, weiter, weiterhin, zusätzlich •davor, eher, früher •anderenfalls, andernfalls, ansonsten, beziehungsweise, oder, widrigenfalls

7164 sonstig
damalig, ehemalig, früher, gewesen, vergangen •anderswo, woanders

7165 Sorge
Angst, Bedenken, Befürchtung, Furcht, Kummer, Unruhe →Existenzsorgen, Geldsorgen, Rentensorgen •Fürsorge, Hilfe, Versorgung •Gram, Jammer, Last, Leid, Misere, Pein, Trauer

7166 sorgen
vorbauen, vorbeugen, vorsorgen •bedienen, s. kümmern •aufkommen, unterhalten

7167 sorgen (s.)
s. abzehren, befürchten, s. grämen, s. härmen, s. verzehren, umeinander sorgen

7168 Sorgfalt
Fürsorglichkeit, Schonung, Umsicht •Ausführlichkeit, Genauigkeit, Prägnanz, Präzision, Sorgfältigkeit

7169 sorglos
achtlos, fahrlässig, nachlässig, unachtsam, unvorsichtig •arglos, beruhigt, freudig, froh, ruhig, sorgenfrei, sorgenlos, übersprudelnd, unbekümmert, unbeschwert, unbesorgt, vergnügt

7170 Sorglosigkeit
Arglosigkeit, Unbekümmertheit, Unbeschwertheit

7171 Sorte
Art, Gattung, Genre, Typ •Güteklasse, Kategorie
7172 sortieren
aufgliedern, einreihen, einteilen, gliedern, gruppieren, katalogisieren, strukturieren, systematisieren, unterteilen
7173 Soße
Fond, Saft, Tunke →Bratensoße, Kräutersoße, Rahmsoße, Senfsoße, Stippe, Weinsoße, helle Soße, weiße Soße •Brei, Brühe, Schlamm, Schlick
7174 Souffleur
Einsager, Vorsager
7175 Soziologie
Gesellschaftslehre, Sozialwissenschaft
7176 spähen
blicken, gucken, schauen •äugen, lugen, sichern
7177 Späher
Beobachter, Kundschafter, Melder, Saboteur, Spitzel
7178 spaltbar
brechbar, trennbar, zerteilbar
7179 Spalte
Kolumne, Rubrik •Erdspalte, Graben, Grabenbruch •Fuge, Ritze, Schlitz •Abgrund, Canyon, Kluft
7180 spalten
aufspalten, zerlegen, zerspalten, zerteilen, auseinander nehmen •aufhetzen, auseinander bringen
7181 spalten (s.)
abfallen, austreten, s. trennen
7182 Spaltung
Halbierung, Teilung •Absonderung, Auflösung, Disharmonie, Glaubensabfall, Kirchenspaltung, Schisma
7183 Span
Holzspan, Spleiß, Splisse
7184 Spange
Schnalle, Schuhspange •Abzeichen, Anstecknadel, Brosche, Nadel •Haarspange
7185 spannen
anschirren, anspannen, einjochen •zuschauen •anspannen, anziehen, straffen •ausdehnen, ausstrecken •befestigen, einspannen •bemerken, fühlen •aufspannen, entfalten
7186 Spannkraft
Arbeitskraft, Leistungsvermögen, Leistungspotenzial [Leistungspotential] •Dehnbarkeit, Elastizität
7187 Spannung
Disharmonie, Feindschaft, Konflikt, Missbehagen •Aufregung, Erregung, Ruhelosigkeit •Anspannung, Neugierde, Ungeduld, Vorfreude
7188 Sparbüchse
Sparschwein, Sparstrumpf, Spartopf
7189 sparen
abbauen, absparen, abzweigen, anlegen, aufsparen, s. bescheiden, s. beschränken, s. einschränken, einsparen, einteilen, ersparen, erübrigen, horten, rationieren, rechnen, reduzieren, weglegen, wirtschaften, zurückhalten, zurücklegen, zusammenraffen, Maß halten •s. begnügen, s. bescheiden, s. einengen, s. einrichten, s. einschränken, s. verkleinern, s. zurückhalten
7190 spärlich
licht, selten, sparsam, dünn gesät •dürftig, gering, lumpig, mager •knapp, vereinzelt, wenig
7191 sparsam
anspruchslos, bedürfnislos, maßvoll •gelichtet, kümmerlich, dünn gesät •achtsam, durchdacht, geschäftlich, häuslich, kaufmännisch, knapp, kommerziell, ökonomisch, planvoll, rationell, rentabel, sorgfältig, wirtschaftlich, zweckdienlich

7192 Spaß
Albernheit, Clownerie, Faxen, Jux, Quatsch, Schabernack, Spielerei, Streich, Witz •Befriedigung, Pläsier, Vergnügen

7193 spaßig
amüsant, belebend, erheiternd, kurzweilig, unterhaltsam, zerstreuend •drollig, geistreich, humoristisch, possierlich, schalkhaft, spaßhaft, ulkig, unterhaltsam

7194 spät
endlich, erst •verspätet, zuletzt •langsam, nachlässig, säumig, saumselig, unpünktlich, verspätet, verzögert •abends, spätabends

7195 Spaten
Grabscheit, Schaufel, Schippe

7196 später
demnächst, irgendwann, späterhin •danach, dann, nachher, sodann •einst, künftig, nachher •künftig, weiter, darauffolgend •fernerhin, forthin, weiterhin

7197 Spatz
Sperling •Dreikäsehoch, Kind, Wicht

7198 Spaziergang
Bummel, Promenade •Fußmarsch, Fußreise, Marsch, Tour, Wanderung

7199 Spaziergänger
Ausflügler, Bummler, Flaneur, Tourist, Wanderer

7200 Spazierstock
Knotenstock, Wanderstab

7201 Speicher
Speichermedium •Tonspeicher →CD, Langspielplatte, Platte, Schallplatte, Scheibe, Single, Tonband •Akku, Akkumulator, Batterie, Kraftspeicher, Stromspeicher, Trockenbatterie •Depot, Lager, Silo •Trinkwasserspeicher, Wasserbecken •Band, Datenträger, Magnetband →Arbeitsspeicher, CD, CD-ROM, Datenscheibe, Disc, Disk, Diskette, EMS-Speicher, Erweiterungsspeicher, Festplatte, Festspeicher, Festwertspeicher, Floppy, Halbleiter-Speicher, Hartplatte, Magnetspeicher, Puffer, RAM, ROM, Speichererweiterung, Speichermedium, Speicherscheibe, Speicherträger, Streamerband, Zwischenspeicher •Datenbank, Datenverzeichnis, Kartei •Abstellkammer, Besenkammer, Rumpelkammer •Heuschober, Scheuer, Scheune, Schober, Stadel •Hochbehälter, Wasserreservoir, Wasserspeicher, Wasserturm, Zisterne

7202 speichern
abdämmen, ablagern, absperren, anhäufen, ansammeln, aufbewahren, aufhäufeln, aufhäufen, aufheben, aufschichten, aufstapeln, aufstauen, auftürmen, deponieren, einkellern, einlagern, hamstern, häufeln, horten, lagern, mieten, schichten, stapeln, stauen, türmen, verwahren, zurückbehalten, zusammenraffen, zusammentragen •aufhäufeln, aufschütten, aufwerfen •aufschichten, aufstapeln, auftürmen, emporragen, s. erheben

7203 speisen
essen, s. verpflegen, s. versorgen •dinieren, tafeln

7204 Speiseraum
Kantine, Mensa, Speisesaal

7205 Speisezettel
Küchenzettel, Magenfahrplan, Menükarte, Speisekarte

7206 Spekulant
Draufgänger, Glücksritter, Wagehals •Geschäftemacher, Schieber

7207 Spekulation
Berechnung, Kalkulation, Taktik •Befürchtung, Einbildung

7208 spekulieren
einkalkulieren, erwarten •beabsichtigen, bezwecken, verfolgen, vorhaben

7209 spenden
darbringen, spendieren, übereignen, übergeben, zuwenden •aufmuntern, ermutigen, trösten

7210 Sperre
Absperrung, Wegsperre •Machtwort, Tabu, Verbot, Veto •Riegel, Schloss •Sperrfrist, Sperrzeit

7211 sperren
untersagen, verbieten, verweigern •abstellen, ausschalten, boykottieren, verhüten, verwehren •ausschließen, disqualifizieren, isolieren •abriegeln, verriegeln, versperren

7212 Sperrstunde
Ausgangssperre, Ausgehverbot, Polizeistunde

7213 Spesen
Abgeordnetenbezüge, Aufwand, Aufwandsentschädigung, Aufwendungen, Ausgaben, Auslagen, Belastung, Diäten, Kosten, Kostenpauschale, Prämie, Reisekostenerstattung, Sondervergütung, Tagegeld, Tagegelder, Unkosten, Vergütung

7214 spezialisieren (s.)
s. ausrichten, s. beschränken, s. festlegen

7215 Spezialität
Hobby, Liebhaberei, Steckenpferd •Besonderheit, Eigenheit, Eigenschaft, Eigentümlichkeit, Typ, Wesensart •Delikatesse, Leckerbissen

7216 speziell
detailliert, einzeln •ausdrücklich, besonders, hauptsächlich, insbesondere

7217 Spiegel
Glätte, Schliff •Glas →Frisierspiegel, Hohlspiegel, Rasierspiegel •Wasseroberfläche, Wasserspiegel •Besatz, Revers

7218 spiegeln
blinken, blinkern, gleißen, leuchten, schimmern, strahlen •reflektieren, widerscheinen, zurückwerfen

7219 Spiegelung
Lichtbrechung, Reflex, Reflexion •Abglanz, Gegenschein, Widerschein •Abbild, Gegenbild, Verdopplung

7220 Spiel
Aufführung, Vorführung •Possen, Schabernack •Glücksspiel →Glücksrad, Lotterie, Lotteriespiel, Lotto, Tombola, Toto, Verlosung, Zahlenlotterie •Aufeinandertreffen, Match, Partie, Wettkampf →Ballspiel, Einzelspiel, Erzählspiel, Geländespiel, Geschicklichkeitsspiel, Gruppenspiel, Kampfspiel, Konzentrationsspiel, Laufspiel, Pantomime, Ratespiel, Singspiel, Tanzspiel, Versteckspiel, Vorstellungsspiel, Wettspiel, Zweierspiel •Bagatelle, Kleinigkeit, Spielerei •Bühnenstück, Schauspiel, Theaterstück •Balz, Liebesspiel, Paarung, Tanz •Augenspiel, Mienenspiel, Zublinzeln, heimliche Zeichen •Burleske, Komödie, Lustspiel, Posse, Schwank •Balz, Liebesspiel, Paarung, Tanz •Geduldspiel, Konzentrationsspiel, Zusammensetzspiel →Patience, Puzzle, Schach, Schachspiel

7221 spielen
aufführen, aufspielen, auftreten, darstellen, mimen, musizieren, pokern, verkörpern, würfeln •s. unterhalten, s. vergnügen, s. zerstreuen

7222 Spieler
Musikant, Musiker •Aktiver, Sportler →Ballspieler, Eishockeyspieler, Fußballer, Fußballspieler, Golfspieler, Handballer, Handballspieler, Hockeyspieler, Polospieler, Tennisspieler, Tischtennisspieler •Abenteurer, Glücksritter, Spielteufel •Filmschauspieler, Schauspieler •Musiker

7223 Spielmarke
Automatenmarke, Jeton, Spielmünze

7224 Spielplatz
Sandkasten, Spielwiese •Bolzplatz, Kinderspielplatz, Tummelplatz •Feld, Rasen, Spielfeld, Sportplatz

7225 Spielraum
Bewegungsfreiheit, Entwicklungsmöglichkeit •Abstand, Zwischenraum

7226 Spielwaren
Kinderspielzeug, Spielsachen, Spielzeug

7227 Spieß
Ausbilder, Instrukteur •Ger, Hellebarde, Stecken

7228 spinnen
fertigen, herstellen, weben •faseln, schwafeln

7229 Spinner
Weber •Falter, Schmetterling •Faselhans, Märchenerzähler •Chaot, Hitzkopf

7230 Spirale
Schnecke, Schraube, Schraubenlinie, Windung

7231 spirituell
immateriell, jenseitig, metaphysisch, spiritual, transzendent, überirdisch, übernatürlich, übersinnlich

7232 spitz
bissig, boshaft, höhnisch, ironisch, zynisch •eingefallen, hohlwangig •geschliffen, stechend, zugespitzt •gezackt, gezähnt, spitzig

7233 spitzbübisch
hinterlistig, verschlagen •amüsant, ausgebufft, drollig, gelungen, herzig, humorvoll, komisch, lustig, neckisch, pfiffig, possierlich, putzig, schelmisch, schnurrig, spaßhaft, spaßig, ulkig, unterhaltsam, verschmitzt, witzig

7234 Spitze
Bergspitze, Gipfel, Scheitel •Dorn, Nadelspitze, Stachel •Anspielung, Bissigkeit, Gehässigkeit, Seitenhieb, Stichelei •Gipfelpunkt, Krone, Vollkommenheit •Chefetage, Direktion, Vorsitz, Vorstandschaft •Klinge, Messerklinge, Schärfe

7235 spitzen
annehmen, aufpassen, s. konzentrieren, Acht geben •hineinschauen, hineinsehen

7236 Spitzfindigkeit
Doppelsinn, Ironie •Haarspalterei, Kleinlichkeit, Pedanterie

7237 Splitter
Holzspan, Spleiß, Splisse •Bruchstück, Scherbe, Scherben

7238 splittern
entzweigehen, zerbrechen, zersplittern •brechen, s. teilen

7239 Sporn
Anreiz •Dorn, Spitze, Stachel

7240 Sport
Bewegung, Bewegungsspiel, Bewegungssport, Gymnastik, Körperertüchtigung, Körpererziehung, Körperkultur, Leibeserziehung, Leibesübungen, Leistungssport, Mannschaftssport, Schwerathletik, Turnen, Wassersport, Wintersport

7241 Sportanlage
Spielfeld, Sportfeld, Sportplatz →Arena, Bahn, Bobbahn, Bowlingbahn, Eisbahn, Hallenbad, Kampfbahn, Kampfplatz, Kegelbahn, Olympiastadion, Rennbahn, Rennstrecke, Ring, Rundkurs, Schießstand, Schwimmbad, Schwimmstadion, Sprungschanze, Stadion, Turnhalle, Wettkampfplatz

7242 Sportler
Berufssportler, Profisportler •Athlet, Kämpfer, Wettkämpfer •Amateur, Freizeitsportler

7243 sportlich
flott, schneidig, zügig •athletisch, drahtig, elastisch, fit, muskulös, rank, robust, schlank, sehnig, stark, zäh, gut gebaut, gut gewachsen

7244 Spot
Filmlet, Firmenporträt, Imagefilm, Werbefilm, Werbespot •Punktstrahler

7245 Spott
Anzüglichkeit, Fopperei, Geläster, Hänselei, Hohn, Ironie, Neckerei, Sarkasmus, Scherz, Stichelei, Ulk, Verhöhnung, Verspottung, Zynismus •Kabarett, Karikatur, Nachahmung, Parodie, Persiflage, Posse, Satire, Sketch, Übertreibung, Zerrbild

7246 Sprache
Sprechfähigkeit, Stimme, Ton •Kultursprache →Kunstsprache, Primitivsprache, künstliche Sprache, natürliche Sprache →Ganovensprache, Bettlerlatein, Diebesjargon, Diebessprache, Diebssprache, Gaunersprache, Krämerlatein, Kundensprache, Rotwelsch, Spitzbubensprache →Berufssprache, Fachjargon, Fachsprache, Fachausdruck, Fachbegriff, Fachbezeichnung, Fachwort, Kunstwort →Jargon, Gassensprache, Kauderwelsch, Slang, Umgangssprache, Dialektausdruck, Dialektwort, Lokalausdruck, Lokalwort, Mundart, Mundartwort, Umgangssprache, lokale Ausdrucksweise, landschaftliche Spracheigentümlichkeit →Gruppensprache, Standessprache, Bergmannssprache, Handwerkersprache, Jägersprache, Kaufmannsdeutsch, Kaufmannssprache →Halbstarkensprache, Halbwüchsigensprache, Pennälersprache, Schülersprache →Kasernensprache, Militärsprache, Soldatensprache, Studentensprache, Teenagersprache, Waidmannssprache, Weidmannssprache, Bühnensprache, Hochdeutsch, Hochsprache, Literatursprache, Schriftdeutsch, Schriftsprache, öffentliche Sprache, Amtssprache, Landessprache, Muttersprache, Nationalsprache, Umgangssprache, Slang, Verkehrssprache •Dialekt →Alemannisch, Bayerisch, Fränkisch, Friesisch, Mitteldeutsch, Niederdeutsch, Oberdeutsch, Plattdeutsch, Sächsisch, Schlesisch, Schwäbisch, Thüringisch •Vulgärausdruck →Gossenausdruck, Gossenwort, Kraftausdruck, Kraftwort, unanständiger Ausdruck, derbes Wort, ordinäres Wort, unanständiges Wort, unfeines Wort •Zeichensprache →Fingersprache, Gebärdensprache, Gestensprache, Klopfsprache, Lippenlesen, Mienensprache, Taubstummenalphabet, Taubstummensprache •Kraftausdruck →Fluch, Gassensprache, Schimpfwort •Computersprache →Assembler-Sprache, Maschinensprache

7247 sprachlos
entgeistert, erschlagen, verblüfft •schweigsam, stumm, tonlos, wortlos

7248 Sprachlosigkeit
Befremden, Bestürzung, Erstaunen, Fassungslosigkeit, Verwirrung •Lautlosigkeit, Stummheit

7249 sprechen
s. unterhalten →babbeln, blädern, blödeln, daherreden, drauflosreden, drucksen, faseln, flöten, herumdrucksen, krächzen, labern, lallen, lispeln, mauscheln, nuscheln, palavern, plappern, predigen, quackeln, quakeln, quäken, quasseln, quatschen, radebrechen, reden, sabbeln, sabbern, säuseln, schnarren, schnattern, schwadronieren, schwafeln, schwatzen, schwätzen, schweinigeln, stammeln, sülzen, tönen •lispeln, näseln, stammeln, stottern

7250 Sprecher
Conférencier, Moderator →Fernsehansager, Fernsehsprecher, Nachrichtensprecher •Ansager, Redner, Wortführer

7251 spreizen
grätschen, auseinander strecken

7252 spreizen (s.)
s. anstellen, s. genieren, s. zieren •angeben, s. aufblasen, großtun, prahlen, prunken

7253 sprengen
galoppieren, reiten •anfeuchten, bespritzen, einsprengen, einspritzen, wässern •zerstören, zertrümmern •auflösen, zerstreuen •aufbrechen, aufsprengen, auseinander reißen

7254 Sprengstoff
Dynamit, Zündstoff •Brisanz, Konfliktstoff

7255 sprenkeln
bemalen, marmorieren, tüpfeln, tupfen

7256 springen
hoppeln, hopsen, hüpfen, schnellen, tanzen •entzweibrechen, entzweigehen, zerbersten, zerbrechen •heraussprühen, hervorschießen

7257 Sprit
Alkohol, Branntwein, Feuerwasser, Schnaps •Kraftstoff, Treibstoff

7258 Spritze
Einspritzung, Injektion •Feuerwehrspritze, Wasserspritze •Kanüle

7259 spritzen
heraussprühen, hervorschießen •einspritzen, injizieren •gießen

7260 Spritzer
Schuss, Tropfen •Fleck, Klecks

7261 spritzig
geistvoll, genial, kreativ, originell, unterhaltsam •flott, sportlich

7262 spröde
herb, kühl, zurückhaltend •ausgetrocknet, brüchig, unelastisch, zerbrechlich •aufgesprungen, rau, schrundig

7263 Spross
Sprössling, Trieb •Abkömmling, Kind, Nachfahr, Nachkomme

7264 Spruch
Gedicht, Verse •Rechtsspruch, Richterspruch, Urteil •Aphorismus, Ausspruch, Maxime, Sentenz, Sprichwort

7265 Spruchband
Banderole, Steuerband, Transparent

7266 Sprudel
Heilbrunnen, Quelle •Limonade, Mineralwasser, Sprudelwasser

7267 sprudeln
perlen, prickeln, schäumen •brausen, brodeln, wallen •ausfließen, auslaufen, branden, s. ergießen, fließen, fluten, quellen, rinnen, strömen, wogen

7268 sprühen
befeuchten, besprühen, sprayen •nieseln, rieseln, tröpfeln

7269 Sprung
Luftsprung, Salto •Knick, Riss •Flucht, Hüpfer •Disharmonie, Entfremdung

7270 Sprungbrett
Chance, Glück •Startbrett

7271 sprunghaft
flatterig, labil, launenhaft, unausgeglichen, unbeständig, unstet •jählings, schlagartig, unerwartet, unvermutet, unversehens

7272 Sprunghaftigkeit
Flatterhaftigkeit, Inkonsequenz, Labilität, Unbeständigkeit

7273 spucken
aufregen, schäumen, schimpfen, wüten •ausspeien, ausspucken, ausstoßen, auswerfen, s. erbrechen, s. übergeben

7274 Spule
Rad, Rolle, Walze

7275 spulen
aufdrehen, aufhaspeln, aufrollen

7276 spülen
berieseln, bewässern •auswaschen, unterspülen •reinigen, säubern
7277 Spundloch
Abstichloch, Abstichöffnung
7278 Spur
Fährte, Geläuf, Insiegel •Andeutung, Nuance, Schimmer •Eindruck, Fährte, Fußspur, Fußstapfen •Geleise, Schienen •Track
7279 spüren
ahnen, fühlen, merken •drücken, schmerzen •antreffen, auffinden, aufspüren, aufstöbern, auftreiben, finden, sehen
7280 Staat
Nation, Reich, Volk •Aufwand, Gala, Pomp, Prachtentfaltung, Prunk, Schönheit
7281 staatlich
amtlich, behördlich, offiziell •gesellschaftlich, national
7282 Stab
Spazierstock, Stange, Stock •Begleitung, Gefolge, Würdenträger
7283 Stabilität
Ausdauer, Dichte, Festigkeit, Widerstandsfähigkeit
7284 stachelig
aufsässig, kratzbürstig, widerborstig •kratzig, stechend, stoppelig
7285 Stadium
Entwicklungsabschnitt, Etappe, Station, Stufe
7286 staffeln
abstufen, differenzieren, einstufen, fächern, unterteilen
7287 Staffelung
Anordnung, Aufbau, Differenzierung, Durchorganisation, Einstufung, Gruppierung, Klassifizierung, Ordnungsgefüge, Strukturplan
7288 stählern
eisenhart, eisern, stahlhart, steinhart •beherrscht, felsenfest, willensstark
7289 Stall
Koben, Schlag, Tierhaus →Hasenstall, Hühnerstall, Pferdestall, Rinderstall, Schweinestall, Taubenschlag
7290 Stamm
Familie, Geschlecht •Belegschaft, Kader •Volk, Volksstamm •Baumstamm
7291 Stammbaum
Abstammungstafel, Ahnentafel, Geschlechtsregister, Stammtafel
7292 stämmig
bärenstark, drahtig, robust, sehnig, stabil, stramm, zäh •bullig, gedrungen, massiv •fleischig, füllig, massig, plump, stark, stramm, umfangreich, vollschlank, wohlbeleibt
7293 stampfen
stapfen, trampeln •feststampfen, festtreten •quetschen, zerdrücken, zerkleinern •zerstampfen, zertrampeln, zertreten, zertrümmern
7294 Stand
Bude, Kiosk, Verkaufshäuschen, Verkaufsstand →Imbissstube, Trinkbude, Würstchenbude, Zeitungsstand •Lage, Ort, Standort, Stellung •Sachverhalt, Situation, Zustand •Dienstgrad, Dienststellung, Rangstufe •Gruppe, Klasse, Schicht
7295 Standard
Maßstab, Normmaß, Prinzip, Regel, Richtmaß
7296 ständig
unausgesetzt, unbeirrt, unendlich, unentwegt, ununterbrochen, unveränderlich, unverändert, unvergänglich, unverwandt, unwandelbar, unzerstörbar, wertbeständig, zeitlebens, zeitlos
7297 Standort
Lage, Position, Standpunkt, Stellung •Anschauung, Auffassung, Blickpunkt, Denkweise, Sicht, Standpunkt, Weltanschauung

7298 Stange
Latte, Mast, Pfahl, Stab, Stecken →Bohnenstange, Telefonstange •Fürsorge, Schutz •Abhängigkeit

7299 Stängel
Halm, Rohr, Schaft, Schössling, Stamm, Stiel, Trieb

7300 stanzen
eindrücken, einschlagen, prägen, punzen

7301 stapeln (s.)
s. anhäufen, s. ansammeln, s. aufspeichern, s. stauen, s. vervielfachen

7302 stark
ausgeprägt, fest, kompromisslos, streng, unnachgiebig, willensstark •mannhaft, potent, rüstig •bärenstark, kraftvoll, robust, zäh •anhaltend, dröhnend •gewaltig, wuchtig •bestechend, beweiskräftig, schlagend, zwingend •beleibt, dick, stämmig, umfangreich, vollschlank •auffrischend, böig, heftig, steif •derb, grob, ungehobelt, ungeschliffen •andauernd, nachhaltig •einflussreich, potent, übermächtig •grimmig, schlimm, schneidend

7303 Stärke
Stärkemittel, Steife •Begabung, Talent •Anstrengung, Zähigkeit •Leistung, Potenz •Ausmaß, Dicke, Mächtigkeit •Körperkräfte, Riesenkräfte •Bedeutung, Reichweite

7304 stärken
härten, steifen •auffrischen, beleben, erfrischen, laben •festigen, kräftigen •aufrichten, ermutigen, unterstützen

7305 Stärkung
Bissen, Happen, Imbiss, Mahlzeit •Aufmunterung, Belebung, Wiederherstellung •Befestigung, Sicherung, Stabilisierung, Verankerung, Verdichtung

7306 starr
maskenhaft, verspannt •bewegungslos, fest •glasig, stier, verglast •dogmatisch, kompromisslos, reuelos, starrköpfig, unbelehrbar, uneinsichtig, verknöchert, hart gesotten •bewegungslos, unbewegt •plump, steif, ungelenk •gläsern, glasig, stier

7307 Starre
Starrheit, Steifheit •Beharrungsvermögen, Dogmatismus •Betäubung, Erstarrung

7308 Start
Abfahrt, Abflug, Departure •Anbeginn, Anbruch, Anfang, Auftakt, Beginn, Eröffnung, Inbetriebnahme •Anfang, Debüt, Rollendebüt •Neustart, Restart, Wiederanlauf

7309 starten
ankurbeln, anlassen, zünden •anfangen, eröffnen •loseilen, losrennen •abheben, fortfliegen, wegfliegen •abfahren, wegfahren •auftauchen, beginnen, s. bilden, entstehen, s. erheben •anfangen, anstimmen, eröffnen •anlaufen, booten

7310 Station
Etappe, Stufe •Busbahnhof, Haltepunkt, Haltestelle →Bushaltestelle, Eisenbahnhaltestelle

7311 stationär
bleibend, dauernd, stets •ortsfest, ortsgebunden, standörtlich •im Krankenhaus, mit Krankenhausaufenthalt

7312 Statistik
Auflistung, Aufstellung, Nachweis

7313 Stätte
Fleck, Ort, Örtlichkeit, Platz, Stelle

7314 stattfinden
s. abspielen, s. begeben, s. ereignen, erfolgen, passieren, s. vollziehen

7315 stattgeben
bewilligen, erlauben, genehmigen, gestatten, gewähren, zugestehen

7316 statthaft
erlaubt, genehmigt, legal, rechtmäßig

7317 stattlich
hoch, teuer, viel •ansehnlich, beachtlich, imponierend, nennenswert, pompös, respektabel, üppig •aufgeschossen, groß, kräftig, stämmig, hoch gewachsen

7318 Statue
Bildwerk, Büste, Figur, Plastik, Skulptur

7319 Staub
Puder, Pulver •Boden, Erdreich •Schmutz, Unsauberkeit

7320 staunen
erstaunen, starren, verdutzen, s. verwundern, s. wundern •anstaunen, gaffen, glotzen, starren, stieren •aufhorchen, aufmerken

7321 Staunen
Befremden, Erstaunen •Aufsehen, Verwunderung

7322 staunenswert
ohnegleichen, ungewöhnlich, unvergleichlich, Aufsehen erregend •seltsam, sonderbar •erstaunlich, verblüffend, verwirrend

7323 stechen
durchbohren, einstechen •pieken, piksen •quälen, schmerzen •anstechen, öffnen

7324 stechend
beißend, brennend •kratzend, kratzig

7325 stecken
s. befinden, festhängen, sein •drücken, hineinschieben, hineinstoßen •pflanzen, setzen

7326 Steg
Gangway, Laufsteg •Brücke, Übergang

7327 stehlen
abjagen, abnehmen, abzweigen, ausplündern, ausrauben, ausräubern, ausräumen, s. bemächtigen, berauben, besorgen, bestehlen, einstecken, entreißen, entwenden, entwinden, erbeuten, erleichtern, filzen, fleddern, klauen, mausen, mitnehmen, mopsen, nehmen, plündern, rauben, räubern, stibitzen, striezen, umleiten, unterschlagen, s. vergreifen, veruntreuen, wegnehmen, beiseite bringen, beiseite schaffen •ausrauben, brandschatzen, fleddern, plündern

7328 Stehvermögen
Beharrlichkeit, Beständigkeit, Festigkeit, Geradlinigkeit

7329 steif
dickflüssig, gallertartig, teigig, zähflüssig •formell, förmlich, gehemmt, verkrampft •böig, eisig, stürmisch •eingerostet, ungelenkig •hölzern, stocksteif

7330 Steife
Strebe, Träger •Stärke, Stärkemittel

7331 Steifheit
Förmlichkeit, Geschraubtheit, Maniriertheit, Pedanterie •Starre, Starrheit

7332 steigen
anschwellen, ansteigen •emporsteigen, erklimmen, hinaufsteigen, klettern, hoch gehen •anwachsen, s. vergrößern, s. verteuern, zunehmen

7333 steigern
aufbessern, aufwerten, heraufsetzen, verteuern •anheben, erhöhen, verbessern, vermehren, verstärken, vervielfachen

7334 Steigerung
Anstieg, Vergrößerung, Vermehrung, Zuwachs •Erhöhung, Verstärkung, Zunahme •Höhepunkt, Klimax

7335 Stein
Fels, Findling, Kiesel →Abziehstein, Basalt, Gasbeton, Leichtbeton, Schleifstein, Tuff, Vulkangestein, Wetzstein, Ytong, Ziegelstein •Einfassung, Gosse, Randstein, Rinne, Rinnstein •Denkmal, Ehrenmal, Gedenkstein, Grabstein, Leichenstein, Mahnmal, Marterl

7336 steinig
felsig, steinreich, wüst •mühevoll, schwierig
7337 Steinkohle
Brennmaterial, Brennstoff, Heizmittel
7338 Stelle
Absatz, Abschnitt, Textstelle •Platz, Rangordnung •Fleck, Ort, Standort, Stätte •Arbeitsplatz, Arbeitsstätte
7339 stellen (s.)
s. ausliefern, s. ergeben, s. melden •s. aufstellen, s. positionieren
7340 stellenweise
gebietsweise, gelegentlich, streckenweise, strichweise
7341 Stellung
Dienstgrad, Rangstufe •Lage, Ort, Standort •Attitüde, Habitus, Pose •Anstellung, Arbeitsverhältnis, Beruf, Beschäftigung, Position
7342 stemmen (s.)
s. aufbäumen, s. auflehnen, s. dagegenstellen, s. empören, s. erheben, revoltieren, s. sträuben, s. wehren
7343 Stempel
Bolzen, Punze •Blütenstempel •Amtssiegel, Plombe, Siegel •Aufdruck, Prägung, Zeichen •Druckform, Klischee, Matrize
7344 stempeln
hämmern, punzen, schlagen •entwerten, wertlos machen
7345 steppen
flicken, sticheln, zusammennähen •tanzen
7346 sterben
abdanken, abkratzen, ableben, abscheiden, dahinscheiden, draufgehen, eingehen, einschlafen, einschlummern, entschlafen, fallen, heimgehen, hinscheiden, hopsgehen, krepieren, umkommen, verenden, vergehen, verlöschen, verrecken, verscheiden, versterben •eingehen, verenden •erfrieren, erkalten, gefrieren, umkommen
7347 steril
antiseptisch, keimfrei •impotent, unfruchtbar
7348 Sterilisation
Unfruchtbarmachung, Vasektomie •Entkeimung, Sterilisierung
7349 sterilisieren
auskochen, desinfizieren, entkeimen •unfruchtbar machen
7350 Sternschnuppe
Feuerkugel, Meteor
7351 Sternstunde
Glücksstunde, Schicksalsstunde
7352 Sternwarte
Observatorium, Planetarium
7353 Stetigkeit
Ausdauer, Beharrlichkeit, Wiederkehr
7354 stets
dauernd, konstant, permanent, gleichbleibend
7355 Steuer
Führung, Lenkung •Abgabe, Pflichtabführung, Tribut, Zoll •Lenkrad, Steuerknüppel, Steuerrad, Steuerruder
7356 steuern
bewerkstelligen, ermöglichen, hinkriegen, zurechtkommen •führen, lenken •bedienen, handhaben
7357 Steuerung
Bedienung, Handhabung, Regulierung •Kommando, Leitung, Lenkung
7358 Stich
Kartengewinn •Stichwunde, Verletzung, Verwundung, Wunde •Bild
7359 Stichelei
Andeutung, Seitenhieb •Ironie, Sarkasmus, Spötterei, Verspottung, Zynismus
7360 sticheln
flicken, nähen •anfeinden, wühlen
7361 stichig
gegoren, gekippt, ranzig, sauer
7362 Stichwort
Lemma, Lexem, Schlagwort •Kennwort, Passwort

7363 Stift
Drahtstift, Eisennagel •Abtei, Kloster, Konvent •Altenstift, Altenwohnheim, Seniorenstift •Bleistift, Buntstift, Filzstift •Auszubildender, Azubi, Lehrjunge
7364 stiften
errichten, etablieren •übereignen, verehren, widmen •herschenken, spendieren, verteilen
7365 Stifter
Förderer, Geldgeber, Spender, Sponsor, Wohltäter •Begründer, Erbauer, Gründer, Schrittmacher, Urheber
7366 Stiftung
Dotation, Gabe, Zueignung, Zuwendung •Grundlegung, Gründung
7367 Stil
Ästhetik, Ausdrucksart, Ausdrucksform, Ausdrucksweise, Darstellungsweise, Formgefühl, Geschmack, Kultur, Kunstverständnis, Qualitätsgefühl, Redeweise, Schönheitssinn, Schreibart, Sprechweise, Stilempfinden, Stilgefühl •Epoche, Kunstrichtung •Anstand, Höflichkeit, Takt
7368 still
abgeschieden, heimelig, malerisch, verträumt •abgeklärt, bedacht, bedachtsam, beherrscht, behutsam, besonnen, diszipliniert, gefasst, gelassen, gemächlich, gemessen, gewissenhaft, gezügelt, gleichmütig, gründlich, harmonisch, ruhig, sorgfältig, umsichtig, würdevoll •geräuscharm, geräuschlos, lautlos, leise, ruhig, tonlos, unhörbar, unmerklich •einsilbig, schweigsam, zurückhaltend •flüsternd, leise
7369 Stille
Friede, Geräuschlosigkeit, Lautlosigkeit, Schweigen, Schweigsamkeit, Stillschweigen, Stummheit, Totenstille •Friede, Grabesstille, Lautlosigkeit, Schweigen, Totenstille •Bewegungslosigkeit, Reglosigkeit, Ruhe
7370 stillhalten
ausstehen, ertragen, hinnehmen, verkraften, verschmerzen
7371 stillschweigen
s. ausschweigen, verhehlen, verstummen
7372 stillschweigend
schweigend, stumm, tonlos, wortlos •diskret, heimlich, insgeheim, unauffällig, unbemerkt, unbeobachtet, verstohlen
7373 stilvoll
auserlesen, formvollendet, stilgemäß, stilgerecht
7374 Stimmbruch
Mutation, Stimmwechsel
7375 Stimme
Geräusch, Laut, Ton •Erkenntnis, Meinung, Urteil
7376 stimmen
abstimmen, wählen •s. eignen, passen •s. bestätigen, s. bewahrheiten •einstellen, regulieren
7377 Stimmung
Albernheiten, Flausen, Kapriole, Schrulle •Atmosphäre, Klima •Emotion, Gefühlsbewegung, Instinkt, Witterung •Gemütslage, Gemütszustand
7378 stinkig
aasig, faulig, muffig, stinkend, übel riechend
7379 Stock
Gehhilfe, Krücke, Krückstock, Stütze •Reserve, Vorrat •Knotenstock, Spazierstock, Wanderstab •Knüppel, Prügel, Stab, Stecken •Krücke, Stütze •Etage, Stockwerk •Grundlage, Grundstock

7380 stocken
ausflocken, gerinnen, klumpen •abbrechen, aufhören, festsitzen, stagnieren, versiegen •drucksen, lallen, radebrechen, stammeln, stottern, s. verhaspeln, s. verheddern, s. versprechen

7381 stockend
abgerissen, unterbrochen •langsam, schläfrig, schwerfällig, zögernd •ausbleibend, unergiebig, versiegend •abgehackt, holprig, stückweise, zusammenhanglos •bisweilen, gelegentlich, zuweilen

7382 Stockung
Ablenkung, Beeinträchtigung, Belästigung, Unterbrechung •Abfall, Ausfall, Einbuße, Einhalt, Flaute, Halt, Leerlauf, Nullwachstum, Pause, Rückgang, Stagnation, Stauung, Stillstand

7383 Stoff
Aufgabenstellung, Inhalt, Thema •Masse, Materie, Substanz •Drogen, Rauschmittel, Suchtmittel •Flor, Gewebe, Tuch, Webstoff •Glanzstoff, Plüsch, Samt

7384 stolpern
ausrutschen, fallen, holpern, straucheln, taumeln

7385 Stolz
Anmaßung, Arroganz, Hochmut, Selbstgefälligkeit, Überheblichkeit •Selbstbewusstsein, Vornehmheit, Würde

7386 stopfen
ausbessern, ausflicken •füttern, herausfüttern, mästen, nudeln

7387 Stoppeln
Stoppelfeld •Bartstoppeln, Bartwuchs

7388 Stöpsel
Knirps, Wicht, Zwerg •Korken, Kronenkorken, Pfropfen, Pfropf, Sektkorken, Spund, Stopfen, Zapfen

7389 Storch
Adebar, Klapperstorch →Schwarzstorch, Weißstorch

7390 stören
dazwischenrufen, stänkern, unterbrechen •abhalten, hemmen, hindern, vereiteln •belästigen, plagen

7391 störend
beschwerlich, lästig, mühsam, unvorteilhaft, Zeit raubend

7392 Störenfried
Eindringling, Radaubruder, Schreier •Aggressor, Friedensstörer

7393 Störung
Kurzschluss, Panne •Ablenkung, Beeinträchtigung, Belästigung, Unterbrechung

7394 Stoß
Hieb, Klaps, Knuff, Nasenstüber, Puff, Schub •Rippenstoß, Schlag •Erdbeben, Erderschütterung •Berg, Haufen, Stapel

7395 stoßen
holpern, rumpeln •ausschlagen, treten •knuffen, puffen •drücken, heben, reißen, stemmen, hoch bringen

7396 stoßen (s.)
s. beklagen, missbilligen, monieren, reklamieren •anecken, anstoßen, s. wehtun

7397 Stoßkraft
Antrieb, Betriebskraft, Dynamik, Effekt, Schlagkraft, Tatkraft, Zugkraft

7398 stotternd
abgehackt, gacksend, zusammenhanglos

7399 strafbar
gesetzwidrig, illegal, ordnungswidrig, rechtswidrig, sträflich, unrechtmäßig, unstatthaft, verpönt

7400 Strafe
Körperstrafe, Züchtigung •Bestrafung, Buße, Denkzettel, Vergeltungsmaßnahme

7401 straff
eisern, rigoros •fest, gespannt, stramm •gestrafft, prall
7402 straffen
spannen, straffziehen, strammziehen
7403 straffrei
freigesprochen, schuldlos •geschützt, immun •straflos, unbestraft, ungerächt, ungeschoren, ungesühnt
7404 Straffreiheit
Freispruch, Strafverschonung •Immunität
7405 Strahl
Blitzstrahl, Helligkeit, Lichtstrahl •Wasserstrahl
7406 strahlen
aufblenden, aufblitzen, aufleuchten, aufscheinen, aufstrahlen, blinken, blitzen, erglühen, erstrahlen, flimmern, glimmern, schimmern •ausstrahlen, ausströmen
7407 strahlend
ausgelassen, beschwingt, frohgestimmt, lebensfroh, gut gelaunt •blinkend, blitzend, funkelnd, gleißend, glitzernd, leuchtend, schimmernd •lichtdurchflutet, lichterfüllt •heiter, hell, klar, prächtig, wolkenlos
7408 stramm
kräftig, muskulös, vergnüglich •enganliegend, hauteng •angespannt, gedehnt, straffgezogen
7409 strampeln
radeln, Rad fahren •treten, zappeln
7410 Strand
Gestade, Küste, Küstensaum, Ufer
7411 stranden
auflaufen, aufsitzen •scheitern, unterliegen, versagen
7412 Strang
Strähne •Drahtseil, Kabel, Tau, Trosse
7413 Strapazierfähigkeit
Beständigkeit, Haltbarkeit, Unvergänglichkeit
7414 Straße
Boulevard, Bundesstraße, Chaussee, Fahrbahn, Fahrspur, Fahrstraße, Fahrweg, Hauptstraße, Hauptverkehrsstraße, Landstraße, Schleichweg •Ring, Umführung, Umgehungsstraße •Kreuzung, Wegkreuzung •Autobahn, Fernverkehrsstraße, Schnellstraße •Boulevard, Magistrale, Prachtstraße, Prunkstraße •Allee, Baumallee, Baumreihe, Baumstraße •Abbiegung, Abknickung, Abzweigung, Gabelung, Kreuzung, Straßengabelung, Verzweigung, Weggabel, Weggabelung, Wegscheide •Kanal, Schifffahrtsstraße, Schifffahrtsweg, Seestraße, Wasserstraße, Wasserweg •Anlegestelle, Kai, Landungsplatz, Mole, Pier, Quai, Uferstraße
7415 Straßenkehrer
Gassenkehrer, Straßenfeger
7416 Straßensperre
Abriegelung, Absperrung, Kordon, Sperre
7417 Strategie
Berechnung, Verhandlungskunst •Kampfplanung, Kriegskunst, Taktik
7418 strategisch
diplomatisch, taktisch, schlau, geschickt
7419 sträuben
aufrichten, hochstellen
7420 sträuben (s.)
aufbegehren, s. auflehnen, s. dagegenstellen, rebellieren
7421 Strauch
Busch, Buschwerk, Dickicht, Gebüsch, Gesträuch, Gestrüpp, Hecke, Staude, Sträucher, Unterholz →Berberitze, Brombeerstrauch, Ginster, Goldregen, Hagedorn, Haselnuss, Himbeerstrauch, Holunder, Johannisbeerstrauch, Liguster, Sauerdorn, Schlehe, Stachelbeerstrauch, Wacholder

7422 straucheln
scheitern, zerbrechen •fallen, stolpern, taumeln

7423 Strauß
Straußenvogel, Vogel •Blumenstrauß, Bukett, Bund, Busch •Kampf, Plänkelei

7424 streben
erstreben, s. plagen, suchen •anstreben, trachten, vorhaben

7425 Streben
Bestreben, Forschungstrieb, Regsamkeit, Unternehmungsgeist, Wille •Ambition, Ehrgeiz •Endziel, Vorsatz, Wollen, Wunsch, Ziel

7426 Streber
Ehrgeizling, Karrieremacher •Musterknabe, Musterschüler, Pauker, Schaffer

7427 strebsam
arbeitswillig, aufstrebend, ehrgeizig, eifrig, geschäftig, leistungswillig, tüchtig

7428 Strecke
Distanz, Entfernung, Etappe, Wegstrecke •Geleise, Schienenweg •Streckenführung, Trasse, Verkehrslinie

7429 strecken
ausdehnen, dehnen, spannen •panschen, verdünnen •durchbiegen, durchdrücken

7430 strecken (s.)
s. erstrecken, s. hinziehen •s. aalen, s. ausstrecken

7431 Streich
Albernheit, Bubenstreich, Dummejungenstreich, Harlekinade, Jux, Lausbubenstreich, Narretei, Possen, Schabernack, Schelmenstreich, Spitzbubenstreich, Ulk, Dummheit, Eskapade, Unsinn •Hieb, Klaps, Puff •Schlag, Stoß

7432 streichen
ausixen, ausmerzen, ausstreichen •abblasen, absagen •anmalen, bemalen, kalken, weißen •abstreichen, abziehen, reduzieren, vermindern •ausklammern, auslassen, weglassen •ausfallen, fehlen, fortfallen, wegfallen

7433 Streichholz
Reibholz, Zündholz

7434 Streichung
Abtrennung, Auslassung, Fortfall, Wegfall

7435 Streife
Fahndungsstreife, Patrouille, Polizeistreife

7436 streifen
andeuten, ansprechen, erwähnen, vorbringen •anfassen, angreifen, anrühren

7437 Streifen
Film, Filmwerk •Band, Fetzen, Strieme, Striemen •Bahn, Linie, Strich •Kratzer

7438 Streifzug
Razzia •Bummel, Spaziergang, Wanderung

7439 Streik
Auflehnung, Empörung, Putsch •Arbeitseinstellung, Arbeitsniederlegung, Kampfmaßnahme •Aushungerung, Fasten, Hungerstreik

7440 Streit
Auseinandersetzung, Disharmonie, Entzweiung, Fehde, Feindschaft, Gezanke, Hader, Händel, Konflikt, Kontroverse, Krach, Krawall, Missklang, Missverständnis, Querelen, Reiberei, Streitigkeit, Streitigkeiten, Stunk, Szene, Tätlichkeit, Unfriede, Verfeindung, Widerstreit, Zank, Zerwürfnis, Zusammenprall, Zusammenstoß, Zwietracht, Zwist •Handgemenge, Handgreiflichkeit, Rauferei, Schlägerei •Debatte, Diskurs, Diskussion, Disput, Erörterung, Gehader, Gezänk, Meinungsaustausch, Polemik, Stellungnah-

me, Streitgespräch, Wortgefecht, Wortstreit, Wortwechsel •Rechtsangelegenheit, Rechtsfall, Rechtssache, Streitfall •Kernfrage, Problematik, Streitfrage, Verwicklung •Streitgegenstand, Streitgrund, Streitpunkt, Streitursache, Zankapfel

7441 streiten
anfeinden, angreifen, ankämpfen, befehden, bekämpfen, debattieren, entgegentreten, grollen, hadern, kämpfen, keifen, krakeelen, plänkeln, ringen, stänkern, aneinander geraten •fechten, kämpfen, schießen •kämpfen, konkurrieren, wetteifern, wettrennen •boxen, fighten, kämpfen

7442 streiten (s.)
s. abmühen, s. auseinandersetzen, s. befehden, s. bekämpfen, s. bekriegen, s. entfremden, s. entzweien, s. ereifern, s. schlagen, s. überhängen, s. überwerfen, s. umlegen, s. verfeinden, s. verkrachen, s. verzanken, s. zerstreiten •s. balgen, s. hauen, s. prügeln, raufen, ringen, s. schlagen •s. messen, wetteifern

7443 Streiter
Bauernflegel, Bengel, Desperado, Dickkopf, Draufgänger, Eiferer, Fanatiker, Flegel, Gassenjunge, Grobian, Haderer, Halbstarker, Haudegen, Kampfhahn, Lackel, Lümmel, Rabauke, Range, Raubein, Raufbold, Rowdy, Rüpel, Schläger, Schnösel, Stänker, Stoffel, Streithahn, Streithammel, Streitsüchtiger, Tausendsassa, Wildfang •Eiferer, Fanatiker, Fechter, Kämpfer, Rechthaber, Verfechter

7444 streng
allgewaltig, autoritär, barbarisch, barsch, bestimmt, drakonisch, eisern, energisch, ernst, gebietend, gebieterisch, gestreng, hart, herrisch, herrschsüchtig, imperatorisch, intolerant, konsequent, machthaberisch, rechthaberisch, repressiv, rigoros, rücksichtslos, selbstherrlich, strikt, überheblich, unerbittlich, unnachgiebig, unnachsichtig •hart, schneereich

7445 Strenge
Gefühllosigkeit, Gnadenlosigkeit, Härte, Hartherzigkeit, Herzlosigkeit, Kompromisslosigkeit, Lieblosigkeit, Rigorosität, Unbarmherzigkeit, Unnachsichtigkeit •Deutlichkeit, Genauigkeit, Ordnung •Gewalt, Härte, Hitzigkeit, Schärfe

7446 streuen
ausstreuen, austeilen, verteilen, zerstreuen •s. ausweiten

7447 Strich
Gegend, Region, Sektor •Gerade, Linie •Prostitutiertenstraße, Prostitutiertenviertel

7448 strichweise
gebietsweise, streckenweise, verstreut

7449 Strick
Leine, Seil, Tau •Ausbund, Bandit

7450 Strickleiter
Himmelsleiter, Jakobsleiter

7451 striegeln
bürsten, frisieren, glätten, kämmen, putzen

7452 Striptease
Entkleidungsshow, Entkleidungstanz, Entkleidungsvorführung, Nackttanz, Strip

7453 Stroh
Streu, Strohlager •Geschwätz, Quatsch

7454 Strohmann
Getreidepuppe, Vogelscheuche •Beauftragter, Funktionär •Ersatz, Marionette, Werkzeug

7455 Strom
Drift, Sog •Fluss, Gewässer, Wasserlauf

7456 Stromerzeuger
Dynamo, Generator

7457 Strömung
Bewegung, Richtung, Tendenz, Trend •Brandung, Drift, Sog

7458 Strophe
Abschnitt, Gedicht, Poem, Strophenzeile, Vers

7459 strotzen
blühen, platzen, prangen •erstarken, gedeihen

7460 strotzend
großtuerisch, prahlerisch, prunkend •beleibt, kräftig, stattlich

7461 Strudel
Sog, Strömung, Wasserwirbel, Wirbel •Chaos, Hochbetrieb, Unruhe

7462 strudeln
kreiseln, schäumen, wirbeln

7463 Struktur
Anordnung, Aufbau, Gefüge

7464 strukturieren
anordnen, arrangieren, zusammenstellen

7465 Strumpf
Socken →Damenstrumpf, Herrensocken, Herrenstrumpf, Kindersocken, Kinderstrumpf, Kniestrumpf, Nylonstrumpf, Schisocken, Seidenstrumpf, Söckchen, Sportstrumpf, Stricksocken, Strumpfhose, Tennissocken, Wollsocken, Wollstrumpf

7466 Strumpfgürtel
Hüfthalter, Sockenhalter, Straps, Strumpfband, Strumpfbandgummi, Strumpfhalter

7467 struppig
borstig, rau •strähnig, unfrisiert, ungekämmt, verstrubbelt, zerzaust, zottig

7468 Stubenhocker
Brillenschlange, Bücherwurm, Ofenhocker

7469 Stück
Abschnitt, Etappe, Strecke •Bruchstück, Bruchteil •Bissen, Happen, Stückchen •Bühnenstück, Theaterstück •Schnitte, Stulle •Ausfertigung, Exemplar

7470 stückweise
brockenweise, happenweise, teilweise

370

7471 Stückwerk
Dilettantismus, Murkserei, Stümperei •Bruchstück, Fragment, Torso

7472 Student
Kommilitone, Studienfreund, Studiengenosse •Hochschüler, Hörer

7473 Studie
Bild, Faustskizze, Handskizze, Rohzeichnung, Skizze •Abhandlung, Analyse

7474 Studium
Aneignung, Ausbildung, Büffelei, Einübung, Erlernung, Erwerb, Forschung, Lernen, Übung, Wissenserwerb •Fernstudium, Selbststudium, Telekolleg

7475 Stufe
Rang, Stellung •Sprosse, Treppe, Tritt •Entwicklungsstadium, Phase, Stadium

7476 stufenweise
abteilungsweise, allmählich, graduell, gruppenweise

7477 Stufung
Anordnung, Aufteilung, Einstufung, Klassifizierung, Staffelung

7478 Stuhl
Exkremente, Kot, Stuhlgang •Sitz, Sitzgelegenheit

7479 stülpen
aufkrempeln, aufrollen, aufstülpen, umstülpen, hoch krempeln, hoch streifen

7480 Stummel
Zigarettenkippe, Zigarettenstummel •Rest, Stumpf

7481 stumpf
abgestumpft, schartig •apathisch, denkfaul, gleichgültig, indolent, lethargisch, unempfindlich •beschlagen, blind •ungeschärft, ungeschliffen

7482 Stumpf
Bruchstück •Baumstrunk, Baumstumpf, Strunk, Stubben

371

7483 Stumpfsinn
Dummheit, Einfallslosigkeit, Geistesarmut, Geistlosigkeit, Hohlheit

7484 stumpfsinnig
abgegriffen, abgeschmackt, billig, gehaltlos, gewöhnlich, hohl, stereotyp, stupide, unbedeutend, nichts sagend •beschränkt, borniert, stumpf

7485 Stunde
Zeiteinheit •Lektion, Unterrichtsstunde •Uhr, Uhrzeit, Zeit, Zeitraum

7486 Sturm
Sturmwind, Unwetter →Blizzard, Bora, Hurrikan, Mistral, Monsun, Orkan, Passat, Sandsturm, Schirokko, Schneesturm, Taifun, Tornado, Trombe, Wirbelsturm, Zyklon •Angriff, Attacke

7487 stürmen
besiegen, bestürmen, einnehmen, erobern, erstürmen •angreifen, attackieren, beschießen •blasen, brausen, fauchen, heulen, rasen, toben, tosen, winden •eilen, hasten, heranstürzen, rasen •besteigen, ersteigen

7488 Stürmer
Stoßtrupp, Sturmbataillon •Aggressor, Angreifer

7489 stürmisch
frenetisch, heftig, tobend •gewaltig, kraftvoll, vehement •böig, windig •heißblütig, rassig, temperamentvoll, ungestüm

7490 Sturmschritt
Eilmarsch, Gewalttour

7491 Sturz
Ablösung, Abschiebung, Absetzung, Enthebung, Entmachtung, Kündigung, Suspendierung •Absturz, Fall •Platsch, Plumps

7492 Stütze
Eckpfeiler, Halt, Rückgrat, Säule •Lehne, Rücken •Dienstmädchen, Hausgehilfin •Grundpfeiler, Säule, Tragstütze

7493 stutzen
abschneiden, abstutzen, kupieren, trimmen, zurechtstutzen •beschneiden, dezimieren •aufmerken, verhalten •zerkleinern, zerstückeln, zerteilen •barbieren, rasieren, schaben •drechseln, schnitzen

7494 stützen
beispringen, beistehen, helfen •abstützen, festigen, unterbauen, unterstützen •belegen, fundieren, untermauern •aufrichten, aufstützen, erheben, helfen •abfangen, abstützen, anlehnen, anschmiegen, halten, helfen, versteifen, verstreben •s. aufrichten, aufstehen, s. aufstützen, s. erheben

7495 stutzig
baff, überrascht •argwöhnisch, misstrauisch

7496 Subjekt
Geschöpf, Individuum, Lebewesen, Mensch, Wesen •Satzgegenstand

7497 subjektiv
einseitig, festgefahren, gefärbt, unsachlich, voreingenommen •individuell, persönlich •gefühlsbetont, innerlich

7498 Substanz
Essenz, Extrakt, Sinn, Wesen •Gedankenreichtum, Gedankentiefe •Masse, Materie, Stoff

7499 suchen
absuchen, durchsuchen, fahnden, forschen, nachgehen, wühlen

7500 Sucht
Gewöhnung, Verlangen •Begierde, Besessenheit, Gelüste, Gier, Schwäche

7501 süchtig
abhängig, verfallen →drogensüchtig, drogenabhängig, alkoholsüchtig, alkoholabhängig, tablettensüchtig, nikotinabhängig, nikotinsüchtig

7502 süffig
appetitlich, lecker, schmackhaft

7503 suggerieren
aufbinden, berieseln, einreden, weismachen
7504 Suggestion
Beeinflussung, Einflussnahme, Einwirkung, Überredung
7505 Sühne
Buße, Rechtfertigung, Reue, Sühnung, Vergeltung
7506 Summe
Ganzes, Gesamtheit •Endsumme, Ergebnis, Resultat •Betrag, Geldbetrag, Geldsumme, Posten
7507 summen
anstimmen, singen, trällern •brummen
7508 Sumpf
Bruch, Matsch, Modder, Moor, Morast, Schlamm, Schlick •Au, Bruch, Moorlandschaft, Ried, Sumpflandschaft
7509 Sünde
Delikt, Fehltritt, Übertretung, Unrecht, Verfehlung, Zuwiderhandlung
7510 sündhaft
abscheulich, niederträchtig •hoch, kostspielig, überhöht, überteuert, unerschwinglich •enorm, sehr
7511 sündigen
entheiligen, fehlen, freveln, s. vergehen, s. versündigen
7512 Suppe
Bouillon, Brühe •Morast, Schlamm •Brodem, Dunst, Smog
7513 Support
Kundendienstabteilung, Reklamationsabteilung
7514 surren
brummen, schnurren, sirren
7515 Suspendierung
Abberufung, Absetzung, Amtsenthebung, Entfernung, Zurückberufung
7516 süß
gesüßt, gezuckert, kandiert, zuckersüß •lieb, reizend
7517 Süße
Süßigkeit, Versüßung, Verzuckerung
7518 süßen
kandieren, überzuckern, zuckern, süß machen
7519 Süßigkeit
Bonbon, Fondant, Konfekt, Näscherei, Nascherei, Naschwerk, Praline, Pralinen, Süßigkeiten, Zuckerwerk, Zuckerzeug
7520 süßlich
gesüßt, süß •geschraubt, geziert, heuchlerisch, unecht, unnatürlich
7521 symbolisch
allegorisch, bildlich, figurativ, figürlich, gleichnishaft, sinnbildlich, übertragen •stellvertretend, zeichenhaft
7522 Symmetrie
Ebenmaß, Gleichmaß, Spiegelbildlichkeit, Spiegelgleichheit, Spiegelungsgleichheit
7523 symmetrisch
ebenmäßig, gleichmäßig, spiegelbildlich, spiegelgleich
7524 Synonym
Bedeutungsähnlichkeit, Bedeutungsgleichheit, Sinnverwandtschaft
7525 Synthese
Verbindung, Verknüpfung, Zusammenfügung
7526 synthetisch
chemisch, künstlich, unnatürlich
7527 System
Machart, Methode, Schnitt •Regierungsform, Staatsform •Aufbau, Lehrgebäude, Ordnungsprinzip
7528 systematisch
aufgefächert, beharrlich, durchdacht, geordnet, gestaffelt, gezielt, klassifiziert, konsequent, methodisch, planmäßig, planvoll, strukturiert, systematisiert, taktisch, überlegt, untergliedert, zielgerichtet, zielstrebig, zweckorientiert •ableitbar, absolut, anerkannt, apo-

diktisch, bestimmt, beweisend, denkrichtig, einleuchtend, erklärbar, erklärlich, folgerichtig, klar, logisch, lösbar, methodisch, nachweisbar, schlüssig, stichhaltig, unwiderlegbar, vernunftgerecht, verstandesgemäß, wahr, widerspruchsfrei •angeordnet, aufgeteilt, gegliedert, klassifiziert, strukturiert, systematisiert, unterteilt •eingeteilt, geteilt

7529 systematisieren
arrangieren, gliedern, gruppieren, katalogisieren, rubrizieren, strukturieren, zusammenstellen

7530 Systematisierung
Auffächerung, Differenzierung, Einstufung, Gliederung, Klassifizierung, Staffelung, Stufung

7531 Szenarium
Schauplatz •Drehbuch, Manuskript

7532 Szenerie
Bühnendekoration, Kulisse •Bühne, Schauplatz

T

7533 Tachometer
Geschwindigkeitsmesser, Tacho

7534 tadellos
einwandfrei, fehlerlos, richtig, vorzüglich •aufgeräumt, geordnet, sorgfältig •anständig, ordentlich, zuverlässig

7535 Tafel
Festtafel, Mittagstisch •Tisch, Tischplatte •Fronttafel, Schiefertafel, Schultafel, Seitentafel, Wandtafel •Teletext, Videotafel, Videotext

7536 Tag
Alltag, Arbeitstag, Datum, Kalendertag →Dienstag, Donnerstag, Feiertag, Freitag, Mittwoch, Montag, Ruhetag, Samstag, Sonntag, Werktag, Wochentag •Frist, Stichtag, Termin

7537 Tagebuch
Diarium, Journal, Memorial

7538 tagen
anbrechen, grauen •stattfinden •beraten, konferieren

7539 Tageszeit
Frühe, Morgen, Morgengrauen, Morgenröte, Sonnenaufgang, Tagesanbruch, Vormittag •Mittag, Mittagspause, Mittagsstunde, Mittagszeit, Siesta •Abend, Abenddämmerung, Abendrot, Sonnenuntergang, Tagende •Dunkelheit, Finsternis, Nacht •Geisterstunde, Mitternacht

7540 Takt
Gleichmaß, Rhythmus, Versmaß •Ahnung, Anstand, Diskretion, Einfühlungsvermögen, Empfindsamkeit, Fingerspitzengefühl, Verschwiegenheit, Zartgefühl, Zurückhaltung

7541 taktlos
aufdringlich, geschmacklos, gesprächig, gewagt, indiskret, neugierig, unangebracht, ungefällig, unverschämt, verletzend, vermessen, zudringlich

7542 Tal
Becken, Kessel, Schlucht, Senke, Talgrund

7543 Tand
Firlefanz, Flitter, Nippes

7544 Tanz
Ball, Tanzfest, Tanzveranstaltung

7545 tanzen
hopsen, hüpfen •flattern, schaukeln

7546 Tänzer
→Solotänzer, Stepptänzer, Vortänzer

7547 Tänzerin
Ballerina, Balletteuse, Primaballerina →Revuetänzerin, Solotänzerin, Stepptänzerin, Tanzgirl, Vortänzerin

7548 Tanzlokal
Beatschuppen, Disco, Diskothek
7549 Tanzsaal
Ballsaal, Redoute
7550 tarnen
kaschieren, maskieren, vernebeln, verwischen
7551 Tastatur
Fußtaste, Pedal •Klaviatur, Manual, Tastenbrett
7552 Taste
Druckhebel, Hebel •Hotkey [Hot Key]
7553 Taubenschlag
Anhäufung, Gewimmel, Masse, Menge, Schwarm •Nisthaus, Vogelhaus
7554 tauchen
eintauchen, hinuntertauchen, untertauchen
7555 tauen
abtauen, auftauen, enteisen, entfrosten, schmelzen
7556 tauschen
austauschen, auswechseln, einhandeln, eintauschen, erhandeln, erneuern, ersetzen, konvertieren, umtauschen, wechseln
7557 täuschen
belügen, betrügen, hereinlegen, irreführen, überlisten •aufziehen, foppen, irreführen, veralbern
7558 Täuschung
Ausflucht, Betrug, Falschmeldung, Finte, Gaukelei, Irreführung, Lüge, Scheinangriff, Schwindel, Spiegelfechterei, Täuschungsmanöver, Vorspiegelung, Vorwand
7559 technisch
geschickt, kunstfertig, kunstgerecht, praktisch, verwendbar •maschinenmäßig
7560 Teilchen
Atom, Elementarteilchen
7561 teilen
zergliedern, auseinander nehmen •dividieren, zerlegen, auseinander nehmen •abgeben, abtreten •abschneiden, durchschneiden, parzellieren, tranchieren, zerstückeln, zerteilen •abtrennen, aufteilen •abschließen, absperren, abteilen, abtrennen →dritteln, halbieren, vierteln, zweiteilen
7562 teilnahmsvoll
anteilnehmend, beseelt, gefühlvoll, rücksichtsvoll
7563 teilnehmen
beiwohnen, s. beteiligen, dazugehören, mitarbeiten, mitmachen, teilhaben •bedauern, mitempfinden, mitleiden
7564 Teilnehmer
Anwesende, Besucher, Beteiligte
7565 Teilung
Aufteilung, Durchschnitt, Halbierung, Spaltung, Trennung
7566 Telefon
Fernsprechgerät →Handy, ISDN-Telefon, Komfort-Telefon, Mobiltelefon
7567 Telefonzelle
Fernsprechzelle, Telefonhäuschen
7568 Telegramm
Benachrichtigung, Depesche, Fernschreiben, Schnellbrief
7569 Tempo
Eile, Geschäftigkeit, Getriebe, Hast, Hetze, Rastlosigkeit, Trubel, Unrast, Unruhe •Flinkheit, Raschheit, Überstürzung •Beschleunigung, Endspurt
7570 Tendenz
Neigung, Trend •Einschlag, Schattierung
7571 tendenziös
befangen, parteiisch, subjektiv, voreingenommen, vorurteilsvoll
7572 Terrasse
Stufenbau, Terrassierung •Balkon, Veranda
7573 teuer
astronomisch, brillant, fürstlich, hoch, königlich, kostspielig, luxuriös, pompös, prächtig, prachtvoll, prunkvoll, überhöht, übersteigert,

überteuert, unbezahlbar, unerschwinglich, unersetzlich, aufwändig [aufwendig] •angebetet, bewundert, geehrt, gefeiert, geliebt, geschätzt, kostbar, unersetzlich, verehrt, vergöttert, wert, wertvoll, heiß geliebt •auserlesen, ausgesucht, einmalig, erlesen, kostbar, wertvoll

7574 Teufel
Antichrist, Beelzebub, Dämon, Höllenfürst, Leibhaftige, Luzifer, Mephisto, Satan, Verführer, Versucher, Widersacher •Bestie, Satan, Scheusal, Ungeheuer, Unhold, Unmensch •Abenteurer, Glücksritter, Spieler, Spielteufel

7575 Teufelsaustreibung
Exorzismus, Teufelsbeschwörung

7576 teuflisch
diabolisch, höllisch, satanisch •bestialisch, grausam, roh •bösartig, dämonisch, entmenscht, entsetzlich, furchtbar, höllisch, irrsinnig, niederträchtig, satanisch, schrecklich, schuftig, unheimlich, wahnsinnig

7577 Theater
Erheiterung, Unterhaltung •Bretter, Bühne •Affentheater, Aufregung •Festspielhaus, Kammerspiele, Schauspielhaus •Amphitheater, Bergtheater, Freilichtbühne, Freilichttheater, Naturtheater •Tourneetheater, Wanderbühne, Wandertheater •Kasperltheater, Marionettentheater, Puppenspiel, Puppentheater •Doppelzüngigkeit, Falschheit, Gleisnerei, Heuchelei, Komödie, Kulisse, Schauspielerei, Scheinheiligkeit, Täuschung, Unaufrichtigkeit, Verlogenheit, Vorspiegelung, Vortäuschung

7578 theatralisch
affektiert, gekünstelt, gespreizt, schwülstig, unecht, unnatürlich

7579 Theke
Bar, Schanktisch, Tresen •Ladentisch, Verkaufstisch •Anrichte, Anrichtetisch, Büfett, Geschirrschrank, Kredenz, Serviertisch

7580 Thema
Aufgabenstellung, Materie, Problem, Stoff, Thematik, Themenstellung

7581 theoretisch
abstrakt, begrifflich, begriffsmäßig, gedacht, gedanklich, ideell, vorgestellt

7582 These
Behauptung, Unterstellung •Leitsatz, Satz

7583 Thron
Herrschersitz, Thronsessel, Thronsitz

7584 Tick
Fimmel, Grille, Knacks, Knall, Manie, Marotte, Spleen, Stich

7585 tief
abgründig, abgrundtief, grundlos •gedankenvoll, tiefgründig, tiefsinnig •intensiv, kräftig

7586 Tief
Schlechtwettergebiet, Tiefdruckgebiet, Tiefdruckzone •Depression, Entsagung, Ergebung, Freudlosigkeit, Niedergeschlagenheit, Resignation, Schwermut, Teilnahmslosigkeit, Unterordnung

7587 Tiefe
Grübelei, Tiefsinn •Bodenlosigkeit, Vertiefung •Bedeutung, Größe, Schwere •Höhle, Krater, Schlund

7588 Tiefenmesser
Echolot, Lot

7589 tiefgekühlt
gefroren, gefrostet, tiefgefroren

7590 tiefgründig
bedeutsam, bedeutungsvoll, gewichtig, tiefsinnig, vielsagend

7591 Tiergarten
Freigehege, Tierpark, Zoo

7592 tierisch
brutal, gewalttätig, roh •animalisch, tierhaft
7593 Tingeltangel
Schaubude, Schmiere, Schmierentheater
7594 tippen
abtippen, eintippen, Maschine schreiben •glauben, meinen, schätzen, vermuten •wetten
7595 Titel
Schlagzeile, Überschrift •Anrede, Auszeichnung, Bezeichnung, Ehrentitel, Name
7596 toben
rasen, schnauben, wüten •s. ausleben, austoben, herumspringen, tollen, s. tummeln •blasen, brausen, stürmen, winden
7597 Tod
Abberufung, Abgang, Ableben, Abscheiden, Erlösung, Heimgang, Hinscheiden, Lebensende, Sterben, Todesschlaf, Verscheiden •Knochenmann, Schnitter, Sensenmann, Todesengel, Würgengel, Würger, Freund Hein, Gevatter Tod, der schwarze Tod
7598 Todesfall
Sterbefall, Trauerfall
7599 Toilette
Abort, Klosett •Aufmachung, Aufzug, Festtagskleidung, Garderobe •Ankleidetisch, Frisierbude, Kosmetiktisch
7600 tolerant
aufgeklärt, entgegenkommend, freiheitlich, geduldig, großzügig, nachsichtig, verständnisvoll, vorurteilslos
7601 Toleranz
Beherrschung, Duldsamkeit, Geduld, Gelassenheit, Gleichmut, Langmut, Milde, Nachsicht, Verständnis •Aufgeklärtheit, Freiheit, Freisinnigkeit, Liberalismus, Liberalität, Vorurteilslosigkeit
7602 toll
fantastisch [phantastisch], super •absurd, irrsinnig
7603 Ton
Erdreich, Mergel •Geräusch, Laut, Ruf •Note, Tonzeichen
7604 tönen
erklingen, erschallen, ertönen, klingen •klimpern, musizieren, spielen •abschatten, abstufen, abtönen, nuancieren •anmalen, anstreichen, bemalen, einfärben, färben, verändern
7605 tönend
hallend, klingend, schallend
7606 Tonnage
Kielraum, Laderaum, Schiffsraum
7607 Tönung
Abstufung, Nuancierung, Schattierung
7608 Töpfer
Hafner, Häfner
7609 Tor
Einfahrt, Tür •Treffer •Fußballtor, Kasten
7610 töricht
albern, begriffsstutzig, borniert, dämlich, einfältig, gutgläubig, lächerlich, stupide, unerfahren, ungeschickt, unintelligent, unklug, unvernünftig •absurd, albern, grotesk, lachhaft, sinnlos, unsinnig, widersinnig
7611 Torwart
Schlussmann, Torhüter, Tormann
7612 tot
einsam, entvölkert, unbevölkert, unbewohnt, verlassen •abgeschieden, bewegungslos, heimgegangen, hingeschieden, leblos, regungslos, unbeweglich, verschieden, verstorben
7613 total
absolut, gänzlich, vollständig, wirklich

7614 töten
beseitigen, ermorden, morden, umbringen →abschlachten, abstechen, abwürgen, annageln, aufhängen, ausrotten, durchbohren, enthaupten, erdolchen, erdrosseln, erhängen, erlegen, ersaufen, erschießen, erschlagen, erstechen, ersticken, ertränken, erwürgen, exekutieren, hängen, hinrichten, killen, köpfen, kreuzigen, lynchen, metzeln, meucheln, niederschießen, niederschlagen, niederstechen, niederstrecken, richten, schächten, schlachten, steinigen, strangulieren, totmachen, totschießen, totschlagen, totstechen, umlegen, verbrennen, vergasen, vergiften, vernichten, würgen, zusammenschießen

7615 Tötung
Abtötung, Anschlag, Auslöschung, Ausrottung, Blutbad, Bluttat, Ermordung, Exekution, Hinrichtung, Mord, Mordtat, Raubmord, Totschlag, Vernichtung, Vollstreckung •Todesstrafe, Urteilsvollstreckung, Vollstreckung

7616 Trackball
Eingabegerät, Rollball, Rollkugel

7617 tragen
befördern, transportieren •anhaben, aufhaben •aushalten, ertragen •stützen, unterstützen

7618 Träger
Laufbursche, Überbringer, Zubringer •Balken, Stützpfeiler •Konsole

7619 Tragödie
Katastrophe, Unglück •Drama, Trauerspiel

7620 Tragweite
Bedeutung, Geltung •Armeslänge, Entfernung, Reichweite

7621 Traktat
Abhandlung, Arbeit, Artikel, Aufsatz, Beitrag, Bericht, Beschreibung, Darstellung, Dissertation, Erörterung, Essay, Forschungsbericht, Untersuchung, wissenschaftliches Werk

7622 trampeln
rasen, toben, treten •stampfen, stapfen, trotten

7623 Träne
Augenflüssigkeit, Zehre

7624 tranig
ranzig, schlecht •bedächtig, faul

7625 transparent
durchscheinend, durchsichtig, hauchfein, hauchzart, klar, kristallklar, sauber •anschaulich, eindeutig, einfach, genau, klar, unmissverständlich

7626 Transplantation
Gewebsrückverpflanzung, Gewebsverpflanzung, Organrückverpflanzung, Organübertragung, Organverpflanzung, Rückverpflanzung, Überpflanzung, Übertragung, Verpflanzung

7627 transplantieren
rückverpflanzen, übertragen, verpflanzen

7628 trauen
verehelichen, verheiraten, vermählen

7629 trauen (s.)
s. getrauen, riskieren, s. unterstehen, wagen

7630 Trauer
Bedrücktheit, Bekümmernis, Betrübtheit, Bürde, Depression, Freudlosigkeit, Gedrücktheit, Gram, Jammer, Kreuz, Kummer, Melancholie, Misere, Not, Pein, Qual, Schmerz, Seelenschmerz, Sorge, Sorgenlast, Traurigkeit, Trostlosigkeit, Verzweiflung, Wehmut, Weltschmerz

7631 Träumerei
Leichtsinn, Spinnerei, Unsinn •Geistesabwesenheit, Sentimentalität, Verträumtheit

7632 Traumland
Fabelwelt, Märchenland, Schlaraffenland, Traumwelt, Utopia, Wolkenkuckucksheim, Wunderland, Wunschland, Zauberland

7633 Traumzustand
Ekstase, Erdenferne, Erscheinung, Träumerei, Traumgebilde, Traumwelt, Überspanntheit, Vision, Vorstellung, Zerstreutheit •Fieberwahn, Halluzination

7634 traurig
bedrückt, bekümmert, elend, freudlos, gebrochen, gedrückt, klagend, kummervoll, melancholisch, pessimistisch, schmerzbewegt, schmerzerfüllt, schwermütig, tieftraurig, tränenerstickt, trist, trübselig, trübsinnig, unglücklich, verzweifelt, weh, wehklagend, wehmütig

7635 treffen
entsprechen, zusagen •berühren, ergreifen •aufprallen, aufschlagen, aufstoßen, auftreffen

7636 treffen (s.)
s. begegnen, s. finden, s. konstituieren, s. versammeln, zusammenkommen, zusammentreffen, zusammentreten

7637 Treffer
Glücksfall, Los •Punktgewinn, Tor •Hieb, Stich

7638 Treffpunkt
Gegend, Ort, Punkt, Sammelstelle

7639 treiben
aufgehen, quellen •antreiben, bewegen •austreiben, keimen •driften, schwimmen

7640 Treibhaus
Folientunnel, Gewächshaus, Glashaus

7641 Treibkraft
Triebkraft, Vorrichtung, Zugkraft

7642 trennen
abschneiden, auftrennen, durchschneiden, entzweien, spalten, zerlegen, auseinander schneiden, auseinander bringen •entzweien, spalten, verfeinden, verfremden, auseinander bringen •absondern, isolieren

7643 Trennung
Abspaltung, Abtrennung, Analyse, Auflösung, Aufspaltung, Durchbruch, Erforschung, Spaltung, Teilung, Zergliederung, Zerlegung •Abschied, Lebewohl, Scheiden, Weggang •Abbruch, Auflösung, Bruch, Ehescheidung

7644 Treppe
Stufe, Treppenstufe •Aufgang, Freitreppe, Stiege

7645 Tresor
Aufbewahrungsort, Bankfach, Geldschrank, Gepäckfach, Kassenschrank, Panzerschrank, Safe, Schatzkammer, Schließfach, Sicherheitsfach, Stahlfach

7646 Tresse
Ausschmückung, Besatz, Litze

7647 treten
hintreten, stampfen •beeinträchtigen, quälen, verletzen

7648 Treue
Gelöbnis, Gelübde, Versprechen •Anhänglichkeit, Loyalität, Pflichttreue, Standhaftigkeit, Zuverlässigkeit

7649 Treuhänder
Beauftragter, Bevollmächtigter

7650 Tribüne
Erhöhung, Plattform, Podest, Rang, Treppe, Zuschauerbühne

7651 Trick
Trickaufnahme •Dreh, Kunstgriff, List, Manipulation

7652 Trieb
Spross, Sprössling •Begierde, Lust, Neigung •Drang, Instinkt •Brunst, Erotik, Fleischeslust, Genussfreude, Geschlechtlichkeit, Geschlechts-

trieb, Libido, Sex, Sexualität, Sexualtrieb, Sexus, Sinnlichkeit, Triebhaftigkeit, Wollust

7653 Triebwerk
Antriebsmaschine, Apparat, Getriebe, Kraftquelle, Maschine, Maschinerie, Motor

7654 triftig
bestechend, stichhaltig, überzeugend •dringend, notwendig, zwingend

7655 trinken
anstoßen, austrinken, bechern, s. berauschen, s. beschwipsen, s. betrinken, dudeln, durchfeiern, durchmachen, durchsumpfen, durchtrinken, durchzechen, einheizen, hinuntergießen, hinunterkippen, hinunterschütten, hinunterstürzen, hinuntertrinken, kippen, lumpen, nippen, prosten, saufen, schlucken, schlürfen, sumpfen, zechen, zuprosten, zutrinken

7656 trinkfest
bacchantisch, sauflustig, trinklustig, versoffen, weinfroh

7657 Trio
Dreiergruppe, Terzett

7658 trist
menschenleer, öde, unbewohnt •bekümmert, elend, kummervoll, trostlos, trübselig, untröstlich

7659 Tritt
Schlag, Stoß, Tätlichkeit

7660 Triumph
Endsieg, Erfolg, Gedeihen, Gelingen, Gewinn, Sieg •Freude, Jubel, Vergnügen

7661 triumphieren
auftrumpfen, frohlocken, jauchzen, jubeln •gewinnen, siegen

7662 trocken
regenarm, strohtrocken, versteppt, wasserarm, wüstenhaft •abgestorben, ausgetrocknet, dürr, erschlafft, faserig, geschrumpft, hart, holzig, unelastisch, verblüht, vertrocknet, verwelkt, welk •hölzern, humorlos, lebensfremd, nüchtern, steif •abstinent •alltäglich, einfach, einförmig, ermüdend, monoton, trostlos, unoriginell •herb

7663 trocknen
ausdörren, austrocknen, darren •abfrottieren, abreiben, abwischen

7664 Trommel
Musikinstrument, Schlagzeug •Alarm, Trommelwirbel

7665 Trommler
Drummer, Schlagzeuger, Tambour

7666 tröpfeln
perlen, rieseln, sickern, tropfen

7667 Tropfen
Schluck, Winzigkeit •Perle, Wassertropfen

7668 Tross
Gepäck, Proviant •Begleitung, Gefolge, Nachhut, Nachzug

7669 Trosse
Kabel, Sau, Seil

7670 Trost
Aufheiterung, Aufrichtung, Balsam, Beruhigung, Lichtblick, Stärkung, Tröstung, Wohltat, Zusprache

7671 trösten
aufheitern, aufrichten, beruhigen, ermutigen, stärken

7672 trostlos
abgeschieden, menschenleer, unbewohnt, verlassen •bedauernswert, bemitleidenswert, erschreckend, erschütternd, freudlos, herzergreifend, leidvoll, traurig, unerfreulich, unglücklich

7673 Trott
Alltag, Normalität, Tretmühle •Gangart

7674 trotten
latschen, staksen, watscheln, zockeln, zuckeln

7675 trotz
entgegen, obgleich, obzwar, ungeachtet

7676 trübe
traurig, trist •bedeckt, bewölkt, bezogen, neblig, regnerisch, verhangen •dreckig, schmutzig, unklar, verschmutzt

7677 trüben
verschmutzen, verunreinigen •beeinträchtigen, dämpfen, eindämmen, verdunkeln, verfinstern

7678 trügerisch
betrügerisch, falsch, täuschend •illusorisch, irreführend, unwirklich

7679 Truhe
Kasten, Kommode, Lade, Schrein

7680 Trümmer
Geröll, Rest, Ruinen, Trümmerfeld, Überreste •Wrack

7681 Truppe
Armee, Einheit, Stoßtrupp •Menge, Schwarm, Vielzahl

7682 tüchtig
arbeitsam, befähigt, begabt, betriebsam, eifrig, erfahren, fleißig, geschäftig, patent, qualifiziert, strebsam, tätig •gewaltig, groß •geschickt, gewandt, qualifiziert

7683 tugendhaft
gottesfürchtig, gottgefällig, sündlos •anständig, ethisch, gesittet, keusch, korrekt, moralisch, puritanisch, sittenfest, sittenstreng, sittlich, sittsam, tugendrein, tugendsam, züchtig

7684 Tülle
Ausguss, Schnabel

7685 tummeln (s.)
s. beeilen, s. dranhalten, heranstürzen •s. aufhalten, s. austollen

7686 Tummelplatz
Kinderspielplatz, Spielplatz •Auslauf, Weide •Festwiese, Rummelplatz

7687 tun
s. einmischen, kümmern •anfertigen, anstellen, s. befassen, s. beschäftigen, s. betätigen, herstellen, s. hingeben, machen, s. rühren, schaffen, verrichten, vollführen, s. widmen, s. zuwenden •anfertigen, bereiten, erstellen, fertigen, gestalten, herstellen, hervorbringen, zubereiten, fertig stellen →basteln, kneten, modellieren •anfertigen, publizieren, schreiben, verfassen •bauen, fertigen, zubereiten •s. ausdenken, ausgrübeln, ausklügeln, tüfteln

7688 Tünche
Falschheit, Schein •Anstrich, Bedeckung, Farbe

7689 tunken
eintauchen, stippen •untertauchen

7690 Tunnel
Durchfahrt, Gang, Stollen, Unterführung, unterirdischer Weg, unterirdischer Gang

7691 Tupfer
Flecken, Pflaster, Wattebausch

7692 Tür
Ausgang, Eingang, Pforte, Tor

7693 Türgriff
Klinke, Türdrücker, Türklinke

7694 Turm
Aussichtsturm •Bergfried, Feste, Zinne •Glockenturm, Kirchturm

7695 türmen
abhauen, ausbrechen, davoneilen, davonkommen, davonlaufen, desertieren, durchgehen, s. entfernen, entgehen, entkommen, entlaufen, entrinnen, entschwinden, entwischen, fliehen, fortrennen, loskommen, verschwinden, weglaufen •abhauen, ausbrechen, auskneifen, auskommen, ausreißen, ausrücken, davonlaufen, enteilen, entfliehen, entgehen, entkommen, entlaufen, entrinnen, entschlüpfen, entspringen, entwischen, fliehen, flüchten, fortlaufen, verduften, s. verkrümeln •aufstocken, erhöhen, aufeinander stellen

7696 turmhoch
himmelan, wolkenwärts •immens, kolossal

7697 turnen
s. bewegen, ertüchtigen
7698 Turnier
Fest, Ritterspiel •Match, Wettkampf, Wettspiel, Wettstreit
7699 Typ
Art, Charakter •Anblick, Aussehen, Erscheinung •Besonderheit, Charakter, Eigenart, Eigenartigkeit, Eigenheit, Merkmal, Spezialität •Art, Familie, Gattung, Kategorie, Klasse, Sorte •Kauz, Sonderling
7700 Type
Buchstabe, Druckbuchstabe, Druckletter, Drucktype, Letter, Schriftzeichen
7701 tyrannisch
autoritär, erbarmungslos, grausam, mitleidlos, unbarmherzig, unmenschlich
7702 tyrannisieren
beherrschen, nötigen, unterdrücken

U

7703 übel
böse, ekelhaft, verderbt •bedenklich, katastrophal •bedauerlich, unangenehm, verdrießlich •stickig, stinkend, verräuchert •elend, schlecht
7704 Übel
Krankheit, Leiden •Auswüchse, Behinderung, Hindernis, Katastrophe, Leid, Misere, Missstand, Übelstand, Unglück, Verhängnis, Zwangslage
7705 üben
beibringen, durchproben, einstudieren, erlernen, proben, vorbereiten •drillen, exerzieren
7706 überall
allerseits, ringsum, vielerorts
7707 überantworten
ablassen, durchsehen, übertragen
7708 Überbleibsel
Abfall, Fetzen, Neige, Rückstand •Altertümer, Grabfunde, Rest, Reste, Überrest •Ruine, Scherben, Trümmer, Wrack
7709 überblicken
überschauen, übersehen
7710 überbringen
aushändigen, hinbringen, überantworten, übergeben, übermitteln
7711 überbrücken
s. aussöhnen, s. versöhnen •hinüberhelfen, hinweghelfen, überwinden
7712 übereinstimmen
s. ähneln, s. decken, s. entsprechen, s. gleichen, harmonisieren, nachgeraten, zusammenfallen, zusammenpassen
7713 übereinstimmend
s. deckend, gleichartig, identisch, unterschiedslos, zusammenfallend, gleichbedeutend •einhellig, einig, einmütig, gemeinschaftlich, gleich, solidarisch, vereint
7714 überfahren
töten, überrollen, verletzen •täuschen
7715 Überfall
Angriff, Attacke, Einmarsch, Invasion •Anschlag, Attentat, Gewaltstreich, Raub, Raubzug •Besuch, Überraschung
7716 überfallen
angreifen, eindringen, einmarschieren, einrücken •besuchen, überraschen •anfallen, ausrauben, überrumpeln, überwältigen
7717 überfließen
schwappen, überlaufen, übersprudeln, überströmen, überwallen

7718 überflüssig
abkömmlich, abträglich, aussichtslos, entbehrlich, erfolglos, nachteilig, nutzlos, restlich, sinnlos, überschüssig, überzählig, übrig, umsonst, unbequem, unbrauchbar, unerfreulich, ungeeignet, ungünstig, unnötig, unpraktisch, untauglich, unverwendet, unvorteilhaft, unzweckmäßig, vergebens, wirkungslos, zwecklos, zu viel

7719 überfluten
überlaufen, überschwemmen, überströmen

7720 Überforderung
Betrug, Prellerei, Schwindel •Beanspruchung, Hektik, Inanspruchnahme, Stress, Überlastung •Preistreiberei, Überteuerung, Übervorteilung

7721 überführen
transportieren, überstellen •beweisen, ertappen

7722 überführt
angeklagt, angezeigt, bezichtigt, erwischt, gestellt

7723 Überführung
Brücke, Steg, Überweg •Beschuldigung, Ergreifung •Transport

7724 Übergabe
Ablieferung, Entäußerung, Übereignung, Überlassung, Überschreibung, Übertragung, Verzicht •Aufgabe, Preisgabe

7725 Übergang
Besitzerwechsel, Übertragung •Abschattierung, Abstufung, Nuancierung

7726 übergeben
übermachen, überschreiben, vererben •aushändigen, ausrichten, übermitteln, überreichen, zustellen

7727 übergehen
meiden, übersehen •überleiten, überspringen •desertieren, überlaufen, überwechseln

7728 Übergewicht
Körperfülle, Korpulenz •Mehrheit, Überlegenheit, Übermacht

7729 übergreifen
überschlagen, überspringen

7730 überhängen
herausragen, vorspringen, vorstehen •überlegen, überstreifen, überwerfen, umhängen

7731 überhastet
achtlos, bedenkenlos, blindlings, eilig, gedankenlos, hastig, kritiklos, leichtfertig, leichtsinnig, übereilt, überstürzt, unbesonnen, ungestüm, unklug, unüberlegt, voreilig, vorschnell, waghalsig

7732 Überhöhung
Zunahme, Zuwachs •Kurserhöhung, Preissteigerung

7733 überholen
einholen, überrunden •besiegen, meistern, übertreffen •ausbessern, restaurieren

7734 überhören
entgehen, verpassen •ignorieren, missachten, vernachlässigen

7735 überirdisch
ätherisch, elysisch, feenhaft •engelhaft, himmlisch, jenseitig, übersinnlich

7736 überkommen
überliefert, übernommen •ankommen, befallen, erfassen, übermannen

7737 überlaufen
überfließen, überschäumen •desertieren, fliehen, flüchten, überwechseln, s. verdrücken •ausgebucht, begehrt, viel besucht

7738 überleben
aushalten, ertragen, hinnehmen •aushalten, bleiben, durchhalten, durchkommen, s. erhalten, fortbestehen, fortdauern, s. fortsetzen, hinwegkommen, standhalten, überstehen, weiterleben

7739 überlegen
beherrschend, bestimmend, dominant, einflussreich, erhaben, führend, mächtig, maßgebend, tonangebend, übermächtig, überragend •besser, führend, leistungsfähiger •schlagen, verprügeln •abwägen, ausdenken, aushecken, bedenken, s. bedenken, besinnen, brüten, durchdenken, erwägen, forschen, grübeln, knobeln, nachdenken, nachsinnen, planen, rätseln, sinnieren, tüfteln, überschlagen, zögern •abgeklärt, klug, lebenserfahren, weise, welterfahren

7740 Überlegenheit
Dominanz, Führung, Übermacht, Vorzugsstellung •Plus, Trumpf, Vorsprung, Vorteil

7741 überlegt
listig, raffiniert •abgeklärt, besonnen, erwogen, gefasst, geruhsam, kaltblütig

7742 Überlegung
Abwägung, Berechnung, Nachdenken •Bedacht, Behutsamkeit, Umsicht

7743 Überlieferung
Nachweis, Zeugnis •Erbe, Tradition

7744 übermäßig
übertrieben, unverhältnismäßig •übergenug, ungezügelt, allzu viel

7745 übermenschlich
gewaltig, übernatürlich, ungeheuer

7746 Übermut
Mutwille, Unbekümmertheit, Unüberlegtheit

7747 übernachten
nächtigen, schlafen, zelten

7748 übernächtigt
bleich •übermüdet, unausgeschlafen

7749 Übernachtung
Nächtigung, Schlafgelegenheit

7750 übernehmen
kopieren, nachahmen, plagiieren •empfangen, entgegennehmen, erhalten

7751 überragen
schlagen, überbieten, übertreffen •aufsteigen, hervorstehen

7752 überraschen
aufsuchen, überrumpeln •befremden, verblüffen

7753 überraschend
auffallend, einmalig •ahnungslos, augenblicklich

7754 überreden
beeinflussen, bekehren, belehren, bereden, breitschlagen, einwickeln, erweichen, überzeugen, umstimmen

7755 Überredung
Beschwörung, Suggestion, Überzeugungskraft

7756 überregional
landeseinheitlich, staatlich

7757 überreichen
austeilen, beglücken, beschenken, bescheren, geben, reichen, schenken, spendieren, vermachen, zuteilen •abliefern, aushändigen, reichen, übereignen, übergeben, überlassen •mitbringen, schenken

7758 überschätzen
s. blähen •beschönigen, überbewerten, überwerten

7759 überschlagen
abschätzen, ansetzen, berechnen, hochrechnen, rechnen, schätzen, taxieren, veranschlagen •angenehm, lau, lauwarm, mild

7760 überschneiden (s.)
s. kreuzen, s. schneiden, s. überkreuzen, zusammenfallen

7761 überschreiten
abweichen, entgegenhalten, entgegenhandeln, freveln, überfluten, übersteigen, übertreten, zuwiderhandeln

7762 überschreitend
gewaltig, groß, horrend

7763 Überschreitung
Ausschweifung, Eigenmächtigkeit, Überhebung, Überspitzung •Überfahrt, Übergang •Maßlosigkeit, Überfüllung, Übermaß •Überflutung, Überschwemmung
7764 Überschrift
Aufschrift, Balkenüberschrift, Hauptüberschrift, Headline, Kopf, Schlagzeile, Titelzeile
7765 Überschuss
Überangebot, Überfluss, Übermaß, Überproduktion
7766 überschwemmen
überfluten, überspülen, überströmen
7767 Überschwemmung
Hochwasser, Sintflut
7768 übersehen
ignorieren, übergehen, überlesen •erfassen, erkennen, überschauen, zurechtkommen
7769 übersetzen
hinüberfahren, überqueren •dolmetschen, übertragen
7770 Übersetzer
Dolmetscher, Interpret
7771 überspannt
exaltiert, extravagant, überschwänglich
7772 Überspanntheit
Exaltiertheit, Spleen, Verrücktheit
7773 überstanden
durch, gemacht, geschafft, getan, überlebt •gewesen, vorbei, vorüber
7774 überstehen
aushalten, durchkommen, hinwegkommen, überleben
7775 überstimmen
ausstechen, niederstimmen, überbieten
7776 Überstunden
Mehrarbeit, Zusatzverdienst
7777 überstürzen
übereilen, überhasten
7778 Überteuerung
Erhöhung, Kostspieligkeit, Schieberei, Teuerung, Überforderung
7779 übertragen
austauschen, transferieren •anstecken, verbreiten •aussenden, schicken, senden •anvertrauen, beauftragen •dolmetschen, übersetzen •bildlich, gleichnishaft, symbolisch
7780 Übertragung
Übersetzung •Ausstrahlung, Fernsehsendung, Sendung •Übergabe, Veräußerung
7781 übertrieben
hochfliegend, überspitzt, verrannt •extravagant, extrem, überschwänglich
7782 Übertritt
Parteiwechsel •Fahnenflucht, Wechsel •Glaubenswechsel, Konvertierung •Abtrünnigkeit, Wankelmut
7783 überweisen
einliefern •anweisen, einzahlen
7784 überwinden
bezwingen, unterwerfen, matt setzen •überstehen, verwinden
7785 überzeugend
augenfällig, begreiflich, beweiskräftig, einleuchtend, einsichtig, glaubhaft, glaubwürdig, plausibel, stichhaltig, triftig, unwiderlegbar, verständlich
7786 Überzeugungskraft
Bestimmtheit, Nachdruck •Beweisführung, Denkvermögen, Erkenntnisvermögen, Unterscheidungsgabe, Urteilskraft
7787 überziehen
aufbauschen, ausweiten, dramatisieren, überspannen, überspitzen, übersteigern
7788 überzogen
bereift •bedeckt, bestrichen, beworfen, übermalt •bewölkt, düster, eingetrübt, grau, regnerisch, trübe, unfreundlich •emailliert, glasiert, lackiert, vergoldet, versilbert •bezogen

7789 Überzug
Belag, Kruste, Schicht •Emaille, Glasur, Lasur, Schmelz •Guss, Verzierung •Mantel •Futteral, Hülle, Schoner •Glasur, Guss, Lasur •Edelrost, Grünspan, Patina
7790 üblich
alltäglich, konventionell, ortsüblich, vorschriftsmäßig
7791 übrigens
apropos, nebenbei, notabene
7792 Übung
Erfahrung, Praxis, Routine •Probe, Training •Freiübungen, Gymnastik, Körpertraining
7793 Uhr
Chronometer, Zeitmesser •Eieruhr, Sanduhr •Stechuhr, Stempeluhr
7794 um
herum, rundum •annähernd, etwa, ungefähr, zirka
7795 Umbau
Einbau, Modernisierung, Restaurierung, Sanierung, Veränderung •Aktualisierung, Erneuerung
7796 umfallen
umkippen, umschlagen, zusammenbrechen •ändern, nachgeben
7797 Umfang
Ausdehnung, Ausmaß, Dimension, Leibesfülle •Fassungskraft, Größe
7798 umfangreich
beleibt, dick, fett, korpulent, vollschlank, wohlbeleibt •groß, reich, umfassend •ausführlich, intensiv, umfänglich
7799 umfassen
beinhalten, einschließen, enthalten, fassen •liebkosen, umarmen
7800 Umfassung
Abzäunung, Einfassung, Einfriedung, Eingrenzung, Gatter, Gitter, Grenzzaun, Pferch, Umhegung, Umzäunung, Zaun
7801 Umgang
Geselligkeit, Gesellschaft
7802 umgeben
begrenzen, einfassen, einfrieden, eingrenzen, einschließen, einzäunen, umfassen, umringen, umzäunen •begrenzen, belagern •einhüllen, einwickeln, tarnen, umhüllen •belagern, einfassen, einkesseln, einkreisen, einzingeln, umgrenzen, umringen, umschließen, umstellen, umzingeln •einrahmen, fassen, rahmen, umrahmen, umranden, umringen •begrenzen, umgürten, umschnallen •einkreisen, umkreisen, umlagern •bedecken, behängen, umhüllen, verdecken •s. anhalten, umfassen, umklammern, fest halten •einfassen, umsäumen
7803 Umgebung
Milieu, Mitwelt, Umwelt •Menschheit, Mitbürger, Mitmenschen, Welt
7804 umgehen
s. herumsprechen, kursieren, zirkulieren •ausweichen, s. fernhalten
7805 Umgehung
Ausweg, Trasse, Umgehungsstraße •Ausrede, Ausweg, Täuschung
7806 umgekehrt
anders, verdreht •seitenverkehrt, spiegelbildlich, umgedreht
7807 umgeschlagen
faul, schädlich, schlecht, ungenießbar, verdorben •gefaltet, geknickt •launenhaft, sprunghaft, unruhig, unzuverlässig
7808 Umkehr
Rückgang, Rückkehr •Abzug, Aufgabe •Bekehrung, Besserung, Läuterung, Neubeginn, Wandlung
7809 umkehren
heimfahren, heimgehen, heimlaufen, kehrtmachen, s. zurückbegeben, zurückfahren, zurückgehen, zurücklaufen •umdrehen, umkrempeln, umschlagen, umstülpen

7810 umkippen
kentern, kippen, sinken, untergehen •niedergehen, umfallen, umsinken
7811 Umklammerung
Absperrung, Einkreisung, Umfassung
7812 umkleiden
anziehen •einbinden, einkapseln
7813 Umlauf
Kreislauf, Umdrehung •Bekanntmachung, Rundschreiben, Zirkular
7814 Umschau
Rückblick, Rückschau •Panorama, Rundblick
7815 Umschlag
Briefhülle, Briefkuvert, Briefumschlag, Buchdeckel, Bucheinband, Buchhülle, Deckel, Einband, Hülle, Kuvert •Kompresse, Packung, Verband, Wickel
7816 umschlagen
befördern, expedieren •ändern, wechseln •falten, umknicken •aufkrempeln, umkrempeln
7817 umsiedeln
ausbürgern, aussiedeln, ausweisen, ausziehen, fortziehen, umziehen, s. verändern, weggehen, wegziehen
7818 umsonst
ergebnislos, nutzlos, sinnlos, vergebens, vergeblich •frei, gebührenfrei, gebührenlos, geschenkt, gratis, kostenfrei, kostenlos, unentgeltlich
7819 umständlich
linkisch, tollpatschig, unbeholfen, ungeschickt •kompliziert, langatmig, unrationell, unwirtschaftlich, weitläufig, weit schweifend, Zeit raubend
7820 umstellen
ändern, räumen •einkesseln, einkreisen, umgeben, umgrenzen, umzingeln
7821 Umstellung
Neuheit, Veränderung, Wandel •Einkreisung, Razzia
7822 umstoßen
niederstoßen, umkippen, umstürzen, umwerfen •entkräften, widerrufen, zurücknehmen
7823 umstürzen
umfallen, umkippen •ändern, umorganisieren, umwälzen, umwerfen
7824 Umwandlung
Abweichung, Erneuerung, Erstmaligkeit, Neuheit
7825 Umweg
Abirrung, Abschweifung, Abstecher, Abweg, Holzweg, Irrweg, Sackgasse, Schlenker, Umschweife
7826 Umzug
Auszug, Übersiedlung, Wohnungswechsel •Aufmarsch, Aufzug, Bittgang, Bußgang, Festzug, Prozession, Zug
7827 Unabhängigkeit
Autarkie, Autonomie, Eigengesetzlichkeit, Eigenständigkeit, Selbständigkeit, Selbstbefreiung, Selbstbestimmung, Selbstsicherheit, Selbstverwaltung, Souveränität, Überlegenheit •Autonomie, Selbstbestimmungsrecht •Bewegungsfreiheit, Freiheit, Selbständigkeit, Spielraum
7828 unabsichtlich
absichtslos, irrtümlich, unbewusst, versehentlich
7829 unangenehm
kalt, kühl, unfreundlich •lästig, leidig, schlecht, schlimm, schrecklich, unerfreulich, ungelegen, ungut, unliebsam, unwillkommen, verdrießlich •abstoßend, eklig, hässlich, scheußlich, unappetitlich, widerlich •fatal, peinlich, schicksalhaft, unabwendbar, unheilvoll, verhängnisvoll •aufdringlich, penetrant, zudringlich •beißend, intensiv, scharf •lästig, unausführbar, ungebührlich, unzumutbar •unerwartet, unerwünscht, ungebeten, ungelegen, ungewollt, unpassend, unwillkommen •sperrig, ungeeig-

net, unhandlich, unzweckmäßig •abgewiesen, abscheulich, freundlos, gehasst, unbeachtet, ungeliebt, vernachlässigt, verschmäht •unerwünscht, ungebeten •unleidlich •abweichend, alternativ, ausgefallen, extravagant, gegenläufig, individualistisch, nonkonformistisch, subkulturell, unangepasst, unkonventionell •lästig, unbehaglich, unbequem •kalt, kühl, ungemütlich, unwirtlich, unwohnlich •beklommen, lustlos •entfremdet, unausstehlich, unbeliebt, ungeliebt, unleidlich, vernachlässigt, zuwider •unausstehlich, unerwünscht, verhasst •beklommen •unbehaglich, unbequem, ungemütlich, unwohnlich

7830 unansehnlich
abscheulich, abstoßend, schauderhaft, scheußlich, unvorteilhaft •geringfügig, verdorben, wertlos

7831 unanständig
anrüchig, anstößig, anzüglich, ausschweifend, frivol, glitschig, lasterhaft, liederlich, obszön, ordinär, pikant, ruchlos, rutschig, schamlos, schlüpfrig, sittenlos, spiegelglatt, unflätig, ungebührlich, unkeusch, unmoralisch, unschicklich, unsittlich, unziemlich, unzüchtig, verdorben, verrucht, verwerflich, vulgär, wüst, zotenhaft, zotig, zuchtlos, zweideutig, pornografisch [pornographisch] •anstößig, anzüglich, beleidigend, boshaft, frivol, schamlos, spöttisch, unverschämt

7832 unbefestigt
gefährlich, lose •baufällig, gefährdet, schutzlos, unbeschützt, unheilvoll, unsicher

7833 unbegrenzt
absolut, schrankenlos, uneingeschränkt •endlos, unendlich, unerschöpflich

7834 Unbeherrschtheit
Erregbarkeit, Launenhaftigkeit, Unart, Unbildung, Ungezogenheit •Fragerei, Neugierde, Vorwitz

7835 unbeholfen
einfach, holperig, stockend •eckig, linkisch, schwerfällig, ungeschickt

7836 unbekannt
anonym, namenlos, unbedeutend, vergessen, vernachlässigt •fremd, ungeläufig

7837 Unbekannter
Aufpasser, Ungenannter, Urheber •Fremder, Fremdlinge

7838 unberechenbar
unbestimmbar, unkalkulierbar, unüberschaubar

7839 unberührt
abgeschieden, einsam, verlassen •jungfräulich, neu, rein, unbenutzt •desinteressiert, gleichgültig, teilnahmslos

7840 unbeschreiblich
äußerst, höchst, sehr, überaus •bodenlos, unerhört, unfassbar, unvorstellbar •außergewöhnlich, beeindruckend, brillant, hervorragend, imponierend, überwältigend, ungewöhnlich

7841 Unbestimmtheit
Unentschiedenheit, Unsicherheit, Vagheit, Zweifelhaftigkeit •Dämmerzustand, Dunkel •Ungenauigkeit, Unschärfe

7842 unbewaffnet
abgerüstet, ausgeliefert, einflusslos, entmachtet, entwaffnet, machtlos, schutzlos, ungeschützt, waffenlos, wehrlos, ohne Waffen, nicht bewaffnet

7843 unbeweglich
dogmatisch, einseitig, engstirnig, uneinsichtig, unflexibel •bewegungslos, starr, unbewegt

7844 unbewusst
unabsichtlich, unbeabsichtigt •unterbewusst, unterschwellig •emotional, emotionell, gefühlsmäßig, intuitiv

7845 und
außerdem, dazu, zuzüglich •auch, gleichzeitig, plus, sowie

7846 undankbar
dankvergessen, schnöde •unersprießlich, unrentabel •einseitig, stiefmütterlich, subjektiv, ungerecht, unsachlich

7847 undenkbar
ausgeschlossen, unmöglich, unvorstellbar •unausführbar, unerhört

7848 undeutlich
andeutungsweise, diffus, nebelhaft, nebulös, schattenhaft, schemenhaft, unartikuliert, undefinierbar, undurchschaubar, ungenau, unklar, unpräzise, unscharf, unübersichtlich, unverständlich, vage, verschwommen, verworren, wirr, zusammenhanglos •abgehackt, lallend, lispelnd, murmelnd, stammelnd, unartikuliert, nicht verständlich •krakelig, schlampig, unleserlich, verschmiert, verwirrt, verwischt •andeutungsweise, geheimnisumwittert, geheimnisvoll, gespenstisch, orakelhaft, schleierhaft, spukhaft, undurchschaubar, unklar, unverständlich, vage

7849 undurchdringlich
dunkel, geheimnisvoll, vieldeutig •dicht, undurchlässig, unwegsam, verwachsen

7850 Undurchdringlichkeit
Einheitlichkeit, Widerstand •Dichte, Dichtigkeit, Undurchlässigkeit •Dunkel, Nebel, Unverständlichkeit, Verworrenheit •Abdichtung, Masse, Verstopfung

7851 unehelich
außerehelich, illegitim, ledig, nichtehelich, vorehelich

7852 unelastisch
eisern, fest, stur, uneinsichtig •steif, unbiegsam, undehnbar, unflexibel

7853 unempfindlich
betäubt, schmerzlos •abgestorben, abgestumpft, gefühllos, gleichgültig, taub

7854 unentbehrlich
ausschlaggebend, bedeutend, einschneidend, grundlegend, lebensnotwendig, lebenswichtig, maßgeblich, notwendig, prinzipiell, wichtig •einmalig, einzigartig, unersetzlich

7855 unentgeltlich
ehrenamtlich, ehrenhalber, freiwillig •frei, gebührenfrei, gratis, kostenfrei, umsonst

7856 unentschieden
entschlusslos, schwankend, unsicher, zaghaft, zaudernd, zögernd •fraglich, offen, ungewiss •patt, punktgleich, remis •anhängig, ausstehend, fragwürdig, offen, schwebend, unbewältigt, ungelöst, unverarbeitet

7857 Unentschieden
Patt, Punktgleichheit, Remis

7858 unermesslich
endlos, grenzenlos, unabsehbar, unerschöpflich, unübersehbar, unzählbar •äußerst, höchst, sehr, unwahrscheinlich

7859 unerreichbar
aussichtslos, idealistisch, illusorisch, irreal, unausführbar, undenkbar, undurchführbar, unerfüllbar, unmöglich, unrealisierbar, unrealistisch, unwirklich, utopisch, fantastisch [phantastisch] •abgeschlossen, abseits, einsam

7860 unerschöpflich
reichlich, unbegrenzt, unermesslich, unmessbar

7861 unerschütterlich
beherrscht, eisern, stählern, stahlhart, willensstark •beharrlich, hartnäckig, unbeirrt, verbissen, verzweifelt

7862 unersetzbar
unrettbar, unwiederbringlich, verloren •erlesen, kostbar, wertvoll

7863 unerträglich
abstoßend, unausstehlich, unbeliebt, unsympathisch, widerwärtig •entsetzlich, fürchterlich, grässlich, grauenhaft, schrecklich, ungeheuerlich, wahnsinnig

7864 unfähig
unbegabt, unqualifiziert, untauglich, unvermögend •amateurhaft, dilettantisch, laienhaft, stümperhaft, unerfahren, unfachmännisch, ungeschickt, ungeschult, unkundig, unvollständig, unzulänglich •impotent, unfruchtbar, unvermögend, zeugungsunfähig

7865 Unfähigkeit
Machtlosigkeit, Ohnmacht, Schwäche, Unvermögen, Unzulänglichkeit, Versagen •Impotenz, Mannesschwäche •Frigidität, Kälte

7866 unfair
grob, unkollegial, unlauter, unredlich •unsportlich

7867 unförmig
dick, fett, monströs, schwerfällig •formlos, ungeformt, ungestaltet

7868 Unförmigkeit
Deformation, Dicke, Formlosigkeit

7869 unfreundlich
düster, feucht •abweisend, barsch, flegelhaft, lümmelhaft, pöbelhaft, rüde, rüpelhaft, rüpelig, ruppig, schroff, stoffelig, taktlos, ungehobelt, unliebenswert, unmanierlich, unreif, unritterlich, unwirsch

7870 unfruchtbar
ertragsarm, trocken, unergiebig •infertil, zeugungsunfähig

7871 Unfruchtbarkeit
Ertraglosigkeit, Unergiebigkeit, Wildnis, Wüste •Sterilität, Zeugungsunfähigkeit

7872 Unfug
Missbrauch, Ungehörigkeit, Unsitte •Blödsinn, Possen, Unsinn

7873 ungeduldig
angespannt, erwartungsvoll, gespannt •aktiv, aufgelöst, aufgeregt, bewegt, emsig, erhitzt, erregt, fahrig, fiebrig, gereizt, getrieben, hastig, kribbelig, lebhaft, nervös, rastlos, ruhelos, spektakulär, unermüdlich, unruhig, unstet, zappelig

7874 ungefähr
abgerundet, annähernd, annäherungsweise, beiläufig, etwa, fast, gegen, pauschal, rund, schätzungsweise, überschlägig, unbestimmt, zirka

7875 ungefährlich
gefahrlos, gesichert, ungefährdet •gefahrlos, gutartig, harmlos, unverfänglich

7876 ungenau
flüchtig, oberflächlich, pflichtvergessen, schlampig, unordentlich •nebulös, unbestimmt, undurchschaubar, unklar, unpräzise, unverständlich, verworren, wirr

7877 ungenießbar
abgestanden, schal •ärgerlich, aufgebracht, brummig, deprimiert, entmutigt, erbost, erzürnt, gedrückt, gekränkt, gereizt, grantig, griesgrämig, grimmig, grollend, missgelaunt, missmutig, mutlos, niedergedrückt, niedergeschlagen, sauer, übellaunig, ungehalten, verärgert, verbittert, verdrießlich, verdrossen, verstimmt, verzweifelt, zornig, schlecht gelaunt, übel gelaunt •sauer, scharf, versalzen •faulig, giftig, ranzig, unverträglich, verschimmelt

7878 ungeordnet
durcheinander, unordentlich, unübersichtlich •planlos, verworren, wild •chaotisch, planlos, undurchdacht, unmethodisch, unorganisiert, unsystematisch, unüberlegt

7879 ungeschminkt
offen, unverhohlen, wahr •einfach, schlicht, schmucklos

7880 ungesühnt
straffrei, straflos, unbestraft, ungerächt, ungeschoren

7881 ungesund
gefährlich, gesundheitsschädlich, schädlich, unbekömmlich •blass, bleich, krank

7882 ungewöhnlich
äußerst, sehr, überaus •abnorm, absonderlich, unüblich •neu, ungebräuchlich, ungewohnt •aufdringlich, auffallend, augenfällig, außerordentlich, bemerkenswert, hervorstechend, markant, schreiend •neuartig, ungeläufig, ungewohnt, unkonventionell

7883 ungewollt
fahrlässig, unabsichtlich, versehentlich

7884 Ungeziefer
Geziefer, Krabbeltiere, Schädlinge, Viehzeug

7885 ungezügelt
ausgelassen, fessellos, unbändig •ausschweifend, bacchantisch

7886 ungläubig
atheistisch, freidenkerisch, gottlos, religionslos •argwöhnisch, befangen, eifersüchtig, missgünstig, misstrauisch, neidisch, skeptisch, vorsichtig, zweifelnd

7887 unglaublich
beispiellos, unerhört, unfassbar, unvorstellbar

7888 Unglück
Armut, Desaster, Drama, Drangsal, Druck, Elend, Heimsuchung, Katastrophe, Malheur, Missgeschick, Not, Notlage, Panne, Pech, Plage, Prüfung, Schicksalsschlag, Schlag, Schreckensnachricht, Tragik, Tragödie, Unfall, Ungeschick, Unglücksfall, Verhängnis →Absturz, Karambolage

7889 unglücklich
betrübt, freudlos, trübselig, trübsinnig, unfroh, wehmütig •elend, erbärmlich, kläglich, miserabel

7890 unglückselig
bedauerlich, bedauernswert, furchtbar, hoffnungslos, verhängnisvoll

7891 Ungnade
Ablehnung, Missfallen, Unausstehlichkeit, Ungeneigtheit, Ungunst, Verhasstheit, Widerwille

7892 ungültig
entwertet, hinfällig, verfallen, wertlos

7893 Ungültigkeit
Absage, Hinfälligkeit, Nichtigkeit, Streichung, Wertlosigkeit

7894 unheimlich
sehr, überaus, ungeheuer •abscheulich, beängstigend, beklemmend, dämonisch, entsetzlich, esoterisch, furchtbar, fürchterlich, geisterhaft, gespensterhaft, gespenstig, gespenstisch, grauenvoll, grausig, gruselig, makaber, metaphysisch, schauderhaft, schauerlich, schauervoll, schaurig, schrecklich, spukhaft, übersinnlich, unwirklich, verheerend, Grauen erregend, Furcht erregend •abschreckend, bedrohlich, drohend, gefährlich, gewagt, negativ, schrecklich, warnend •finster, schwarz, Unheil drohend, Unheil bringend

7895 Uniform
Ehrenkleid, Soldatenkleidung, Waffenrock •Dienstanzug, Dienstkleidung, Livree •Einheit, Gleichförmigkeit

7896 universell
absolut, gesamt, global, umfassend, universal, vielseitig, weltweit

7897 Unke
Kröte •Kassandra, Schwarzmaler, Schwarzseher, Unheilverkünder, Warner

7898 Unklarheit
Undurchschaubarkeit, Unübersichtlichkeit, Verfahrenheit

7899 unkompliziert
anspruchslos, bescheiden, zurückhaltend •arglos, einfältig, harmlos, naiv, treuherzig, unkritisch, weltfremd •einfach, glatt, schlicht, schmucklos, ungekünstelt

7900 unkritisch
arglos, kritiklos, leichtgläubig, naiv, urteilslos

7901 unkundig
unaufgeklärt, unberaten, unbewandert, unwissend

7902 Unmenge
Überangebot, Überfülle, Unzahl

7903 unmerklich
leise, still, unbemerkbar, unhörbar, unvernehmlich •allmählich, langsam, schleichend

7904 unmittelbar
direkt, durchgehend, natürlich, spontan, urtümlich •dichtauf, sofort

7905 unmöglich
fantastisch [phantastisch], traumhaft, utopisch •ausgeschlossen, aussichtslos, kaum, keinesfalls, keineswegs, nie, niemals, undenkbar •indiskutabel, unannehmbar, unbrauchbar, undurchführbar, untauglich, unvertretbar

7906 Unmöglichkeit
Unausführbarkeit, Undenkbarkeit, Unerreichbarkeit, Unüberwindbarkeit •Klemme, Klippe, Unlösbarkeit, Verlegenheit, Verstrickung

7907 unnatürlich
imitiert, nachgemacht, unecht •gekünstelt, geziert, gezwungen, manieriert, phrasenhaft, unecht •chemisch, künstlich, synthetisch

7908 unordentlich
chaotisch, durcheinander, ungeordnet, wüst •flatterhaft, haltlos, zuchtlos

7909 Unordentlichkeit
Haltlosigkeit, Nachlässigkeit, Oberflächlichkeit, Zwanglosigkeit •Chaos, Durcheinander, Entgleisung, Gottlosigkeit, Liederlichkeit, Regellosigkeit, Ruchlosigkeit, Schlampigkeit, Schurkerei, Sittenverfall, Trubel, Unordnung, Untugend

7910 unpässlich
indisponiert, krank, unwohl, verdrießlich, verdrossen, verstimmt

7911 unpersönlich
äußerlich, formell, förmlich, kühl, offiziell, steif, unhöflich

7912 unqualifiziert
untauglich, unvermögend •unangebracht, ungehörig, unpassend, unwillkommen, verfehlt

7913 unregelmäßig
gelegentlich, manchmal •sporadisch, ungleich, ungleichmäßig

7914 unreif
unausgegoren, unausgewogen, unfertig •infantil, kindlich, unerfahren, unmündig •grün, hart

7915 unrein
gemischt, vermischt •dreckig, schmutzig, unsauber •dissonant, falsch

7916 Unreinlichkeit
Schmutzigkeit, Unreinheit, Unsauberkeit •Dreck, Kehricht, Müll, Schmutz, Staub, Unrat

7917 unruhig
aufgewühlt, bewegt, fieberhaft, hastig, ruhelos, ungeduldig •brisant, gefährlich, gefahrvoll

7918 unsachlich
emotional, irrational, parteiisch, persönlich, subjektiv, voreingenommen •abschweifend, sachfremd

7919 Unsachlichkeit
Befangenheit, Einseitigkeit, Subjektivität, Ungerechtigkeit, Voreingenommenheit

7920 Unschuld
Ehre, Jungfräulichkeit, Keuschheit, Reinheit, Unbeflecktheit, Unberührtheit •Schuldlosigkeit

7921 unschuldig
schuldlos, unangreifbar, untadelig •jungfräulich, keusch, rein, unbefleckt, unberührt, unerfahren

7922 unsicher
gefährlich, riskant •ausgeliefert, ausgesetzt, preisgegeben, ungeschützt, wehrlos •bedenklich, fraglich, offen, problematisch, streitig, strittig, umstritten, unbestätigt, unentschieden, ungeklärt, ungewiss, unglaubwürdig, zweifelhaft •schwankend, wackelig •ängstlich, befangen, blockiert, gehemmt, scheu, schüchtern, verkrampft, zaghaft •ratlos, schwankend, unentschlossen, vorsichtig, zögernd, zweifelnd •ängstlich, beklommen, feige, furchtsam •anfällig, schwächlich •beeinflussbar, empfänglich, labil, unstet

7923 Unsicherheit
Entschlusslosigkeit, Lauheit, Unbeständigkeit, Unentschiedenheit, Unentschlossenheit, Unschlüssigkeit, Wankelmut, Zaghaftigkeit •Bedrohung, Gefährdung •Schutzlosigkeit, Ungeborgenheit •Fraglichkeit, Unbestimmtheit, Unentschiedenheit, Ungewissheit, Unsicherheitsfaktor, Zweifel •Angst, Beklemmung, Beklommenheit, Furcht, Scheu

7924 unsinnig
gewaltig, hoch, übergroß •absurd, lächerlich, paradox, sinnlos, töricht, widersinnig

7925 unsozial
brutal, egoistisch, roh, verroht •gemeinschaftsfeindlich, gemeinschaftsschädigend, unmenschlich

7926 unsportlich
foul, regelwidrig, unfair, unkameradschaftlich •eckig, plump, unbeholfen, ungelenk, ungelenkig, ungeschickt, weichlich

7927 Unsportlichkeit
Foul, Regelverstoß, Regelwidrigkeit, Unkameradschaftlichkeit

7928 unsterblich
bleibend, dauernd, ewig, immerwährend, unvergänglich •sehr, überaus

7929 Unsterblichkeit
Beständigkeit, Ewigkeit •Ruhm

7930 unsympathisch
abstoßend, unausstehlich, ungenießbar, widerwärtig, zuwider

7931 unten
darunter, drunten, unterhalb •abwärts, herab, hinunter, nieder •unten erwähnt, unten genannt, unten stehend

7932 unterbinden
abstellen, abwehren, hintertreiben, vereiteln, verhindern, verhüten

7933 unterbrechen
einhalten, halten, pausieren, stoppen •auflegen, beenden, einhängen

7934 Unterbrechung
Aufenthalt, Halt, Pause, Stopp •Sendepause, Werbepause

7935 unterbrochen
abgerissen, gestört •abgebrochen, beendet

7936 unterdrücken
abtöten, besiegen, bezwingen •drangsalieren, terrorisieren, tyrannisieren, versklaven •betäuben, bezwingen, verbergen, verdrängen, s.

zusammennehmen •spiritualisieren, sublimieren, verdrängen, vergeistigen

7937 unterentwickelt
infantil, kindisch, unreif, zurückgeblieben

7938 unterernährt
abgemagert, abgezehrt, ausgehungert, ausgemergelt, ausgezehrt, dürr, eingefallen, hager, hohlwangig, kränklich, schmächtig, untergewichtig

7939 unterfangen (s.)
s. erdreisten, s. getrauen

7940 Untergang
Verfall, Verschlechterung, Zerfall, Zusammenbruch

7941 Untergebener
Abhängiger, Bedienter, Diener, Dienstbote, Handlanger, Knecht, Lohndiener, Packesel, Sklave

7942 untergehen
absacken, absinken, kentern •s. auflösen, aussterben, verfallen, verkommen, zusammenbrechen, auseinander brechen

7943 untergraben
aushöhlen, unterhöhlen •beeinträchtigen, ruinieren, schmälern, schwächen, unterminieren, zersetzen

7944 Untergrund
Basis, Fundament, Sockel, Unterbau •Anonymität, Illegalität

7945 unterhalb
darunter, drunten, unten •abwärts

7946 unterhalten
erhalten, ernähren, pflegen •betreiben, führen, leiten •ablenken, amüsieren, belustigen

7947 unterhalten (s.)
s. amüsieren, s. vergnügen •debattieren, diskutieren, palavern, plaudern, schnacken, schwatzen

7948 unterhaltend
angenehm, feuilletonistisch, kurzweilig, lustig, possierlich, unterhaltsam •amüsant, angenehm, ausgelassen, charmant, fesselnd, fidel, geistreich, humoristisch, interessant, köstlich, lustig, unwiderstehlich, vergnüglich, witzig

7949 Unterhaltung
Belustigung, Vergnügen, Zeitvertreib, Zerstreuung •Gespräch, Plauderei

7950 unterkühlt
distanziert, unfreundlich, unnahbar •frisch, frostig, kalt, kühl, winterlich

7951 Unterlage
Basis, Fundament, Grundlage •Akte, Dokumentation •Anhaltspunkt, Beleg

7952 unterlassen
verabsäumen, vernachlässigen, verschieben, vertagen

7953 Unterlassung
Ablehnung, Absage, Ausfall, Pflichtvergessenheit, Saumseligkeit, Unachtsamkeit, Versehen, Verzicht, Widerstand, Zuwiderhandlung

7954 unterlegen
ausstaffieren, unterfüttern •besiegt, ungeschickter, unterworfen •betten, lagern, stützen •unterschieben, unterstellen

7955 unterliegen
s. beugen, nachgeben, versagen, zurückbleiben

7956 untermauern
erhärten, fundieren

7957 unterordnen (s.)
s. anpassen, s. beugen, nachgeben

7958 Unterricht
Anleitung, Ausbildung, Lehre, Training, Vorbereitung •Instruktion, Kurs, Nachhilfestunde, Schule, Unterrichtsstunde, Unterweisung, Vorlesung

7959 Unterrock
Dessous, Petticoat, Unterkleid

7960 Untersatz
Set, Untersetzer

7961 unterschätzen
unterbewerten, verharmlosen, verkennen
7962 unterscheiden
differenzieren, kategorisieren, trennen, auseinander halten
7963 Unterschied
Abweichung, Differenz, Gegensatz, Kontrast, Unähnlichkeit, Ungleichheit, Unstimmigkeit, Unterschiedlichkeit, Verschiedenheit
7964 Unterschlagung
Unterschleif •Aneignung, Hinterziehung, Veruntreuung
7965 unterschleifen
abschreiben •benachteiligen, täuschen
7966 unterstellen
abstützen, unterbauen •abstellen, unterbringen •anschwärzen, unterschieben, verdächtigen
7967 Unterstellraum
Boden, Kellerraum, Lagerraum, Schuppen •Autoabstellplatz, Garage, Remise •Hangar
7968 Unterstreichung
Hervorhebung, Markierung •Betonung, Nachdruck
7969 unterstützen
beisteuern, beitragen, dazulegen, fördern, mithalten, subventionieren, zugeben, zusteuern
7970 Unterstützung
Beistand, Hilfe, Rückenstärkung, Stütze •Begünstigung, Förderung, Protektion
7971 untersuchen
abtasten, analysieren, anfühlen, befühlen, betasten, durchforschen, durchleuchten •abhören, abklopfen
7972 Untersuchung
Abhandlung, Analyse, Arbeit, Beobachtung, Studie •Check, Kontrolle, Prüfung
7973 untertänig
demütig, devot, dienerisch, kriechend, kriecherisch, lakaienhaft, schleimig, sklavisch, unterwürfig •dienstbar, unfrei, unselbständig [unselbstständig]
7974 untertauchen
entschwinden, s. entziehen, verschwinden •ertrinken, tauchen
7975 Untertreibung
Abschwächung, Bescheidenheit, Unterbewertung
7976 unterwegs
draußen, umherschweifend, verreist •friedlos, ruhelos, umherirrend •fort, weg
7977 Unterwelt
Demimonde, Halbwelt •Hölle
7978 unterwerfen
besiegen, bezwingen, knechten, unterdrücken, unterjochen, unterordnen
7979 unterwerfen (s.)
s. beugen, s. ergeben, s. unterordnen, s. einordnen
7980 Unterwerfung
Diktatur, Knechtschaft, Zwangsherrschaft •Canossagang, Kniefall
7981 Unterzeichnung
Autogramm, Besiegelung, Namenszeichen, Namenszug, Signatur, Signum, Stempelung, Unterschrift •Bescheinigung, Paraphe, Unterschrift
7982 untragbar
unannehmbar, unerhört, unhaltbar, unzumutbar, widerwärtig
7983 untrennbar
unzertrennlich, verschworen
7984 untreu
abtrünnig, ehebrecherisch, flatterhaft, illoyal, treubrüchig, treulos, unbeständig, unzuverlässig, verräterisch, wortbrüchig
7985 Untreue
Abfall, Treuebruch, Treulosigkeit, Wankelmut •Abenteuer, Affäre, Amouren, Ehebruch, Seitensprung,

Treulosigkeit •Desertion, Fahnenflucht, Flucht •Eidbruch

7986 unübersehbar
auffallend, deutlich, markant •unabsehbar, unmessbar, weit

7987 unübertragbar
unverkäuflich •bleibend, feststehend, unverjährbar

7988 unübertroffen
ausgezeichnet, exquisit, hervorragend, unerreicht, vollkommen •unbesiegt, ungeschlagen

7989 unverdorben
aufrecht, brav, charakterfest •einwandfrei, frisch, genießbar

7990 unverfälscht
biologisch, echt, gesund, natürlich, naturrein, rein •arglos, aufrichtig, lauter, reell

7991 unvergessen
bleibend, denkwürdig, einprägsam, schön, unvergesslich

7992 unvergleichlich
äußerst, sehr, überaus •außerordentlich, bahnbrechend, einmalig, enorm

7993 unverhüllt
deutlich, offen, unverblümt, unverhohlen •ausgezogen, nackt, unbedeckt, unbekleidet

7994 unvermeidlich
unausbleiblich, unausweichlich, unumgänglich, unvermeidbar

7995 unvermutet
augenblicklich, unerwartet, unverhofft, unversehens

7996 unverständlich
unbegreiflich, unfassbar, unfasslich •unartikuliert, undeutlich

7997 unverträglich
gegnerisch, unversöhnlich, zerstritten •gefährlich, gesundheitsschädlich, unbekömmlich, unverdaulich, schwer verdaulich

7998 unvorbereitet
leichtsinnig, unvorsichtig •unerfahren, unschuldig •frei, freihändig, improvisiert, unmethodisch

7999 unvorstellbar
beispiellos, bodenlos, unbegreiflich •äußerst, sehr, überaus

8000 unvorteilhaft
nachteilig, negativ, ungünstig, verderblich

8001 unwahrscheinlich
fraglich, unsicher, zweifelhaft •falsch, unglaubhaft, verlogen

8002 unwillkürlich
triebhaft, ungelenkt •spontan •automatisch, mechanisch, zwangsläufig

8003 Unwohlsein
Brummschädel, Katerstimmung, Kopfschmerzen, Krankheit, Missbehagen, Übelkeit, Unpässlichkeit

8004 Unwürdigkeit
Schmählichkeit, Unehre, Unredlichkeit, Unwert

8005 unzertrennlich
fest, unauflösbar, unteilbar, verbunden

8006 Unzufriedenheit
Ärger, Aufgebrachtheit, Bitterkeit, Empörung, Entrüstung, Erbitterung, Grimm, Groll, Ingrimm, Missbehagen, Missmut, Missstimmung, Unbehagen, Unmut, Verbitterung, Verdrossenheit •Krittelei, Mäkelei, Nörgelei, Tadel •Bürgerängste, Staatsverdrossenheit

8007 Unzulänglichkeit
Bedeutungslosigkeit, Mangelhaftigkeit, Nachteil, Unvollkommenheit

8008 unzureichend
beengt, karg, ungenügend, wenig

8009 unzusammenhängend
abgerissen, beziehungslos, vereinzelt

8010 üppig
fett, fruchtbar, wuchernd •kulinarisch, lukullisch, opulent, reichlich •ausladend, luxuriös, pompös, prunkend •überreichlich, unzählig, verschwenderisch

8011 Urbild
Archetyp, Original
8012 Urheber
Anstifter, Autor, Erschaffer, Erzeuger, Gründer, Initiator, Motor, Schöpfer, Verfasser
8013 Urin
Harn, Pipi, Wasser
8014 Urkunde
Akte, Dokument, Erlass, Schriftstück →Befähigungsnachweis, Befähigungsurkunde, Bestallungsurkunde, Erfindungsberechtigung, Ernennungsurkunde, Patent, Schutzrecht
8015 urkundlich
belegt, bewiesen, dokumentarisch
8016 Urlauber
Ausflügler, Erholungssuchender, Feriengast, Gast, Reisender, Sommerfrischler, Sommergast, Tourist, Urlaubsreisender, Vergnügungsreisender
8017 Ursache
Anlass, Ausschlag, Motiv, Veranlassung •Kontaminationsquelle, Quelle, Ursprung
8018 ursächlich
bedingt, kausal, primär
8019 Urteil
Aburteilung, Rechtsspruch, Richterspruch, Schiedsspruch, Schuldspruch, Urteilsspruch, Verurteilung •Meinung, Standpunkt •Begutachtung, Berechnung, Beurteilung, Bewertung, Einschätzung, Taxierung, Wertung, Zensur •Fehlentscheidung, Fehlurteil, Justizirrtum •Machtspruch, Machtwort, Verbot
8020 urteilen
aburteilen, bestrafen, richten, verurteilen •abschätzen, begutachten, bemessen, beurteilen, bewerten, einschätzen, prüfen, schließen, wägen, werten, würdigen •begutachten, benoten, beurteilen, zensieren

V

8021 Vatikan
päpstliche Residenz, päpstliche Regierung
8022 Vegetation
Pflanzenwelt, Pflanzenwuchs
8023 vegetieren
dahindämmern, dahinleben
8024 vehement
aufbrausend, unbeherrscht, ungeduldig
8025 Ventil
Hahn, Klappe, Sicherung →Heizungsventil, Wasserventil
8026 Verabredung
Abklärung, Abmachung, Absprache, Erläuterung, Festsetzung, Übereinkunft, Vereinbarung, Vertrag •Rendezvous, Treffen, Zusammenkunft
8027 verabschieden (s.)
s. empfehlen, fortgehen, s. trennen
8028 verändern (s.)
kündigen, verlassen, weggehen •s. ändern, s. entwickeln, s. umändern, s. umwandeln, s. wandeln, s. wenden
8029 Veranlagung
Anlage, Beschaffenheit •Befähigung, Begabung, Eignung, Gabe
8030 Veranstaltung
Ausführung, Durchführung, Unternehmung •Konzert, Theater •Vortrag •Fahrt, Reise
8031 verantwortlich
ersatzpflichtig, haftbar, haftpflichtig, schadenpflichtig, zuständig •ehrenvoll, führend, gewissenhaft, pflichtbewusst, verantwortungsvoll
8032 Verantwortungsbewusstsein
Pflichtbewusstsein, Verantwortungsgefühl •Haftbarkeit, Haftung, Verantwortung

8033 verantwortungslos
bedenkenlos, fahrlässig, gedankenlos, gewissenlos, leichtfertig, leichtsinnig, pflichtvergessen, rücksichtslos, skrupellos, sorglos, sträflich, unachtsam, unbekümmert, unentschuldbar, unklug, unüberlegt, unverantwortlich, unvernünftig, unverzeihlich, unvorsichtig

8034 Verantwortungslosigkeit
Bedenkenlosigkeit, Fahrlässigkeit, Gedankenlosigkeit, Gewissenlosigkeit, Hemmungslosigkeit, Jähzorn, Leichtfertigkeit, Leichtsinn, Nachlässigkeit, Pflichtvergessenheit, Rücksichtslosigkeit, Skrupellosigkeit, Sorglosigkeit, Unachtsamkeit, Unbeherrschtheit, Ungezügeltheit, Unüberlegtheit, Unvorsichtigkeit, Zügellosigkeit

8035 verarbeiten
aufarbeiten, überlegen •aufbereiten, ausformen, ausschlachten, bearbeiten, nutzen, verwerten

8036 Verarbeitung
Aufbereitung, Ausarbeitung, Herstellung, Nutzbarmachung •Aufarbeitung, Überlegung

8037 Verband
Kooperation, Vereinigung, Zusammenschluss •Bandage, Binde •Gruppe, Trupp

8038 verbergen
umhüllen, verdecken, verhüllen •schweigen, stillschweigen, verhehlen, verheimlichen, verschweigen, verstummen, vertuschen, vorenthalten, geheim halten •kaschieren, überdecken, überspielen, vernebeln, verschleiern, vertuschen, verwischen •bekleben, überdecken, überkleben

8039 verbergen (s.)
s. verkriechen, s. verschanzen, s. verstecken

8040 verbessern
berichtigen, klären, korrigieren, umändern, entwickeln, ergänzen, verfeinern •bereinigen, dementieren, klären, nacharbeiten, richtig stellen •anreichern, bereichern, vergrößern

8041 verbessern (s.)
s. aufheitern, s. aufhellen, s. aufklaren •bedauern, s. bekehren, beklagen, bereuen, s. bessern, gereuen, s. läutern, reuen

8042 Verbesserung
Berichtigung, Dementi, Klärung, Korrektur, Richtigstellung •Besserung, Kultivierung, Verschönerung, Vervollkommnung

8043 verbeugen (s.)
dienern, s. verneigen

8044 verbiegen
krümmen, verdrehen, verformen

8045 verbinden
bandagieren, einbinden, umwickeln •anschließen, verflechten, verketten, verknoten, verknüpfen, verschmelzen, verschweißen, verzahnen, zusammenbringen, aneinander fügen •koordinieren, verknüpfen, verzahnen •herstellen, vermitteln •anlöten, anschweißen, löten, verschmelzen, verschweißen, zusammenschweißen •zusammenhängen, zusammenkoppeln, aneinander hängen, aneinander koppeln •vereinen, vereinigen, zusammenführen, zusammenschließen •einschrauben, hineinschrauben, schließen, zuschrauben

8046 verbinden (s.)
kooperieren, s. verbünden, zusammenarbeiten, s. zusammentun

8047 verbindlich
aufmerksam, bereitwillig, freundlich, gefällig, großmütig, höflich, leutselig, liebenswürdig, zuvorkommend •bindend, definitiv, gültig, unwiderruflich, verpflichtend

8048 Verbindlichkeit
Pflicht, Verpflichtung •Freundlichkeit, Höflichkeit •Geltung, Gültigkeit, Rechtsgültigkeit

8049 Verbindung
Ehe, Heirat, Hochzeit, Vermählung •Beziehung, Kombination, Verflechtung, Verkettung, Verknüpfung, Verzahnung •Gemeinsamkeit, Kontakt, Umgang, Verkehr •Bund, Bündnis •Hotline, Reklamationsabteilung

8050 verbissen
beharrlich, krampfhaft, unermüdlich, unverdrossen, zäh

8051 verbitten (s.)
untersagen, s. verbieten, versagen

8052 verbogen
gebogen, geschwungen, krumm, verkrümmt •defekt, kaputt

8053 verbohren (s.)
beharren, s. festfahren, s. verrennen, s. versteifen

8054 verborgen
diskret, geheim, unbeachtet, unbemerkt, unerkannt, ungesehen •schlummernd, unsichtbar, unterschwellig, verdeckt, verhüllt, versteckt

8055 Verbot
Befehl, Gebot, Machtwort, Untersagung, Veto

8056 verboten
eigenmächtig, gesetzwidrig, illegal, illegitim, kriminell, ordnungswidrig, rechtswidrig, strafbar, sträflich, unerlaubt, ungesetzlich, unrechtmäßig, unstatthaft, untersagt, unzulässig, verpönt, widerrechtlich

8057 Verbrauch
Konsum, Konsumierung •Abnutzung, Abnützung, Abrieb, Verschleiß

8058 verbrauchen
aufwenden, aufzehren, verausgaben •aufbrauchen, verwirtschaften, verzehren •angreifen, aufreiben, auslaugen

8059 Verbrechen
Ausschreitung, Bluttat, Delikt, Entgleisung, Fehler, Fehltritt, Frevel, Freveltat, Gewaltakt, Gewalthandlung, Gewalttat, Gewaltverbrechen, Gräueltat, Handstreich, Kapitalverbrechen, Missetat, Mord, Schandtat, Straftat, Übeltat, Übertretung, Ungeschick, Unrecht, Untat, Verfehlung, Vergehen, Verstoß, Zuwiderhandlung

8060 Verbrecher
Attentäter, Gesinnungstäter, Straftäter, Überzeugungstäter •Gewaltmensch, Schläger, Unmensch, Wüstling, Wüterich

8061 verbreiten (s.)
s. ausweiten, grassieren

8062 verbrennen
einäschern, kremieren •abbrennen, anzünden, verkohlen

8063 verbunden
dankbar, erkenntlich •fest, untrennbar, unzertrennlich, verschmolzen

8064 verbünden (s.)
s. anschließen, s. verbrüdern, s. vereinigen, s. zusammenrotten, s. zusammentun

8065 Verbundenheit
Einheit, Gemeinsinn, Solidarität, Verbindung, Vereinigung, Zusammenschluss

8066 Verdächtigung
Angriff, Anklage, Anschuldigung, Anschwärzung, Beleidigung, Beschimpfung, Beschuldigung, Denunziation, Diffamierung, Klage, Rufmord, Schmähung, Unterstellung, Verleumdung, Verunglimpfung

8067 Verdammnis
Fluch, Gottesstrafe •Hölle, Inferno, Unterwelt

8068 verdammt
verflucht, verwünscht

8069 verdampfen
eindampfen, eindicken, kondensieren, verdichten, verflüssigen, verkochen

8070 verderben
faulen, verschimmeln •vergiften, verseuchen •vereiteln, verleiden, verpfuschen •schaden, schädigen, übel wollen •verpesten, verqualmen

8071 Verdeutlichung
Demonstration, Illustrierung, Veranschaulichung

8072 verdichten (s.)
komprimieren, konzentrieren •s. verstärken, zunehmen

8073 Verdichtung
Kompression, Komprimierung •Verstärkung, Zunahme

8074 verdicken
anschwellen, s. vergrößern, zunehmen

8075 verdienen
bekommen, einnehmen, erhalten •gebühren, gehören, zustehen

8076 Verdienst
Erfolg, Ergebnis, Meisterwerk •Bezahlung, Gehalt

8077 verdient
gerecht, gerechtfertigt, verdientermaßen

8078 verdoppeln
doppeln, verzweifachen

8079 verdorren
abblühen, vertrocknen, welken

8080 verdorrt
abgeblüht, ausgetrocknet, vertrocknet, verwelkt

8081 verdrängen
abdrängen, ausbooten, wegdrängen, zurückdrängen

8082 verdrehen
entstellen, missdeuten, verzeichnen, verzerren •umbiegen, verbiegen

8083 verdreht
einseitig, schief, verzerrt •närrisch, überspannt, verrückt

8084 Verdrehung
Entstellung, Verfälschung, Verkehrung

8085 verdunkeln
verschleiern, verwischen •abblenden, abdunkeln, verfinstern •abdunkeln, verhängen

8086 verdunkeln (s.)
s. bedecken, s. bewölken, s. verfinstern, s. zuziehen

8087 verdünnen
panschen, pantschen, strecken, verfälschen, versetzen, verwässern

8088 verdunsten
s. auflösen, verfliegen, s. verflüchtigen

8089 Verdunstung
Verdampfung, Verflüchtigung, Vergasung, Vernebelung

8090 Verehrung
Bewunderung, Kult, Liebe, Vergötterung •Achtung, Ehrfurcht, Respekt •Achtung, Bewunderung, Staunen

8091 vereinbaren
abmachen, abreden, ausmachen, übereinkommen, verabreden

8092 vereinfachen
banalisieren, pauschalieren, schablonisieren, schematisieren, simplifizieren, verwässern •abmildern, abschwächen, ausgleichen, bagatellisieren, beruhigen, beschönigen, beschwichtigen, dämmen, entspannen, glätten, herunterspielen, mildern, modifizieren, schönfärben, schwächen, untertreiben, verharmlosen

8093 Vereinfachung
Bagatellisierung, Schematisierung, Schönfärberei, Verharmlosung

8094 vereinheitlichen
normieren, standardisieren, typisieren, gleichmachen

8095 Vereinheitlichung
Normierung, Standardisierung, Typisierung

8096 vereinigen
einen, integrieren, vereinen, zusammenfassen, zusammenschließen •legieren, verschmelzen, zusammenfügen, zusammenschmelzen

8097 vereinigen (s.)
s. organisieren, verschmelzen, s. zusammenschließen, s. zusammentun

8098 vereinigt
beigeordnet, beisammen •einheitlich, untrennbar, verbunden, verflochten, verschmolzen, verschweißt, verwachsen, zusammengeschlossen

8099 vereint
alle, gemeinsam, gemeinschaftlich, geschlossen

8100 verengen (s.)
s. verdünnen, s. verjüngen

8101 Verengung
Verjüngung, Zuspitzung

8102 vererben
hinterlassen, überlassen, überschreiben, vermachen

8103 Verfahren
Gerichtsverfahren, Gerichtsverhandlung, Prozess, Rechtsstreit •Methode, Prozedur, Verfahrensweise, Vorgehen

8104 verfallen
einstürzen, verwittern, zusammenbrechen •abgelaufen, entwertet, ungültig, wertlos •abgemagert, dünn, eingefallen •abhängig, süchtig •ablaufen, enden, verjähren •ausgeliefert, gefügig, untertan •abmagern, auszehren •absterben, niedergehen, untergehen •baufällig, brüchig, morsch, verrottet, zerfallen

8105 verfälschen
entstellen, missdeuten, verdrehen, verschleiern

8106 verfangen (s.)
s. verfangen, s. verstricken, s. verwickeln, s. verzetteln, hängen bleiben

8107 Verfassung
Gemütslage, Gemütsstimmung, Gemütszustand, Stimmung •Charta, Grundgesetz, Staatsverfassung •Kondition, Zustand •Allgemeinbefinden, Gesundheitszustand

8108 verfassungsfeindlich
anarchistisch, staatsfeindlich, zerstörerisch

8109 verfaulen
faulen, rotten, schimmeln, vergehen, verkommen, vermodern, verschimmeln, zerfallen

8110 verfault
alt, faul, faulig, ranzig, schimmelig, ungenießbar, verkommen, verrottet

8111 verfechten
s. einsetzen, verteidigen, vertreten

8112 verfehlen
danebengehen, fehlschießen, vorbeischießen •verpassen, versäumen

8113 Verfehlung
Entgleisung, Fall, Sünde •Delikt, Straftat, Übertretung, Unrecht, Verstoß

8114 verfeindet
entzweit, spinnefeind, todfeind, verfehdet, verkracht, verzankt

8115 verfeinern
kultivieren, verbessern, vervollkommnen

8116 Verfeinerung
Kultivierung, Verbesserung, Verschönerung, Vervollkommnung

8117 verfestigen
einschnüren, zusammenpressen •erhärten, festigen •gerinnen, verdicken

8118 verflochten
geflochten, gitterförmig, vergittert, verwoben

8119 verflucht
verhext, verwünscht, verzaubert

8120 verflüchtigen (s.)
verdampfen, verdunsten, verfliegen
8121 verführbar
charakterlos, labil, schwach, willensschwach •bereit, gestimmt, willig
8122 vergangen
dahin, ehemalig, gewesen, tot, veraltet, vergessen, verjährt
8123 Vergebung
Abbitte, Absolution, Barmherzigkeit, Entschuldigung, Verständnis, Verzeihung •Amnestie, Begnadigung, Straferlass, Verzeihung •Entschuldigung, Pardon, Verzeihung
8124 vergehen
aussterben, untergehen, verschwinden •ablaufen, dahingehen, dahinschwinden, entschwinden, verschwinden, verstreichen, vorbeigehen •abflauen, nachlassen •abkommen, veralten
8125 vergessen
entfallen, entschwinden, versäumen
8126 vergesslich
charakterlos, gedächtnisschwach, labil, nachdenklich, nachlässig, unpünktlich, unsicher, unstet, unzuverlässig, wankelmütig, zerstreut
8127 Vergesslichkeit
Erinnerungslücke, Gedächtnislücke, Gedächtnisschwäche, Gedächtnisschwund •Auslassung, Fristverletzung, Säumigkeit, Säumnis, Saumseligkeit, Sorglosigkeit, Ungehörigkeit, Unpünktlichkeit, Unzuverlässigkeit, Versäumnis, Versäumung, Verspätung
8128 vergeuden
durchbringen, verjubeln, verprassen, verschleudern, verschwenden •verschwenden, vertrödeln, vertun
8129 Vergeudung
Luxus, Prasserei, Prunksucht, Verschwendung
8130 vergewissern (s.)
s. überzeugen, s. versichern, sichergehen
8131 vergießen
ausgießen, ausschütten, verschütten
8132 vergilben
gilben, verblassen
8133 Vergleich
Gegenüberstellung, Konfrontation •Parallele •Ausgleich, Begleichung, Bereinigung, Bezahlung, Schlichtung
8134 vergleichen
kontrollieren, messen, prüfen •abwägen, dagegenhalten, gegenüberstellen, zusammenstellen
8135 vergleichen (s.)
s. einigen, übereinkommen, s. verständigen
8136 Vergnügen
Aufheiterung, Ausgelassenheit, Belustigung, Entzücken, Ergötzen, Erheiterung, Freude, Fröhlichkeit, Frohsinn, Gaudi, Glückseligkeit, Heiterkeit, Hochgenuss, Lebensfreude, Lebenslust, Lustigkeit, Pläsier, Seligkeit, Spaß, Unterhaltung, Vergnügung, Vorfreude, Zerstreuung
8137 vergnügen (s.)
s. amüsieren, s. freuen, s. unterhalten
8138 vergnüglich
amüsant, anregend, lustig, spaßig, unterhaltsam
8139 vergraben
eingraben, einscharren, verscharren
8140 vergraben (s.)
s. beschäftigen, s. versenken, s. vertiefen
8141 vergreifen (s.)
abnehmen, ausplündern, ausräubern, ausräumen, s. bemächtigen, betrügen, erbeuten, unterschlagen, wegnehmen, wegtragen

8142 vergrößern
ausbeulen, ausbreiten, ausdehnen, ausweiten, weiten •anbauen, ausbauen, erweitern •anheben, antreiben, aufbessern, intensivieren, steigern, vermehren •aufbauschen, überspannen, übertreiben, überziehen •erweitern

8143 vergüten
ausbauen, verbessern •ausgleichen, bezahlen

8144 Verhaftung
Abführung, Ergreifung, Festnahme

8145 verhalten
flüsternd, geräuschlos, lautlos, leise

8146 Verhalten
Allüren, Benehmen, Betragen, Führung, Gebaren, Gehabe, Handlungsweise, Manieren, Verhaltensweise

8147 verhalten (s.)
s. aufführen, s. benehmen, s. betragen, s. geben

8148 Verhältnis
Liebschaft, Romanze •Bedingung, Proportion •Beziehung, Kontakt, Verkehr

8149 Verhängnis
Heimsuchung, Katastrophe, Schicksalsschlag, Schlag, Tragik

8150 Verhärtung
Erhärtung, Erstarrung •Beharrlichkeit, Eigensinn

8151 verhätscheln
begünstigen, bevorzugen, ermutigen, favorisieren, fördern, verweichlichen, verwöhnen, verzärteln, verziehen, vorziehen

8152 verheilt
abgeheilt, vernarbt •abgeschlossen, geklärt, vergessen

8153 Verheimlichung
Geheimhaltung, Geheimnistuerei, Unterschlagung, Vorenthaltung

8154 verheiraten (s.)
ehelichen, heiraten, s. verehelichen, s. vermählen

8155 verherrlichen
besingen, glorifizieren, lobpreisen, vergöttern

8156 Verherrlichung
Lobgesang, Lobpreisung, Weihegesang

8157 verhexen
bannen, behexen, beschwören, besprechen, bezaubern, hexen, verzaubern, zaubern

8158 verhext
behext, verwunschen, verwünscht, verzaubert

8159 verhindern
abblocken, abstellen, boykottieren, durchkreuzen, hintertreiben, verhüten, verwehren

8160 Verhöhnung
Geläster, Stichelei, Verspottung

8161 Verhör
Befragung, Gericht, Inquisition, Vernehmung

8162 verhören (s.)
missdeuten, missverstehen

8163 verhüllen
umhüllen, verstecken, zudecken •kaschieren, tarnen

8164 verhüllt
bedeckt, umhüllt •angezogen, bekleidet •andeutungsweise, vage, verblümt

8165 Verhüllung
Tarnung, Verschleierung •Bedeckung, Umhüllung

8166 Verhütungsmittel
Antibabypille, Diaphragma, Gebärmutterhalskappe, Gel, Ovulationshemmer, Pille, Schaum, Spirale, Spray, Zäpfchen, Empfängnis verhütendes Mittel •Gummi, Gummischutz, Kondom, Pariser, Präservativ, Überzieher, Verhüterli

8167 verirren (s.)
fehlgehen, s. verfahren, s. verfliegen, s. verlaufen

8168 verirrt
abgeirrt, verlaufen

8169 Verirrung
Schuld, Sünde •Bewusstseinsstörung, Sinnesverwirrung •Ablenkung, Abweichung •Fehler, Versehen •Sprachlosigkeit, Überraschung, Überrumpelung, Verwirrung, Verwunderung
8170 verjähren
ablaufen, enden, verfallen
8171 verkaufen
abgeben, absetzen, abstoßen, ausschreiben, ausverkaufen, feilbieten, feilhalten, veräußern, verschleudern, vertreiben
8172 verkäuflich
absetzbar, feil, veräußerlich
8173 verkehrt
andersrum, seitenverkehrt, umgekehrt, verdreht •arglistig, heuchlerisch, unaufrichtig, unehrlich, unlauter, verlogen •fehlerhaft, sinnwidrig, unrichtig, unzutreffend, widersinnig, widerspruchsvoll •unrecht, unrichtig, verfehlt, widersprüchlich
8174 verklären
aufheitern, erheitern •idealisieren, verherrlichen
8175 verklärt
astral, vergeistigt, verzückt
8176 verkleiden
kostümieren, maskieren, tarnen, verhüllen, vermummen, s. verstecken •einschalen, ummanteln, verschalen, vertäfeln
8177 Verkleidung
Täfelung, Verschalung •Kostümierung, Maskerade, Tarnung, Vermummung
8178 verkleinern
abschlagen, kürzen, stutzen, verkürzen •bagatellisieren, beschönigen •mindern, reduzieren, verringern •mahlen, zerkrümeln •abschneiden, durchschneiden, zersägen
8179 verkleinert
abgenommen, gekürzt, geschmälert, reduziert
8180 Verkleinerung
Minderung, Reduzierung, Verringerung
8181 verklemmen
eindrücken, einklemmen, einschlagen, verengen
8182 verklingen
abklingen, ausschwingen, austönen, verhallen, verstummen
8183 Verknüpfung
Beziehung, Kombination, Vereinigung, Verkettung, Zusammenfügung
8184 verkommen
dreckig, heruntergekommen •schamlos, verworfen •abgleiten, herunterkommen, verderben, verwahrlosen •faulen, verschimmeln
8185 verkraften
meistern, schaffen
8186 Verkrampfung
Krampfanfall, Krampfzustand •Schmerzanfall, Verklemmung
8187 verkriechen (s.)
s. davonmachen, s. fortstehlen, s. verbergen, s. verschanzen, s. verstecken, s. wegstehlen
8188 verkrümmen
deformieren, verbiegen, verwinden, verzerren
8189 verkümmern
dahinsiechen, s. zurückbilden, zurückgehen •absterben, eingehen, welken
8190 verkünden
verkündigen, verlautbaren, bekannt geben
8191 Verkündigung
Bekanntgabe, Bekanntmachung, Eröffnung, Mitteilung
8192 Verkündung
Anordnung, Aufgebot, Auflassung, Bekanntgabe

8193 Verkürzung
Begrenzung, Drosselung, Verminderung, Verringerung
8194 Verlangen
Aussicht, Begehren, Drang, Erwartung, Fernweh, Heimweh, Hoffnungsschimmer, Illusion, Nostalgie, Optimismus, Sehnsucht, Traum, Wunschtraum, Zuversicht •Bedürfnis, Begehren, Gier, Hunger, Lust, Wunsch, Wunschtraum •Anspruch, Forderung
8195 verlangend
gierig, sehnsuchtsvoll •beanspruchend, fordernd
8196 verlängern
aufschieben, hinausschieben, vertagen •panschen, strecken, verdünnen, verwässern •ansetzen, anstückeln, herauslassen
8197 Verlängerung
Aussetzung, Hinausschub, Hinauszögerung, Stundung, Verschiebung, Vertagung, Verzögerung •Nachspiel
8198 verlassen
kündigen, räumen •fortgehen, weggehen •abgelegen, ausgestorben, einsam, leer, menschenleer, öde, unbevölkert, unbewohnt •s. abmelden, gehen •ausfließen, herauskommen, herausquellen, herausschießen, heraussprudeln, heraustreten, quellen
8199 Verlauf
Ablauf, Fortgang, Gang, Hergang, Lauf, Prozess
8200 verlaufen
ablaufen, abrollen, s. begeben, s. ereignen, erfolgen, passieren, s. vollziehen
8201 verlegen
befangen, beschämt, betreten, verschämt, verwirrt •herausgeben, publizieren, veröffentlichen •umbuchen, umlegen •auslagern, umstellen
8202 Verlegenheit
Bedrängnis, Zwangslage •Armut, Not •Ratlosigkeit, Unentschiedenheit, Unsicherheit •Beschämung, Betroffenheit, Blamage, Verschämtheit
8203 Verleger
Buchproduzent, Editor, Herausgeber, Publizist, Verlagsbesitzer
8204 verlegt
gedruckt, herausgegeben, publiziert, veröffentlicht •fort, unauffindbar
8205 Verleih
Ausgabe, Ausleihe
8206 verleihen
abtreten, weggehen •hergeben, leihen •unterliegen, verspielen •einbüßen, verwirken
8207 verletzen
verknacksen, verstauchen, verzerren •s. anschlagen, s. anstoßen, s. verletzen
8208 verlieren
verlegen, weglegen, flöten gehen •abfallen, herunterfallen, nadeln •ausfallen, einbüßen, verringern •verscherzen, verwirken, zuzahlen •verspielen, verwetten, verwürfeln
8209 verlieren (s.)
abschweifen, abweichen, s. verirren, verschwinden
8210 Verlobte
Braut, Bräutigam •Brautleute, Brautpaar
8211 Verlobung
Aufgebot, Brautstand, Brautzeit
8212 verlocken
anreizen, kitzeln, reizen, versuchen •anstiften, verleiten •anmachen, bestricken, betören, bezaubern, hinreißen
8213 verlockend
anmutig, anregend, anziehend, attraktiv, charmant, liebenswert, sympathisch •appetitanregend, lecker

8214 verloren
abgängig, abhanden, fort, verschwunden, weg

8215 verlöschen
ausgehen, erlöschen •vergehen, verrauchen

8216 Verlust
Abnahme, Aderlass, Ausbleiben, Ausfall, Defizit, Einbuße, Fehlbetrag, Manko, Minus, Nachteil, Schaden, Verlustgeschäft •Ballverlust •Punktverlust •Abgang, Tod, Todesfall

8217 vermachen
hinterlassen, überschreiben, vererben •geben, schenken, spenden

8218 vermehren
erhöhen, steigern, vergrößern, verstärken

8219 vermehren (s.)
s. ausdehnen, s. ausweiten, s. erhöhen, s. verschlimmern, s. vervielfachen

8220 vermeidbar
abwendbar, umgehbar

8221 vermerken
anmerken, aufschreiben, aufzeichnen, notieren, verzeichnen •bemerken, erfassen, registrieren, verzeichnen, wahrnehmen

8222 vermessen
abmessen, abstecken •anmaßend, hochmütig, überheblich

8223 vermieten
aufnehmen, beherbergen, verpachten

8224 Vermietung
Leasing, Überlassung, Verpachtung

8225 Vermischung
Chaos, Durcheinander, Gemisch •Kombination, Verbindung

8226 vermisst
abwesend, fort, überfällig, verschollen, weg

8227 vermitteln
ausgleichen, versöhnen, zurechtbiegen •beibringen, heranholen, heranschaffen, herbeiholen, verschaffen, versorgen

8228 Vermittler
Agent, Bindeglied, Immobilienmakler, Kontaktmann, Makler, Mittelsmann, Mittelsperson, Mittler, Schlichter, Unterhändler, Verbindungsmann, Zwischenhändler •Ehestifter, Kuppler •Gelegenheitsmacher, Hurentreiber, Kuppler, Louis, Lude, Mädchenhändler, Stenz, Zubringer, Zuhälter •Gesandter

8229 Vermittlung
Telefonamt •Beilegung, Mittlerrolle, Schlichtung

8230 Vermögen
Anlage, Bargeld, Besitztum, Geld, Kapital, Reichtum •Einsatz, Geldanlage, Investierung, Investition, Kapitalanlage •Befähigung, Begabung, Können, Talent, Veranlagung

8231 vermuten
ahnen, anmuten, annehmen, dafürhalten, dünken, erahnen, erwarten, glauben, kalkulieren, meinen, mutmaßen, scheinen, tippen, voraussetzen, wählen, weismachen, wirken

8232 Vernachlässigung
Achtlosigkeit, Gleichgültigkeit, Nichtbeachtung, Pflichtvergessenheit, Versäumnis •Benachteiligung, Unterlassung, Unterschätzung

8233 vernehmen
ausfragen, befragen, verhören •erfahren, hören, wahrnehmen

8234 vernichten
abschaffen, abwirtschaften, ausrotten, beanspruchen, belasten, fordern, herunterbringen, herunterwirtschaften, ruinieren, schädigen, verderben, zerstören •aufreiben, auslöschen, austilgen, beseitigen, niedermachen, töten, umbringen, verheeren, verwüsten, zerbomben, zerschießen, zerstören

8235 vernichtend
abwertend, destruktiv, negativ, niederschmetternd •groß, hoch, stark
8236 Vernunft
Einsicht, Geistesgabe, Klarsicht, Urteilskraft, Verstand, Verständnis, Wirklichkeitssinn
8237 vernunftgerecht
erklärbar, fachgemäß, logisch
8238 vernünftig
normal, zurechnungsfähig •besonnen, klug, rational, überlegt, verständig, verstehend •einsichtig, kompromissbereit, willig •akzeptabel, annehmbar, brauchbar, erträglich, leidlich, passabel, vertretbar, zufrieden stellend •erwachsen, reif •sinnvoll, zweckmäßig
8239 veröffentlichen
abdrucken, drucken, reproduzieren, verbreiten, verlegen •benachrichtigen, informieren, kundgeben, kundmachen, mitteilen, publizieren, verlautbaren, bekannt geben, bekannt machen
8240 veröffentlicht
gedruckt, publiziert, verlegt •verkündet, bekannt gemacht, bekannt gegeben
8241 verordnen
aufschreiben, verschreiben •anordnen, bestimmen, diktieren, erlassen
8242 Verordnung
Anordnung, Dekret, Entscheid, Weisung •Erlass, Gesetz, Tagesbefehl, Verfügung
8243 verpachten
untervermieten, vermieten
8244 verpackt
eingepackt, eingerollt, verschnürt, zugeschnürt •geschützt, gesichert •bereit, versandfertig
8245 Verpackung
Hülle, Karton, Schachtel, Tüte
8246 verpassen
unterlassen, verbummeln, verfehlen, versäumen, verschlafen
8247 verpflanzen
auspflanzen, pikieren, umsetzen, umtopfen, verschulen
8248 Verpflichtung
Abordnung, Versetzung •Auftrag, Mission, Pflicht
8249 verpönen
ächten, untersagen, verschmähen, zurückweisen
8250 Verrat
Abfall, Abtrünnigkeit, Charakterlosigkeit, Ehrlosigkeit, Indiskretion, Rücksichtslosigkeit, Schamlosigkeit, Taktlosigkeit, Treuebruch, Treulosigkeit, Unbeständigkeit, Unehrlichkeit, Unredlichkeit, Unstetigkeit, Untreue, Vertrauensbruch, Wankelmut, Wortbruch, Wortbrüchigkeit →Agententätigkeit, Hochverrat, Landesverrat, Spionage, Werksspionage
8251 verraten
anschwärzen, anzeigen, denunzieren, preisgeben, verpetzen, verpfeifen •s. abkehren, s. abwenden, verlassen •ausplaudern, ausposaunen
8252 verrechnen (s.)
s. irren, s. verkalkulieren
8253 verrenken (s.)
s. verstauchen, s. vertreten, s. verzerren
8254 verrennen (s.)
s. festbeißen, s. verbohren, s. versteifen
8255 verrückt
irre, närrisch, toll, verdreht, wirr •durchgedreht, geisteskrank, schwachsinnig
8256 Verrücktheit
Abenteuer, Blödheit, Dummheit, Irrsinn, Unklugheit, Wahnwitz •Abnormität, Geisteskrankheit, Schwachsinnigkeit
8257 versagen
abblitzen, durchfallen •ablehnen, abschlagen, verneinen, vorenthalten •enttäuschen, ermatten, schei-

tern, s. verfahren •abbrechen, ablehnen, absagen •untersagen, verbieten •ausfallen, zurückfallen

8258 versagen (s.)
s. verweigern, verzichten

8259 verschanzen (s.)
s. isolieren, s. zurückziehen •s. eingraben, s. einschanzen

8260 verschärfen
verschlechtern, verschlimmern

8261 verschärfen (s.)
s. eskalieren, s. verschlechtern, s. verschlimmern, s. zuspitzen

8262 verschätzen (s.)
danebenschätzen, s. verkalkulieren

8263 verschieben
umstellen, verrücken •aufschieben, hinausschieben

8264 verschlafen
dösig, müde, schläfrig, unausgeschlafen •vergessen, verpassen, versäumen

8265 verschlagen
vernagelt, versperrt •ausgekocht, gerissen, hinterhältig, schlau •verhauen, verprügeln

8266 verschleudern
vergeuden, verschwenden •abstoßen, verramschen

8267 verschließen
aufheben, bewahren •abriegeln, abschließen, absperren, sichern, verriegeln, zuschließen, zusperren

8268 verschlossen
abweisend, distanziert, introvertiert, kontaktscheu, kühl, menschenscheu, schweigsam, unnahbar, verstockt, zugeknöpft, zurückhaltend •abgeriegelt, geschlossen, verriegelt, zugeschlossen, zugesperrt

8269 verschlungen
aufgegessen, heruntergewürgt, verschluckt, vertilgt, verzehrt •kompliziert, schwierig •gebogen, labyrinthisch, verwickelt, verwunden

8270 Verschluss
Schließe, Schnalle •Deckel, Kappe

8271 verschlüsseln
chiffrieren, kodieren, sichern

8272 verschmutzen
anschmieren, beflecken, s. beflekken, s. beschmieren, beschmieren, beschmutzen, bespritzen, besudeln, entehren, schänden, verschmieren, verunreinigen, vollschmieren, vollspritzen •schmutzen, stauben

8273 verschnupft
erkältet •beleidigt, gekränkt, verletzt, verstimmt

8274 verschönern
schmücken, verschönen, verzieren

8275 verschreiben (s.)
fehlen, s. irren •s. einsetzen, s. hingeben, s. verschwören, s. widmen

8276 Verschuldung
Schuld, Überschuldung

8277 verschütten
ausschütten, umschütten, vergießen

8278 verschwenden
durchbringen, verjubeln, verprassen, verpulvern, verschleudern

8279 Verschwender
Prasser, Vergeuder, Verschleuderer

8280 Verschwendung
Aufwand, Großzügigkeit, Prasserei, Vergeudung

8281 verschwiegen
einsilbig, lakonisch, schweigsam, still, stumm, verschlossen, wortarm, wortkarg, zurückhaltend •diskret, verlässlich, zuverlässig •abgelegen, diskret, intim

8282 verschwinden
wegkommen, verloren gehen •s. absetzen, s. aufmachen, s. entfernen, s. entziehen, untertauchen, wegschleichen •aussterben, untergehen, verfallen

8283 verschwommen
andeutungsweise, missverständlich, nebelhaft, nebulös, übersehen, unartikuliert, unbestimmt, undeutlich, undurchschaubar, unentdeckt, unerkannt, ungenau, unkenntlich, unklar, unpräzise, unscharf, unverständlich, vage, verwackelt, verworren

8284 Verschwommenheit
Dämmerung, Nebelhaftigkeit, Undurchsichtigkeit

8285 verschwören (s.)
s. ergeben, huldigen, s. verschreiben •s. auflehnen, meutern, s. verbünden, s. zusammenrotten

8286 Verschwörer
Abtrünniger, Anarchist, Aufrührer, Aufständischer, Aufwiegler, Demagoge, Hetzer, Landesverräter, Rebell, Revolutionär, Umstürzler, Vaterlandsverräter, Volksverhetzer

8287 versehen
ausstaffieren, ausstatten, beliefern •ausführen, ausüben, betreiben

8288 versenden
abschicken, fortschicken, verschicken

8289 versengen
anbrennen, ansengen

8290 versenken
eintauchen, hinablassen, torpedieren

8291 versenken (s.)
s. abgeben, s. aufhalten, s. hineinvertiefen •abschalten, meditieren, nachdenken

8292 versetzen
umschieben, verlegen, verpflanzen, verrücken

8293 Versetzung
Anbau, Anpflanzung, Ausbau, Bebauung, Bepflanzung, Bestellung, Bewirtschaftung, Feldbestellung, Kultivierung, Umpflanzung •Ortswechsel, Stellungswechsel, Zwangsversetzung •Beförderung •Entlassung, Räumung

8294 versichern
behaupten, beteuern, betonen, versprechen

8295 versichern (s.)
vorausblicken, vorbauen, vorsorgen •s. rückversichern, s. vergewissern

8296 versichert
abgesichert, gesichert

8297 Versicherung
Deckung, Sicherheit •Vorbeugung, Vorkehrung, Vorsorge

8298 versickern
austrocknen, verlanden, s. verlaufen, verrinnen, versanden, vertrocknen

8299 versiegeln
plombieren, zusiegeln •asphaltieren, betonieren, pflastern

8300 versiegen
abklingen, aufhören, austönen, enden, nachlassen, verhallen, verstummen •austrocknen, eintrocknen, vertrocknen

8301 versöhnen (s.)
s. aussöhnen, s. einigen, s. vertragen

8302 versöhnlich
ausgleichend, einsichtig, friedlich, verständnisvoll, verträglich

8303 versorgen
s. kümmern, s. sorgen •speisen, verpflegen

8304 verspotten
ärgern, aufziehen, auslachen, ausspotten, belächeln, bloßstellen, foppen, hänseln, höhnen, hohnlachen, lächeln, lästern, mokieren, narren, necken, scherzen, spaßen, spotten, täuschen, ulken, uzen, verhöhnen, verlachen, verulken, witzeln •äffen, foppen, karikieren, nachäffen, nachahmen, nachmachen, narren, parodieren, spotten, verhöhnen, verlachen, verzerren

8305 verspottet
belächelt, bloßgestellt, geneckt, parodiert, verhöhnt, verlacht

8306 versprechen
beeiden, geloben, schwören, s. verbürgen, s. verpflichten, zusichern
8307 versprechen (s.)
s. verhaspeln, s. verheddern
8308 verständigen (s.)
s. einigen, s. versöhnen •s. artikulieren, kommunizieren, sprechen
8309 Verständigung
Ausgleich, Brückenschlag, Versöhnung
8310 Verständlichkeit
Deutlichkeit, Einfachheit, Klarheit •Deutlichkeit, Hörbarkeit, Verstehbarkeit
8311 verständnisvoll
aufgeschlossen, barmherzig, dulderisch, duldsam, einfühlend, einsichtig, mitfühlend, nachsichtig, tolerant, versöhnlich, verständig, verstehend
8312 verstärken
aktivieren, anfeuern, aufwerten, erhöhen, intensivieren, steigern, verdoppeln, vergrößern, verschärfen, vervielfachen, vorantreiben
8313 verstecken
verbergen, vergraben, wegräumen, beiseite schaffen
8314 verstecken (s.)
s. verbergen, s. verkriechen, s. verschanzen
8315 versteckt
latent, schlummernd, unbemerkt, unmerklich, unterschwellig, verborgen, verdeckt, verhüllt, verschleiert
8316 verstehen
beherrschen, können •auffassen, begreifen, durchblicken, durchschauen, einsehen, ergründen, herausfinden, nachempfinden, nachvollziehen, klar sehen •hören, vernehmen
8317 verstellen
verbarrikadieren, verbauen, versperren, zubauen
8318 verstellt
unaufrichtig, unehrlich, unwahrhaftig •besetzt, blockiert, verbarrikadiert, verbaut, versperrt, zugebaut, zugemauert
8319 Verstocktheit
Beharrlichkeit, Reuelosigkeit, Schweigsamkeit, Trotz, Ungehorsam •Eigensinn, Hartnäckigkeit, Unlenksamkeit, Verhärtung, Widerspenstigkeit, Zähigkeit •Herzensverhärtung, Unbußfertigkeit, Verstockung
8320 versuchen
anreizen, umgarnen, verführen, verleiten, verlocken •auskosten, ausprobieren, begutachten, kosten, probieren, prüfen, verkosten
8321 versuchsweise
annähernd, einstweilig, erfahrungsgemäß, experimentell, probeweise, provisorisch, teilweise, vorläufig
8322 verteidigen
abbiegen, abblocken, abschirmen, absichern, abwehren, abwenden, auffangen, fernhalten, schützen, unterbinden, zurückschlagen •s. einsetzen, s. engagieren, kämpfen, plädieren, rechtfertigen, s. verwenden •abdecken, absichern, behüten, beschützen, bewahren, schützen
8323 verteidigen (s.)
s. rechtfertigen, s. wehren
8324 Verteidigung
Entschuldigung, Rechtfertigung •Abwehr, Defensive, Eigenhilfe, Faustrecht, Gegenwehr, Notwehr, Selbsthilfe, Selbstschutz, Selbstverteidigung, Widerstand
8325 verteilen
ausschütten, bescheren, herschenken, wegschenken •umlegen
8326 verteilen (s.)
s. auflösen, s. ausbreiten, verlaufen, s. zerstreuen, auseinander laufen

8327 vertiefen
aktivieren, intensivieren, verstärken •ausbaggern, ausgraben, ausheben
8328 vertiefen (s.)
s. abgeben, s. auseinandersetzen, s. befassen, s. hineinversetzen, s. konzentrieren
8329 vertieft
entrückt, nachdenklich, selbstvergessen, träumerisch, verträumt •konzentriert
8330 vertikal
fallrecht, lotrecht, seiger, senkrecht
8331 Vertrag
Abkommen, Bündnis, Übereinkunft, Vereinbarung
8332 vertragen
aushalten, erdulden, hinnehmen, standhalten
8333 vertraglich
vertragsgemäß, vertragsmäßig
8334 verträglich
bekömmlich, gesund, zuträglich •einfühlend, friedliebend, harmonisch, versöhnlich, verstehend •kombinierbar, zusammenpassend
8335 Verträglichkeit
Lenksamkeit, Nachsicht •Einheit, Harmonie
8336 Vertrauen
Gewissheit, Glaube, Hoffnung, Sicherheit, Zuversicht
8337 vertrauenswürdig
rechtschaffen, zuverlässig
8338 vertraulich
familiär, locker, unverkrampft •außerdienstlich, diskret, geheim, inoffiziell, intern
8339 Vertraulichkeit
Einverständnis, Gemütlichkeit, Intimität, Vertrautheit
8340 verträumt
abgelegen, beschaulich, idyllisch •idealistisch, romantisch, fantasievoll [phantasievoll] •entrückt, grübelnd, nachdenklich, versunken, zerstreut
8341 vertreiben
ausbürgern, ausweisen, entfremden, entwurzeln, verbannen •anbieten, feilbieten, verkaufen •entfernen, entlassen, fortjagen, verjagen, wegjagen
8342 Vertretung
Abordnung, Delegation •Repräsentanz, Repräsentation •Aushilfe, Vertreter •Ersatz, Ersatzmann, Stellvertreter, Vertreter
8343 vertrocknen
ausdörren, austrocknen, verdorren, versengen •abwelken, verblühen, verdorren, verwelken, welken
8344 vertrocknet
abgestorben, ausgedörrt, verdorrt, welk •altbacken •regenarm, wasserarm, wüstenhaft
8345 verunglückt
ertrunken •gefallen, verwundet •gestrandet, untergegangen •verletzt •überfahren
8346 Verunstaltung
Makel, Missbildung, Missgestalt, Verunzierung •Entstellung, Hässlichkeit •Karikatur, Parodie, Zerrbild
8347 verursachen
anrichten, auslösen, bedingen, einbrocken, heraufbeschwören, herbeiführen, hervorrufen, veranlassen, verschulden
8348 verurteilen
aburteilen, bestrafen, verknacken •ächten, bannen, verwünschen
8349 Verurteilung
Aburteilung, Richterspruch, Urteil, Urteilsspruch •Acht, Ächtung, Bann, Verdammung, Verfluchung, Verwünschung
8350 vervielfachen
abziehen, kopieren, vervielfältigen •malnehmen, multiplizieren
8351 Vervollkommnung
Abrundung, Ergänzung, Perfektionierung

8352 verwachsen
dicht, überwuchert, undurchlässig, unwegsam, unzugänglich •verschmelzen, zusammenwachsen •bucklig, missgestaltet, verkrüppelt

8353 Verwahrung
Aufsicht, Gewahrsam, Haft •Aufbewahrung, Lagerung

8354 Verwalter
Administrator, Betreuer, Bevollmächtigter, Kurator, Leiter, Manager •Kämmerer, Kassenverwalter, Kassenwart, Kassierer, Säckelmeister, Schatzmeister •Hausvater, Heimleiter, Herbergsvater •Hausmeister, Hausverwalter, Hauswart, Pedell, Portier •Concierge, Hausmeisterin, Hausverwalterin, Hauswirtin, Pförtnerin, Portiersfrau •Gutsverwalter

8355 verwandt
verschwägert, verschwistert •ähnlich, gleich

8356 Verwandtschaft
Anhang, Blutsverwandtschaft, Clan, Familie, Familienband, Geschlecht, Sippe, Sippschaft, Stamm •Abkömmling, Ahne, Angehöriger, Anverwandter, Familienangehöriger, Familienmitglied, Verwandter

8357 Verwarnung
Ermahnung, Rüge, Tadel, Verweis •Bußzettel, Protokoll, Protoköllchen, Strafmandat, Strafzettel

8358 verwechseln
s. irren, s. täuschen, vertauschen, durcheinander bringen

8359 Verwechslung
Gedächtnisschwäche, Versagen, Zerstreutheit •Auswechslung, Fehlgriff, Irrtum, Versehen, Vertauschung

8360 verwehren
untersagen, verbieten, vorenthalten

8361 verweichlicht
verhätschelt, verwöhnt, verzärtelt

8362 verweigern
entziehen, versagen •ablehnen, missbilligen, sperren, untersagen, verbieten, s. verbitten, versagen, verwehren •abwehren, abweisen, abwinken, ausschlagen

8363 verweilen
s. aufhalten, leben, wohnen •s. besinnen, einkehren, innehalten, zögern •s. ausruhen, entspannen, innehalten, pausieren, rasten, unterbrechen, Halt machen

8364 verweisen
andeuten, hinweisen, hinzeigen •ausbürgern, ausweisen

8365 verwelkt
faltig, runzelig •abgeblüht, verblüht, vertrocknet, welk

8366 Verwendbarkeit
Befähigung, Einträglichkeit, Geschicklichkeit •Anwendbarkeit, Dienlichkeit, Sachdienlichkeit, Verwendungsmöglichkeit

8367 verwischen
beseitigen, verdunkeln, verschleiern

8368 verwischen (s.)
verfließen, verschwimmen

8369 verwischt
unkenntlich, unscharf, verschleiert •ausgelöscht, beseitigt, weg

8370 verwittert
bejahrt, verbraucht, verrottet •bröckelig, brüchig, uneben, zerfallen

8371 verwöhnt
anspruchsvoll, wählerisch •verhätschelt, verweichlicht, verzogen

8372 Verzauberung
Aberglaube, Verwünschung •Begeisterung, Bezauberung

8373 verzerren
s. verletzen, s. verrenken, s. verstauchen •karikieren, verspotten •entstellen, verdrehen •verkneifen, verziehen

8374 verzerrt
entstellt, karikiert, verdreht •fratzenhaft, hässlich •verletzt, verrenkt, verstaucht

8375 Verzerrung
Deformation, Entstellung, Hässlichkeit •Auswuchs, Blendwerk, Übertreibung

8376 verziehen
fortziehen, umziehen, wegziehen •verkneifen, verzerren •verweichlichen, verzärteln

8377 verziehen (s.)
s. aufwerfen, s. wellen, s. werfen •s. entfernen, fortgehen, wegschleichen

8378 verzieren
garnieren, schmücken, verfeinern

8379 verzögern
abwarten, aufhalten, aufschieben, s. bedenken, beeinträchtigen, behindern, hinausschieben, hinauszögern, hindern, hinschleppen, schwanken, stören, verlängern, vertagen, verweilen, warten, zögern

8380 verzögern (s.)
s. hinausziehen, s. verspäten

8381 Verzögerung
Aufschub, Verlangsamung, Verzug

8382 verzweigt
geästelt, verästelt, vielarmig

8383 Vieh
Großvieh, Hornvieh, Jungvieh, Kleinvieh, Viehzeug

8384 viel
endlos, genügend, haufenweise, herdenweise, hordenweise, massenhaft, reichlich, scharenweise, schwarmweise, übergenug, unbegrenzt, unendlich, unzählbar, zahllos, zahlreich •geballt, gedrängt, gehäuft

8385 vielerlei
allerhand, bilderreich, diverse, massenhaft, mehrerlei

8386 Vielfalt
Abwechslung, Buntheit, Farbigkeit, Fülle, Mannigfaltigkeit, Palette, Reichhaltigkeit, Variationsbreite, Verschiedenartigkeit, Vielfältigkeit

8387 vielleicht
annähernd, etwa, ungefähr, zirka •allenfalls, eventuell, gegebenenfalls, möglichenfalls, möglicherweise, vermutlich, womöglich

8388 viereckig
quadratisch, rautenförmig, rechteckig

8389 virtuos
genuin, hervorragend, meisterhaft, perfekt

8390 Volk
Nation, Völkerschaft, Volksgemeinschaft •Bevölkerung, Bewohnerschaft, Bürgerschaft, Einwohnerschaft, Population •Allgemeinheit, Menge, Menschenmasse, Öffentlichkeit, Volksmasse, Volksmenge

8391 Volksmund
Lebensweisheit, Spruch

8392 voll
angefüllt, gefüllt, prall, randvoll •betrunken, blau, volltrunken •erschöpfend, ganz, komplett, total, umfassend, völlig •satt, voll gegessen •belegt, besetzt, überfüllt, voll gestopft •ausgebucht, ausverkauft, belegt

8393 Völle
Bacchanal, Betrunkenheit, Gelage, Sauferei, Saufgelage, Trunkenheit, Zechgelage •Ausgelassenheit, Ausschweifung, Unmäßigkeit •Übersättigung, Völlerei

8394 vollendet
beispiellos, perfekt, tadellos, unübertroffen, unvergleichbar, vollkommen •abgeschlossen, ausgereift, erledigt, fertig

8395 vor
heraus, hervor •davor, vorab, vorerst, vorher, zuerst, zuvor •voran, voraus, vorneweg

8396 vorausgesetzt
angenommen, bedingt, bedingungsweise, demgemäß, falls, hypothetisch, insofern, vorbehaltlich

8397 Voraussage
Ahnung, Astrologie, Horoskop, Mutmaßung, Offenbarung, Orakel, Prognose, Prophezeiung, Vorausbestimmung, Vorhersage, Weissagung, Zukunftsdeutung •Hochrechnung

8398 voraussehend
prophetisch, seherisch, visionär, weit blickend

8399 Voraussetzung
Annahme, Basis, Bedingung, Grundlage, Prämisse, Vorausschickung, Vorbedingung

8400 Vorbehalt
Absicherung, Bedenken, Reserve, Skepsis, Ungläubigkeit, Vorsichtsmaßregel, Zurückhaltung

8401 vorbeischauen
besuchen, hereinschauen, überfallen

8402 vorbeiziehen
vergehen, verschwinden, vorbeigehen, vorübergehen, zerrinnen •defilieren, marschieren, paradieren, vorüberziehen •entschwinden, vergehen

8403 Vorbemerkung
Einführung, Einleitung, Präambel, Vorwort

8404 vorbereiten
bereithalten, bereitlegen, herrichten, präparieren, zurechtlegen •entwerfen, planen, projektieren

8405 vorbereiten (s.)
s. einstellen, s. einstimmen, s. präparieren, s. wappnen

8406 vorbeugen
s. immunisieren, s. schützen •vorbauen, vorsorgen

8407 vorbeugend
krankheitsverhütend, präventiv, prophylaktisch, verhütend

8408 Vorbild
Beispiel, Idol, Leitbild, Leitstern, Richtschnur •Muster, Musterstück, Vorlage •Halbgott, Heros, Musterbild

8409 vordrängen (s.)
s. aufdrängen, s. aufspielen •s. drängeln, s. durchdrängen

8410 vordringlich
akut, bedeutend, maßgeblich, vorrangig, wichtig

8411 voreilig
hastig, kopflos, überhastet, überstürzt

8412 voreingenommen
befangen, parteiisch, subjektiv, unsachlich

8413 vorenthalten
unterschlagen, verbergen, verheimlichen, verschweigen, vertuschen, geheim halten •versagen, verwehren, verweigern

8414 vorerst
vorab, vorläufig, zuerst, zunächst

8415 vorfahren
überholen, vorbeifahren •ankommen, besuchen

8416 vorgehen
vorangehen, vorausgehen •handeln

8417 vorherbestimmen
prädestinieren, vorschreiben, zwingen •berechnen, planen, überlegen

8418 Vorherbestimmung
Fatalismus, Fügung, Geschick, Kismet, Los, Schicksal, Verhängnis, Vorsehung •Berechnung, Erwägung

8419 Vorherrschaft
Dominanz, Mehrzahl, Übergewicht, Übermacht

8420 Vorhersage
Ahnung, Hellseherei, Offenbarung, Prognose, Prophezeiung, Voraussage, Vordeutung, Vorhersagung, Weissagung

8421 vorhin
damals, eben, frisch, gerade, gestern, jüngst, kürzlich, letztens, letzthin, neulich, unlängst, vor kurzem

8422 Vorlage
Modell, Muster, Original, Quelle, Raster, Schablone, Schema, Vorbild •Abspiel, Flanke, Pass, Zuspiel •Teppich

8423 vorlegen
auftafeln, auftischen, servieren •offerieren, präsentieren, überreichen, unterbreiten

8424 vorlegen (s.)
s. vorbeugen, s. vorlehnen

8425 vormachen
demonstrieren, zeigen •beschwindeln, blenden, ergaunern, erschleichen, foppen, heucheln, hintergehen, irreführen, lügen, markieren, prellen, schauspielern, schummeln, simulieren, täuschen, verdrehen, s. verstellen, vorgaukeln, vorspiegeln, vorspielen, vortäuschen

8426 vornehmen (s.)
tadeln, s. vorknöpfen •beabsichtigen, planen, projektieren, vorhaben

8427 vorrätig
da, disponibel, erhältlich, käuflich, lieferbar, verfügbar, vorhanden

8428 vorsagen
einflüstern, einsagen, soufflieren, vorreden, zuflüstern

8429 vorsätzlich
absichtlich, beabsichtigt, beflissen, bewusst, geflissentlich, gewollt, willentlich, wissentlich, wohlweislich •böswillig, mutwillig

8430 Vorschau
Programmübersicht, Vorankündigung

8431 Vorschlag
Anregung, Empfehlung, Plan, Tipp →Börsentipp, Wetttipp

8432 vorschnell
hastig, kopflos, überstürzt, unüberlegt

8433 Vorsorge
Fürsorge, Pflege, Versorgung •Ahnung, Besorgnis •Notgroschen, Rücklage

8434 vorsorgen
aufspeichern, s. versichern, vorbauen, vorbereiten, vorbeugen, vorplanen •deponieren, einkellern, einlagern, horten, lagern, speichern, weglegen, zurückbehalten •sichern

8435 Vorspann
Präludium, Vorspiel •Einführung, Einleitung •Trailer

8436 vorspringen
herausragen, herausspringen, überragen, vorstehen

8437 vorstellen
einführen, bekannt machen •darstellen, imitieren, mimen, verkörpern •darstellen, repräsentieren

8438 vorstellen (s.)
s. ausmalen, s. denken, s. vergegenwärtigen •s. bewerben

8439 Vorstellung
Bewerbung •Annahme, Befürchtung, Einbildung, Mutmaßung, Spekulation, Vorspiegelung •Aufführung, Darbietung, Vorführung •Ansicht, Betrachtungsweise, Idee, Konzept •Einführung •Halluzination, Illusion, Luftschloss, Sinnestäuschung, Trugbild, Unwirklichkeit

8440 Vortritt
Ehrenplatz, Ehrung, Verehrung •Anführung, Führerstellung, Vorrang, Vorrecht

8441 vorwurfsvoll
missbilligend, missfällig, rügend

8442 vorziehen
verdunkeln, zumachen •begünstigen, favorisieren, fördern, protegieren
8443 vorzüglich
außerordentlich, ausgezeichnet, exzellent, fein, hervorragend, überragend, überwältigend, unübertroffen, vortrefflich

W

8444 Waage
Ausgeglichenheit, Gleichgewicht •Briefwaage, Goldwaage, Haushaltswaage
8445 waagrecht
ausgebreitet, glatt, hingestreckt, horizontal
8446 Wache
Bewachung, Garde, Leibgarde, Wachposten
8447 wachsen
aufblühen, aufwachsen, erblühen, heranreifen, heranwachsen •einbohnern, einwachsen •aufwachsen, s. vergrößern •aufblühen, florieren, s. steigern •aufblühen, s. beleben, entstehen, heranwachsen, verändern •bedecken, überranken, überwachsen, überwuchern
8448 Wachstum
Anstieg, Erhöhung, Verbesserung, Verstärkung, Zunahme •Entfaltung, Entwicklung, Reifezeit, Veränderung
8449 wackelig
schwach, schwankend, unsicher •altersschwach, kraftlos, kränklich, schwächlich •gelockert, lose •kippelig, wankend
8450 wagen
s. erdreisten, s. erkühnen, riskieren, s. trauen, s. überwinden
8451 wägen
beurteilen, erwägen, prüfen, urteilen •abwiegen, bemessen, messen, peilen, wiegen
8452 Wagen
Fuhrwerk, Gefährt, Handwagen, Karre, Karren, Leiterwagen •Auto, Fahrzeug
8453 Wahl
Alternative, Entscheidung •Abstimmung, Urnengang →Bundestagswahl, Kommunalwahl, Landtagswahl, Stichwahl, Testwahl, Verhältniswahl, Volksentscheid
8454 wahlberechtigt
stimmberechtigt
8455 wählen
s. durchringen, s. entschließen •abscheiden, ausersehen, auserwählen, aussondern, aussuchen, auswählen, bestimmen, entleeren, erküren, erlesen, ernennen, erwählen, küren, suchen •ausersehen, auserwählen, ausgliedern, auslesen, ausmustern, aussortieren, aussuchen, auswählen, erküren, ernennen, erwählen, herauslesen, heraussuchen, küren, selektieren, verlesen •abstimmen, beauftragen
8456 Wähler
Stimmvolk, Wählerschaft, Wahlvolk
8457 Wahnsinn
Bewusstseinsspaltung, Geistesgestörtheit, Geisteskrankheit, Irrsinn, Schwachsinn •Einmaligkeit, Großartigkeit, Größe, Spitze, Unwahrscheinlichkeit
8458 wahnsinnig
geistesgestört, geisteskrank, schwachsinnig, unzurechnungsfähig •äußerst, groß, großartig, sehr, überaus, unvergleichlich, unwahrscheinlich

8459 wahr
amtlich, beglaubigt, belegt, bestätigt, beurkundet, bewiesen, dokumentiert, erwiesen, glaubhaft, glaubwürdig, klar, offiziell, richtig, tatsächlich, unangreifbar, unbestritten, ungelogen, ungeschminkt, unumstößlich, unverfälscht, unzweifelhaft, wahrhaftig, wahrheitsgemäß, wirklich, zuverlässig

8460 während
als, bei, einstweilen, indem, solange, unterdessen, zwischenzeitlich

8461 Wahrheit
Gewissheit, Realität, Tatsache, Wirklichkeit

8462 Wahrsager
Astrologe, Handliniendeuter, Hellseher, Horoskopsteller, Kartenleger, Kartenlegerin, Kartenschlägerin, Prophet, Schäfer, Seher, Sterndeuter, Traumdeuter, Vorhersager, Weissager, Zeichendeuter, Zukunftsdeuter •Deuter, Künder, Mahner, Prophet, Rufer, Seher

8463 Wahrsagerin
Kartenleserin, Kartenschlägerin, Kassandra, Pythia, Sibylle, Zukunftsdeuterin

8464 Währung
Geld, Geldmittel, Valuta, Zahlungsmittel →Schattenwährung, zweite Währung, ausländische Währung

8465 Wald
Dickicht, Forst, Gebüsch, Gehölz, Gemeindewald, Schonung, Staatsforst, Staatswald, Unterholz, Waldung •Busch, Dschungel, Urwald, Wildnis

8466 walken
drücken, pressen •bestrafen, prügeln

8467 wälzen (s.)
s. drehen, s. herumdrehen, s. herumwerfen

8468 Wandelgang
Foyer, Hotelhalle, Lobby, Lounge, Wandelhalle

8469 wandeln
ändern, erneuern, umstoßen, umwälzen, verändern, verbessern •wallen, spazieren gehen

8470 wandeln (s.)
s. ändern, s. entwickeln, fortschreiten

8471 wandern
gleiten, schweifen •s. fortbewegen, herumziehen, umherstreifen, ziehen, spazieren gehen

8472 Wandervogel
Ausflügler, Spaziergänger, Wanderbursche, Wandergeselle, Wandersmann •Zugvogel

8473 Wandervolk
Beduinen, Nomaden, Zigeuner

8474 Wandler
Modem, Umwandler

8475 Wandverkleidung
Tapete, Wandbekleidung •Vertäfelung, Wandtäfelung •Gobelin, Wandteppich

8476 Wanze
Kerbtier, Kleintier •Abhörgerät, Lauschgerät, Minispion •Computervirus, Programmfehler, Virus

8477 warm
heiß, sommerlich, sonnig •entgegenkommend, gütig, herzlich, wohlmeinend •behaglich, mollig, überschlagen •behaglich, bequem, friedlich, gemütlich, harmonisch, heimelig, lauschig, traulich, wohlig, wohnlich •einfühlsam, gemütvoll, innerlich, verständnisvoll

8478 Wärme
Güte, Herzensgüte •Bruthitze, Gluthitze, Wärmestrahlung •Behaglichkeit, Gemütlichkeit, Lauschigkeit, Wohnlichkeit

8479 wärmen
anheizen, aufwärmen, beheizen, erhitzen, erwärmen, heizen

8480 warnen
ankündigen, drohen •abmahnen, abraten, abreden, absprechen, widerraten •ermahnen, mahnen, rügen, tadeln, verwarnen

8481 warnend
ermahnend, tadelnd •abschreckend, exemplarisch

8482 Warner
Ausrufer, Ermahner, Mahner

8483 Warnung
Abschreckung, Drohung •Appell, Erinnerung, Ermahnung, Mahnruf, Mahnung, Verwarnung

8484 warten
anstehen, s. anstellen •abpassen, abwarten, ausharren, s. gedulden, harren, hoffen, verharren •pflegen, putzen, reinigen •abwarten, bangen

8485 Wäsche
Reinigung, Waschung •Aussteuer, Leinenzeug →Tischwäsche, Bettwäsche •Leibwäsche, Unterwäsche →Corsage, Korsage, Korsett, Leibchen, Mieder, Schnürleib, Unterhemd, Unterhose

8486 Waschpulver
Feinwaschmittel, Hauptwaschmittel, Vollwaschmittel, Waschmittel

8487 Wasser
Brunnenwasser, Flusswasser, Grundwasser, Heilwasser, Leitungswasser, Meerwasser, Quellwasser, Regenwasser, Salzwasser, Schneewasser, Sprudelwasser, Süßwasser, Trinkwasser, Zisternenwasser •Gewässer

8488 wasserdicht
abgedichtet, dicht, isoliert, wasserundurchlässig

8489 Wasserfahrzeug
Schiff →Dampfer, Fährschiff, Flussschiff, Ozeandampfer, Ozeanriese, Raddampfer •Frachter →Containerschiff, Frachtschiff •Feuerschiff, Leuchtschiff •Boot →Barke, Beiboot, Faltboot, Gondel, Kahn, Kajak, Kanu, Paddelboot, Rettungsboot •U-Boot, Unterseeboot •Segelschiff →Hochseejacht, Segelboot, Segeljacht •Fischkutter, Kutter →Fischerboot, Logger, Trawler

8490 wässerig
feucht, nass, saftig •durchsichtig, hell, klar •abgestanden, geschmacklos •inhaltslos, nichts sagend •fließend, strömend •flüssig, nass

8491 wässern
befeuchten, besprengen, bewässern, gießen, sprengen, spritzen

8492 Watt
Flachmeer, Schelf, Schelfmeer, Wattenmeer

8493 Watte
Ausfütterung, Einlage, Fütterung, Wattierung •Verbandszeug, Wundwatte

8494 weben
durchschlingen, durchweben, flechten, knoten, verschlingen, verweben, wirken, zusammenknüpfen, ineinander schlingen, ineinander fügen

8495 Wechsel
Umschwung, Umwandlung, Wandel •Abfolge, Ablösung, Austausch, Auswechslung, Reihenfolge, Rotation, Turnus •Verpflichtung, Zahlungsverpflichtung •Halbzeit, Pause, Seitenwechsel •Farbenwechsel, Gesinnungswandel, Parteiwechsel, Übertritt •Floating, Wechselkursschwankungen •Feuergefecht, Feuerwechsel, Kugelwechsel, Schießerei, Schusswechsel

8496 wechseln
ablösen, umstellen •austauschen, auswechseln, eintauschen, einwechseln, erneuen, erneuern, ersetzen, umtauschen, umwechseln, verbessern •einwechseln, tauschen, umwechseln, klein machen •umsteigen •ändern, umschalten, umschwenken

8497 wechselnd
abwechselnd, gegenseitig, wechselseitig •schillernd, veränderlich
8498 wedeln
fächeln, wehen •schwänzeln, schweifwedeln
8499 Weg
Fahrradweg, Fahrweg, Feldweg, Gehweg, Leinpfad, Pfad, Steig, Trampelpfad, Treidelpfad, Treidelweg •Route, Strecke •Chance, Lösungsmöglichkeit, Möglichkeit •Fahrweg, Feldweg, Gehsteig •Enge, Engpass, Hohlweg, Schlucht •Bildungsweg
8500 wegbegeben (s.)
abhauen, s. entfernen, fortgehen, weggehen
8501 wegen
angesichts, infolge, auf Grund
8502 Weggang
Abgang, Aufbruch •Abschied, Lebewohl
8503 weggehen
s. abkehren, s. absetzen, s. abwenden, s. aufmachen, davongehen, fortgehen, s. fortmachen, losmarschieren, s. umdrehen, zurückweichen
8504 wegnehmen
abjagen, abnehmen, ausplündern, bestehlen, einstecken, entreißen, entwenden, plündern, räubern, unterschlagen, veruntreuen •verstellen, weglegen •abziehen, subtrahieren
8505 wegschleudern
fortschleudern, fortwerfen •s. bemächtigen, enterben, wegnehmen
8506 Wegweiser
Hinweisschild, Markierung •Ortsschild, Richtungsanzeiger •Karte, Plan
8507 wegwerfen
beseitigen, wegschmeißen •ausmustern, ausrangieren, fortwerfen
8508 wegziehen
ausziehen, fortziehen, umsiedeln, verschwinden, weggehen •verweigern, zurückziehen
8509 wehen
baumeln, flattern, fliegen, knattern, wedeln •auffrischen, aufkommen, blasen, brausen, pfeifen, rauschen, säuseln, toben, ziehen
8510 Wehgeschrei
Gestöhn, Klagelaut, Schmerzensschrei •Elend, Jammer, Kreuz, Qual, Schmerz, Weh
8511 wehren (s.)
s. sträuben, s. verantworten, s. verteidigen, s. widersetzen
8512 weich
empfindsam, fein besaitet, feinfühlig, gefühlvoll, gutmütig, liebevoll, romantisch, sanft, seelenvoll, sensibel, zart, zärtlich, zart besaitet, zart fühlend •verletzbar, verletzlich, verwundbar •dehnbar, elastisch, federnd •daunenweich, federweich, mollig, samtweich, seidig, zart •fertig, gar, mürbe →gar gekocht, weich gekocht, weich gedünstet •breiig, glitschig, lehmig, matschig, schmutzig
8513 Weiche
Abzweigung, Stellwerk •Nachgiebigkeit, Schwäche, Weichheit, Willenlosigkeit •Leiste, Lende, Magengegend, Weichteil
8514 weichen
einweichen •fortgehen, s. zurückziehen
8515 weichlich
empfindlich, empfindsam, unmännlich, wehleidig, zimperlich •feige, nachgiebig, schwach
8516 Weide
Grünland, Koppel, Viehweide, Wiese
8517 weigern (s.)
ablehnen, verneinen, verschmähen, zurückweisen

8518 Weigerung
Abfuhr, Ablehnung, Absage, Abweisung, Verneinung, Verweigerung, Zurücknahme, Zurückweisung
8519 Weihe
Ordination, Priesterweihe •Feier, Feierlichkeit •Konsekration •Einweihung, Enthüllung, Taufe
8520 weihen
heiligen, konsekrieren, salben •einweihen, enthüllen, taufen •darbringen, hingeben, opfern •schenken, verehren, zueignen
8521 Weihnachtsbaum
Christbaum, Lichterbaum, Tannenbaum
8522 Weihnachtsmonat
Christmonat, Dezember
8523 Weinberg
Rebanlage, Rebenhügel, Weingarten
8524 weinen
s. ausheulen, beklagen, heulen, jammern, schluchzen, wimmern, winseln •bedauern, bejammern, beklagen, betrauern, beweinen
8525 Weinen
Geheule, Geschluchze, Geschrei, Geweine
8526 weinerlich
rührselig, wehleidig, wehmütig
8527 Weinstock
Rebe, Rebstock, Weinrebe
8528 Weise
Art, Modus •Melodie, Tonfolge
8529 Weisheit
Bildung, Erfahrung, Lebenserfahrung, Reife, Weltkenntnis
8530 weiß
unbekannt, unbewohnt, unerforscht •blütenweiß, reinweiß, blendend weiß •blass, bleich •ergraut, grau, weißhaarig
8531 weissagen
hellsehen, orakeln, prophezeien, wahrsagen
8532 Weiße
Bier, Weißbier •Bleichheit, Farblosigkeit
8533 weiß machen
kalken, tünchen, weißeln, weißen
8534 weißwaschen
entkräften, lossprechen, rechtfertigen
8535 weiß waschen
bleichen, reinigen, bleich machen
8536 weit
ausgedehnt, breit, endlos, geräumig, großräumig, riesig, unbegrenzt, unendlich, unermesslich, unmessbar, unübersehbar, weitläufig, weit verzweigt •entlegen, fern, unerreichbar, unzugänglich, weitab
8537 Weite
Ausbreitung, Ausdehnung, Breite, Dimension, Geräumigkeit, Platz, Raum, Tiefe, Umfang •Abstand, Distanz, Ferne
8538 weiterentwickeln
ausbauen, erweitern, fördern, intensivieren, stärken, vorwärts bringen, vorwärts treiben
8539 Weiterführung
Fortführung, Fortsetzung •Beständigkeit, Fortbestand, Fortdauer
8540 weitergehen
aufbrechen, fortfahren, rennen, weiterlaufen •s. entwickeln
8541 weitsichtig
klug, vorausblickend, weit blickend, weit schauend
8542 welche
einige, manche •die, diejenige •das, dasjenige •der, derjenige
8543 welk
erschlafft, geschrumpft, trocken, verblüht, vertrocknet, verwelkt
8544 Welle
Krause, Locke •Brecher, Flutwelle, Gischt, Seegang, Woge •Radiowelle →Kurzwelle, Langwelle, Mittelwelle, Ultrakurzwelle •Fernsehwelle, Kanal •Mode, Trend

8545 Wellenlinie
Drehung, Einbiegung, Krümmung, Kurve, Windung, Wölbung →Bogenform, Lockenform, Muschellinie, Schlangenform, Schneckenwindung
8546 wellig
gekräuselt, gelockt, kraus, lockig •bergig, gebirgig, hügelig, uneben
8547 Weltall
All, Himmel, Kosmos, Unbegrenztheit, Universum, Weltraum
8548 Weltbürgertum
Humanität, Pazifismus, Weltbürgersinn
8549 Weltmacht
Empire, Großmacht, Großreich, Imperium, Supermacht, Weltreich
8550 Weltreisender
Abenteurer, Globetrotter, Weltenbummler
8551 Weltruhm
Glanz, Glorie, Ruhm, Weltruf
8552 weltumfassend
erdumspannend, global, international, weltweit
8553 Weltuntergang
Apokalypse, Götterdämmerung
8554 Wende
Abbiegung, Biegung, Bogen, Knie, Krümmung, Kurve •Umbruch, Umwälzung •Markstein, Meilenstein
8555 wenden
kehrtmachen, umdrehen, umkehren, umschwenken, zurückfahren
8556 wenden (s.)
s. ändern, s. drehen, s. wandeln
8557 wendig
agil, behände, beweglich, leichtfüßig, schnell, sportlich
8558 Wendigkeit
Beweglichkeit, Gelenkigkeit, Geschicklichkeit, Gewandtheit
8559 wenig
belanglos, dürftig, gering, kärglich, klein, knapp, kümmerlich, lächerlich, mager, unbedeutend, zu wenig
8560 werben
anhalten, buhlen, freien, umwerben •annoncieren, inserieren •dingen, heuern
8561 Werbung
Akquisition, Angebot, Anreißerei, Auftragswerbung, Kundenfang, Kundenwerbung, Marketing, Promotion, Propaganda, Reklame, Verkaufsförderung, Werbefeldzug, Werbetätigkeit
8562 werden
ansteigen, anwachsen, aufblühen, beginnen, s. entfalten, entstehen, s. entwickeln •gelingen, geraten
8563 Werden
Anfang, Aufkommen, Beginn, Bildung, Entstehen, Entstehung, Entwicklung, Fortschritt, Reife, Wachstum
8564 werfen
schleudern, schmettern, hoch werfen •hinschleudern, hinwerfen •frischen, hecken, jungen
8565 Werk
Arbeit, Komposition, Kunstwerk, Musikstück, Opus, Produkt, Schöpfung •Großtat, Handlung, Tat •Bühnendichtung, Dichtung, Dichtwerk, Epos, Prosadichtung, Roman
8566 werken
arbeiten, basteln, werkeln •s. befassen, s. betätigen, s. regen, s. rühren, wirken
8567 Werkzeug
Apparat, Arbeitsgerät, Ausrüstung, Handwerkszeug, Maschine •Dienstprogramme, Hilfsprogramme, Tools, Werkzeuge
8568 Wert
Bedeutung, Gewicht •Güte, Qualität, Wertbeständigkeit •Gegenwert, Preislage
8569 Wertlosigkeit
Bedeutungslosigkeit, Belanglosigkeit, Minderwertigkeit, Nutzlosigkeit

8570 Wertminderung
Abwertung, Beschädigung, Ertragsminderung, Verderbnis, Vermögensverlust •Fehler, Mangel, Schaden, Teilschaden, Totalschaden, Unvollkommenheit

8571 Wertsache
Schmuck, Schmuckstück •Juwel, Kleinod, Kostbarkeit, Wertgegenstand, Wertstück

8572 Wertung
Kritik, Meinung, Stellungnahme •Berechnung, Beurteilung, Bewertung, Einschätzung •Aufwertung, Hochschätzung, Würdigung

8573 Wesen
Gehalt, Kern, Substanz •Geschöpf, Lebewesen, Person •Art

8574 wesentlich
bedeutsam, bedeutungsvoll, dringend, erforderlich, erwähnenswert, gewichtig, notwendig, unausweichlich, unumgänglich, wichtig, zwingend

8575 Wette
Glücksfall, Los, Spekulation, Wagnis

8576 Wetteifer
Ehrgeiz, Streben •Konkurrenz, Rivalität

8577 wetteifern
konkurrieren, rivalisieren, wettkämpfen

8578 wetten
knobeln, losen, raten, setzen, tippen, würfeln

8579 Wetter
Großwetterlage, Wetterfront, Wettergeschehen, Wetterlage, Witterung, Witterungslage →Aprilwetter, Badewetter, Bruthitze, Donnerwetter, Erntewetter, Frostwetter, Frühlingswetter, Gewitter, Gewitterfront, Gewitterregen, Gluthitze, Hagel, Hagelschauer, Herbstwetter, Hitze, Hoch, Kälte, Kaltfront, Matschwetter, Niederschlag, Platzregen, Regen, Regenfront, Regenguss, Regenschauer, Regenwetter, Reisewetter, Sauwetter, Schauer, Schlechtwetter, Schneefall, Schneegestöber, Schneeschmelze, Schneesturm, Schneetreiben, Sommerhitze, Sommerwetter, Störungsfront, Sturzregen, Tauwetter, Tief, Unwetter, Warmfront, Winterwetter, Wolkenbruch

8580 Wetteränderung
Klimaänderung, Klimaumschwung, Wettersturz, Wetterumbruch, Wetterumschlag, Wetterumschwung

8581 Wetterbericht
Wetterdienst, Wetterkarte, Wettermeldung, Wettervoraussage, Wettervorhersage

8582 Wetterfahne
Abtrünniger, Mitläufer, Rückfälliger •Wetterhahn

8583 wettern
donnern, gewittern, grollen •schelten, schimpfen, zetern

8584 Wetterprophet
Laubfrosch, Meteorologe, Wetterfrosch

8585 Wetterstation
Barometer, Luftdruckmesser

8586 Wettstreit
Auseinandersetzung, Erwerbskampf, Konkurrenz, Vergleich, Wettbewerb, Wettkampf, Wettrennen •Fight, Kampf, Match, Schlagabtausch, Spiel, Turnier, Wettkampf •Preisausschreiben, Wettbewerb, Wettkampf

8587 wetzen
reiben, schaben, scheuern •eilen, hasten, sausen, sprinten •abziehen, schärfen, schleifen

8588 wichtig
ausschlaggebend, bedeutend, durchgreifend, einschneidend, entscheidend, grundlegend, grundsätzlich, maßgeblich, merklich, nachhaltig, schwerwiegend, tief gehend, unvergesslich, wesentlich •erstrangig, vordringlich, vorrangig

8589 wickeln
bündeln, einpacken, einrollen, verbinden, verpacken, verschnüren, zubinden, zumachen, zusammenbinden, zuschnüren •aufpacken, auspacken, auswickeln •aufspulen, zusammenrollen •einrollen, einschlagen, einwickeln

8590 widerhallen
widerklingen, widerschallen, widertönen

8591 widersetzen (s.)
aufbegehren, s. entgegenstellen, s. erheben, opponieren, s. sperren, s. sträuben, s. weigern

8592 Widerstand
Einwand, Einwurf, Widerspruch •Auflehnung, Gegenwehr, Opposition, Protest, Trotz, Ungehorsam, Verweigerung •Gegendruck, Gegenkraft, Reibungswiderstand

8593 Widerstandskraft
Entschiedenheit, Wille •Gesundheit, Resistenz

8594 widerstehen
aushalten, standhalten

8595 Widerwillen
Abneigung, Abscheu, Beklemmung, Beklommenheit, Lustlosigkeit, Missbehagen, Missmut, Missstimmung, Unbehagen, Unlust, Unmut, Verdruss

8596 wieder
abermalig, abermals, erneut, neuerlich, nochmals, wiederholt

8597 wiederauffrischen
erneuern, regenerieren, wachrufen, wiederbeleben •auffrischen, reinigen, reparieren, überpinseln, überstreichen

8598 wiedergeben
abbilden, kopieren, reproduzieren, vervielfältigen •berichten, beschreiben, vorlesen

8599 Wiederherstellung
Genesung, Gesundung, Heilung •Erneuerung, Rekonstruierung, Rekonstruktion, Renovierung, Restaurierung, Wiederaufbau

8600 wiederkehren
s. wiederholen, wiederkommen •heimfinden, heimkehren, zurückfinden, zurückkehren, zurückkommen, zurückreisen

8601 wiedersehen (s.)
s. begegnen, s. treffen

8602 Wiege
Babybett, Kinderbett, Kinderwiege •Ausgangspunkt, Quelle, Ursprung

8603 wild
öde, unbetretbar, unzugänglich, weglos •chaotisch, durcheinander, turbulent, wirr •ungebändigt, ungezähmt •brachliegend, frei, unbebaut, unerforscht, unerschlossen •brachliegend, dicht, frei, unbebaut, unbefahrbar, unerforscht, unerschlossen, unpassierbar, unwegsam, unzugänglich •barbarisch, grausam, kannibalisch, roh, unzivilisiert

8604 Willensfreiheit
Belieben, Eigenbestimmung, Ermessen, Gutdünken, Handlungsfreiheit, Selbstbestimmungsrecht

8605 willig
bereit, entschlossen, gesonnen •anständig, artig, folgsam, gefügig, gehorsam

8606 Wind
Bora, Fallwind, Föhn, Mistral •Monsun, Passat, Tropenwind •Bö, Brise, Luft, Luftstrom, Luftzug, Windhauch, Zugluft •Sturm

8607 windig
auffrischend, bewegt, steif, stürmisch, zugig

8608 Windschattenseite
Lee, Leeseite
8609 Windseite
Luv, Luvseite, Ruderseite
8610 Winkel
Schenkel •Loch, Ort, Ortschaft, Platz, Punkt, Stadt, Standort, Stätte, Treffpunkt •Schlupfwinkel, Versteck •Blickwinkel, Standpunkt
8611 Winkelband
Winkeleisen
8612 Winkelmesser
Quadrant, Sextant
8613 winkeln
abbiegen, beugen, biegen, buchten, knicken, krümmen
8614 winken
blinken, signalisieren •grüßen, schwenken, wedeln, zuwinken •bevorstehen, signalisieren
8615 winterlich
eisig, eiskalt, frisch, frostig, frostklirrend, kalt, polar •eingeschneit, verschneit, zugeschneit, tiefverschneit
8616 Winzer
Häcker, Weinbauer, Weingärtner
8617 Wipfel
Baumkrone, Baumwipfel, Blätterkrone
8618 wippen
pendeln, schaukeln, schwingen, wiegen
8619 Wirbel
Aufruhr, Erregung, Gedränge, Getümmel, Unruhe •Sog, Strudel
8620 wirbeln
kreiseln, quirlen, strudeln
8621 Wirbelsturm
Blizzard, Hurrikan, Taifun, Tornado, Wasserhose, Windhose, Wirbel, Wirbelwind, Zyklon
8622 wirken
amtieren, arbeiten, tun
8623 wirklich
dinglich, echt, existent, fassbar, greifbar, körperlich, materiell, stofflich, tatsächlich, wahrhaftig, substanziell [substantiell]
8624 wirksam
attraktiv, reißerisch, schlagkräftig, zugkräftig •drastisch, durchgreifend, durchschlagend, nachdrücklich •fruchtbar, konstruktiv, tauglich
8625 Wirksamkeit
Durchschlagskraft, Effekt, Stoßkraft, Wirkung, Zugkraft
8626 Wirkstoff
Extrakt, Substanz •Hormon •Vitamin •Ferment
8627 Wirkung
Auswirkung, Ergebnis, Resultat •Einfluss, Einwirkung, Gewicht •Effekt, Wirksamkeit •Anziehungskraft, Reiz
8628 Wirkungsbereich
Aktionsbereich, Einflussbereich, Einwirkungsbereich, Geltungsbereich, Machtbereich
8629 wirkungslos
einflusslos, erfolglos, ergebnislos, missglückt, misslungen, umsonst, unnütz, verfehlt, vergebens, vergeblich, zwecklos
8630 Wirtschaft
Destille, Gasthaus, Gasthof, Gaststätte, Gastwirtschaft, Kneipe, Lasterhöhle, Lokal, Raststätte, Restaurant, Schänke [Schenke], Spelunke, Wirtshaus •Probierstube, Weinlokal, Weinschänke [Weinschenke], Weinstube •Geschäftsleben, Gewerbe, Volkswirtschaft •Lotterwirtschaft, Misswirtschaft, Schlamperei, Unordnung
8631 wirtschaften
arbeiten, schaffen, werken •haushalten [Haus halten], sparen •bewirtschaften, leiten, verwalten
8632 wischen
ohrfeigen, schlagen •putzen, reinigen, scheuern

8633 Wissen
Beschlagenheit, Bildung, Erfahrung, Erkenntnis, Praxis, Routine, Überblick •Gewissheit, Sicherheit, Überzeugung
8634 Wissenschaft
Forschung, Lehre
8635 Wissenschaftler
Akademiker, Forscher, Geistesarbeiter, Gelehrter, Hochschulabsolvent, Intellektueller, Studierter
8636 wissenschaftlich
akademisch, fachwissenschaftlich, gebildet, gelehrt, wissend
8637 wissenswert
wichtig •aufschlussreich, bemerkenswert, interessant, lehrreich, nutzbringend
8638 Witz
Mutterwitz, Schlagfertigkeit, Witzigkeit •Humor, Scherz, Spaß
8639 witzig
geistreich, humoristisch, launig, lustig, scherzhaft, spaßhaft •anregend, einfallsreich, originell, spritzig, sprühend
8640 wochentags
alltags, werktags
8641 wohl
freilich, selbstverständlich, sicher, sicherlich, wahrscheinlich •blühend, frisch, gesund, wohlauf •allerdings, freilich, sicher, zugegeben, zwar
8642 wohnen
s. aufhalten, bewohnen, s. einmieten, s. einquartieren, s. einrichten, leben, residieren, verbringen, verweilen, weilen
8643 Wohnort
Aufenthalt, Aufenthaltsort, Dauerwohnsitz, Domizil, Heimatort, Sitz, Stadt, Standort, Wohnsitz
8644 wölben (s.)
s. ausbauchen, s. bauchen, s. runden
8645 Wölbung
Ausbuchtung, Rundung, Schwellung •Arkade, Bogen
8646 Wolken
Bewölkung, Wolkendecke, Wolkenfeld, Wolkenmeer
8647 Wolle
Faden, Faser, Garn •Bedeckung, Behaarung, Fell, Mähne, Pelz
8648 wollen
abzielen, ansteuern, anstreben, beabsichtigen, bezwecken, erkämpfen, erstreben, hinzielen, planen, tendieren, trachten, vorhaben, s. vornehmen •abfordern, abnutzen, abverlangen, beanspruchen, fordern, missbrauchen, strapazieren, verlangen, wünschen
8649 Wort
Ehrenwort, Eid, Versprechen •Ausdruck, Begriff, Benennung, Bezeichnung, Terminus, Vokabel •Wortart
8650 Wortbruch
Hochverrat, Treuebruch, Verrat, Vertrauensbruch •Ableugnung, Lüge, Unredlichkeit •Fahnenflucht, Flucht
8651 wortbrüchig
abgefallen, abtrünnig, ehebrecherisch, illoyal, ketzerisch, treubrüchig, treulos, unstet, unzuverlässig, verräterisch
8652 Wuchs
Erscheinungsbild, Figur, Körperform, Statur •Gedeihen, Wachstum
8653 wühlen
buddeln, durchkämmen, graben, herumwühlen, kramen, stöbern, suchen •hetzen, untergraben, verfeinden
8654 wund
aufgerissen, aufgescheuert, entzündet, wund gescheuert, wund geschürft, wund sein
8655 Wunde
Blessur, Verletzung, Verwundung

8656 Wunder
Erscheinung, Phänomen, Wunderwerk •Mysterium

8657 wundern (s.)
s. erstaunen, s. verwundern

8658 wunderschön
herrlich, idyllisch, paradiesisch •bildschön, formvollendet, wunderbar, wundervoll

8659 Wunsch
Bedarf, Bedürfnis, Begehren, Herzensbedürfnis, Herzenswunsch, Interesse, Sehnsucht, Traum, Verlangen, Wunschtraum •Anliegen, Ansuchen, Bitte, Ersuchen •Beglückwünschung, Glückwunsch, Gratulation, Segenswunsch

8660 wünschen
begehren, benötigen, einbilden, erbitten, erhoffen, ersehnen, erträumen, erwarten, fordern, herbeiwünschen, mögen, sehnen, verlangen, vermissen, wollen

8661 würdig
alt, ehrfurchtsvoll, ehrwürdig, erhaben, erhebend, feierlich, gehoben, gemessen, gravitätisch, respektvoll, verehrungswürdig, würdevoll

8662 Wurf
Erfolg, Errungenschaft, Glücksfall •Schuss, Stoß

8663 würfelförmig
kubisch, würfelig

8664 Wurm
Kriechtier, Regenwurm •Drache, Lindwurm, Ungetüm

8665 Wurzel
Anlass, Grund, Ursache •Knolle, Wurzelknolle

8666 würzen
abschmecken, abstimmen, pfeffern, salzen

8667 wüst
einsam, verlassen •chaotisch, durcheinander •agressiv, brutal •ausschweifend, maßlos, zügellos

8668 Wüste
Einöde, Öde, Ödland, Steppe, Wildnis, Wüstenlandschaft →Eiswüste, Salzwüste, Trümmerwüste, Sandwüste, Steinwüste

8669 wüten
s. aufregen, schreien, toben •brausen, dröhnen, fauchen, rauschen, stürmen, winden

X

8670 x-Koordinate
Waagrechte, x-Achse

Y

8671 Yankee
Nordamerikaner, Nordstaatler

Z

8672 Zacke
Berg, Fels, Zinne •Ecke, Nase, Spitze

8673 zacken
auskerben, auszähnen, einzahnen, kerben

8674 zackig
gezackt, gezähnt, spitz •energisch, flott, forsch

8675 zäh
lederartig, sehnig •ausdauernd, beharrlich, hartnäckig, unbeirrbar, unbeirrt, unentwegt, unverdrossen, verzweifelt •abgehärtet, unempfindlich, widerstandsfähig, zählebig •dickflüssig, zähflüssig
8676 Zähheit
Festigkeit, Härte, Stabilität •Ausdauer, Beharrlichkeit, Beharrungsvermögen, Bockbeinigkeit, Charakterfestigkeit, Dauer, Durchhaltevermögen, Ehrlichkeit, Entschiedenheit, Entschlossenheit, Festigkeit, Fortbestand, Fortbestehen, Fortdauer, Geduld, Geradlinigkeit, Hartnäckigkeit, Standhaftigkeit, Starrsinn, Stehvermögen, Stetigkeit, Störrigkeit, Sturheit, Trotz, Unbeugsamkeit, Unbiegsamkeit, Unverdrossenheit, Verbissenheit, Widerborstigkeit, Widersetzlichkeit, Zielstrebigkeit
8677 Zahl
Nummer, Ziffer →Bruch, Bruchzahl, Dezimalzahl, Grundzahl, Kardinalzahl, Ordinalzahl, Ordnungszahl, Primzahl, ganze Zahl, gebrochene Zahl, gemischte Zahl, gerade Zahl, imaginäre Zahl, natürliche Zahl, runde Zahl, ungerade Zahl, arabische Zahl, römische Zahl
8678 zählbar
berechenbar, wägbar, wenig
8679 zahlen
abarbeiten, abführen, anlegen, aufwenden, ausleihen, bezuschussen, blechen, deponieren, drauflegen, draufzahlen, unterstützen, verausgaben, zuzahlen •aufkommen, aufwenden, finanzieren, hinblättern, hinlegen, hinterlegen, investieren, reinstecken, subventionieren, unterstützen •ausgeben, vorauszahlen, vorlegen, vorstrecken •abgelten, einzahlen, ersetzen, wiedergutmachen, zurückzahlen •abfinden, abgelten, ausschütten, auszahlen, belohnen, bezahlen, honorieren, vergüten •abbezahlen, abstottern, abtragen, abverdienen, abzahlen, ausgleichen, begleichen, berappen, bestreiten, bezahlen, entrichten, erledigen, erstatten, nachbezahlen, nachzahlen, tilgen, zurückerstatten, zurückzahlen •ausbaden, büßen, wiedergutmachen
8680 zählen
abzählen, durchzählen, zusammenzählen •s. stützen, s. verlassen •addieren, anrechnen, aufrechnen, beachten, dazurechnen, dazuzählen, einbeziehen, einplanen, einrechnen, hinzurechnen, hinzuzählen, mitrechnen, mitzählen, summieren, taxieren, überschlagen, veranschlagen, zusammenzählen •abzählen, durchzählen, s. vergewissern •einbeziehen, s. verrechnen, zuzählen
8681 Zahlenlehre
Arithmetik, Mathematik
8682 zahlenmäßig
mengenmäßig, quantitativ, zählbar
8683 Zahlkarte
Postanweisung, Zahlungsanweisung
8684 Zahlung
Abbezahlung, Abschreibung, Absetzung, Abtragung, Abzahlung, Alimente, Amortisation, Anerkennung, Anzahlung, Aufwendung, Ausgabe, Auszahlung, Banküberweisung, Beihilfe, Bezahlung, Bezuschussung, Einzahlung, Entfernung, Entrichtung, Gegendienst, Gegengabe, Gegenleistung, Gegenwert, Handreichung, Kasse, Nachnahme, Nachzahlung, Quittung, Scheckzahlung, Stornierung, Transfer, Überweisung, Wechsel •Sold, Soldatenlöhnung, Wehrsold •Anleihe, Beleihung, Borg, Darlehen, Finanzierung, Hypothek, Kre-

dit, Pump •Arbeitslohn, Aufwandsentschädigung, Belohnung, Besoldung, Bezüge, Einkommen, Einkünfte, Einnahme, Entgelt, Entlohnung, Gage, Gehalt, Honorar, Lohn, Pension, Provision, Verdienst, Vergütung •Belohnung, Dank, Kostenerstattung, Restsumme, Revanche, Rückerstattung, Rückgabe, Rückvergütung, Rückzahlung, Streichung, Teilzahlung, Tilgung, Vergeltung, Wiedergutmachung, Zurückzahlung •Abfindung, Abfindungssumme, Abgeltung, Abschlag, Abschlagszahlung, Abstand, Abstandszahlung, Ausgleich, Ausgleichszahlung, Begleichung, Bereinigung, Entschädigung, Ersatz, Erstattung, Rückerstattung, Rückgabe, Schadenersatz, Schmerzensgeld, Sühne •Quote, Rate, Ratenzahlung, Teilbetrag •Akontozahlung, Vorauszahlung, Voreinsendung, Vorkasse, Vorschuss •Barzahlung, Cash •Förderung, Hilfeleistung, Solidaritätsbeitrag, Spende, Subventionierung, Unterhaltsbeitrag, Unterhaltszahlung, Unterstützung, Zuschuss, Zuwendung •Altersversorgung, Rente, Ruhegehalt, Ruhegeld •Entlohnung, Heuer, Seemannslohn

8685 Zählung
Auflistung, Aufzählung, Bewertung, Listung, Messung, Schätzung, Überschlag

8686 Zahlungsfähigkeit
Bonität, Liquidität, Solvenz

8687 Zahlungsfrist
Aufschub, Stornierung, Zahlungsaufschub, Zahlungsziel

8688 zahm
abgerichtet, gebändigt, gezähmt, zutraulich •anständig, artig, gehorsam, gutwillig, wohlerzogen

8689 zähmen
abrichten, bändigen, dressieren

8690 Zahnfüllung
Füllung, Inlay, Plombe

8691 Zahnrad
Räderwerk, Uhrwerk •Antrieb, Getriebe

8692 Zapfstelle
Hydrant, Wasserstelle, Zapfsäule •Tanksäule

8693 zart
fragil, schmächtig, zartgliedrig, zierlich •dünn, durchsichtig, fein gesponnen •behutsam, mild, sachte, sanft, schonungsvoll

8694 Zauber
Anreiz, Anziehung, Poesie, Reiz, Verlockung, Verzauberung

8695 Zauberei
Aberglaube, Blendwerk, Hexenwerk, Hexerei, Hokuspokus, Magie, Taschenspielerei, Zauberkunst

8696 Zauberformel
Bannspruch, Bezauberung, Hokuspokus, Zauberspruch

8697 zaudern
bedenken, belassen, s. besinnen •schwanken, zögern

8698 Zaum
Disziplin, Hindernis, Kandare

8699 zausen
wühlen, zupfen

8700 Zeche
Bergwerk, Grube, Mine •Rechnung

8701 Zecher
Trinkbruder, Trinker, Zechgenosse

8702 Zeichen
Merkmal, Signal, Symbol, Wink •Icon, Logo, Piktogramm, Sinnbild, Symbol •Augenspiel, Gebärde, Geste, Mienenspiel, Mimik •Sinnbild, Symbol, Wahrzeichen •Anhaltspunkt, Anzeichen, Bote, Omen, Vorzeichen •Attribut, Charakterzug, Kriterium, Symptom •Allegorie, Bild, Parabel, Sinnbild •Autogramm, Handzeichen, Namenszeichen, Signum •Kennzeichen •Signal, Verkehrsampel, Verkehrszeichen •Buchstabe, Letter, Schriftzei-

chen, Type •Musikzeichen, Note •Jokerzeichen, Platzhalter, Stellvertreterzeichen

8703 zeichnen
abzeichnen, aufzeichnen, malen, porträtieren, skizzieren •abzeichnen, signieren

8704 Zeichner
Kartenzeichner, Kartograf [Kartograph]

8705 Zeichnung
Bild, Handzeichnung, Karikatur, Radierung, Skizze, Grafik [Graphik]

8706 zeigen
bekunden, bezeigen, erweisen •anzeigen, aussagen, bedeuten, besagen, deuten, hinweisen, hinzeigen •herzeigen, vorweisen •anleiten, beibringen, erklären, lehren, schulen, unterrichten •aufführen, darbieten, herzeigen, vorführen, vorweisen, vorzeigen •aufzeigen, begründen, bestätigen, beweisen, bringen, erhärten, erkennen, nachweisen

8707 zeigen (s.)
s. bieten, s. darstellen, s. präsentieren, s. produzieren

8708 Zeit
Abschnitt, Ära, Augenblick, Dauer, Epoche, Erdzeitalter, Frist, Geschichtsepoche, Intervall, Spanne, Zeitabschnitt, Zeitalter, Zeitraum •Datum •Frist, Uhrzeit, Zeitpunkt →Minute, Sekunde, Stunde, Tag, Woche, Jahr

8709 Zeitdruck
Hetze, Hetzjagd, Übereile

8710 Zeitgenosse
Altersgenosse, Gleichaltriger, Mitbürger

8711 zeitig
bald, beizeiten, frühzeitig •fristgemäß, pünktlich, rechtzeitig

8712 zeitlich
begrenzt, dauernd, fortbestehend, irdisch •begrenzt, kurzlebig, sterblich, veränderlich, vergänglich, vorübergehend

8713 Zeitpunkt
Frist, Stichtag, Termin •Augenblick, Moment

8714 Zeitung
Lokalzeitung, Tageblatt, Tageszeitung, Wochenzeitung

8715 Zeitvertreib
Ablenkung, Abwechslung, Kurzweil, Unterhaltung, Zerstreuung

8716 zeitweilig
bisweilen, gelegentlich, momentan, periodisch, stellenweise, streckenweise, verschiedentlich, zeitweise, zuweilen

8717 Zelle
Klause •Gefangenenzelle, Gefängniszelle

8718 zelten
biwakieren, campen, campieren, lagern

8719 zementieren
erhärten, festigen, stärken •betonieren

8720 zensieren
benoten, beurteilen, bewerten •kontrollieren, überprüfen

8721 Zensur
Durchsicht, Kontrolle, Nachprüfung •Benotung, Note, Zeugnisnote

8722 zentral
dazwischen, drinnen, inmitten, innen, innerlich, konzentrisch, mitten, zentrisch •erstrangig, primär, wichtig

8723 Zentrale
Geschäftsstelle, Hauptgeschäft, Hauptgeschäftsstelle, Hauptverwaltung, Stammhaus

8724 zentralisieren
konzentrieren, vereinigen, zusammenfassen, zusammenlegen

8725 Zentrum
Achse, Angelpunkt, Brennpunkt, Drehpunkt, Herz, Herzstück, Kerngebiet, Kernpunkt, Mitte, Mittelpunk, Mittelpunkt, Nabel, Pol, Sammelpunkt, Seele •City, Innenstadt, Stadtmitte, Stadtzentrum •Hochburg, Kerngebiet, Mittelpunkt, Zentralstelle •Hochburg, Knotenpunkt, Zentralstelle •Hauptstadt, Metropole, Weltstadt •Knotenpunkt, Kreuzungspunkt, Schnittpunkt

8726 zerbrechlich
fragil, gläsern, spröde •kränklich, zart, zierlich

8727 Zeremonie
Etikette, Förmlichkeit, Höflichkeit •Brauch, Ritus, Verordnung, Vorschrift •Kult, Liturgie, Ritual

8728 zerfahren
abgelenkt, geistesabwesend, unaufmerksam, weg, zerstreut •abgenutzt, beschädigt

8729 zerfallen
brechen, kaputtgehen, auseinander brechen •aussterben, untergehen, vergehen •s. auflösen, zerbröckeln, s. zersetzen •aufgelöst, zersetzt, auseinander gefallen

8730 zerfleischen
entzweireißen, zerfetzen, zerstückeln

8731 zerlegen
aufschneiden, halbieren, teilen, tranchieren, zerstückeln, zerteilen •abbauen, auflösen, demontieren, zerteilen, auseinander nehmen •aufdrehen, aufmachen, auftrennen

8732 zernagen
verderben, zerstören •malmen, zerkauen •abbeißen, abbrauchen, beschädigen, durchfressen

8733 zerreißen
einreißen, entzweireißen, zerfetzen, zerstückeln

8734 zerrissen
abgerissen, abgetragen, zerfetzt, zerlumpt •gespalten, uneins, unentschlossen, widerstrebend, zweifelnd, zwiespältig

8735 zerrüttet
brüchig, defekt, zerstört •aufgerieben, mürbe •erledigt, ruiniert

8736 Zerrüttung
Auflösung, Demoralisation, Desorganisation, Verderbnis, Verschlimmerung

8737 zerschlagen
einschlagen, eintreten, zerbrechen, zerschmettern, zerstören •abgehetzt, abgekämpft, ausgelaugt, entkräftet, erschöpft, geschafft, mitgenommen, müde, überfordert, verbraucht

8738 zerschlagen (s.)
fehlschlagen, missglücken, misslingen, missraten, scheitern, straucheln

8739 zersetzen (s.)
s. auflösen, zerbröckeln, zerfallen, auseinander fallen

8740 Zersetzung
Demoralisierung, Entmutigung, Untergrabung •Auflösung, Fäulnis, Verfall

8741 zerstören
ausradieren, ruinieren, verheeren, zerbomben, zerschießen •beschädigen, demolieren, zertrümmern •auflösen, zerfressen, zersetzen •demoralisieren, hintertreiben

8742 Zerstörer
Kriegsschiff •Dickkopf, Holzkopf, Quertreiber, Rechthaber, Schädling, Starrkopf, Trotzkopf

8743 zerstört
abgebrochen, abgerissen •dahin, entzwei, geplatzt, kaputt, zertrümmert •abgeschafft, umgestürzt •aufgegeben, erledigt, todgeweiht •ausgebombt, ausgemerzt, ausgerottet, ruiniert, verloren, vernichtet •angeschlagen, erdrückt, kaputt, vernichtet •beschädigt, verwüstet, zerbombt

8744 Zerstörung
Abbruch, Beschädigung, Demolierung, Verheerung, Vernichtung, Verwüstung, Zerschlagung, Zertrümmerung

8745 Zerstörungswut
Aggression, Barbarei, Gewalttätigkeit, Vandalismus, Vernichtungswille, Zerstörungstrieb

8746 zerstreuen (s.)
s. ablenken, s. aufheitern, s. aufmuntern

8747 Zerstreuung
Ablenkung, Belustigung, Vergnügen, Zeitvertreib

8748 zerteilen
aufschneiden, tranchieren, zerlegen, zerschneiden →dritteln, halbieren, vierteilen

8749 Zeuge
Augenzeuge, Hauptzeuge, Kronzeuge, Tatzeuge

8750 Zeugnis
Befähigungsnachweis, Bescheinigung, Diplom, Dokument, Urkunde →Abiturzeugnis, Abschlusszeugnis, Entlasszeugnis, Reifezeugnis, Schulzeugnis

8751 Ziegel
Backstein, Klinker →Klinkerstein, Lochziegel, Vollziegel, Ziegelstein •Dachpfanne, Dachziegel →Biberschwanz, Dachschiefer, Dachschindel, Falzpfanne, Firstziegel, Flachdachpfanne, Gratziegel, Hohlpfanne, Holzpfanne, Schiefer, Schindel, Walmziegel

8752 Ziegelstein
Backstein, Baustein, Klinker

8753 ziehen
davongehen, gehen, marschieren, umziehen, wandern, wegziehen •heranziehen, kreuzen, züchten •herausnehmen, herausziehen, zeigen, zücken •dehnen, reißen, zupfen •blasen, wehen

8754 ziehen (s.)
s. ausweiten, s. dehnen, s. erstrecken

8755 Ziehung
Anhub, Anziehung, Hubkraft, Zugkraft •Auslosung, Ausspielung •Steigkraft •Ansaugung, Aufsaugung

8756 Ziel
Bestimmungsort, Ende, Endstation, Reiseziel, Zielort •Absicht, Bestreben, Motiv, Plan, Vorsatz, Wollen, Zielvorstellung

8757 zielbewusst
durchdacht, geregelt, konsequent, logisch, methodisch, planmäßig, planvoll, schlüssig •energisch, entschieden, resolut, tatkräftig, zielstrebig •ausdauernd, beharrlich, entschlossen, fest, geduldig, konstant, starrsinnig, unbeirrbar, unbeirrt, unverdrossen, verbissen, zäh

8758 Ziemer
Gerte, Peitsche, Reitpeitsche •Tierrücken

8759 ziemlich
ansehnlich, beträchtlich, erheblich, respektabel, stattlich •angemessen, einigermaßen, gebührend, gebührlich

8760 zieren (s.)
s. genieren, s. spreizen, s. sträuben

8761 Zigeuner
Landfahrer, Roma, Sinti

8762 Zimmer
Bude, Gemach, Kammer, Raum, Räumlichkeit, Stube →Bar, Bügelzimmer, Empfangszimmer, Flur,

Fremdenzimmer, Garderobe, Gästetoilette, Gästezimmer, Gemeinschaftskeller, Hauswirtschaftsraum, Heizraum, Herrenzimmer, Hobbyraum, Jugendzimmer, Kabäuschen, Kabinett, Keller, Kinderzimmer, Küche, Kühlraum, Mädchenzimmer, Nebenraum, Nische, Sauna, Saunaraum, Schlafzimmer, Speiseraum, Speisezimmer, Spielzimmer, Studio, Toilette, Umkleideraum, Vorraum, Vorzimmer, Weinkeller, Werkraum, Salon, Wohnecke, Wohnraum, Wohnstube, Wohnzimmer, Bad, Baderaum, Badestube, Badezimmer, Duschraum, Waschraum, Schlafgemach, Schlafkammer, Schlafstube, Schlafzimmer, Raum, Saal, Ankleideraum, Ankleidezimmer, Garderobe, Umkleidekabine, Abstellraum, Bude, Kammer, Bodenkammer, Rumpelkammer, Speisekammer, Vorratskammer, Dachkammer, Dachstube, Dachwohnung, Giebelzimmer, Mansarde, Mansardenzimmer, Essdiele, Esszimmer, Anmeldung, Sekretariat, Vorzimmer, Diele, Entree, Vorzimmer, Arbeitsraum, Appartement, Hotelsuite, Suite, Zimmerflucht, Apartment, Einzimmerwohnung, Ferienwohnung, Kleinwohnung, kleine Wohnung, Arbeitszimmer, Büro

8763 Zins
Erlös, Gewinn •Miete, Mietzins

8764 Zirkus
Tiervorstellung •Komödie, Theater •Durcheinander, Rummel, Trubel

8765 zischen
moussieren, schäumen •blasen, brausen, fauchen, flüstern, tuscheln, wispern, zischeln

8766 Zischen
Brausen, Gebrause, Gezischel, Sausen, Tuscheln •Wut

8767 zitieren
beordern, bescheiden, bestellen, herbeizitieren, herbestellen, vorladen •anführen, belegen, erwähnen

8768 zittern
beben, flattern, schlottern, vibrieren

8769 zivil
angemessen, bezahlbar, mäßig, preisgünstig •bürgerlich, nichtmilitärisch

8770 Zivilisation
Anstand, Bildung, Daseinsweise, Fortschritt, Gesittung, Kultur, Lebensart, Lebensform, Lebensgewohnheit, Lebensstil, Verfeinerung

8771 Zivilist
Bürger, Zivilperson

8772 Zölibat
Ehelosigkeit, Jungfräulichkeit

8773 Zoll
Abgabe, Gebühr, Zollabgabe •Inch

8774 zollfrei
abgabenfrei, unverzollt

8775 zollpflichtig
abgabenpflichtig, verzollt

8776 Zopf
Schmuck, Verzierung •Flechte, Haarstrang, Haarzopf, Pferdeschwanz, Schwanz, Schwänzchen

8777 Zorn
Anfall, Anwandlung, Ärger, Aufgebrachtheit, Bitterkeit, Empörung, Entrüstung, Erbitterung, Erbostheit, Erregung, Furor, Gereiztheit, Indignation, Ingrimm, Jähzorn, Koller, Rage, Raserei, Streit, Tobsuchtsanfall, Unmut, Unwille, Unzufriedenheit, Verdrossenheit, Verdruss, Verstimmung, Wut, Wutanfall, Wutausbruch, Zornesausbruch •Bissigkeit, Erbostheit, Verärgerung, Wutanfall, Zornröte

8778 zornig
aufbrausend, auffahrend, aufgebracht, böse, cholerisch, empört, entrüstet, erbost, erregt, erzürnt, hitzig, hitzköpfig, jähzornig, ra-

send, reizbar, unbeherrscht, ungehalten, unwillig, unwirsch, verbittert, verdrossen, wutschäumend, zähneknirschend

8779 zottig
bärtig, borstig, fransig

8780 zu
je, per, pro •an, herbei, herzu, nach •abgeschlossen, dicht, geschlossen, verriegelt, verschlossen, versperrt, zu sein

8781 zubilligen
beipflichten, erlauben, genehmigen, stattgeben, tolerieren, zugestehen

8782 Zucht
Disziplin, Ordnung •Erziehung, Kinderstube •Anzucht, Aufzucht, Deckung, Kreuzung, Neuzüchtung

8783 züchten
aufziehen, heranziehen, kreuzen, paaren, verbessern, vermehren

8784 zudrehen
abdrehen, ausdrehen, ausschalten, stoppen •beenden, hindern

8785 zudrücken
tolerieren, übersehen •abdrücken, erwürgen

8786 zuerst
anfänglich, vorab, zuallererst, zuvor

8787 zufallen
zufließen, zuströmen, anheim fallen •einschnappen, zuklappen, zuschlagen

8788 zufällig
beliebig, wahllos, willkürlich •absichtslos, unbeabsichtigt, ungewollt, unwillkürlich

8789 Zufluss
Ansammlung, Vermehrung, Wertzuwachs, Zunahme, Zuwachs •Mündung, Zulauf, Zuleitung, Zusammenlauf •Auffüllung, Einlauf, Zufuhr

8790 zufrieden
anspruchslos, beruhigt, bescheiden, genügsam, zurückhaltend •beglückt, freudig, glücklich •gesättigt, satt, voll

8791 Zufriedenheit
Ausgeglichenheit, Genugtuung, Seelenfrieden, Wohlgefühl •Anspruchslosigkeit, Bedürfnislosigkeit, Bescheidenheit, Wunschlosigkeit

8792 zufügen
behelligen, schädigen •ergänzen, hinzufügen, hinzusetzen

8793 Zufuhr
Abgabe, Anlieferung, Übergabe, Übermittlung, Zustellung

8794 Zug
Bahn, Eisenbahn →Abendzug, Arbeiterzug, Autoreisezug, Bimmelbahn, Bummelzug, D-Zug, Eilgüterzug, Eiltriebwagen, Eilzug, Einschienenbahn, Eisenbahnzug, Entlastungszug, Expresszug, Extrazug, Fernschnellzug, Frühzug, Güterzug, ICE, Intercity, Intercityzug, Lokalzug, Nachtzug, Nahverkehrszug, Personenzug, Postzug, Schnellzug, Sonderzug, Städteschnellverkehrszug, Vorortzug, Trans-Europ-Express •Aufzug, Festzug, Prozession •Besonderheit, Eigenschaft, Merkmal, Wesenszug

8795 Zugang
Einfahrt, Pforte, Tür •Zufluss, Zustrom

8796 zugänglich
aufgeschlossen, aufrichtig, interessiert, offenherzig, zutraulich •begehbar, offen

8797 zugeben
aussagen, beichten, gestehen, offenbaren, zugestehen •erlauben, tolerieren, zulassen •dazugeben, dazulegen

8798 zugehen
weitergehen, weiterlaufen •herantreten, s. nähern

8799 zugehörig
angeschlossen, dazugehörend, integriert
8800 Zugehörigkeit
Einschließung, Einschluss, Inbegriff, Zusammensetzung •Mitglied, Teilnehmer •Angehöriger, Verwandtschaft
8801 Zugmaschine
Lokomotive •Bulldog, Schlepper, Traktor, Trecker
8802 zugreifen
schnappen, überwältigen, verhaften •anfassen, anpacken, helfen, zupacken •s. bedienen, essen, s. nehmen
8803 Zukunft
Nachher, bevorstehende Zeit, kommende Zeit, spätere Zeit, nächstes Jahr •Nachkommen, Nachwelt •Aussicht, Chance, Möglichkeit
8804 Zulauf
Zufluss, Zustrom •Andrang, Ansturm, Nachfrage
8805 zulaufen
s. anschließen, s. einfinden •einströmen, zuströmen
8806 zulegen
angeben, erhöhen, verstärken •beigeben, hinzufügen
8807 zulegen (s.)
s. aneignen, erwerben, kaufen
8808 zuletzt
endlich, letztlich, schließlich •als Letzter, als Letztes
8809 zumachen
abschließen, schließen, zuriegeln, zuschlagen
8810 zumutbar
ausführbar, durchführbar, möglich •bezahlbar, erträglich
8811 zunächst
inzwischen, vorab, vorerst, zuerst, erst einmal
8812 zunehmen
anschwellen, ansteigen, s. ausdehnen, s. ausweiten, s. erhöhen, s. vergrößern, s. vermehren, s. verstärken
8813 zuneigen (s.)
s. anfreunden, s. annähern, s. befreunden, hinwenden, lieben •mögen, wollen, wünschen
8814 Zuneigung
Aufmerksamkeit, Gunst, Sympathie, Wohlwollen
8815 zunicken
anlächeln, grüßen, hinnicken, s. verneigen •bejahen, erlauben, gestatten
8816 zuordnen
beifügen, beigeben, zugesellen •einordnen, einsortieren
8817 zupacken
anfassen, anpacken, helfen, zufassen, zugreifen
8818 zurechtfinden (s.)
s. durchfinden, s. orientieren, zurechtkommen
8819 zurechtmachen (s.)
s. anmalen, s. fein machen, s. herausputzen, s. schminken, s. schmücken, s. schön machen
8820 zurück
rückläufig, rückwärts •heim, heimwärts
8821 zurückbegeben (s.)
heimfahren, zurückfahren, zurückgehen, zurücklaufen
8822 zurückbleiben
bleiben, übrig bleiben •abfallen, erlahmen, nachlassen, zurückfallen
8823 zurückblicken
s. erinnern, s. zurückrufen •s. umblicken, s. umschauen, s. umsehen, s. umwenden, zurücksehen
8824 zurückdrängen
abhalten, zurückhalten •unterdrücken, verdrängen

8825 zurückfinden
heimfinden, heimkehren, zurückkommen, wiederfinden
8826 zurückgeben
wiederbringen, wiedergeben, zurückbringen, zurücksenden •angreifen, antworten, dagegenhalten, einwenden, einwerfen, entgegnen, erwidern, kontern, reagieren, widerlegen, widersprechen
8827 zurückgehen
abflauen, nachlassen •s. heimbegeben, heimgehen, heimkehren, zurücklaufen •degenerieren, verkümmern
8828 zurückgehend
abflauend, abnehmend, rekursiv, schwindend, verebbend
8829 zurückgelegt
belegt, besetzt, hinterlegt, reserviert •aufgehoben, gehamstert, gespart, reserviert
8830 zurückgenommen
entkräftet, geändert, umgestoßen •beherrscht, verhalten
8831 zurückhalten
unterdrücken, verdrängen •abhalten, bremsen, hemmen •einbehalten, festhalten
8832 zurückhaltend
kritisch, prüfend, wachsam •bescheiden, schlicht, unauffällig •distanziert, kontaktarm, unnahbar, verschlossen, wortkarg •anspruchslos, schlicht, zufrieden •abweisend, ungastlich, ungesellig, wirsch •genierlich, prüde, schamhaft
8833 zurücklegen
bewältigen, schaffen •aufheben, horten, lagern, reservieren, sparen
8834 zurückschauen
s. besinnen, s. erinnern •s. umblicken, zurückblicken, zurücksehen
8835 zurückstecken
s. beugen, nachgeben, s. unterordnen •s. begnügen, s. bescheiden, s. einschränken
8836 zurückweisen
ablehnen, abweisen, verneinen •abschlagen, abwehren, parieren
8837 zurückwerfen
projizieren, reflektieren, widerspiegeln, wiedergeben •aufhalten, beeinträchtigen, einschränken, zurückschlagen
8838 zurückziehen (s.)
aufgeben, zurückmarschieren •aufhören, aussteigen •s. abkapseln, s. isolieren
8839 zurufen
aufklären, belehren, ermahnen •telefonieren •anrufen, erklären, eröffnen, kundgeben, unterrichten, verständigen, warnen
8840 Zusage
Bestätigung, Bürgschaft, Garantie, Gewähr, Gewährleistung, Haftbarkeit, Haftung, Hinterlegung, Kaution, Pfand, Sicherheit, Sicherheitsleistung, Sicherung, Unterpfand, Verantwortlichkeit •Beglaubigung, Garantie, Garantieschein, Qualitätsnachweis, Quittung, Zertifikat •Billigung, Einverständnis, Einwilligung, Erlaubnis, Genehmigung
8841 zusagen
ansprechen, beeindrucken, imponieren, wirken •beeiden, beschwören, bürgen, einstehen, garantieren, gewährleisten, s. verpflichten, versichern, versprechen •behagen, gefallen, passen •munden, schmecken
8842 zusammen
gleichzeitig, zugleich •alles, insgesamt, vollends •beieinander, beisammen, nebeneinander •gemeinsam, kollektiv, miteinander, vereinigt
8843 zusammenballen (s.)
s. anhäufen, s. ansammeln, s. anstauen, s. stauen •s. ankündigen, aufziehen, s. entwickeln, heranziehen, heraufziehen, s. nähern

8844 zusammenbrauen
kochen, mischen, mixen •aufziehen, drohen, zusammenballen
8845 zusammenbringen
zusammenraffen, zusammentragen
8846 Zusammenbruch
Bankrott, Fiasko, Misserfolg, Niederlage, Ruin •Einbruch, Einsturz, Zusammensturz •Anfall, Kollaps, Koller, Schock
8847 zusammendrücken
ballen •mangeln, quetschen •einschnüren, verengen •zusammendrängen, zusammenzwängen
8848 Zusammenfall
Angleichung, Anpassung, Vereinbarkeit, Wesenseinheit •Verheerung, Vernichtung, Zerfall, Zusammenbruch •Abgespanntheit, Erschöpfung, Mattigkeit, Verfall •Gleichförmigkeit, Gleichlauf •Einklang, Einstimmigkeit, Gleichklang, Harmonie
8849 zusammenfallen
abmagern, abnehmen •einfallen, schrumpfen, s. zusammenziehen •s. entsprechen, s. gleichen, harmonieren, kongruieren •einbrechen, einfallen, einstürzen, zusammenbrechen, zusammenstürzen •konvergieren, s. überschneiden, zusammenlaufen •schlappmachen, zusammenbrechen, zusammenklappen
8850 Zusammenfassung
Konzentration, Zentralisierung, Zusammenziehung •Auszug, Querschnitt, Resultat, Resümee, Überblick, Überschau, Übersicht, Zusammenschau •Abriss, Aufriss, Querschnitt, Überblick, Überschau •Anschlag, Plan, Überblick, Voranschlag
8851 zusammenhalten
s. helfen, s. verbünden, zusammengehören
8852 zusammenhängen
verbinden, zusammenkoppeln, aneinander hängen, aneinander koppeln
8853 zusammenhängend
einheitlich, geschlossen, verbunden •fortlaufend, kontinuierlich
8854 zusammenklingen
harmonieren, zusammenstimmen •übereinstimmen
8855 zusammenknoten
knüpfen, verbinden, verknoten, verknüpfen
8856 zusammenlaufen
münden, zusammenfließen, zusammenströmen •s. überkreuzen, s. überschneiden
8857 Zusammenleben
Ehe, Familienleben, Gemeinschaft, Kommune, Staat, Wohngemeinschaft
8858 zusammenschließen (s.)
s. organisieren, s. sammeln, s. verbinden, s. verbünden, s. zusammentun
8859 Zuschauer
Anwesende, Augenzeugen, Beobachter, Betrachter, Neugierige, Schaulustige, Umstehende •Auditorium, Besucher, Betrachter, Publikum, Umstehende, Zuhörer •Fernsehpublikum, Fernsehzuschauer
8860 Zuschlag
Aufgeld, Aufpreis, Aufschlag, Mehrpreis •Annahme, Genehmigung, Übereinkunft •Auftragsbestätigung
8861 zusehen
beobachten, betrachten •abwarten, s. gedulden
8862 zusehends
fühlbar, merkbar, sichtlich, spürbar
8863 zusenden
absenden, übermitteln, übersenden, versenden

8864 zusetzen
beifügen, beigeben, einrühren •bedrängen, beschwören

8865 zuspitzen (s.)
s. verengen, s. verjüngen •verschärfen, verschlimmern

8866 Zuspruch
Aufheiterung, Beruhigung, Tröstung •Anklang, Resonanz

8867 zustande bringen [zu Stande bringen]
ausrichten, bewältigen, bewerkstelligen, durchführen, erledigen, erreichen, erzielen, leisten, meistern, verrichten, verwirklichen, vollbringen, vollführen, fertig bringen

8868 zuständig
ausschlaggebend, kompetent, maßgebend •autorisiert, befugt, verantwortlich

8869 Zuständigkeit
Kompetenz, Verantwortlichkeit

8870 Zusteller
Briefbote, Briefträger, Briefzusteller, Eilbote, Geldbriefträger, Paketzusteller, Postbote, Telegrammbote

8871 Zustellung
Ablieferung, Anlieferung, Auslieferung, Belieferung, Lieferung, Überbringung, Übergabe, Übermittlung, Überweisung, Weitergabe, Weiterleitung, Zuführung, Zuleitung, Zusendung

8872 Zustimmung
Anerkennung, Bejahung, Bewilligung, Billigung, Einverständnis, Einwilligung, Genehmigung, Gewährung, Jawort, Versprechen, Zusage, O. K. •Bejahung, Bekräftigung, Bestätigung, Bezeugung, Ermutigung

8873 zustoßen
zuschlagen, zuwerfen •geschehen, hereinbrechen, passieren, widerfahren

8874 zutraulich
anschmiegsam, vertrauensvoll •gebändigt, gezähmt, zahm

8875 Zuwachs
Anstieg, Steigerung, Verbesserung, Vermehrung, Verstärkung, Zunahme •Nachkomme, Nachwuchs •Aufbesserung, Aufstockung, Beförderung, Gehaltserhöhung

8876 zuwenden (s.)
s. hindrehen, s. hinkehren, s. zukehren

8877 Zuwendung
Beihilfe, Subvention, Unterstützung •Geschenk, Schenkung, Stiftung •Draufgabe, Handgeld, Handlohn

8878 zuwider
lästig, unbeliebt, widerlich, widerwillig •auseinander, kontra, konträr

8879 zuziehen
befragen, bemühen, einsetzen, heranziehen, herbeiziehen, herzuholen, hinzuziehen, konsultieren •s. ansiedeln, immigrieren, zuwandern

8880 Zwang
Drohung, Druck, Fessel, Gewalt, Unfreiheit •Erfordernis, Gebot, Pflicht •Hemmung, Zwangsvorstellung

8881 zwängen
drängen, eindrücken, schlagen, stoßen •hineinhämmern, hineinklopfen •bedrängen, biegen, drücken •hineinstecken, hineinstopfen, hineinzwängen, pressen

8882 zwanglos
aufgelockert, burschikos, familiär, formlos, freibleibend, lässig, leger, locker, nachlässig, natürlich, nonchalant, offen, salopp, unbefangen, ungebunden, ungehemmt, ungeniert, ungezwungen, unverbindlich, unzeremoniell •entkrampft, entspannt, freiwillig, gelockert, gelöst, ruhig, unaufgefordert, unbefangen, ungeheißen, ungehemmt

•ausschweifend, entspannt, frei, hemmungslos, locker, ungehemmt, ungestüm, wild

8883 Zwanglosigkeit
Burschikosität, Gelöstheit, Lässigkeit, Natürlichkeit, Nonchalance, Saloppheit, Unbefangenheit, Ungeniertheit, Ungezwungenheit •Freiwilligkeit •Ausschreitung, Ausschweifung, Enthemmung, Entspannung, Hemmungslosigkeit, Maßlosigkeit, Sinnlichkeit, Zuchtlosigkeit, Zügellosigkeit, Zutraulichkeit

8884 Zwangslage
Dilemma, Hindernis, Kalamität, Komplikation, Kompliziertheit, Notfall, Verknüpfung, Verlegenheit, Verwicklung, Zwangsjacke, Zwickmühle

8885 zwangsläufig
gezwungenermaßen, notgedrungen •erforderlich, notwendig, unabdingbar, unabweisbar, unentbehrlich, unerlässlich, unumgänglich, unvermeidlich, unverzichtbar, zwingend

8886 Zwecklosigkeit
Unvorteilhaftigkeit, Unzweckmäßigkeit, Verkehrtheit •Umständlichkeit, Unbequemlichkeit, Unfug

8887 Zweckmäßigkeit
Angemessenheit, Handlichkeit, Sachdienlichkeit, Schicklichkeit, Tüchtigkeit, Vorzüglichkeit, Zweckdienlichkeit

8888 zweideutig
anstößig, anzüglich, empörend, frivol, obszön, ruchlos, schlecht, schmutzig, sittenlos, ungehörig, unschicklich, verdorben, verwerflich, wüst, zotig, zuchtlos •dehnbar, doppeldeutig, doppelsinnig, geheimnisvoll, mehrdeutig, missverständlich, mystisch, rätselhaft, undurchschaubar, vieldeutig, vielsagend

8889 Zweideutigkeit
Doppelbödigkeit, Doppeldeutigkeit, Doppelsinn, Mehrdeutigkeit, Vieldeutigkeit •Frivolität, Obszönität, Pikanterie, Unsittlichkeit

8890 Zweifel
Bedenken, Konflikt, Ratlosigkeit, Unentschiedenheit, Zaudern, Zerrissenheit, Zögern, Zwiespalt, Zwiespältigkeit •Argwohn, Befürchtung, Ungläubigkeit, Verdacht, Vorbehalt

8891 zweifellos
eindeutig, gewiss, unanfechtbar, unbestreitbar •fraglos, sicher, zweifelsfrei

8892 zweifeln
ahnen, anzweifeln, argwöhnen, befürchten, bezweifeln, misstrauen, schwanken, verdächtigen, wanken

8893 zweigeteilt
doppelt, gepaart, paarweise, zweifach •entzwei, gespalten, halbiert, zweispaltig

8894 zweigleisig
doppelspurig, zweispurig

8895 zweitrangig
nebensächlich, unerheblich, unscheinbar, unwichtig •ferner, folgend

8896 Zwerg
Gnom, Kleinwüchsiger, Kobold, Liliputaner, Pygmäe, Wicht, Wichtelmann •Dreikäsehoch, Knirps, Steppke, Wicht

8897 zwingen
androhen, bedrohen, erpressen, nötigen, terrorisieren, tyrannisieren

8898 zwingend
erforderlich, nötig, notwendig, unumgänglich •einleuchtend, schlagend, überzeugend

8899 Zwischenergebnis
Halbzeitstand, Teilergebnis, vorläufiges Ergebnis

8900 Zwitter
Doppelgeschöpf, Hermaphrodit

8901 Zylinder
Hut, Zylinderhut •Kompressionsraum, Verbrennungsraum •Hohlkörper, Rolle, Walze

Register